ジェームズ・C・スコット

ゾミア

脱国家の世界史

佐藤 仁監訳
池田一人・今村真央・久保忠行
田崎郁子・内藤大輔・中井仙丈
共訳

みすず書房

THE ART OF NOT BEING GOVERNED

An Anarchist History of Upland Southeast Asia

by

James C. Scott

First published by Yale University Press, 2009

Japanese translation rights arranged with
Yale University Press, London through
Tuttle-Mori Agency, Inc., Tokyo

歴史をもつ人民の歴史は階級闘争の歴史である、と言われる。
すくなくとも同様の確かさで、以下のようにも言えるだろう。
歴史をもたない人民の歴史は対国家闘争の歴史である、と。

——ピエール・クラストル『国家に抗する社会』

凡例

一．本書は James C. Scott, *The Art of Not Being Governed: An Anarchist History of Upland Southeast Asia* (Yale University Press, 2009) の全訳である。

一．固有名詞をカタカナ表記するにあたり、基本的には原音に従ったが、日本で定着した慣用形を採用したものもある（ベトナムなど）。

一．民族名について。本書で著者スコットは国家をもつ人々ともたない人々を区別する習慣を国家中心史観的なものとして批判している。日本では一般的に、民族集団を指す場合は「族」が、国民を指す場合は「人」が用いられるが、本書では文脈から人間集団を指すことが明らかな場合にはあえて「人」や「族」の表記を用いない。ただし、国家名と混同して紛らわしい場合や、国民としての集団と民族集団を区別する必要がある場合は「人」または「族」を併記した。民族名は原則としてカタカナで表記したが、中国の文脈における記述では、初出時にその民族名の漢字表記を付記した（ミャオ（苗）など）。

一．言語や立場によって呼称や発音が異なる名辞については、原文表記を優先した。例えば、漢語でミャオ Miao と呼ばれる集団と、自称フモン Hmong とする集団には重なる部分があるが、原文で Miao の場合には「ミャオ」を、Hmong の場合には「フモン」を採用した（以下も参照）。

一．中国や漢族の王国・民族を指す Han / Chinese / China は、文脈に応じ「中国」「漢」「中華」「華」の訳語をあてた。中国の固有名詞は漢字表記と日本語あるいは原語を併記した。

一．Thai / Tai について。Thai はタイ王国を形成する主要民族集団やその言語を指し、訳文では「タイ」と記した。Tai は現在のタイ国のみならず、東南アジア大陸部に広がるタイ系言語を話す人々の総称であり、訳文では「タイ」と傍点を付して記した。

一．Mon / Hmong について。Mon は「モン」と記した。Hmong は「フモン」と記した。

一．Burmese / Burman について。Burmese はミャンマーを形成する国民としてのビルマ人を指し、訳文では「ビルマ」あるいは「ビルマ人」と記した。Burman は同国における一民族集団としてのビルマ族やその言語を指し、訳文では「ビルマ」あるいは「ビルマ族」と記した。

ゾミア◆目次

はじめに　ix

I　山地、盆地、国家――ゾミア序論　1

周縁の世界　3　最後の囲い込み運動　4　臣民を作りだす　9　「ゾミア」――偉大な山の王国、もしくは東南アジア大陸部の跨境域　13　避難地帯　22　山地と平地の共生史　26　東南アジア大陸部のアナーキズム史観に向けて　33　政治秩序の基本単位　36

II　国家空間――統治と収奪の領域　41

国家空間の地理学と地勢の抵抗　41　東南アジアにおける国家空間のマッピング　51

III　労働力と穀物の集積――奴隷制と灌漑稲作　65

人口吸引装置としての国家　65　国家景観と臣民の形成　74　「読みにくい」農業の撲滅　78　多様性のなかの統一――クレオールセンター　80　人口支配の技術　85　奴隷制　85　財政面の把握しやすさ　91　自壊する国家空間　94

IV 文明とならず者 99

平地国家と山地民――双子の影 100　野蛮人への経済的な需要 106　創られた野蛮人 111　借り物の装飾品をとりこむ 113　文明化という使命 117　規範としての文明 121　国家を去り、野蛮人のほうへ 123

V 国家との距離をとる――山地に移り住む 129

他の避難地域 132　ゾミアに移り住む――長い歩み 139　避難の遍在とその原因 144　課税と賦役 146　戦争と反乱 148　略奪と奴隷売買 152　山地へ向かう反逆者と分派 155　国家空間における過密、健康、生態環境 160　穀物生産に逆らうように 162　距離という障壁――国家と文化 167　乾燥地の小ゾミア、湿地の小ゾミア 169　野蛮人のほうへ 174　アイデンティティとしての自律、国家をかわす人々 176

VI 国家をかわし、国家を阻む――逃避の文化と農業 181

ある極端な事例――カレンの「逃避村」 182　なにより場所、つぎに移動性 185　逃避農業 190　新大陸の視点 190　「逃避型農業」としての移動耕作 193　逃避農業としての作物選択 197　東南アジアの逃避焼畑 199　東南アジアの逃避作物 201　トウモロコシ 203　キャッサバ 206　逃避の社会構造 207　「部族性」 208　国家らしさと永続的上下関係の回避 212　国家の影で、山地の影で 216

Ⅵ+½ 口承、筆記、文書 221

筆記の口承史 222　読み書きの偏狭性と文字喪失の前例 225　筆記の欠点と口承の利点 228　歴史をもたないことの利点 236

Ⅶ 民族創造――ラディカルな構築主義的見解 241

部族と民族性の矛盾 241　多民族を吸収して国家を作る 248　低地をならす 254　いくつものアイデンティティ 256　ラディカルな構築主義 260　部族を作りだす 263　系譜の体面を保つ 269　立ち位置 274　平等主義――国家の発生を防ぐ 277

Ⅷ 再生の預言者たち 287

生まれつきの預言者、反乱者 288　フモン 288　カレン 289　ラフ 293　周縁と疎外の弁神論 297　無数の預言者たち 299　「遅かれ早かれ」301　高地における預言運動 306　対話、模倣、つながり 309　臨機応変――究極の逃避型社会構造 315　民族合作の宇宙論 319　キリスト教――隔たりと近代化のための資源 323

IX　結論　329

国家をかわし、国家を阻む――グローバル－ローカル　333　撤退の諸段階と適応　337　文明への不満分子　340

用語解説　345
小さき民に学ぶ意味――あとがきに代えて　佐藤仁　351

索引　i
原注　viii

はじめに

「ゾミア」とは、ベトナムの中央高原からインドの北東部にかけて広がり、東南アジア大陸部の五カ国（ベトナム、カンボジア、ラオス、タイ、ビルマ）と中国の四省（雲南、貴州、広西、四川）を含む広大な丘陵地帯を指す新名称である。およそ標高三〇〇メートル以上にあるこの地域全体は、面積にして二五〇万平方キロメートルにおよぶ。約一億の少数民族の人々が住み、言語的にも民族的にも目もくらむほど多様である。東南アジア大陸部の山塊《マシフ》とも呼ばれてきたこの地域は、いかなる国家の中心になることもなく、九つの国家の辺境に位置し、東南アジア、東アジア、南アジアといった通例の地域区分にも当てはまらない。とくに興味深いのはこの地域の生態学的多様性であり、その多様性と国家形成との相互関係である。あたかも北米のアパラチア山脈の国際越境版であるかのようなこの地帯は、新鮮な研究対象であり、地域研究への新たな視点を提供している。

　私の主張は単純だが挑発的であり、賛否両論を引き起こすだろう。ゾミアは、国民国家に完全に統合されていない人々がいまだ残存する、世界で最も大きな地域である。このさきゾミアが非国家圏であり続けるのもそう長くはないだろう。しかし一昔前まで人類の大多数は、ゾミアの人々のように国家を持たず、政治的に独立して自治をしていた。今日ゾミアの人々について、平野国家の視点から「現存する我らの先祖」とか「稲作、仏教、文明が発見される以前、私たちはあのように暮らしていたのだ」などともっともらしく語られるが、これに対して私は本書で以下のような反論を展開する。山地民とは、これまで二〇〇〇年のあいだ、奴隷、徴兵、徴税、強制労働、伝染病、戦争といった平地での国家建設事業に伴う抑圧から逃れてきた逃亡者、避難民、〔奴隷制から逃れた〕マルーン共同体の人々である、と。こうした人々が暮らす地域の多くは、破片地帯もしくは避難地域とみなすのが適切である。

ゾミアの人々の生業、社会組織、イデオロギー、そして（この点については多くの反論が出るであろうが）口承文化さえも、国家から距離を置くために選ばれた戦略、と解釈できる。険しい山地での拡散した暮らし、頻繁な移動、作付けの仕方、親族構造、民族的アイデンティティの柔軟さ、千年王国的預言者への傾倒、これらすべては、国家への編入を回避し、自分たちの社会の内部から国家が生まれてこないようにする機能を果たしてきた。とくに多くのゾミアの人々を逃避へと追い立てたのは、長大な歴史を持つ中国の王朝国家であった。山地民に伝わる数多くの伝説にその逃走の歴史をかいまみることができる。一五世紀以前の状況についてはいくらか憶測に頼ることになるが、それ以降の時代の文書史料にはこうした事実がはっきり示されている。明朝と清朝期に頻繁に起こった山地民に対する軍事作戦、一九世紀中葉に中国南西部に起こったかつてない大反乱と、数百万に上る反乱の避難民については文献に記されているし、ビルマとタイでの国家による奴隷狩りからの逃避についても十分史料が残っている。

本書が直接の対象とするのは広大なアジア一帯であるが、私の主張はそれを越えた広がりをもつものにしたい。

国家形成については、過去や現代の事例も含めて、すでに膨大な文献が存在しているものの、国家と対をなすものに目を向けたものはきわめて少ない。対をなすものとは、国家形成への反応として意図的に作り出された無国家空間のことである。国家形成から逃れた人々の歴史抜きに、国家形成を理解することはできない。それゆえ本書はアナーキズム史観の提示にもなっている。

本書は強権的な国家と隷属的労働組織から押し出されてきた人々――ジプシー、コサック、湿地帯（マーシュ）アラブ、サン・ブッシュマン、そして「新世界」やフィリピンでスペインの〔イエズス会宣教師による先住民の定住を目的に建設された〕「リダクシオン」移植村から逃れた部族民――の多様な歴史を繋げる試みでもある。

本書では「原始的」といわれるものについて広く信じられている通説が根本的に覆される。遊牧、採集、移動耕作、分節リネージ組織といった一連の慣習は、往々にして「事後的な適応」であり、意図的に選ばれた「自己野蛮化」の結果ともいえるものだ。それは、居住場所、生業手段、社会構造を、国家からの逃避という目的の下で巧妙に調整した結果なのである。山地における国家は派生的、模倣的、かつ寄生的であった。国家の陰に暮らす人々にとって平地国家からの逃避と、こうした山地的様式とは相矛盾するものではなかった。

本書で展開されるのは、「野蛮」「生」「原始」など中国やほかの文明がつくりあげた言説を脱構築する議論である。これらの言葉の意味をよく考えてみると、それは「統治されざる」もしくは「まだ編入されていない」人々を指していることがわかる。文明論は、人々が野蛮人の側に自主的に移っていく可能性を考慮していない。だからこそそのような人々は、汚名をきせられて異国民扱いされる。徴税と統治権の及ばなくなる場所を境にして、民族や「部族」が始まる理由はまさにここにある。これはローマ帝国においても、中国の帝国においても同様である。

生業の様式と親族構造は生態的環境や文化によって決定され、外から与えられたものとして理解される。しかしさまざまな農耕形態（とくに作物選択）、社会構造、物理的移動のパターンは外部要因によって決定された所与のものではなく、逃避にどれだけ役立つかという分析のうえで、人々が政治的選択をした結果であると本書は考える。

国家から逃れる人々は、ゲリラらを含め、山地に避難先を求めた。これは重要な地理学的テーマである。私は「地勢による軋轢」という概念を使い、近代以前の政治空間――とりわけ国家形成の困難さ――について新たな見解を示したい。

本書の責任は私一人にある。書いたのは私だ。どのような批判が本書に向けて投じられるか、すでにいくつか予想できる。悪あがきかもしれないが、それらに対する弁明や先制攻撃を展開する前に、本書の責任問題をまずかたづけておこう。

私は「間違っている」という非難を受けることは多いが、「議論が不明瞭である」もしくは「何を言いたいのかわからない」という指摘を受けることは稀である。この本も例外ではない。本書は、東南アジア大陸の山地民について大胆な主張を展開している。細かい点においていくつか間違っていても、当然ながら私自身は本書の分析がおおむね正しいと考えている。正しいかどうかというこの判断は、毎度のことではあるが、いまや私の手を離れ、読者に委ねられなければならない。しかし、この場で強調しておきたいことが三点ある。まず初めに、本書にオリジナルな要素はない。私自身の独創に由来するアイデアは皆無である。私は、多くの研究史料を吟味し、そこに内在する法則を発見し、それをどの程度まで展開することができるかを試みたにすぎない。創造的側面があるとすれば、全体性をもったまとまりのある構造としてこの形態を見定め、数々の点と点を結んだところにある。私の議論は多くの研究者のアイデアに依拠しているが、本書におけるこれらの議論の展開はあまりにも極端すぎるという声がその方々からすでに挙がっていることは承知しているし、すでに数人からそうした指摘を頂戴した。私の本を批判しようにも、もはやこの世を去ってしまった人々もいる。本書が読者にどう使われるかが私のあずかり知らぬことであると同様に、借用したアイデアを私が本書でどう使ったかは私一人の責任である。

自分でもいくらか驚いたことだが、本書のための研究を進めながら私は歴史家もどきになったようである。とりたてて優れた歴史家ではないかもしれないが、それでも歴史家は歴史家である。しかも老年期になって大昔を研究することになった私は、二つの意味で古風な歴史家である。研究の焦点はもともとは一八世紀であったのに、結果として一七世紀についての本を書いてしまった、というのは歴史家にありがちな職業病である。それは、一八世紀の課題を理解するには、その前世紀をまず理解することがあまりにも重要であることがわかってくるためだ。似たようなことが私にも起こった。山地民についての民族誌や、ビルマ軍による少数民族地域の人権侵害の報告書を読みながら、いつの間にか私は古代マンダラ王国の強制的国家形成まで遡らざるをえなくなったのである。植民地期以前と植民地期東南アジアの再学習を可能にしてくれたのは、大学院生と行った二つの読書会である。一つは東南アジア研究の基本文献を対象とし、『ケンブリッジ東南アジア史』の二冊から始めた。本棚に置いてありながら実は読んでいないとは研究者として恥ずかしくてとても認められない類いの基礎文献を片っ端から読んでいった。いわば新入隊員のための集中特訓キャンプのようなものであった。これはグループ全員にとって身の引き締まる経験であった。もう一つの読書グループは、ビルマを特定の対象として同じ主旨で組織された。

もう一つ私が強調したいのは、本書で展開される議論は第二次世界大戦以後にはほぼまったく通用しないという点である。一九四五年以降、場合によってはそれ以前にも、距離という障壁を取り除く技術――鉄道、舗装道路、航空機、電話、電報、デジタル通信――が国家によって大規模に使用されるようになった。これらの技術は、国家から離れて自治する人々と国民国家とのあいだの戦略的勢力均衡を根本的に変革し、距離という障壁をあまりにも縮小した。よって本書で展開される分析はこの時期に対してほとんど通用しない。それどころか、現代の国民国家は統治権を盾に、政治権力を国境まで最大限に投射できるよう、統治権が薄弱な外縁地帯をすべて統治下に編入することに躍起になっている。「部族地域」の天然資源確保、そして辺境地における防衛と生産の確立、この二つの目標に向けて、辺境の「包囲」政策が各地で用いられては、国家に忠実で土地に飢えた平地民が山地に移植されるようになった。というわけで、私の分析が二〇世紀後半の東南アジアには当てはまらないといわれても、それはきちんとお断りずみである。

最後に、民族生成についての本書の議論、つまり民族とは根本的に社会的な産物であるという急進的な主張が誤解されはしないかと私は危惧している。民族のアイデンティティを守るために闘い、命を落とした勇敢な男女に対し、私の議論は彼らの理念をないがしろにしているという誤解が生じないかという危惧である。そのような誤解は全く本意ではない。すべてのアイデンティティは社会的に形成されている。それは、漢人だろうが、ビルマ人だろうが、アメリカ人であろうが、デンマーク人であろうが変わりない。そのようなアイデンティティは、とくに少数民族の場合、まず最初に強力な国家による想像を必要とする。苗《ミャオ》を想像したのは中国の漢民族国家であり、またカレン、シャンはイギリス植民地政府に、そしてジャライはフランス植民地政府によって想像され、描き出された。発明の産物であろうが、外から押しつけられたものであろうが、そのような範疇としてのアイデンティティは、宗教、言語、皮膚の色、食習慣、生業手段などを、民族的属性として恣意的に選択する。領土、土地所有、裁判、慣習法、首長の任命、学校、文書業務等を経て制度化されたアイデンティティの諸側面は、生きたアイデンティティとして、熱烈な感情を喚起するようになることがある。アイデンティティが、スティグマとして烙印の対象になる場合、烙印を押された側にとって、それは抵抗や反抗の拠り所となる。そして民族主義者の英雄という自己を形成するプロセスを経て、作られたアイデンティティは今度は名誉の印になる。国民国家が覇権的な政治単位である現代において、そのような集団的自己主張が民族的ナショナリズムという形をとるのは驚くべきことではないだろう。シャン、カレン、チン、モン、カヤーの人たちがある種の独立と承認を得るためにすべてをかけて闘っていることに対して、私は深い尊敬と賞賛の念を抱いている。

この書を書くにあたり私は、五人の先達者に多大な知的恩恵を受けた。すでに他界してしまったこれら白人の男たちに、わたしも遠からず仲間入りをすることになるわけだが、各人とも本書が歩むことになった道のりのパイオニアであり、彼らの仕事がなければ私は途方に暮れたままであっただろう。まず初めにこの道を切り開いたのはピエール・クラストルであった。クラストルは『国家に抗する社会』で、植民地期以後の南米大陸において国家から逃避し、国家形成を防止する先住民についての大胆な解釈を提示したが、それは後代の研究を考えると、あたかも予知的な明察に満ちた書であった。オーウェン・ラティモアの書は、漢人すなわち中国の王朝国家と周辺の遊牧民の関係について、深遠かつ野心的な洞察を提供し、中国南西部の辺境においても同様の分析を適用することができるのではないかと私を促した。アーネスト・ゲルナーによる「ベルベル－アラブ」関係の分析のおかげで、国家統治権や徴税がおよばなくなる最果ての地において「民族」や「部族」が形成されること、そして「野蛮人」とは国家支配の外にいて自治を続ける人々に対する国家側の他称語であることを把握することができた。エドマンド・リーチの『高地ビルマの政治体系』との絶え間ない知的格闘なしには、この研究はまったく行き詰まったことだろう。この本ほど思考の糧になる本はない。最後に、私はジェームズ・G・スコット、別名シュエヨーへ謝意を表したい。この陸軍司令官、植民地官僚こそ、『上ビルマ地誌』の編者であり『ビルマ人』の著者である。私の親戚ではないが、彼の鋭い観察から私は非常に多くのことを学んだ。ビルマの占星術師によれば、彼と私は同じビルマ名を持つことになっているそうである。そこで彼の魂が喜んでくれるではないかと思い、私もビルマ名「シュエヨー」と名乗ることにした。

自称文明人による文明史観に対して異議を申し立て、そもそも人々はいかにして辺境に住むようになったのか、という問いを根本的に再考証した研究には深く啓発され、教えられた。出版からすでに三〇年近く経つが、ゴンゾラ・アギーレ・ベルトランによる『逃避地帯』はラテン・アメリカ大陸の大部分について、クラストルよりも概括的な見解を示した。この研究の主張は後にスチュアート・シュワーツとフランク・サロモンによって丁寧に再検討された結果、詳細まで明らかになった。私が地理的に焦点をあてている東南アジアに関しては、ロバート・ヘフナーによるジャワ島テンゲル山地の研究と、ジェフリー・ベンジャミンによるマレーシアのオラン・アスリの調査という二つの素晴らしい事例研究から多くの示唆を得て、同様な視点からゾミアを検証してみたいと思うに至った。

「ゾミア」については、その生みの親であるウィレム・ファン・スヘンデルに負うところが大きい。西はインドまで含むこの広大な山地境界地帯を、ひとつの独特な地域とみなし、独自の名称に値すると考えついたのは彼にほかならない。ひとつの研究領域としての「ゾミア学」を提案することによって、「地域」を私たちはどう理解しがちかという議題を彼は喚起した。「ゾミア」という語を打ち出した彼の論文を読んで、私はただちに彼が率いるゾミア軍（心理作戦部隊）に一歩兵として入隊したわけだ。国際ゾミア学会が開催される日を私たちは心待ちにしている。ファン・スヘンデルの提案を実際に取り入れるとどのような研究が産まれるか、彼自身のベンガル国境の調査はすでにみごとな例を提供している。

私がもっと辛抱強く、より包括的な研究を書く衝動に駆られていたならば、本書には、避難地帯としての水域についての章が付け加えられていただろう。残念ながら、このテーマについては、所々で言及するのみで、十分に論じることができなかった。海に生き、列島を渡る東南アジア島嶼部のオラン・ラウト（海の遊牧民、海のジプシー）が避難民の海域版であることは明らかだ。多くの山地民がそうであるように、彼らもまた戦闘に長け、海賊行為、奴隷狩りを営むこともあれば、海域警備隊もしくは攻撃員としてマレー王国に仕えることもあり、自ら立場を軽快に変えてきた。重要な海路の端に位置取り、突如出現しては攻撃を仕掛け、そして足早に消え去っていくこの人々は、「水のゾミア」を想起させ、本書の議論の対象としてまさにふさわしい。ベネディクト・アンダーソンからはまさしくこの視点を促された。「山よりも森よりも大きく、空いているのは海だ。海賊たちは、G7を、シンガポールを、冷静沈着にそして軽々と回避し続けているではないか」と。しかし誰にも明らかなように本書はすでに十分厚く、このテーマについては私よりもっと適した人に委ねることが賢明であろう。エリック・タグリアコゾによる卓越した研究がすでに口火を切っている。

この研究のテーマの中核にあたる研究を先立って進めてきた四名の学者の業績抜きには、本書を着想することすらできなかったであろう。F・K・レーマン（別名チッフライン）とリチャード・オコナーの論文を私はそれぞれ著作集のように集めては再読を重ねた。深い洞察に感銘を受けては、私自身の考察に対して何を意味するのか、いく度も考えさせられた。東南アジアでの国家形成に関する比較研究の第一人者であるヴィクター・リーバーマンと、ゾミア（彼の言葉では「東南アジア山塊」）の旗を先立って挙げたジャン・ミショーの二人も、重要な対話を喚起してくれた。これら四名の学者は、異を唱えるときこそ知的寛大さをもって私の考察に対処してくれた。彼らにはまだ多くの異論があるだろうが、彼らのおかげで本書が多少なりとも改善されたことは間違いない。加えて、本書の巻末の用語解説のために、ジャン・ミショーが『東南アジア山塊の人々の歴史辞書』の引用を快く承諾してくれたことに感謝する。

多くの研究仲間が、本書原稿の一部もしくは全部を読んでは率直な助言を送ってくれた。その影響は本書のあちらこちらに見つけることができる。研究仲間の名を順不同で挙げよう。マイケル・アダス、エイジェイ・スカリア、ラマチャンドラ・グハ、タニア・リ、ベン・アンダーソン、マイケル・アウントゥイン、今村真央、歴史家のウー・タントゥンマウン、ウー・ソーヂョートゥ、考古学者のウー・タンテイン、地質学者のアーサー・ペ、ジェフリー・ベンジャミン、シャンシャン・ドゥ、マンディ・サダン、マイケル・ハザウェイ、ウォルト・カワード、ベン・カークヴィレット、ロン・ハーリング、インドラニ・チャタジー、キンマウンウィン、マイケル・ダヴ、ジェームズ・ヘゲン、ジャンバート・ゲウォルド、トマス・バーフィールド、トンチャイ・ウィニッチャクン、キャサリン・ボウイ、ベン・カーナン、パメラ・マッケルウィー、ナンス・カニングハム、オウンオウン、デイヴィッド・ラデン、リオ・ラカッセン、ジャニス・スターガート、トニー・デイ、ビル・クラウスナー、ミャタン、スーザン・オー・ドナヴァン、アンソニー・リード、マーティン・クラインジョー・ガルディ、アーデス・マウン・タウンムン、ボボゲ、マグヌス・フィスケショー、マリー・カラハン、エンリケ・メイヤー、アンジェリーク・ハウグルド、マイケル・マクガヴァーン、タンミィンウー、マーク・エデルマン、ケヴィン・ヘプナー、クリスチャン・レンツ、アンピン・チン、プラサンジット・ドゥアラ、ジェフ・ウェイド、チャールズ・カイズ、アンドリュー・タートン、石川登、ケノン・ブリズィール、カレン・バーキー。そして依頼したにもかかわらずコメントを送ってこなかったものが四人! それが誰かは本人たちがよく知っている。心して反省するように! しかし原稿があまりにも重く持ち運ぼうとして倒れてしまったのかもしれない。そうであれば、お許しを。

数多くの研究仲間に助けてもらったが、これから上げる数名の方々への恩義は分類しがたいのであるが特別な感謝を表しておきたい。ヒョルレイファー・ジョンソンの『ミエン関係』は独特の洞察に満ちていて、山地のアイデンティティと社会構造の柔軟性について私自身の考察に大きな影響を与えた。ミカエル・グレイヴァーズからはカレンについて、とくに彼らが傾倒する千年王国運動の宇宙論的基盤について多くを教えてもらった。エリック・タグリアコゾは、原稿をきわめて丁寧に読んでくれたのみならず、(私がいまだ読み切れていない) 長大な課題文献リストを作ってくれた。最後に、もう何年も前のことだが、「日常的なアイデンティティと公式のアイデンティティ」というテーマでともに勉強をした同僚からも多くを学んだ。ピーター・サリンズ、ピンゲオ・ルアンガラムスリ、クワンチワン・ブアデーン、チューサック・ウィタヤパク、そして文字どおりの「ゾミアニスト」であるジャネット・スタージェンの五人である。

一九九六年にイェール大学の同僚ヘレン・スィウに説得されて、中国の国境地域とその人々をテーマとする学会に討論者として参加した。彼女とパメラ・クロッスリーとデイヴィッド・フォーレによって企画されたこの会議は活気と刺激に満ちていて、本書で展開される多くのアイデアが芽生えるきっかけとなった。この会議を基に、パメラ・クロッスリー、ヘレン・スィウ、ドナルド・サットンが編集出版した『帝国の周縁――近代初期中国における文化、エスニシティ、フロンティア』(Berkeley: University of California Press, 2006) は、歴史学的にも、理論面でも、そして民族誌としてもオリジナルな論考が満載の書である。

　過去一〇年のあいだ、数多くの組織と団体が私の研究がのろのろと歩くのを支えてくれた。もともと東南アジア山地について、そして国家と移動する人々の関係についての基礎文献の読み込みを始めたのは、パロ・アルトの行動科学高等研究センターであった。そこではアレックス・キーザー、ナンシー・コット、トニー・ベビントン、ダン・シーガルという愉快な知的友人に恵まれた。この研究を私は、オスロの開発・環境センターで継続し、デスモンド・マクニール、シグニー・ハウェル、ニナ・ヴィトチェク、バント・ハグヴェットという知性と魅力に溢れた人々のお世話になった。また、キンマウンウィンの辛抱強い指導の下で「ビルマ民主の声」のラジオ放送局を通じて、ビルマ語の学習に本気で取り組み始めたのもオスロであった。本書の初稿を書き上げたのは、ロスキルド大学の国際開発学大学院においてであった。クリスチャン・ルンド、プレベン・カーショロム、ボディル・フォルケ・フレデリクセン、インゲ・ジェンセン、オル・ブランは新鮮な知的刺激に満ちた楽しい日々を可能にしてくれた。深く感謝する。

　過去二〇年のあいだ、私にとって揺るぎない知的支柱であったのはイェール大学の農村研究プログラムにほかならない。研究の場は、楽しくも挑戦的で、だれにでも開かれていつつも、厳しくあるべきことを繰り返し教えてくれたのは、研究員、講演者、大学院生、そして同僚の教員たちである。ケイ・マンスフィールドはこのプログラムの精神的な拠り所であり、自らの位置を確かめることができるコンパスのような存在である。同僚のＫ・シヴァラマクリシャン、エリック・ウォービー、ロバート・ハームス、アルン・アグラワル、ポール・フリードマン、リンダアン・レブン、マイケル・ダヴらはイェールでの私の生涯学習に惜しみなく手を貸してくれた。本書の分析できわめて重要な位置を占めている焼畑移動耕作について私が知っていることのすべては、マイケル・ダヴとハロルド・コンクリンが教えてくれた。

　やる気と才能にあふれた一連の研究助手たちのおかげで、どれだけの時間と手間が省かれ、どれだけ多くの誤りが訂正されたことだろう。彼ら自身の研究が実り、名をなす日は遠くないことを確信している。本書の信憑性を高めてくれたアラシュ・カゼニ、シャフカト・フセイン、オースティン・ザイダマン、アレクサンダー・リー、ケイティ・シャーフ、ケイト・ハリソンに感謝する。

　私のビルマ語との格闘につき合うはめになったビルマの友人たちには、見舞われた苦痛に対する慰謝料を少なからず負っている。彼らには聖人の資格、もしくは上座仏教でいうと天部の資格がある。キンマウンヂー先生は、最も辛抱強く指導してくれたが、そのおかげで先生には最大の苦痛を与えてしまった。サンサンリンをふくめ、彼の家族全員に感謝の意を述べたい。レレオウン（ビオラ・ウー）、ボボゲ、カルポー、キンマウンウィンの皆も、恐ろしくのろまで不自然な会話の相手役を繰り返し務めてくれた。カウンヂョーとソーヂョートゥは、正式の教師ではないものの、友達として常に私を励ましてくれた。最後にナイントゥンリン先生についてだが、生まれながらの教師である彼は、マンダレーで、そしていくつもの旅行の道程で、私に適した学習法を案じては厳格に実行してくれた。マンダレーでのレッスンはしばしば、こじんまりしたホテル四階の広いテラスで行われたのだが、私は習ったばかりの声調の違いに何度も混乱しては、無声音を発声するといった初歩的な間違いを繰り返した。私が全滅状態に陥ると、先生はいきなり立ち上がってはテラスの端に向かって歩き去っていくのであった。絶望のあまり、先生は柵を越えて身を投じてしまうのではと私が恐れたことは一度ではない。しかしそのようなことは起こらず、先生は戻ってきて椅子に座っては、深い深呼吸をしてレッスンを続けてくださった。この先生がいなければ私は挫折していたことだろう。

　本書に適切な題目を探し求めていたとき、ウィスコンシン大学マディソン校の政治学者ジミー・カサス・クラウセンが〔原書名と同じ〕「The Art of Not Being Governed」という政治哲学の授業を持っているとある友人が教えてくれた。その講義題目の借用をクラウセンが快く承諾してくれたことに深く感謝する。その授業を通じて手がけている一連の研究をまとめて、自らの著書で彼の政治哲学的足場が発表される日を私は楽しみに待っている。

　本書のために想像力と手腕を駆使して地図を作ってくれたのは、イェール大学スターリン図書館のステイシー・メイプルスである。彼女は東南アジアにおける国家形成の空間的問題についての私の理解を地図の形で表わしてくれた。

　本書では、適切と思える箇所においてビルマ語を併記しておいた。ビルマ語には、ローマ字表記法がまだ確立されていないので、ロンドン大学東洋アフリカ研究学院のジョン・オーケルによって発案され、彼の著書『ビルマ語――話し言葉入門　第一巻』（DeKalb: Northern Illinois University, Center for Southeast Asian Studies, 1994）で説明されている表記法に従った。混乱を避けるために、重要な語についてはビルマ語のまま表記した。

　イェール農村研究叢書の編集者であるジーン・トムソン・ブラックは豊かな才能を駆使し、喜んで力を貸してくれた。また、本書の編集者であるダン・ヒートンは、原稿を尊重しつつも、読者が直面するであろう過剰な表現や誤りをきっぱりと指摘してくれた。

最後に、私の高地の女神に。彼女との親交なしに、また彼女の明察溢れる助言なしには、この執筆を通して考えることも、生きることもできなかったであろう。

I　山地、盆地、国家
――ゾミア序論

1

本書をまず三つの引用文から始めよう。これらの文章はいずれも、ある特定の種類の障害を描写している。最初の二つは役人によるもので、征服をもくろむ行政官が複雑な地形とそこで抵抗する人々に直面したときの状況を描いている。三つ目は、別の大陸で、現地民の魂の征服を試みる宣教者が、あたかも無宗教と異端を煽っているかのような険しい景観を前に絶望している様子である。

一般に地図の作製は難しいものだが、貴州省においてはとくに難しい……貴州省南部の地勢は入りくんでいて境界がどこにあるのかさえわからない……部局や郡などの区画はいくつにも小分けされていて、ほかの区画があいだに割りこんでいる場合も多い……さらに苗《ミャオ》が中国人と混ざりあって暮らしていて、誰に属しているのかわからない土地もある。

貴州省南部には多くの峰があるが、これらは秩序なく混在していて、平野や沼地が山々のあいだに隙間を作っているわけでもなく、河や水路が境界になっているわけでもない。山はうんざりするほどあり、そこには何の秩序を見いだすこともできない……その土地に暮らす人はまばらで山頂にも名称すらない。また、山頂と尾根を区別するのは難しく、地形をしっかりと把握することも難しい。これらの山脈の形態を説明するには長い描写が必要になる。一日の歩行の主な報告だけでも何章にもおよんでしまう。詳述となれば、数キロにおよぶ大量の文書になってしまう。

地域ごとの方言や名称の違いによる混乱も生じる。五〇キロの範囲で同じ河が五〇の異なる名で呼ばれていることがあれば、一キロ半程度の居住地が三つの名前を持っていることもある。名称のリストなど作っても役に立たないということだ。[1]

山地の急斜面や密林は、強盗団が最も長く潜伏していた場所である。ミンブーとタイェッミョーのあいだの地域、そしてシャンおよびアラカンとチンの丘陵のふもとは潜伏にうってつけの地であった。道は細く曲がりくねっていて、追跡から逃れるにも、追手を待ち伏せるにも最適の地形だ。通常の道以外に、この場所に接近する方法はほとんどない。密林のマラリアは我が軍勢にとって致命的であり、歩兵隊一団がやっとの思いでかろうじて森林を突き抜けることができただけだ。村は数少なく、点々と散らばっていて、たいていの場合、奥深い森に囲まれている。道はとても細く、広くても荷車がやっと通れるほどだし、加えて刺のある蔓や低木が上からぶらさがっている。草木の多くは三月に焼かれるが、いったん雨期になると全地域がまたもや通行不能に陥る。[2]

地表は、曲がりくねった小川によって細かく分割されている。小川の数はあまりに多いために、三七三平方マイル〔約九六〇平方キロ〕の一地区の地勢図に三三九もの細流の名称が記載されている。つまり平均すると、一〇平方マイルにつき九つの異なる川が流れているということになる。盆地はたいていの場合「V」の字をしているが、小屋や庭に使えるような十分な平地は川岸にさえない。移動手段の制約から交通はひどく遅く不便であったが、地理的諸条件によって輪をかけて厳しくなった。まず、回り道が多い。ひとつの支流を流れに沿って下っては、その後もうひとつの支流沿いに上がるとか、もしくは上流の分岐点までまず上ってから向こう側の支流沿いに下る、といった遠回りを強いられるのが常である。そのため、嫁に出た女が一〇マイル〔一六キロ〕離れた実家に十数年も帰っていないというようなことは稀ではない。[3]

この三つの文章に共通している嘆きの背景にはいずれも支配・征服の事業があった。それは、清朝の支配であり、大英帝国の支配であり、そしてアメリカのアパラチア山脈におけるキリスト教プロテスタント派の支配である。これらはいずれも、秩序、進歩、啓蒙、文明の伝道者を自称し、まだ支配のおよんでいなかった地域に国家もしくは宗教組織の行政的規律を広く行き渡らせることを目論んだ事業であった。

一方には支配と従属関係が確立されている地域があり、もう一方にはそのような従属関係が築かれず、自らの自律を維持する人々の空間がある。これはどうしてだろうか。この関係は東南アジア大陸部では特別な意義をもっている。というのも東南アジア大陸部の歴史で、社会的境界を最も深いレベルで規定してきたのはまさしくこの関係――山地の人々と盆地の人々、もしくは上流（マレー世界でいうところのフル）と下流（ヒリール）の人々の関係――にほかならないからだ[4]。この二項関係を注意深く遡ってみることによって、私たちは、平野での国家形成と山地での植民という世界的なプロセスについてまったく新しい歴史的理解にたどりつくことができるだろう。

拡張する国家とそれに抗して自治を維持する人々。この二項の図式は、もちろん東南アジアに限られたことではない。この対比は、西洋近代における国家形成の多くを特徴づける「国内植民地化」の文化的・行政的プロセスにも見いだすことができる。それは、ローマ、ハプスブルク、オスマン、中国、英国といった帝国建設の事例のどれでも同様であるし、またアメリカ合衆国、カナダ、南アフリカ、オーストラリア、アルジェリアのようないわゆる「白人開拓」者による植民地における先住民の征服でも、そして中近東史の多くを特徴づける、アラブ定住民と放牧民（ベルベル）の関係においても同様だ[5]。接触の具体的な形態はもちろん事例ごとに異なる。しかし、自律を維持する人々と国家の下で統治される人々との間でとりかわされる弁証法的な関係は、「生」と「熟」という概念[*1]、野生と従順、山地民と平地民、原住民と開拓民、上流と下流、野蛮と文明、原始と近代、自由と束縛、歴史をもたない人々と歴史をもつ人々といった具合に、さまざまな形で表れ、世界のいたる所に見られるので、三角測量のような方法を用いて相互比較ができる。以下の議論では、できるだけそうした機会をとらえて比較を試みよう。

周縁の世界

文書による記録によれば――というのはつまり、穀物を基盤とする農耕文明以降の歴史によれば、ということだが――本書で検証していくこれらの接触は、つねに支配者たちを悩ませる懸案であったといえるだろう。しかし対象からもっと距離をとり、歴史を見るレンズをもっと広げて、これを国家・文明間の接触ではなく人間同士の出会いとして検証してみると、この出会いはごく最近に急激に起きた出来事であることに驚かされる。ホモ・サピエンスとしての人類の歴史はおよそ二〇万年、東南アジアにおいてはせいぜい六万年である。東南アジアで最初に小さな定住集落が現れるのはせいぜい紀元前一〇〇〇年のことであり、人類の長い歴史においては小さな点、局地的な束の間の現象でしかない。紀元前のほぼ全期間において、つまり人類史の最後の一パーセントの時期に至るまで、人類の社会景観を構成していたのは親族を基とする簡素な自律的集団であった。これらの集団は、狩猟、饗宴、貿易、戦闘、和平を目的として、互いに協力することもあった。しかし、そこには国家と呼べるようなものはいっさい存在しなかった。[6] 言い換えれば、人類史のなかで国家構造のない状態で生きることこそが人間の標準的な状態であった、ということだ。

先に言及した二項的な関係、つまり「国家の統治下に定住する人々」と「未開地において自治を維持する人々」との区別は、農耕国家形成の偶発的結果として誕生した。遅くとも一九世紀初め頃まで、交通の困難、軍事技術の水準の低さ、そしてなによりも人口分布の条件が原因で、最も野心的な国家でさえもその領地はきわめて限られていた。また紀元一六〇〇年の人口密度がわずか五・五人の東南アジア（対してインドと中国では約三五人）では、広大な未開拓地に人々が移動することは比較的容易であった。[7] つまり広大な未開拓地は、ある種の政治安定装置として機能していたのである。国家が民を圧迫すればするだけ民は未開拓地へ逃避し、国民の数は減少する、という具合であった。いうなれば、広大な未開拓地が民衆の自由を保障していた。リチャード・オコナーはこの二項関係をうまく捉えてこう言った。「国家の登場により、少なくとも農民には新たな状況への適応が求められた。その初期段階においては、農民は移動によって、国家間の戦争やさまざまな賦課から逃れることができた。私はこの適応を第三次分散と呼ぶ。ほかの二つの革命――農業と複雑社会――とは異なり、国家による農民の支配は当初きわめて不安定なものだった。そこで〈人を集め……村をつくる〉という統治戦略が現われたわけである」。[8]

最後の囲い込み運動

植民地時代以前、国家空間ではない場所を征服支配することは、為政者にとっては束の間の光のような経験にすぎなかった。しかし、植民地時代とその後の独立国家の時代になると近代国家は、恒久的な支配を可能にする資源を手にした。これこそ東南アジアにおける最後の大いなる囲い込み運動である。東南アジアにおける「最後の囲い込み運動」とは、つまるところひとつの征服事業にほかならない。歴史上この事業は一進一退を繰り返したが、少なくとも二〇世紀のあいだ国家はこれを一貫して追求した。植民地期においてもその後の独立期においても、共産主義であろうが新自由主義であろうが、ポピュリストであろうが権威主義であろうが、政府はこの類いの事業を全面的に押し進めた。さまざまに異なる思想に基づいているはずの政治集団が皆一様にこの支配事業を企てたという事実は、行政、経済、文化の標準化という試みが近代国家の構造に生来的に組みこまれていることを示している。

国家の中心部から見れば、この囲い込み運動とはまず、辺境の人々と土地と資源を統合して、それを金銭のかたちに変えていくことである。そして超過利潤を生み出すように徴税と監査の対象にして、国民総生産や外貨収入に貢献するように変革することである。辺境はもともと孤立していたわけではなく、平野や世界貿易と強い経済的繋がりをもっていた。場合によっては、国際貿易で高い価値をもつ産物のほとんどが辺境地域からもたらされていた。辺境を完全に統合する目論みは、開発、経済発展、識字、社会的統合といった文化的な体裁を帯びるようになったが、それはいうなれば表向きの話であり、これらの事業の本当の狙いは別のところにあった。真の目的は、辺境における生産性の向上ではなく、辺境民の経済活動を把握できるような状態に置くことによって、課税、査定、接収の対象にすることであった。国家はそのために必要であれば新たな生産形式を導入した。動き回る焼畑農耕民が村に定住するように移住させ、所有者の定まらない開かれた共有地を囲われた所有形態、とくに個人所有というかたちに変換した。木材や鉱物といった天然資源を国家財産として差し押さえ、生物多様性を維持してきた農耕形態の代わりにプランテーション型の単一換金作物栽培を奨励した。このプロセスは一七六一年以降イギリスで大規模な私有商業生産のために共有農耕地の半分が失われた歴史現象によく似ているので「囲い込み」と呼ぶにふさわしい。

この広大なる囲い込み運動がいかに斬新かつ革命的であったかは、歴史的視野を最大限に広げれば明らかである。中国やエジプトで見られた最も初期の国家――そしてその後の、インドのチャンドラグプタ帝国、古代ギリシア、共和制ローマ――は人口で見るかぎり小規模なものであった。これらの国々が占めた領域は、世界全体のなかでは微々たるものであったし、支配していた人々の数も世界総人口の割合としてはほんのわずかにすぎなかった。東南アジア大陸部で最初の国家が登場したのは紀元前五世紀頃である。それらの国々の支配領域は歴史書ではよく大袈裟に語られるが、実際のところ地理的にも人口的にもたいしたものではなかった。堀と塀に囲まれた小さな中心部も、貢納する村々によって構成された階層的権力ネットワークも、不安定で、地理的範囲も限られていた。古代遺跡や国家中心史観に惑わされることがなければ、そのような地域は実質的にはすべて辺境であり、中心などあってないようなものであった。人口と領土の大部分はそうした縄張りの外側にあったのである。

小規模とはいえ、こうした国家中心部は、人力と食物を一点に集約させる能力面でそれまでにない戦略的、軍事的利点を備えていた。その戦略の要は定住灌漑稲作農業であった。(9)水田稲作は、国家を持たない人々を一地点に集合させる新たな政治形態であった。王宮という中心で手にできる財産や地位、そして貿易活動に魅了された人々がいたことは間違いない。しかし、国家の統治下に生きていた大半の人々は戦時期の捕虜や、商人によって連行されてきた奴隷であった。近代以前の小国家にとって、「野蛮人」の暮らす広大な辺境は、少なくとも二種類の重要な資源を供給した。第一に、これらの地は水稲国家の繁栄に欠かせないさまざまな交易品や森林作物の産地であった。そして第二に、辺境は当時の最も重要な商品であり、国家の繁栄に不可欠の労働力、つまり捕虜の供給源でもあった。エジプト、ギリシア、ローマといった古代国家のみならずクメール、タイ、ビルマの国家についてのこれまでの研究が示唆するとおり、「国民」のほとんどはもともと奴隷、捕虜、もしくはその子孫であり、けっして自由人ではなかった。

小国家にとって、辺り一帯に広がる広大な辺境は同時に脅威でもあった。辺境地は採集、狩猟、輪作、放牧を営む避難民や移動民のよりどころになっていたが、こうした生業活動を国家は統制しきれなかった。辺境の暮らしは多様で、流動的で、移動性に富んでいたので、定住型農業を基盤とした農耕国家の財政に関するかぎり、まったく不毛の地であった。交易を除くと、辺境の生産物を手に入れる手段が国家にはなかなかなかったが、この理由のもうひとつは、たいていの初期国家が耕作可能な平野部や高原地帯に誕生したのに対して、統治されていない人々は、森、沼沢地、湿地、乾地草原、砂漠といった(国家から見て)辺鄙な奥地に位置していて、容易に訪れることはできなかったからである。稀に訪れることができても、交通の不備や現地民の分散が原因で結局のところ目当ての産物はまず入手できなかった。国家と辺境というこのふたつの空間は、生態的に相補的な関係にあったゆえに交易関係を結んでいたが、交易が強制されることはあまりなく、大部分は自発的で自然発生的な交換にもとづいていた。

「野蛮な部族」の領域と見なされていた辺境は、初期国家の上層部にとって潜在的な脅威でもあった。歴史上稀ではあるが、モンゴル、フン、オスマンに率いられた一隊のように、遊牧民が国家を武装攻撃して壊滅に至らせて新たな支配者となったケースもある。もっと一般的だったのは、国家をもたざる人々が国家支配下の定住型農耕社会を格好の標的として襲撃し、あたかも国家であるかのごとく組織的な貢物を要求することであった。定住型農業は効率の良い搾取形態として国家によって広められたが、同時に盗賊にとってもまたとない略奪の標的になった。

しかし、統治圏の周縁部が何世紀にもわたり脅威であったより大きな理由は、国家の外に生きるという魅力的な選択肢を人々につねに提示していたからである。新たな国家は往々にして、先住民からの農地の剝奪から始まったが、先住民のほうは新しい国家に組みこまれていくこともあれば、ほかの地に逃げ去ることもあった。国家の勢力範囲の外部に逃避した人々は、いわば最初の難民であり、国家の手の届かないところで別の勢力に加わった。この現象は、国家の勢力範囲の拡大に呼応して、外縁部において繰り返された。

国家の内部に生きるのか、外部に生きるのか、それともその中間部に生きるのか。国家という政治形態が隅々まで行き渡っている現在の私たちは忘れがちだが、人類史の大部分においてこれらは現実的な選択肢であり、人々は状況に応じて対応を決定してきたのだった。裕福で平和な国家であればそれに帰属する利点は多くあったので、人々が惹かれて集ってきたという理解は、偉大な王が平和と正義がもたらし、そのきらびやかな繁栄に粗暴な野蛮人さえも魅了されたという、よくある文明物語そのものである。トマス・ホッブズの政治論はもちろん、救済を約束する世界宗教のほとんどがそのような文明史観を前提としてきた。

しかしこの文明史観は、ふたつのきわめて重要な史実を無視している。まずひとつは、前述のとおり、初期国家の人口の大半は自由民ではなかったという点である。彼らは国家に拘束された人々であった。もうひとつは、ありがちな文明論にはひどく都合が悪いが、支配下の人々が国家の手から逃げ出していくことはまったくありふれた出来事であったという点である。国家の統治下に生きることは、納税、徴兵、賦役を課されるということであり、ほとんどの者にとってそれはある種の隷従的状態を意味した。これは国家の戦略的、軍事的優位を可能にした核心的条件であった。こうした負担が限界に達した時点で、人々は辺境もしくは別の国家にすばやく逃げていった。飢饉や伝染病のリスクが、人口の集中、動物の家畜化、単一穀物への依存によって高まった。加えて初期国家はいわば絶え間なく戦争を起こす装置でもあり、徴兵、侵略、略奪から逃れようとする人々を繰り返し産み出した。初期国家は、一方で新たな人口を吸収し、もう一方で逃れる人々を周縁へ追い立てたわけだ。そして、ひとたび戦争、干ばつ、伝染病、継承を巡る内部闘争などが原因で、国家が崩壊すると、人々は再度国家の外部へと吐き出されるのだった。つまり、国家とは一度建設してしまえば永続するというものではなかった。考古学的調査は、短い期間に全盛を極めてはそのあとに戦争、伝染病、飢饉、もしくは環境破壊によって失墜した国家の事例を数多く提供している。それらの調査が明らかにしているのは恒久不変の国家像ではなく、長い歴史のプロセスにおける形成と崩壊の反復である。人類史上、人々は国家の内部と外部を行き来した。つまり、ある社会の「国家らしさ」というのは周期的に浮き沈みを繰り返す可逆的なものであった[10]。

建設と崩壊という周期が反復した結果、国家の周辺には難民と、まだ一度も国家の下で生きたことのない無国家民の両者によって形成された独特な地帯が生まれた。国家形成は抗争を招き、人々を国家の外部へはじき出し、その結果として周縁部では避難地帯が数多く作りだされた。そこはあたかも国家という容器のかけらがしだいに蓄積していった「破片地帯」であり、民族的にも言語的にもきわめて複雑な地域であった。国家の拡張に呼応するように、人々は安全を求めて新境地に次々と移動しては、移動先で先着の難民をさらに奥地へと追い出した。東南アジア山岳部は実際のところそのようにして難民が重層的に積み重なった「破片地帯」である。中国南西部の雲南が「人種の博物館」と呼ばれる背景には、まさにこのような人口移動の歴史がある。国家、帝国、奴隷貿易、戦争の拡大や自然災害によって多数の人々が人里離れた場所に避難所を探し求めて移動するとき、そこには必ず破片地帯が生まれる。高地平原に国家と農業を築いたアンデスは注目すべき例外であるが、アマゾン流域、ラテンアメリカの高地、奴隷狩りのルートから十分に離れていて安全であったアフリカの高地回廊、そしてバルカンとカフカスはそのような辺境の好例である。地形的にアクセスが困難であることのみならず、言語と文化が多様であることが、破片地帯の特徴である。

ここで注意すべきは、このような周辺の歴史は、文明社会が自らを語るときに用いる官製の歴史物語とはまったく嚙み合わないという点だ。定説に従えば、純朴で野蛮ですらある後進的民族は、徐々により豊かな社会と高度な文化に組み入れられていくと考えられている。しかし、もともと「野蛮人」が統治機構の外にいたことが、実は国家から距離をとるという意図的な選択の結果であったのであれば、私たちはそこに新たな政治主体を認めざるをえない。国家の辺境に生きている人々の多くは、原初的社会形態のまま取り残された人々ではなく、また東南アジア低地民が民間伝承で伝えるところの「私たちの先祖」でもない。彼らの暮らしの特徴として「第二次的原始性」という語が使われることもよくあるが、これも不適切な表現だ。というのも、彼らは国家の周縁に暮らすことをあえて選択してきたからである。辺境民の日々の生業活動、社会組織、物理的拡散、文化的資質は、未開のままに取り残された古代からの伝統や慣習ではなく、既存の外部国家への編入と、自らの内部での権力集中化を抑止するために意図的に設計されたものである。辺境民の行動には、国家からの逃避と国家建設の阻止という二つの命題が浸透していて、それは彼らのイデオロギーにもしみこんでいる。言い換えれば、彼らの行為とイデオロギーは国家が産み出した産物であり、それは計画的な犯行ならぬ計画的な野蛮行為であったといえるだろう。彼らは平野部中心地との交易を双方に有利になるように活発に続ける一方で、政治的拘束からの逃避を頑に繰り返してきたのだから。

「野蛮人」は、たんに未発展段階に残された人々ではなく、自律の維持という点から居住地、生業活動、社会構造を積極的に選択してきた政治的主体であると考えれば、従来の社会発展的文明史観は完全に崩壊する。低地国家の優越感が依拠しているのは、二種類の段階的文明論である。ひとつは、採集と狩猟から、焼畑（もしくは遊牧）、定住農耕、灌漑水稲に至るまでの農耕発展史観である。もうひとつは、森林での移住型生業から、小規模の開拓、村落、町、都市に至るまでの一連の社会組織発展史観である。このように想定された「段階」のひとつひとつが、実のところ、国家との関係を規定する社会的選択肢を基にしているとしたらどうであろう。そして、もし、辺境民の多くが長い歳月をかけて国家を近づけないように、より「原始的」な生活形態を戦略的に選択してきたとしたらどうであろう。そのように視点を移してみると、自律旧来の社会進化論も含め低地国家ではびこる文明論は、自律民を原始人とみなし、国民と文明人を重ね合わせる、自分たちにのみ都合の良い言説であることがよくわかる。

この種の文明史観の論理は根本的にひっくり返されねばならない、というのがこの本全体における私の主張である。山地民に対する烙印――地理的周縁性、移動性、焼畑農耕、流動的社会構造、宗教的異端、平等主義、文盲と口承文化――は、文明から取り残された原始社会の痕跡ではなく、国家からの逃避と国家形成をはばむための適応の結果と見なすのが妥当であろう。山地民にとって、国家の世界は魅力的でもありまた同時に脅威でもあったが、これら山地社会の特徴は、国家に従属しない人々が国家世界に対して展開してきたさまざまな政治的適応の痕跡なのである。

臣民を作りだす

国家から逃げることは、数世紀前までは現実的な選択肢であった。実際、千年前までほとんどの人は、国家構造の外か、いくつもの王国からなる緩やかな政治的連帯の下か、もしくは統治力の限られた世界に暮らしていた。(11) ひるがえって今日、国家の外に生きるという選択肢は急速に消滅しつつある。過去千年のあいだに、国家に対抗する策略がいかに徹底的に追いつめられてきたかを理解するために、大胆に単純化した図式を用いて国家と国家なき人々の歴史を早送りで見てみよう。

この歴史の中心は国家と定住型農耕との恒常的な関係である[12]。歴史的に国家権力の基盤は、定地での穀物栽培であった。定住型農業は土地の所有権、家父長制にもとづいた家族制度、さらに国家が奨励する大家族制に至る。穀物農業は拡張する傾向をもっており、病気や飢饉によって抑制されないかぎり、新しい場所への移動植民を必要とする余剰人口を産み出した。つまり長期的視野に立てば、絶えず自らの複製をつくっては拡張を続ける穀物栽培こそが「遊牧的」かつ攻撃的であり、狩猟・採集のほうが一定の地域への依存が深く、安定した人口を支えていた。ヒュー・ブロディが指摘したように、両者を比較すると狩猟・採集のほうが「動かずにしっかりと定着していた」のである[13]。

植民地主義にもとづくヨーロッパ勢力の巨大な拡張は、定住型農業の劇的な拡大でもあった。北アメリカ大陸、オーストラリア、アルゼンチン、ニュージーランドなどの「新大陸《ネオ・ヨーロッパ》」で、ヨーロッパ人は自分たちの農耕方法を可能なかぎり再生産した。定住型農業国家がすでに確立していた地域では、ヨーロッパの植民国家が新たな統治者として先住領主に取ってかわり、前の王国より大きな強制力で農業を奨励し農民に税を課した。ほかのすべての生業活動は、例えば毛皮など価値のある貿易品でも見つからないかぎり、財政的に不毛とみなされた。採集、狩猟、輪作、遊牧といった活動は無視されたか、荒地へ追いやられた。こうした迫害の結果、一八世紀の末までに「無国家」民は世界人口の過半数を割った。しかしそれでも、森林、荒野、ステップ、砂漠、極地、沼地といったアクセスが困難な僻地は、国家をもたざる辺境民の地であったのである。辺境は国家から逃げる理由をもった人々にとってつねに潜在的な避難先であった。

国家にとって把握しやすいのは賃金労働と定地農耕を基盤とする経済であったが、国家なき人々はこの仕組みに簡単には引きこまれなかった。辺境民は、交易を存分に利用しつつ、服従するどころか、苦役などの義務をかわして逃げ続けた。「文明」は彼らを魅了しなかった。しかし、「無国家」民による抵抗はやがて、大西洋、インド洋の沿岸部、東南アジアにおける奴隷制の黄金時代に直面した[14]。辺境民は、植民地やプランテーションに大量に移植され、換金作物（茶、綿、砂糖、インジゴ、コーヒーなど）の栽培者として国家に対して財政的に貢献することを強制された[15]。この囲い込み運動の最初の段階で国家に何よりも必要とされたのは捕獲と束縛の技術であった。国家統治下の臣民より自律的（かつ健康）であった辺境民は、こうして無国家空間から、国家が労働力を支配する空間へと移動させられ管理されることとなった。

大規模な囲い込み運動の最後の段階は、ヨーロッパでは一九世紀に、そして東南アジアでは主に二〇世紀後半に起こっ

読者カード

みすず書房の本をご購入いただき，まことにありがとうございます.

書　名

書店名

・「みすず書房図書目録」最新版をご希望の方にお送りいたします.

(希望する／希望しない)

★ご希望の方は下の「ご住所」欄も必ず記入してください.

・新刊・イベントなどをご案内する「みすず書房ニュースレター」(Eメール)をご希望の方にお送りいたします.

(配信を希望する／希望しない)

★ご希望の方は下の「Eメール」欄も必ず記入してください.

(ふりがな) お名前　　　　　様		〒
ご住所	都・道・府・県	市・郡 区
電話	(　　　　)	
Eメール		

ご記入いただいた個人情報は正当な目的のためにのみ使用いたします.

ありがとうございました．みすず書房ウェブサイト https://www.msz.co.jp では刊行書の詳細な書誌とともに，新刊，近刊，復刊，イベントなどさまざまなご案内を掲載しています．ぜひご利用ください.

郵便はがき

料金受取人払郵便

本郷局承認

7250

差出有効期間
2027年4月
30日まで

113-8790

東京都文京区
本郷2丁目20番7号

みすず書房営業部
行

通信欄

(ご意見・ご感想などお寄せください．小社ウェブサイトでご紹介させていただく場合がございます．あらかじめご了承ください．)

た。これは国家と周縁という二項関係の根本的な変革であるが、本研究の守備範囲を超えている。「囲い込み」運動の最終段階は、もはや辺境民を国家支配の領域に移し入れることが目的ではなく、辺境地そのものを植民地化して、統治下に完全に組み入れ、財政的に肥沃な国土に転換する試みである。この企てのすべてが実現されなくても、この事業が意味しているのは「無国家」空間の根本的な消滅にほかならない。この最終段階を可能にしているのは、全天候型道路、橋、鉄道、航空機、近代兵器、電信、電話、GPSを含む最新型情報技術など、距離という障害を無効化する技術である。この真に帝国主義的事業はあまりにも斬新で、私が本書で論じているものとは異なる力学で展開している。したがって本書の分析は、東南アジアの現代（一九五〇年以降）には基本的にあてはまらないことを断っておかなければならない。囲い込みがいよいよ最終段階に至った背景には、近代的国家統治の確立と、成熟した資本主義の資源需要があったことをここではまず確認しておこう。

　二〇世紀において、国民国家は統治権力の単位としてほとんど排他的な地位に至ったが、国家の覇権《ヘゲモニー》によって、国家をもたざる人々はきわめて不利な状況に置かれることになった。この考え方によれば、国家権力とはまず強制力の占有を指し、その権力は原則として国土の最果ての地まで全面的かつ均等に行使される。国境の向こう側では、隣接する国家が同様に統治権を国境線いっぱいに全面行使している。この論理が無視しているのは、統治者が実質的にいない地帯や、いくつもの弱小支配者が競合しているような地域である。どの国家にも属さない人々も当然のことながら無視されている。国境駐屯部隊の設置、忠実な国民の辺境地への植民、「非国民」の追放、辺境地開拓と定地農業の導入、国境地帯への道路建設、移民や非定住者の登録などといった事業を通じて、国家権力は国民国家という概念に可能なかぎり実体を伴わせようとしてきた。

　この国家主権という概念のすぐ後からやってきたのが、辺境地での資源の発見である。それまで不毛とみなされ、国家なき人々の避難所であった辺境地に、成熟した資本主義経済にとって貴重な資源が突如として発見された[16]。石油、鉄鉱石、銅、鉛、木材、ウラン、ボーキサイト、航空宇宙産業や電気機器産業に必要な希少金属、水力発電用地、生物資源探査と自然保護区など、多くの場合、国家財政にとって有益な資源が見つかった。人々が密かに住んでいた地の下に金や銀や宝石が静かに眠っていることがわかり、突如としてゴールドラッシュが起こった。資源発見の結果、それまで支配が行き届いていなかった辺境の隅々にまで国家権力が投入され、辺境民は確実に統治下に置かれるようになった。

国家による周縁支配においては文化政策も一翼を担った。東南アジア大陸部の国境沿いに位置する辺境地には、国家中心部の人々とは言語的にも文化的にも異なる人々が住んでいる。これらの人々は驚くほどみさかいなく国境を越えて散在し、それぞれの土地で複合的なアイデンティティを創り上げている。なかには民族統一戦線や離脱運動を唱える人々もいる。中央国家が弱小であれば、周縁地帯に対してある程度の自治を許してきた。というのもそれ以外に打つ手がなかったからである。しかし強力な国家であれば、辺境民を可能なかぎり行政管理下に組み入れ、国家中心部の多数派と言語、文化、宗教面で足並みが揃うように働きかけた。例えばタイでは、ラフという山地民がしっかりとタイ語を話し、読み書きを学び、王室に忠誠な仏教徒となるよう仕向け、ビルマでは、カレン人がビルマ語を話し、軍政に忠誠な仏教徒になるよう奨励するわけである。[17]

　これらの経済的、行政的、文化的な統合政策と平行に進められたのが、辺境に対する包囲政策である。この背景には人口肥大という問題と計画的な辺境対策があった。包囲政策によって、平野部で土地に飢えた多数派民族の人々が大量に山地に移動した。自発的移住もあれば、強制的植民もあった。盆地での定住様式や定地農耕が山地でもできるだけ再現された。山地の先住民は元々分散していて総人口も少なかったので、山地に移った平地民はやがて彼らを量的に凌駕する。一九五〇‐六〇年代のベトナムにおける一連の総動員運動では、「遊牧民定住運動」「定地農耕・定住化運動」「山地急襲キャンペーン」「たいまつ山地開拓運動」といった政策が次々と展開されたが、強制移住と包囲政策の組み合わせはとくに顕著であった。[18]

　自律もしくは自治を維持する共同体に対して国家は標準化と弱体化の政策を長いあいだとってきた。これは東南アジア主要国家の歴史認識に深く関わるテーマである。例えばベトナムでは、メコン・バサックデルタ〔メコンデルタの西部〕への「南進」が国史の一部として語られる。[19]この南進の物語は歴史の描写としては確実に間違っているが、国民解放戦争と同じように国家建設の物語の重要な一章として誇り高く語られる。また、マンダレーやアユッタヤーといった北方の中央から、イラワディ川とチャオプラヤー川それぞれの下流デルタへの人口移動はそれぞれビルマやタイの国史を特徴づけている。かつて未開の辺境地であったサイゴン（今日のホーチミン・シティ）、ラングーン、バンコクは、デルタの開発によって飛躍的に拡大し、国際的海洋都市となり、人口面ではそれ以前から内陸部にあった首都をはるかに凌ぐようになった。「国内植民地化」という言葉がこの過程を適切に捉えている。この過程は、先住民の同化、強制移住、撲滅を伴った。国家と植民統治を担う者は、自分たちの慣れ親しむ作物、定住生活、行政体制を導入するために、山林伐採、排水、灌漑、堤防といった事業によって地形そのものを改変し、その結果として植物や生態圏までもが植民地化された。その土地に特有のあらゆるもの――方言、少数民族、民間宗教、また風土に適した農耕技術や土地所有制度、狩猟、採集、森林管理の知恵など――が劇的に減少したことを見れば、この植民地主義の影響は明らかであろう。国家からすれば、辺境地の整備と統制は文明と進歩の享受であったが、その実態は支配的な民族、つまり漢、キン、ビルマ、タイなどによる言語、農耕方法、宗教の一方的な普及でもあった[20]。

　こうして東南アジア大陸部の自律的集団と彼らの空間は大幅に減少した。しばしば誤って「部族」という語で括られる山地民、とくにビルマの山地民が本書の焦点である。「無国家空間」というすっきりしない言葉の意味は以下で明らかにしていきたいが、まずここで断っておくべきことは、これは「山地」や「高地」の同義語ではないという点である。穀物の集中的生産を基盤とする国家は、典型的に広大な耕作地から誕生する。東南アジア大陸部ではそのような農耕生態環境は一般に低地で起こるので、「盆地国家」対「山地（部族）民」といった区別が意味をなす。アンデスのように、農耕可能な土地が昔から高地に位置しているところでは、逆に国家は山地に作られ、無国家空間は湿った低地で維持された。つまり、鍵となる変数は、標高そのものではなく穀物の集中的生産であった。これに対して「無国家空間」とは、主に地理的な障害が原因で、国家支配が確立されにくい空間を指す。中国南西部のいくつかの省について明朝の皇帝が「道は長く危険で、山と川が大きな障害となり、習わしや暮らしの営みは土地によって異なる」と語ったとき、彼の念頭にあったのはまさしくそのような空間であった[21]。変化に富む東南アジアの大河デルタと同じように、沼沢地、湿地、海岸のマングローブ林、砂漠、活火山の周縁、大海原は、国家支配に対する障害であり、標高とは関係なく、アクセスの困難な地形こそが国家支配の拡大に対する障壁であった。後に詳しく見ていくが、そのような地域は国家に抵抗する人々や国家から逃れようとする人々にとっての避難地としても役立ってきたのである。

「ゾミア」――偉大な山の王国、もしくは東南アジア大陸部の跨境域

現在おそらく世界最大の無国家空間は、東南アジア大陸部の広大な山地地帯である。この地域は「東南アジア山塊《マシフ》」や、もっと最近では「ゾミア」と呼ばれている[22]。東南アジア大陸部の国々、中国、インド、バングラデシュの国境地帯にまた

がるこの大きな山岳地帯は、およそ二五〇万平方キロ（ヨーロッパの面積にほぼ匹敵する）にわたって広がっている。ジャン・ミショーは山地とそこに暮らす人々をひとつの独立した研究対象として認識した先駆的研究者の一人であるが、その範囲を「北から南へ、まず四川の南部と西部、そして貴州と雲南のすべて、広西の西部と北部、広東の西部、ビルマ北部のほとんどすべて、そしてそれに隣接するインド極東［北］の一部、タイの北部と西部、メコン川の谷を除くラオスのほぼすべて、アンナン（長山）山脈沿いのベトナム北部と中部、そしてカンボジア北部と東部の末端地帯を含む」と規定している。[23]

大ざっぱな計算では、ゾミアにおける少数民族の人口は八千万から一億人におよぶ。[24]この人々は数百の民族集団と少なくとも五つの語族に分かれているので、「ゾミア人」をひとつの民族集団として分類することはできない。

海抜二〇〇－三〇〇〇メートルから所によっては四〇〇〇メートル以上に位置するこのゾミアという山地地帯は、北米のアパラチア山脈の東南アジア版と見なしていいかもしれない。ゾミアは八つの国民国家に囲まれているという点で、ドイツ、フランス、イタリアのあいだに位置しているスイスと多くの類似点をもつ。アーネスト・ゲルナーがアトラス山脈のベルベルを語った際に使った気の利いた表現を借りれば、この広大な山地を「鳩時計がないスイスの拡大版」とみなしてもよいだろう。[25]しかし東南アジアの山地帯は、スイスとは異なり、独立国家になるどころか、国家と人口の中心から遠く離れた国境地帯になってしまった。[26]ゾミアとはおよそいかなる面から見ても周縁的であり、経済活動の中心地から遠く離れているのみならず、八つの国民国家、そして数多くの宗教的伝統と宇宙観が交錯する地域である。[27]

従来の研究は、古代国家とその文化的中心もしくは近代の国民国家を分析単位として扱っている。しかしそのような視点ではゾミアのような山地をまとめて論じるのは不適切である。ウィレム・ファン・スヘンデルは、国民国家の「破片」の累積をまとめて別個の一地域として認識することを提唱した先駆者の一人である。彼はこの地に固有名を与えることによってひとつの地域としての格上げを試みている。この「ゾミア」という名は、インド、バングラデシュ、ビルマの国境地域で話されているいくつかのチベット・ビルマ系言語に共通する語で、「高地民」を意味している。[28]より正確には、「ゾ」は「奥地」を意味する語であり、「山地での暮らし」という意味を含んでいる。「ミア」は「人々」という意味である。東南アジアのほかの地域でも似たような語を見つけることが

地図1　東南アジア全図

サルウィン川
Salween River
ブータン
BHUTAN
インド
INDIA
BANGLADESH
バングラデシュ
Chindwin River
チィンドウィン川
イラワディ川
Irrawaddy River
ビルマ
BURMA
CHINA
中国
紅河
Red River
ベトナム
VIETNAM
ラオス
LAOS
サルウィン川
Salween River
イラワディ川
Irrawaddy River
アンダマン海
トンキン
湾
メコン川
Mekong River
タイ
THAILAND
Chao Phraya River
チャオプラヤー川
カンボジア
CAMBODIA
メコン川
Mekong River
タイランド
湾
N
W
E
S
0　200 KM

できるが、「ミゾ」も「ゾミ」も辺鄙な山の民を指す一方で、固有の民族集団やある特定の地理的な場所を示す言葉でもある。[29]ファン・スヘンデルは、ゾミアをアフガニスタンを含む広大な地域とする大胆な提案をしているが、私の用法ではその東方——北インドのナガとミゾ、そしてバングラデシュのチッタゴン丘陵地帯よりの山岳地以東の——山地に範囲を限定している。

一見したところ、ゾミアをひとつの特有の地域として捉えることには無理があると思われるかもしれない。ある特定の地理的空間をひとつの地域として呼ぶためには普通、隣接地帯から区別されるような重要な文化的特性を共有していることが条件になる。この条件に従って、フェルナン・ブローデルは、長期にわたる活発な商業活動と文化交流を共通項として地中海がひとつのまとまった地域を構成していることを明らかにした。[30]例えばヴェネツィアとイスタンブールのあいだに、政治や宗教上の隔たりがあっても、経済的そして文化的関係にもとづいてその地域全体をひとつの世界として認識することができる、と。アンソニー・リードは、域内の貿易や移住が地中海よりもおそらく容易であった東南アジア島嶼部のスンダ列島について同様の主張を展開したが、これはブローデルの地中海論よりもさらに説得力のある事例である。[31]そのような事例の背後にある論理は、近代以前において、水は（荒れた海でなければ）人々を繋ぎ、山（とくに高く険しい山）は人々を分け隔てるということだった。例えば一七四〇年の時点でも、英国南部の港サザンプトンからアフリカ大陸最南端の喜望峰まで航海するより、ロンドンからエディンバラまで駅馬車で移動するほうが時間がかかった。

こういった点を考慮してみると、山地であるゾミアを「陰」の地域として捉えることができるかもしれない。そこでは均一性よりも多様性が特徴である。百キロ四方の空間を単位として見た場合、言語、衣装、居住様式、民族的アイデンティティ、経済活動、宗教的営みといったさまざまな面での文化的多様性はどの平野よりも山地でのほうがはるかに高い。ニューギニアの深い裂け目にある桁外れの文化的多様性にはおよばないまでも、ゾミアの複雑な民族的・言語的モザイクはこれまで多くの民族誌学者や歴史家を混乱させてきた。その地域の支配を企んだ為政者もまた同様に悩まされてきたことはいうまでもない。この地域に関する学術的研究も、ゾミアの地勢がそうであるように断片的で孤立している。[32]

私の主張は、ゾミアにはひとつの地域と見なされる資格が十分にあるという点にとどまらず、ゾミアの役割を理解することなしには、低地国家の形成と崩壊についてさえ満足のい

地図2　「ゾミア」の範囲

ブータン
BHUTAN
インド
INDIA
BANGLADESH
バングラデシュ
中国
CHINA
ビルマ
BURMA
ベトナム
VIETNAM
LAOS
ラオス
トンキン
湾
アンダマン海
THAILAND
タイ
CAMBODIA
カンボジア
タイランド
湾
ゾミア
N
W
E
S
0
500 KM

く説明を与えることはできないという点にある。高地と低地のあいだには深い繋がりがあると同時に、長い対立関係にもある。この弁証法的もしくは共進化的な関係への視点こそが、東南アジアの歴史的変遷を解明するにあたっての私たちの出発点ではないだろうか。

山地帯の物理的もしくは社会的空間としての共通点を、人口密度の高い低地の中心部から区別することは難しくない。山地では低地にくらべ人口は分散していて、文化も多様である。それはあたかも、その地形が作りだす障壁と孤立が、何世紀にもおよぶ時間のなかで、言語、方言、衣装、そのほかさまざまな文化的慣習における「種の分化」を促してきたかのようである。山地は比較的森林資源に恵まれていたし、土地は険しくても、その広大な地の人口密度はきわめて低かったため、水田稲作の単作が圧倒的に普及した低地にくらべ、はるかに多様な自給自足的生業手段が可能であった。焼畑農業が山地でとくに普及したのは、この農法に不可欠な開墾と移住用の新地が延々と広がっていたからである。

階級化と成文化が進んだ低地社会にくらべて、山地の社会構造はおしなべて柔軟で平等主義的である。アイデンティティの混合、移動性、社会的流動性の高さは辺境地一般の特徴だが、山地社会ではとくに顕著である。初期の植民地行政官は、山地の村落が新たに管轄下に加わると、その人々の行政書類への登記にひどく苦労した。というのも山地の村落では、数多くの民族が隣接して居住しており、いくつもの言語が混ざりあい、民族的なアイデンティティも時には一世代で変わってしまうほど流動的だったからである。生物学者リンネが生物を分類したように、行政官は社会的特性にもとづく人間の分類を繰り返し試みた。しかし同じ場所に留まることを拒み、言語、民族的アイデンティティ、生業活動を絶え間なく変化させる山地民を分類することはけっして容易ではなかった。それでもきわめて無秩序で混乱しているように見える山地社会にも、実は一定の秩序をもたらす原則がひとつあった。それは標高との関係である。[33]エドマンド・リーチが最初に発見したことだが、ゾミアを上空から鳥瞰的に見下ろすことを止め、地形図の標高線にそって横から水平に見てみると、そこにはあるパターンが現れてくる。[34]山地民は土地に固有の農業的利点や経済的利点を引き出すために、特定の標高範囲を選んで居住することが多い。例えばフモンは標高の高い土地(一〇〇〇－一八〇〇メートル)に住み、高地でよく育つトウモロコシ、ケシ、アワなどを栽培する傾向が強い。気球の上から見たり、地図で見ても、彼らの居住地はでたらめに散乱する斑点のようにしか見えないが、これは彼らが傾斜地と介在する渓谷をほかの集団に明け渡し、山の尾根に沿って居住しているからである。

山地における標高や環境にもとづく分業の特化は、人々を広い空間に拡散させた。にもかかわらず、長距離の移動、婚姻にもとづく同盟関係の形成、似通った自給自足的生業手段、文化的繋がりにもとづいて、相当の距離を越えても集団のアイデンティティは維持される。雲南から北タイの国境地帯における「アカ」と、ベトナム北部の紅河上流における「ハニ」は、一〇〇〇キロ以上の距離で隔てられているが、同じ文化の民族として認識できる。わずか五〇－六〇キロしか離れていない低地の集団より、遠く分け隔てられた「アカ」と「ハニ」の山地民集団のあいだにより多くの共通点を見いだすことができるわけだ。ゾミアをひとつの地域として編み上げているのは、政治的統一性ではなく（というのも、そんなものはそもそも全くない）、農業様式の多様性という類似点、分散と移動というパターン、そして大ざっぱな平等主義である。この点で低地にくらべて女性の地位が一般に高いことも偶然ではない[35]。

隣接する低地地域とくらべた際のゾミアの際立った特徴、つまりゾミアであることの印は、そこが無国家的であるという点にある。もちろん歴史上、肥沃な高地や陸路貿易経路上の要地に山地国家が造られたことはある。よく知られているのは南詔、ケントゥン（チェントゥン）、ナーン、ラーンナーなどだろう[36]。しかしこれらはあくまで例外であり、例外であるがゆえに、一般原則をむしろ明るく照らし出している。これまでにも山地で国家を建設しようとした企ては数多くあったが、それが成就したケースはほとんどなかった。困難をのりこえて事業をどうにかなしとげた場合でもそうした国家はすぐ危機に見舞われ、短命に終わった。

これらの例外を除くと、山地民は平地民と異なり、君主に税を払うことも、既成の宗教組織に定期的に納税することもなかった。彼らは、穀物や天然産物を採集し、山地農耕を営み、相対的に自由で、国家をもたない人々であった。ゾミアは低地国家の中心から見ると、辺境に位置していたため孤立していたが、実のところ孤立は自律の維持に都合が良かった。辺境民は、国家が隣接して競合する国境地帯に、国境を横切るように位置しては、ケシ栽培や密輸といった巧妙な綱渡りによって半独立という立場をうまく保った[37]。

辺境の政治について本書が提示するのは、このような説明よりもさらに深く、そして私に言わせればより史実にそった解釈である。それは、ゾミアの山地民とは、前近代の古典国家、植民地国家、独立国民国家のいずれの枠組みに対してもそこに組み入れられないように盛んに抵抗を続けてきた人々である、というものだ。ゾミアの人々は、国家権力の中枢から地理的に隔絶していることをうまく利用してきたのみならず、「自らが属する国家による国民の形成や国家建設の企てに対しても抵抗」してきた[38]。第二次世界大戦後に数々の独立国家が生まれた後に、ゾミアはその分離主義運動、先住民闘争、千年王国運動的反乱、宗教的煽動、そして低地国家に対する武装抗争の舞台として注目を集めた。しかし、これらの抵抗はゾミアの長い歴史に深い根を張るものである。というのも、植民地期以前にも、低地の様式が文化的に拒絶されたり、山地に避難した低地の人々がすでにいたからである。

植民地時代は、植民地政府の政策が政治的にも文化的にも山地の自律を支えていた。ヨーロッパ人による支配に対して反感を募らせていた低地の多数派民族との釣り合いをとるために、植民地政府は山地をあえて別の行政区に置いた。分割統治政策の結果、少数の例外を除き、山地民は反植民地運動にほとんど加わらなかった。それどころか独立運動の鎮圧に一役買うことすらあった。彼らは、民族主義運動が起こってもせいぜいその周縁に留まるか、下手すると独立運動に敵対する勢力と見なされることさえあった。植民地時代が終わると低地国家は、道路、橋、電話線などを用いて地理的障害を克服し、焼畑を禁止して軍を駐屯させた。また、山地民に対して強制移住や改宗運動を行う一方で、低地民を山地へ移住させては、中央政府による支配と低地文化様式を山地に根付かせるための開発事業を次々に導入した。植民地時代以後の国家権力による山地に対する徹底的な権力の行使には、このような背景があった。

山地はたんなる政治的抵抗の舞台のみならず文化的拒絶の場でもあった。問題がたんに政治支配にすぎないのであれば、山地と低地は社会的にも文化的にもより似通ったものになり、両者の違いは標高と斜面の利を生かした分散型住居のみになっただろう。しかし文化、宗教、言語の点から見ると山地社会と低地社会はあまりにも似ていない。山地と平地の文化的差異は、ヨーロッパ史でもかなり最近まで不変の条件であるかのごとく語られてきた。ブローデルは「最も急で険しい場所はつねに自由の避難先であった」という主旨の文をバロン・デ・トットから引用し、山地における政治的自律を認めている。彼はこの視点をさらに押し進め、平地と山地のあいだには埋めることのできない文化的隔絶がある、とまで主張した。「山は、ふつう、都市や低地国の創造である諸文明から離れた世界である。山の歴史とはまさしく文明をいささかももたないことであり、つねに文明普及の大きな流れの周縁にあることである。文明普及の大きな流れはゆっくりと通過していくので、大地の表面を水平には遠くまで伸びていくことができるが、垂直方向の移動となると高さ何百メートルの障害物を前にしてはまったく無力である」[39]。一四世紀アラビアの偉大な哲学者イブン・ハルドゥーンは、はるか以前に「アラブ人が支配権を得られるのは平地の領土だけ」で、山に隠れる部族を追い回すことはないと記していた。[40] ブローデルはこの昔の洞察を繰り返したわけである。文明は山を登ることができない、とブローデルは大胆な主張を展開したが、植民地期以前の東南アジアについて、オリヴァー・ウォルターズもほぼ同じ分析を提示した。ポール・ウィートリーを引きながら彼はこう述べた。「遠く離れた山地帯には多くの人々が住んでいたが、彼らは文書記録を作る中央勢力の手の届かない場所に位置していた。文明と権力の中心としてのマンダラ国家は低地に限られた現象であったし、低地においてさえも地理的条件によっては統治のままならない場所が多くあった。ウィートリーは「サンスクリット語を話す舌は標高五〇〇メートルで凍えてしまう」とうまく表現した」[41]。

東南アジアの研究者は、文化や政治の影響範囲が地形、とくに標高によって厳しく制限させられることに繰り返し驚かされてきた。ポール・ムスは、ウィートリーに共鳴するように、ベトナム人とベトナム文化の拡大について「この民族が自由に振る舞うことができたのも高地のふもとまでであった」と指摘している。[42] 中国の北方辺境地域の研究で有名なオーウェン・ラティモアも、インドと中国の文明について先述のブローデルと同じように、平地では容易に移動する文明も、急な丘に出くわすとたんに息切れしてしまう、と指摘した。「このような階層構造は、中国をはるかに超えてインドシナ半島、タイやビルマにまでおよんだ。古来の高次文明は集約的農業や大都市を有する低地を次々とその影響下に呑みこんでいったが、標高という障害を克服し高地にまでその手がおよぶことはなかった」[43]。

ゾミアには言語がきわめて多くあるが、それらは一般に平地の言葉とは異なる。親族構造も、少なくとも形式上は、高地と低地では違っている。エドマンド・リーチが、高地を「中国型」、低地を「インド」もしくはサンスクリット型と特徴づけた際、彼の念頭にあったのはこの違いであった。[44]

一般に山地社会は平地社会と体質的に異なっている。歴史上の傾向として山地民は精霊信仰者であるか、二〇世紀以降においてはキリスト教徒であり、（とくに仏教とイスラームなどの）低地の「偉大なる伝統」である救済宗教には従わない。たまに平地の隣人の「世界宗教」を山地民が受け入れることもあるが、その場合はたいてい熱狂的千年王国論など異端派のかたちをとったので、平地の権力者は安心するどころかさらに不安を募らせた。山地社会でも余剰は産まれるが、余剰が王や僧侶の支援のために使われることはない。山地では余剰を吸収するような常設の大規模宗教団体もしくは政治組織が存在しないため、低地社会とくらべると社会的階層があってもそれは比較的平たく、また局所的なものであった。低地と同様に、山地でも地位や財産にもとづいた区別は多いが、低地ではこの区別が普遍かつ永続的と見なされる傾向があるのに対して、山地ではそのような区別は不安定かつ一時的なものにすぎず、また特定の場所に限られていた。

しかし山地対低地という二項対立的な見方では、山地社会内部の政治的多様性が見えにくくなってしまう。例えばラフ、カム、アカといった山地民は平等と分権への志向性が強いと言われているが、多様性はたんに「民族」的差異によって説明できるものではない。民族単位の一般化では説明のつかない集団を見つけることも同様に容易だからである。例えば、カレン、カチン、チン、フモン、ヤオ／ミエン、ワといった集団内の下位集団《サブグループ》は、比較的階層的なものと、平等で分権化されたものの両方が混在しているようである。さらに重要なのは、階層分化と中央集権の程度は時間とともに変化するという点である。私の推定によれば、この多様性は、彼らの国家形成がきわめて模倣的であることによっている。国家形成に似た企ては、一時的な同盟関係の構築か、もしくは低地共同体から貢ぎ物を徴収したり、奴隷を狩るといった「略奪型資本主義」のどちらかであった。また、山地民の集団が平地の王国に貢納を送ることがあっても、それは必ずしも政治的従属を意味していたわけではない。山地民の集団が貿易路を管理したり、大市場への交通を監視したのも、それが自らにとって好都合だったからにすぎない。一般的に、彼らの政治構造は、その装飾や表現において君主制のような面があっても、国家としての実質を欠く模倣的なものであった。彼らの政治構造には、常備軍はいうまでもなく、納税する臣民や集団の構成員に対する直接支配もなかった。山地の政治形態は、必ずといってよいほど競争的な饗宴から生み出される収益の配分によってまとまりを保つ、再分配のシステムである。そうした社会が比較的中央集権的な装いを持つとき、それはあたかも帝国の外縁で貿易と略奪の機会を独占して略奪する周縁地帯を形成した遊牧民に似ている。バーフィールドはそのような遊牧民を「影の帝国」と呼んだが、山地の政権もしばしば平地の帝国が崩壊してしまうと運命をともにしてしまう寄生的存在であった。[45]

避難地帯

ゾミアは、たんに低地国家に対する抵抗の地であっただけではなく、国家からの避難先であった。この説を支える証拠は多くある。[46]「避難」という言葉を使うのは、これまで一五〇〇年以上にわたり多くの人々が山地に移った主な原因は、低地での国家建設事業がもたらす多種多様の苦痛であったからである。低地における文明の進歩に「取り残された」どころか、彼らは長い時間をかけて国家の手がおよばないところに自らを位置づけてきた。ミショーはこれを「逃走と生存の戦略」とみなし、漂泊主義《ノマディズム》と表現した。一九世紀後半の中国中部と南西部で起きた一連の大規模反乱によって、何百万におよぶ人々がより遠く離れた南方の山地へ難民として押し出された、というのが彼の分析である。歴史的にみてゾミアは国家（とくに漢民族国家）からの避難地帯であったという本書の見解に彼は共感を示し、とくに漢民族の国家についてはそれがよく当てはまると指摘する。そして「過去五世紀にわたって中国からこれらの山地に移動してきた高地人口の少なくとも一部は、おそらく強力な隣人の侵略、とくに漢民族の拡大によって彼らの祖先の地から追い出された人々であると言えるだろう」と結論づけている(47)。

漢民族の勢力拡大に起因した抗争とそれが誘発した逃走移住に関する詳細な記録は、明朝（一三六八－一六四四年）初期以降は十分に存在し、清朝になるとさらに豊富にある。それ以前の記録となると、資料が少ないだけでなく、民族名や政治集団名にも一貫性が欠けているため明らかではないが、一般的なパターンは以下のようであった。中国の勢力範囲が拡大すると、その最前線にいた人々は吸収され、やがて漢民族になったか、もしくは反乱に失敗した後にさらに遠く奥地へと移動した。逃避した人々は、一定の期間にわたって独自の社会を作りそれを維持した。これを移動による「自己周縁化」と呼ぶこともできるだろう(48)。このプロセスがいく度も繰り返されるうちに、複雑な文化を有する避難地帯が国家の奥地に誕生していった。フィスケショーによれば、「この地域のさまざまな無国家民の歴史」は、もともと長いあいだ山地にいた人々（例えばワなど）と、そこにあとから避難して来た人々、という二集団への枝分かれとして記述することができる。中国の国家権力から「逃れた人々のなかには、数多くのチベット・ビルマ語系民族（ラフ、ハニ、アカなど）もいれば、ミャオ語もしくはフモン語を話す人々もいた。「敗北という遺産」を継承する「中国の山岳部族」はほかにもいる。彼らの多くは、過去数世紀のあいだに、タイ、ビルマ、ラオス、ベトナムという近代国家の北部に移った人々で、多くが移住先で今日いまだに新参者と見なされている(49)」。

国家権力の圏外――つまり徴税、強制労働、徴兵のみならず、人口集中や単作農耕につきまとう凶作や伝染病から多少なりとも離れている地域――の人々は相対的に多くの自由と安全を享受した。そうした地で人々は、私が「逃避型農業」と呼ぶ、容易には国家に横奪されない耕作様式を営んだ。分散と自律を促進して政治的従属を防止するという二点を目的に設計されていた点を考慮すると、彼らの社会構造を「逃避型社会構造」と呼ぶこともできるかもしれない。

山地民の言語的・民族的流動性は、権力の配置状況に応じてアイデンティティの使い分けを可能にする社会的資源であった。一般的にゾミアの人々は、言語的にも民族的にも多重人格的であるのみならず、カリスマ的人物の指導のもとに、田畑と家を捨てては新しい共同体をまたたくまに形成する能力を身につけている。彼らは集団の内部からカリスマ的人物を生み出しては、その人物に従ってほとんどたちどころに社会を変革してしまう。この変わり身の能力こそ、彼らの逃避型社会構造の極致である。山地の人々が文字を読めないことについても同様の解釈が可能かもしれない。むかし文字をもっていたが過去に失ってしまった、もしくは盗まれてしまったという伝説を、山地民集団の多くがもっている。口承の歴史や系譜がその柔軟性において文書よりも優れていると考えれば、識字と文書の喪失は、国家の枠から意図的に外れるための戦略であったのかもしれない。

私の主張は簡潔に言うとこうである。山地民の歴史は、古代からの残存者の歴史としてではなく、低地における国家建設事業からの「逃亡者」の歴史として解釈すると最もつじつまが合う。それは長い歴史的な視野から見ると、あたかも南北アメリカの各地で逃亡奴隷集団が形成した「マルーン」社会のようである。山地民の農耕的慣習や社会的慣行は、低地との経済的な繋がりを自分たちに有利になるように保ちながら、国家からの逃走を成し遂げるために発達してきた技術として理解するべきだろう。

東南アジアのように人口のまばらな地域で労働と生産を集中させるにはある種の強制が必要であった。東南アジアの国家は例外なく奴隷制に依存していた。いくつかの国で奴隷制は二〇世紀まで存続した。植民地期以前の東南アジアでの戦争の目的は、領土ではなく捕虜であり、多数の捕虜を本土の中心地に持ち帰ることであった。その意味で東南アジアの国家がとくに例外的であったわけではない。ペリクレス期のアテナイにおいても、市民に対して五倍の奴隷人口がいたわけだから。

人々が隷属的状態から脱して逃げこんだ逃避地帯（前述の破片地帯）は、この種の国家建設事業の産物である。歴史上数々の逃避地帯が形成されたが、ゾミアがたまたまとくに古くから広範な避難先であったのは、おおむね中国という拡張する国家の早熟性のためである。逃避地帯は国家建設という強制的な企てに伴う不可避的な副産物であるので、世界のどの大陸でも見つけることができる。この現象がいかに広く一般的に見られたかを確認するために、ここにいくつかの例を挙げておこう。

強制労働が顕著であったスペインによる「新世界」植民地支配によって、地元民の植民地支配圏外への逃避、つまり山地や乾燥地への移動が増加した[50]。言語と民族の多様性、移動力を維持するための簡素な社会構造、食料採集や焼畑移動耕作といった生業手段がこれらの地域の特色であった。このプロセスはスペイン支配下のフィリピンでも繰り返された。例えば、ルソン島北部の山地民の多くはもともと低地フィリピン人であり、彼らはもともとマレー人による奴隷狩りと「リダクシオン」と呼ばれるスペインによる同化政策から逃れた人々であった[51]。後に、高地フィリピン人とはルソン島に古代から住み続けている別民族であるという誤った解釈が生まれたが、実は彼らは低地から山地への移住者であり、生態に適応するプロセスにおいて民族生成が起きたのだった。

　ロシアと現在呼ばれている国のなかで数々の辺境地に位置するコサックもまた似たような経過をたどってきた人々である。当初彼らは、ロシア極西部からほかの辺境地帯へ逃げてきた農奴にすぎなかった[52]。ドン川流域では「ドン・コサック」と、アゾフ海では「アゾヴ・コサック」という具合に、場所によって異なるコサックの「主」を名のった。辺境で隣人のタタールから騎馬の習慣をまねて牧草地を共有した彼らは、後にロシアのツァーリや、オスマン帝国、ポーランド王国に騎馬隊として使われる独自の「民族」となっていった。一七世紀後半のヨーロッパにおけるロマやシンティ（ジプシー）の歴史もまた特筆すべき例である[53]。彼らは定住せずに移動を続けながら暮らしていたが、二種類の強制労働動員という危険にさらされていた。ひとつは、地中海でのガレー船〔人力で進む大型船〕の船漕ぎ労働であり、もうひとつはブランデンブルク＝プロイセンでの兵役と軍事運搬労働であった。彼らはこれら労働動員の危険地域を避け、そのはざまの地帯に集まるようになった。この地帯は後に「無法者回廊」として知られることになった。

　古代の国家建設はとりわけその初期において捕獲と束縛を要した。その奴隷制という労働システムの結果、人々は逃走を繰り返しては周辺に避難地帯を形成し、至るところで大小数多くの「ゾミア」地域を生み出した。アフリカ西部の遠隔山地をひとつの「ゾミア」として認識することも可能であろう。世界規模の奴隷狩り、奴隷貿易は五〇〇年ものあいだ続き、数千万人の人々に苦役を課したが、その危険から比較的安全であったのがアフリカ西部の山地帯である[54]。奴隷狩り、奴隷貿易の時代に、険しい地形からなるこの逃走地帯では、人々は新たな生業手段を考案する必要があったにもかかわらず、人口は増加した。アフリカで奴隷狩りからの逃走に失敗した人々の多くも「新世界」に移された後に、脱出して逃亡奴隷からなるマルーン集落を作った。ジャマイカ高地の有名な「コクピット」、およそ二万人の住人からなるマルーン共同体であったブラジルのパルマーレス、そして西半球で最も大きなマルーン人口を有していたスリナムは数多く存在したマルーン集落のうちの三つにすぎない。沼沢地帯、湿地帯、三角州など、小規模の「退避地」も含めると、避難地帯のリストは何倍にも長くなる。少しだけ例を挙げてみよう。サダム・フセインが埋めたてた地として記憶に新しいユーフラテス川下流の沼沢地帯も、二〇〇〇年にわたり国家支配からの避難地であった。より小規模な例では、ノース・カロライナとヴァージニアの州境に位置する階層状の湿地帯であるディズマル大湿地や、現在はベラルーシ、ウクライナ国境地帯に位置するプリピャチ大湿地も、ポーランド人が第二次世界大戦期に逃げこんだことで知られている。ローマの近くのポンティノ湿原も、ムッソリーニが埋めたてるまで長いあいだ国家からの逃避地帯であった。このような退避地は強制労働政策の結果として必然的に生じるので、支配事業と少なくとも同数の退避地が形成されてきたと考えてよいだろう。

そのとてつもない多様性にもかかわらず、東南アジア大陸部の山地社会には共通する特質があるので、山地民は平野の隣人からはっきりと区別することができる。その特質とは、逃亡の歴史であり、抵抗もしくは対抗の歴史である。山地と平地の歴史的・構造的関係を解明しようとするならば、まず国民国家という枠組みに拘泥していてはならない。というのも私たちの吟味する時代のほとんどにおいて、国民国家なるものは存在しないからである。ようやく登場しても、山地民の多くの人々はあたかも国家など存在しないかのごとく越境生活を営み続けた。「ゾミア」という概念は、国民国家に縛られない新しい「地域」研究のかたちを開拓する試みでもある。この試みで研究対象を規定するのは、（例えば「ラオス研究」のように）今日の国境線ではなく、また（例えば「東南アジア」のように）現代の国際政治戦略の枠組みでもない。基盤となるのは、国境などものともしない生態的規則性と山地と平地の構造的関係である。私たちなりの「ゾミア学」がもし広く認められれば、それに啓発されて世界の異なる地域で、このような実験に続く人々が現れ、改善がほどこされるだろう。

山地と平地の共生史

平地における植民地期以前の宮廷国家を、山地という辺境から切り離して独立した存在として捉えるかぎり、私たちはその歴史を理解することはできない。マンダラであろうが近代的国家であろうが、平地国家はつねに山地との共生関係において存在してきた。[55] 私はこの「共生」を親密な関係を基に共存するふたつの組織という生物学的喩えを用いて捉えてみたい。この関係は、敵対的（場合によっては寄生的）な場合もあれば、相互に利益を生む場合もある。

山地辺境と平地中央部はつねにある種の対話的関係にあった。この恒常的関係を無視して、首尾一貫した山地史を書くことは不可能であるし、また同時に高地の辺境を無視して平地中央部の歴史を書くことも不可能である。山地社会の研究者は概してこの二項関係に敏感であり、ふたつの社会のあいだの象徴的、経済的、人的交流の歴史と深さを強調してきた。しかし低地中央部に関する研究となると、いかに評価の高いものでも、こういった対話的視点から書かれた文献を見つけることは難しい[56]。低地文化や低地社会（例えば「タイ文明」や「中国文化」）をそれ自体で自己完結したひとつの実体として取り扱ってしまうと、自己批判に欠けた学術研究を助長するだけでなく、低地エリート自らが投影する閉鎖的な文化観をそのまま採用することになってしまう。繰り返すが、その相互関係において解釈しないかぎり山地と平地の社会を理解することはできない。私がここで試みるのはまさにそのような解釈にほかならない。

山地に言及せずに平地の中心部を論じることは、フロンティアを考慮せず植民地期のニュー・イングランドや中部大西洋沿岸地ばかりを舞台とした米国史を書くようなものである。もしくは奴隷制から逃れた人々やカナダという隣国での自由という誘惑に触れずに、南北戦争以前の奴隷制史を書くようなものである。それぞれのケースで、中心地の可能性を条件づけ、抑制し、規定したのは、外部のフロンティアであった。多くの低地国家論は、たんに山地を省略しているだけではなく、中心を中心たらしめていたのは、境界の諸条件であり、中心と辺境の交換関係であったという点を見落としている。

私たちの考察の対象は、平野と山地のあいだを行き来する絶え間ない移動とその原因、パターン、結果に終始する。低地民の多くはかつて山地民であり、また山地民の多くはかつて低地民であった。いずれの方向でも一回かぎりのものではなく、一方から他方へ移ると、もう元には戻れないという類いの移動ではなかった。国家から離れた集団は、状況次第では同じ国家に戻ることもあったし、もしくは別の国家へ加わる（もしくは捕らえられてしまう！）こともあった。そうした集団が、国家に再編入されて一、二世紀経た後に、また国家の支配圏外に位置していることもある。その原因は人々の能動的な逃避であったかもしれないし、国家そのものの消滅であったかもしれない。このような変化には広い意味での民族的アイデンティティの変容が伴うことが多かった。東南アジア大陸部のいわゆる山岳部族に関して、私はラディカルな「構築主義」史観を提案する。山岳部族とは、過去二〇〇〇年にわたって山地に移った逃亡者である。ビルマ、タイ（傣、シャン）、サイアムといった東南アジアの国家からの逃亡にかぎらず、唐、元、明、清といった中華帝国からの逃亡もあった。中国南西部への帝国の拡大に起因した逃避はとくに顕著であった。避難民は山地に移動した後も、逃避先でより強力な集団に再度圧迫を受けたり、拡大を続ける国家勢力の脅威に改めてさらされたので、人々は新たな土地と自治を求めながら山地での移動を重ねた。この理解は、山地民とは低地で文明を築いた人々から取り残された原始的な人々である、という広く行き渡った理解とは根本的に異なっている。人々の場所や経済的、文化的行為は、国家という現象による産物と見なすのが妥当だろう。

同様に、平地の中心部である水田稲作農耕も山地社会の効果や産物として読みとることが有益だ。平地国家の起源はおよそ紀元五世紀であり、いうまでもなく歴史的に新しい。平地国家はその初期において、方々から集った多様な人々の集合によって形成されていた。定住型農業をすでに取り入れていたかもしれないが、制度化された国家にはなっていなかった。[57] 最も初期のマンダラ国家は、軍事的征服を目的としていたというより、宗教的、言語的、文化的慣習を共通の基盤としながらも、人種や出身地に関わりなく多様な人々に開かれた空間であったのだろう。[58] 初期マンダラ国家の集団的アイデンティティは、多くの文化の破片が混合されたことによって新たに形成されたものであったので、国家の内部と外部のあいだに文化的な差異を見つけることは難しかった。山地社会を国家による産物と呼ぶことができるのであれば、平地文化を山地社会による産物と見なすことも可能だろう。「粗野」「下品」「野蛮」といった単語や、中国語の「生」が指しているのは、具体的には山や森に住む人々のことである。そして、「森の人」や「山の民」といった表現はつまるところ「未開人」を意味している。山地と平地のあいだではヒト、モノ、文化の交流が何世紀にもわたり活発に行われてきたにもかかわらず、両社会のあいだの文化的な差異は今日まで驚くほどはっきりとしている。平地社会と山地社会は相互に密接な関係を保ってきたという史実とは裏腹に、それぞれの当事者は平地民と山地民のあいだには不変で根源的な違いがあると考えている。

このパラドックスをどう理解したらいいのだろうか。まず初めに、平地国家と山地社会の関係はたんに共生的であるだけでなく、対立的要素を含みつつも同時平行的に変化してきたという点を認識しなくてはならない。今日低地で広まっている民間伝承によれば、山岳「部族」は、人類史の初期段階の残存者である。それは、水田稲作農耕を発見し、文字を学び、文明の技巧を発展させ、仏教を取り入れる前の人々であり、低地民はその像について「私たちも昔はああだったのだ」などともっともらしく語る。この通俗的な「本当の話」によれば、低地文化とは、いわば部族主義という肥料を使って実った文明であり、発展過程の後期段階ということになる。しかし、この見解は史実をはなはだしく歪めている。なぜならば平地国家と山地民は、つねにお互いに影響しあいながら形成されてきた。山地社会は、平野部の帝政国家と、直接的もしくは間接的な繋がりをつねに保っていたし、同様に、平野国家は国家外部の辺境との関係を絶え間なく維持していた。辺境とは、ドゥルーズとガタリが言うところの「国家の権力機関に対して、小さな社会の権威を主張し続ける徒党集団、周辺の集団、少数派集団などがもつ局所的メカニズム」のことであり、低地国家をこの辺境との「関係抜きに……考えることはできない[59]」。

　遊牧民や流浪民など移動民と国家の関係もまったく同様である。この視点から、ピエール・クラストルは南アメリカのアメリンディアンのいわゆる「未開」社会をとりあげて、彼らは定住型農耕と国家様式の発明に失敗した古代社会などではないと説得力のある分析を提示した。ヨーロッパ人による植民地征服《コンキスタ》の後、疫病によって人口が壊滅し、強制労働が広範囲におよんだ結果、もともと定住型農耕に従事していた先住民は農業と定住村落を放棄した[60]。そのため、彼らの移動の形態や生業の技術は、国家への編入の阻止を主な目的として設計されていたのである。グリアズノフが明らかにしたことだが、中央アジアの高原における最古の遊牧民も、政治的および人口的理由で農業を放棄した元定住民であった[61]。ラティモアもまた同様の結論に達し、「自ら農耕共同体から去った」人々が草原で遊牧を始めたのは、農業を止めた後であったと分析した[62]。国家と遊牧社会は、社会進化の過程における異なる段階ではなく、ほぼ同時期に産まれ、時に敵対的関係にあっても互いにとって不可欠な双子的存在であった。

　共生と対立というこの組み合わせは、実は中東の歴史学と人類学研究ではすでに定番のテーマとなっている。例えば北アフリカのマグリブでは、アラブとベルベルのあいだの構造的対立がそうである。アーネスト・ゲルナーの『アトラス高地の聖者』はこの動きをよく捉えた古典的研究である。ゲルナーは北アフリカのアトラス高地で、ベルベルが政治的自律を維持して、ある種の部族主義を掲げていることについて次のように強調している。ベルベルは「〝政府以前〟の部族主義状態にあるのではなく、政府に対して政治的に対抗する面を持ちながらも国家の放つ広い意味での文化と倫理を部分的に受け入れている」と[63]。部族がみせる国家への対抗は、広範囲の文化から一部を選び、なおかつイスラーム信仰にもとづいているという意味で、明らかに政治的なもので、意図的にそうしているのであった。ゲルナーによれば比較的最近までモロッコの歴史は、「境界」を意味するマフザンの地と、「一線を越えた」スィーバの地というふたつの地帯の対立という観点から記述できたという。スィーバは、「無政府状態」と訳されることもあるが、「制度的不一致」として理解することもできる。実際には、スィーバは政治的自律および独立地帯、つまり「統治されていない〈地〉」を意味し、マフザンは国家に従属している〈地〉、もしくは「統治されている〈地〉」を意味している。政治的自律は外から与えられたものではなく人々によって選択されたものであったとゲルナーは指摘している。

周縁性とは政治的選択の結果であるという点を強調するために、彼は自ら意識的にマフザンを越えて移動したり周辺にとどまる集団に対して「周辺的部族主義」という言葉を用いている。

このような部族民は……国家の中央へ編入されてしまう可能性を熟知している……国家への編入という選択肢を彼らは頑に拒否し、暴力をもってそれに抵抗したのかもしれない。ハイ・アトラス高地の部族はまさしくそのような類いの人々である。近代以前、彼らは異端者、しかも計画的な異端者であった……「周辺的」部族主義……とは非部族社会の端に位置する部族社会の一形態である。こうした社会は、不自由な従属に甘んじるよりも政治の権威や勢力均衡をめぐる駆け引きから距離をとることの魅力ゆえに生じてきた。山地や砂漠といった地形的条件の存在が中央の権力から距離を置くことを可能にした。そのような部族主義は政治的周辺に位置した。彼らは自分たちが何を拒否しているのか十分に心得ているのである。

ゾミアと同様にマグリブでも地理的、生態的、政治的条件によって、国家支配の地域と周辺の自律地域を区別することができた。「高地のベルベル語圏と政治的異端地域とはおおまかに一致」しており「渓谷や山脈を境に、政府（マフザン）の地と、異端（スィーバ）の地は明確に分けられていた」(64)。

このベルベルの事例は二つの点で示唆に富んでいる。まずひとつは、ゲルナーが明らかにしているとおり、アラブとベルベルの境界線を規定しているのは、文明の差でもなければ、宗教の相違でもないという点である。それは、国家に支配されている者と支配圏の外にいる者を区別する真に政治的な境界であった。ところが、この境界を越える移動と交通は実のところ歴史上盛んであったというゲルナーの指摘に従えば、政治的立場にもとづく区別は興味深いことに民族的差異として符号化《コード》されるようになる。つまり、境界が区別する根本的な違いは政治的選択による違いとしてではなく、あたかも民族的差異として理解できるようになるのだ。この視点から見ると、国家権力から逃れる人々とは、自らを部族化する人々であったと理解できる。統治権と徴税が行使されなくなる最果ての地において、民族や部族が現れる。他民族の地が脅威とみなされて差別の対象になったのは、そのような地はつねに国家に対する抵抗を促し、国家からの逃避を誘惑していたからである。

ベルベルとアラブの関係についてのゲルナーの分析は、長いあいだ当然と思われてきた「平地からの視点」もしくは「国家中央からの視点」の修正としても有益である。主流派の見方によれば、「野蛮な周辺」は遅かれ早かれやがてアラブ文明のまばゆい光に引きこまれて消滅していく過去の残像にすぎない。東南アジアでもマグリブでも、周辺地帯が二〇世紀に次第に近代国民国家に支配されていったことで、この見方は信憑性を帯びるようになった。しかし、文明の輝かしい光と磁気によって周辺の人々があたかも砂鉄のごとく中央に引き寄せられていくというこの平野的発想は、二〇世紀以前の文脈に関するかぎり、少なくとも半分は間違っているといわなければならない。二〇世紀以前、国家の枠の外に生きるという選択肢は、今よりもはるかに実現可能でかつ魅力的なものであった。国家の内部と外部のあいだの交通は一方通行ではなく、行ったり来たりという双方通行が一般的であった。本書が国家からの逃避を強調しているのは、そこにすべての真実があるからではない。この側面が歴史的に重要であるのにもかかわらず、支配的な文明論で真っ当に取り扱われず、ほとんど語られることがないからである。

「共生と対立」「政治的選択と地理的条件」というモデルは、東南アジア大陸部における山地民と平野国家との歴史的関係にも適用できる。東南アジアでもマグリブでも、「統治された人々」と「統治されざる人々」の区別は明らかな社会的事実であるのみならず、言葉の使い方や一般人の意識のなかにより深く定着している。文化的脈絡にもよるが、中国での「生と熟」という表現や、「野生と従順」や「低地民と山地民」といった区別は、マグリブでのマフザンとスィーバ、つまり「統治されている」状態と「統治されていない」状態の区別と同じ意味をもつ。文明人になることと国家の臣民になることは当たり前に同義であると考えられていたので、両者の本質的な違いは「臣民」と「自己統治民」との違いによって示されると考えてよい。

植民地期以前の東南アジア諸国家は、中東と同様に、比較的自由な共同体に囲まれていた。つまり国家は、国家なき空間とそこに生きる人々に包囲されていた。自己統治民が生活を営んだ地は、山地だけではなく、湿地帯、沼地、マングローブ沿岸、そして迷宮のように入り組んだ水路をもった河口地域などであった。平地王国にとって欠かせない貿易相手、国家権力からの逃避地帯、平等と移動の地、平地国家の臣民と奴隷の源泉、そして低地のアイデンティティに対して鏡のように対をなす生態文化的アイデンティティ、辺境はこれらすべてを同時に体現していた。私たちの関心はゾミアという特定の山地に向いてはいるが、国家空間とその外側の関係こそが本書のより一般的なテーマである。国境を大きくまたぐ大山塊のゾミアに焦点を絞る理由は、この地が平地における国家形成事業から逃れてきた避難民の集水域として、きわめて重要かつ複雑な事例を提供しているからである。人々がゾミアに移りその地に留まったのは、そこが国家の支配圏外にあったからである。「東南アジア」といった地理的表現の空間的範囲を、一般に了解されているように、それぞれの国家の国境で止まるものとして定義してしまっては理解の妨げになる。過去二〇〇〇年のあいだ、ゾミアに住むことになった人々は、はるか遠くから無数の移動を繰り返して移ってきた渡来人であり、そのなかにはかつて定住型農耕に従事していた人々も多く含まれていた。彼ら（タイ、ヤオ／ミエン、ミャオ、ラフ、アカ／ハニ等）は中華帝国の支配から離れては、西部や南西部に逃避し、チベットによる支配やタイやビルマ王朝による支配から逃れるべく移動した。つまり彼らの地理的位置取りは政治的、文化的、そしてしばしば軍事的判断の結果であった。

山地民を理解するには、彼らを「山岳部族」という独立した存在としてではなく、平野国家との関係において考察する必要がある、というのがさらに踏みこんだ私の主張である。山地における民族の区別やアイデンティティは時間とともに変化するのみならず、国家との関係（国家権力に対する諸集団の位置取り）を指し示していることが多い。この関係を示す限定的な意味以外に「部族」というのはまず存在しない、と私はあえて指摘しておきたい。生業手段も穀物も、その選択判断の基準は、それが国家による接収を助長するかそれとも防止していくかという点にあった。最後に、すでに述べたが、山地の社会構造や住居パターンも国家権力に対する政治的選択として考えることが有益だ。ゾミアの平等主義的社会構造はおそらく、「分割せよ、統治をかわすために」というベルのあいだに伝わる教訓の東南アジア版として見なしてよい。[65] 血筋をめぐる慣習、家系に関する考え方、ローカルな政治的統率のパターン、世帯構造、ひょっとすると識字レベル、これらはすべて山地社会にもともとあった社会的、文化的特質ではなく、国家編入を防止するため（もしくは、時として容易にするために）意図的に調整されてきたのではないか。[66] この大胆な主張には間違いなく多くの限定や例外がある。しかしこの見解をあえて提唱するのは、たんに挑発しようとしているからではない。山岳部族は文明と進歩から取り残されてしまった人々で、隔離された自己完結的な存在であるという伝統的な見方より、このほうが史実に合っていると私は信じているからである。

東南アジア大陸部のアナーキズム史観に向けて

東南アジア大陸部の人々がたどった歴史の大部分を理解する際に大きな障害となるのは国家である。この点については植民地期以前の古典国家でも、植民地国家でも、独立国家でも変わりはない。現代（二〇世紀後半以降）のみを対象とするのであれば、国家中心的な視点にはある程度の正当性があるかもしれない。しかしその視点をそれ以前の時代に適用することには甚だしい歪曲が伴い、時代を遡るほど齟齬が激しくなる。長いあいだ、平地国家でさえほとんど存在しなかったことこそが東南アジア史の特徴だからだ。国家が登場しても、たいていは驚くほど短命に終わった。宮廷を中心とした小さな勢力範囲の外では、労働力など人的資源を組織的に抽出する能力を誰も持っていなかった。実際のところ、「国王不在」状態が例外的だったのではなく、それは「在位」期間（すなわち「治世期」）よりはるかに長かった。植民地期以前は、小規模の藩王国が乱立していたため、人々は都合にあわせて居住地や君主を変えたり、主権の確立されていない地に移り住んだ。

労働力こそが国家形成の鍵であった東南アジアでは、国家が実際に形成されても、入念な方法を用いて人々を臣民として惹きつけるより、人々を捕まえては労働力と穀物を可能なかぎり搾りとる傾向が強かった。王室の歳入の大半が貿易から得られていたとしても、その歳入は最終的に貿易ルート沿いの戦略的な場所を確保するための人材動員能力に依存していた。[67]国家は専制的であったが、専制が恒常的に保たれていたわけではない。民衆にとっては逃走という物理的行為こそが自由の源泉であり、逃避こそが国家権力に対する主要な抑制力であった。後に詳しく見るが、徴兵、強制労働、徴税によって重い負担を強いられた人々は、反乱を起こすより、概して山地や隣の王国に逃げ去ることを選択した。戦乱、継承争い、穀物の不作、君主の誇大妄想などが突発的に生じることを考えると、そのタイミングを正確に予測はできなくても、国家建設事業がいずれ危機に直面することは不可避であった。

東南アジア史の書き方をめぐる初期の論点は、国家の歴史をどう書くかであって、そもそも国家が関心の中心にあるべきか否かではなかった。それゆえジョルジュ・セデスの『インド化した東南アジア諸国家』に対しては、東南アジアの諸王宮が取り入れたインド的世界観を状況に合わせてうまく使い分けていた点を見逃しているという批判があった。[68]このインド中心史観の歪曲に加えて、現地社会を「船の甲板から、要塞の城壁から、高い商館の階廊から」見るヨーロッパ植民地主義史観の弊害も指摘された(69)。この両方の歪曲を避けるべく東南アジアの「自律的」歴史が唱えられた(70)。しかし、ごく最近に至るまでこの提案に応えた歴史記述は、それがいかに博学で独創的研究であろうと、実質上すべて国家を対象にしていた。

なぜそうでなくてはならないのか。「人々の歴史」が占めたかもしれないスペースを「国家の歴史」がつねに占めてきたのはなぜなのだろうか。この問いは熟考に値する。その理由を簡単に述べてしまえば、植民地期以前の国家でさえも、国家という政治形態は物理的証拠を最も密度高くかつ大量に残したからである。国家中枢部の特徴である農耕と定住が物理的証拠を多く残した。定住型農耕は狩猟採集や焼畑農業より必ずしも複雑ではないが、狩猟採集社会にくらべてはるかに密度が高い（灌漑稲作の場合は一〇〇倍も高い）ため、貝塚、遺物、建材、廃墟といったかたちでがれきを集中的に残す(71)。後世に残すがれきの山が大きければ大きいほど、歴史の史実として大きく扱われるという仕組みになっているわけだ。人々が地理的に広く分散していて、移動性に富み、平等主義的である社会は、後世に残すがれきが広く拡散してしまうため、いかに知識水準が高く、貿易網が広く、総人口が多くても、史実のなかでは目立たない存在になる(72)。

文書記録についても同様の指摘が当てはまる。東南アジアの古典国家について私たちが知っていることの多くは、土地の供与、徴税と徴兵、寺院への寄付などを記した石碑、記念碑、王室年代記といった資料に依拠している(73)。残した文書の紙束が厚ければ厚いほど、歴史書での扱いが大きくなるというわけだ。文書記録に依ると歪曲も積み重なる。ビルマ語やタイ語で「歴史」という言葉は「ヤーザウィン」と「ポンサワダーン」であるが、どちらも文字どおりの意味は「統治者の歴史」もしくは「王朝年代記」であり、これらの記録から民衆の生活世界を再構築することはとうてい不可能である。国の中心部で生活を営んでいた民衆でさえも記録に現れることは稀である。民衆が記録に現れるのは基本的に、労働者、兵士、納税者、水田耕作者、貢ぎ物の運搬人の人数といった、統計に抽象化された存在としてでしかない。民衆がもし歴史的主体として現れるとすれば、それはたとえば反乱鎮圧といった事件のようにとんでもない惨事が起こった時くらいである。間違っても公文書館などに名前が残らないように生きること、それこそ農民たちが自ら肝に銘じていたことであった。

王宮や首都の覇権《ヘゲモニー》からの歴史による歪曲はこれだけではない。中央の視点から強引に描かれた国家空間の歴史叙述は、支配範囲の外にある「無国家」空間や、王朝の滅亡期など国家がほとんど存在しなかった長期間を都合よく排除している。

東南アジア大陸部の植民地時代以前について公平な時代年表を作るとすれば、それはほとんど空白の年表になってしまうだろう。この空白を無視してしまってよいのだろうか。支配王朝が存在していなかったということは、そこには語るべき歴史がなかったのだと片付けてしまってよいのだろうか。空白のページという問題に加えて、朝廷中央による官製の歴史では、王朝の権威、一貫性、尊厳が組織的に誇張される傾向がある[74]。王朝が作成した文書で残るものは、税と土地に関する記録か、もしくは権力者の賛美、権威の自己主張、統治者の正統性の主張のどちらかである。後者は事実の報告ではなく権力で説きふせ、それを誇示することを目的としている[75]。朝廷中央から発せられるこの宇宙論的大言壮語を現場の社会状況を忠実に反映したものと見なしては、「少数の王宮の帝国的夢想を地域全体に強引に押しつける」（リチャード・オコナー）ことになってしまう[76]。

東南アジア大陸部で第二次世界大戦後に独立国家が現れたことによって、歴史の神秘化には新たな層がさらに加えられることになった。栄光と善行に満ちた「祖先」を讃え、過去と現在の類似点を強引に造り上げることを通じて、今日の独立国家は民族としても国土としても前近代の古典国家の継承者としての正当性を主張する。加えて、古典国家像はナショナリズムに原型を与え、国内外における現代の敵を攻撃するのに役立つよう加工され歪曲される。紀元前五世紀頃から紀元一世紀にかけて作られた祭司用の青銅器で東南アジアおよび中国南部の山地で広く発見されているドンソン銅太鼓のような初期の古代遺物のみならず、過去の地域的反乱も、それがあたかも民族的もしくは国家的事業であったかのように、特定の国や民族の業績として語られるようになるのはそのためである。そもそもそのような古代遺物が作られた時代には、民族や国家といった枠組みやアイデンティティは意味をなさなかった。こうした結果として今日支配的な国家と民族のイメージが過去に向けて遠く投影され、歴史の不連続性、現象の偶発性、アイデンティティの流動性を覆い隠した歴史的寓話が作られるのである[77]。ヴァルター・ベンヤミンが指摘したとおり、そのような歴史記述によって、国家一般（とくに国民国家）の発展と必要性があくまで自然かつ必然のものとして認識されるようになるわけだ[78]。

マンダラ国家史、王朝史、首都史など、文書記録のみに依存した歴史叙述がいかに不十分であるかは明瞭だ。これらの記述は、かりに懐疑的に読んでも、自己礼賛的描写や宇宙論的議論としてしか役に立たない。有史の大部分において、国家は存在しなかったか、もし存在しても国家と呼べるようなものではなかった。とくに高地では、国家らしきものがあっても、たいていは個人レベルの創造であり、創始者の死後には息絶えるもろく断片的なものであった。人的労働力と穀物に対する国家の実質的支配は、その宇宙論的主張やイデオロギー的影響の広がりにくらべてはるかに小さかった[79]。

ここで重要なのは、国家の経済的もしくは象徴的な影響力を、直接的な「ハードパワー」と区別することである。植民地時代以前の国家は、支配圏内の人口から労働と穀物を搾り取ったが、その政策が実際に行使された範囲は朝廷からさほど遠くない、おそらく三〇〇キロほどの小さな同心円地帯に限られていた。その範囲内での権力の行使も乾季に限られるなど不安定なものであった。しかし、政治的な直接支配圏にくらべて、経済の影響範囲ははるかに広く、また商業活動は自発的な交換にもとづいていた。商品は高価で軽量（例えば炭や穀物ではなく絹や宝石など）であるほど遠くまで移動した。王権の標章、官職、制服、宇宙論など、国家の象徴の影響はさらに遠くまで広がった。平地王国に対する反乱の際に山地民がそれらを模倣、援用したように、象徴は山地でも強烈な印象を残した。平地国家のハードパワーはその遠大な帝国的夢想のごく小さな一部分にすぎなかったが、商品、とくに象徴的な品はきわめて広く流通した。

「帝国の夢想」を脇に置いて、東南アジア史を、特定の規範にもとづいた無国家状態が常態化した長い時代として再検証することはできないだろうか。無国家の期間は、王朝国家の誕生によって時折中断させられたが、そのような中断もたいてい短期間であって、国家の消滅は次なる帝国的夢想の鉱脈を後世に残したにすぎないと考えられないだろうか。アンソニー・デイは国家中心史観を批判して、まさしくそのような方向を指し示している。「絶対国家の視点から見れば、親族間の関係が不安定で落ち着かない時期は「無秩序状態」であり、それに「対処」することこそ統治者の任務である。しかしそのような「無秩序状態」を例外と見なすのではなく、それこそが通常状態であると見なしてみてはどうであろう。そうすると、どのような東南アジア史が立ち現れてくるだろうか[80]」。

政治秩序の基本単位

王朝・国家のとりたがる狭い視点を放棄して、東南アジア大陸部における政治秩序の基本単位に目を向ける必要がある。そのような研究はデイとオコナーが先鞭をつけ、そのあとキース・テイラーによってかなり進められている[81]。「政治秩序」という語をとくに強調するのは、国家の外部には無秩序しかないという誤ったイメージを払拭するためである。場所と時期によっても異なるが、それらの単位は、〔血統的系譜関係にもとづく〕分節リネージ、核家族、親族集団、小集落、大きめの村落だけでなく、町とその後背地を合わせた地域一帯、そしてそれら地域の連合体など、多種多様であった。統合された政治単位のなかで最も複雑でいくらかでも安定していたのは地域連合体であった。それらの地域連合体は、水田耕作に適した地形に位置した小規模の町から作られていて、密集した人口をもち、隣接の山地の人々とも同盟関係にあった。水稲村落の連なりが作りだす「水田列島」の連帯も珍しくなかったが、これもまた短命であったし、構成員が行動の自由を放棄することは稀であった。これらの社会様式が残した痕跡は、東南アジア大陸部の至る所に地名として今でも残っている。雲南のシーサンパンナ（西双版納）は元々「一二の水田村落」を意味し、ベトナム－ラオス国境地域のシプソンチュータイは「一二のタイ王侯」、マレーシア西部のヌグリ・スンビランは「九つの国」、ビルマのチャウセーのコーカヤインは「九つの町」を意味した。こうして考えてみると、この地域に残る半永久的な構成要素は、マレーにおけるヌグリ、タイにおけるムアン、ビルマにおけるミョウやカヤイン等であった。これらの地は、労働力と穀物の潜在的供給源であり、重要な交易路に跨がって位置していることもあった。

権力の結節点となりうる各々の土地をひとつの政治的・軍事的連合体にまとめ上げることは、たいていは束の間の小さな夢想的事業であり、国政術の奇跡であった。多種多様な政治的単位が中央の支配下に置かれることはきわめて例外的であり、中央政権は通例は短命であった。そうした政治連合体はいったん瓦解すると、小規模の統治集団、小村落、集落、親族集団など元の構成単位に分裂していった。政治的野心家が音頭をとって新たな集合の企てが始められることがあっても、それらは同じ基礎単位の異なる組み合わせにすぎず一時的連帯を越えることはなかった。地方の政治的野心家たちも、国家建設の象徴やイデオロギーを競ってまねては威厳と権力に満ちた指導者のごとく振る舞った。田舎の小さな村の有力者までもが手持ちの材料を使って象徴の模倣品を作り、私が宇宙論的大言壮語と呼んだ、中国やインド由来の国家の真似事をした。

大規模な政治単位が根本的に不安定であったとすれば、小規模の基礎単位もまた恒久的な建設素材にはならなかった。これらの構成単位は解散、分裂、移住、合併、再構築を繰り返し、ほとんどつねに変化し続けているものとして理解しなくてはならない。集落や親族内の世帯や個人も、長い時間のなかで変化し続けている。居住地の場所が半世紀のあいだ変わらなくても居住者が入れ替わるので、言語的・民族的アイデンティティが場所を変えずに短時間で劇的に変化することもある。[82] 人口密度はとくに重要な要因であった。一六〇〇年における東南アジアの人口密度は、インドの六分の一、中国の七分の一ときわめて低かった。広大なフロンティアは、国家による搾取に対して自動式のブレーキとしての機能を果たした。家族も集落も比較的容易に移動した。移動の理由は、伝染病、飢饉、徴税、賦役労働、徴兵、派閥抗争、教派分裂、恥辱、スキャンダル、縁起直しなどさまざまであった。長期的視野で見ると、どの基礎単位の構成員も流動的で、単位の存在そのものが安定していなかった。安定要素があったとすれば、それは人々の居住に適した生態環境と地理的条件であった。人々は河川や交易路の近くに生活した。水が豊かな平地であれば、居住地を一時的に放置することがあっても状況が整った後にまた戻ってくることは珍しくなかった。そのような場所こそ、ヌグリ、ムアン、ミョウといった政治空間の中心を形成した。

国家建設を企てる者にとっては、いくら流動的であってもこれらの基礎単位だけが利用できる建設材料であった。野心的な実力者が存在しない時期や、広範囲を支配した政治組織が崩壊し粉々になってしまった時に、そこに再び現れるのは基礎構成単位である。このような状態の下でまっとうな歴史を書くことなどできるのだろうか。私は可能であると思う。しかしそれが王朝史にならないことはいうまでもない。私たちの考察対象であるこれらの構成単位にも歴史はある。それらの単位の形成には、結合と解体の動態のおおまかなパターンを見いだすこともできるし、王朝国家や近代国家に向きあったときのある程度の自律の形態を読みとることもできる。これらの単位はたしかに歴史を有しているが、それは国家や王朝の歴史とは次元の異なる歴史である。これらの基礎単位こそ、その高い流動性にもかかわらずそこにあり続けた不変的な特性であった。つまり王朝の成立こそが一時的かつ稀な現象だったのである。「国家」の偶発性をふまえると、国家をひとつの単位と見なすのではなく、むしろ「複雑に入り組んだ相互依存契約」と考えるほうが理にかなっている[83]。というのも、アキン・ラビバダナが一九世紀のシャムの国家に関して記したように、国家が粉々に分裂した時、「システムの構成要素をなす各部分は、各々の生き残りをかけて分離する傾向があった」からである[84]。

つねに変化を続けるこれら無数の小規模単位をまともに理解することなど不可能と思われるかもしれない。王朝史を扱うより手強くて取っ付きにくいことは間違いない。しかし私たちの前には、似たようなシステムを理解しようと努めた先駆者による手引きがある。東南アジアでは、流動性の背景に論理を見いだし、その理解を試みた社会構造の研究が多くある。そのなかで最も著名で、また最も論争を引き起こしたのが、エドマンド・リーチの『高地ビルマの政治体系』である。この種の山地研究やマレー世界の研究は、転移する小国家、移動する人々、下流と上流、支配される人々と支配されざる人々といった一連の差異に焦点を当てた鋭い洞察を提供している。東南アジアの外に目を向けると、中東における国家と遊牧民の接触はやはり示唆に富んでいる。また、リチャード・ホワイトによる一八世紀の北米五大湖の社会史にも、世帯という基礎単位から分析を始め、村落、部族、同盟を暫定的で不安定な連合体と見なす分析がみごとに展開されている[85]。トゥキディデスの『歴史』を再度紐解くことも有益であろう。この書には、王をもつ集団もあれば、もたない集団もあり、多彩な人々の世界が描かれている。主な主人公はアテナイ、スパルタ、コリントス、シュラクサイといった互いに敵対する諸集団である。これらの集団は各々それ自体が同盟連合体であり、その政治的指導者にとっては、忠誠や連帯の不安定が常に心配の種であった[86]。

国家中心史観に縛られずに東南アジア大陸部の歴史を書くためには、基礎構成単位の離合集散の諸条件を明らかにする必要がある。国家とその後背地帯の流動的な相互関係に似たこの状況を分析する困難さを、ある研究者は以下のように語った。「ある時はゆるやかな連帯として集合し、また別の時にはたわいなく分散してしまう粒子。私たちは、自分たちが相手にしているのは、その粒子のような存在なのだという理解にようやく達する。しかし、その粒子をどう呼ぶべきかという問いに対してさえ一貫した答えを与えることができずにいるのだ」[87]。これら粒子の流動性が人類学者や歴史家にとって困難な研究対象であれば、王朝の役人や、国家建設を目論む政治家、植民地政府の行政官、近代国家の官僚にとっていかに厄介な存在であったかは想像に難くない。人々は、定まった居住地をもたず常に動きまわり、自給自足的生計を柔軟に営み、言語も民族的アイデンティティも容易に変えてしまう。指導層も不安定だが、もともと人々は政治的忠誠など気にもしていない。そのような人々を統治することなどまず不可能である、と国家の支配者なら思うことであろう。

話の要点はまさにここにある。このような人々の経済的、政治的、文化的組織は、国家構造から逃れるための戦略的適応であり、そのような適応は、国家システムの最奥地である山地つまりゾミアのような場所でこそ実行可能であった。

ここ（スマトラ）では私は専制政治の熱烈な支持者である。人々をまとめあげて、社会として結集させるには、強い権力こそが必要だ……スマトラに住んでいるのは、政府に属しない無数の小規模部族である……現時点においてこれらの人々が移動を続ける様子はあたかも宙を舞う鳥のごとくだ。彼らを寄せ集めて支配し、組織しないかぎり、私たちにできることはなにもない[88]。

一九世紀の初頭スタンフォード・ラッフルズ卿は、大陸における古典国家の指導者と同様に、人口の集中こそが植民地支配の前提条件であることを見抜いた。彼の狙いは、労働力と生産力を確実に把握できる状態へ転換し、搾取の体制を整えることであった。次章では、東南アジア大陸部における国家空間形成の動態と論理に目を向けてみよう。

訳注

＊1　中華の概念において、「生」は「文明化されていない」もしくは「漢文化／中華文明の影響を受けていない」状態を示し、「熟」は「文明化されている」もしくは「漢文化／中華文明の影響を受けている」を示す。ひとつの民族集団のなかでも、「生」と「熟」の二種類の集団に分けられることがある。例えば苗は、その漢族化の程度によって、「熟苗」と「生苗」とに分けられる。

II　国家空間
——統治と収奪の領域

国家空間の地理学と地勢の抵抗

野菜をかごに、
ひとをムアンに
——タイの諺

　しばしのあいだ、想像をたくましくしてみることにしよう。あなたは東南アジアにおけるルイ一四世の宰相ジャン＝バティスト・コルベールだ。あなたに委託されている仕事は、コルベールのように王国を繁栄に導くことだ。設定はコルベールの王国と同様に一七世紀という前近代であり、陸路での移動は徒歩や荷車、牽引用の家畜によるものであり、水路であれば船となる。最後にコルベールとは違って、あなたは白紙状態から始められる、ということにしよう。どのような生態的環境、人口構成、地理的条件の組み合わせが、国家とその支配者にとって最も好ましいかという匙加減はあなた次第だ。このような条件下で、あなたはどのような王国のデザインを試みるだろうか。

　おおまかにいって、あなたに課せられた仕事は理想的な「国家空間」、つまり収奪の空間を考案することである。国家が最広義の意味における税もしくは地代（食料品、賦役、兵力、貢納品、交易可能品、正貨）に依存しているかぎり、問題は、どのようにデザインを施せば、最小のコストで、安定的で十分な労働力と穀物の余剰を支配者に対して保証できるか、という点になる。

　デザインの原則が、国家の中心部から地理的に近い範囲に王国の臣民と耕作地を集められるかどうかによることは明白だろう。どのくらい遠くまで穀物の出荷が見合うかという点が、牛車や馬車による輸送の経済性にほとんど依存しているという前近代の条件を考えれば、このような地理的集中は何にもまして必須である。たとえば平坦な土地で運搬する場合、二五〇キロメートルの距離を牽引する荷牛の一団は荷と同じ重さのエサを消費する。限度は異なっても、そこにある論理は中国の古い諺にも見出すことができる。「穀物は千里（四一五キロメール）を越えて売りに行くべからず」[1]。よって国家の中核にいる穀物を生産しないエリートや職人、専門技能をもった人々は、比較的近隣にくらす農民たちに食べさせてもらう必要があった。ところが、東南アジアでは歴史的に人口密度が低く、人口は拡散しがちであった。つまり、人的資源の集約がこの地域の文脈ではとくに必須であったが、それはとくに難しいことでもあった。したがって王国の中核とその支配者は、手のとどきやすいところに集められた労働供給源によって守られ、維持され、食べさせてもらわねばならなかった。

右に仮想したコルベールの立場からいえば、水稲は、国家空間形成を前提とした農産物としてはこの上ないものになる。まず、水稲耕作はほかの食料生産手段より労働投入に対する収量こそ低いものの、単位面積あたりの収量では、旧世界のほとんどあらゆる農産物をしのぐ。水稲耕作によって、国家中核から容易に手のとどく範囲で最大限の食料生産が可能になるわけだ。さらに、水稲耕作は永続的で収穫がわりあい安定しているという点でも、我らがコルベールに推奨できるだろう。水枯れしない川から導水できたり、川の中州などの氾濫原で沈泥が定期的に農地にもたらされたりして地味が確保されているかぎり、同じ耕作地でも長期間にわたって高い生産性を維持できる。水稲耕作は人口の集中と労働集約型の生産形態を必要とし、同時にそのような条件を涵養するが、結局はそれ自体が国家建設にとっての資源となっていく[2]。

あらゆる地域で、水稲はほかの主要穀類とともに初期の国家形成の基礎であった。水稲が我らがコルベールにとって魅力的なのは、それによって可能になる人口の集約と食料生産にとどまらない。徴税者の観点からも、穀類にはイモ類などよりも決定的な利点がある。穀類の多くは地上に生育し、おおよそ同じ時期にすべてが刈りとり可能になり、しかもそれを予測できる。徴税者は作物が結実したら耕作地を調査し、あらかじめ収穫高の見こみを立てることができる。そして最も重要なことは、軍隊や徴税者が収穫時期に現地にやってくれば、彼らは好きなだけ収穫物を徴収できることだ[3]。したがって国家にとって穀物はイモ類よりも把握しやすく、収奪しやすい。さらにほかの食料とくらべて穀物は運搬しやすく、重量や容積単位の価値が相当高いうえに、脱穀前であれば、とくに腐敗による損失率を低く押さえて比較的長期にわたって保存できる。例えば、荷車ひとやまの水稲米の相対的な価値と損失率をジャガイモ、キャッサバ、マンゴー、青物野菜とくらべてみよう。コルベールがまったくの白紙から国家経営に適した穀物を選定せよと依頼されたとしたら、灌漑米をおいてほかの選択肢は思いつかないにちがいない[4]。

東南アジアにおける前近代国家の中核のほとんどすべてが、灌漑稲作に適した生態環境のなかに見出されるのは、なんの不思議もないだろう。その環境が好適で広がりがあればあるほど、それなりの規模と盤石な国家が発生しやすくなる。しかし、すくなくとも植民地時代以前までは、国家が新田開発に乗り出すことも、水田管理で主たる役割を担うことも一般的ではなかったということは、強調しなくてはならない。あらゆる証拠からいって水田は、親族を単位とした集団や小規模な村落を主体として形成された。水田の管理では、水利のための井堰、放水路、水路を建設し拡張するための、微細で入念な土木工事が積み重ねられた。このような灌漑水田のシステムの多くは国家の中核がかたちづくられる以前から存在してきたし、そこに集約された労働力と食料供給の利を掠めとるような国家が一時的に勃興しては滅亡を繰り返しても、その多くが生き延びてきた[5]。国家は水田を土台にして繁栄を築けただろうが、水田そのものを作りだすことはほとんどなかった。国家と水田耕作の関係というのは、互いに親和性をもちつつも選択されて作られる関係性のひとつであり、一方が他方を必然的に生じさせる関係にあるわけではない。

この選択的親和性の背後に利益の分配をめぐる現実的な政策があったのは明らかで、「ヨーロッパの行政官にしろ、東南アジアの現地支配者にしろ、豊富な食料に底支えされた大規模な定住民人口は、権威と権力の鍵と見られてきた[6]」。残っている碑文によると九世紀と一〇世紀のジャワでは、森を開墾して焼畑地から恒久的な灌漑水田耕作地に転換させれば、その土地はその者に下付されるという了解があった。そこに働く論理は、ヤン・ウィスマン・クリスティーの記すように、「水田が……住民をその土地に定着させ、彼らをより把握しやすくして、収穫高をそれなりに安定化させ、その計算を容易にさせる効果をもつ」というものであった。後に細部を検討するが、国家は人々を宮廷の周辺に惹きつけて定住させ、彼らに水田を耕作させるために全力をあげた[7]。一例を挙げれば、一五九八年と一六四三年のビルマ王による勅令では、兵士たちはそれぞれ宮廷のある中心にほど近い自らの居住地に留まるよう命令され、非番の近衛兵は自分たちの耕作地を耕すよう指示されていた[8]。耕作地を休閑地に変えたり、放置するといった「穀物確保に刃向う」行為に対して出された頻繁な禁止命令が、勅令の意図する目的が大変な抵抗を受けていたことの証左である。だが、目的が達成されていけば、きわめて膨大な労働力と穀物という「資産」が王の裁量のもとに入ることになる。オランダ使節が「マタラムから一日で行かれる範囲の地域における信じがたいほどの水田耕作地の広がりと、それに付随する無数の村々」について言及した、一七世紀中葉ジャワのマタラム王国はこの例である。国家の中核における人的資源は、食料生産にとって枢要であるだけではなく、軍事的に敵国から防衛し、拡張していく点でも肝要であった。このような類型の農業国家が、海洋国家という競合相手に対して決定的に優位であったのは、まさに屯田兵の数が圧倒的に多かったからであった。

伝統的な農業国家がその勢力を実際に拡張できる範囲は、地形によってかなりはっきりと制約されていて、その限界はわりあいと融通が利かなかった。限界点は先述のとおり、かさばる食料物資を運搬する困難さで実質的には決められていた。平坦な地勢で道がなだらかと仮定しても、国家が実効的に支配できる空間の広がりは半径三〇〇キロ程度までで、それを超えると支配の実効性は希薄であった。徒歩旅行が比較的簡単であるのに対して、穀物の長距離運搬が困難であることが、ある意味で一九世紀末以前の東南アジアにおける国家運営における本質的な葛藤《ディレンマ》を表現している。国家の中核に住む人々が食料供給を受けようとすれば、距離と収穫変動というかんともしがたい限界に直面した一方で、中核から遠く離れた場所で穀物栽培をする側の人々は、いとも簡単に国家支配圏の外側まで歩みを進めることができた。換言すれば、牛車運搬をさまたげる地形と非効率性が、国家の中核に対する実質的な食料供給の制約条件になっていた。その一方で地形の障害をものともしない臣民たちの徒歩による移動――前近代国家が簡単には阻止できなかった種類の移動――は、穀物生産者とそれを守る人々を国家から奪いとる恐れがあったわけだ[2]。

前近代における移動と運搬をめぐる統計的事実をみると、水路と陸路それぞれで距離の生み出す軋轢の比較が一目瞭然になる。おおざっぱに言って、このうえなく平坦で乾燥した大地を徒歩で旅行した場合、一日に進める推計距離は二四キロメートルが平均である。三六キロの荷を担いだ強靭な人夫ならば、たいへん好ましい条件下でこのくらいの距離を移動することができる。地勢の起伏が激しかったり、天候条件がさらに厳しくなると、楽観的に見積もったこの値は劇的に落ちる。この計算式は東南アジアの前近代の場合、とくに戦時に象が使用される場合には少々修正しなくてはならない。象は重荷を背負って険しい地形を乗り越えていくことができた。ただし象の数はあまり多くはなく、象が軍事作戦の成否を実質的に決することはなかった[10]。

　険阻な山岳地域を行く国家遠征とでも呼べるような大規模な移動となると、その速度は著しく遅くなった。唐王朝による東南アジア大陸部の山地への進出を証言する貴重な文献が、いくつか現存している。そういった文献のひとつ（西暦八六〇年）の冒頭には、おのおのが帝国支配ネットワークの結節点として機能していた各都市のあいだの移動時間に関する重大な軍事情報が日割り単位で記されていて、とても厳しい見通しが示されている[11]。千年経った後でも、心配事はあいかわらずおなじだ。代表的な例は一八九二年一月（乾季）に、シャン州東部の藩王たちの政治的忠誠を評価し、進軍路の調査のために行われたC・エインズリー中尉による巡検旅行である。彼に同行したのは、一〇〇人の武装警官、五人のヨーロッパ人、多数に上る荷駄用のラバとその口取りたちであった。おそらく道が狭すぎるという理由で、車輪のついた運搬手段は使われなかった。エインズリーはパンヤンとモンパン間の二つの平行ルートを九日の行程と見立てた。彼は、日々の旅程上の困難と渡らねばならない河川数を報告し、このルートが「雨季には通行不可能」である旨を付記した[12]。一日の平均行程はかろうじて一三キロを越えるほどで、日によって大差があり、最大でも二〇キロ、最低となるとわずか七キロほどであった。


　むろん牛車は有能な人夫に比して七倍から一〇倍の荷駄（二四〇－三六〇キロ）を運ぶことができる[13]。しかしその機動性は低く、移動できる範囲も限られている。かつぎ人夫であれば人ひとりが通れる細道でことたりるところでも、牛車にはもっと道幅が必要だ。地形によっては牛車の通行がまったく不可能であったし、ビルマの片田舎で深く刻まれた轍の道に馴染みのあるひとならだれでも、そのような旅行が可能とはいえ、きわめて緩慢で苦役の伴うものであることを理解できるだろう。旅程の長さいかんにかかわらず、荷車の運転者は、自身で飼い葉を持ち運んでその分の荷重を減らすか、飼い葉になる草木の自生している道に沿って行かれるよう行程を調整せねばならなかった[14]。ほんの一、二世紀前までは欧米でも、かさのある品物を陸路で輸送することには、「融通が利かず、いかんともしがたい制約がまとわりついているものだった[15]」。

　ヒトとモノの移動についての地理的与件は、陸に広がるあらゆる国家の勢力範囲を限界づけた。F・K・レーマンは、一日に徒歩で踏破可能な距離を三二キロとする少々過大な数値に依拠して、前近代国家の最大サイズは直径一六〇キロを超えないと算出した。もっとも、ジャワのマタラムはそれ以上にかなり大きかったことが知られている。かりに直径二四〇キロの円形の領土のおおよそ中心に王都が位置していると仮定してみると、王国の周縁までの距離は一二〇キロとなる[16]。この地点を越えると平坦な地勢であっても国家の力は勢いを失い、隣接の王国、在地の有力者や盗賊団などの勢力圏になっていく（実効到達距離に地勢が与える効果については、地図3を参照のこと）。

ところが水運は前近代におけるこれらの限界を超える大いなる例外である。可航水域では距離の障害がほとんど意味をなさなくなる。水運ならば風と潮流によって、荷駄車を使った場合には考えられないほどかさのある品物を大量にかつ遠くまで運搬することができる。ある計算によれば、一三世紀のヨーロッパでは海上輸送のコストが陸路のたった五パーセントにすぎなかったという。両者の格差はあまりに甚だしく、どんな王国であっても可航水路の近くに位置したというだけで、大きな戦略上、交易上の恩恵に浴することになった。植民地期以前の時代に一定以上の規模をもつ東南アジア国家のほとんどは、海あるいは可航河川に容易にアクセスすることができた。実際、アンソニー・リードが指摘するように東南アジア国家のほとんどの首都は、外洋船から上流部へと向かう小型船舶に積み荷を移し替えなければならない、河川の合流部に位置していた。支配ネットワークの各結節点の所在地は多くの場合、情報伝達と物資輸送の経路が交叉するネットワークの結節点にもなっていた[17]。

鉄道が建設される以前に水上運輸の果たした枢要な役割は、運河の経済的重要性にかんがみても明白だ。そこでは馬やラバ、牛が相変わらず伝統的な牽引力として利用されたが、水上を行きかう荷船は地表との摩擦による無駄を軽減し、効率性を大幅に向上させた。河川や海上輸送は「摩擦最小ルート」、つまり地理的困難が最も小さい利点を活かして、食料供給、塩、武器、ヒトの交換が可能になる距離を飛躍的に延伸した。警句風に言えば、「渡るに易い」水域は人や場所を「結びつけ」、「困難な」丘や沼沢、山は互いを「分かつ」と。

地図3　地勢の険阻さの程度によって、中心地からどのくらいの歩行時間を要するか比較できる地図を見れば、起伏の激しい地勢によって国家空間がいかに劇的に圧縮されるかがわかる。ここでは例として、ビルマ－中国国境近くの町ムン（ムアン）ヤンを選んだ。徒歩移動時間の単位あたりの等線は、ワルド・トブラーによる「徒歩旅行関数」にもとづいている。これはある地形地点における斜面ごとにどれくらいの移動が可能か、その割合を導き出す算法で、等線は一日六時間の徒歩を前提にした一日あたりの移動可能距離を示している。トブラーのアルゴリズムによって算出された、平坦な地勢における移動可能距離を、比較のために破線で示した。ムンヤンを出発したのち、平地であれば一日半か二日で行ける距離を、旅行者は三日をかけることになる。南方と北西方向への移動は、東への移動よりも困難である。かりに国家の支配範囲は移動の平易さによって変化するのだと仮定すると、ムンヤンに中心が置かれた、この仮説的な小国家の支配地域は、この地域が平地である場合の三分の一にも満たないということになる。

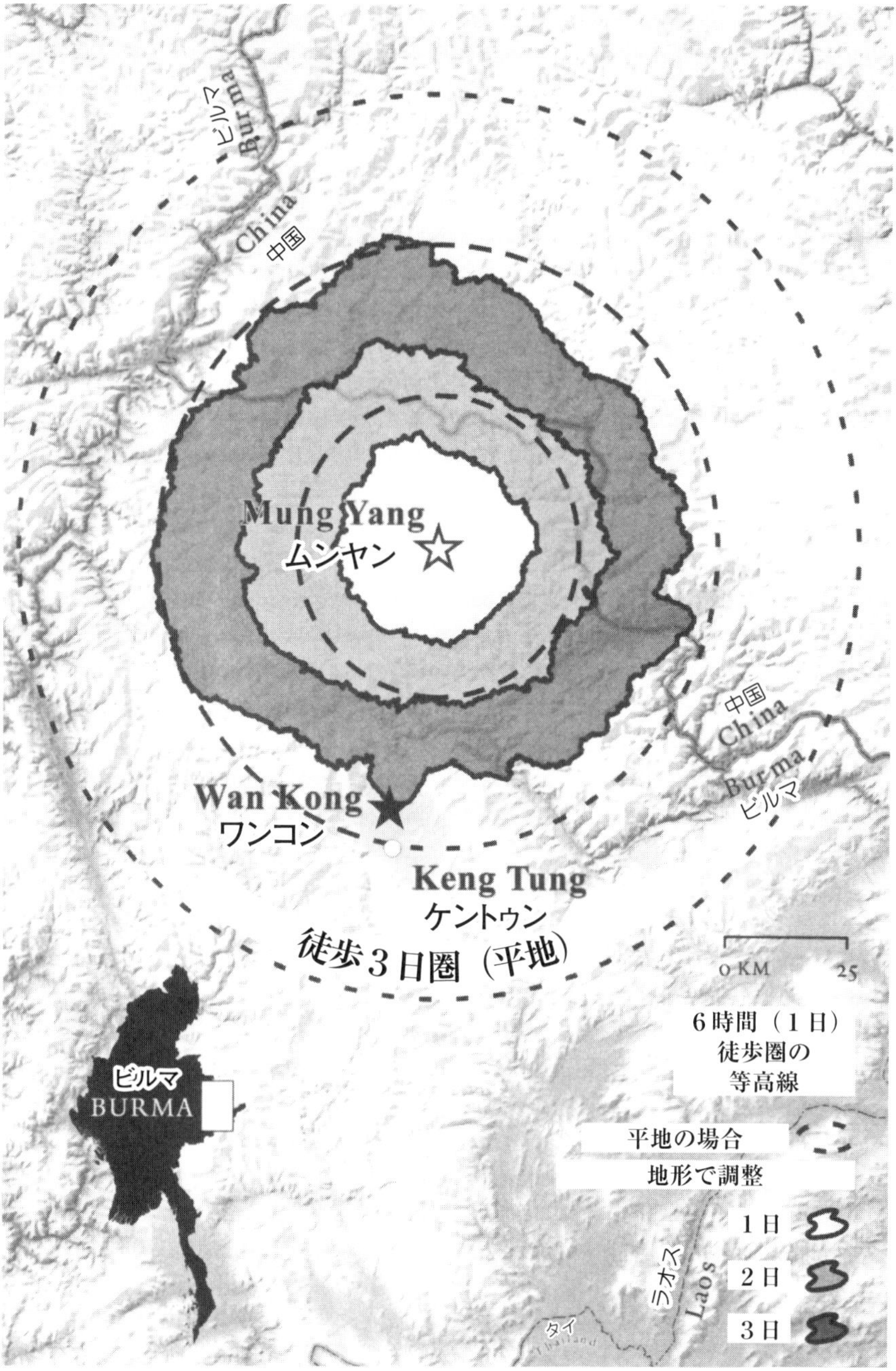
Burma
ビルマ
China
中国
Mung Yang
ムンヤン
Wan Kong
ワンコン
Keng Tung
ケントゥン
徒歩3日圏（平地）
中国
China
Burma
ビルマ
0 KM 25
6時間（1日）
徒歩圏の
等高線
平地の場合
地形で調整
1日
2日
3日
ビルマ
BURMA
ラオス
Laos
タイ

距離の制約を取り払う鉄道と全天候型の自動車道路という技術革新が到来する以前、可航水域がなければ、陸に縛られた東南アジアとヨーロッパの諸国家にとって権力を集中させたり、その権力を拡張したりすることはきわめて難しかった。チャールズ・ティリーは次のように指摘している。「一九世紀末を迎えるまでは、ヨーロッパの陸上輸送はいずこでもたいへん高くついたので、効率的な水上輸送ができないところでは、どの国も大きな軍隊や大都市に穀物や重量物を供給できなかった。ベルリンやマドリッドといった内陸の大都市をやしなうことができたのは、支配者が後背地に多大な労力とコストを押し付けていたからであった。オランダの桁外れに効率的な水路交通が、平時も戦時もオランダ人に多大な利をもたらしたことは間違いない[18]」。

でこぼこの大地を行軍する軍隊が直面した耐え難いほどの困難は二〇世紀中葉になっても変わらなかった。一九五一年に、中国人民解放軍がチベットを制圧した時ほど、これが明白になったことはない。北京で一七カ条協定に署名したチベット使節と党代表たちは「より速いルート」でラサに戻った。つまり、カルカッタまで海路を行き、そこから列車と馬を使ってシッキム経由で戻ったのである。ガントクからシッキム、ラサまでの行程のみで一六日かかった。人民解放軍の先遣隊はラサにいた六カ月のあいだ飢餓の危険に見舞われたので、彼らに対して三〇〇〇トンのコメが発送されたが、これもまたカルカッタ経由の船便で運ばれたのちに山地をラバで輸送された。食料はさらに内モンゴルから北へと運ばれたが、これには二万六〇〇〇頭という途方もない頭数のラクダが動員され、その半分以上が途上で死ぬか、負傷した[19]。

以上のような理由で、地勢や水域の状況にかかわらず一キロメートルはどこでも同じ一キロメートルとみなす現代の標準的な地図は、じつに誤解を招きやすい。たがいに三〇〇－四〇〇キロメートルはなれた地域どうしでも、そのあいだを隔てるのが穏やかな可航水域であれば、そこには社会的・経済的・文化的な紐帯が発生しやすい。他方でその距離がわずか三〇キロメートルでも、あいだを険しい山岳地帯が分断しているとそうはいかない。同様に、たやすく横断できる大きな平原地帯では同質性の高い文化的、社会的統一体が形成されやすいが、範囲が狭くとも通交が難儀で時間がかかる山岳地帯では、そうはいかない。

もしかりに、社会的、経済的やりとりがはっきりと表示できるような地図が必要とされたなら、それを作るためにまったく異なった尺度を考案しなくてはならない。地勢の生み出す軋轢をおりこみずみの尺度である。一九世紀中盤の輸送革命以前にこのような地図作りが試みられたとするなら、そこで使われるだろう基本単位は、徒歩もしくは牛車（あるいは帆船）による一日の移動距離となるにちがいない。直線距離で行けるという前提で作られた標準的な地図に慣れ親しんできた目には、この地図はまるで遊園地のミラーハウスの鏡像のように見えるだろう[20]。この地図では可航河川や沿岸部、平原は移動が容易なので大幅に縮小される。これとは対照的に踏破がやっかいな山地、湿地、沼沢地、森林は、直線距離がいくら短くても実際の移動時間を反映して大幅に拡大して描かれる。こうした地図は現代的な視点からはどんなに奇異に見えても、私たちの親しんできたものよりもはるかに優れた交渉、文化、取引の指針になるだろう。さらにこれらの地図は、以下に見ていくように、国家にとっては支配と収奪をしやすい地理条件（国家空間）と、場所の性質から抵抗が予想される地理条件（国家空間の外側）の違いを明らかにするのに有効である。

　測定の単位が距離ではなく移動時間である地図は、キロメートルやマイルといったより抽象的で画一化された概念よりも、日常感覚に近くはるかにしっくりくる。かりに東南アジアに暮らす、とある農民に、隣村までどれくらい離れているか聞いてみたとしよう。たぶん答えは時間的な単位であり、距離的な長さではないだろう。時計を使いなれている農民は「三〇分くらい」と答えるかもしれないし、抽象的な時間単位にはさほどなじみがない老齢の農民だったら、誰もが知っている時間単位で「米が三回炊けるまで」とか「タバコ二本分」などと土地の単位で答えるかもしれない。植民地期以前の古い地図では、任意の二地点間の距離は、一方から他方への移動にかかった時間の長さで表されていた[21]。これは直観的で、実に理に適っている。Ａ地点はＢ地点からわずか二五キロしか離れていないかもしれない。しかし、道の険しさによって旅程は二日にも五日にもなりえるのであって、これこそが旅人がもっとも知りたい事柄であろう。ＡからＢへ向かうのか、それともＢからＡへ向かうかによっても、答えは大きく異なってくるかもしれない。もしＢが平原上にあってＡが山地の高い場所に位置していたなら、直線距離は同一の長さであったとしてもＢからＡへの登り道の行程はより長く、ＡからＢへの下り道より困難になるのは間違いない。

　このような通交の障害を反映した地図を使うと、距離にもとづく抽象概念の地図の上でははっきりと像を結びえなかった、社会、文化地域、あるいは国家といった存在さえもが突如、視界のなかに立ち現れてくる。これこそ、フェルナン・ブローデルの『地中海』に通底する、いちばん重要な含蓄であろう。そこには通常の意味における統一された「領土」や行政機構がなくとも、モノ、ヒト、思想の活発なやりとりによって自らを維持する、ひとつの社会があった[22]。エドワード・ウィッティング・フォックスは、いくらか小さな規模の古代ギリシアのエーゲ海世界をとりあげて、かつて政治的に統一されたことはなかったこの世界が実はひとまとまりの社会的、文化的、経済的な有機的組織体であり、往来のたやすい海を介して交渉と交換の糸をいく重にも撚り合わせて編み上げていたと論じた。ヴァイキングやノルマン人といった「交易と海賊」で名を馳せた海洋民たちは、水上輸送の速さを駆使して広範囲にわたる影響力を行使した。彼らの歴史的影響をこの地図の上で表現してみると、おおむね海港都市や河口部、沿岸部にそのよすがを残すにすぎない[23]。そしてそれらの要衝のあいだに横たわる茫洋とした大海原は、ごく小さなものとして描かれるだろう。

このような現象の最も際立った歴史的事例はマレー世界――傑出した海洋交易世界――であり、その文化的な影響は太平洋のイースター島からマダガスカル、そして沿岸港市のスワヒリ語話者たちにマレー文化の刻印が見てとれる南部アフリカ沿岸までおよぶ。一五、一六世紀に最盛期を迎えたマレー国家は（中世ドイツでバルト海沿岸地域の貿易を独占した）ハンザ同盟のようなもので、交易港同士の流動的な連合体であったと言ってよい。この国家の基礎的な構成単位はジャンビ、パレンバン、ジョホール、ムラカなどの港市で、そこに政治・通商上の利益に応じてマレー貴族層が、各港のあいだをそちこちと渡り歩いていた。長大な距離をものともしないこのような海域世界的な統合を目の当たりにすると、私たちがふつう理解するところの、ちんまりとまとまった領土を成立要件とする、土地に縛られた「王国」は意味をなさない。

農業王国というのは、たいてい海洋王国よりも必要なモノがそろいやすい。国の本拠地に近いところで食料の備蓄と人的資源を差配する。しかし、農業王国といえども自給自足的状態からは程遠い。というのも、彼らの生存は自らが直接には管理できない産物、すなわち木材、鉱物、タンパク源、家畜由来の肥料、塩などの海産、林産物に依存しているからだ。海洋王国はというと、とくに奴隷を含む必需品をもたらす交易路に農業王国以上に依存している。地産の穀物産品や人的資源に依存せずとも〝国家らしさ〟が色濃くみられる空間がみられるのは、こうした貿易にもとづく対外依存のためである。そうした所では、重要な交易産品を（税金や関税、徴発など方法により）管理しやすい場所に戦略的に位置している。農業が発明されるはるか以前、（良質な石器に必要であった）黒曜石の重要な鉱床を支配した社会は、経済取引と権力という点で特権的な位置を占めた。より一般的には、陸上あるいは水上の交易路には戦略的な要衝があり、そこを支配できれば経済、政治上、決定的な優位に立つことができた。河川の合流部や河口部に睨みを利かせる場所に陣取ることの多かったマレーの交易港は古典的な事例である。この立地によって支配者は、上流部（フル）からの輸出産品の物流を独占しつつ、下流部（ヒリール）からやってくる沿岸・国際交易の産品を得ようとする後背地域を支配できた。同様に、インド洋と中国をむすぶ遠距離交易の要衝であったマラッカ海峡は、国家建設にはこのうえなく有利な空間であった。規模はずっと小さくなるが、おびただしい数の丘陵王国が、塩や奴隷、茶、そのほかの品物を運ぶ隊商路をまたいで存在した。これらの丘陵王国は、世界貿易の変動と商品の流行りすたりに翻弄されながら勃興と衰退をくりかえした。大きな兄貴分のマレー国家と同様、平和な時代にあっては、こうした国々は「通行税に依存した」国家であったといえる。

立地の優位性は、地勢や航路帯《シーレーン》によってすべてが決められていたわけではない。とくに近代以降にあっては交通、工学、工業の進歩に依存するところが大きかった。例えば、鉄路と道路の結節、橋梁やトンネル、石炭や石油、天然ガス資源の埋蔵などがこれにあたる。

ここにいたって、国家空間とは穀物生産と人的資源の管理可能な空間への集約であるという、当初のおおまかな性格づけは修正しなくてはならない。穀物と人的資源を手近な場所で支配できないという不利は、距離の障害を克服してくれる可航水路、要衝や戦略商品に代表される権力ネットワークの結節点をもつことで補うこともできるが、それにも限度がある。通行税からなる国家は十分な人的資源がないことには、優位な場所をおさえることすら難しくなる。たいていの場合、土壇場になると農業国家が、海洋国家もしくは「交易路」国家を数の力で圧倒した。バーバラ・アンダヤによる一八世紀初頭の鄭氏政権のベトナム（農業国家）とジョホール（海洋国家）の比較がこの格差を雄弁に語ってくれている。「マレー諸国家のなかでとりわけ権威があるにもかかわらず農業基盤をもたないジョホールの軍隊と（農業基盤のある）鄭氏覇権期のベトナムの軍隊を比較すれば論点は明らかだ。一七一四年にオランダ人たちは、ジョホールが六五〇〇人の兵員と二三三艘の諸種の船舶を戦闘に動員できると見積もった。これに比してベトナムの広南阮氏軍には六四一〇人の水兵と三二八〇人の工兵を含む二万二七四〇人の兵員数が勘定に上がっていた」[24]。海洋国家のもろさを指摘した最初期の警世の書といえば、トゥキディデスの『歴史』であろう。そこには、確固とした海洋国家であったアテナイが結局、スパルタやシュラクサイといった農業国家の性格が濃いライバル国に敗北を喫したことが描かれている。

東南アジアにおける国家空間のマッピング

植民地期以前の東南アジア大陸部における国家建設は、地理的条件によって非常に強く制約されていた。ここではこれら主要な制約要因が何であるか、そしてそれらの制約要因が国家の立地、運営、権力のダイナミクスに与えた効果をおおすじで明らかにしてみたい。

これで十分とはけっして言えないものの、まともな国家が成立するために必要不可欠な条件は、相当数の集約された人口を維持できる灌漑稲作に適した大きな沖積平野の存在である。スンダ陸棚にひろがる穏やかな海は活発な往来を保証し、かのアテナイにも比肩する広範な制海権をもつ海洋国家の出現をもたらした。このような半島部の海域東南アジアとは異なり、大陸部東南アジアの諸国家は、はるかに高い次元の地理的抵抗と格闘しなければならなかった。この地域の山脈と主要河川は南北方向に走っていることが一般的であるため、ほとんどすべての前近代の古典国家は、南北に流れる大きな水系沿いに見出すことができる。西から東に見ていこう。まずビルマの古典国家は、チンドウィン川との合流地点付近のイラワディ川沿い（パガン、アヴァ、マンダレー）、もしくはそこから東へ遠くもないシッタン川沿い（ペグー、タウングー）にあった。タイの古典国家（アユッタヤーとずっと後のバンコク朝）がチャオプラヤー川沿い、そしてアンコールとその継承者たちが作ったクメール国家はメコン川の一支流がかたちづくるトンレサップの湖畔近くに位置した。そして最後に、紅河沿いのハノイ近郊にキン族（鄭朝）の国家がある。

これらの国家の共通項は、すべて可航水路にちかく、氾濫水位より高い平地に造営されていたことである。そこでは平らで耕作に適した平原があり、つねに水をたたえた河川によって水稲耕作が可能であった。きわだって目を引くのは、大陸部の古典国家で、主要河川のデルタ地域に位置している国はないことである。このようなデルタ地帯――イラワディ、チャオプラヤー、メコン――に、水稲耕作のための大規模な入植がはじまったのは、二〇世紀初頭になってからである。開発が遅れた理由はおそらく、（1）稲作の適地とするために大規模な排水工事が必要だったこと、（2）（とくに開拓されたばかりの時期には）マラリアの瘴癘地であったために忌避されたこと、そして（3）毎年の洪水規模が予測不能でかつしばしば破壊的であったこと、である。[25]だが、このような大胆な一般化がどれだけ的確なものであるかはよくよく検証されなければならない。ブローデルも予想できただろうが、このような権力の中心から湧出した政治的、経済的、文化的影響は距離の抵抗が小さければ――平坦な土地、可航河川、沿岸域を伝って――それだけ円滑に伝播する。このことは、ベトナム人の入植によってチャム人とクメール人がしだいに排除されていった過程に、たいへんわかりやすいかたちで見てとることができる。ベトナム人勢力は海岸沿いの狭い帯状の地域を南下しながら膨張していったが、ここでは交通路としての沿岸域が水上の高速道路の役割を果たし、ほどなくしてメコン・デルタとトランス・バサック地方にまでおよんだといえる。

国家の中心が生み出す経済的な影響力は、ほとんどつねに、その政治的影響力よりも大きな範囲におよんだ。政治的な支配力は動員可能な人的資源と食料供給に対する独占の程度に制約されていたが、国家の交易に対する影響力ははるか遠くにまでおよんだ。ここでも距離の抵抗が作用している。つまり重量と容積に対して商品の交換価値が高いほど、その商品の交易距離も延伸される。したがって周縁を国家の中心に結びつけたのは、金、宝石の原石、香木、希少な医薬品、茶、儀式用の銅鼓（山地では重要な威信品である）などの貴重な商品の交換であり、政治的支配ではなかった。このようにかさのある荷物の運搬を必要としないような交易や交換が及ぶ地理的範囲は、政治的統合の対象になった比較的狭い範囲をはるかに超えて広がっていた。

私はこれまでのところ、東南アジア大陸部における植民地時代以前の主要な国家についてのみ考察してきた。たしかに国家形成の鍵となる条件は他の場所でも存在しえた。その条件とは、例えば「中心に王都があり、行政管理が完全に行き届いた領土の中核地」となりうるような、灌漑稲作の潜在的な中心地である。[26] 国家の違いを分けるのは純粋に規模であった。灌漑稲作の中核域が大きくて周囲の地域と一体性がある場合、適切な条件が整えば強大な国家が勃興しやすくなるし、中核域がさほど大きくなければ、そこに形成される国家の大きさもさほどのものにはならない。このような条件から生じる国は、城壁をもっていて、少なくとも六〇〇〇人ほどの臣民と近隣の丘陵地帯にいくつか盟邦をもち、水稲耕作の平野に位置しながら、少なくともひとりの支配者を頂いていたと仮定できる。東南アジア大陸部のそこかしこ、なかんずく標高の高い土地には、ごく小さい規模の国家形成に適合した農業生態環境を見出すことができる。そのような場所はかつて、歴史上のどこかの段階でタイ系の小国家群の居処であることが多かった。このような小国家群の同盟や連合体が結びつき、しばしのあいだ、ひとつの強大な国家を作りだすことも稀にあった。水稲耕作に立脚した国家形成は、その大小を問わず偶発的であり、短命なことが多い。エドマンド・リーチに倣って「水稲耕作地はひとところにとどまってきた」という事実を強調し、そこに潜在的に有利な生態的、人口的な条件を見出すこともできるだろう。賢く幸運な政治的野心家がその環境条件につけこんで国家空間を新たに創り出したり、かつてそこにあった国家空間を再興することもあるかもしれない。だが、ある王朝が栄華を極めたとしても、それはけっしてナポレオン流の国家ではなかった。そうした国家は内部にさまざまな支配者を入れ子状に抱えこみ、権力の座に就いた主君がいつ転落するともしれない不安定な支配体制であった。これが瓦解しないよう、きっちりとまとめあげる手段は、用心深い戦利品の分配と通婚による同盟関係であり、不可欠な人的資源の確保のための懲罰的遠征が必要になることもあった。

ここまでくると、植民地期以前のビルマにおける国家形成についての私たちの理解は、右に見たような収奪と支配範囲に関する基本原則に合わせて修正しなくてはならない。ビルマ王朝が強壮で繁栄を迎えていた時分、実効支配された政治的統一体という意味での「ビルマ」の大半は、王都から数日で行軍できる範囲の、水稲耕作地で構成される中核地域で成り立っていた。このような水稲地域はかならずしも切れ目なく存在している必要はなかったが、国家の中心から来る役人や兵士が交易路や可航水路を通って比較的接近可能なところでなくてはならなかった。アクセス経路がどのような性質のものであったのかは、それ自体として決定的に重要だった。というのも、穀物を徴収したり、叛乱した地方へ懲罰におもむく途上の軍隊は、その経路上で糧秣を補給しなければならなかったからである。つまり、軍隊は自身を維持するために、穀物、家畜、荷車がじゅうぶんに豊富で、そして新兵徴発が潜在的に可能である領地を通過するようにルートを設定するわけだ。

換言すると、湿地や沼地、とくに丘陵地域は、たとえ宮廷のある中心部に近接していても「直轄された政治的領域としてのビルマ」の一部になることはなかった[27]。そのような沼沢地や丘陵の人口はまばらで、灌漑米に適した大きな盆地であった場合をのぞいて、住民は散在する焼畑での陸稲、イモ類、家畜用の飼葉などの栽培、狩猟を組み合わせて行う混作を営んでいたので、国にとっては収奪することはもちろん近づくことさえ困難だったのである。この種の地域は一定期間ごとに更新される誓約と貴重品の交換にもとづいて宮廷と朝貢関係を結んでいることもあったが、ふつうは宮廷役人による直接的な政治的支配の外にあった。標高三〇〇メートル以上の丘陵地域は、たいていは「ビルマ」の本土とはみなされていなかった。したがって植民地期以前のビルマは、灌漑に適合

地図4　東南アジアの河川と古典国家　図が示すとおり、古典国家の所在地が航行可能な河川沿いにあることは、よく知られた一般法則である。サルウィン川／タンルウィン川／怒河は、河口部にタトンという古典国家をひとつだけ生んだにすぎない。この河の長い経路の大部分は狭隘な峡谷で、船舶は航行できない。サルウィン川が例外となったのはもっぱらこの理由による。ケントゥンとチェンマイもまた、可航河川の近くに位置していないという意味で例外である。しかしどれも水稲耕作に適した、つまり国家建設に適した、おおきな可耕平野を臨む場所に位置している。

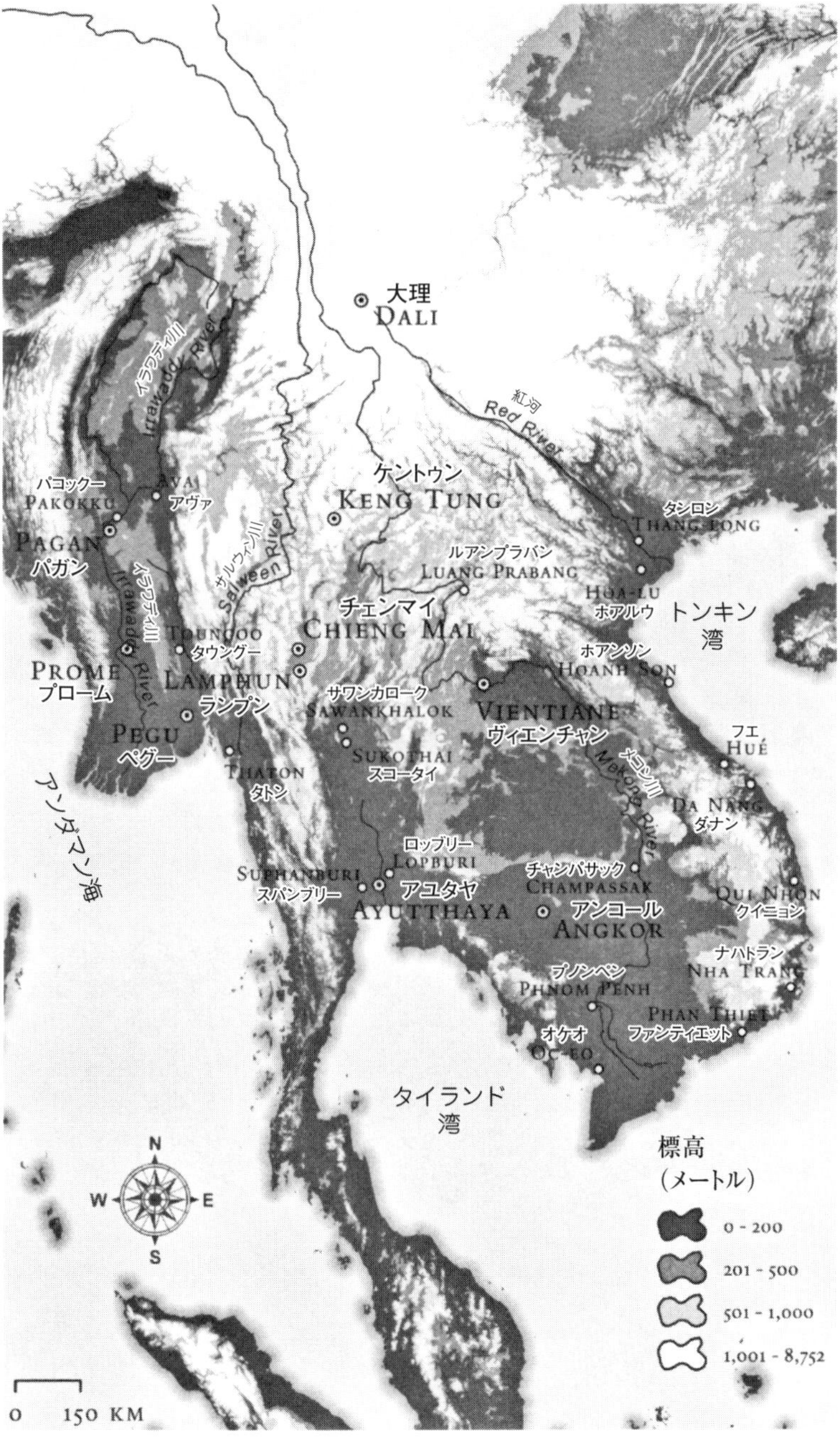
大理
DALI
紅河
Red River
イラワディ川
Irrawaddy River
ケントゥン
KENG TUNG
パコックー
PAKOKKU
AVA
アヴァ
PAGAN
パガン
サルウィン川
Salween River
タンロン
THANG LONG
ルアンプラバン
LUANG PRABANG
HOA-LU
ホアルウ
トンキン
湾
チェンマイ
CHIENG MAI
TOUNGOO
タウングー
PROME
プローム
LAMPHUN
ランプン
ホアンソン
HOANH SON
サワンカローク
SAWANKHALOK
VIENTIANE
ヴィエンチャン
PEGU
ペグー
SUKOTHAI
スコータイ
フエ
HUÉ
THATON
タトン
メコン川
Mekong River
DA NANG
ダナン
アンダマン海
ロッブリー
LOPBURI
チャンパサック
CHAMPASSAK
SUPHANBURI
スパンブリー
アユタヤ
AYUTTHAYA
アンコール
ANGKOR
QUI NHON
クイニョン
ナハトラン
NHA TRANG
プノンペン
PHNOM PENH
PHAN THIET
ファンティエット
オケオ
OC-EO
タイランド
湾
N
W
E
S
標高
（メートル）
0 - 200
201 - 500
501 - 1,000
1,001 - 8,752
0　150 KM

した生態環境からあえて踏み出しそうとはしない、平地でのみ起こりえた国家と見なくてはならない。ブローデルとポール・ウィートリーが一般論として示したように、政治支配とは平らな土地を次々と覆っていくものである。だが、ひとたび距離の抵抗、激しい標高差、地勢の起伏、まばらな人口と混作という政治的障壁に直面すると、支配の推進力はたちまちのうちに息切れした。

　このような条件のもとでは、統治権という近代的な概念はほとんど意味をなさない。ここでの「ビルマ」とは、近代国家の地図作りの慣習にしたがって明確に線引きのできる、ひとつづきの領土として視覚化された領域ではない。それはむしろ、王都から到達できる範囲の、水稲に適したほとんどの場所をふくむ標高三〇〇メートル以下を水平に切りとった部分と見なしたほうが適切だ[28]。

　この原則にしたがってデザインされた地図であれば、統治権や文化的影響力が潜在的にどの範囲まで浸透しうるかを表現することができる。この地図上で距離の抵抗がいかに作用するか、視覚化してみよう。今あなたは、標高差が実際の凹凸として表現されている精巧な地図盤を抱えているとする。さらに、稲作の中核地には赤インクが縁いっぱいまで満たされた貯水池がある。インクの池のサイズは水稲の中核地の規模と、それが養う人口の規模にも比例している。さて、この地図盤をある方向に、そして別方向に、というように次々と傾けるところを眼に浮かべてみよう。インク池からあふれ出たインクはまず、平坦な土地を流れて低い水路沿いに流れ出すだろう。地図盤を傾ける角度の大きさ、地勢の険阻さに応じてインクは、あるときはゆっくり、またあるときは激しく流れて、多少なりとも高い標高までは到達するにちがいない。

　ある地域までに赤インクを到達させようと地図盤を傾けたその角度は、ごく大雑把にいえば、国家がそこまで支配権を拡張しようとした際に直面した困難の程度を表している。もしインクの濃さが進んだ距離と登った高度に比例して薄れていくと考えると、それをもって国の影響力や支配のおよぶ範

地図5　ビルマ中央部における標高差　最盛期の植民地期以前の国家が、自らの勢力範囲を最もたやすく伸張しえたのは、標高の低い平地と可航河川の経路に沿ってであった。上ビルマに勃興したすべての王国は、チンドウィン川との合流点付近からみて、上流部か下流部のイラワディ川にぴたりと寄り添って存在した。マンダレーとアヴァの東方にあったシャン丘陵は、直線距離では下流のパコックーやマグウェの町より近かったが、王国の支配圏の外にあった。植民地期以前の国家は、南北を縦貫して稲作の平原を分断するやや険しいペグー山地を避けて存在していた。この山岳地域は植民地期以前から植民地期のほとんど、そして独立後のビルマでも、実質上、国家支配の外にあって、一九七五年までは共産党とカレン叛徒の砦となっていた。これは地形の生み出す抵抗がちょっと変化しただけでも、国家支配の貫徹を妨げうることを示す簡明な事例である。

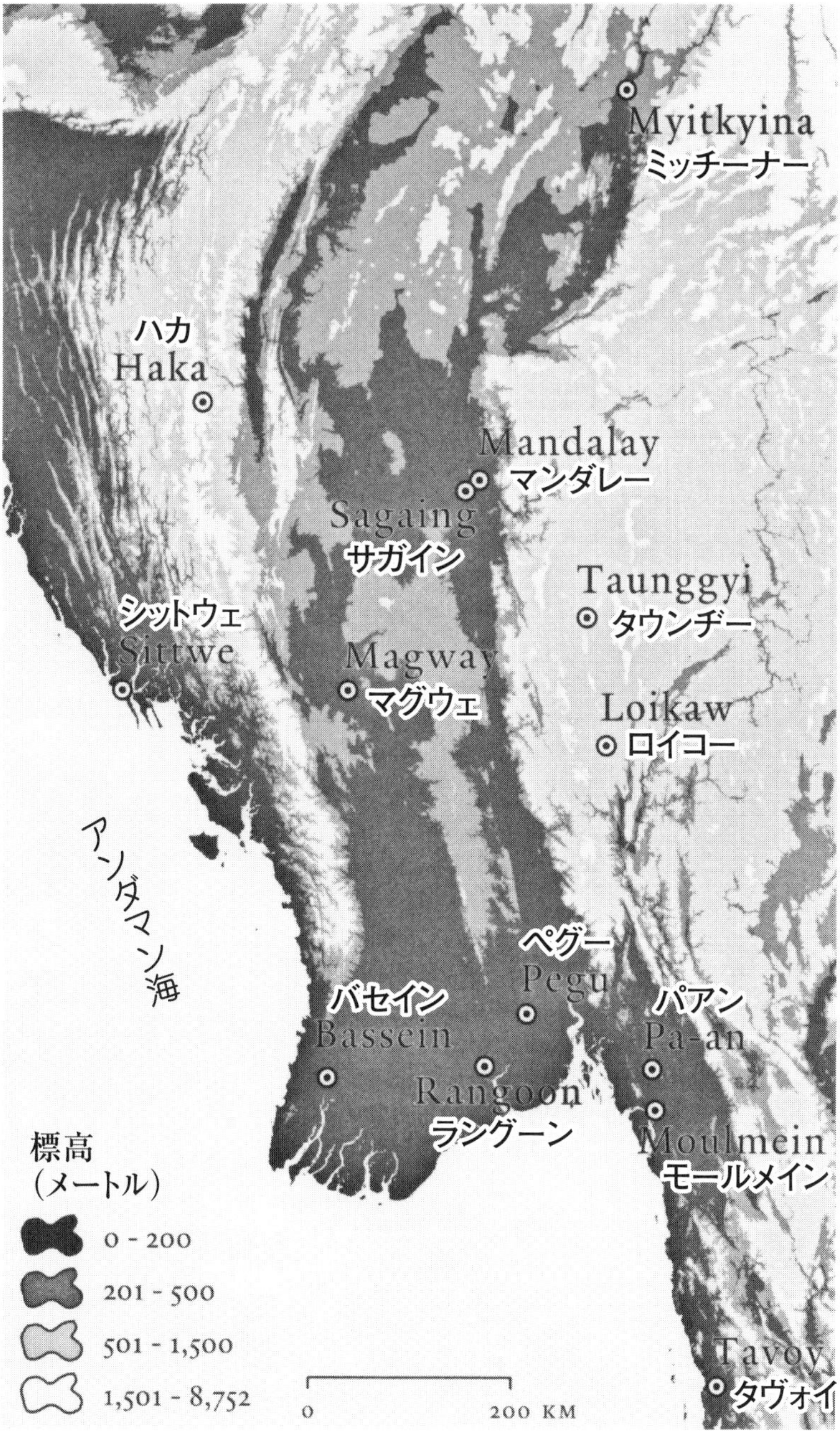
Myitkyina
ミッチーナー
ハカ
Haka
Mandalay
マンダレー
Sagaing
サガイン
Taunggyi
タウンチー
シットウェ
Sittwe
Magway
マグウェ
Loikaw
ロイコー
アンダマン海
ペグー
Pegu
バセイン
Bassein
パアン
Pa-an
Rangoon
ラングーン
Moulmein
モールメイン
標高
(メートル)
0 - 200
201 - 500
501 - 1,500
1,501 - 8,752
0
200 KM
Tavoy
タヴォイ

囲の減退、あるいはそうした地域に直接的な政治的支配権を確立するための相対的コストをおおまかに知ることができる。標高が高い地域では赤色は薄れて白色が優勢となるだろうし、かりにその地勢が険しく標高が高ければ、赤から白への変化も急激になる。このように表現された統治権の分布域を上空から俯瞰すると、宮廷の中心近くにどれだけ丘陵地域があるかによって、濃淡入り乱れた赤の背景色のなかに、いくつもの不規則な白いまだらを見出すことができる。この白いしみにみえる土地の住民たちは往々にして王都と朝貢関係を結んでいたかもしれないが、直接的支配を受けることはめったになかった。もし急峻な丘陵地域を境目に政治的支配力がとつぜんその勢いを殺がれれば、文化的影響力も同じように弱まった。山地における言語、定住様式、親族構造、民族的帰属意識、生業形態は低地とは明白に異なっていた。ほとんどの場所で、山地民は低地の宗教を受け入れなかった。低地のビルマ人やタイ人が上座仏教徒であったのに対して、いくつかの顕著な例外は別として、山地民は精霊信仰者、二〇世紀に入るとキリスト教徒であった。

　距離の生み出す抵抗を表現した空想の多色刷り地図は、政治的な統合の状況を教えてくれるものではないが、文化的、商業的な統合パターンがおおよそどのようなものであったかを手軽に示してくれる。赤インクが最も滑らかに広がっていくところ、つまり河川流域や平野部では、宗教や言語方言、社会組織の均質性がより高いことがわかる。また、文化的、宗教的に突然変化している境目は、山脈などのように距離の抵抗が急激に大きくなる場所に見出される。さらに、この地図上でコマ送り映像のように、空間を行きかう人々や交易品の量、それに移動の相対的難易度を微細に表現できるとすれば、それは社会や文化の統合がどれだけ容易であるかを計測してくれる便利な物差しになる。(29)

　このような比喩的地図は、ほかの地図がそうであるように、私たちが強調したいと思っている関係性を前面に押し出す一

地図6　ミンブーとチャウセーの灌漑地　これら二つの灌漑地域は、上ビルマの植民地以前の諸国家にとっては穀倉地帯であった。ミンブー・カルインの灌漑地は、一一世紀のパガン朝の勃興をはるかに遡る。これら二つの稲作中心地は、国家形成とそれに伴う戦争に必要な人的資源と穀物の蓄蔵地となっていた。(カヤイン khayain は古ビルマ語でカルイン kharuin という発音であったと推定されるが「地域、県」を意味し、古代チャウセーを形成していた有名な「九つのカヤイン」のように城壁に囲繞されたマチを含意する。シャン語の用語であるマイン main もしくはタイ語のムアン muang とほとんどの点について同等表現となる)。この二つの地域の外側にも天水に頼る可耕地の平原がひろがっていたが、収穫の確実性と豊富さの点で灌漑田に劣っていた。ペグー山地北側の突角地――ポパ山とそれにつらなる丘陵地域――では、人口と農業の営みはいっそうまばらで、その住民と生産物を収奪することは困難であった。

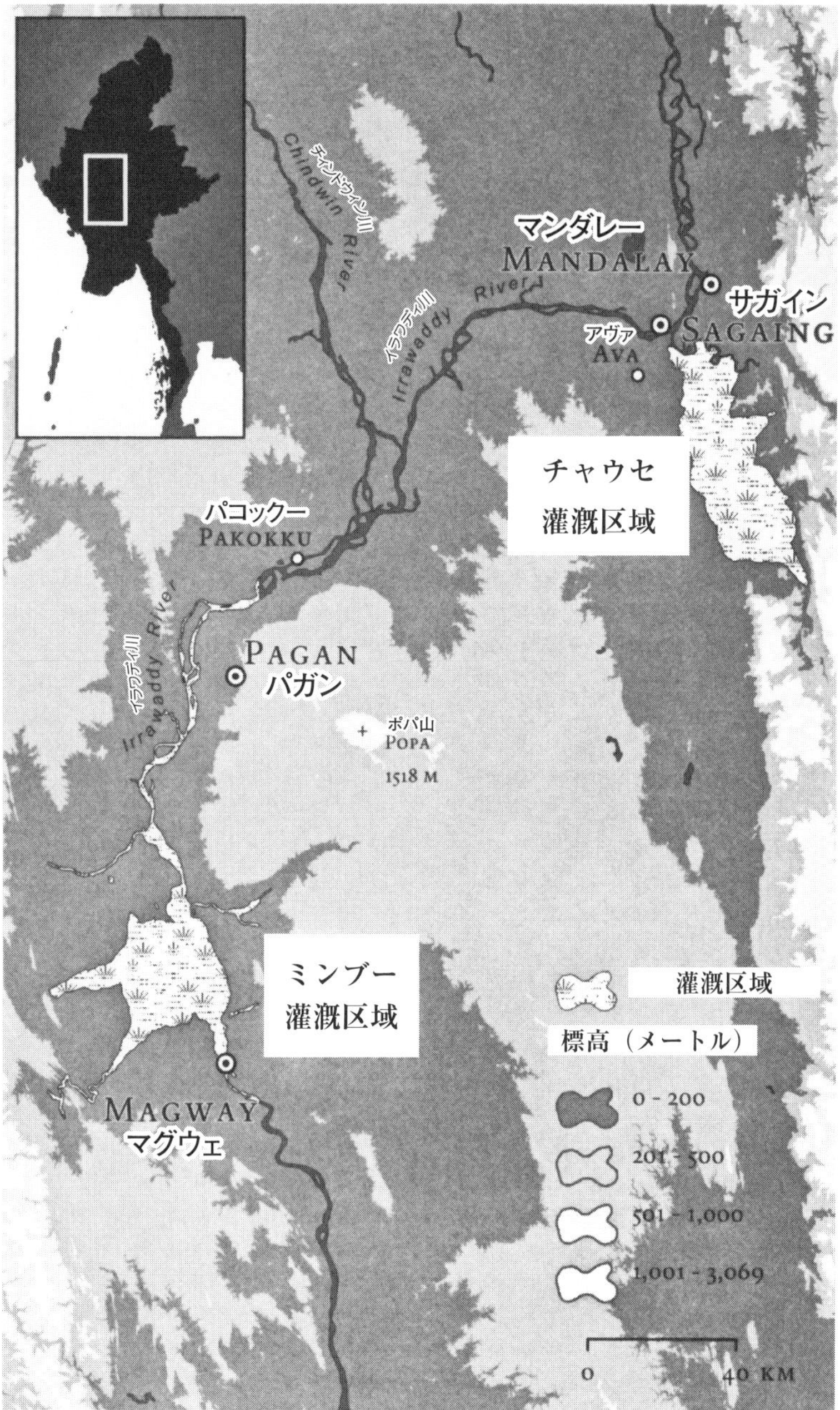
チンドウィン川
Chindwin River
イラワディ川
Irrawaddy River
マンダレー
MANDALAY
サガイン
SAGAING
アヴァ
AVA
チャウセ
灌漑区域
パコックー
PAKOKKU
PAGAN
パガン
ポパ山
POPA
1518 M
ミンブー
灌漑区域
MAGWAY
マグウェ
灌漑区域
標高（メートル）
0 - 200
201 - 500
501 - 1,000
1,001 - 3,069
0
40 KM

方で、ほかの要素をかすませてしまう。例えばこの地図では湿地や沼地、マラリアの瘴癘地、マングローブ林の沿岸部、濃密に繁茂した植生帯などが生み出す抵抗を簡単には表現できない。いまひとつ注意を要するのは、国家の中核における「インクの池」の比喩についてである。これは純粋に架空の産物であり、もっとも好ましい条件下で、活力と野心に満ちた国家の影響力が到達するだろう範囲を表しているにすぎない。ただし、過去にそこまで後背地域を影響下に組みこめることのできた国家の中核はめったになかった。

これらの国家の中核はその大きさにかかわらず固有の領土をもっていなかった。各々は、興隆しては衰退する複数の中心がたがいに競合しあう銀河のなかの一核として存在する。植民地支配と近代的領土国家の規格化によって領土が大幅に一元化される以前、国家の中心はきわめて小規模で、あきれるほど数が多かった。リーチは「ビルマと呼ばれる地域において主要な郡区のほとんどすべては、かつて一度や二度は「王国」の都であったと主張しているが、このように申し立てられた領土的広がりはあまりに壮大で現実的にはありえない」と指摘したが、それはけっして誇張ではなかった[30]。

いまいちど図式化を試みるとして、このような国家中心部の複数性はどのように表現できるだろうか。ひとつの選択肢は、サンスクリットの術語であるマンダラ（「諸王の円陣」）を援用することである。東南アジアでは広く用いられるこの概念は、聖なる系譜から派出したことを主張する支配者の威力を、まず例外なく稲作の平地に位置している王都から発出させ周囲の地方へとおよぼす形式をとっていることが多い。その考え方によれば、支配者はその聖俗両面での権威を承認する、より劣位の王や首長らを配下におく。ベネディクト・アンダーソンは支配者のカリスマと影響力を表現しようと、光の諧調が変化する電球といういささか時代錯誤な比喩を提示したが、これはマンダラ様式に並立するいくつもの政治的中心に関する二つの本質的な特徴をうまくとらえている[31]。電球の光がかすんでいく様は、中心からの距離が増すにつれて、聖俗の権威が徐々に希薄になっていくことを示唆するし、その輝きが拡散していく様は、統治権がある一線の内側までは一〇〇パーセントあまねくおおい、その線を超えるとはたりと消滅するような白黒はっきりした境界線という、近代的な発想を回避させてくれる。

図Iでは、多元的なマンダラ・システムでの統治権の複雑ないくつかの側面を明らかにしようと試みた。そこではいくつかのマンダラ（ヌガラ、ムアン、マイン、カヤイン）を中心に集中している権力が外周に向かうほどに徐々に希薄になって、やがて消失するような固定円で示してみた。この方法ではさしあたり、地勢的影響という大きな要素を無視しなくて

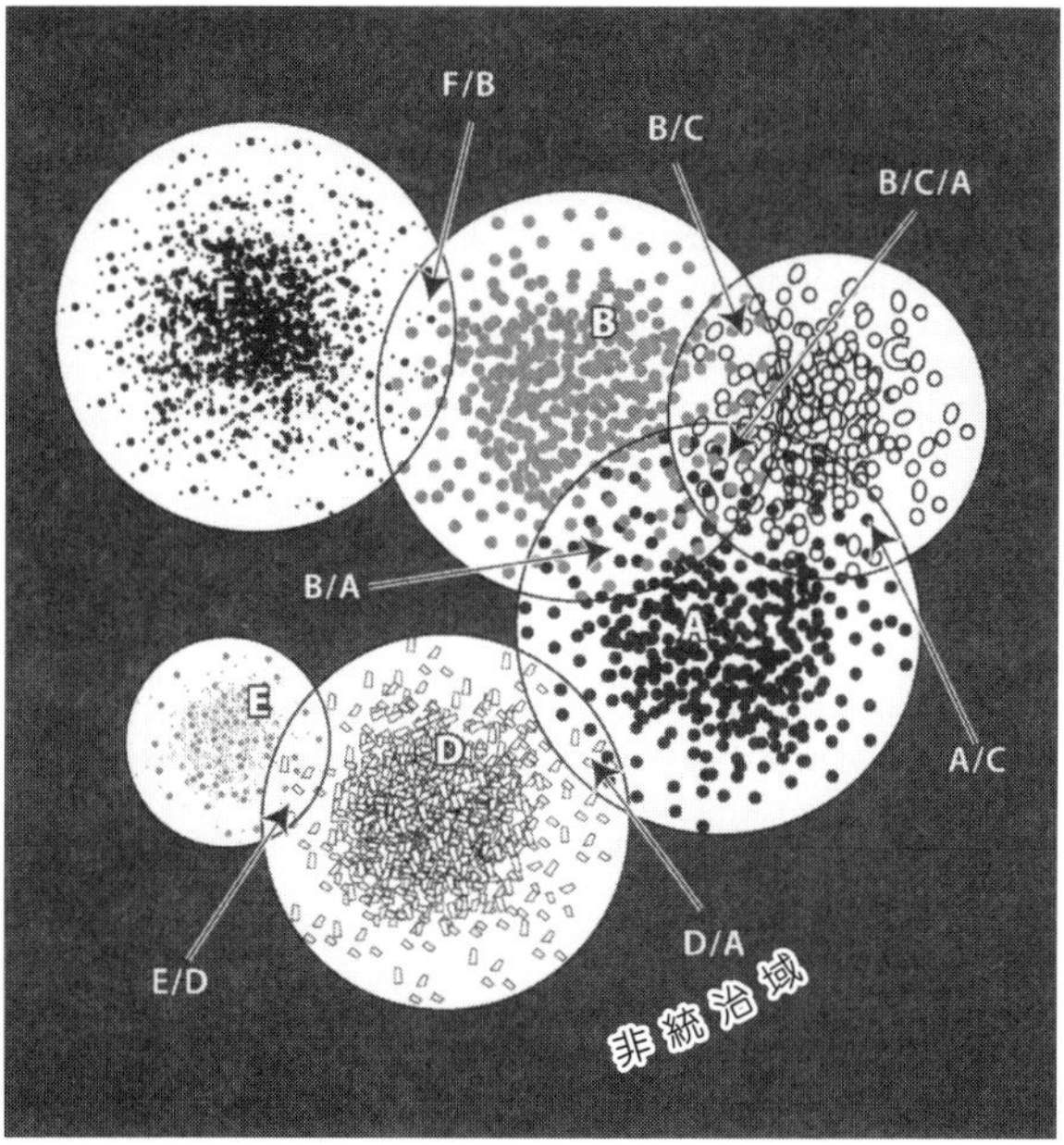

図I　マンダラ・システムでの権力の広がりを示した概略図

はならない。基本的に、地面はまっ平らだと仮定する。一七世紀のビルマ王朝もまた、自らの領土の階梯的秩序をこのように単純化していた。ひとつの地方は円形であるとされ、行政範囲の半径はちょうど一〇〇ティアン（一ティアンは三・二五キロメートル）、おおきな町は半径一〇ティアン、中ぐらい町で五ティアン、そして村を二・五ティアンとしている[32]。読者はむろん、地理的な障害——例えば、沼沢地やでこぼこの地勢——がどれだけこの円形を小さく切り詰め、あるいは可航水路によってどのくらい勢力範囲が延伸するか、おわかりのはずだ。だがなによりも留意すべきは、このように表現することで空間が固定していたかのように錯覚してしまうと、本来的にこの統治システムが世俗的な不安定さを抱えていたことをつい忘れてしまうことだ。実際のところ、「宗教権威と政治権力はとめどなく移ろい続けてきた[33]」。読者はむしろ次のように想像すべきであろう。すなわち、国家の中心とは、はじめ燦然と燃え立つもやがては火勢が衰えて燃え尽きる光源であり、その傍では新たな権力の中心となるいくつもの灯明がとつじょ出現して輝きを放つものである、と。

各々の円は王国をあらわす。そこには小さいものも大きいものもある。各マンダラの密度の減少は、それぞれの円のなかで周縁に向かうほど力が減退することを表現している。この概略図の目的は、植民地期以前の東南アジア大陸部における権力と領土、統治権の複雑性を例示することにあり、これについてはトンチャイ・ウィニッチャクンのより精緻な研究がある。[34]理屈の上では、マンダラ支配下の諸地方は、（等価あるいはより高価な下賜品によって報われる）貢物を毎年納め、要請を受けると軍隊、荷車、牽引用の家畜、糧秣、その他の補給品を送る義務を負わされていた。他方で図が示しているとおり、複数の君主の勢力圏がかさなる地域も多い。図のD／A地域にあるように、双方の王国のごく周縁で統治の重複状態が発生している場所では、統治権は互いに打ち消しあって微弱になりうる。このような緩衝地帯では、在地の首長やその支持者たちが大きな自治を享受できる。王国の大部分に影響を与える地域、B／AもしくはA／Cのような場合、言うことをきかなかったり忠実でない村々に対して、たがいの王国の中心はきそって、徴税など諸種の強要行為や懲罰的な侵略行為にでることが考えられる。多くの山岳民と小さな国々の首長は、ひそかに双方の君主に朝貢使節を派遣して、いずれの側にもくみしない立場を主張しつつ、二重統治の状況を戦略的に操作した。[35]朝貢をめぐる打算は一か八かの賭け事ではなかった。何を、いつおくるのか、どのタイミングまで遅らせるのか、労働力と補給物資をいつまで留保しておくのかといった、果てしない戦略上の選択行為こそ、このような小国の国政術の要であった。

ひとたび王国の中核からその外に出ると、統治権力の二重、三重状態は日常茶飯事であったし、とくに標高の高い土地での統治権力の不在状態というのは、けっして例外的ではなかった。現ラオス・ビルマ・中国国境近くの小邑チェンケーンは、チェンマイとナーンへの朝貢国（つまりはシャムへの朝貢国）であり、同時にチェントゥン／ケントゥンへの朝貢国（つまりはビルマへの朝貢国）でもあった。小国のこのような状況は、タイ語とラオ語で「二君に仕える」あるいは「三君に仕える」といった表現によってごく普通のことと認知されていたし、実際に一九世紀カンボジアのシャムと大南《ダイナン》（ベトナム）に対する朝貢関係は「双頭の鳥」と形容されていた。[36]

二〇世紀の国民国家に標準的な、あいまいさのない一元的な統治権のあり方は、ほんの一握りの本格的な稲作地域の外側ではめったにはなかったし、あってもいずれは崩壊していくものであった。確固とした国家のある場所から離れると、統治権はあいまいになり、多元的で、うつろいやすく、まったく無意味なことも多かった。文化的、言語的、民族的紐帯もまた同様に、あいまいで、多元的で、うつろいやすかった。ここまでで明らかになったことに、政治権力の行使における地勢や高度の生み出す抵抗についての理解を付け加えてみよう。すると、人口の大部分、なによりも山の民が、王都とまったく接触していなかったわけではないものの、けっして隷属のくびきにつながっていたわけではなかったことが理解できるだろう。

たいへん盤石な王国であっても、本格的な雨季に入ってしまうとその勢力圏はほとんど王宮の堡塁ほどに縮んでしまった。東南アジアにおける国家とは、植民地期以前のマンダラ型にせよ、植民地国家の装いをとったものにせよ、国民国家が成立するごく最近まで、極端にうつろいやすい季節的な現象であった。大陸部では、五月から一〇月にかけての雨が道路の通行を不能にした。ビルマにおける伝統的な軍事攻勢の時期は、一一月から二月にかけてであった。三月から四月にかけては戦うには暑すぎたし、五月から一〇月いっぱいまでは雨が降りすぎた[37]。雨季にはどんな規模にせよ軍隊や徴税人の移動は不可能であったのみならず、交通と交易は乾季に比してとるにたらない量にまで減少してしまう。このことが何を意味するのか、目に見えるかたちで理解しようとするなら、件のマンダラ地図を乾季仕様のものとして考えなくてはならない。雨季になると、各々の王国はその地形いかんによって、支配領域を四分の一から八分の一程度のサイズに縮めなければならない[38]。半年もつづく洪水があたかも雨季の到来とともに国家をほとんど孤島にしたかと思えば、その終結とともに水の包囲から解き放つかのように、国家空間と非国家空間は、気象の同期性に応じて入れ替わるのだ。一四世紀のジャワ支配者に捧げられた讃歌には、このような支配の周期性があらわれている。「大君はきまって寒季（乾いた時季）の終わりに地方巡幸にお出ましになり……遠い鄙の地に御旗をお見せになられる……宮城の荘厳を誇示して……しもじもを引見され、貢物を接受され、土地の台帳を検分され、渡し舟や橋、道など公の施設をお調べになる」[39]。臣民らは支配者がだいたいいつ来訪するかを知っていた。それだけではない。人々は軍隊がいつ頃やってきて兵士の徴募がいつ頃おこなわれるか、軍用の徴発がいつ頃あり、さらには戦争による荒廃がおおよそいつ頃訪れるかということも知っていた。戦争は火事とおなじく、乾季に起こる現象だった。数度にわたったビルマ軍によるシャム侵攻のように、軍事作戦は道がふたたび通行可能になり作物が実った頃、つまり決まって雨季の終わりとともに始まったのである[40]。もし伝統的な国家形成について徹底的に精査するなら、純粋に地理的な側面とともに、気象的な条件にも同じくらい配慮しなくてはならないだろう。

季節を問わずに通交できる道路と橋の建設に全力で傾注した植民地政府も、彼らが排除した土着の国家がかつて経験したのと同じような挫折に直面した。上ビルマを占領するという長く困難な軍事作戦では、（ほとんどがインドからやってきた）植民地軍が乾季のあいだに先進しても、雨季の到来とそれがもたらした疾病により、振り出しに戻ってしまった。上ビルマのミンブーにおける叛徒や盗賊の掃討作戦に関する記録では、一八八六年に雨によって英軍が退却を余儀なくさせられたことが明らかになっている。「そして八月の終わりには、この地域の西側全体が叛徒らの手に落ち、私たちには川沿いの細長い地帯以外には残されていなかった。（ビルマ南部の）ペグー山脈[*1]のふもとで、その後に続いた雨がもたらした死の季節のおかげで、この水びたしのクニで長引く軍事作戦の実施はさらに年末まで（ふたたび乾季になるまで）遅らされた」[41]。タイ国境沿いの峻険な山岳地域では、今日でもビルマ軍がもろもろの民族軍を相手に苛烈な戦闘を行っているが、雨季はやはり正規軍にとっても大きな障害である。ビルマ軍の攻勢がはじまる典型的な「好機」は、かつてのパガンやアヴァの王たちのそれとまったく同じであって、一一月から二月にかけてである。ヘリコプターや前哨基地、新しい通信機器によってはじめて、体制側は雨季の攻勢が可能になった。それでもビルマ領内に最後まで残ったカレン主要拠点の陥落は一九九五年一月一〇日であり、あたかも古くからの戦争の季節的周期に沿うがごとくであった。

　国家から距離をとりたいと願っている人々にとって、近づきがたい山のとりでは、戦略的に利用価値の高い資源となった。国家が決然として追討に乗り出し、家屋と地面より上の高さに育つ作物を焼き払うことがあっても、長期的な占拠はままならなかった。山地に国家の側の同盟者がいないかぎり、敵対的な住民たちは雨季の到来を待ちさえすればよかった。そうすれば補給線は寸断され（もしくは簡単に断ち切ることができるようになり）、守備隊は飢餓か撤退に追いこまれることになったからである[42]。それゆえに、辺鄙な山地に国家の威勢がおよんだとしても一過性のものにすぎず、国家はたいていの場合、微かで、今にも絶え入らんとするていどの存在感しかなかった。このような地域は、そこに住む者、あるいはそこへ行くことを選択した者にとって、頼りにできる避難地帯だったのである。

訳注

＊1　ビルマ語では「バゴー山脈」。東西はイラワディ川とシッタウン川にはさまれた幅六〇キロメートル、南北はポパ山（一五一八メートル）付近から南走する長さ四五七キロの丘陵地帯。なお「バゴー」は、下ビルマで一五世紀に最盛期をむかえたモン系の王朝ハンタワディ（タイ語名ハムサワディ）の旧王都で、ここに依拠した政治勢力一般も意味する。ビルマ語表記から直接翻字すると「ペグー Pegu」となる。

Ⅲ　労働力と穀物の集積
――奴隷制と灌漑稲作

そのとおり、それ（シャム王国）が我が王国よりも広大であることは認めよう。しかしゴルコンダ（インド）王が治めているのは人々であるのに対し、シャム王が治めているのは森と蚊にすぎない。
――ゴルコンダ王のシャム人訪問者に対しての発言（一六八〇年ごろ）

人口吸引装置としての国家

近代以前の東南アジアにおいて、労働力の集積は政治的権力に欠かせないものであった。これこそ、この地域の植民地期以前の王国にとって統治の第一原則であり、くり返し強調されてきたお題目であった。国家空間を作るのに最も適した場所は、四季を通して水の絶えない河川、欲をいえば航行可能な水路に近く、広く平坦で肥沃な土地であった。広域におよぶ国家空間の成立過程をたどれば、労働力には乏しいものの豊富な土地をもつ政治システムと、労働力は豊富だが土地は乏しい政治システムのあいだにある本質的な差異が明らかになる。

乱暴に定式化すれば、政治的かつ軍事的優越性は、集積された労働力を手元におくことができるかどうかにかかっていた。その一方で、労働力の集積は定住農業ができる場合に限られ、二〇世紀以前の東南アジアでは灌漑稲作地でのみ可能だった。しかし、労働力の集積と定住農業の関係は必ずしも絶対的ではなかった。たしかに水田を開墾し維持するには、河川に削られてできた谷や水の供給が確保できる台地のほうが適している。ただし、棚田を築くという並外れた技術を駆使すれば、ベトナム紅河の上流に住むハニや、ルソン島北部とバリ島に住むイフガオが行っているように、水田があるとは思えないような急勾配の山間地帯に水田を開くことができる。逆に、環境面で水田に適した場所であっても開墾されていないこともある。したがって、水田の有無と国家形成のあいだにも必然的な関係があるわけではない。中心域となりうる水稲耕作地の周りに国家を築くことは比較的容易だったが、その一方で国家の存在しない水稲耕作地もあれば、時には中心域となる水稲耕作地をもたない国家も存在する。したがって政治的な観点からすると、灌漑稲作は人口と食料を集約するのに最も都合のよい、典型的な手段にすぎないと理解すべきである。中心域となる水稲耕作地が十分でない場合には、奴隷制や交易路に課された通行料、もしくは略奪といった他の方法で、労働力と穀物を集積する必要があった。

人口集積の必要があったにもかかわらず、それが困難であったのは、一六〇〇年の時点で東南アジア大陸部の人口が中国の七分の一にすぎなかったことからもうかがえる。その結果、中国では土地の支配が人々の支配につながっていたのに対し、東南アジアでは人間の支配が土地の支配につながっていた。耕地が豊富な東南アジアは、移動耕作に適していた。移動耕作は少ない労力で多くの収穫を可能にしたと同時に、農家に相当な余剰を生み出す農法であった。しかし耕作者にとって好都合な要因も、国家を築こうとする野心家には非常に不利に作用した。移動耕作は水田耕作よりもはるかに広大な土地を必要とするため人口が分散してしまう。移動耕作が盛んに行われているところでは、「一平方キロあたり二〇人から三〇人の人口密度が上限」とされる。[1] ここでも再び集積が問題になる。余剰人口と穀物が地理的に分散していれば、その集積は困難で費用もかさみ、王国の豊かさはそれほど意味をもたなくなる。リチャード・オコナーが述べるように「(国の) 実質的な強さは、領土全体の大きさや富よりも、政治体制の中心域の状態によって決まることが多い」のである。「灌漑水稲栽培は、より強固な中枢部を形成した……それは人口密度を高く保つのに役立っただけでなく、穀物に依存する村人の動員を容易にした」[2]。「百万の水田」と訳される北部タイ王国のラーンナーという名前そのものが、富と人的資源に対するこだわりを反映している。

中心地で水田耕作が盛んであれば、前近代国家にとって理想的な従属民とでも呼べる者たちをうまく確保することができた。理想的な従属民とは、集住して恒久的な穀物畑を耕作する民であり、彼らは毎年相当な量の余剰生産を生み出した。これらの村人は何代にもわたり自分たちの水田に相当な労働を投入したために、軒をたたんで、別の場所に移ることには消極的である。つまり、こうした人々と稲田は国家にとって掌握しやすく、税や徴兵を課すことができるうえに、手ごろな距離にある土地に固定できた。王室とその官吏にとって、その利点は明らかだ。[3] ジョルジュ・コンドミナスがタイのクニ（muang）の進化を「束ねること」とか「コンテナ化」と訳されるフランス語の「入れ子化 embotement」と名づけたのは、こうした「刈り入れ」の過程を認めたからに他ならない。[4]「国家空間」に暮らし、入れ子状態におかれれば、予測できないかたちで、労働、穀物、そして有事には自らの命さえも要求される機会が増える。

繁栄した近代以前の東南アジア国家は、みな人口の集積や定住化につねに熱心であった。それでも、そうした国家にとって人口動態は意のままにならなかった。人々を引きこむ魅力をもつ国境地帯は言うまでもなく、自然災害、疫病、不作、戦争は脆弱な国家にとって絶え間ない脅威となった。千年以上も前に書かれた中国の統治に関する手引書も、当時の人口動態は国家形成に不都合であって、「もし膨大な人口があちこちに散らばり、収拾がつかない場合、都市国家は廃墟と化すであろう[5]」とその危険性に言及している。東南アジアで行われた考古学調査によって、まさにそのように廃墟と化した国家の痕跡が数多く発見されている。

権力を束ねる社会的経済的な力と、権力を引き裂く社会的経済的な力の均衡を見極めることは、二つの理由で困難を極める。第一にこの均衡は、年や地方によって著しく異なるからである。戦争、疫病、作物の不作、飢餓、交易路の崩壊、暴君、王位継承をめぐる争いによる市街戦などの要因によって、均衡はいつ損なわれるかわからない。第二の理由は、王室の正史や地方に伝わる史書など王朝の美化に熱心で確かな情報に乏しい文章は、非常に慎重な取り扱いを要するからだ。[6] こうした史料を額面どおりに理解すれば、「王による和平」、繁栄、宗教の保護を信じることになるし、国家の中核へと大多数の人々を引きつけ、まとめあげる王の神聖な力を認めることにもなる。ただしこうした史書も多少の誇張を割り引いて読めば、まったく事実に反するというわけではない。穀物を提供し、家畜を用意し、一時的に税を免除することによって、定住者に水田を開拓させようとした王や官吏の存在を示す証拠はたびたび発見されている。ペグー近くのビルマ人の官吏が一八〇二年度の収入報告書で「放置された高地ジャングルや生い茂る草むらのなかにある遠方の町村から、自らすすんでやってきた者を養った」と自慢げに語っているのも、こうした例のひとつである。[7] 統治によって平和と繁栄がもたらされると、不安定な状況から逃れようとする移民たちがそこに集まり、王都の近くで農業や商取引を行うようになった。輝かしい栄華を誇る宮廷に魅了されて、それまでどの国家にも属さなかった人々が次第に包摂されていくというイメージは、前近代国家を理想化した王朝史と現代の教科書に典型的な物語である。しかしこれは極端にゆがめられた物語である。

そこには例外を一般化する間違いがあり、前近代王国が崩壊を繰り返してきた事実をまったく説明できておらず、なによりも戦争や奴隷制、そして上からの強制が国家の成立と維持に果たした役割を無視している。繁栄した王朝を勝者の論理、つまりホイッグ史観での説明を私が無視するのは、そうしたケース自体がすでに脚色されており、出来事として稀であり、東南アジア大陸部における国家形成の基本的特徴をひどくゆがんだかたちで捉えているからだ。

人口動態と開かれた辺境の地であることが、強制力の純粋な発動を制限していたとはいえ、国家に不可欠な人々を「高い密度で定住する塊」にまとめあげ、維持していくには、力の行使が明らかに重要であった[8]。戦争と奴隷狩りによる人口の凝集化は、原初段階の国家に典型的な社会階層と中央集権化の根源とみなされることが多い[9]。非常に強力な王国は、何万もの戦争捕虜を特定の場所に強制的に住まわせ、奴隷を購入したり拉致したりすることで人的資源を補充、拡大する努力を怠らなかった。国家権力の大きさが集約できる労働力によって決まっていたように、役人、貴族、宗教層も、従者、古代奴隷、奴隷といった労働力を求めて競いあっていた。多くの勅令が出された社会的背景には、中核となる人口を力ずくで一定の場所に留めておけなかったことがある。深読みすれば、そうした勅令は不成功に終わる運命にあった。一八世紀の帝政ロシアの勅令の大多数が、逃亡する農奴に関するものだったことを踏まえれば、農奴の逃散がありふれた問題であったと考えて差し支えない。同様に、国民の逃亡、転居、休耕を禁止した数々の勅令は、国民の逃亡が為政者にとって悩みの種であったことを示している。大陸部の多くの場所で、臣民は自分の地位と主人を明示した刺青を施されたり、焼印を押されたりした。こうした手段にどれだけ効果があったかはわからないが、核となる人口を国家がある一定の場所に力ずくで留めておこうとしたのは確かである。

できるだけ多くの人口を取りこみ、国家の中心地に集めることへの強い執着は、植民地時代以前の国家運営のあらゆる面に現れている。ギアツはインドネシアのバリにおける政治的抗争を「土地よりも人の獲得をめぐる争い」であったと述べているが、これは東南アジア大陸部全域に当てはまる[10]。この原則によって、遠方の土地の獲得ではなく国家の中心部に移住させる捕虜獲得のために戦争が起きた。戦争がひどく破壊的にならなかったのは、最も主要な戦利品を破壊してしまおうとは誰も思わなかったからだ。人の支配を優先する考え方は、遠距離通商の利益より中核となる農業生産に依存していた内地の農耕国家で最も強力に適用された。略奪と貿易を業としていた東南アジア半島の諸国でさえも、労働力を確保し維持することに必死であった。

はじめてアジアを訪れたヨーロッパ人官吏たちは、新たな植民地で領土の境界や地方の区画が極端に曖昧であることに驚き、労働力の管理もほとんど領土管轄権と関係がないことに戸惑った。イギリス人測量家ジェームズ・マッカーシーは、「(シャム人には) 人に対する権力と土地に対する権力とが互いに乖離するという独特な慣習があった」と困惑している。トンチャイ・ウィニッチャクンの洞察に満ちた著書にも示されているとおり、シャム人は土地の統治よりも動員できる労働力に強い関心をもっていた[11]。

人の支配を最優先する傾向は、行政用語に埋めこまれていた。タイの役人には、理論上召集できる人数を示す肩書きが与えられた。例えばクンパンは「千人の部下を従える領主」であり、クンセーンは「十万人の部下を従える領主」を意味しており、ヨーロッパに見られたような「どこそこの公爵」ではなかったのだ[12]。一八世紀後半にバンコク朝 (ラタナコーシン朝) の支配地域で使用された領地の名称は、実効的に動員できる労働力によって格付けされていた。その結果、地方の州は、当時のカンボジアのように中央の権力が最もおよびにくい地方が一級に、バンコク朝の権力が直接およぶ地域は四級に格付けされるというふうに、権力がおよぶ程度に応じて格上げされた。さらに地方の州の広さは、召集できる労働力の平均値を基に調整されていた。遠隔地にあってバンコク朝の影響力が弱い地方は、人口がまばらで面積が広かった。それぞれの地域は、ほぼ同数の役務や兵力を徴発できるように区画化されていたのである[13]。

労働力がかけがえないものであったのは、要するに軍事的に重要であったからだった。豊かな稲作地帯、重要な寺院施設、生命線となる商業幹線路に沿った隘路の支配には、効果的な防衛が必要だった。こうした当然の事実は、前近代の政治制度の権力分析の核心へと導いてくれる。国家にとって第一の義務が市民の生命と財産を守ることであるとするロック的な制度、つまり富が権力を生み出すような世界とは異なり、前近代の国家制度においては、富と財産を保障するのは権力をおいてほかになかった。そして、戦争技術の革命が起きる以前の権力は、支配者が現地に配置できる兵員数にほぼ依存していた。権力とは労働力そのものだったのだ。

労働力の論理は、植民地時代以前の東南アジアの政治制度ではどの階層にも見出すことができる。王族、貴族、商人、役人、村長から家長にいたるまで、彼らは脅威に直面した際に、労力と援助を求めることができる同盟関係によって自らの地位を確保していた。その論理はアンソニー・リードがうまく説明している。「自分の富を守り、正当化するのに十分な数の従者がいないかぎり、力の弱い人間が富を誇示することは危険であるような政治的文脈がそこにはあった……そのため、資本はまず人手を提供することに使われた――つまり奴隷を購入し、必要に応じてそれを貸しだし、結婚によって同盟を結び、軍事的に協力し、宴会を開くことに費やされた」[14]。こうした条件の下で、権力を蓄えようとする者は、ジョン・ロックの世界観からすれば、奇妙で浪費的と思われるような行為に走らざるをえない。マキャヴェリ主義者ならば、自分に恩義を感じている同盟者をできるだけ多く集めて、自分の身辺を固める戦略をとるだろう。そのためには、贈答品や貸付金を与え、宴会を催すような気前のよさが必要となる。文字どおり買収できる同盟者もいるからだ。一六世紀に東南アジアの地を訪問した者が報告しているように、ムラカ人は「奴隷は主人を守ってくれるので、土地をもつよりも奴隷（債務奴隷と訳したほうが正しいのだが）をもつほうがよい」と考えていた[15]。

ここで私が主張しようとしているのは、労働力が富そのものであるということよりは、それが富を安全に保持するための唯一の手段であるということである。リードが議論しているように、一六世紀や一七世紀にさかのぼっても、陸海での貿易が生み出す儲けは、定住する農民たちから搾りとる余剰利益よりもはるかに大きかった。その大部分が農耕国家で占められている北部ビルマでさえ、税と通行料に大きく依存しており、イラワディ平野の戦略的な要所にあることを生かし、中国、インド、さらに遠方の国々の市場向けの貴重な商品に課税していた[16]。今日のアヘンがそうであるように、品々の多くは貯蔵が簡単で、運送費を差し引いても余りあるほど重量と容量あたりの価値が高かった。しかし王国はこうした貿易で利益を上げるために、河川や山岳路を横ぎる貿易の要所を独占し、必要とあれば武力で朝貢に応じさせる必要があった。こうした状況においても、競争を左右する主な基準は労働力であった。

ヴィクター・リーバーマンの議論によれば、東南アジアの「農耕」王国が海洋王国に対して長いあいだ保っていた覇権を支えていたのは、労働力の面での決定的な優位であった。「軍事面の専門化がそれほど進んでいなかった時代には、召集された農民の数こそが、軍事作戦の成功を決める最も確実な指標であったため、ビルマ北部が政治的求心力の中心になったのは自然の成り行きであった」「大陸中央部やジャワでも同様に、開拓が容易で、灌漑可能な乾いた地域のほうが、海に近い地域よりも人口が増加しやすかった」[17]。大局的に見れば、シュリーヴィジャヤ、ペグー、ムラカといったいくつかの海洋大国が、競合する小規模な海洋国を次々に飲みこんでいったことがわかる。しかしそうした海洋大国は、ヴィエンチャン、ラーンナー、チェンマイといった小さな農耕国と同様、マタラム、アユッタヤー、アヴァといった重量級の労働力を誇る農耕国家に飲みこまれていった。アヴァとアユッタヤーでの国政からわかるのは、国家の中心部の人口密度を高く保ち、可能な時には人数を増やそうとする絶え間ない努力が行われていたこと、そしてその政策が必ずしもうまくいくとはかぎらなかったことである。(18)

これはヨーロッパの国家形成と政治統合の過程ともかなり一致する。チャールズ・ティリーが「強圧的だが資本に乏しい」「内陸性の」と巧みに表現したような農耕国家（例えばロシア、ブランデンブルク、プロイセン、ハンガリー、ポーランド、フランス）は、ヴェネツィア、オランダ、ジェノヴァ、フィレンツェのような海洋国家とくらべて労働力の面で決定的に有利であった。農耕国家は、浮き沈みの激しい貿易への依存度が低く、階級が明確な社会を維持し、食料危機に強く、大規模な数の兵員を養うことができたため、たとえ戦いや戦争に敗れることがあっても、長期にわたって繁栄する傾向があった。(19)

人口が国政術の主要な基準であるとする見方は、東南アジアの宮廷文学のなかの伝承や説諭にたびたび現れる。領地の広さにくらべ、労働力が重要であったのは、バンコク朝初期のシャムの「雑草（未開墾地）と違い、領主の臣民はいくらあっても困ることはない」という警句からも明らかである。(20)この言葉は、ほぼ同時期に編纂されたビルマの『玻璃宮御年代記』にある「そう、人のいない土地は役に立たない。人のいない土地は単なる荒野にすぎない」という戒めにも通じるところがある。(21)

これらに加えて、次に示す二つのシャムの格言は、支配を賢く行うには人々が国家の中心部から逃げ出さないようにすることと、農地開拓のために新たな居住者を呼びこむことの両方が必須である、と強調している。

多くの使用人のいる大きな家では安心して戸口を開け放しておくことができるが、使用人のいない小さな家では戸口を閉めておかねばならない。

知事たる者は、居住地域に暮らすよう人々を説得しに出かけるような忠実な官吏を使わなければならない。そうすることで、その地域は豊かになるのだから。(22)

王国の崩壊は、王が傘下にある人々を思慮深く扱わなかった結果だと見なされた。女王ソウがビルマ王ナラヒハパテに対して与えた次の警告は顕著な例である。「王国の状態を見てみよ。そなたの周りには誰もおらず、同胞人さえもいない……同胞人はそなたの王国に入ることを躊躇し、訪れようともしない。そなたに支配されることを恐れているのだ、そなたの所為だ、ああ、アラウン王よ、そなたは無慈悲な支配者だ。それゆえに、そなたに仕える者として長いあいだ言って聞かせてきたが、そなたは聞こうともしない……国の腹に穴をあけてはならぬ、国の名声を辱めてはならぬと言ったではないか」。戦争が耕地よりも耕作者の支配をめぐる争いであったことは、反乱を鎮圧したのみならず、捕虜を王に差し出したシャム軍司令官への次のような賞賛からも明らかである。「それからというもの王は、アナンタトゥリヤを盗賊、殺人者、暴動者、反逆者がいる国境や周辺地帯へ派遣した。そしてアナンタトゥリヤは、行く先々で多くの敵を生け捕りにし、捕虜として王のもとへと送った」[23]。言外にではあるが、いわゆる「側近政治」がつねに強調されていることからも、人的資源の普遍的な重要性は明白だ。特定の役人が宮廷史のなかで言及される時は、従者の数と称号が列挙されるのが常である[24]。軍事作戦の成果報告では、首都へ連行された捕虜の数が最も注目された。これまでは東南アジア大陸部の文献に注目してきたが、労働力に対する同様な執着心は、とくに半島部とマレー世界で顕著に見られる[25]。

土地が豊富で、軍事技術が単純な条件のもとで国家を築こうとすれば、誰しも人口と穀物を集積する必要性に直面する。狩猟や採集の機会をできるかぎり増やし、最小限の労力で農業技術を生かそうとすると、人々は広く拡散してしまう。これに対処するには何らかの手段が必要になる。つまり、商取引、信頼できる灌漑用水、軍事的略奪、聖なる知識への渇望といった幅広い動機付けである。他方で、人口の集積を抵抗なく達成しようとすれば、国家空間につねに付随してくる課税、徴兵、疫病という重荷を差し引いてもおつりがくるほどの有利性が必要であった。しかし、そういった条件が満たされることはほとんどなかった。そのため、国家は力の行使によって足りない利点を補ったり、別の利点に丸ごと置きかえてしまうことを広く行っていた。

ここで思い起こすべきことは、西洋における古典時代（古代ギリシア、ローマ）の政治体制においても、明らかにそうした力の行使があったという点である。トゥキディデスが語っているように、アテナイやスパルタは思想や民族性ではなく貢物をめぐって争っていた。貢物は穀物、そして何よりも労働力によって測られた。投降したポリスの人々が虐殺されることは稀で、市民や奴隷は、征服者や兵士らによってむしろ拘束された。田畑や家が焼かれるのは、彼らが逃げ戻るのを防ぐためであった[26]。エーゲ海の島々の主要な貿易商品は奴隷であり、奴隷の価値は穀物、オリーブ油、ワインよりも高かった。アテナイもスパルタも奴隷社会であり、農耕社会のスパルタでも奴隷（ヘロット）が人口の八〇パーセントを占めていた。ローマ帝国でも、名高い道路網を通じて輸送された最も重要な商品は奴隷であった。奴隷は政府の独占のもとで売買されていた。

中国やインドでも、耕地さえ支配すれば飢えた臣民の支配が約束されるほど人口過密になるまでは、国政上、同様の問題に直面した。ペロポネソス戦争（紀元前四三一－四〇四年）の時代に、中国の初期国家はあらゆる手段を講じて人口の拡散を防ごうとした。当時の国政に関する手引書は「より多くの人民を穀物生産に従事させるために[27]」、山地と湿地帯で自給して暮らすことを禁ずるよう王に説いている。この手引書や同様の文献が書かれた背景には、国王の臣民に選択の余地を与えると、定住農業を捨てて好き勝手に振る舞うのではないかという懸念があった。人々の抵抗は道徳の欠落とみなされた。もし国家のみが「山と湿地帯にしか権力を保っていないならば、農業を敬遠し、怠惰で、利益の倍増を望むような平民は、どこへ行っても食うに困るであろう。どこへ行っても食うに困るなら、耕地の耕作に従事せざるをえないだろう[28]」。この政策の目的は、人々を飢えさせて穀物の栽培に向かわせるとともに、開かれた共有地（コモンズ）から彼らを切り離すことで、国家への従属を促すことにあったようだ。いずれにせよ、激しい口調の忠告は、この政策が完全な成功ではなかったことを示唆している。

人口密度の低い地域の国家が直面する葛藤は、現在のサハラ砂漠以南の地域でより教訓的にみられる。一九〇〇年時点のこの地域の人口密度は、一八〇〇年の東南アジアとさほど変わらず、いかにして人口を国家の中枢に束ねあげるかが植民地期以前の政治の要点であった[29]。労働力の集積は、先住民政治に関するアフリカ研究で頻繁に取り上げられるテーマである。「血縁者、信奉者、扶養者、家臣、臣民を獲得し、ある種の社会的かつ政治的「資本」としてつねに従属させておく政策は、アフリカの政治的過程の特徴としてしばしば指摘されてきた[30]」。この点でアフリカと東南アジアは非常に似通っており、関連する格言をそっくりそのまま東南アジアに当てはめても無理がない。シェルブロ（シエラレオネ共和国に住む民族）のことわざにあるように、「一人で座っている酋長はいない」のだ。開拓された恒久的な土地と王国の基盤との関係は、古代マリ国王に向けられた次のような忠告にも出てくる。「森を開拓して耕地に変えよ。それで初めて真の王になれる[31]」。東南アジアでもそうであったように、アフリカにおける領土の境界は不明確なままで、特定の儀礼が執り行われる場所を除けば、場所ではなく人々への支配権のほうが重要であった。従者、血縁者、奴隷の獲得をめぐる競争はすべての層でみられた。臣民になりうる者に有利な人口条件の下では、強制ではなく勧誘によって支配下に置かなければならないことが多かった。こうした事情で人々が比較的自由だったことは、称号の乱発、饗宴、捕虜や奴隷の移動、すばやい同化や移動性の高さ、家臣を引き止めておくための特別な調度品や薬、そして何よりも、不満を抱く臣民の逃亡などに表れている。イゴー・コピトフによれば、臣民らは、こうした権力のバランスのなかで、支配者を支配者たらしめているのは自分たちに他ならず、その逆ではないことを明らかに意識していたという。[32]

国家景観と臣民の形成

税は谷を蝕み、名誉は山を蝕む。
――アフガニスタンの諺

東南アジア大陸部における近代以前の支配者ならば、今日でいう国内総生産（GDP）よりも、すでに生産されたものを力でたぐり寄せる「国家入手可能生産物 state-accessible product」（SAP!）とでも呼べるもののほうに関心をもったにちがいない。通貨制度が普及するまで、遠隔地からもたらされる品々は、重さと量あたりの価値が輸送費に見合うものでなければならなかった。そうした品々は、例えば香木、樹液の結晶、金銀、儀式用の太鼓、希少な薬品などである。運送距離が長いほど、運ばれる品は贈物や自発的な貿易である可能性が高かった。というのも、宮廷がそのような品を強制的に取り寄せる力は、輸送距離に伴い幾何級数的に低下するからである。最も重要な品々は、国の都合で押収し利用できる食料や家畜、そして熟練労働者を含む労働力であった。国家入手可能生産物について重要だったのは、地理的に近接していることだけでなく、識別、監視、計算が容易（つまり査定可能）であることだった。

国家入手可能生産物と国民総生産は、たんに概念として異なるだけではなく、多くの点で相容れない。国家形成を遂行するためには、国家入手可能生産物を最大化しなくてはならない。例えば名ばかりの臣民が、食料の調達、狩猟、移動農法によって豊かになったとしても、それらが宮廷からあまりに離れた場所での営みならば、支配者の利益にはまったくつながらない。同じように臣民が収穫時期の異なる多種の作物や、すぐに傷んでしまうために価値の査定、収穫、貯蔵が困難な作物を栽培していたのでは、支配者の利益にはつながらない。耕作者にとっては望ましくないが、国家に労働力、穀物確保の面でより多くの見返りをもたらす農業と、耕作者には利益をもたらすものの、国家を困窮させる農業とのあいだで選択を迫られた場合、支配者はつねに前者をとる。つまり支配者は必要に迫られれば、国土と臣民の富を犠牲にしてまで国家入手可能生産物を最大化する。前近代国家は臣民の周りの環境を収奪しやすいように配置し、掌握可能な場に仕立ててゆく。これに成功すると東南アジア大陸部には、灌漑稲作を基本とする均一的な農業生態系が社会的に作りだされる。これをリチャード・オコナーは「水稲国家」と呼ぶ[33]。

水稲の主な利点は、人口と穀物の集約が可能になる点である。灌漑稲作はどのように人々を特定の空間に固定するのだろうか。多くの人々を宮廷から三、四日でたどり着ける場所に引き止めておくことのできる作物は、水稲のほかになかったはずである。面積あたりの生産性が高い水稲耕作は、人口の密集を可能にし、他の農業形態とくらべて持続性に優れ、収穫が確実であった。つまり灌漑施設が正常に作動し続けるかぎり、人々は自発的に水稲の周りに定住しようとする。水田は、堤防を築き、土地をならし、棚田を築き、堰や水路を築くという何年にもわたる「見えない」労力を必要とするので、簡単には放棄されない。タンミィンウーは「コンバウン朝[*1]にとっての悩みの種は、特定の地方の世帯数を中央国家が正確に把握することが困難だったことだ」と記している[34]。こうした把握の難しさは、資源利用を可能にするために不可欠な「読みやすさ」の問題であるといえそうだ[35]。これは拡散や自治と相性のよい山地の生業形態では大きな問題だったが、水稲栽培の社会的生態では、徴税と強制徴兵が可能な場所に安定して高密度の人口が配置されるので、この問題が大いに緩和された。

水稲国家で小農による定置生産が行われるようになると、支配者が職人や官吏といった取り巻きとともに一箇所にとどまることが可能になった。食料、家畜の餌、薪が安定して手に入らなければ、一三世紀のイギリスやフランスの宮廷の実例が示すように、ある地区で食料供給が枯渇してしまうと、宮廷は別の場所に移動しなくてはならなかった。耕作を行わないエリート層の規模は、余剰穀物の量に制限されていた。国家の中心域の水田が大きければ大きいほど、国家の取り巻きの数は多くなり、各人への物資の供給量は増えた。農業国家は、水稲栽培を相当な規模で行うことによってのみ、継続的に存在できたのである。

主食穀物の単作は、それ自体が「読みやすさ」への重要な一歩であり、ゆえに収奪への重要な一歩になる。単作は、いくつもの異なるレベルで画一性を促進する。灌漑稲作であれば、耕作者はおよそ同一の生産のリズムにしたがうことになる。耕作者は、ほぼ同一の水源に依存し、およそ同じ時期に、ほとんど同じ方法で、田植えをし、稲を移し替え、除草し、刈り入れをし、脱穀をする。地籍の測量と課税対象の地図を作成する者にとって、こうした状況は理想的であった。ほとんどの地価は共通の単位で測ることができるようになった。収穫は特定の時期に限定され、そこであつかわれるのは単一の商品作物になった。もちろん各々の土地をそれぞれの納税者にただしく対応させる作業はそれほど単純ではないが、開かれた平地も、畦によって境界が画定されるので、台帳を作る作業は比較的単純である。その一方で、農地の画一性は家族構造、児童労働の価値、出生率、食生活、建築様式、農業に関する儀礼、市場での取引すらも、社会的、文化的に画一化した。単作によって形成される社会は、多種な農業から成り立つ社会より、監視、査定、徴税が容易である。アジアのコルベールとしてもう一度、何種類かの穀物、果物、木の実、イモ類といった多品種栽培に加えて、家畜、漁業、狩猟にまで課税する仕組みを考えてみよう。そうした多様性は、少なくとも異なる地価、家族構成、労働の周期性、食習慣、土着の建築、服装、調度品、市場を生み出す。そこまで多様な生産品と「収穫物」は、平等な税制どころか、いかなる税制の構築をも困難にする。本書の分析を際立たせるために、比較を単純化しすぎたかもしれない。大陸部には純粋に単作だけを行う農耕国家は存在しなかったからだ。しかし単作が、国家空間の集約化を劇的に簡素化して、支配しやすくしたという点で、上記の見解は当たらずとも遠からずだと言えるだろう。

　栄華を誇ったビルマ王朝が、乾燥地域でも灌漑稲作を維持し続け、さらには拡張のために多大な努力をした理由は、まさにこうした文脈から理解できる。水田からなる中核部の外には、生産性の低い多様な農業の姿があり、それが徴税人を悩ませていた。ある地方の歳入報告書（sit-tan）には、必ずその地方にある水田が列挙されているほか、雑穀、ゴマ、牛の牧畜、漁、パルミラ椰子や手工芸品といった水田以外の土地からの税は徴収が困難で、水田からの収入とくらべて微々たる額にすぎないことが明記されている[36]。広く拡散して暮らし、概して貧しく、生業活動も多様である人々から税を徴収するのは、まったく割に合わない仕事であった。さらに、集めた物は王室官吏の目の届かぬところにおかれ、地方の有力者に独占されてしまいがちだった。ビルマの植民地体制は、税が現金で徴収されていたときでも、それまで同様に灌漑稲作地に依存していた。ジョン・ファーニヴァルは農地からの税を植民地財政にとっての「主要財源」と見なしていた。「コメが普通のヒンドゥー教徒と特に一般のビルマ人にとっての主食であるように、マカロニがイタリア人の主食であるように、牛肉とビールが英国人の主食であるように、もしくはそれ以上に、インドに寄生する怪物インド系リバイアサン（つまりイギリス）にとって、土地からの歳入は欠かせないものだった。それは彼らの食料であり、生存そのものなのだ。所得税、関税、物品税からの収入などは……なくても生きてゆけるが、土地からの歳入がなくては飢え死ぬだろう[37]」。

ここで再び、国内総生産と国家入手可能生産物の違いが焦点になる。大雑把にいえば、収奪を念頭に、国家と企業に組織され、それらに奉仕するための農業には、たいていは読みやすさと単作という特徴を見てとることができる。一時期の社会主義陣営の集団農場、南北戦争後のアメリカ南部の綿の小作、そして言うまでもなく反共政策としてベトナムやマレーシアで強制的に実施された農業は、単作によるプランテーション栽培の例である。それらは効率的で持続可能な農業モデルとはなりえないが、読みやすさと収奪のモデルであり、それが可能になるよう設計されていた[38]。

読みやすい、収奪のための農業環境を、政策として促進したり強制したりすることは、国家形成と強く絡みあっているように思われる。直接利益を生み、かつ国家の手に届くのは、こうした土地だけだった。そのため当然ながら、決まった場所に、通常は米の栽培を通じて人口を定住化させようとする試みは、植民地期以前の国家にも、現代国家にも見られる際立った共通の特徴になる。ベトナムの明命帝（在位一八二〇−四一年）は「新たな稲田を開拓するために、すべての手段を講じた。土地を開拓した者に私有地として使用させたり、裕福な者には新しい集落を作るために居住者を募るよう働きかけたりしたのだ。国家の主要な目標は、人口の支配を維持することだった。放浪をやめたり、土地を失ったりした者は定住させられ、税、賦役、徴兵の安定した供給源に仕立てられた[39]」。

フランスの植民地体制は、未開拓地を歳入につながる「読みやすい」作物畑、特にプランテーションにおけるゴム栽培地に変えようとした。フランスは、不毛な山地を貸し付けて利用可能な空間に転用したがっていた。社会主義ベトナムは、今日に至るまで熱心に「一定の場所での耕作と定住」（dinh canh dinh cu）を進めており、生態的にふさわしくない場所ですら、水田稲作へ回帰するよう強調してきた。水稲国家の古い形は、英雄的な社会主義労働で自然を征服するというユートピア的な見方とむすびついている。「森に覆われたタイバクの山々と草原は、平らにならされ、米が実る広大な水田やトウモロコシ畑となる明日」を叙情的に待ち望んでいるわけだ。別の勇ましいスローガンにあるように、「人民の力をもってすれば、石さえも米に変わる」のである[40]。このように壮大な再定住政策には、低地のキンが慣れ親しんできた農地景観と入植地を山地で再現したいという願望があった。他方で、移民が新しい環境にまったくふさわしくない農業技術をもちこむことで、環境破壊と困窮が引き起こされることもよくあった。いずれにせよ、このユートピア的な熱望の背景にあったのは、ベトナム国家を植民地期以前の、少なくとも黎朝の時代から支えてきた、「読みやすく」収奪可能な環境を再生産しようとした試みであった。

「読みにくい」農業の撲滅

頑固で根っから反抗的であるという、人間に敵対的な自然は、原野、蚊、土着民、熱病に象徴されている。こうしたすべての荒々しい性質を最終的に手なずけることができた際に、植民地化は成功する。

——フランツ・ファノン『地に呪われたる者』

フランツ・ファノンの植民地事業に対する辛辣な洞察に唯一異論があるとすれば、彼の観察が、少なくとも「原野」と「土着民」に関しては、植民地時代の前にも後にも容易に当てはまることである。

手付かずのフロンティアが広がるなかで、読みやすい国家空間を拡大し、植民を行うことは難しい。それがたまに成功するのは、国家空間がもともと魅力をもっているからではなく、むしろ人々に代替案がなくなってしまったからにすぎない。今も昔も東南アジア大陸部における灌漑稲作の主な代替案は、焼畑農業としてひろく知られる移動式農法である。人口の拡散、根菜とイモ類を含む多品種栽培、周期的な新地開拓などを含む焼畑は、今も昔もすべての国家形成を試みようとする者が忌み嫌う呪いである。

この地域でずば抜けて早熟な国家であった中国は、少なくとも唐の時代から移動耕作を非難し、できるかぎり撲滅しようとしてきた。移動耕作は一人あたりの労働収益率が高かったが、それは国家が接収できない富であった。そして、耕作者にとって有利な場合はとくにそうだったのだが、頻繁に重税が課されていた稲作地帯の周縁に暮らす農民にとって焼畑は、もうひとつの生存手段としてつねに魅力的だった。

中国の南西部の開拓地沿いでは、人々は移動耕作を捨てて、定住穀物生産に切り替えるよう奨励され、時には強制もされた。中国に一七世紀から伝わる婉曲表現では、国家空間に取りこまれることを「版図に入る」と呼んだ。それは皇帝の臣民になることを意味し、忠誠を誓い、漢族の目から見た同化への文化的な旅立ちを意味していた。しかし、遊牧農業から定住穀物栽培への移行は、政府の課税台帳に登録される世帯になることを意味していた(41)。

中国政府や明命帝期のベトナムは国家財政上の必要性から移動農法を撲滅しようとしたが、この圧力は現代においても、政治的安定と資源管理という二つの側面で、いっそう強く働いている。移動耕作者らは、国家行政に組みこまれず、国境を越えて無秩序に広がり、民族的にも特異であると考えられたため、潜在的な反体制勢力とみなされた。このためベトナムでは、大規模な強制移住と定住化政策がとられた。現代において移動農法を禁じるもうひとつの理由になっているのは、それが環境を悪化させ、表土を破壊し、土壌浸食を促進し、貴重な木材資源を浪費するというものである。この理由付けはほぼ植民地時代の政策の継承であり、間違っていることがすでに明らかになっている。こうした政策がとられた本当の理由は、焼畑を恒久的な定住地として利用し、自然資源の開発から得られる歳入を確保したうえで、国家に属さない人々を服従させようとしたからであった。政府に雇われたある人類学者が、外国人の同僚に語ったところによると、彼が山地経済を研究する目的は「少数民族の「移動する」焼畑農業をどうすれば撲滅できるかを考えるため」であった[42]。一九五四年に始まった「移動民を定住化する政策」は、外見上はさまざまに変化したものの、一貫して変わらなかった。

こうした政策は、一貫して施行されたわけではなかったが、タイ系国家ではどこでも受け継がれてきた。フモンの民族史を記述しているニコラス・タップは、定住化政策、定住農業、政治的支配、「タイ化」は、「非常に保守的な戦略を反映しており、この地域で何世紀にもわたって、国家の傘下にある人々と発展途上の山岳少数民族との関係を特徴づけてきた」と主張する[43]。焼畑農業を止めさせようとする試みが最も残忍になったのは、プラパート将軍がフモンの反乱を砲撃、急襲し、ナパーム弾をつかって鎮圧した後の、冷戦最中の一九六〇年代であった。冷戦期のベトナムとタイは東西の相対するイデオロギーにそれぞれ属し、お互いによる国家転覆を恐れてはいたものの、両国の政策は驚くほど似ていた。政策文書には、フモンは焼畑移動耕作を捨てるべきであり、役人は「分散して暮らす山岳民族を、定住事業地域へ移住するよう説得すべし」とある[44]。国家空間の意味は、そうした環境の下でさらに上塗りされたが、この新たな意味づけは移動耕作を撲滅する理由をいっそう強化したにすぎなかった[45]。

おそらく最も長期にわたる焼畑移動耕作に対する暴力的政治運動は、ビルマ軍事政権によるカレンに対する作戦だろう。この作戦は、移動耕作を行う人々を軍事基地近くの強制収容所に等しい場所に押しこめるか、それに従わない場合は、国境を越えてタイに押しやることを意図していた。武装隊が刈り入れ前の田畑に派遣され、穀物を焼き払ったり、なぎ倒したりしたうえで地雷を埋める。焼畑耕作の収穫には野焼きの成功がどれだけ不可欠であるかを軍部は承知しているので、伐採の後、本来よりも早く焼いてしまうことで豊作のチャンスをつぶしてしまう。少なからぬ数の耕作者もろとも焼畑移動耕作を撲滅することによって、農民が国家空間以外で生きてゆけなくなるようにしたわけだ[46]。

現在まで何世紀にもわたり、非常に異なるタイプの政治体制の下で同じような政策が行われてきたことは、そこに国家形成に関する本質的な何かが作用している明白な証拠である。

多様性のなかの統一――クレオールセンター

水稲国家が宮廷の周りに集めた人々は、その密度はともかく、人口面での相当な難題を乗り越えてなされたものと考えてよい。もっぱら労働力の集積を目指した国政には、誰を中心地に取りこむかなどほとんど気にかける余裕はなかった。この意味で「労働力国家」の基本的性格は、文化的差異と排他性に逆行するものである。より正確に言うと、こうした国家は、誰でも手当たり次第に取りこむことが可能になる文化的、民族的、宗教的な方程式を発明しようと躍起であった。東南アジア大陸部および沿岸部のすべての水稲国家にあてはまるこうした事実は、すべての低地文明でさまざまなかたちをとって現れた。

国家がこれほどまでに人口の包摂と吸収を強調していることを考えれば、ビルマやタイの近代以前の国家を、内発的な単一民族による文化発展の産物と見なすことは明らかな誤りだとわかる。これらの国家の中心域は、社会的、政治的発明であり、実際には多くの異なる源泉から集まってきた混合物や合成物の痕跡と見なすのが適当である。国家の中心で栄えた文化は形成過程の仮の姿で、そこに自ら進んで合流したり、あるいは強制的に編入されたさまざまな人々と文化のベクトル和のようなものである。編入の方程式の多くは、シヴァ神信仰、バラモン教の儀式、ヒンドゥー教の宮廷儀式、大乗仏教から上座仏教へと変化した仏教、といったインド大陸からの「借り物」であったといえるかもしれない。オリヴァー・ウォルターズらの主張によれば、借り物が価値をもったのは、それが超自然的な力の存在と地方の権力者の正当性を強化し、多くの民族的断片や言語的断片から、新たな国家の基盤となるアイデンティティを創出したからだ(47)。

このような、あからさまに政治的な視点に何らかの利点があるとすれば、それは「ビルマ人らしさ」「シャム人らしさ」「漢人らしさ」といった、あらゆる本質主義的理解を主役の座から引きずりおろしてしまうことにある(48)。国家中心域のアイデンティティは、そこに集まった多様な人々を融合しようとする政治的事業の結果に他ならない。同盟者、有力者の債務奴隷、戦争や襲撃によって捕らえられた奴隷、農業や商業の好機に魅かれてやってきた耕作者や商人たちは皆、多言語に通じた人々だった。国家に包摂されることで、同化し、異民族間で結婚し、社会的障壁を越えた流動性を高めることが容易になった。アイデンティティとは、血統よりも実利の問題だったのである。[49] 植民地期以前に現れては消えていった無数の水稲国家では、いわば「才能で出世することができた」。それぞれの国家の文化は、時とともに成文化されていったが、何を文化的、人的に外から輸入するかに応じて違った発展を遂げた。かりに植民地期以前の王都に何らかの文化的な魅力があるとすれば、それはまぎれもなく移民と捕虜を吸収して、二、三世代のうちに彼らの習慣をビルマやタイの文化的混合体の一部に変えてしまう力にあったはずだ。マレー半島や古典ビルマ国家に現れたタイ水稲国家のこうした混合化の過程を観察してみるだけでも、労働力国家の雑種性をよりはっきりと理解できる。[50]

後にシャムとなる中央平野は、一三世紀には、モン、クメール、シャムとして「民族性を確立しつつある」タイ系民族が複雑に混ざり合う場所だった。[51] ヴィクター・リーバーマンはアユッタヤー時代の一五世紀中期までには、行政を担うエリート層（munnai）のあいだに、明瞭な「シャム」文化が現れていたと主張している。そうした文化は、彼らのあいだだけに現れていたようだ。彼らの優雅な文化はクメール語やパーリ語のテキストに依存していたが、ポルトガル人のトメ・ピレスが一五四五年に記したところによれば、平民はタイ系の言語ではなく、モン語の方言を話しており、ペグーのモンのような髪型をしていたという。一七世紀末には、人的資源国家として労働力の取りこみの習慣が非常に強かったが、この時代、中央シャムの三分の一以上の住民が、主にラオスやモンといった「外国人」捕虜の末裔であった。[52] 一九世紀前期になると、シャム王室はビルマとの戦いで失った大量の人口を再び補おうとした。その結果「これまでに聞いたことを総合すれば、モン、クメール、ビルマ、マレーの総数は、中央平野に暮らしていた自称シャム人の数に匹敵していただろう。バンコク周辺に常駐する陸海軍の屋台骨を支えていたのは、プアン、ラオス、チャム、クメールの小農からなる部隊であった。一八二七年のアヌボン王の反乱[*2]の後、コラート高原には非常に多くのラオス人流刑者が住むようになり、その数はシャム王国でシャム語を話す者とほぼ同数だった」。[53]

チャオプラヤー川流域に当てはまることは、最北部山地に散在するタイ／シャンの小さな水稲国家にも当てはまった。タイ／シャン小国家が、政治・軍事的な創造物であったということに異論を唱える者はいないだろう。それは、コンドミナスのいう入れ子化のシステムであり、実数としてのタイの数はけっして多くはなかった。こうした状況はビルマ人でも同様で、ビルマ人は国家形成について経験豊かで、技術に長け、先駆的で、軍のエリートを形成していたが、少数だった。少数の征服者が覇権を握ったという話は、英国史に親しんだ者にとっては驚きに値しないはずである。英国を支配しようと一〇六六年以降にやってきた征服者ノルマン人のエリート層は、わずか二〇〇〇世帯ほどであった。[54] タイ／シャンの征服者たちは、同盟関係を結び、吸収、順応、融合する才能を生かして、獲得可能な人々を組み合わせ、王国を成長させていった。この過程で、（モン、ラワ、クメールによる）既存の政治システムから取り残された人々が取りこまれ、それ以上に多数の山地民が吸収された。コンドミナスの主張によれば、捕らえられた山地民は、まずは奴隷となるが、一定期間を経ればタイの平民になって水田を所有する権利を獲得できた。国家（muang）を治めるにいたった幸運な者や才気に長けた者は、タイ風の貴族名を名乗り、現在の地位に合うように過去の家譜を変えた。[55] そうした国家の人口のほとんどは非タイ系の人々からなり、タイ系民族になり、仏教徒になっても、多くの者は自分たちの言葉や習慣を守り続けた。[56] 多くのカチンがシャンになりつつあるというのが、今日の常識になっている。ほとんどのシャンがかつてはカチンであったことを証明しようとしたカチンの大学院生は的外れではなかった。[57] エドマンド・リーチによれば、シャンの社会は「中国南西部から流入してきた「出来合い」の文化というより、小規模の軍事的集落が先住山地民と長期にわたって経済的に交流した結果、独自に成長してきた社会であった」。「さまざまな証拠によれば、現在シャンとして知られている人々の大部分は山地民族の末裔であって、彼らはシャン仏教徒の洗練された文化様式に、さほど遠くない昔に同化した人々である」と彼は続ける。[58] これにくらべると、はるかに小規模だった水稲国家は、民族的に多様で、経済的に開放的で、文化的な同化主義の傾向をもっていた。シャンとしてのアイデンティティは必ず水田耕作と結びついており、彼らはそれゆえにシャン国家の臣民になっていた。[59]「シャンらしさ」と国家らしさは水田稲作を仲立ちとして、互いに強く結びついている。軍事的優位、利用可能な余剰、政治的階層の基礎になるのは、それらすべてを保障する水田稲作である。[60] これとは対照的に移動農法が意味していたのは、シャンではない、というアイデンティティと、国家から距離をおいた生活そのものであった。[61]

一一世紀以降にビルマ北部で興ったビルマ国家は、植民地期以前の農業・労働力国家の輪郭をおおよそ定めたと言ってよい。これらの国の農業生態的立地は（ベトナムの紅河沿いと同様に）おそらく労働力と穀物生産の集約に最も適していた。それぞれの王朝が支配しようとした国家形成の中心域は六つからなり、そのうちチャウセー、ミンブー、シュエボー、マンダレーの四箇所には、一年を通して水の絶えない河川があり、通年での広域灌漑が可能であった。その名前が水田稲作を暗示するチャウセー〔石のせき〕は、これらの地域のなかで最も豊かであった。すでに一二世紀に、年三回の収穫が可能であった地域もあった[62]。リーバーマンの試算によれば、一一世紀までには、王都から半径一三〇－一六〇キロ以内に数十万人が住んでいたという[63]。

パガンは、タイ系民族からなる諸王国と同様、人的資源と穀物生産を集約する政治的機構であった。そのためパガンでは、移住者を見つけて王室の臣民として拘束できる場合は、いつでもそれを歓迎した。ある碑文によれば、一三世紀中期のパガンは、モンをはじめ、ビルマ、カドゥー、スゴー、カヤン、パラウン、ワ、シャンといった人々の寄せ集めであった[64]。ある者は、拡張する帝国がもたらす好機にあやかろうとし、またある者は「帝国内のエリートに自分たちを重ねて見て、二カ国語を話す人々に自発的に同化した[65]」。いずれにせよ特にモンをはじめとするパガン住民の相当数が、襲撃、戦争、強制移住の「戦利品」であったことは、ほとんど疑いの余地がない。

こうした人口条件の下で、これだけ大きな国家中枢を維持する事業は綱渡りだった。人々には未開拓地へ移り住む誘惑があったし、税や徴兵などは自由を束縛する国家空間につきまとう重荷であったので、人々はとうぜん国家空間から逃げ出した。そのため、軍事作戦による捕虜獲得や強制移住によって、国家の中心に人口をつねに補充する必要があった。国家の中心がいったん完成され、一三世紀中期まで一定の人口を保つことができたとしても、稲作が行われる豊かな平野はモンゴル人侵略者にとって戦利品の宝庫であったはずであり、侵略後の集団移動は帝国を崩壊させるほどの大量流出となった。

英国支配前の最後の王朝であったコンバウン朝は、それ以前の王朝と同様に、労働力の獲得にとりつかれた国家であった。その支配者は自らの国が多言語王国であり、忠誠の誓いや貢物の贈呈が王国への取りこみの証になることを理解していた。ビルマ人のように、モン、シャム、シャン、ラオス、パラウン、パオは上座仏教徒である。しかし、独自の居住区に住み、モスクや教会をもつムスリムとキリスト教徒のコミュニティからすれば、宗教的な同調は政治的な提携関係に必要不可欠というわけではなかった。コンバウン朝初期（一八世紀後期）において、捕虜やその末裔が人口に占める割合は、たぶんに憶測も含まれているが、王国の二百万人余の臣民の一五－二五パーセントに上っていたようだ[66]。多数の奴隷が宮殿の中心付近に集められ、王室への奉仕集団として組織化されて、造船、製織、歩兵部隊、武器製造、騎兵隊、砲兵隊などの業務を担っていたことは想像に難くない。彼らはアフムダーン（文字どおり「業務執行人」）として、「アティー」つまり平民たちと区別されつつも、一方では個人所有の奴隷とも区別されていた。宮廷の周りでは、王室に奉仕する人々（その多くがマニプリ）の数は少なくとも全人口の四分の一に上った。

「労働力」という総称はその内部の多様性を無視しており、捕虜と「客人」がそれぞれ別の有用性を考慮して集められた事実を正しく表現していない。最も広く知られる事例を引き合いに出そう。シンビューシンは、一七六七年のアユッタヤー陥落後に、役人、戯曲家、職人、踊り子、役者、王家の者たちや宮廷の知識人階級を含む一万三〇〇〇人にもおよぶ捕虜を連れ戻った。その結果、ビルマ芸術、ビルマ文学にルネサンスが起こり、民族複合的な宮廷文化が生まれた。宮廷の側近には、測量技師、鉄砲鍛冶、建築家、貿易商、船大工、会計士、それに加えて、ヨーロッパ、中国、インド、アラブ世界、東南アジア諸国の軍事教官といった国際的で貴重な専門家集団がいた。歩兵や耕作者に加え、熟練工による奉仕は国家に不可欠だったため、文化を基準に人々を厳格に排除することができなかった。細かな階級制度、高い流動性、すばやい同化の組み合わせは、バンコク朝初期のシャムの特徴であるが、これはコンバウン朝ビルマの特徴でもあった。ほとんどのビルマ人は少し系譜をさかのぼれば、どこかでシャン、モン、タイ、マニプリ、アラカン、カレンといった異民族との混血であった。さらに時間をさかのぼれば、かなりの数のビルマ人が、はるか昔のピューとの遭遇によって生まれた文化的混合体であったと主張できる。債務奴隷や捕虜は、東南アジアの他の地域と同じく、時間が経つにつれて平民になっていった可能性が高い。一八世紀末にアヴァとラングーンで二五年以上暮らしたサンジェルマーノ神父は、ビルマ法には、多様な形態の奴隷制に対応した非常に緻密な規定があることを報告して「奴隷制はけっして終身的なものではない」と述べている(67)。

労働力がつねに求められると、同化や社会的流動性が高まる。それは同時に、民族間の境界線を非常に流動的で浸透性の高いものにした。リーバーマンの説得力のある議論によれば、アヴァとペグーの争いはビルマとモンの戦争と見なされがちであるが、まったくの見当違いであるという。二カ国語が話されていた下ビルマ地域では、民族的なアイデンティティは系譜よりも政治的選択で決まった。服装、髪型、居住区が変わると、いつの間にか民族的アイデンティティも変わっていった。皮肉なことに、アヴァにあるビルマ宮廷がペグーを攻める際に送った兵の内訳はビルマよりもモンが多く、その後(一七五二年)ペグーがアラウンパヤー王に対抗して送った兵の大部分はビルマであった。アヴァ・ペグー戦争は、王国への忠誠が最優先された地域紛争として理解するのが最も妥当である。そこでは民族的アイデンティティは固定しておらず、可変的であった(68)。

ここまで検証してきた三つの王国では、いずれも宗教、言語、民族性が、政治システムの階層化に一定の役割を果たしていた。しかしきわめて重要なことに、それらは政治システムへ参入する際の障壁とはならなかった。しかもいずれの基準も、二世代のうちにかなりの速さで変容を続けた。労働力上の要請で、どこも差別や排除などしている余裕はなかったのである[69]。

これまで検証してきた植民地期以前の国家は、特殊で限定的な例であり、人口面でも技術面でも困難な条件下での国家形成であった。それでも国家を興すには支配者は臣民を比較的狭い場所に押しこめなければならない。読みやすさと収奪のしやすさという国家空間を覆う原則は、その主体が国家であろうとなかろうと、支配に関するすべての行いに作用している。農夫の宿舎、鐘楼をもつ伝道所、その近くに信者たちが暮らす単作のプランテーション農業は、特殊な支配形態であったが、どれも読みやすさと監視が必要だった。読みやすさと支配力を高めるために、景観、居住様式、生産様式を作り変えない開発は稀である。初期の植民地体制における鎮圧作戦では、強制移住、焼畑の破壊、特定地域への国民の収容が行われた。全天候型道路、線路、電話線、安定した貨幣の流通によって、徐々にではあるが支配力を維持したまま、広範囲にわたる人口と生産の拡散が可能になったのである。読みやすい空間に脅威となる人々を密集させようとする試みの縮小版は、近年はもっぱら反政府集団に対する鎮圧戦略がとられる時にしか見られなくなった。こうした空間はさながら実際の強制収容所のようになることもあった。

人口支配の技術

奴隷制

ギリシア国家も、ギリシア芸術や科学も、奴隷制なしにはありえなかった。ローマ帝国も奴隷制なしにはありえなかった……けっして忘れるべきでないのは、現在の私たちの経済、政治、知的発展は、かつて全世界的に奴隷制が必要だった、という事態を前提にしている、ということだ。その意味で、こう言うことができる。古代の奴隷制なしに、現代の社会主義はありえない、と。

――フリードリヒ・エンゲルス
『反デューリング論』

植民地期以前の「国家空間」に住んでいた人々はどこから来たのであろうか。その信頼性が低下しつつある古くからの理論によれば、膨大な数のタイ系民族とビルマ族は、北方から侵入し先住民を駆逐していった、という。だが実際にはそうではなく、さほど大きくない規模のタイ系民族とビルマ族が、自分たちに適した水稲耕作地域で政治的覇権を握ったようである。[70] それ以前に存在していたピューやモンといった人々を吸収し平和的に拡張している時期の水稲国家は、地位、仕事、貿易の好機を求める移民たちを惹きよせたにちがいない。しかし最も驚くべきことは、これら水稲国家は相当な規模の奴隷狩りなしには繁栄できなかったことである。エンゲルスの奴隷と文明に関する所見を言い直せば、国家は労働力の集約なしには成立しない、ということになる。そして労働力の集約は奴隷制度なしにはありえない。したがって、これらすべての国家は、とくに海洋国家を含めて、奴隷国家なのであった。

奴隷は、前植民地期の東南アジアで最も重要な「商品作物」、つまりこの地域の商業にとって最も需要の高い商品であったといってもよい。ほとんどすべての大規模な貿易の主体は、奴隷狩りの担い手か奴隷の買い手でもあった。すべての軍事的作戦、すべての討伐は、売買や所有のできる捕虜を求めた作戦でもあった。マゼランは二回目の航海の際に殺されたが、この時に手を下したフィリピンの人々は、残りの船員を捕らえて国内で売り払った。これはよく見られたパターンであった。一七世紀初頭に、ビルマ人がポルトガル人冒険家から貿易港都市であったシリアムを奪ったとき、生き残ったヨーロッパ人は捕らえられて首都アヴァ近くの村に強制移住させられた。東南アジアの諸王国は労働力を広い範囲から獲得しようとした。

水稲国家を発展させるには、国家の周縁部から人々を漁って、中心部の支配と防衛のための人口を集める必要があった。この労働力を漁る過程は、東南アジア全域に当てはまる現象で、そこには規則的な特徴があった。奴隷制に関する最も重要な分析を行ったアンソニー・リードは、そのパターンを次のように説明している。「年季契約にもとづく労働が一九世紀に発展する前は、捕虜と奴隷の移動が東南アジアの労働力移動の最たるものだった。典型的には、貧弱で政治的に分裂している社会から、強く裕福な社会へ人が搬送された。人口面で最も重要で最古の移動形態は、低地の河川沿いの強力な水稲耕作民がアニミズムを信仰する焼畑耕作民や狩猟採集民を攻撃する」というものだった。[71] 別の言い方をすれば、その過程は、特に山岳部からなる非国家空間から捕虜を計画的に連れ去り、国家空間の内部かその近隣に住まわせることであった。そうしたパターンは、一三〇〇年のカンボジアで見られ、マレーシアなど他のいくつかの地域では二〇世紀半ばまで続けられた。ギブソンは一九二〇年頃まで、東南アジア都

市部の人口の大半が元々捕虜であるか、二、三世代を経た捕虜の子孫であると主張している。(72)

この証拠はあちこちにある。例えばタイ系民族の世界では、一九世紀後半のチェンマイ王国の人口の四分の三が戦争による捕虜であった。もうひとつのタイ系小国家であるチェンセーン（カインセン）では、人口の六〇パーセント近くが奴隷であった。ランプーンでは、合計三万人の臣民のうち一万七〇〇〇人が奴隷であった。地方のエリートも労働力や側近として奴隷を所有していた。こうした奴隷は戦争の際に直接捕らえられた者である場合もあれば、山地を隈なくまわる奴隷狩りの一団によって手当たりしだいに誘拐され売られた者であることもあった。(73)タイ系王国やビルマ王国の宮廷史や年代史は長々と連なる襲撃の記述であり、その成功の程度は、一般的に捕虜の数と捕虜のもつ技術で計られた。反乱を起こしたり、貢物の進貢を拒み服従しない地域は、略奪や焼き討ちの対象となり、住民は征服者の宮廷の中心に強制送還され、罰された。はじめは貢物を贈ることを拒んだソンクラーの支配者は、最終的にはアユッタヤーにきて貢物を贈ることになったが、これはアユッタヤーの王がすべてのソンクラーの住民を奴隷として都の近くへ連れ去ろうとしたからであった。捕虜を捕らえることは、まさに国政の公の目的にかなったことであり、その意味で歴史学者にとって奴隷化の重要性は、その他多くのテーマよりもはっきりしている。

もちろん、こうした政治システムのなかでは、奴隷化の方法は、捕らわれる以外にもさまざまだった。借金のかたも一般的であり、負債者とその家族が借金を返済するまでのあいだ、債権者の「奴隷」となった。子どもたちは親によって負債のかたとして売られ、犯罪者は罰として奴隷にされた。かりに、こうした仕組みが奴隷制度の主要な社会的起源であるとすれば、ほとんどの奴隷は公式な地位の差異を除けば、所有者と文化的近縁関係にあったと推測される。しかしキャサリン・ボウイーが北部タイで明らかにしたように、この推測は的を射ていない。大部分の奴隷は、どの地域でも、文化的に異なる山地民出身であり、奴隷狩りの際に戦利品として捕獲された人々だったようである。(74)

奴隷化の規模とその影響を推し量るのは難しい。(75)奴隷狩りの遠征は商業目的であり、大陸部の多くの地域で乾季に定期的に行われた。略奪目的の遠征と小規模な誘拐、そして一八二六年にシャムによるヴィエンチャン占領の後に六〇〇〇もの家族が強制的にタイへ送られたときのような大規模な強制移動のために、ある地域から丸ごと住民がいなくなることがあった。ボウイーは、奴隷化の規模とその人的な影響を観察した一九世紀後半のA・C・コフーンを次のように引用している。

山岳民族がジンメー（チェンマイ）近辺の高地でまばらに暮らしている原因は、その昔、彼らは奴隷市場へ供給する商品として野牛のように組織的に狩られてきたことにある、と考えて間違いない……連れ去られ捕らえられた者たちには、死ぬか逃げ出す以外に解放の望みはなく、文字どおり奴隷になるしかなかった。彼らは人狩りの待ち伏せにあい、ダマジカのように追い立てられ、連れ去られた後、森から無理やり引き離され鎖につながれ、シャン国（チェンマイ）、シャム、カンボジアの主要な場所へと売られていったのだった。[76]

山地と低地は異なる農業環境地域であったため、両者は必然的に取引のパートナーであった。しかし哀しいかな、拡張的な低地国家に向けて提供される山地の重要な商品のほとんどは労働力であった。[77] このような労働力の「狩猟採集」は非常に収益性が高かったため、山地民と相当数の山地社会が全体として人身売買に深く関与していた。低地の人口は、戦争捕虜とその強制移住に加え、本質的にはビジネスである奴隷狩りの遠征によって増大していった。山地社会は、奴隷狩りの襲撃の標的になる弱小で分裂した社会に分類されがちだが、同時に自らも奴隷狩りを行い、奴隷を保有する略奪者でもあった。例えばアカ、パラウン、リスは第一のグループに含まれ、場合によってはカレン系民族やカチンが第二のグループに含まれるだろう。奴隷を捕らえて売り払うことはカチン経済の柱であり、植民地期初期の行政官に「奴隷制度は、カチンの国をあげた習慣である」とまで言わしめたほどであった。[78] これとは対照的に、カレンは時には犠牲者であり、時には略奪者であったようだ。[79]

主要な商品とはそういうものだが、奴隷は他の商品の価値を測る実質的な基準になっていた。一九世紀後半のチン丘陵では、奴隷一人の価値が牛四頭、良質の銃一丁、豚一二頭に相当した。「奴隷は山地の通貨であり、より文明化された地域における紙幣のように手軽に人々のあいだで流通していた」。[80] 山地民と奴隷の社会的起源とのあいだに強い関連があるのは、奴隷と山地民を表す言葉がしばしば共通していた事実からも明らかである。コンドミナスの報告によれば、タイ系王国の底辺層は、ラオ語やシャム語の同義語「カ kha」と同じように、ベトナム語で「サ sa」または「シャ xa」と呼ばれていた。この言葉は、文脈によっては「「奴隷」や「山地民族」と訳すことができる」。[81] 同様に、ベトナム語で未開人や野蛮人を表す言葉であるモイ moi には、拭いがたいほど奴隷の意味合いが含まれており、植民地期以前、ベトナム中央高原はラン・モイ ruan moi、つまり「未開人の森」と呼ばれていた。野蛮人を表すクメール語はプノン phnong であり、これも同じ意味を含んでいた[82]。

奴隷狩りの記憶は、現代山地社会に広く浸透している。伝説と神話のなかに、さらに両親や祖父母たちの世代から聞いた人さらいの話として、あるいは年配者自身の記憶として、残っている。例えばポー・カレンはモーラミャイン付近で繰り返し誘拐されては、奴隷としてタイ系王国に強制移住させられたことを語り、カレンは子どもをしつけるときに、タイ人がさらいに来るぞと言って脅かす[83]。今日のラオスにいたラメットのあいだには、ビルマの奴隷狩りにあった記憶が残っている。ラメットは見つけやすいようにライム汁で髪を染められていた。また、さらわれないために、落とし穴で囲まれた尾根沿いの村に避難したことも覚えているという[84]。いくつかの集団の文化は、奴隷化への恐怖と奴隷化を逃れる手段によって形成されてきた。レオ・アルティング・フォン・ヘウサウは、タイと雲南省の境界地域に暮らすアカの治療儀式のなかには、低地で捕虜となり、最終的に解放された経験を再現したものがあることを事例に挙げ、この主張を説得的に裏づけている。アカはラメットと同様に自分たちを、機知を巧みに使って低地権力から距離を置いて生きてゆかねばならない無力な集団と考えていた[85]。

こうした文脈での奴隷狩りと戦争の違いは、ほとんど神学的問題ともいえるかもしれない。他の王国に対して大規模な戦争が仕掛けられたのは、しばしば領土と王朝の存亡がかかっていたからだ。小規模の戦争では、それほど大きな利害がかかっているわけではないが、敗者の側は人口の大部分を奪いとられ、勝者側の中核部に連れてゆかれることになる。山地での奴隷狩り遠征は、ある種の人間狩りであって、戦争よりもゲリラ戦で自己防衛するか、逃亡するかしかなかった比較的組織化されていない人々を標的としたものだった。いずれのシナリオにおいても戦利品は労働力であった。戦争は労働力を求めた一か八かの危険なかけである。その一方で、奴隷狩りは武装してはいるものの、それほどリスクの高くない小口事業といったところであった。ビルマとタイ系国家は「戦争国家」または「奴隷国家」と表現したほうが適当であった。

捕虜の獲得は、戦争の主たる目的であるのみならず、役人や軍人によって個人的にも行われた。彼らは戦利品に強い執着をいだいていた。略奪品のうち、ビルマ王の手に渡すことが決まっていたのは象、馬、武器、弾薬のみであり、子ども、女、男、家畜、金、銀、衣装、食料といったその他のものは、手に入れた兵士の所有物として好きにすることができた。ビルマ王に関する『玻璃宮御年代記』には、ビルマが一八世紀後半にリンジン（ヴィエンチャン）を攻撃した際、ある歩兵が自分の戦利品として四〇名の捕虜を連れ帰り、そのうちで良い兵士になりそうな一人の男を王に売ったことが記録されている。(86) これらの軍隊は、みなが司令官の意志にしたがう統一された官僚組織ではなく、多様な出資者や参加者が利益を期待して参加する、少々危険な共同貿易事業のようなものと見なされるべきだろう。その形態は、マックス・ヴェーバーが「略奪資本主義」と表現した特定の前近代的な戦争とも一致する。それは投機的な事業であり、成功の際の配当がいくらか投資家が承知しているような利益追求型の戦争である。そうした軍隊は標的にたどり着く途中で食料を補給しなければならず、彼らがどれだけ破壊的で恐れられていたかは想像に難くない。軍隊は行く先々で、荷車、牡牛、水牛、かつぎ人夫、米、肉のみならず、脱走者の穴埋めをするための新兵も必要とした。当然だが、「物資の現地調達」のために略奪され、捕虜が後戻りできないように作物と住居が破壊されることで、この種の戦争は、血生臭いとはいわないまでも、徹底して破壊的になった。(87)

勝者の領土に無理やり連れ去られてきた捕虜のなかには、王室の財産ではなく奴隷として私有物になる者もいた。労働力は国政の目的だけではなかった。側近の規模は、所有者の地位をはかる重要な目安でもあった。エリートたちは、労働者を借金の形として手に入れたり、購入したりすることによって、自らの地位や富を保障するのに必要な数の従者を集めることに奔走した。王や名家、仏教寺院などの宗教的支配層は、みな入手可能な労働力を求め、互いに競いあっていた。より高次の水稲国家レベルでも、権力を保障する唯一の裏づけである人口を求めて、諸国家は競いあっていた。ペグーの陥落後、シャムとビルマがつねに紛争状態にあったのは、両者のあいだにいるモンとカレンを独占しようとしたためである。アヴァとチェンマイは、両者のあいだにいたラワとカレンをめぐり競いあっていた。両者の競争は必ずしも戦争の形態をとるとはかぎらなかった。ときには稼働率の低い買い手市場の不動産屋のように、国家が好条件を提示し人々に移住を促すこともあった。北部タイの指導者たちは、ラワやカレンが指定された地域へ恒久的に移住し、山地からの貴重な品々を年貢として提供するかぎり、賦役や税の免除を認めていた。しかし貪欲な郡役人、軍司令官、奴隷狩りをする者たちの手にかかれば、支配者がいくら良心的でも、そうした約束が守られることは稀だった。このように考えれば「ラワを抑圧する者に災いあれ」というチェンマイの統治者の呪いは、彼らの意図がいかに無力で思いどおりにならなかったかを示していると解釈できる。(88)

このような労働力動員装置が順調に機能して、王朝が失った数をはるかにしのぐ人々を引きつけるか、または捕らえられているときは、国家の多民族化が必然的に進行した。吸収した人々の多様性が高ければ高いほど、都市文化は言語・文化的雑種性を高めることになる。事実、そうした文化的雑種性は、国家が成功するための必要条件であった。マレー半島沿岸部の国家は、イスラームへの誓いとマレー言語を共有しながらも、文化潮流の受け入れ方ではかなり異っていたように、タイ系民族やビルマ族の水稲国家も、上座仏教と支配的言語という文化的二重性をもちつつ、受け入れたり捕まえてきた人々の文化に影響された。

　水稲国家の人口増大計画は、いくつかの理由で危く不安定な事業であった。第一に、言うまでもなく人口的な条件が不利に働いていた。その理由はさらに詳細に検証してゆくが、大まかに言って人口はつねに外に流出するからだ。あらゆる水稲国家の歴史の大部分は、人口の溜めこみと大移動の振幅として描くことができる。戦争による捕虜の獲得、奴隷狩りのための遠征、国家中心の商業や文化的魅力の組み合わせで人口を補充しないと、王室は人口と軍事力の致命的な低下にさらされた。再建されたタウングー王国[*3]の一六二六年以降の衰退と、一七六〇年以降のコンバウン王国の衰退は同様の不均衡に由来すると考えてよい。初期タウングー王による征服によって国家が再建された後、長い平和が続いたのは、「中核地域」による「過剰な搾取」から逃れようとする臣民たちの穴を埋めるのに十分な新たな捕虜がいなかったからだ。一七八〇年代にボードーパヤー王時代のコンバウン王国が衰退した原因は、国が労働力を集めることに消極的だったからというよりは、近隣諸国の侵略に失敗し、公共事業に前例のない大量の労働力を徴用したことで、人口流出の規模が拡大して、国家に大打撃を与えたからだった[89]。

　次に全体を俯瞰して見えてくる、もうひとつの障害として指摘できるのは、労働力を求めて狂ったように奔走しても、それは本質的にゼロサムゲームにすぎなかった、ということである。勝者の取り分が敗者の損失だった水稲国家どうしの戦争において、それは痛いほど明らかである。奴隷狩りのために山地に遠征する場合でさえ、少数の弱小王国は限られた捕虜の枠をめぐり競いあった。最後の障害は、穀物と人口の構造的な損失であった。つまり水稲国家の支配者は、税や義務の履行から逃れようとする同胞のエリートや平民を制御できなかったのである。従わない勢力を鎮圧すれば、膨大な脱出が誘発され、その結果として国家がさらに壊滅的な打撃を受けるという支配のジレンマとパラドックスを次に検証してみよう。

財政面の把握しやすさ

　効率のよい税制に何よりも必要なのは、徴税の対象（人口、土地、交易）が把握しやすくなっていることである。人口台帳と生産性の高い土地の地籍図は、この点で重要な行政上の道具となる。先に国内総生産と国家入手可能生産物の違いを明らかにしたときと同じように、総人口と、ジェームズ・リーが「財政人口」と呼ぶ、行政に把握された人口を区別することが重要である。(90) 実際の開墾地と交易総額に対する、「財政上の土地所有」と「財政面での交易」についても、これと似たような区別ができるかもしれない。もちろん査定可能で、手に入れることができるのは登記された土地と課税対象人口だけである。財政勘定に含まれる資源と公式の記録からもれる資源の誤差の程度から、税制の効率を大まかに割り出すことができる。前近代の政治システムでは、両者のずれは相当に大きかった。

一七世紀初期にはビルマ王タールンの命によって「耕作地、つまり課税可能な土地、人々の名前、年齢、性別、生年月日、子ども、王室に仕えるさまざまな集団の構成員と土地、地元の官吏とその保有地と管轄区の境界線リストを作成するために(91)」きめ細かな記録が作られた。王は課税可能な資源が完全に記録された台帳を欲した。しかしそうした記録も他のすべての記録と同じく、かりに編纂された時点では正確であっても静的なスナップショットにすぎず、土地の譲渡、人口移動、相続などの変化によって、時とともに古びてしまう。記録を無効にするような社会変化を禁じる勅令を出すことによって、記録の妥当性を保とうとすることもある。そうしたとき、国民は明確な許可がないかぎり移動を禁じられ、王室に仕える者や平民がその地位を奴隷に変える道は閉ざされた。灌漑水田と、男性家長に率いられる標準化された「財政上」の世帯が相対的に変化しなかったことは、国家の中核部の把握しやすさを保つことに役立った。(92)

王は前近代的な財政運営に内在的に伴う困難に加えて、より本質的かつ構造的な難題に直面していた。王は配下の役人、貴族、僧侶と労働力と穀物を求めて直接に競い合う位置にあった。アフムダーン（王室に仕える者たち）は、王室にとって最も利用しやすい労働力であったが、彼らの地位は常に不安定であった。少しでも自分たちの地位に伴う負担を軽減し、上から把握されないように地位を変えることは、彼らの利害にかなっていた。それにはいくつかの選択肢があった。平民（アティー）になる、有力な庇護者のもとで個人的な隷属者や借金の形として奴隷になる、書類上存在しない流れ者の大集団に加わる、などである。宮廷の役人や名家の貴族は、なんとかしてこのような人々の地位の変化を後押ししようとした。それによって自分たちの部下を増やしたり、財源を増やしたりできるからだ。(93) コンバウン朝の法典の多くは、他のエリートたちの下へと資源が流出して、財務的に補足できなくなるのを阻止しようとしたものだ。

法典の長々とした禁止令を読み直してみると、王ですら完全には人々を掌握できなかったことがわかる。タイ王朝の支配者たちも、役人、貴族、宗教的権威者による王室財源の私物化を食い止めようと悪戦苦闘していた。北部タイ王国ラーンナーの始祖であるマンラーイ王が、「王への奉仕から逃れ、自分の義務を放棄しようとする者は、王以外の奴隷になることを許可しない」と宣言したのも、こうした背景があったからである。[94]

国内移動の許可証と身分証明書類が発明される以前、タイとビルマ王は、多くの男性人口に刺青を施すなど、臣民の地位を表示して消せなくする方法を考案していた。コンバウン王の軍隊に徴兵された者に施された紋章の刺青は、その人に兵役が課せられていることを表した。[95] タイでも同様であった。タイの奴隷と、借金の形として奴隷になった者の手首には、王もしくは貴族の所有であることを示す印が彫りこんであった。奴隷が貴族に属する場合は、かつて家畜が所有者に焼印を押されたように、特定の貴族の名前が刺青によって示されていた。[96] カレンの捕虜にも、そのような刺青が施されていた。刺青の制度は、脱走者を探して森の中を巡り「正当な」所有者のもとに返す賞金稼ぎまでも生み出した。刺青による刻印という手段をみれば、労働力の管理が土地登録よりも、あらゆる面で重要視されただけでなく、それが困難であったことがわかる。

当然、王室官吏と地元の権力者も、隙あらば巧妙な手口で王室から資源を奪い「私有化」しようと考えていた。こうした理由で、人口台帳は実際よりも極端に少なく見積もられていた。これは植民地時代に行われた最初の人口統計調査の記録からも明らかだ。仕官たちは帳簿から土地を削ることで手数料を稼ぎ、きちんと登録されていない王室の土地を横領し、納税証明を過少申告し、あげくのはてに世帯を徴税簿から丸ごと抜いてしまっていたのである。ウイリアム・ケーニッヒの推定によれば、王室収入の一〇－四〇パーセントが、そのようにして失われていた。彼が調査したのは、ラングーンで一八一〇年に起きた火災の後、新たに住宅調査を行うよう指示された役人たちの事例である。役人たちは二五〇〇のうち一〇〇〇の家屋を、新たな戸籍登録から省いてしまった。[97] だが、その結果として平民の税負担が減ったわけではなかった。変わったのは腐敗の温床となる戦利品の分配だけで、王室と平民の両方に破滅を招く要因が増えたにすぎなかった。

水稲国家の支配者たちは、人々の逃散やこのような財政上の不透明性によって、税源の霧散に絶えず直面していたから、領土をひとつにつなげとめるのは至難であった。支配者に残された数少ない選択肢のひとつは、捕虜目的の軍事作戦を行い、絶えず失われてゆく人員を補充し続けることであった。

新たな戦争捕虜の利点は、王室に仕える者として、少なくともはじめのうちは直接奉仕してくれる点にあった。こうした事実は、水稲国家が戦争に明け暮れる国家になる傾向の強さを説明してくれるだろう。支配者が、絶え間ない労働力の喪失を一撃で打開できる唯一の手段が戦争であったからだ。

山地での小規模な奴隷狩りや周縁部への攻撃は、比較的リスクが小さかったが、それによって確保できる労働力は少なかった。大規模な戦争ならば、何千もの捕虜を連れ帰ることができた。ただし、すでに述べてきたが、大規模戦争は特定の支配王朝にとって合理的な戦略だった場合もあるが、より構造的な視点から見ると不合理な選択であった。水稲国家どうしの戦争になれば、敗者の被る人口の減少は壊滅的だったからである。

自壊する国家空間

東南アジアの前近代国家を扱う思慮深い歴史家はみな現れては消えてゆくこの地域の国家の脆弱さに衝撃を受けてきた。ヴィクター・リーバーマンはそうした国家の性質を「発作的性質」と形容し、オリヴァー・ウォルターズはアコーディオンのような「折りたたみ式《コンチェルティーナ》」と表現している。[98] この最終節で私は、脆弱性と振幅の背後には、組織的かつ構造的な理由がある、というリーバーマンの議論をもう一歩押し進めてみたい。

「自壊」をわかりやすく表しているのは、現代ビルマの軍事的専制が反政府運動を封じこめようとしている状況である。部隊は反乱を続ける国境地帯へ支配を広げようとし、財政的に困窮した場合には必要物資を現地で調達するよう指揮官に命令されている。前近代国家の部隊と同じように、彼らもまた苛酷な環境の下での生き残りをかけて、労働力、現金、建材、食料を現地で確保しなければならない。軍は相当数の非戦闘員を捕らえて基地の周りに集めることによって、それを動員可能な労働力、穀物、金銭収入の源泉とすることが多い。非戦闘員は逃げようとするが、真っ先に逃亡を試みるのは最も貧しい者たちである。彼らは金を払って強制労働から逃れたり、穀物や税を納める余裕すらないからだ。カレンの教師がある人権調査員に語ったところによれば、「道沿いから……平野まで、かつては多くの村々が広がっていたが、大きな村は小さくなり、小さな村は森になってしまった。軍事政権があまりに多くの税を要求し、あらゆる労働を強制するために、多くの者は別の町へ移り住むか、ここ（山地）までやってくる」[99]。

取り残された者の運命はおのずと明らかであった。「虐待が続き、少数の者にさらなる負担が集中し、病弱でなかった者すらますます弱っていき、次第に逃亡するところまで追いつめられる」[100]。

ほとんど同じ論理を前近代のタイ系国家とビルマ国家の分析に応用したのは、ラビバダナ、リーバーマン、ケーニッヒらであった[101]。水稲国家の中心部、つまり中核地域は、最も把握しやすく利用しやすい穀物と労働力の集中地帯である。他の条件が同じであれば、国家とエリート層を養うのに必要な資源を最も容易かつ効率よく搾りとることができるのがこの中核部の人口である。財政上の誘惑は中核部の人口に最も重くのしかかるため、最も疲弊しがちなのも彼らであった。コンバウンの王たちが、マンダレー・アヴァ地域の人々から最も多くの賦役や穀物を「しらみつぶしに求めた」一方で、遠隔地に暮らす者は僅かの貢物を送ることで許されていた。中核部の人口の相当な割合が、役人や王室とは別の有力者によって直に掌握されていたことを踏まえれば、当然ながら、過度の負担は王室仕えの人々の肩にのしかかった。この王室に仕えた人々の多くは、捕虜や課税台帳に記載された平民の子孫であった。この人々は国家の全体的な均衡を保つ装置のごとく機能した。こうした人々に対する風当たりが強くなればなるほど、彼らは国家の手が届かないところへ逃げるか、場合によっては反乱を起こした。

リーバーマンは、水稲国家がこのようなパターンをたどり、虎の子である労働力を自ら失っては自滅していった例を多く紹介している。一六世紀後半のペグー王（有名なバインナウンの息子）は、遠隔地にあった多くの軍事的属国に見捨てられたために、僧侶を軍に入隊させたり、脱走兵を処刑したりと、藁にもすがる思いで自国の核となる人々に無理を強いた。ところが無理強いをすればするほど、人々は去っていった。農民たちは、別の誰かの家臣や債務奴隷になって彼の元を去ってゆくか、山地や別の王国に逃げこんでいった。穀物の生産者と兵士を失ったペグーは、一六世紀末にとうとう敵によって破壊されてしまった[102]。国家が危うく崩壊しかけたおそらく最も著名な例は、一八世紀から一九世紀に移ろうとする時に起きた。コンバウン朝はアラウンパヤーによる征服の際に敵から奪取した捕虜に恵まれていたものの、干ばつやシャム侵攻の失敗によって悪化した財政が人々を圧迫し、大量の人口が流出した[103]。一八世紀初頭にベトナムの鄭氏による支配が崩壊したのもこのパターンである。地方有力者の自治権が徐々に拡大するにつれて税逃れが可能になり、本来ならば国家のものであるはずの労働力と資産が地方勢力に専有されるようになった。その結果「負担は少数の人々にいっそう集中したのだが、彼らは支払い能力の最も低い人々でもあった[104]」。大規模な逃亡と反乱が続いたのは無理もないことだった。

王の顧問らは、自分たちが直面している構造的問題をはっきりと認識していた。それは、労働力に関することわざ、配下の役人に労働力と穀物が盗られるのを防ぐ手立て、資源をより厳密に目録化する試み、そして他の財源を求める様子からもうかがい知ることができる。こうした認識にたてば、国政は状況にできるだけ逆らわないように行われるべきであったのだろう。つまり、逃亡や反乱が起きる一歩手前で資源の搾取をやめるべきだったのだ。捕虜目的の戦争と奴隷狩りが続けて成功することはまずなかったので、そのような戦略こそ最も理にかなう現実的な選択肢であったにちがいない(105)。

前近代国家が搾取の程度をうまく調整できなかった原因は、少なくとも三つあげられる。まず、きめ細かい判断を可能にするような構造的な情報が当時の国家にはそもそもなかった。役人の多くが国王を欺こうとしていたことを考えればなおさらである。作物は原則として把握可能であるが、役人たちの動きを把握するのは容易ではなかった。二つ目に、どんな農村経済にもあてはまることだが、ある人口の財政的な貢献度には、気候、害虫、病害による収穫量の変動や季節によって大きなばらつきがある。盗みや強奪さえも変動要因になりうる。特定の場所に集約されている穀物は、国家にとってだけでなく、泥棒、反逆者、敵対する王国にとっても非常に魅力的だった。年によって耕作者の支払能力に大きなばらつきがあることを考えると、王室は農民の福利のために、自らの財政的要求を犠牲にしなくてはならなかったはずだ。ところがあらゆる史料はまったくその逆の事態を示しており、植民地期以前と植民地期の国家は、人々を犠牲にしてでも、安定した財源の確保に奔走していたのだ(106)。

これから綿密に検証していくが、史料を見れば、国家空間におけるこのような人口と農業生態系のありかたが原因で、食料供給が脆弱になり、さらに病害に対してももろくなったと考えられる。簡単に言えば、完全な単作は分散型の混合栽培よりも環境面で弱かった。単一作物は病害の影響を受けやすく、不作に対しても環境面で対応力が弱く、害虫を増殖させる。人間が家畜や家禽と同じ場所に集中していることにも、同じ論理が当てはまる。流行病のほとんどはもともと動物に由来する感染症であり、病原菌は家畜と人間のあいだを行き来することがわかっている。西洋社会の都市人口は、一九世紀半ばまで自らをうまく再生産できず、初期農業社会での穀物摂取は、それが置き換えた混食よりも栄養面で劣っていた。最後に、植民地期以前の東南アジアでは、凶作、飢饉、コレラの大発生が起きていた点にも注意すべきであろう。多少の推測を含むものの、国家空間における米と人間の集中は相当のリスクを伴った。

一見あたりまえに見える三つ目の原因は、少なくとも理論上は万能な王をいただく政治システムに特有の、著しい気まぐれに由来する。そうでなければ、なぜボードーパヤー王が飢饉の直後にもかかわらず、無謀にもシャムを侵略したのか、そして一八〇〇人にもおよぶ人間を奉仕労働に使って、何百もの仏舎利塔（完成すれば世界最大となるはずであったミングンのものも含む）を建立したのかは、合理的に説明できない(107)。植民地期以前の王朝の不安定さの要因には、構造的、環境的なもののほかにも、王の恣意的かつ専制的支配という非制度的なものを付け加えなくてはならないはずだ。

水稲国家が脆くはかないものであることは驚くに値しない。むしろ驚くべきなのは、水稲国家の前途を阻む人口条件、構造、個人の気まぐれな振る舞いにもかかわらず、長い目で見れば、確固とした文化的伝統を形成するのに十分な期間にわたって国家がまとまっていたことなのである。

訳注

＊1　一七五二 ― 一八八五年。ビルマ最後の王朝で、アユッタヤーを攻略するが、英緬戦争によって滅亡した。

＊2　現在のラオスにあったラーンサーン王国が、一八二六年にアヌウォン王に率いられてシャムからの独立を目指して起こした反乱。

＊3　一四世紀頃から一八世紀半ばまで存在したビルマ王朝。

Ⅳ　文明とならず者

あっ　この騒ぎ。突然、おっぱじまった。なにごと？
ひどい混乱（みんなの顔が何ともうっとうしくなった）
通りも辻も人がさっとひいて行く。
なぜ、皆考え込んで家に戻るんだ？
夜になった。　野蛮人はまだ来ない。
兵士が何人か前線から戻った。
野蛮人はもういないとさ。
さあ野蛮人抜きでわしらはどうなる？
連中はせっかく解決策だったのに

——C・カヴァフィス『野蛮人を待つ』一九一四年

要するに、奴らを集団にまとめなければならない。奴らはどこにもいないし、どこにでもいる。奴らをなんとか手中に収めることが必要不可欠だ。そうすれば、そのあかつきに我々は、今はとてもできない多くのことができるようになり、彼らの身柄の確保を通じてその精神をも掌握できるようになるだろう。

——フランス人将校、アルジェリアにて、一八四五年

インディアンは農業にはまったく関心を払わず、農業をすることを期待されることもなかった。とある保留地に移動させられるまでは……もしも、そんなかたちの住処を与えられることがなければ、彼らは文明化やキリスト教化の目論みの埒外に依然として残される運命にある……そして彼らを社会に役立つ成員にならしめるのだ。暴れ馬と同じように、野蛮なインディアンは保留地に囲いこまねばならない。そこで彼らは正しく働くようになるのだ。

——ショショーニ族担当官、アメリカ政府インディアン局、一八六五年

永住地を作ることは、税制の確立と並んでおそらく国家最古の営みだろう。定住すると文化的、道徳的な水準は高まるという文明論は、国家の営みにつねにつきまとっていた。高度な帝国主義のレトリックは、遊牧をする非キリスト教徒の野蛮人を「文明化」し「キリスト教化」することを、なんのてらいもなく語るが、そうした語法は近代人の耳には時代遅れで田舎くさく、あらゆる蛮行の言い訳に聞こえる。それにもかかわらず、帝国主義のレトリックを「開発」「進歩」「近代化」という語に置き換えてみると、新たな旗印のもとに進められるその事業が今も健在なのは明らかだ。

この文明論は、その耐久性に特徴がある。文明の永続性を根底から揺るがす事実があっても生き残ってきたことをみてみると、そのしぶとさは見事だ。数千年にわたって人が「文明」と「非文明」、あるいは「未文明」のあいだの半透膜を行ったり来たりしてきたことがわかっているにもかかわらず、文明論はなくならない。文明と非文明という当然視されている二つの世界のあいだには、社会的にも文化的にも中間的な位置がずっと存在しているにもかかわらず、文明論は生き残る。「文明」と「非文明」のあいだで、文化を借用し交換してきたという膨大な事実があるにもかかわらず、文明論は生き残る。そして、「文明」と「非文明」をひとつの経済単位として成り立たせる相互補完性、両者の経済統合があるにもかかわらず、文明論は生き残るのだ。

「文明化」すること、「漢人」になること、まっとうな「タイ人」や「ビルマ人」になることは、実質的には、国家に完全に統合され登録され、課税対象になることとほとんど同じである。対照的に、「非文明」的とは国家の領域の外で暮らすことである。本章では、国家形成の黎明期に「部族的な人々」からなる野蛮な辺境がいかに作りだされるのかを検討する。野蛮な辺境は、国家と比較できる対をなし、国家にとっては問題の解決手段ともなっている。

平地国家と山地民——双子の影

植民地時代以前の東南アジアにおける古典国家の正統化は、近代の目線からみると「押し売り」のようなものであった。近代の国民国家がそうであるように、古典国家という考え方は土着の統治概念が有機的に練り上げたものではなく、ほとんど文化的、政治的な輸入品であった。ヒンドゥー化された普遍的な君主という概念は、政治の文脈で儀礼的な至高性を正当化するためのイデオロギー装置となった。同じように力をもった有力者が競合しているなかで、それは必要だったのである。野心に満ちた一〇世紀から一四世紀の宮廷は、バラモンの助けを借りて壮大な宇宙論的主張をはじめ、辺境地域の信仰《カルト》を帝国の儀礼の傘下に取りこんでいった(1)。それは一八世紀ロシアのサンクト・ペテルブルクの宮廷で、ヴェルサイユのフランス宮廷での振る舞いや言語、儀礼が模倣されたときと同じような結果を招いた。宇宙論的な主張がしっかり「根付く」には、ギアツのいう劇場国家に説得力をもたせるだけでは不十分であった。国家の主張を強固にする労働力と穀物をもたらす人口が必要だった。そのために奴隷狩りや強制労働という圧政が必要になったのである。古典国家とは端的にいうと、まったく自己を正統化できる存在ではなかった。古典国家が自らの政治面、軍事面の弱点を宇宙論的大言をもって補う傾向があったのはそのためだろう(2)。

こうした国家が、国家構造の外で暮らしていたさまざまな人々を寄せ集めることで作られた事実を考えると、「文明化」が図らずも水稲国家での生活を営むことと同じであることは驚くべきではない。つまり平地の村々に永住し、所定の田畑、とくに水稲栽培を好み、王と聖職者を頂点とした社会階級を認識し、仏教、イスラーム、フィリピンではキリスト教といった主要な救済宗教を信奉することが「文明」なのである(3)。こうした特徴が水稲国家の外にある周辺社会、すなわち山地民の鏡像であることも驚きに値しない。

水稲国家の中心にある宮廷からみれば、標高が高くなり空気が薄いほど、文明からは遠い。平地民は文明の度合いを、たいていは標高から読みとっているといっても過言ではない。山頂に住む人は、最も遅れていて文明化されていない。中腹に住むものは、少しだけ文化的に高次になる。高原で水稲を営んでいる人々は、より進んでいる。それでも平地国家の中心よりは劣っており、宮廷と王こそが洗練さと文明を体現し頂点に君臨するのである。

「山地民であること」はそれ自体、まっとうではないとみなされる。したがってビルマのパラウンの人々は、上座仏教徒でビルマ族のように着こなし流暢なビルマ語を話すが、山地で暮らしているかぎり文明的とはみなされない。これと似たようなことは現代でもみられる。ベトナム人の民族誌家マック・ズゥオンは、少数民族研究の草分け的存在として有名で、少数民族に共感的だ。彼によれば、少数民族の多くがやってきたときにはすでにベトナム人が低地を占拠していたので、少数民族は山地へと追いやられた。そうした集団が、Man（マン。この用語は何世紀にもわたって「野蛮」を意味してきた）

と呼ばれるようになった論理は明解だ。パトリシア・ペリーは次のように述べている。「山地民を野蛮な人々とするのには、正統な理由がたしかにあった。その根拠は、はっきりと述べられることはないが明らかだった。文明度は地理的条件、とりわけ標高差で測られるのだ。低地で暮らす人々（民族的にはベトナム人）は、完全に文明化されている。中腹に住まうものは部分的に文明化されている。しかし山地民は依然として野蛮で、標高が高くなればなるほど野蛮さは増す」[4]。段丘に住んでいたり水田を設けていたりというだけでは文明化の指標として十分ではない。北ベトナムの紅河上流に沿って暮らすハニは段丘や水田を作っているが、いまだにマン（野蛮人）と見なされている。

文明の高低と居住地が反転している関係は、タイでもみられる。（言語学的にはハニに属する）アカ研究に生涯を捧げた、故レオ・アルティング・フォン・ヘウサウは、アカを「中腹」の人々とし、最も高地で暮らしている人ほどは非文明的ではないにもかかわらず、非文明人の烙印を押される人々になっていると述べた。彼は「この状況は、サクディナー制〔前近代タイの階級制度。社会身分の上下を水田面積であらわした〕とはあべこべの構造になっている……つまり最も低い地位にいるのは、最も高い地域に住むワ、ブラン、カム、ティン、ドゥロンのようなモン・クメール系であり、最も社会的に高位にある集団は、低地や平地といった最も低い土地に住んでいる」と述べている[5]。

ビルマ語と中国語の言葉遣いからも、文明化された低地の中心が象徴的に高次に高められていることがわかる。つまり首都や学校がある場所へ向かうときには、一般的に「上る」もしくは「上がる」（ビルマ語でいうところのテッ ter）で、たとえ山頂で暮らしていたとしてもマンダレーに「上る」のである。同じように、話者が首都よりも海抜数千フィート高い場所にいたとしても、辺境の村々や山地に向かうときは、「下る」や「降りる」（ビルマ語ではスィン Hsin）のである。西洋でも同じような例はあるが、上るも下るも海抜にはまったく関係はなく、すべて文化的な優劣に関係している[6]。

高地で暮らすものを「野蛮人」とコード化する水稲国家の作法は、移動し分散して暮らす人々にもあてはめられた。ここで改めて、地中海世界の歴史との強い類似点を示しておこう。キリスト教国家とイスラーム国家は、山地民と遊牧民（正確には国家の掌握から免れた人々）を異教徒や野蛮人とみなしていた。ムハンマド自身が、イスラームを受け入れる遊牧民ならば、改宗の条件として永久に定住するか、定住を誓わなければならない、と明白に宣言していた[7]。イスラームは定住民であるエリートの信仰であり、定住しなければ完全なムスリムとはみなされなかった。遊牧民のベドウィンは「野生人」とみなされ、理想的都会人であるメッカの人とは明確に対比された。文明化の基準という点ではアラブ国家にとっての遊牧性は水稲国家にとっての標高の高さと同じであった。

　東南アジアでも同様に、文明の概念はおおむね農業生態的な基準で測られた。定住地をもたず、たえず予測できない動きをする人々は文明の常軌を逸していたのである。国家がたやすく搾取できるよう「読みやすい」かたちで余剰を生みだし続けるという条件は、文明の概念に埋めこまれた。西洋でも、東南アジアと同じように定住地をもたない臣民には、似たような烙印が押された。民族的にも信仰上も優位な立場にある社会の成員であっても、定住地をもたなければ、放浪者、ホームレス、ごろつき、浮浪人などさまざまなレッテルが貼られた。有名なアリストテレスの考え方にみられるように、人間は生まれつき都市に生活する市民（ポリス）であり、ポリスではないコミュニティ（アポリス）に住むことを意識的に選ぶものは、否応なしに価値がないとされた。[8]牧畜民、ジプシー、焼畑民のように、人々がまるごと遊歴したり、遊歴に近い生活を選択したりすると、彼らは集団として脅威とみなされ一様に負のレッテルを貼られた。

　仕事と土地を求めて移動した結果、広範に分布しているベトナム人は、それでもやがては帰還するべき、あるいは帰還するだろう祖先の地があると考えている。[9]祖先の地をもたないものは、「世界の四隅の人々」という烙印を押された。[10]山地民たちは、この論理の延長で卑しく、危険で、非文明的な放浪者ばかりの集まりとされた。国家が後押しをした「遊牧民定住化運動」、あるいは「決まった耕作地と住居をもたせる運動」は、移動耕作民を減らし高地民を辺境から追い出して再定住させ、水稲耕作を「教える」ために計画され、ベトナムの人々の心に深く響いた。低地に住む住民や為政者にとって、こうした取り組みは後進的で野暮な人々をベトナム文明にとりこむ寛大な努力として受けとられたからである。

　ベトナム人ほど祖先の墓標に関心をもっていなかったビルマ人も、定住地をもたないものに対してはベトナム人に匹敵する恐怖と蔑視を抱いていた。そうした人々は、ビルマではルーレールールゥイン lulelulwin と呼ばれている。文字どおりに訳すと「風に吹き飛ばされる人」で、浮浪者、放浪者、浮浪人など、さまざまに描写され、そこには役に立たないという含意があった。[11]多くの山地民もこれと同じように後進的で、信頼がおけず、文化をもたないものと見なされている。漢人と同じようにビルマ人にとっても、移動する人々はその定義上、文明的にいかがわしい人々だった。これらのステレオタイプは今日まで存続し、ビルマの山地民を苦しめている。山地民であるパダウン・カレンのあるカトリックの学生が、一九八八年の民主化運動を弾圧する軍から逃れるべく森に避難すると、負のレッテルを貼られてしまうので森に逃げこむことをためらったのも、こうした理由からである。彼は言う。

私は同郷の仲間から、森への脱走者というラベルを貼られること、ただそれだけを恐れていた。「森（ジャングル）」（ビルマ語ではトー taw）という単語は、都市部のビルマ人のあいだで、いまだに否定的な響きをもっている。民族の叛徒と一緒に森へ避難したものはだれでも、森の子ども（ビルマ語ではトーカレー taw kale）と呼ばれた。その言葉は未開性、無秩序、暴力と精神の廃退とともに、ビルマ人がひどく嫌う野生動物のすぐ側にいることを暗に意味している。未開部族の一員とみなされることに、私はつねに心を痛めていた。タウンヂーとマンダレーで渇望したのは、文明のなかに逃れることだった。(12)

清王朝の将軍、鄂爾泰《オルタイ》が、雲南の山地民を「理想的な文明の対極をなす野蛮な放浪者だ」として描写したのを、単なる修辞と見なしてはならない。彼は水稲国家の全統治者たちが同意するだろう世界認識を表明していたのである。(13)

中国人、ビルマ人、シャム人の国家にとって、山地民に特有の生業形態や農業生態の居場所《ニッチ》の野蛮さはいかんともしがたいものがあった。というのも、山地民の狩猟採集と移動耕作は、必然的に森のなかで行われたからである。(14) そのこと自体が常軌を逸したものだった。一七世紀の中国の書物では、雲南のラフを「山と森と川で暮らす人々」と描写している。(15) この書物では、ラフを類人猿やサルと比較しながら、なんでも生のまま食べ、死者は埋葬しないとしている。ラフは平地から逃れた後にはじめて山地焼畑民になったというアンソニー・ウォーカーの示した可能性を認めることさえせず、もともと山地に住んでいる真の原住民とみなされた。ラフが未開人で、原始のままにあることは、その習慣と日々の営み、つまり住まい方、服装（あるいは衣服がないこと）、履物（あるいは履物がないこと）、食事、埋葬方法や立ち居振る舞いを数え上げれば一目瞭然であるとされた。これらは、儒教文明のいかなる理想とも矛盾していたのである。

おびただしい数で漢族の高官の頭を悩ませた南部辺境地域の山地民についての報告書を目にすると、読者は二つの印象をもつだろう。第一に、そうした報告書が民族誌的な鳥類図鑑のように、ラフとはこんな色のこんな服を着ていて、こんな習慣や作法をもち、こういう生き方をしていて、となっていて、あたかも目の前を「鳥のごとく飛んでゆく」山地民を行政官が俯瞰的に捉えられるようになっていることである。第二に、漢族王朝の理想的な文明を基準とする進化的かつ文明的な序列に、山地民が位置づけられていることである。この見方からすると、山地民は（原始的な）「生」から成熟したものにまでおよんでいて、次のように類型化できる。「ほぼ漢族である人」「漢族になりつつある人」「彼らが望むならば（そして我々がそう望めば）最終的に漢族になりうる人」、そして最後に、最も「野蛮」なラフのように、「非文明的」で、それゆえに「真の人類ではない」という分類である。

　国家権力がおよばない周縁地域の人々、例えば焼畑民、山地民、森に住まう人、あるいは田舎の「奥地」に住む農民を指す語は、たいてい侮蔑的な響きをもっていた。ビルマ人は、文化の中心地から遠く離れた村人をトーダー tawdha と呼ぶ。この呼び名には森に住み、無作法で荒々しく、野蛮（ビルマ語ではヤイン yain）という意味があった[16]。

　平地国家は、定住型の穀物農業と不可分に結びつき、「文明」を象徴する貴族と庶民という半永続的な社会秩序と切っても切れない関係にある。この結びつきは、皮肉な結末をもたらした。税と不平等を押しつける王国を去り、山地へ向かうことを選んだ人々は自動的に社会の常軌を逸したものとみなされた。標高の高さは、ただちに「未開」を意味することになった[17]。さらに、大きく景観を変えた灌漑水稲農業とは違って、山地での農業は目立たないので、山地民は文化に相対する野生と結びつけられた。これは、次のようなありがちな誤解を引き起こす。つまり文明化された人々は世界を変えるが野蛮人は不変の世界に生きている、と。

　タイとビルマの国家にとって、山地民を文明の輪に取りこむには上座仏教の信仰は必要だったものの、それだけでは不十分だった。もしイスラームや仏教のような救済宗教が中国に広まっていれば、マレー世界におけるイスラームのように、「未開」社会を文明社会とはっきり区別することになったであろうが、漢族の文明では宗教はそうした識別の基準には用いられなかった[18]。一九五〇年代に雲南と貴州の「部族」を分類した共産党の民族誌家ですら、文明度を漢文明の技術や習慣を基準に測っていた。灌漑農地を使っているか、鍬で耕し農具を使っているか、定住しているか、中国語を話し書くことができるか、といった基準である。一九四八年までならば、漢様式に近い寺院、とくに農業の神々を祀る寺院を建立すれば高く評価された[19]。今日でさえ漢人は自らを「文明」になぞらえて、「少数民族《マイノリティ》」を特徴づけるのが一般的である[20]。

　タイとビルマの場合、表面的な違いは多くあるとはいえ、文明的かどうかを見定めるための宗教的基準は、水稲作の技術や習慣と密接に結びつけられた。宗教規則に厳格な基準からしても上座仏教の教えに従うことは、変化を刺激することはあっても、儀礼的に大きな変更を必要とはしなかった。つまり、仏教がもたらされる以前に営まれていた精霊信仰（ビルマではナッへの、シャムではピーへの崇拝と慰撫）は、混淆的な仏教のうちに、いっそう教条主義的なかたちで容易にとりこまれたのである。しかしながら仏教は、宗教的、民族的なアイデンティティの転向《シフト》と密接に関わっている。リチャード・オコナーが、タイ人について述べているように、「平地民は、宗教を農業と、農業を儀礼と、そして儀礼を民族的なアイデンティティと結びつける。よって、カレン、ラワ、あるいはカチンといった山地の農民たちが平地で水田稲作農業をはじめると、きちんと耕作するにはタイの儀礼が必要だということになる。このように農耕法の選択肢は、民族的な全体性に組みこまれており、この全体性は互いに競合する農業的、文化的な複合体として機能する。この複合体のあいだの移動は儀礼的な適応を促し、やがては民族的な転向にゆきつくかもしれない」[21]。オコナーは、「民族《エスニック》の転向」と述べているが、この事例では民族と信仰が不可分に結びついているので、「信仰の転向」としてもよかっただろう。私たちはここにきて、中国の事例でみられた文明の逆説とでも言えるような状況にたどりつく。パラウンの事例でみたように、仏教に改宗することは、正しい一歩ではあっても十分に文明化したとはみなされない。それが居住地の流動性や移動耕作のような「山地民らしさ」の特性を伴うかぎり、十分とは言えない。改宗によって文明に一歩近づくことになるが、他方でタイ人やビルマ人になることは水稲国家の臣民になる第一歩であると長いあいだ考えられてきた。したがって平地からみれば完全な文明化とは、漢族になること、タイ人になること、ビルマ人になることとほぼ同義で、定義上は国家の臣民として組みこまれることを指す[22]。これからみていくように、国家の外側にとどまることは「非文明」の烙印を押されることなのである。

野蛮人への経済的な需要

低地国家は大きさの大小を問わず、すぐ近くに住む高地人を見下していた一方で、山地とかなりの程度まで経済的な依存関係をもたざるをえなかった。平地と山地の相互依存は、それぞれの暮らす農業生態的な位置の補完性に支えられた。経済的なパートナーであり、頻繁に政治的な同盟も結ぶ平地民と山地民、国家の中心地と後背地はそれぞれが互いに必要不可欠なモノや役務を提供しあった。両者は互いに緊密で、互恵的な交換制度を作りだしていたわけだ。この関係に依存していたのは山地民よりも、どちらかといえば平地の中心地の人々であり、彼らは山地からの品物、とくに人員に依存していた。しかし、それぞれは互いが自然な交易パートナーでなくなった途端に経済的に没落してしまった。

　このような経済的な相互依存の形態は、マレー世界で最も念入りに描かれている。マレー世界ではしばしば、水源域一帯で上流の民（フル）と下流の民（ヒリール）との交換がみられた。フル・ヒリール河川交易システムは、農業経済的位置が異なることを利用して、各地域が互いに提供できる生産物で成り立ち、長い歴史をもつ。マレー世界での低地の中心地は、上述のとおり河口か二つの河の合流点にあることが多い。山地の重要な交易の中継点を押さえている集落のように、低地の中心地は地の利によって交易を独占しながら、この自然の要衝を基点にして河口地域全体の交易を支配している。低地の中心は中継点であり、低地や海外から上流に向かう物品と上流域や森林から河口まで下ってくる産物とがそこで交換される[23]。

低地の中心地は、山地よりも有利な場所にあったにもかかわらず、交換をとりしきるほどの優位性はもたなかった。河口の上流域にあるような移動性の高い集落は、たいていほかの河口とも十分に距離が近いので、隣接する河川の別の中継点を通して交易の相手を切り変えることができた。かりに中継点を変えることができなくとも、上流地域の住民は、低地国家からの交易品にはそれほど依存していないので、交易条件が政治的、経済的に面倒だとわかれば低地の市場から身を引けばよかった。中継点に位置する国家のほうも、反抗的な後背地に軍事的な攻勢をかけられたわけではない。上流地域の人々は、分散しがちで流動的なので計画的な弾圧をうけることはおろか、懲罰的な遠征をうけることもなかった。結果として、港湾に発達した国家は後背地と連携し、そことの交易がもたらす利益を得るべく互いに競いあっていた。上流域の人々を簡単に従わせる手段をもたなかった為政者らは、交易から得た価値ある品物、宝石、気前のよい贈り物を上流域に再分配し、上流の指導者らはそうして得た物品を今度は自らの従者へと再配分してさらなる忠誠と交易を促した。

東南アジア大陸部の諸国、とくに山地や山地に近い小さな国家はきちんとひとつの流域に重ねて地図化できないものの、山地と平地のあいだに共生関係を広く行き渡らせていた。こうした国家の繁栄は、自らの市場に周辺山地民の産物を集められるかどうかにかかっていたと言っても過言ではない。周辺の山地民は、国家の中心地を担う成員よりもたいてい数が多かったからである。山地民が販売や物々交換、債務返済や朝貢のために平地に持ち運ぶ物品を網羅するには、多くの紙幅を必要とする。そこでここでは、山地民が持ちこむ物品が驚くほど多様だったことを示すにとどめたい。また交易の中身は（例えば中国へ送るにあたって）陸路か海路かという貿易経路の選択や、特定の物品への需要によって、時代ごとに、ときに劇的に変化することを押さえておこう。

少なくとも九世紀以降、山地民は平地や沿岸部で優先的に売買できそうな商品を求めて、山々を歩き回っていた。山地民がもちこむ商品の多くは、海を越えて広域にやりとりされる贅沢品だった。集められた天然の林産物では、沈水香木、白檀、蘇木、楠木などの稀少な木材や香木、サイの角、糞石、森にいる動物の臓器の干物、アロエなどの薬になるもの、キリ油〔アブラギリ属植物の種子核油〕などのさまざまな樹脂、グッタペルカなど森の木から採取されるラテックス（ゴム）、そして希少なサイチョウの羽毛、食用の鳥の巣、蜂蜜、蜜蠟、茶、タバコ、アヘンと胡椒である。これらの産物は、重量と体積のいずれをとっても単位あたりの価値が高かった。つまり、山道を歩いて市場まで運ばなければならなかったとしても、もとをとることができた。一四五〇年から一六五〇年までの非常に長期間におよぶ胡椒ブーム時の胡椒価格は、金と銀をのぞけば国際取引されたあらゆる物品のなかでも飛び抜けていた。当時、胡椒の実を頭の上に載せて沿岸の市場まで運ぶ若者がいれば、彼はそれだけで金持ちになっただろう。希少な金属や宝石（そして一九世紀にはアヘン）は、その携行性に加えて高い価値が認められた最たるものだ。山地民は身軽だったので、もし売り手が不満なら高価値の商品を他の勢力下にある別の市場に簡単に持ち運ぶことができた。

　それ以外の山の産物は、持ち運ぶにはかさばり、あまり価値がなかったので、水路が簡単に利用できる場合を除いて、長い距離を移動することはなかった。持ち運びの難しい山の産品とは（水に浮かぶので運搬に適している）ラタン椰子、竹、木材、丸太など、そして、牛、動物の皮、綿、山地の果物や、主食となる山地米、そば粉、トウモロコシ、ジャガイモ、サツマイモで、最後の三つは新大陸由来のものだ。これらの多くはほったらかしでも成長し、長期間の保存がきくので売り手の希望金額に応じて、売ることもとっておくこともできる。

　植民地以前の東南アジアでは、巨大な王国ですら、その繁栄を山地からもたらされる産物に驚くほど依存していた。一七八四年、ラーマ一世（チュラーローク）が、タイで初めて北京へ送った交易使節団は、その贅を尽くした産物をもって中国人の目をくらませることを狙ったが、産物のほぼすべては山地に住むカレンから届けられたものだった。その時に山地から届けられたのは、象、沈香材、黒檀、サイの角、象牙、縮砂〔ショウガ科の多年草〕、ヒハツ〔胡椒の一種であるインドナガコショウの別名〕、琥珀、白檀材、クジャクの羽毛、カワセミの羽毛、ルビー、サファイア、カモジグサ〔イネ科の多年草〕、ガンボジ（ゴム樹脂の一種）、スオウ、ダマール〔フタバガキ科の樹木から得られる天然樹脂〕、クラバオ〔イイギリ科の落葉高木のタイ語名。種子からとれる油が大風子油〕の種など多岐にわたる[24]。植民地化される以前のカンボジアからの輸出品も、同じようにジャライという山地民に頼っていた。低地国家が、外国へ売り出していたものの大半は「ベトナムとカンボジアの年代記や、中国人とヨーロッパ人が記した旅行記に散見されるように、山地からもたらされた林産物である」[25]。小規模のシャン藩王国でも、低地の生活には周囲を囲む山地の豊かな産物が、生活のためにも重要な輸出品を得るのにも必要不可欠になっていた。シャンの食習慣、建築物、家畜、そして外界との交易といった繁栄一般が山地との豊かな交易によるという理解なくして、今日のシャン州各地で見られる五日市のような豊穣さはわからない。F・K・レーマンは、山地のシャンとカヤーに関する論考のなかで、シャンの統治者の主な目的は、山地との交易を管理しそこから利益を得ることだった、とまで言った[26]。シャンとカヤーはともに、それぞれに固有の環境立地を生かしながら利益を得てきた。しかしそのような藩王国は、少なくとも山地民が平地の物品に依存しているのと同じだけ山地の産物にも依存していたようだ。

低地の市場では、塩、干物、鉄製品など、山地では手に入らず山地民が欲しがる物品を手に入れることができた。陶磁器、既製服、糸と針、針金、鋼鉄の製品や武器、毛布、マッチ、灯油などは、山地の商人たちが最も重視し熱心に探し回った物品である[27]。山地民が交換条件を有利と判断した状況下では、さまざまな朝貢をはじめとして交易商人、行商人、仲介人、債権者、思惑買いに走る人などが、山地と低地の経済を一にするような活発な交易に参加した。しかし、山地民にとって条件の悪い環境では、低地の国家に山地の物品を運ばせる術はなかった。とくに小さな国家は、決まった場所での山地交易に大きく依存していたので、山地交易の相手方に決定的に裏切られる危険があった。

山地からの物品をリスト化するだけでは、低地の中心が全面的に依存している山の産物を見逃してしまうことになる。それは人口である。タイとビルマ王宮の中核に集中する労働力と灌漑農地の中心地は、長期的にみると山地民の選択や、低地から強制された同化が繰り返された結果つくられたものである。低地の国家が山地に求めていたのは、何よりも人員である。交易や文化的な魅力によって山地民を引きつけることができないとき、低地国家は、これまでみてきたように、奴隷狩り遠征や戦争をとおして山地民を捕まえようとした。低地からの必需品の要求に対し、山地社会が拒否する際の切り札となるのは、人員を提供しないことだった。低地国家のアキレス腱は、強い圧力をかけられた臣民が国家の中心から逃亡することであり、簡単には捕まらない場所に山地民が移住してしまうことであった。

山地民と平地民の両方にとって望ましい状況下では、両者の共存関係は確たるもので、二つの異なる「人種」は互いに不可分のペアとされた。経済的な相互依存は、しばしば政治的な同盟関係に繋がった。これはマレー世界に顕著にみられる。大小を問わずほとんどの交易港では、「山がちな」場所に暮らすか、もしくは海の船乗りで、どの国家にも属さない人々がマレー国家の必要とする交易品のほとんどを提供した。ムスリムでもなければ、マレー・ラジャの臣民でもない彼らは、通常は「マレー人」とはみられていなかった。しかし歴史的にみると、マレーの人のほとんどは明らかに山地民や海の民に由来する。同じように、山地や海域から交易の中心地へと集められてくる商品は、交易のもたらす機会が大きくなれば増加した。後背地の人々の多くが、貿易の中継地にとどまったり移動したりするのは、特産物がもたらす経済的な利益、政治的な独立、あるいはその両方を求めたからである。地理的な範疇を越えた人々の往来を示す豊富な史料は、商業目的の狩猟採集が、(原初的に定められた条件ではなく)「二次的な適応」であることを示唆している。したがって概念上は、上流に住む人々を、下流も含めた複合的な経済社会システムの「山側の」構成部分として捉えるのがよい[28]。けれども平地からみると、山地民は本質的に異なる者たちで文明化の程度は低く、宗教的な枠組みの外で生きていると考えられた。

これと似たような関係性は、東南アジアの大陸部で広くみられる。ビルマ低地のポーカレンは、モンの水田国家と緊密な関係を築いていた。森のなかで暮らしていたポーカレンは、モンの居住地の隙間で、低地のモンと連合をなしてひとつの経済交流の回路を作りあげていた。年代記から判断するかぎり、モンは自らを独自の民族集団とみなしてはおらず、むしろ慣習や生業という点で純粋な水田耕作民と、純粋な焼畑民とのあいだにつらなる傾斜のどこかに位置すると考えていたようだ[29]。タイ/シャンのほとんどすべての王国にも、稲作をする中心地と隣接する山地民とのあいだに類似の共生関係がみられる。そこでの山地民は交易相手であり、労働力の源泉でもあり、同盟関係の相手であった。このような関係は、(つねに低地の人々の手による)記録文書となって権威づけられると、あたかも山地民が下位にある朝貢関係のように映る。しかし実際には、山地民はしばしば優位にたち、低地の王宮から朝貢や「保護報酬」を引きだしていた。低地の王国が優勢なところでも、ベトナム人とジャライ族の関係にみられるように、山地民は王国の繁栄にとって必要不可欠で、山地民の司る自然界の精霊を慰撫する儀礼的な役割は、低地国家にも広く認められていた[30]。

小規模な低地国家は、林産物をもたらし交易相手となる山地民にあまりにも依存していたため、山地民をあえて低地文化に同化させないこともあった。かりに山地民が低地の宗教を信仰し、同じような衣服を着て定住し水稲栽培をはじめるとなれば、見下されつつも山の産物を供給するという、国家にとっての実質的に価値ある役割を山地民がやめてしまうのではないかと危惧されていたのだ。文化的な差異は、それを際立たせる経済的な特性とともに、比較優位の足場となる。低地国家は山地から奴隷を引き抜くとしても、あてにできる山地交易の適地《ニッチ》がなくならないよう、いつもそこに人がいてほしいと考えていたのである。(31)

創られた野蛮人

もし記号学から学ぶことがあるとすれば、それは言語が本来、関係的《リレーショナル》だということである。言語というのは、理解の次元はもちろん、暗黙裏の排除と対比の関係からのみ「頭に描く」ことのできるものである。(32) これは、「文明人」と「野蛮人」という対比にもあてはまる。

オーウェン・ラティモアが述べているように、古代中国では、低地で専門的に営まれる水稲栽培と、それと一体化した国家機構の隆盛が、「野蛮人」を社会的に創りだした。黄土が広がる古代中国で灌漑をすることは「目をみはるほどの見返り」をもたらす。生産と人口をひとつの場所に集中させた農業・政治の複合体とその軍隊は、地形条件が許すかぎりどこまでも勢力を拡大した。この複合体は拡大する経過で、周辺に暮らす人々の一部を取りこみつつ他の人々を追い出した。追い出された人々は、さらに高地へ、森へ、湿地帯へ、あるいは密林へと移動し、複合的で小さく分散した生活形態を維持した。端的に言えば、水稲国家の中心地の隆盛は、その中心地とは異なる人口、生態、政治体制をもつ辺境地帯を新たに作りだしたのである。水稲国家は、独自の文化をもち文明化した「漢族・中国人」として自らをコード化していったのと同時に、国家に組みこまれない人や拒否した者を「野蛮人」としてコード化した。辺境に暮らす野蛮人のなかでも、国家の影響範囲の内側にいる者は「内側の」野蛮人と称され、「大草原の遊牧民となるべく、これまでの住み処を離れた」人々は「外側の」野蛮人とされた。おおよそ六世紀まで「中国人は平地や低地にいて、野蛮人はわずかに開けた土地がある山がちなところにいた」。これと同じことが、本書でゾミアと呼ぶ中国南西部にもみられた。ここで再びラティモアの定式を引き合いに出すと「大きな街が作られ、集住型の農業が営まれる低地には、古代中国とインドの高度な文明の影響力がまんべんなくおよんだが、その威力は高地にまではおよばなかった」のである。(33)

ラティモアがいう、集住型農業と国家建設からなる中国式の鋳型は、その存在条件として、生態的かつ人口的な辺境地帯を作りだした。やがて辺境地帯は、それまでにはなかったような、文明と民族をはっきりと分かつ境界となった。前近代の中国の国家には、それまでにはなかった境界線を引くのに十分な戦略的理由があった。その境界線は、明確な輪郭をもつ文明の言説をもって引かれたり、時には万里の長城や南西部の苗境長城[*1]といった物理的な防壁というかたちをとることもあった。というのも、忘れられがちなことなのだが、中国は一七〇〇年頃まで東南アジアの国政が直面したような古典的な問題、つまり国家の支配圏内に一定の人口をとどめおくという課題を抱えており、辺境地域ではそれ以降も、この問題が継続していたからである。よって防壁や文明論のレトリックは、野蛮人たちを寄せ付けないためだけではなく、納税を嫌う中国の小農を、できるだけ「野蛮人たちのほうへ」行かせないよう計算されて作られていた(34)。

低地での国家形成が文明の辺境地帯を作りだし、辺境地帯が、しばしば民族をコード化するというのは漢民族の国家に限ったことではない。シャム人、ジャワ人、ベトナム人、ビルマ人、そしてマレー渓谷の小国家でも、それぞれ文化的には異なるものの、同じ形態がみられる。北タイのミエン（瑶）について研究したジョンソンは、国家が平地での人員を手中に収めて、農業を確立したときに社会的範疇としての「山地民」が構築されたと述べている。彼はシャムのインド系の国家、とくに北タイでの七－一〇世紀に存在したハリプンヤイを手がかりに、宇宙論として普遍的な主張が野蛮人の周縁性を生みだした点に注目している。つまり「国家を作ることとは、集住型の農業をするべく低地を手中に収め、王宮、地方都市、農村が周くゆきわたる世界を作ることである。この普遍的な世界を想像できるのは、その領域の向こう側にあるもののおかげである。それは森に覆われた野生であり、そこには普遍的な世界で暮らす者たちからみれば、動物のように暮らしている人々がいるからである(35)」。これとほとんど同じように、整えられた稲作地は洗練されたジャワの国家と文化の基盤とされ、原生林とその住民は非文明的で野蛮な辺境地帯と結びつけられた(36)。たいていは「原住民」と訳されるマラヤの「オラン・アスリ」は、「マレーらしさ」の対極として現れたものである。ジェフリー・ベンジャミンとシンシア・チョウが述べるように、イスラームという新たな要素が「部族」を創りだしたのである。「これまでは「マレー人」を定義する法的な根拠がまったくなかった。当時、ムスリムでなかった住民の多くもまた「マレー人」だった……しかし、一八七四年に英領マラヤとなりマレー人の概念が作られてからは、非ムスリムは事実上一夜にして「先住民」とされ、その状況は今日まで至る(37)」。

東南アジアのあらゆる古典国家は、野蛮人の辺境地を山地、森林や湿地という国家の支配が届かない場所に作りあげた。一方には「野蛮人の辺境地帯」の記号的かつ経済的な必要性があり、他方では辺境地帯を取りこみ、変容させるべく作用する普遍的な宇宙論への衝動があった。以下では、このふたつが生み出す摩擦についてみていくことにしよう。

借り物の装飾品をとりこむ——しかも徹頭徹尾

カンボジアとジャワ、そして後のビルマとシャム王宮の最古の中心は、儀礼的、宇宙論的に言えば、インド亜大陸からもちこまれた贅を尽くした輸入品であった。インド人商人と、それに続いてやってきた王宮のバラモンがもたらした儀礼の技法によって、小規模な低地の王宮は周辺の王国に対して儀礼的地位を高めていった。オリヴァー・ウォルターズがいうところの「自己ヒンドゥー化」の過程で、各地域の統治者たちはバラモンのしきたりと儀礼を取り入れた。それまでの土着の名称は、サンスクリット化された人名と地名に置き換えられた。君主たちは魔術的なバラモンの儀礼によって神格化され、神聖な起源へとたどる神話的な系譜を与えられた。インドの図像画と叙事詩も、南インドの王宮生活を彩る複雑な式典に合わせて取り入れられた[38]。ただしこのサンスクリット化の範囲は、王宮の周囲にかぎられ、低地の文化には深く浸透しなかったようだ。ジョルジュ・セデスによると、サンスクリット化とは見せかけの「化粧板」のようなもので、「大衆向きではない貴族的な宗教」であった[39]。ウォルターズも同様に、初期の王室文書にみられるサンスクリット的な栄華とベトナムの文書にみられる中華的栄華を「装飾効果」と呼び、本来はその土地固有の営みに、荘厳な雰囲気と博識を付加するための工夫だったと述べている[40]。M・C・リクレフスは別の解釈を提示する。それは権力の断片化が不可避であるという現実に対して、王国は分割できないという考え方をもちこんでイデオロギー的なバランスを保とうとするものであった。これは私がかつて宇宙論的大言と呼んだものだ[41]。

インド文化の模倣は、低地にある王宮の日常的な力を高めることにはほとんど役立たなかったが、山地と低地との関係には重要な影響を与えた。まず低地の王宮と君主とを、普遍的な世界へと広がるカリスマ的な中心に結びつけた。ローマ人がギリシア語を、初期のフランスの王宮がラテン語を、ロシアの貴族社会と王宮がフランス語を、ベトナムの王宮が漢字と儒教を用いたのと同じように、サンスクリット的な形式を用いることで、国家は民族を超え、信仰を超え、そして実際に歴史を超越した文明に参画しようとしたのだ[42]。一一世紀に入ってまもなく、その土地固有の文字が生まれたときでさえサンスクリット的な栄華は残っており、全世界的な基準であるサンスクリット語世界とパーリ語世界の翻訳は仏教経典の翻訳よりも先んじていた。その土地固有の伝統に洗練され、手のこんだ儀礼と信仰体系が埋めこまれている南インドのような王宮文化とは異なり、東南アジアのインド的な王宮は、意識的にその外にある普遍的な中心をモデルとした。

このように低地のエリートは、南インドを発祥とする儀礼的な力をもってその地位を大いに高めながら地べたの大衆と辺境の人々を置き去りにした。ウォルターズが述べるように、低地のエリートたちは「文明化した「ヒンドゥー」社会の中心に自らを位置づけ、その世界観から辺境の地位の低さを規定した」のである[43]。

サンスクリット化によって、少し前までの「野蛮人」が自ら野蛮人を創造することになった。クメール文化は、もともと森に覆われた高地と結びついていた。しかしインド的な王宮の中心が形作られた今では、「野生にいるか、飼い慣らされているか、気味の悪い低木林地にいるか、拓かれた人里にいるかという対比が、あたかもクメールの文化的な意識を貫く基本思想であるかのように」広められた[44]。洗練された定住地である王宮の中心と、その外部にある粗野で未墾の森林地帯や山地との文化的距離は極大化した。デイヴィッド・チャンドラーはうまく表現した。文明とは「森林の外に滞在するための技法」となったのだ[45]。

外部のモデルを参照し階級を正当化し、象徴を用いて仰々しく誇張するやり方は、比較的小さな王国や山地でも同じようにみられる。一三〇〇年まで海沿いの平地で、インド的な忠誠心にもとづく小規模な王国が興ったように、小国家を形成した有象無象の首長たちはいずれもこの定式に従った[46]。このような誇張的な力をもつ儀礼上の装飾を必要としたのは、低地よりも山地であったかもしれない。広範に分散し動き回る焼畑農耕民は、共有の未開拓地を糧としているので財産上の不平等をほとんど継承しない。また山地には、いくつもの村々をまとめあげる権威を正当化する土着の伝統がほとんどなかった。村と村との同盟は交易や戦争のためにこそあったが、これは権威を恒久的に求めるものではなく、名ばかりの平等を謳った限定的な繋がりにすぎなかった。かりにいくつもの村々をまとめあげるような権威を求めようとするなら、低地のインド様式の王宮から、あるいは北部にいる漢民族の王朝秩序から借用しなければならなかった。特定の個人がカリスマ的な権威を主張することは、山地でもみられた。しかし普遍的志向をもつインド的な国家建設の定式は権威を永続化させる企てであり、それは指導者と追随者の関係を統治者と臣民の関係に置き換えるためのものであった。

インド的、あるいは中華的な国家理念は長期間にわたり山地で通用してきた。それはあたかも王権、神話的特権、王族の衣装、称号、式典、家系の主張、神聖な建築様式など、低地世界の異国的な断片が山地へ浮かび上がってきたかのようである。低地の魅力には、少なくとも二つの源泉があるようにみえる。最も明らかなのは、やり手で野心家の山地の首長が仲間内の第一人者としての統治から脱皮して、君主、貴族、庶民からなる小国家的な統治に変えようとするとき、低地の儀礼が事実上、無二の文化的基盤をもたらしてくれることである。E・R・リーチが説得的に示しているように、このような移行は、永続的な従属を恐れた人々の反乱や抵抗にあいやすい。しかし高地の首長は、名ばかりの者も含めて、低地の国家との同盟交渉の仲介、朝貢や交易の段取り、低地国家による奴隷狩りから守ってくれるといった役割を果たすこともあった。巧みな対外的な駆け引きは、山地民同士の争いの場面でも、決定的な役割を果たすことがあった(47)。

植民地期以前の時代も、その最中も、あるいは植民地以降の時代も山地が安定した権威構造にあることは、低地にとってつねにたいへん好ましいものだった。山地での権威構造は、間接統治のための支柱であり、交渉相手であり、そして問題があったときの責任の所在（もしくは人質）になる。このため、入植者をはじめとする低地の権力者たちは「首長フェチ」といってよいほど彼らに執着した。権力者たちは、そうした首長たちがいなければ見出そうとし、首長がいるところではその権威を仰々しいものに仕立てあげた。そして領土的な統治単位として、低地の心象に沿った部族と首長を作りだそうとした。低地国家による山地の首長の渇望と高地の有力者の野心は一致することが多く、そうしたときは山地に擬似的な国家が作りだされた。しかし、この関係が長続きすることは滅多になかった。地域の首長は、より強大な王国から授与してもらえる標章、勲章、称号を欲しがる十分な理由があったからである。その気になれば授与してもらえる権威をもってライバルの首長を威圧したり、実入りがよい交易や朝貢を独占したりすることができた。低地の王国がもつ帝国的なカリスマを認識することと、低地の臣民らに蔑まれながらも行政の届く範囲の外にとどまることは両立可能だった。

低地国家のカリスマが、山地におよぼす影響には目を見張るものがある。J・ジョージ・スコットは、一八九〇年代のシャン州での軍事作戦のさなか、朝貢にやって来る「ワ」の首長たちに出会った。彼らはスコットを同盟者とみなしたのだろう、付近のシャンの村落への襲撃に加わるように促した。スコットの説得に失敗すると、首長たちは「自分たちも英国臣民だという証拠がほしいと騒ぎ立てた……私は首長らに、地区名と私の署名を割印した紙を一片与えた……すると彼らは感激し、その紙を保管するための竹を切りにいった……彼らによると、モンレムが、ここ一〇－一二年のうちに次第に首長たちの土地を奪っていったという(48)」。スコットは、無法な山地に服従と朝貢を求めた。他方でこのワの「首長」たちは、その政治的目的を果たすための同盟者を求めていたのである。これと同じように朝貢と同盟を求める現場を、リーチはシャン丘陵から報告している。一八三六年当時のシャン丘陵は、名目上は依然としてビルマ王朝の統治下にあった。そこであるビルマ人の役人を招いた儀礼的な宴がひらかれた。同席していた一〇人のカチンとシャンの首長たちとの連帯感が脚色付きで謳われた。またアヴァ王朝の統治承認もされた。しかしリーチは、その場に同席した首長のなかには、互いに戦争状態の者もいたと指摘している。この指摘は、その共食儀礼を国家の産物として理解するべきだと気づかせてくれる。

　これらの事例は、ビルマ人、シャン人、そしてフーコン渓谷のカチン人が、儀礼的表現を通した共通言語をもっていたことを示している。彼らは、この共通「言語」をもって互いを理解する術を知っていたのである。その「言語」をもって「真の」政治情勢が語られたわけではない。この儀礼での宣言はモガインの統治者《サオバー》を筆頭とし、理想的で安定したシャン州と、フーコン渓谷に君主に忠実なカチンとシャンの首長たちがいると想定してこそ意味をもつ。実在するモガインの統治者が、かつてそうした権威を振るっていたことを示す確かな証拠はない。そして、このような儀礼が催される以前の八〇年近くにわたって、統治者は存在しなかった事実ははっきりしている。この儀礼は、現実の国家の政治構造ではなく、理想的な国家の「仮想の」構造に立脚したものだった[49]。

　理想的な国家の「仮想」構造は、現実世界で「ゆくゆくはそうなるであろう」山地国家に組み入れられた。シャンの藩王国は、程度こそ控え目であったが隣接するシャム人とビルマ人国家のように水稲稲作をし、上座仏教を信仰し、その建築物までも模倣している。ピンダヤにあるシャン語で「ホー」と呼ばれるシャンの王宮を訪れたモーリス・コリスによると、シャンの王宮は、ビルマ人の王都を真似て小型化したものであると記している。コリスによると、シャンの王宮は「二階建ての木造家屋で、一階は柱状のホールで、その向こうには五つの互いに折り重なった小さな屋根と、頂部に金メッキのほどこされている小塔（ピャタッ）がある」。またコリスは「シャンの王宮はマンダレーの王宮の様式を縮写したものだ」とも述べている[50]。僧院の建築様式、葬儀の行進の仕方、そして王位の象徴も同じように特徴づけられる。とるに足らない王国になればなるほど、模倣の仕方もより大ざっぱでささやかなものになった。シャンの様式をもって権力を顕示しようとする、ほとんど力をもたないカチンの首長（ドゥーワー）の王宮は、彼自身の実際の権力のように小さなものだった。リーチによると、カチンはシャンを異なった民族集団としてではなく、しかるべき環境下では模倣対象にもなる、階級的な国家伝統の担い手とみていた。カチンはシャン国の威を借りたのである。[51]

シャン丘陵に住むカヤーというカレンニー系の人々も、自治権を求める過程でシャンとビルマの政治制度を模倣した。ただしカヤーは一般的には仏教徒ではないので、上座仏教の要素を取り入れなかった。レーマンによれば、権力を奪取した者でも、叛徒でも、普通の村人でも、千年王国の預言者でも、カヤーの指導者たる者は、みなシャンの低地王宮に由来する国の形式をモデルとした。つまり称号、装具一式、王族の血筋と建築様式を忠実に模倣したわけだ[52]。そのような指導者は大なり小なりつねに、理想的に統合されたビルマ国家という「仮想」に自らを関連づけることで、自身の権威を主張した。山地民が一方で国家に対して反乱を起こしながらも、もう一方で仮想国家への従属をこうして象徴的に表現したことには、そのような表現形式のみが山地民にとっての国家的言語であり、村レベルを超えた権力の主張に使うことのできる唯一の語法であったことが示されている。ただし、たいていカヤーの首長の権力は非常に限定的だったので、この言語は実際の権力に応じて中身を変容させた。

ところで、山地民は南部のインド王宮と北部の漢・中国王朝という二つの互いにまったく異なる国家モデルを利用することができた。それゆえ野心的なカチンの首長の多くは、シャン式の「王宮」、式典や衣装、宇宙観をかたどり、シャンは中国のそれをモデルにした。カチンの首長の伝統にみられる「天の精霊たち」と「地上の精霊たち」に献身する象徴的な空間や式典は、北京でかつて行われていた帝国的式典と驚くほど似ている[53]。またアカはきわめて無国家的で、タイ・シャンいずれの影響もほとんどうけていない。彼らは仏教的要素をほとんど捨て去り、道教、儒教、チベットをモデルにした家系や権威構造、宇宙観をもっていた[54]。二つの国家の伝統がともに利用できるところでは、異国情緒に富んだ混淆的な模倣が行われた。ただその場合でも、アカは神聖かつ普遍的で、概念的かつ象徴的な国家君主の言動を、そのつどアカの首長の儀礼行為に取り入れたにすぎなかったので、首長の実質的な支配は自身の村を越えておよぶことはなかった。

文明化という使命

ゾミアの周辺に栄えたあらゆる王宮文化は、「文明」や「野蛮」とされる人々のあいだに多少なりとも明確な区別を発展させてきた。「野蛮人」には、生、山地民、森の人、野生人、河や洞窟で暮らす人などさまざまな呼称がある。これまでみてきたように、文明人と野蛮人は、互いを規定しあう旅の道連れのようなものである。暗闇と光のように、対照的な対があってこそ互いに存在するのであり、一方は、他方を通じて推し量られるのが普通である。これと同じように、漢王朝の時代、モンゴル高原の遊牧国家であった匈奴は「書き言葉、名字、年長者への敬意のいずれももたず」、街も永住地ももたず、定住農業もしない人々として描かれた。ここに列挙された匈奴がもたぬものとは、文明化された漢民族がもつものの要約に他ならない[55]。もちろん、ほとんどの二項対立がそうであるように、実際の分類では容易に当てはまらないものも多い。それでも二項対立の考え方は人種問題に根強く適用されたように、文明の問題にも用いられ、曖昧さがそれを脅かすようなことはなかった。

　シャム人、ビルマ人、クメール人、マレー人、そして特に中国人とベトナム人の王宮文化における標準的な文明化の物語は、野蛮人が時間をかけて徐々にきらびやかで魅力的な中心に同化していくことを説いていた。とはいえ、完全なる包摂などありえなかった。もしも野蛮人が同化してしまうと、文明の中心という概念は現実的な意味をもたなくなるからである。野蛮人が暮らす辺境地帯はつねにそこになくてはならなかったのだ。

　野蛮人たちが本質的には「我々のような」人々であって、ただ後進的で未開発なだけだと認識されれば、奥地の彼らを文明化することは、それだけ概念的にもっともらしくなる。ベトナム人にとって、ムオンとタイは、事実上「生きた祖先」と考えられていた。キース・テイラーとパトリシア・ペリーが指摘するように、ムオンは「俗に（今日でも）中国の影響をうける以前のキンだと考えられている」[56]。人々がムオンのトーテム（ある血縁集団と特別な関係をもつ特定の動植物、自然物、自然現象）、住居、農法、言語、文学をくまなく捜し求めたのは、文化そのものへの関心からではなく、ベトナムの人々の起源と発展に光をあてる手段としてであった[57]。

　野蛮人たちを自分たちとそう変わらない昔の人間とみなすことは、野蛮人たちもいつかは完全に文明化されうる、という前提へと結びついた。以下は孔子の教えである。野蛮人のなかで生きることは気にならないのかと尋ねられたところ、孔子は次のように答えた。「君子之に居らば、何の陋《いや》しきことか之れあらん（教養人がそこに住むならば、（周囲の人を感化するだろうから）どうして野鄙なことがあるだろうか）」[58]。この文明論には目を見はるものがある。ここでは、唯一無二の文化の頂点まで上りつめることだけが語られ、それ以外の異なる、しかし等しく価値のある文明など認められていない。よって文明化された二つの文化の併存などには考えもおよばない。

　次に見る一九世紀初頭のベトナムの明命帝の論理は、行動はこれほどとは言えないまでも文明化の使命を高潔な哲学に仕立てた一例である。

（ジャライとラデ）の土地は、遠く離れた辺鄙なところにある。その土地では、紐の結び目で記録を残し、生活のために焼畑地を開拓し、米を収穫し、習慣は古風で素朴なままである。しかし、彼らの頭には髪の毛があり、口には歯があり、生まれもった知識と能力があった。なのに、なぜ彼らは高潔な振る舞いをしないのか。こうした理由から、私の賢明な祖先たちは彼らの部族的な習慣を変えるべく中国文明をもちこんだ[59]。

カンボジアの東部と中央を合併した明命帝は、役人たちに命じて古典的なクメール文明を継承してきた傘下の人々に、ベトナム人の習慣と言語、米と桑の木を栽培する方法や、家畜と家禽の育て方を教えた。最終的に役人たちは、あらゆる野蛮な習慣を簡素化し抑圧することになった。「それはカンボジアの人々を泥沼から救い出し、温かい羽毛の布団に救い出すようなものだった[60]」。

中国式だろうが、ベトナム式だろうが、文明を選んだ人々には、それに抗した人々がさらされる残忍な抑圧と矛盾しない快適さと贅が待っているという世界観があった。一九世紀中頃の貴州での大規模な反乱以前にも、一四六五年にハンヨンの大規模な軍事遠征があり、約六〇年後の一五二六年には、高名な明の学者で将軍の王陽明が、苗《ミャオ》、瑤《ヤオ》の大規模な蜂起を鎮めたことがあった。初めて明が勝利した大藤峡の決戦は、少なくとも六万人の死者を出し、そのうちの八〇〇人は北京に送られ公開で首切り処刑された[61]。その後、勝者の王陽明は（悪）名高い「夷を以て夷を制す」土司制度[*2]の再建にのりだした。しかしそれでも野蛮人は「磨かれる前の宝石」であり注意深く成形し研磨すれば完全に文明化できる人々であると考えられていた[62]。無法な者たちを直接支配すると大いなる無秩序をもたらす、とする彼の説明の仕方は印象的で医師の診断のようである。「漢民族、中国人の行政官のもとで民政を敷くのは、家の広間で鹿の群れを飼い慣らそうとしているようなものだ。結局、彼らは暴れ回って供物の祭壇を押し倒し、テーブルを蹴り、突発的に逃げ出すだけだ。だから蛮族がいるところでは、野生の性質に合わせたやり方にしなくてはならない……彼らがしていることは、野生の蛮族らしさの表れなのだ[63]」。

帝国の中心から熱心に流布される文明論とは別に、現実世界には異なる状況があった。文明の自己理想化は、苦楽浮沈の辺境地帯はおろか、帝国の中心地での暮らしにさえほとんど関係がなかった。『論語』のない辺境には、それに代わって冒険家、山賊、山師、武装商人、退役軍人、貧しい移民、亡命者、腐敗した役人、法から逃れてきた者、難民などが埋め尽くす悪の巣窟があった。一九四一年の南西辺境地帯からの報告によると、漢民族には三つの分類があった。住み処を追われた絶望的な難民、「儲け狙いの博打うち」として描かれる小じんまりした職人や商人、そして役人たちである。役人で「地位の高い者たちは……堕落した生活を送り、横柄なアヘン中毒者であることが多く、政府の命令をなおざりにする連中ばかりである……地位の低い者たちは些細な収賄に耽溺し、罰金で小遣い稼ぎをしながらアヘンと塩の不正取引にかかわっている。彼らは儲け話とくればどんなものにでも首を突っこんだ。こうした役人の実態が、役人からの抑圧に苦しむ辺境地帯の部族の敵意を招くのは当然であった」[64]。帝国主義や植民地の下ではつねにみられることだが、その事業全体を高く掲げるイデオロギーの上部構造と、その末端で従属を強いられる人々の経験は激しく対立することになる。この場合、慣習追随的な行為は大多数の臣民にとって悪い冗談にしか聞こえなかっただろう[65]。

文明化の計画は、二〇世紀になってからの東南アジア大陸部でも生き生きと展開された。一九六〇年代後半にタイ北部でフモン／ミャオ（苗）の反乱が起きると、プラパート将軍はナパーム弾の使用と空爆をはじめとするあらゆる叛徒対策を展開しただけでなく、反乱者を「文明化」させるべく学校教育、再定住地域、医療、定住型の農業技術を供与した。この文化運動は、ニコラス・タップの言うように、一九三〇年代の広東で中国共産党が瑶を文明化するために設置した「瑶化局」が実施したものを事実上、まるごと模倣したものであった[66]。現在の中国では、少数民族を蔑称で呼ぶことはないが、いまだに漢民族とそれ以外の多くの少数民族のあいだには乖離がある。それ以前にあった「生」と「熟」は、「発展」「進歩」「教育」という婉曲的な表現に置き換わった。しかし少数民族の社会と文化は、息絶えゆく「社会的な化石」であるという前提はいまも変わっていない[67]。

文明と、その対にある野蛮人という烙印がなにを意味するかは、王宮文化に応じて異なっていた。文明度は階段をのぼることに喩えられたが、階段の踏み台は独特でその場に特有のものだった。シャムとビルマでは、上座仏教が文明的な地位をしめす要となる指標だった[68]。ベトナムと中国では、文字が読めること、そしてそれ以上に古典への造詣がきわめて重要だった。王陽明が瑶を描写したときと同じように、マレー世界で上流に住む人々は「未完のマレー人」とされた。「完成」（中国の用法では「熟」）へと至る必要不可欠な踏み段はイスラーム信仰である。マレー世界と中国は、それぞれに個別の文化をもつが、文明へと至る階段には少なくともふたつの共通点があった。ともに文明の条件として定住型の農業を営み、国家の空間で暮らすことを定めていたのである。

国家に属さない人々が次第に低地へと移動し、水田稲作農業をはじめ、言語的、文化的に同化するという中心志向の物語は、本質的には間違ってない。それは歴史的な過程をあらわしている。シャンの人々とは、シャン藩王国に定住する臣民だが、リーチとオコナーが同意しているように、彼らは低地のやり方に適応した山地民だった[69]。同様にマレー人らしさも、国家に属さない人々が小さな港湾に生まれた諸国家の臣民となっていく過程で作りあげられたものである。同様にパガンで成立した最初のビルマ王国は、種々の人々の寄せ集めから作られたことははっきりしている[70]。文明化の物語は、間違っているというよりひどく不完全なのだ。それは王宮の中心がもつ帝国的な自画像に合致する出来事だけが文書に残されてきたからである。

規範としての文明

　中心へ向かう傾向をもつ文明化の物語を念入りに検討すると、「文明人であること」とは結局のところ、水稲国家の臣民になることに他ならないことが驚くほどはっきりする。統治された臣民になるか、国家の外部にとどまるかは、きわめて重大な違いを生み出す。これは典型的にはアイデンティティ、なかでも民族的なアイデンティティの転向《シフト》という特徴を伴う。水田稲作の中心、つまりは国家によって構造化された階層に向かうことは、文脈に応じて、タイやビルマ人、マレー人になることを意味した。中国南西部の辺境地帯の文脈であれば、「生」の野蛮的地位から「熟」の文明へと移行することを指し、最終的に漢民族のアイデンティティそのものになっていくことを意味した。

　一二世紀の海南の文書は、従属する者と「熟」なる者との関連をはっきりと示している。ここで「熟」とは、栽培されたもの、飼い慣らされたもの、あるいはフランス語で言う「進化 évolué」などさまざまに解釈された。「国と郡の管理当局に服従し付き従うのが、熟の黎《り》族である。山の洞窟に住み我々から罰せられない者たちや賦役を供与しないものは、生の黎である。生の黎は、国に管理された人々と物々交換をするために時々やってくる」。「熟」の黎は、臣民と「生」の黎との境界域にいる。「熟」の黎は、もはや「生」ではないのだが、漢の臣民に同化しているわけでもない。国の役人は「熟」の黎がうわべには服従している一方で、「狡猾」にも「政府の土地に侵攻し、転々としながら旅人を略奪する」べく、「生」の黎と手を組んでいるのではないかと勘ぐっている。このような裏切りの恐れがあるにもかかわらず、「熟の野蛮人」はひとつの範疇として政治的（国家）秩序と関連づけられている。これに対し「生」の野蛮人は、無秩序と関連づけられる。「生のワは強盗と略奪を繰り返す人々である」とされるのに対して、「熟」のワは、旅人の「護衛」をすると言われるのはこのためである。マグヌス・フィスケショーが強調するように、漢の統治者が「生」を単純に未開や野生状態と解釈していたとするのは間違っている。あらゆる「未開人」は生であると仮定されたが、発達した野蛮人がすべからく熟であると見なされたわけではない。分かれ目は、漢民族の統治者に従属しているか否かである。カーストのような階級組織をもち、書き言葉をもっている雲南と四川の州境に住む（いまや彝《イ》族地区として包摂されている）諾蘇《ヌン》のほとんどは、政治的な従属を巧みにかわしてきたために生と分類された。しかし、中国の統治下に残された数少ない諾蘇は熟とされた。要するに、「生」の野蛮人とは、国家機構の管轄がおよばないところにいる人々」なのである[71]。パトリシア・エブリーの指摘が正しいとすれば、このいにしえの判断基準は、東周の時代（紀元前八世紀から紀元前三世紀まで）にまでさかのぼり、この時代に、周王朝の統治を受け入れた者とそうではない者との違いが、中国人（華あるいは夏）と野蛮人という民族的な区別になった[72]。

一八世紀の海南の山地民と、黎という野蛮人の話に戻ろう。清への忠誠を表明し、その統治下に置かれた者は、「版図に入った」人々と呼ばれた。慣習や生活様式は以前のままでありながら、彼らはあたかも電子レンジで政治的に調理されてしまったかのように「熟」となった。「生と熟の定義は、ほとんど政治的なもので、そこに文化的な意味はほとんどない[73]」。官僚制度に編入されて「版図に入る」ことは、生だった人々が漢民族の文明規準に文化を変容させる準備を整えたことを暗に示す。しかも彼らはその過程を自ら進んで受け入れたとされた[74]。この過程の最初の欠かせない第一歩は、「熟」という政治的、行政的な身分をもつことであった。それは、「登録され、納税し、労役の提供をする「良い」臣民となる道を歩き始めることだった……「野蛮人」という範疇は、「法秩序を越えた」ことを示す以外の何ものでもなかった。野蛮人とは、時代を問わず、次のように特徴づけられる人々である。すなわち、臣民ではなく民族も言語も異なり、辺境地で暮らしているという基準を最低限満たす（満たしているかのように取り繕っている）人々が、野蛮人と呼ばれる[75]」。

辺境における民族的分類の発明は、文化そのものではなく行政による支配という観点から理解しなくてはならない。一五世紀に、広東で作られた瑶という範疇は、版図に入ったか否かだけにもとづく人工的な身分であった。納税と賦役のために登録された者は、それと引きかえに獲得した居住権の恩恵を受けて、まっとうな民《たみ》（市民、臣民）となったが、そうではないものは瑶となった。こうして「作りだされた」瑶は、臣民として登録されていた人々と文化の面では区別できないだろう。しかしそのラベルはやがて、漢の行政的な慣行によって「民族化」された。[76] これとほとんど同じことが、清の行政のもとで作られた苗という民族ラベルにも言える。苗は、互いに通じない言葉を話す何十もの集団を包括する便利な多義語となった。彼らに共通していたのは「課税対象者」として行政に組みこまれることへの拒絶である。当初は、整合的な文化的内容をまったくもたなかったこの言い回しも、やがて作りだされたひとつの民族を代表するアイデンティティになった。[77]

明朝と清朝の時代の野蛮さとは、国家に対する政治的な位置のことであった。野蛮ではない人々は納税者の一部に編入され、漢民族の習慣、服装と言語を取り入れた者たちとされた。野蛮人には熟と生という二つの類型があり、その範疇も当事者が立ち位置をどう選ぶかによる。熟の野蛮人は、文化的に特異で居住地域で伝統的な首長をいただいていたとしても、漢の行政基準で登録され統治されている。彼らは、漢民族として文化的な統合へと向かうものとして了解される。対照的に生の野蛮人は、完全に国家に属する人々の外側にあり、必然的な「他者」として激しく民族化されている。

国家を去り、野蛮人のほうへ

要するに、国家の手が届かないところを移動する人々は、文明と野蛮という概念上の境界を越えているのだ。これと同じように、特定の型にはめられた民になることや監視された熟であることを逃れて生の領域へ行くものたちは、民族化される領域にしっかりと足を踏み入れることになる。

歴史的に見ると、野蛮人になる過程はどこでも似通っていた。ある時点では文明化することよりも、野蛮人になることのほうが普通であった。国家空間から立ち去りさえすれば野蛮人、そして「部族」という民族的なラベルづけをされた人々になることができた。漢人の役人は、九世紀の段階ですでに野蛮人について報告している。それによると、中国南西部に住む商と呼ばれる人々は、もともと漢民族だったが、やがて「西部の野蛮人」との混血になっていった。[78] そして後に山越として知られる民族は、（生の）野蛮人と見なされたが、実は税を逃れてきただけの普通の民なのであった。一四世紀初頭の行政報告書を見ると、野蛮人は危険で無秩序な輩として記述されている。ただし土着の先住民を脇に置くと、そこには文化的かつ人種的に、納税を負う行政の管理下にある人々との明確な区別があるわけではなかった。しかし、国家の統治のおよばない外部に住み時間が経つうちに、彼らは山越という民族カテゴリーを付与されるようになったのである。[79] 国家権力に伴う税から、徴兵から、病気から、貧困から、投獄から逃れ、交易や襲撃を避けようとした人々は、ある意味、自らを部族化していた。ここでもまた、民族《エスニシティ》とは主権と課税がおよばなくなるところを境に生まれるといえよう。役人たちは、民族の占める領域を恐れて、そこにあらゆる汚名を着せた。というのも民族の領域は主権の届かない領域であり、どんな理由であれ国家の支配から逃れたい人々を惹きつける場所だったからである。

これと同じ力学は、いたるところで働いていた。ベンジャミンはマレーを対象に、かつて部族ではなかった人々が、マレー国家の支配領域を越えて移動するにつれて「部族化」あるいは「再部族化」したことを論じている。彼は、国家それ自体が崩壊し即座に後背地が作りだされた際に、部族化が起こるとも記している(80)。国家に属さない人々に烙印を押す部族の呼び名は、実効性のある主権がもはやおよんでいないことの表れである。例えばカリマンタンのムラトゥスの人々は、自律していて自由に動き回ることから「いまだ整わない人、秩序化されていない人 belum diator」という烙印を押された(81)。一七世紀半ば、フィリピンに赴任していたスペイン人の役人は、チコ川丘陵の人々を、国家なき者として蔑視しつつも、わずかに羨望の対象としてもこう描写する。「彼らはあまりにも自由で、神も法律も王のような敬意を示すべき人もいっさいもたず、欲望と情熱のおもむくままに振る舞っていた(82)」。低地の役人にとっては嘆かわしいほどの後進性は、烙印を押された人々からみれば、自治と移動性をもたらし課税から解放される政治空間を意味していたかもしれない。

文明の度合いにもとづく人々の並び方、つまり、民、熟の野蛮人、生の野蛮人は、その順序で国家統合の低下をあらわす政治的な連なりでもあった。この点には、不服従を意味するスィーバの地〔ベルベル人の慣習法が適用されていた〕をアラブ国家の管理外におき、アラビア語で政府や国家を意味するマフザンの地〔スルタンが権力を行使しイスラーム法が適応される〕をアラブ国家の管理下におく、ベルベル人の文明的な連なりと重要な共通性がある。スィーバの地で暮らしている人々はベルベル人であり、ベルベル人となる。生と熟という野蛮人の対比にみられるように、王家の統治とはすなわち、王国を下支えする部族（グシ）の同心円を広げ、それによって国家の支配域を拡大することだった。ここで言うスィーバとは、アーネスト・ゲルナーにならって「制度化された不一致」と翻訳するのが最もふさわしい。そこで暮らす住民は見下され、「ベルベル」と記号化されるのである。部族的社会とは、ほとんどその定義からして非部族社会と分かつことのできない陰の双子として、非部族社会のへりに位置する(83)。東南アジアとは異なり中東と北アフリカの「部族」は、儀礼の実践はともかく国家の成員としての意識と信仰を共有していた。このような状況では「ベルベル圏」とは、アラブ人国家の支配と階級制から逃れようとした人々の区域であるというほかに、区別できなかったのである[84]。

このように野蛮人とは、国家の産物である。野蛮人は国家に向きあったときの「立ち位置」からしか浮かび上がってこない。ベネット・ブロンソンによる野蛮人の控え目な定義は参照に値する。野蛮人とは、「国家そのものではないものの、国家とじかに接触する政治的単位の構成員」なのだ。こう理解すれば野蛮人は、近隣のローマ人や漢・中国人の「大伝統」を知っていて、読み書きや専門的技能に精通しているという意味で、きわめて「文明化」していたとも言える。この流れでアイルランド人や、東南アジア島嶼部のミナンカバウやバタックといった国家なき人々を考えてみよう。彼らもまた隣接する国家よりも軍事力に優ることがあるので、国家を襲撃して朝貢させるかもしれない。唐の管理下にあるモンゴル人のほか、フィリピンに居住するムスリムのモロ、ベドウィン、スコットランド、アルバニア、カフカス、アフガニスタンとパキスタンに居住するパシュトゥーン、さらにアフガン人の歴史の大部分はどうだろう。これらの「野蛮人」社会が力をもてばもつほど、彼らは富、穀物、交易品といった贅沢品や奴隷が集まる近隣の国家空間を組織的に餌食にする。ブロンソンは、農業生態には恵まれていたインドやスマトラの国家形成が歴史的に弱かったのは、国家に属さない強力な略奪者が近くにいたからであると言う[85]。

帝国というのはすべからく、文化的、政治的な事業として分類作業を行うものである。ローマ帝国も、ゾミアに作用していたさまざまな特徴を同じようにもっていたようだ[86]。ビルマ人、タイ人、初期の漢の王朝がそうであったように、奴隷制はローマ人の国政術の中核だった。商人たちは毎度の軍事遠征に随伴して捕虜を買いとり、ローマに近い場所で売りさばこうとした。野蛮人同士の争いの多くは、こうした人身売買を取りしきり利益を得ようとする競合に端を発していた。ローマ市民権の名高い統一性とは裏腹に、ローマの文化とはそれまでに取りこまれた「野蛮な」文化に応じて、それぞれの属州ごとに違っていたのである。

漢や東南アジア大陸部がそうであったように、ローマ人たちも、野蛮人流の首長制に執着した。領土にできそうなところならどこでも占拠し、少なからず恣意的な民族区分を宣言して首長を一人だけ任命した。その首長は、有無を言わさずローマ帝国の威光を笠に着て、「人民」が素行よく振る舞うよう責任を負わされた。記号化された人々は文明の尺度に沿って位置づけられたのである。ローマ帝国から最も近いガリアのケルトは、国こそもたなかったものの城壁に囲まれた町をもち農業を営んでいたので、文化的にははっきりと区別されていた。この点で中国での熟の野蛮に類似している。（ゲルマン語派の人々で）ライン川の向こう岸にいる人々は、生《なま》の野蛮人であり、ローマと黒海のあいだを移動するフンたちは、生のなかの生だった。ブリテン島にあった古代ローマの属州では、ハドリアーヌスの城壁以北にいるピクトは見方によって生のなかの生ともされたし、「最後の自由人」ともされた[87]。

ここでもまた、帝国統治に対峙するときの政治的位置が人々の文明度を測る重要な目印だった。ローマ帝国が統治した属州の支配下にあった（熟の）野蛮人の民族的な呼称は、彼らが農民のごとく納税と徴兵の責任を負わされるにつれて、その意味を失った。国家の活動領域がおよぶ範囲を越えるところに暮らす者はだれでも、必ず民族のレッテルを貼られ、首長が任命され、穀物栽培者ではなかったため税とは異なる朝貢の責務を負わされた。ローマ人の直接統治と野蛮人の身分との関連性がはっきりするのはそんな「田舎者」が、ローマ人の統治に反抗する場面においてである。そこで彼らはふたたび民族化（再野蛮人化！）されてしまうのだが、この過程が示しているのは、文明的な逆行は可能で、野蛮人とは多分に政治的な範疇であるということだ。状況に応じてローマ人は脱走兵、商人、定住者、法を逃れる避難民として、野蛮人の領土に移動することがあったし、「野蛮人」のほうも集団の場合は許可が必要だったものの、ローマ人の勢力範囲へと入ってくることがあった。このような双方向的な行き来があったとはいえ、文明と野蛮の境界線はつねに明確に引かれていた。ここでも「野蛮人」とは、国家の産物であった。「征服しただけが野蛮人の世界に関する本当の知識をもたらすが、征服した途端に彼らは野蛮人ではなくなる。したがって概念上、野蛮人たちはローマ人たちの把握できないところへ絶えず逃げていくのだ[88]」。

国家の外部にありつつも隣りあっているという政治的な位置づけから、民族のレッテルを貼られた野蛮人は、中央の権威に対する抵抗の永続的な象徴になっている。文明という文化的概念にとって、対比の記号として必要とされた野蛮人たちは同時に、ほとんど根絶できない人々でもあった。というのも彼らの地の利、分散した暮らし方、分節化した社会組織と流動性といった支配から逃れる生存戦略が、自らを守るうえで優位に働いていたからである。野蛮人たちは、国家の階級制と税制の外部にある社会組織のあり方の例として、ひとつの選択肢であり、それゆえに人を惹きつける力をもっている。ここで一八世紀の雲南で起こった清朝に対する仏教徒の蜂起で、彼らが大衆にシュプレヒコールを求めて、「野蛮人であること」を主張したことが想起されよう。「アピの支持者たちは税を払う必要はない。田を耕し自給自足するのだ[89]」。近隣国家の役人たちにとって、野蛮人とは犯罪者、反乱者、課税から逃れた者たちなのである。

漢・中国人、ベトナム人、ビルマ人、シャム人という主要な文明国の公式の記録に、文明を放棄することはもちろん、国家の支配がおよばないところで暮らす「野蛮人」の魅力を認める記述はまったくない。あらゆるものは、「単一の方向へ、不可逆的に同化していくはず」なのである。漢の事例にみられる生と熟という言葉そのものが、不可逆性を示している。生肉は調理されて熟となるが、腐らせることはできても「もとに戻す」ことはできない。生と熟は双方向的ではないし、熟から生へと逆行もしない。また同化へと向かわせる文明の中心地それ自体が実は多様な起源をもつ人びとが織りなす文化的な混淆物だという事実は、決して表面化しない。[90]

文明が文化的、社会的に人を惹きつけることを当然視する文明論は、文明の規準に沿って向上する文化変容を描くので、そこからの大きな逸脱が説明されないのはもちろん、記録されることとすらない。しかし、これは歴史的によくあることである。文明論には公の目には不可視な逸脱が埋めこまれているのだ。つまり国家の枠外へと移動し、そこでの農業生態に馴染んだ人々は元からそこにいたかのごとく、民族化された野蛮人となる。漢の軍隊が瑶を制圧する一五世紀半ばよりも前から、「かなりの数の漢の人々が名目上、漢民族ではなくなったのであって、その逆ではなかった……国家支配のおよばない辺境地域に移住した人々は、パンフー Panhu という、とりわけその一帯の瑶からの救いを約束することを含んだ民族神話の影響を受けていた。彼らは王宮に貢物を納め文明を賛美していた点で「野蛮人」とはまさに正反対の存在だった。国家の観点からみると、この反逆者たちは文明を裏切り、野蛮人に入れこんだ人々だったのである」[91]。国家に贈り物を運ぶ野蛮人たちは、文明論では特権的な地位を与えられた。その一方で漢の臣民が野蛮人のほうへ行くとなると話は別だ。清朝時期の文献で彼らへの言及があったとしても、「漢の裏切りもの」（漢奸）という民族的な響きをもつ烙印を押されていた。[92]

このような「自己野蛮（人）化」は、どのようにも生じうる。交易目的のため、税から逃れるため、法をかいくぐるため、新たな土地を探すために、漢民族たちは野蛮人が暮らす地域へと絶え間なく分けいった。いったんそこへたどりつくと、彼らはその土地の方言を学び、土地の者と結婚し、野蛮人の首長に保護を求めたようだ。散り散りになった反逆者の残党（最も有名なのは、一九世紀の太平天国の乱である）、かつての地位を追われた君主、そしてその側近たち（例えば清朝初期に残った明朝の支持者たち）は、みな野蛮人地域への人の流れに加わった人々である。ときに、ある地域の野蛮人の王国が強大になると、南詔のように逆に漢の人々が捕らえられ買われたり、取りこまれたりすることもあった。野蛮人の地域の制圧を命じられたはずの漢軍の将軍が、その地域と同盟を結び、そこで妻を娶り、やがてその地の首長として独立を宣言することもまれではなかった。そこには漢の統治下におかれることと文明化との結びつきをはっきりと示すような、自己野蛮人化があった。漢が統治する地域で熟の野蛮人が反乱を成功させれば、彼らは生に再分類され、「野蛮人」の枠内へと戻された。変化したのは文化ではなく、漢民族の統治に対する従属の仕方だけである[93]。

ウィリアム・ロウは大胆に、「野蛮人のほうに加わる」のは例外ではなく、当たり前の標準なのだ、と主張した。「何世紀にもわたる歴史的事実は……中国文明に同化した原住民の数よりも、原住民に同化した中国人の数のほうが圧倒的に多いことを示している」[94]。完全な人口統計がなにを示しているかにかかわらず、この文脈で重要なのは、文明から野蛮へという逆行はよくあることで、平凡ですらあり、公的な語りにきちんと位置づけられることはありえなかったということである。王朝の衰退、自然災害、戦争、伝染病、極端な専制政治の時代には、冒険家、交易商人、犯罪者、開拓者の作りだす一定の流れが人口流出をもたらした。辺境地域のそばに暮らす人々の大半は、文化的に両義で状況に応じてどちらの側にでも一歩を踏みだせる優位な立場にいることを自覚していたことだろう。今日でさえ中国南西の辺境地帯では、少数民族、つまり野蛮人であることには実利がある。彼らには、「一人っ子」政策に従う必要も、漢民族に課された特定の税を納める必要もないし、その一方で少数民族のための「優遇措置」を享受できるからである。この地域で暮らす漢人・中国人との混血家系は、苗《ミャオ》、傣《ダイ》、瑶《ヤオ》、壮《チワン》などの民族名で登録されるのを望んでいることが知られている。

訳注

＊1　別名南方長城。中国語では苗疆辺牆と書く。一七世紀、明朝が苗族の多い湖南省吉首市鳳凰県で少数民族の勢力の発達を抑えるために作った一九〇キロにおよぶ壁。とくに「熟苗」「生苗」と呼ばれる二つの苗族区を断ち切るように円形になっている。

＊2　中国で元代以後、民国時代まで、西南地方に置かれた一種の地方官。土司は政府の承認を条件に世襲も許されるかわりに、貢賦や治安維持などの義務を負った。

V 国家との距離をとる
——山地に移り住む

仏塔が完成し、国は滅びた。
——ビルマのことわざ

拡大するコミュニティが新しい領土を支配する際に、かつての居住者やその一部を追放することがある。追放された人々は新しい土地へと広がり、そこで新しいタイプの社会を築くだろう。
——オーウェン・ラティモア『歴史における辺境』

九・一一委員会は、二〇〇一年にニューヨークで起こった世界貿易センタービルへの突入に関して調査結果を報告し、テロの脅威が思いもよらない場所にあることに注意を呼びかけた。テロの脅威は敵対する国民国家からではなく、委員会のいう囲われた「聖域」から来た。そこは「険しい地形のなかにあって」「最も管理のゆきとどかない無法地帯であり」「警察の目の届かない広大な地域」である。(1) 例えばパキスタンとアフガニスタンの国境にあるトラボラ地域とシャイコト地域、そしてフィリピン南部やインドネシアの「取り締まりの難しい」島々だ。これらの聖域は僻地にあり、人を寄せつけない地勢、そしてなによりも国家権力の相対的欠如が組み合わさって、アメリカ合衆国やその同盟諸国の手に負えないような地域を作りだしていることを委員会は十分に理解していた。委員会が見逃していたのは、そういった聖域に現在暮らしている住民の多くは、そこが歴史的に国家権力からの避難先であったからこそ、居住しているということである。

他所よりも無国家状態である僻地がオサマ・ビン・ラディンと側近の避難先となったように、私たちがゾミアと呼ぶ東南アジア大陸部の広大な山岳地域は、昔から国家の支配から逃れようとする人々にとっての避難先であった。五〇〇〇年から二〇〇〇年という長期的視野でみれば、〔アメリカ大陸の〕マルーン社会が〔逃亡奴隷によって〕長い時間をかけて形成されてきたのと同じように、現在の山地民も平地の国家形成事業から逃れてきたと見なすことは、最も理にかなっている。一般に、山地民の農業、社会組織、政治構造、伝承、文化に関する組織には、国家を回避し、遠ざけようとした痕跡が色濃く残っている。

ごく最近まで国家を回避して山に移住する人々がいたから山に人が住むようになったのだという見方は、平地の人々が昔から抱いてきた民俗的な考え方とはきわめて対照的である。平地の人々の古風な見方によると、山地民とは文明的な生活、つまり定住型で水田農耕を営み、低地の宗教を信仰し、臣民あるいは市民として大きな政治的コミュニティに所属する生活への転換に、なんらかの理由で失敗してきた先住民なのだという。極端なものになると、山地民は高地における一種の文化的掃きだめに住んでいる永遠なる異邦人で、文化的進歩すら期待できない人々だ、という見方もある。またいま流行りの寛容な見方では、山地民は文化的にも物質的にも「取り残された」「私たちの生きた先祖」とさえ考えられている。だからこそ山地民は開発事業の対象となるべきで、国家の文化的経済的生活へと統合されるべきなのである。

これとは対照的に、ゾミアの住民はいずれかの時期に国家権力が容易には到達しえない外部に移出することを選んだ人々の集まりであるという、より正確な見方をとってみよう。すると古い見方に含意された進化論的序列はとうてい受け入れがたいものとなる。かわりに浮上するのは、山地社会の特性が主に国家の産物であり、国家権力が直接および範囲からなんらかの理由で退去してきた人々によって形成されたとする見方である。これから述べるように、山地民を国家に抵抗する社会、あるいは反国家社会とみなせば、山地における農業や文化的価値観、社会構造がしっくりと理解できる。

古代の史料は曖昧で所々に断絶があるとはいえ、人々が山地に住みつくようになった主たる理由はそれなりにはっきりしている。人口も軍事力も小規模社会に優る強力な平地水稲国家が勃興すると、一方では吸収と同化、もう一方では追い出しと逃避、という二重の動きが生じた。吸収された人々は、やがて平地を表象することになる混合文化に独自の色づけをしたものの、自らの社会的独自性は失った。追い出された人々や逃避した人々は、しばしば高地にある遠い奥地の避難場所へと向かった。人々が寄り集まった避難場所はけっして元から人のいない空地だったわけではないが、長期にわたるこうした移動によって国家から避難してきた人々やその子孫が住民の多数派を形成していった。歴史的にみると、この過程の特徴は繰り返し起こる突発的な人口の噴出である。王朝の平和が保たれ商業が拡大する時期や帝国の拡大期には、国家権力の保護下にある人口も増加した。よく言われる「文明化の過程」は、それがほのめかすバラ色の見通しとは裏腹に、けっして恵み深くもなければ人々の自発にもとづくものでもなかったが、繁栄期の特徴を示している。けれども戦争や凶作、飢饉、過酷な徴税、経済不況、軍事征服が起こると、平地国家の手が届かない社会ははるかに魅力的になった。そこは地形が障壁となり、国家の手の届かない隠れ場になるからだ。平地国家の外へ、山地へと逆流した平地民の多くはゾミアの形成に寄与しただけでなく、国家に抗する社会の形成に主要な役割を担うことになった。過去二〇〇〇年にわたって、人々は大なり小なりこの種の移住を繰り返し、そのつど押し出される新たな移住者は、早い時期から山地に移住していた人々や長期にわたって山地社会を形成してきた人々と遭遇することになった。国家統治の行き届かないこうした空間で起こったアイデンティティの葛藤、融合、再形成によって、ゾミアの民族は複雑になっていった。平地国家が自己について記述する際にはこういったアイデンティティの再編はまったく扱われないため、この過程を年代記のなかに見かけるのは稀である。しかし二〇世紀まで、このようなアイデンティティの再遍過程はかなり広く見られるものであり、これから見ていくように今日でも小規模で続いている。

ほかのどの国よりも強力に多くの人々の移出と吸収を推進する力をもった国として中国がある。漢民族の王朝は、遅くとも紀元前二〇二年–紀元二二〇年の漢朝による揚子江への南方拡大期から最初の大きな農業帝国となり、人口を繰り返し不規則に押し出しながら清となり、そして中華民国（台湾）と中華人民共和国となってきた。その過程で、国家への併合を巧みにかわそうとした人々は、南へ、西へ、南西へと移動し、雲南、貴州、広西や東南アジア領域、つまりゾミアへと入っていった。後から建設された他の水稲国家は、これと同じ過程を小規模に模倣し、時には中国の拡大を戦略的に妨害する姿勢もとった。主要な水稲国家にはビルマ、シャム、〔ベトナムの〕後期レー朝、チベットがあるが、より小規模な国家である南詔、ピュー、ランプーン、ハリプンジャヤ、ケントゥンなどは一時的に同じような役割を果たして歴史のなかで消滅していった。さらに小さな水稲国家はここに書ききれないほど多くあった。捕虜を捕らえ国家へ吸収もするが同時に、国家から逃れて山地へと避難する人々を放出する労働力装置《マンパワーマシーン》としての国家は、こうして「野蛮な」辺境を創りだしてきた。

国家が臣民に課す多くの義務から逃れうる隠れ場所として山地が重要であることに気づいた研究者もいた。ジャン・ミショーは「山地民とは戦争によって移住を余儀なくされた避難民であり、労働力、税源となる資源、住民へのアクセスを確実に支配して、兵、従者、妾、奴隷を集めようとする国家権力が直接およばない場所をあえて選んだ人々であると言える。このことは、山地民がつねに逃げ回ってきたことを暗に示している」という。[2] 歴史的、農業生態学的、民族誌的な証拠をミショーの見方と照らしあわせてみると、ゾミアは国家に抗する広大な辺境として理解できる。本章とⅥ章、Ⅶ章の目的は、この視点を説得力をもって描きだすことである。

他の避難地域

ゾミアを理解するために本書が提唱する見方は、目新しくはない。似たような主張は世界中の多くの地域を対象になされており、そうした地域では規模の大小はあるものの、拡大する王国が住民に併合か抵抗かの選択を無理強いしてきた。脅かされた人々が自ら国家を形成していた場合には、抵抗が軍事対決という形をとることもある。負ければ敗者は吸収されるか、他の場所へ移り住む。他方で侵略の脅威にさらされるのが国家なき人々である場合には、その選択はたいてい手詰まりとなり、吸収されるか逃げるかしかなくなり、後者の場合は防戦的な小競り合いや略奪を伴うことが多かった。[3]

ラテンアメリカを事例に約三〇年前に同じ議論をしたのは、ゴンサロ・アギーレ・ベルトランであった。彼は、『避難地域』という本で、征服以前《プレ・コンクエスト》とでも呼べるような社会が、スペイン人統治の中心地から遠く離れた近づきがたい地域に残っていたと論じている。二つの条件が避難地域の立地を決めた。第一にスペイン人入植者にとって経済的価値が小さいか無価値な地域であること、第二に距離的な制約が格段に高く、地理的に近寄りがたい地域であることであった。アギーレ・ベルトランによれば避難地域は「起伏が多く、物理的障壁によって輸送ルートから離れた田舎にあり、地形が険しく、農業収量に乏しい」地域である。この条件を満たす環境とは砂漠、熱帯ジャングル、山岳地帯の三つであり、それらすべてが「人間活動には適さず、近づきがたい」[4]。アギーレ・ベルトラン曰く、先住民の多くはこうした土地に押しだされ避難していったのではなく、むしろスペイン人にとって経済的利益がなく軍事的脅威でもない土地に取り残されたのであった。

アギーレ・ベルトランは、一部の先住民がスペイン人によって土地を収奪され、農地を捨てて、〔スペイン人と先住民の混血白人である〕ラディーノの入植者でさえ入植を望まないような安全な地域へと退却を強いられた事実も考慮に入れている。[5] しかしその後の調査から、先住民が辺境に移っていく過程では、彼が想定していた以上に逃避と退却の役割が大きいことがわかった。長い目で見ると、アギーレ・ベルトランの論じている「先住」

民の多くは実際にはかつて定住農耕を営み、高度に階層化した社会に暮らしていたようである。しかし彼らがそうなったのは、スペイン人の圧力と流行病による人口の激減のため、適応と移住に力点をおいた社会へと再編を強いられてきたからなのだ。スチュアート・シュワルツとフランク・サロモンによれば、「集団の小規模化、緩やかな親族構造、社会的かつ政治的な中央集権の弱さ」という特徴が河川系で複雑に組織化された生活をしていた住民を「各々の村ごとに別々に認知される村人たち」に変容させたが、これはこうした理由からである。後に進歩の遅れた人々、ときには新石器時代の部族とさえみなされた人々は、実は政治的脅威や急激な人口変動に対して歴史的に適応してきた人々として理解すべきなのである。(6)

シュワルツとサロモンが書いているように、この過程は、今日では大規模な人口移動と民族再編成のひとつとして理解できる。ブラジルでは、植民地の移住同化政策と強制労働から逃れた原住民、つまり敗北した村の生き残りや混血のメスティーソ、逃亡者、脱走した黒人奴隷らが辺境でしばしば混じりあった。彼らは、そこに住んでいた原住民の名の下にまとまることもあれば、新しいアイデンティティを形成することもあった。(7)アジアの水稲国家と同じように、スペインとポルトガルによる統治事業には国家空間における労働力の支配が必須で、強制定住は逃避を誘発した。その結果、一方には国家領域が、もう一方には国家の手の届かない高地で国家に抵抗する人々が生みだされ、両者の区別が明確になった。新大陸に特徴的な大規模な人口の激減を考慮に入れたとしても、東南アジアの状況との類似性には目を見張るものがある。一五七〇年のリダクシオンと呼ばれる先住民移住同化政策についての書物のなかで、シュワルツとサロモンは以下のように主張している。

スペインは人口減少と植民地経営に必要な労働力確保の必要性に直面し、教区の中心地への定住を強制した。これによって何千ものインディオが立ち退きを強いられ、旧インカ帝国全域で人口の総入れ替えが生じた。散在している農業・牧畜定住地を均一な西欧型の町に作りかえようとした事業が、計画どおりにいくことはほとんどなかったが、結果として均一とは言えないまでも、ある種の規則性がそこに生まれた。原住民の住む奥地や高地と、「文明化」した教区の中心という永遠の対比である。人口減少と厳格に執行される課税と定期的な強制労働の割り当てによって、何千もの人々が故郷から駆り出され、全人口が再編成された。(8)

少なくともアンデス山脈でみられた、文明化した中心地と

「原住民の住む奥地」という厳格な対比は、スペインによる征服以前の時代におけるインカ帝国の中心と国家に抵抗する辺境の民との対比に対応するかのようだった。しかし、インカ帝国の中心地は高地にあり、辺境は低地の赤道直下の湿った森にあって、そこの住民はインカ帝国の支配力に長いあいだ抵抗してきたので、標高という点では、逆の構造になっていた。この逆転が示す重要な点は、前近代の国家形成における鍵は耕作に適した土地と労働力の集約であり、標高そのものではないということである。東南アジアでは低い標高に耕作に適した水田が広がっている。反対にペルーでは、標高二七〇〇メートル以下では耕作に適した土地は少なく、二七〇〇メートル以上の土地で新大陸の穀物であるトウモロコシやイモ類が生育する。(9) インカ文明では標高と国家権力に逆転の構図が見られたにもかかわらず、インカ帝国とスペイン国家はともに国家に抵抗する「野蛮な」辺境を生みだした。重要なのは、高度な定住社会から敗走した者たちが多くの野蛮な辺境を形成していたこと、そして彼らの社会は国家空間のもたらす危険と抑圧から意図的に距離をとろうとしていたことである。そのために人々はしばしば定住地を捨てて、社会構造を単純化し、移動に適した小規模な集団に分かれた。皮肉なことだが、このような小集団に分岐したため、初期の民族誌家は〔南米大陸の〕ヤノマミ、シリオネ、トゥピ・グアラニーなど散在して暮らす人々を、「原始人の生き残り」と見事に勘違いしてしまった。

一時期ヨーロッパの支配から自由になるための闘いを組織してきた人々は、いつしか不服従地域を代表するようになった。とりわけ十分に自給できる資源のあるとき、こうして形成された破片地帯は、植民地権力の手の届かないような避難場所を探している個人や小集団やコミュニティ全体にとって魅力的だった。シュワルツとサロモンは、ヨーロッパ人を撃退しアマゾン川上流域のいくつかの属国を支配するようになったヒバロや近隣のサパロと呼ばれた先住民族が、どのようにして求心力をもつようになったのかを解説した。(10) 人口流入という出来事は、困惑するほど複雑で入り組んだアイデンティティ、エスニシティ、文化の混合という避難地域の多くで見られる特徴を、必然的にもたらしたのだった。

北米では、一七世紀後半から一八世紀の大部分のあいだ、五大湖一帯が難民の避難先となっていた。それは、イギリスとフランスが特定のアメリカ先住民、とくにイロクォイとアルゴンキンの人々との連合をつうじて競りあっていたからである。五大湖一帯は、多くの地域からやってきた多様な背景をもつ逃亡者や避難民であふれていた。リチャード・ホワイトはこの地域を「断片から作られた世界」と称した。大きく異なる背景をもった村々が隣りあわせに立ち並び、さらに混血の人々からなる集落も一緒にこの地に放りこまれるような状況があった[11]。この状況では、それがたとえ個々の集落レベルであっても、権力は脆弱であり、さらにそれぞれの集落自体が根本的に不安定であった。

新大陸の避難地域にみられる民族配置はごちゃ混ぜだったが、事態をさらに複雑にしたのは、残っていた原住民の農奴化の失敗を補うために連れてこられた新住民、具体的にはアフリカ人逃亡奴隷がそこに加わったためである。もともと数カ国語に通じていた奴隷たちは、強制労働から逃れ、すでに原住民の居住していた避難地域に向かった。フロリダ、ブラジル、コロンビア、カリブ海の多くの地域における逃亡奴隷と原住民の邂逅は、一言では説明できないほど複雑な混血人口を作り上げた。国家から距離をおく生活に希望を見出したのは、奴隷と原住民だけではない。冒険者、商人、強盗、犯罪者、追放者などといった辺境を形成するお決まりの役柄をもった人々も、この空間に流れこみ、状況をいっそう複雑にした。

ここには、おおまかな歴史的パターンがみられる。国家の拡大が強制労働を伴う場合、地理的条件さえ許せば国家の外に避難地帯が作りだされる。避難地帯の住民は、しばしば逃亡者やもともとそこにいた先住民の混合から形成される。ヨーロッパの植民地拡大では、このパターンが明瞭に記録されており、初期の近代ヨーロッパにもこれが同じように当てはまる。コサックの居住する辺境は、一五世紀から続くロシアの農奴制からの逃亡者で形成された。これについてはまた後で論じよう。

二つ目の事例に「無法地帯 outlaw corridor」に関するものがある。これは一七世紀後半から一八世紀前半にかけて、農業国家であるプロイセンとブランデンブルク、そして海洋国家であるヴェネツィア、ジェノヴァ、マルセイユで見られた示唆に富む事例である[12]。農業国家のあいだで生じた徴兵をめぐる競争によって、各国家による過酷な徴兵割り当てを満たす目的で、定期的に〝放浪者〟が一掃されることとなった。放浪者とは、実質的には定住地をもたないすべての人々を指す。放浪する貧者として烙印を押され、犯罪者扱いされたジプシーは、悪名高いジプシー狩り[*1]の対象となった。南西部では、海洋国家間でガレー船奴隷を確保しようと恐ろしい競争が行われ、奴隷は放浪する貧者のなかから強制的に徴発された。陸でも海でも、軍やガレー船への隷属は死刑にかかわる刑罰だという認識があったし、戦闘要員の需要があれば放浪者は襲撃を受けた。

しかし、隷属を強いるふたつの地域の狭間には、多くの移動する貧者、とくにジプシーの避難先になっていた比較的自由な緩衝地帯があった。後に「無法地帯」として知られるようになったのが、誰も人のいないこの狭い避難地域であった。

無法地帯は「〔ローマの〕パラティーノの丘とザクセンのあいだにあり、プロイセン－ブランデンブルクの徴発対象地域からも地中海からも遠すぎる（地中海の場合、奴隷一人の価格よりもその輸送コストのほうが高かった）[13]」場所に移住者が集まって作りだしたものだった。アギーレ・ベルトランの避難地域やマルーン社会一般と同様に、無法地帯は国家の生みだした産物であり、従属に対して意識的に抵抗するなかで築き上げられた反国家的な社会空間であった[14]。

ゾミアの話に戻るまえに、東南アジアの国家統治から逃れた「山の」避難所の事例をふたつ簡潔に説明しよう。第一は東ジャワのテンゲル高地の事例であり、ここでは文化的、宗教的な存続が移住の大きな動機づけになってきた[15]。第二はルソン島北部で、実質上の無人地帯に逃亡者が避難地域を形成したというやや極端な例である。

テンゲル高地は、ジャワにおける完全な非イスラーム地域として特別な場所である。ここはヒンドゥー教シヴァ神祭司の主要な砦となり、そこの祭司だけがイスラーム化の波から逃れ、ヒンドゥー教と仏教を信仰した最後の主要な王国マジャパヒトが一六世紀前半に崩壊した後も、ヒンドゥー教の信仰を保った。地元に残された文書によると、敗北した住民は一部がバリ島に逃れ、一部が山地に避難した。ロバート・ヘフナーはこう記している。「不思議なことに、現在のテンゲル高地住民はヒンドゥー教祭司に大きく傾倒している一方で、カースト、王宮、貴族社会といったヒンドゥー教のほかの特徴はまったくみられない[16]」。低地国家から避難してきた移民が新しい波となって、周期的にテンゲル高地住民に加わった。例えば、一七世紀に栄えた盆地国家マタラムは、奴隷を捕えるため山地に遠征隊をくりかえし送り、拘束を逃れた人々を比較的安全な高地へと追い立てた。一六七〇年代、マドゥラ人王子がオランダ保護下にあったマタラム王国に反旗を翻した後に反乱が鎮圧されると、散々になった反逆者はオランダの追手を逃れて山地へと避難した。もう一人の反逆者で〔ジャワ島東部の町〕パスルアン創設者であった元奴隷のスラパティは、のちにオランダに打ち負かされることになったが、その末裔はテンゲル高地の砦から何年間も抵抗を続けた。テンゲル高地の事例は、ヘフナーのいう二五〇年間の政治的暴力の産物であり、オランダ領下の奴隷制、敗戦、徴税、文化的同化、耕作強制といった圧力から逃亡した人々が集積した場所であったという証拠は枚挙に暇がない。

経済的には不安定だが近寄りがたく防御しやすい高地への人口移動は、一八世紀末までにほぼ終了していた。逃避の歴史は、非イスラームの高地住民たちがイスラーム軍から逃れてきたことの記念に供物を火山に投げ入れる毎年の儀礼を通じて記憶されていく。ヒンドゥー教的要素を含むとはいえ、彼ら独特の伝統は、世帯の自律性、自立、反階級の意識として根強く残り、文化に組みこまれている。高地と低地との対照には、高地を初めて訪れた森林行政官も圧倒されて、こうもらしている。「ここでは貧富の差を見出すことができない。地位にかかわらず皆が同じように他の人に話しかける。子どもたちは両親に対して、はては村の指導者に対しても、敬語は使わず普通の言葉 ngoko を用いる。他人の前でかがんで会釈する人はだれもいない」[17]。ヘフナーが指摘したように、テンゲル高地住民が最も重視しているのは「あれこれ命じられること」の回避であり、これは、低地ジャワ人の複雑な階層社会や地位の記号化された行動とはわざと矛盾するような志向性であった。テンゲル高地の人口学上の特徴もその民族的気風も、国家の産物とみなしてよいだろう。テンゲル高地とは、五〇〇年にわたり低地国家から避難してきた人々が居住する地理的空間であり、そこで人々は階級意識の強いイスラーム低地住民との対照を意識して、平等的価値観とヒンドゥー教儀式を形成してきたのである[18]。

二つ目の歴史的事例は、東南アジア島嶼部にあるルソン島北部山地であり、ここには私がゾミアについて主張しようとしていることとよく似た構造が見られる。テンゲル高地と同じように、ルソン島北部は、低地への従属から避難してきた人々が多く居住する小規模なゾミアとして解釈できる。『ルソン島北部における民族歴史学』という詳細な研究書のなかで、フェリックス・キージングは山地民と平地民の文化的、民族的差異を説明しようとした。二種類の本質的に異なる人々が原始からそこにいたと仮定すると、ルソン島への居住を別々の集団の移住史として描かざるをえなくなる。そこでキージングは、その前提から出発する説明を退けた。そのかわりに彼は、山地住民と平地住民の差異を長いあいだ続いたスペイン統治時代までさかのぼり、「もともと同じ集団であった人々に作用してきた生態的文化的影響」から説明しようとした[19]。全体像を見わたすには、再び五〇〇年以上前の逃避行に戻ることになる。

一六世紀にはじまるスペイン統治以前にも、沿岸を襲撃するイスラーム奴隷商人から逃れる目的で内陸へ移動する島民たちは存在した。沿岸付近に残った人々は、たびたび監視塔を建て、奴隷船の接近に備えた。しかしひとたびスペインの支配が間近に迫っていることを感じると、隷属を回避する理由は数倍にも増した。水稲国家もそうであったが、一定の空間内に人口と農業生産を集積することは国家形成の鍵である[20]。ラテンアメリカのリダクシオンと同様、各地に点在する修道士の地所は「キリスト教化による文明化」というイデオロギーを装いながらも、実態としては強制労働の動員システムとして機能していた。キージングによれば人々はこうした低地権力の「温床」をさけて、それまでほとんど無人であった山地へと避難した。文書の示すところによれば「スペインと接触した集団は、異邦人支配に服従するか、内陸部に避難するかの選択を迫られた。スペイン統治に対してときおり生じた蜂起の過程で内陸部に避難した集団もいるし、山地へと退避した集団もいる。この本で章ごとに論じられている九つの地域すべてにおいてスペイン統治下における山地への退避は歴史上重要なテーマになった(21)」。

たいていの場合、山地民はかつての平地民であり、彼らが高地へ逃避するようになってから、精巧で複雑な民族の差異化が始まった(22)。多様な避難民集団は新しい生態環境のなかで、新しい生業手段を採用した。イフガオ*2の新しい生業手段は、高地でも灌漑稲作を継続できる精巧で高度な棚田の仕組みであった。他の大部分の集団は、定置の常畑農耕から移動式の焼畑や狩猟採集へと移行した。後々になって外部社会が彼らと接するようになると、人々はイフガオを「原始的」な生業技術しかもたない、自分たちとは根本的に異なる人種とみなした。しかしキージングが警告したように、今日の狩猟採集民が百年前も狩猟採集民であった、と単純に推定せねばならない理由はなく、彼らが農耕民であった可能性は容易に考えられる。移住時期や移住先の標高、そこでの生業手段は多様であり、それが山地の豊かで多様な民族景観《エスノスケープ》を作りだし、平地にみられる画一性と対照をなしたのだ、とキージングは考えた。彼は、民族的差異化が生じた経緯について図式的なモデルを提示する。「最も単純な理論的枠組みを描くと……もともといた集団のなかには平地にとどまったものもいれば、山地へ移動したものもいた。それぞれの集団はのちに民族的に再編成され、別々の集団となった。交易や戦争など、互いのあいだで継続して起こる接触も相互に影響を与えただろう。山地へ移住した集団は分裂し、標高の異なるさまざまな生態環境へと落ち着いていき、それぞれの場所で民族や文化が再編される機会も多様化した(23)」。山地対平地という二項対立は、平地国家から人口の一部が山に逃避したという歴史的事実から形成されたのである。山地における文化的、言語的、民族的多様性は、山地での争いと生態環境の顕著な多様性、そして山と山とを結ぶ交通の困難からくる相対的に孤立した環境から形成された。

他の多くの事例がそうであるように、山地と平地の生活様式は文化として織りこまれ、色づけられている。ルソン島の平地にはカトリックの教義と洗礼、税と賦役への服従、そして「文明」がある。平地から山地をみると、そこには異教崇拝と背教、原始的野性と凶暴、そして不服従がある。長いあいだ、洗礼とは新たな統治者への服従を誓う公の行為であり、逃避は一種の反乱であるとみなされていた。逃避する人々は

〔野蛮人を意味する〕レモンタドスと呼ばれた。他の地域でもそうであったように、平地中心部では「野性的な」山地民と「従順な」山地民という区別がされていたが、これはアメリカ騎兵隊が「友好的な」インディアンと「敵対的な」インディアンを区別したのと同じである。もともと同じ集団に属していたルソン島の人々は、より権力をもった平地国家の臣民となるか、山地で比較的自律した生活を選ぶかという政治的選択によって分割されていたのだが、両者の違いはやがて、文明化し発展した住民と原始的で遅れた住民という具合に、本質的、根本的なものとして再構成されたのである。

ゾミアに移り住む――長い歩み

野蛮人という言葉は、インドシナ半島すべての山岳部族を指し示す言葉として多くの著者が用いてきたが、不正確極まりない誤解を招いている。なぜならインドシナの多くの山岳部族は、平地国家で課税に悩まされている住民よりも文明化され、人間味にあふれているからだ。平地住民はかつて栄華を極めた巨大帝国の残存にすぎない。

――アーチバルド・ロス・コルクホーン『シャン人のなかで暮らす』一八八五年

ゾミアへの植民に影響を与えたのは、主に国家であった。ほぼ二〇〇〇年にわたる揚子江や珠江河岸、そして四川省やチベット高原からの人々の移動は、詳しい専門家でも簡単には説明できない。理論や伝説は山ほどあるが、検証にたえる事実はほとんどない。対象となる「人々」の名称さえさまざまで、互いに整合しないままに描かれ、そこにとり上げられた人々が誰であるかの確信すらもてないのだから無理もない。例えば、一五世紀に他称でミャオと呼ばれた集団が、一八世紀の漢族の行政官にミャオと呼ばれた集団と必ず関連すると仮定できる理由はなにもない。混乱の理由は用語の使い方だけではない。繰り返される移動と文化的衝突の混沌のなかで、集団は次々と現れては頻繁に混ぜ合わされ、変容する。そんな人々だから長期にわたる系統学的あるいは言語学的連続性を想定する理由はどこにもないのだ。

しかし、アイデンティティに極端な不確実性があっても、人々の移動パターンをあるていど一般化することは可能である。漢族の諸王朝は、元々の領土であった黄河ほとりの非水田地帯の中心地帯を越えて拡大し、揚子江や珠江河岸とその西方、河沿いの平地など新しい水稲国家領域にまで勢力を伸ばした。漢族王朝の勢力下に入った地域の住民は、同化と吸収か、反乱か、抵抗の末の逃避か、という三つの選択肢に直

表2　中国南西部で17世紀中頃までに起こった『中国大百科全書』に示されている県別の反乱発生件数。

	紀元前772–207	紀元前206–紀元後264	紀元後265–617	618–959	960–1279	1280–1367	1368–1644
四川	0	2	1	0	46	0	3
湖南	5	20	18	10	112	6	16
広西	0	0	0	14	51	5	218
広東	0	4	3	5	23	17	52
雲南	1	3	3	53	0	7	2
貴州	0	0	0	0	0	0	91

出典：Herold J. Wiens, *China's March toward the Tropics: A Discussion of the Southward Penetration of China's Culture, Peoples, and Political Control in Relation to the Non-Han-Chinese Peoples of South China in the Perspective of Historical and Cultural Geography*（Hamden, Conn.: Shoe String, 1954）, 187.

面した。変化を繰り返す地方の省や王朝による反乱のテンポをみれば、漢族の国家がどれほどの地理的、歴史的規模で拡大していたのかを大ざっぱに知ることができる。一般に、反乱は漢の拡大の圧力が最も激しい場所で起こるからだ。『中国大百科全書』に掲載されるほど大規模だった反乱をまとめた上の表は示唆に富む。

表2が示すのは、初期の唐による雲南への侵略と、続く宋の四川、広西、湖南への侵略である。これらの地域での反乱がある程度まで小康状態になった後に、一四世紀後半には明が三〇万もの軍隊と武装した植民者を率いて元を倒し抵抗者を駆逐した。かつての元と同じように、多くの侵略者は移動先に留まったが、彼らが無数の反乱を引き起こすことになった。特に広西と貴州のミャオとヤオの地域では盛んに反乱が起こった[24]。表には現れていないが、広西と貴州に対する帝国主義的侵略とそれへの武力抵抗は、満州人による清の統治下でも続いた。とくに支配の形態が朝貢にもとづく関係から漢行政による直接統治へと変化すると、地域の不安は高まり逃避する者たちも出た。一七〇〇年から一八五〇年にかけて三〇〇万人もの漢族住民と兵士が南西の州へと送りこまれ、二〇〇〇万人いたこの地域の住民のうち漢族の占める割合は六〇パーセントへと膨れあがった[25]。

漢族国家が勢力を拡大するたびに、支配対象地域にいたバラバラの集団はその規模の大きさにかかわりなく統治下におかれ、最終的には税を納める臣民として吸収された。吸収された集団は、漢民族としてのあり方に消えることのない痕跡を残したかもしれないが、固有名をもったひとつの民族集団として存続することはなかった[26]。しかし漢族国家の領域の外に避難できる未開拓地があるときには、国家から移出する可能性はつねに残されていた。灌漑水田農耕の習慣をもつ集団、とくにタイやラオは、水田耕作の容易な標高の高い場所にある小さな盆地を探し求めた。他の集団は漢族にとって財政上取るに足らない、農業生産も見こめないような遠方の傾斜地や峡谷へと退却し、そこで独立を維持した。これこそが、何世紀にもわたってゾミアという山岳地域に人々が住みついてきた主な過程である。この膨大なる移住に関する先駆的な年代記の著者であるヘロルド・ウィーンズはやや詳しく、こう要約する。

このような侵略の結果、漢族は中国南部へと居住地を拡大し、揚子江流域の平地から南西めがけて雲南の辺境へと進行した。こうした侵略は中国南部の部族民を古くからの居住地から追い出し、豊かな農地を奪いとった。部族民は自身の生活様式を保つべく別の場所に移動し、人口密度の低い辺境の地に定住したが、そうした場所は漢族の急速な進攻に歯止めをかけるほど劣悪な高温多湿のマラリア地帯であった。第二の移動先は、ほとんどが稲作農耕に適さず漢族の農民には好まれない、条件の悪い高山地帯への垂直移動であった。第一の方向には、盆地に居住して稲作を営み、水際を好むタイ族が移動した。第二の方向には、山地を好み、焼畑もしくは移動畑作農民であるミャオ、ヤオ、ロロや彼らと同族の農耕集団が移動した。とはいえ、垂直移動によって追い払われた山地部族を受け入れるだけの十分な余剰地を見つけることは難しく、追い払われた人々のなかには南や南西の辺境地へ移動するものや、さらにこれらの辺境地を越えてベトナムやラオス、タイ北部やビルマ北部に移動するものもいた[27]。

漢族国家の権力と居住地の拡大にとって、雲南、貴州、広西北部・西部の山岳地帯は、移動を大いに妨げる近づきがたい場所であり、そこでは距離による障壁が最大となる。地形の凸凹はそのまま南方へと続き、国境を越え、東南アジア大陸諸国家の北部やインド北東部にまで達しているので、これらの地域もゾミアの一部分として考えるべきである。国家への組み込みから逃げようとした人々をつき動かしてきたのは、まさに国家拡大にとって壁となるこの険しい地形の要塞である。長い時間をかけて山岳環境に適応した人々は、後述するように、国家への組み込みを回避するための社会構造や生業の慣習を創りだしてきた。彼らは今では発展の遅れた貧しい部族民で、文明には適さない人々であると平地の隣人にみなされている。しかしウィーンズが説明するように「今日「山岳部族」だとみなされている人々の先祖が、もともと平地に居住していたのは疑いようもない事実だ……山地に住むミャオとヤオが厳密に区別されるようになったのはずっと後になってからのことにすぎない。人々が山岳環境へ適応したのは、山岳部族の好みの問題ではなく、支配と絶滅を避けるためだった」[28]。

どんな集団も頻繁に再編成されるため、ある特定の人々の移住を歴史をさかのぼって正確に語ろうとする試みはつねに困難に満ちている。そうしたなかでウィーンズは、漢族にミャオとして知られ、その一部は自らをフモンと称する大集団の歴史の概略をまとめあげようとした。六世紀頃、「未開人」という意味をこめてミャオと呼ばれた人々は、揚子江北部に位置する漢族の盆地国家にとって大きな軍事的脅威であった。ミャオは、土着の貴族とともに四〇三年から六一〇年のあいだに四〇件以上もの反乱を煽動したが、ある時点で集団は解体し、漢国家に吸収されなかった者たちは離散して、貴族階級をもたないバラバラの集団になったと考えられる。事実上「野蛮人」を意味する呼称であるミャオという用語は、長い時間のなかで、漢国家の辺境に位置する指導者をもたない人々すべてに対して見境なく用いられるようになった。明と清の統治下にあった過去五〇〇年間、同化か、さもなければ「抑圧と根絶」か、を迫る軍事行動は絶え間なく続いた。抑圧のための軍事行動によって、一六九八年、一七三二年、一七九四年には暴動が起き、なかでも一八五五年に広西で起こった暴動はミャオを分散させ、多方向に散らばったミャオは中国南西部や東南アジア大陸部山地の隅々にまで広がった。ウィーンズによると、この軍事行動は「アメリカ合衆国のインディアンに対する手荒な扱い[29]」に匹敵するほど徹底的な排除と根絶であった。

がむしゃらに逃避行したミャオはその結果としてゾミア中に広く散らばることになった。たいていのミャオ／フモンは高地でケシやトウモロコシを栽培しているが、それより低い土地で水田耕作、採集、焼畑耕作を行う者もいる。ウィーンズはこうした多様性を、特定の場所にフモンが現れるようになった時期と、競合する集団に対するフモンの相対的な優劣から説明する[30]。遅れてやってきた集団が軍事的に優っていれば盆地を攻め落とすことが多く、しばしば断続的に先住集団を山地へ追いやる[31]。反対に、遅れてきた集団が軍事的に劣っていれば、高地の斜面など条件が不利なために残された場所に居住しなければならない。どちらにしろ、各々の山地や山脈では「諸民族」の垂直的な積み重なりができる。それゆえ雲南南西部では、一五〇〇メートル以下にはモン[*3]が居住し、一七〇〇メートルまでの高台の流域や盆地にはタイが、そしてより標高の高い場所にミャオやヤオが、さらに尾根上にはアカが居住する。おそらくアカはこの状況のなかで最も弱い集団であり、最高で一八〇〇メートルまでの尾根沿いに住んでいる。

　西や南西のゾミア山地へと押し出された文化や人々のなかで最も多いのはタイ系で、今日でも最も目立つ存在である。タイ諸語族には、タイ人、低地ラオ人、ビルマのシャン人、中国では民族的少数派《マイノリティ》の最多数を占める南西部のチワン（壮族）、さらに北ベトナムからアッサムに至る広範な地域の多様な諸集団が含まれる。すべてとは言えないまでも、多くのタイ系集団と他のゾミア住民の多くを区別するのは、タイ系集団が国家を形成する人々であったという点である。タイ系集団は、長期にわたって水田稲作農耕を営み、専制政治に向いた社会構造をもち、軍事力に長け、多くの場合に国家形成を容易にする〔仏教という〕世界宗教をもつ。歴史的にも「タイらしさ」は「マレーらしさ」に似ていると見なせば、より正確だろう。つまり軍事的エリートや貴族といった上流階級だけが身につけていた国家形成の技術が、タイ系集団では、やがて長い時間をかけて同化された多くの異なる人々にも伝わっていったのである。タイ系集団による大規模な国家形成の試みは、七三七年から一一五三年にかけて雲南の南詔と、それを継承した大理で見られる。両国は唐の侵略を撃退し、一時四川省の首都成都を治めた(32)。モンゴル侵攻によって壊滅する以前、南詔は中央ビルマのピュー王国を侵略し、支配域をタイ北部やラオス北部まで広げていたが、その後、モンゴル人が勝利することによって、タイ系集団は東南アジア全域の高地やそれを越えた範囲にまで広く散らばることになった。山間部で水田に適した平地がある場所には必ずタイ式の小国家がある。チェンマイやケントゥンのような好ましい環境を除けば、多くの国家は制限された生態環境のなかにおさまった、こじんまりした諸国家にすぎなかった。これらの小さな諸国家はたいてい互いに人口や交易ルートを奪いあっており、あるイギリス人はこれを指して、ビルマ東部山地は「シャンの小国家が互いに牙を剝き出してうなり合っている騒々しい所」だと的確に述べている(33)。

　ゾミアのように長い時間のなかで破片地帯になってきた場所での人口移動、民族の再編、生業形態はおそろしいほど複雑である。例えば、当初は漢族やビルマの国家の圧力から逃れるために移動してきた集団も、後に無数の移動や集団の分裂を経験するが、それには他の多くの要因が考えられる。他の山地住民との競合、焼畑用地の不足、集団内不和、不吉な悪霊の存在を示す不幸な出来事の反復、襲撃からの避難などである。さらに、他集団から頻繁に侵略をうけて移住せざるをえなかった草原の民モンゴル人が、その反動でローマ帝国を侵略して屈服させたように、移動の規模が大きければ、最初の移動はつねに連鎖反応としての副次的移動を促す要因ともなる。現代風に例えると、遊園地のバンパーカーが互いにぶつかり合いをする狂気じみたゲームのようなもので、それぞれの衝撃が順々に以前の衝撃に加えられていくのである。[34]

逃避の遍在とその原因

多くのビルマ人もペグー人（モン人）も、重くのしかかる圧政や度重なる賦役と課税に耐えきれず、家族全員で故郷の土地をあとにした……そういうわけで最近では軍人だけでなく王国の住民までもが同じように激減した……私が初めてペグーに来た頃は、大きなアヴァ川（イラワディ川）のどの湾曲部にも、長く続く居住地の列があった。しかしそこを去る頃には、全流域あわせてもほんのわずかの村しか残っていなかった。

——サンジェルマーノ神父、一八〇〇年頃

二〇〇〇年ちかくにわたる漢王朝や漢族によるゾミアへの人口の押しだしは、散発的ではあるが容赦なく行われ、人々を山地へと駆り立てた最も大きな歴史的要因のひとつになった。しかしこれが唯一の原動力だったわけではない。ピュー、ペグー、南詔、チェンマイといった諸国家やビルマ人やタイ人の国家の中心勢力も、拡大する際に多くの住民を域外へと追い立てた。「通常の」国家形成過程に伴う、課税、強制労働、戦争、反乱、宗教対立、国家建設の引き起こす生態学的な変化は、国家の臣民を圧迫して日常的な移動を促すこともあるし、歴史的な出来事として記録されるような大規模で急激な逃避を促すこともある。

東南アジアの農耕民は、平地だろうと山地だろうと、まったく自由気ままに移動していた。初期のヨーロッパからの訪問者、植民地政府の役人、地域史の専門家たちは、村人がその土地に満足できないときや新たに機会を見出した際にはすぐに移動する、という類をみない気質を特筆している。何千もの村や町のそれぞれを簡潔に説明した『上ビルマおよびシャン州地誌』もこれを実証している。[35] 地誌の編纂者は、この村はごく最近あるいはほんの数世代前に戦争や抑圧から逃れるため他所から来た人によって創設されたという類の話に繰り返し出くわした。[36] 以前とても栄えた町が完全に放棄されていたり、衰退して小さな集落がわずかに残されているだけ、という事例もあった。こういった史料はすべて、植民地期以前の立ち退きと移動とが、例外ではなくお決まりのものだったことを示している。灌漑稲作をしている人々を含め、一般的に東南アジア農耕民の移動は驚くほど頻繁で、「決まった土地に根差した小農世帯という長く受け継がれてきた画一的なイメージとはかけ離れている」。ロバート・エルソンはこれに加えて「植民地統治の時代においても、それまでと同様、農民生活のカギは定住ではなく移動であったようだ」と説明する(37)。

　ひとつの低地国家から別の低地国家へ、王国の中心地から辺境へ、資源に乏しい場所から豊富な場所へという具合に、人々の移動のほとんどはつねに低地の問題に関連していた(38)。そしてすでに見てきたことだが、こういった移動において多くの人々は、山地や標高の高い場所、つまり低地国家の統治の届かない場所を目指した。一九世紀初頭にビルマがアッサムを侵略したとき、ビルマの徴兵や課税に呼応するように、チンドウィン川上流部に位置する盆地都市モンコーンの住民は高地へと逃避した。「シャンは恒常的な抑圧から逃れるために、遠く離れたチンドウィン川流域の峡谷や盆地に避難場所を探し、カチンは盆地東部の山地の奥に逃れた(39)」。J・G・スコットは、こういった移動パターンを詳細に調べ、「山岳部族」は戦いに敗れて山地に追いやられ、スコットにいわせれば平地にくらべてはるかに骨が折れる農業形態を実践する羽目になった、と述べている。「このような重労働は、ずっと昔にビルマによって肥沃な低地での農耕から追いやられた、おとなしい先住民などの部族民に残された」というわけだ(40)。そのほかにも、スコットは山地の民族的多様性を理解するために、ゾミア全体を広大な避難地域または「破片地帯」として見る、思いきった推量をした。スコットの考察は、先に言及したウィーンズの議論と共鳴するものであり、ここで詳しく引用するに値する。

> インドシナ半島は、インドや中国から逃げてきた部族にとって共通した避難場所となってきたようだ。中国人の帝国は拡大したが、何世紀にもわたって揚子江の南には届かなかった。しかし、〔南ウクライナの遊牧民〕スキタイによるチャンドラ・グプタ帝国やアショーカ帝国への侵攻は、その後の中華帝国の拡大と相まって先住民を北東や北西へと追い出し、追い出された先住民はインドシナで出会い、そこで生存をかけて闘った。シャン州とその周辺国にある、外敵から守られた盆地や高原でみられる並はずれた人種の多様性と著しい差異を説明できるとすれば、こうした説による他ない(41)。

　スコットはゾミアを避難場所とみており、私もそれが十分に正しいと信じている。しかし彼の議論で誤解を招きかねないのは、植民者の出くわした山地民がもともと「先住の」人々であり、山地民のその後の歴史は首尾一貫しており系譜学的にも言語学的にも断絶のない連続した社会である、とした点である。実際には多くの山地民は十中八九、遠い昔に国家空間から逃避して来た平地民なのである。あるいは多くのタイ人がそうであるように、彼らはかつて「国家を形成した」平地民であり、より強力な国家に負け、散り散りになって連れだって山地へ移動してきた人々であった。さもなくば、これから見ていくように、脱走兵、反逆者、敗残兵、没落農民、流行病や飢饉から逃れてきた村人、逃亡農奴や逃亡奴隷、王位僭称者と側近たち、国家宗教の異端派など平地国家から逃れてきた人々であった。これらの人々は平地国家から吐き出され、移住の過程で山地の人々と混ざりあって山地住民を再構成し、ゾミアの地でひどくこみ入った複雑なアイデンティティを作りあげた。(42)

山地を人で満たすことに関して、千年以上かけて行われてきた逃避行が、人口学的にどのていど決定的な影響をおよぼしているのかを判断するのは難しい。この測定には、ここ千年の山地の人口について現存するものより多くの資料が必要である。手元にあるわずかな考古学的史料によると、山地の人口はもともと希薄であった。ポール・ウィートリーの主張によると、おそらくキージングが言及したルソン島北部の山地と同様に、島嶼部東南アジアでは、ごく最近まで山地はほぼ無人の場所であり、「一九世紀後半まで、人類にとってまったく意味をもたない土地であった」。(43)

平地国家の臣民は、なぜ望むと望まざるとにかかわらず立ち去ることになったのか。その理由は、簡単には説明できない。以下に、共通にみられるいくつかの要因を示す。ただしここでは、国家権力の縮小や崩壊によって自ら移動しなくとも国家空間の外へ置かれるようになる、という歴史的によくみられる出来事は考慮していない。(44)

課税と賦役

植民地期以前の東南アジアにおける国政術の鍵は、王国の臣民がすべて逃避してしまわない程度に搾取することであった。これは普段もそうであるが危機の瀬戸際にあるときはなおさら重視された。一般に、比較的脆弱な王国が労働力《マンパワー》を奪いあっているような場所では、住民の搾取は強くはなかった。そのような状況下では、王国はむしろ住民に穀物、耕作用家畜や耕作用具を与えて人口不足の地域に定住を促すこともあった。

一方で、豊かな水稲栽培の中心に君臨する強力な国家は、独裁者として、その利益を限界までほしいままにする傾向にあった。これがとくに当てはまるのは、国家の中心地域で王国が攻撃されたとき、または侵略による領地の拡大や仏塔建設という壮大な計画をもった君主が王国を統治する場合である。植民地期以前にビルマ王国の典型的な農業中心地に暮らしていたチャウセーの住民はあまりの重税でひどく貧しかった。[45] 植民地期以前の統治にはいくつかの特徴があり、それが過剰搾取を招いた。具体的には、徴税権で利益を上げる「徴税請負人」を起用したこと、人口の半分近い人々が捕虜やその子孫だったこと、いずれの年も主要な穀物の収穫量を推定できなかったので、取引がどれほどの税収を生み出すかわからなかったこと、である。しかも、世帯と土地に課された賦役と課税ですべて終わりというわけではなかった。原理的に考えつくすべての活動に対して税が課された。家畜、ナッと呼ばれる精霊参拝用社、結婚、森林地、筌《うけ》、建築補修用樹脂、硝石、蜜蠟、ココナッツとキンマの木、象、市場と道路にかかる莫大な使用料などである。ここで思い出してほしいのだが、王国の臣民であるか否かをさしあたり決定するのは、民族的属性ではなく、納税と賦役の責任を負わされているかどうかという臣民としての位置づけであった、ということである。[46]

極限まで追いつめられた臣民にはいくつかの選択肢があった。最もよくある対応は王室への奉仕から巧みに逃れることであり、反対に最も骨の折れる方法とは労働力を競いあっている貴族や宗教的権威の「家来」になることである。これらに失敗すれば、隣接した別の低地王国へ移動することも選択肢のひとつであった。過去三〇〇年間、何千ものモン、ビルマ、カレンは、こうしてタイ勢力圏へと移動してきた。さらに別の方法は、完全に国家勢力圏の外側へ、奥地や山地へ移動することであった。一般的には、公に反乱を起こすという危険な選択肢よりも、移動という手段のほうが好まれた。反乱という選択肢は、たいてい上流階級が王権を奪いあう場合にかぎられていたのである。一九二一年にタイ国家が賦役を強化した際に、ミエンとフモンは森へ逃げ、そののち彼らに関する公的な記述はなくなった。これこそ彼らの狙いそのものであった。[47] オスカー・セールミンクの報告には、より最近の事例として、ベトナム人官僚や党の幹部による課税から逃れるために山地民が集団で遠方へ、ときには高地へと移動したことが詳しく描かれている。[48]

人口流出は恒常性を保つための装置のごとく生じ、王国の勢力を奪っていった。人口の流失は、しばしば王国での生活が我慢の限界に達したことを示す最初の具体的な徴候ともなった。これとよく似た兆候として、捨て鉢になって物乞いをする人々や、盗みや山賊行為に走る「放浪する」人々の発生が挙げられる。こういった事例は年代記にも数多く記されている。時勢の悪いときに臣民の苦渋から逃れる唯一確実な方法は、逃げ去ることであり、そのような移動は、多くの場合、水稲農業から焼畑や狩猟採集の生活に移ることを意味していた。これがどのていど一般的だったのかははっきりとは言えないが、山地民が平地で水田農耕民として暮らしていた過去を物語る口頭伝承の数の多さから判断すると、その広がりは無視できない[49]。

戦争と反乱

私たちはアリのように、難を逃れて安全な場所へと旅をする。安全だけを求めて、他のものはすべて置き去りにして。

——タイへ避難してきたモンの村人、一九九五年

不断に続くペグー人、ビルマ人、シャン人の反乱と戦争……これが五〇〇年のあいだ、国を苦しめてきた。殺されなかった人も皆、無情な侵略者によって従来の故郷から追い出されるか、王のための戦闘にかりだされる……こうして、土地所有者（農民）は殺されることもあるし、はるか遠方の土地に逃げていくこともあった。農民がいかに先祖代々の土地に執着しても、先祖の財産を受け継ぐことなど不可能だった。

——J・G・スコット［シュエヨー］『ビルマ人』

チャールズ・ティリーは近代ヨーロッパを念頭に「国家が戦争を生み、戦争が国家を生む」と指摘したが、これは東南アジアにも当てはまる[50]。ここまでの論点に沿ってティリーの金言を言い換えれば「国家が戦争を生み、戦争が大規模に移民を生む」となろう。近代東南アジアでの軍事行動は、少なくともヨーロッパと同じくらい壊滅的だった。それはヨーロッパ以上に成人人口を移動させ、コレラや発疹チフスといった流行病や飢饉を引き起こして、敗戦国に荒廃と人口減少をもたらした。一五四九－六九年と一七六〇年代の二回にわたって成功したビルマのシャムに対する侵略は、住民にけたはずれな影響をおよぼした。敗戦国の首都人口は消滅し、捕らえられた少数の集団はビルマの中心部へと送られる一方で、その他の大部分の住民はより安全な地域に分散した。シャム中心地の人口がビルマ侵略以前のレベルに回復したのはようやく一九二〇年になってからであった[51]。たとえ戦争に勝利したとしても、物資を供給する後背地は、敵軍に苦しめられ荒廃した場所と同程度の辛苦をなめることが多かった。シャムの首都を打ち負かしたビルマ王バインナウンによる動員は、止まるところを知らず、ペグー山地周辺のデルタ地帯の余剰

食料や余剰人口を使い果たしてしまった。一五八一年に彼が死去すると、その後のタウングーのビルマ王朝によるアラカンとアユッタヤーに対する戦争で、ペグー山地付近は「住民の絶えた不毛の地」に変わってしまった(52)。

戦闘員ではない一般市民にとって戦争は、行軍の侵攻経路に当たってしまった場合にはとくに、徴兵される以上の打撃となった。かりに一七世紀後半のヨーロッパの軍隊が六万の兵を抱え、四万頭の馬、一〇〇台以上の荷馬車、一日あたり一〇〇万ポンド（四五万キロ）に近い食料を必要としたとすると、東南アジアの軍隊が広域にわたって残した略奪と荒廃の痕跡も理解できるだろう(53)。このような理由から侵攻経路が一直線の最短距離であることは稀だった。大規模な軍隊が必要とする労働力、穀物、荷馬車、牽引用家畜、略奪――もちろん個人的な略奪も――の機会を最大限活用できるように計算し調節された経路をいくことが多かったからである。単純計算で、行軍の侵攻経路に重なる地域のこうむる打撃の程度を見積もることができる。ジョン・A・リンの推定にならって、軍隊は侵攻経路に沿って左右各々八キロの幅で略奪を行い、一日に一六キロ前進するとすれば、一日の軍事行動は二六〇平方キロをあさり歩くことになる。その軍隊が一〇日間進軍した場合、二六〇〇平方キロに影響をおよぼすことになる(54)。労働力の乏しい王国に住む人々が、絶え間ない戦争にさらされたときの一番の脅威は、殺されることそのものではなかった。「略奪式資本主義」とでもいえるような軍隊では、戦闘員は捕虜の獲得に一生懸命になり、捕虜を奴隷として売って利益を得ようとしただろう。本当の危険は、軍隊の侵攻経路を横切って居住する人々のこうむる徹底的な破壊のほうであり、人々は捕虜として捕まえられるか、すべての所持品を放棄して逃亡せざるをえなかった。軍隊が「自国」のものなのか近隣国のものなのかは、たいして問題ではない。将校に課される命令は同じであり、それゆえに一般市民とその財産に対する扱いもほぼ同じであった。これを見事に表しているのがビルマ－マニプール地域間の諸戦争である。一六世紀から一八世紀にかけて〔インド北東部とビルマのあいだで〕散発的に続いたこの戦争は、チン・ミゾ族の平地居住者に繰り返し被害をもたらし、住民をカレ・カボー谷から山地へと追いやった。山地へ追い出された住民は後々には「つねにそこにいた」「山地民」として知られるようになった。

一八世紀後半、ビルマ王ボードーパヤー（在位一七八二－一八一九年）は、壮大な侵略計画と巨大な儀礼用建築を構想し、この突拍子もない野望に人々を動員して、王国全体の荒廃を招いた。まず、最初に一七八五年から八六年にかけてのシャムへの侵略が失敗に終わると、おそらく三〇万人はいたであろう軍隊の半分は失踪していた。次に、世界で最大となるはずであった仏塔建設のため大量の労働力が徴用され、そのうえ、反撃にきたタイ人の撃退や、メイッティーラでの灌漑設備拡張にも人々が動員された。最終的には、タイ国を壊滅に追いやる侵略計画のため、ビルマはタヴォイから住民を総動員し、王国の人々は混乱に陥った。あるイギリス人が記したところによると、下ビルマの住民は徴兵と軍隊の強奪に恐怖し、「他の王国へと」逃げ出した。強盗や暴動も広がったが、住民の最も典型的な反応は国家の中心地から、つまり襲撃を繰り返す国王の軍隊から離れた遠い場所へと逃避することだった。自国の軍隊といえども「すべてが敵軍の行進のような体裁をなしている」ため、軍隊が接近するという噂が広がると、住民たちは生死にかかわる問題だとみなして恐怖に陥った(55)。主だった戦争の合間には、小国間でも小規模な抗争が数多く起こっていたにちがいない。例えば、中規模のシャン国スィーポーにあるスムサイという小さな属国では、一八八六年に王位をめぐる内乱が勃発した。結果、その地区からはほとんど人がいなくなってしまった。一九世紀後半には、別のシャン国家センウィーでの支配を確立するための内戦が長期化し、壊滅的な影響をおよぼした結果、「シャンのなかでも最大級の近代的な都が、今では昔の城塞町にある小さな市場よりも小さくなってしまった(56)」。

一般市民はとにかく徴兵から逃れようとした。動員の際には各行政区に徴兵が割り当てられたのだが、割り当てがひどく増加し続けていたことからも、人々が徴兵を巧みにかわしていたことがわかる。例えば、はじめ二〇〇世帯から一人の動員だったのが、五〇世帯から一人になり、一〇世帯から一人になり、最終的には総動員となっていた。割り当てが計画どおりに達成されることは珍しく、あとで身元を確認できるように新兵には入れ墨が入れられた。コンバウン朝後期やおそらくはそれ以前も、買収によって徴兵を逃れることは可能だった。しかし、最も確実に徴兵を逃れる方法は、水稲国家の中心地から逃げて、進軍経路から離れることだった。一八世紀後半に行われたビルマ－シャム間の戦争では、不幸にもスゴー・カレンと、とくにポー・カレンが侵攻と退却の経路上に居住していた。ロナルド・レナードによると、カレンはまさにこの時期に、サルウィン川に沿って山地に拡散し、防衛しやすいよう尾根にそってロング・ハウスを建てて暮らすようになった。カレンは「特定の土地に固執することからくるリスクを回避するために、いまだに移動して焼畑を行う生活を好む(57)」ため、のちにタイ国保護下に入ってからも定住地で暮らすことを拒否した。

ひとたび徴兵しても、困難な軍事行動で団結を保つためには並々ならぬ努力が必要だった。一六世紀後半のヨーロッパ人航海者は、ビルマ－シャム間の戦争の特徴として略奪と放火を挙げ、「最終的に帰郷する頃には半数の者が軍から去っている」と付け加えている。[58] こうした戦争は必ずしも流血の事態を伴わなかったことがわかっているので、人員の損失は兵の脱走によると考えられる。ビルマによる包囲作戦の失敗を記した『玻璃宮御年代記』は、この可能性を裏づけてくれる。それによると、攻撃側のビルマ軍では、五カ月におよぶ包囲の末、食料備蓄が不足して流行病も起こった。当初二五万人いた兵は完全に散り散りになり、悲惨な退却の後に「王はわずかな護衛のみを引き連れて町へたどりついた」[59]。大部分の人々は、ひとたび包囲が失敗して病気が流行すると逃亡し、帰路に着くか、より安全な場所で新たな生活を始めたのだろう。一九世紀後半にシャンへ向かったビルマ軍の遠征について報告したJ・G・スコットによると、部隊を統括する大臣は「まるで戦いに貢献できず、噂では兵が散逸しないよう働きかけるのに忙しく、戦闘のための時間がまったくなかった」[60]。前近代の軍隊では例外なく脱走兵の割合が高く、敗北軍になるとさらに高い割合となったことは知られているが[61]、最終的に、どれくらいの脱走兵や避難した一般市民が山地や他の遠方の地に落ち着いたのかは定かではない。いずれにせよ、多くの兵はもともと「強制的に徴兵」された者か、奴隷とその子孫であり、戦争ののちに帰国する兵はほとんどいなかった。このことから、脱走兵の多くが別の場所で新しい生活を始めたであろうことが示唆される[62]。

いくつかの断片的な史料は、戦争による危険と強制移住が、かつて水田耕作をしていた多くの人々を奥地や高地へ、さらに新しい生業形態へと追いやったことを示唆している。例えば八〇〇〇人強の人口をもつガナン*4の人々は、今日では明らかに少数民族であり、ビルマのサガイン地域にあるムー川源流の一〇〇〇メートルを超す山々のあいだの峡谷で暮らしている[63]。ガナンはおそらくかつての低地民であり、ピュー人の水稲国家に必要不可欠な労働力であったが、後に九世紀から一四世紀にかけてモン、ビルマ、南詔の権力者にその中心部を略奪され、壊されてしまった。ガナンは「戦闘地域から離れる」ためにムー川流域を北上し、その地で焼畑農民、狩猟採集民となり、現在までその生業形態を保っている。彼らは文字をもたず、異端的仏教を実践する。以下にみるように、こういった事例は、昔は低地民であったと主張する今日の多くの山地民の話と一致する。

人々が戦争で捕虜にされたり強奪に遭ったりすることを避けて山地へと逃避して来たことを示す、より最近の証拠はあちこちにある。J・G・スコットによれば、現在ビルマのサルウィン川東部に位置するケントゥン／チェントゥン周辺に住む山地居住集団は、もともとケントゥンの平地で暮らしていたものの、タイ人の侵略によって焼畑を営む山地へと追いやられてきた。[64] また、一九世紀の宣教師が書いた奥地のカレンニーについての記録を引用したチャールズ・カイズは、それまで平地の環境で暮らしていたカレンがシャム人から逃れて、近づき難いサラブリやコラートの山地峡谷へと向かったとしている。[65] またチン州北部では、一八世紀から一九世紀にかけてシャン－ビルマ間の戦争から逃れるために遠方の山地への逃避が起こり、避難先はビルマ王の軍隊から逃避する王子ら反乱分子の安全地帯にもなった。[66]

戦争に関して重要なのは、国家の水稲栽培の中心地の破壊が政治権力の面でも生態環境の面でも国家空間を無にしてしまう点だ。以下に述べるビルマ侵攻後のチェンマイの描写は、多少の誇張はあるとしても示唆的である。「町々はジャングルになり、水田は草原になり、農地には象が森には虎が住み、もう国を建てることなど不可能だ[67]」。戦いに敗れて臣民としての重責から自由になった平地の民は、その場所に留まるものと想定されがちである。ところが実際には、王国が打ち倒されると、生き残った住民たちを標的にした近隣諸国や奴隷商人による人買いの競争が加速した。住民は、平地から軍隊や奴隷狩りの手の届かない場所へ移動すれば、自律と独立を手に入れる確率が高くなる。レオ・アルティング・フォン・へウサウによると、それこそがまさしくアカをはじめとする、今日「先史時代からずっと変わらず」山地民だと見なされている人々の選択であった。

何世紀ものあいだ、山々の連なる雲南や隣接するベトナム、ラオス、ビルマの近づきがたい地域は、低地を支配する小規模な隷属国家によって追いやられてきた部族集団にとっての避難場所となってきた。周縁化の過程で、ハニやアカといった部族集団は、兵士、強盗、徴税人が容易には部族集団へ近づけないよう、標高と植生に応じて居住環境を選び、作りかえてきた。この過程はある限られた範囲で一定の独自性を維持し、完全には体制に組みこまれていないという意味で「カプセル化」と呼ばれてきた。[68]

略奪と奴隷売買

略奪は我々にとっての農業である。
——ベルベル人のことわざ

これまで見てきたように、国家形成に一般的に必要な条件は、人口と穀物生産の集積であった。しかしこれが可能な地域は、国家形成をになう統治者へ余剰の提供ができる地域でもあるため、略奪者にとっては格好の標的になった。規模の大きな国家の中心地を除いて、奴隷狩りや強盗による略奪の脅威は、つねに現実的だった。前近代には、マレー人による奴隷狩りを恐れて、ビルマやシャムの多くの沿岸地域では人口が減少し、カレンは街道沿いや無防備な海浜に住むことを避けた。ある社会が長いあいだ弱体化すると、組織的な従属や略奪に遭いやすくなる。チンドウィン川上流のクボ盆地では、山地に居住するチンが盆地のシャンを支配し、シャンを奴隷として獲得したために、このような状況が広く常態化した[69]。こうして、一六九〇年には五〇〇〇世帯と三七の寺院を擁したかなり大きなシャンの町が、二八世帯にまで減ってしまったのである。

隣接した谷を支配して平地住民を保護下に置くことで交易や定期的な貢物の獲得を可能にすることは、一般的に山地の人々の利害に沿うものだった。安定した状況では、国家による保護と引き換えに貢納を要求するような関係が形成された。カチンら山地に居住する集団は、「山のふもとにある平地か河岸に」居住地を形成することを有利と見ることもあった。定住しているコミュニティから、まるで「我らの農場」からの収穫であるかのように貢物を取り立てていたベルベル人と同じように、イラワディ川上流沿いのバモー地域では、カチンがビルマとシャンの首長を任命した。「バモー全域で、ほとんどの村がカチンの保護下に置かれており、実質的にカチンこそがこの地の支配者のようであった[70]」。支配が安定し慣例化すると、保護と貢納の取り決めは前近代国家に典型的なものとなり、独占的に貢納を取り立て、平和を維持し、生産と交易を促進するようになった。そこでの貢納の取り立ての程度は交易の生み出す収益のレベルに抑えられていた。

それにもかかわらず、バモー地域の山地住民は繰り返し盆地を侵略し、「金の卵を産むガチョウを殺し」、平地を荒廃させ無人になるまで荒らした[71]。なぜか。思うに、答えは小集団同士の競合に特徴づけられる山地の政治構造にある。山地にある政治集団は、それぞれが保護の対象にしていた平地集落と「連合」していたのだろう。これを図式的に見ると、おおざっぱには次頁の図2のようになる。

カチン集落Aは保護対象である平地の町から歩いて三、四日のところにあるため、カチン集落BはAによる保護対象の町を襲撃し、逃げ切ることが可能である。襲撃を知ると、カチン集落Aは報復に出て、攻撃してきた集落Bの保護町である低地集落を侵略する。そして調停がなされるまでは、当然、山地集落間の争いが火花を散らすことになるだろう[72]。

こうした山地と平地の関係から、いくつかの一般的な結論が得られる。第一に、山岳「部族」による定期的略奪として平地住民の目に映る行動は、実のところ山地での政治関係を正確に反映したものであった。第二に、このパターンが波及すると、広範囲で人口減少が起こり、攻撃を受けやすい平地

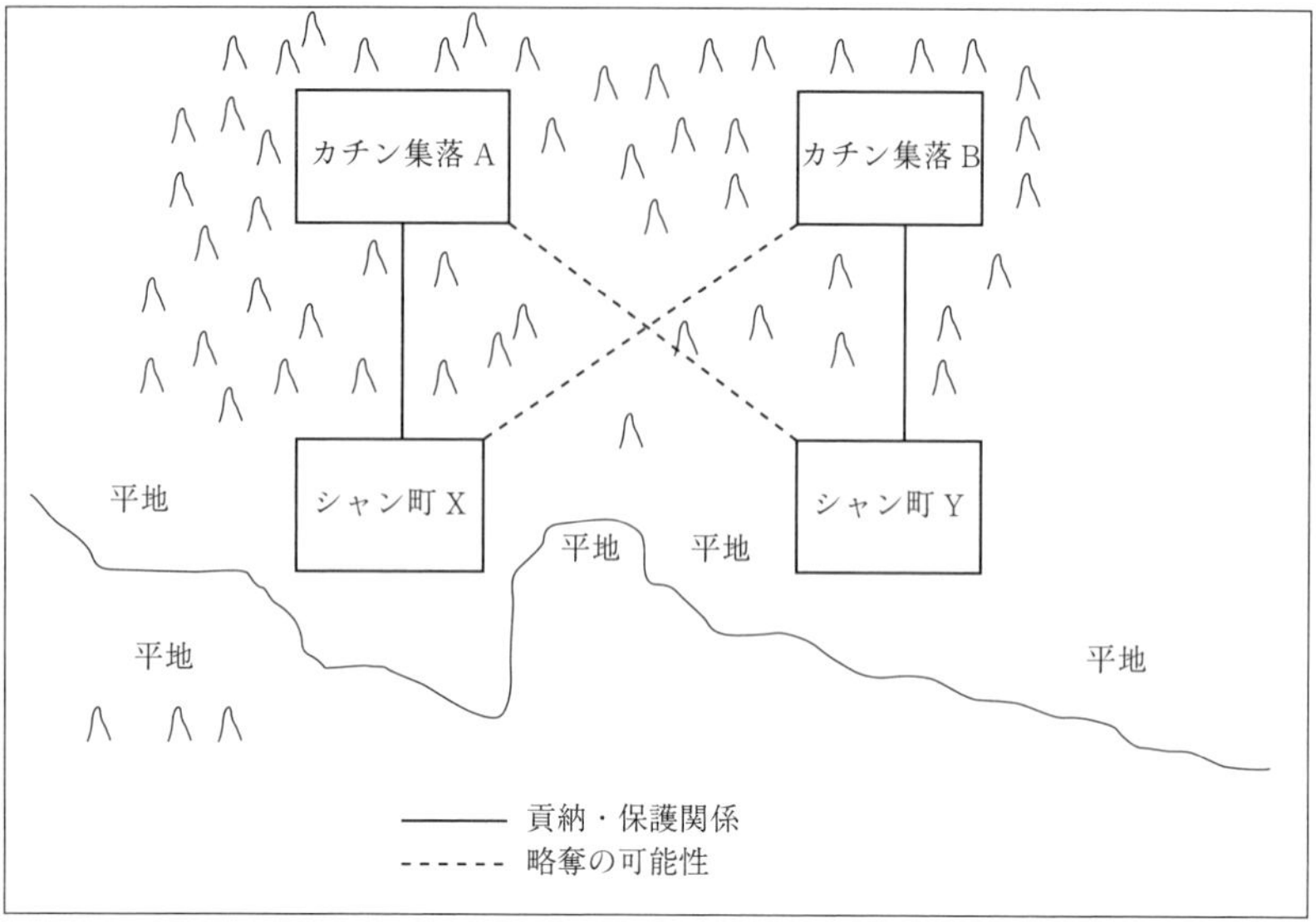

図 2　山地—平地間の貢納・略奪関係概略図

住民は奥地へ引っこみ、山地から離れた逃避の容易な川の近くに居住することになる。最後におそらく最も重要なことは、侵略の主目的は奴隷の獲得であり、最終的には多くの奴隷がカチンに使われるか他の山地住民や奴隷商人に売られていったということである。このような略奪は、その規模に応じて、平地から山地への人口移動の純増をもたらした。これが平地住民が山地住民になるもうひとつの過程であり、こうして山地は文化的にいっそう多彩になった。

いくつかの山地住民は、実に悪名高い奴隷ハンターとなった。シャン州では、赤カレンとも呼ばれるカレンニーがとても恐れられた。ある地域では、収穫期後の奴隷狩りのための侵略が日常茶飯事となった。[73]「ゆえに多くのカレンニー集落には、北西部の山々に住むシャンのようでもありヤーン（カレンに対する北タイ語の呼称）のようでもあるカレン諸族やヨンダリン族、パダウン族、レタス族が居り、皆、やがて奴隷制に取りこまれる絶望的な運命にある……彼らはチェンマイのシャンであるヨンに売られ、さらにシャムに転売される」[74]。カレンニーが捕らえた捕虜のリストには、平地民も山地民も同じように名前が挙げられていて示唆的だ。奴隷狩りを生業とするカレンニーは、価値の高い交易品や人間を専門とし、平地民だけでなく弱い山地民をも誘拐して奴隷にし、山地社会に組みいれたり平地の市場で売ったりする。カレンニーは、ある意味で労働力《マンパワー》を可逆的に運搬するベルトコンベアのようなもので、国家形成のために必要な原料を平地に供給するかと思えば、カレンニー自ら労働力が必要になると、今度は弱小な平地民を略奪する。いずれにせよここに見られるパターンは、なぜ平地民が略奪を警戒したのか、なぜ弱い山地民は近寄りがたい場所へ、さらに防御を固めて発見されにくい場所にある尾根上の囲い地へと退却することが多かったのかを説明してくれる。それは、略奪に遭う機会を最小限にしようとしているからだった(75)。

山地へ向かう反逆者と分派

低地での反乱や内戦は、村人にとっては征服や侵略と同じように脅威であった。反乱や内戦によって避難を促された人々は大慌てで移動し、安全を確保できそうな場所へと向かった。ここで着目すべきは、避難の様式にはそれぞれの論理があるということだ。それは階級に、つまり人々の地位や財産や生活が国家権力の日常的営みによってどの程度まで保障されているのかに左右される。避難にいくつかのパターンがあった一九五四年から一九六五年までのベトナム戦争初期の南ベトナムでも、この論理がはっきりと見える。ベトナム戦争では、安全を懸念した地主、エリート層、役人たちは徐々に地方から省都へと引き寄せられるように移動し、戦争が激化すると最終的にはサイゴンへと向かった。彼らの動きから、国家中心部に近いほど安全だということがわかる。反対に、多くの一般農民は、大規模集落での定住生活を捨て、国家の支配が届きにくい遠方で頻繁に移動する生活へと移った。それはまるで、国家を基盤とした社会のまとまりの脆さが露呈して、国家以前の社会に逆戻りしたかのようであった。エリートは国家の強制力が強い中心地へ向かい、反対にエリート以外の弱小の人々は国家の強制力の乏しい辺境に向かった。

とてつもなく強大な勢力とならないかぎりは、反乱者たちこそ山地へと向かう理由があった。ハーディの説明にあるように、一九四六－五四年の第一次インドシナ戦争が原因で、「多くのベトナム人は紅河デルタから遠方の北部高地へと移動した。森林が、ラオス国境近くのディエン・ヴィエン・フー盆地までを覆い、革命軍を隠す役割を果たした(76)」。このパターンはベトナムでも他の場所でも歴史的に繰り返されており、少なくとも大規模な西山党の乱（一七七一－一八〇二年）までさかのぼることができる。この乱は、西山村出身の三兄弟が安全確保のため近くの山地に避難し従者を増やそうとしたことに端を発する。人々が戦乱に伴って山に逃げるというパターンは、ベトナムの植民地期初期に起こったケン・ヴーン運動*5から、一九三〇年のゲティンの蜂起*6、そして最後はベトナム独立同盟ヴェトミンの根拠地が民族的少数派であるトの人々の住む山地におかれた時代まで、その後も長く続いた[77]。危機に瀕した反乱軍や非戦闘員が国家を回避する場合、しばしば新しい生態環境への移入と、新しい生業習慣への適応が必要になる。新しい生業習慣は新しい立地に相応しいだけでなく、それまでのものにくらべて多様で移動性に富んでいることが多いために、国家はこういった生業を営む人々を把握しにくくなる。

戦争一般がそうであるように、反乱は敗北者を辺境へと追いやった。反乱が大きいほど、避難民の人口も増えていく。この点でいえば一九世紀後半の中国は大混乱の時代であって、漢族王朝の権力範囲から避難場所を求めて遠ざかろうと何十万もの人々が避難した。なかでも一八五一年から一八六四年にかけて起こった太平天国の乱にはじまる反乱は、間違いなく世界史上最大の農民反乱である。続く第二の混乱は、貴州や雲南で起こったパンゼーの乱[*7]とも呼ばれる一八五四年から一八七三年まで続いた大規模反乱で、「裏切り者」である漢族、ミャオ／フモン（苗）といった山地民、中国系回族ムスリムがこれに参加した。二〇〇〇万人もが命を落とした太平天国の乱にくらべれば、いわゆるミャオの反乱は小規模だったものの、反乱の鎮圧には二〇年近くを要した。太平天国の乱では、敗れた反逆者やその家族、そして集落全体までもが一目散にゾミアへと退却したが、ミャオの反乱から逃げた人々はゾミアのなかでもさらに南に奥深い遠方へと向かった。これらの移民集団は漢族王朝の権力から逃避しながら、広い範囲で略奪や強盗や破壊行為を行い、すでに多様だった山地の民族模様をいっそう複雑にした。移民たちの玉突き効果によって、移住先にいた人々が移出することもよくあった。トンチャイ・ウィニッチャクンによれば、一九世紀後半に北部シャムへ移入してきた中国人の多くは太平天国の乱の余波を受けた人々である[78]。ミャオの反乱に敗れた人々は、直接反乱には加わらなかったラフ（拉祜）やアカ（哈尼《ハニ》）の集団とともに難を逃れるために南下したが、ラフやアカのなかにはこれに先行してすでに南下していた者もいた[79]。二〇世紀になると、中国で成功した共産主義革命は、これに敗れて中華民国へ移った国民党軍という新しい移民を作りだした。国民党軍は、ラオス、ビルマ、中国、タイの国境に接していて今日「黄金の三角地帯《ゴールデン・トライアングル》」として知られる地域にとどまり、山地民と結託してアヘン交易のかなりを支配するようになった。山の奥地に位置するという地勢の障壁のおかげもあって、国民党軍は隣接する四つの国家の隙間にあるという立地を政治的に利用した[80]。彼らはゾミアという避難地域に入った最後の移民ではない。一九五八年には、中国共産党幹部や軍部による弾圧を受けて、少なくともワ（佤）族の人口の三分の一が中華人民共和国から国境を越えてビルマへと渡った[81]。また、文化大革命の期間には、別の移民の波も起こった。

黄金の三角地帯への国民党軍の退却が示すように、打ち負かされた王朝の官吏、王位僭称者、側近政治に敗れた人々にとって、ゾミアのような山岳地帯は長く避難場所として存在しただけでなく、新たな軍事活動の準備を行う場所でもあった。満州人による清建国のときにも、逃げてきた明朝王族や側近は、貴州やさらにその先へと安全を求めて退去した。ビルマでは、シャン高原とチン丘陵が避難地域となり、植民地期以前と植民地期初期にはビルマ王侯貴族の反逆者や王位争いに敗れた逃避行中の者たちに居場所を提供した。

とくに一九世紀以前の政治的抵抗は、宗教的異端や背教と密接に結び付いており、両者を明確に区別することはできなかった。平地と比較して山地は反乱や政治的対立のみならず宗教的異端と結びついていたことは、やはり強調すべきである。[82]このこと自体は驚くべきことではない。ビルマやシャムのような上座仏教を信仰する国では、サンガと呼ばれる僧団が影響力をもっており、ヒンドゥー教的仏教の教えを反映して支配者を神や王と捉える宇宙論がある。よって王国にとって、支配下にある地域の僧侶を支配することは、王子たちを支配するのと同じくらい難しい死活問題であった。国王が宗教的威令を強要できる距離は、政治的威令と課税を強要できる範囲とほぼ同じである。この範囲は、地形だけでなく、権力や王室の結束次第で地理的にも時間的にも変化した。宗教上の正当性がおよばない「前線」は固定的ではなく、権力との関係に応じて変化したのである。

典型的な国家に広がる水田盆地や平地は、たんに地形が平らなだけではなく、文化的、言語的、宗教的に平坦化されてきたと考えてよい。訪れるすべての人の目に最初に飛びこむのは、平地文化の相対的な画一性である。これは服装、言語、儀礼、耕作方法、宗教的慣習において多様性に富む山地とは対照的である。平地文化の均一性は、間違いなく国家の影響によるものだ。仏教が広まる以前に普及していたナッやピーといった土着の神々にくらべて、上座仏教は普遍性を目指した宗教のひとつであり、その意味で国家の中央集権化に向いていた。上座仏教は精霊信仰などのさまざまな要素を取り入れていたにもかかわらず、上座仏教圏の王は可能なかぎり異端な僧侶や寺院を追放し、女性や女装した男性が頻繁に行っていたヒンドゥー教や精霊信仰の儀礼を禁じた。自らが「純粋」で堕落していないと認めた教典だけを普及させようとしたのである。[83]水稲国家が宗教の画一化という事業を行ったのは、国王以外のエリート層が設立した王国全土にまたがる唯一の組織である宗教を、確実に支配下に置くためだった。国王と同様に大寺院も、国家の中心地で豊かな生産力と労働力《マンパワー》を基盤に余剰を私物化することで成り立っていた。だから、宗教者の支配する地域にもある一定の均一性がみられるのである。

特定の宗教が正統性をもつことが、権力の中央集権化によってある程度まで説明できるのは国家の中心部においてであって、山地のとてつもない多様性はそれだけでは説明できない。山地における異端は、それ自体が国家の産物の一種である。山地民は国家の影響が容易には届かない場所に居住していることに加えて、居住場所も散在し、多様で、隔絶されていることが多い。山地の僧侶は散在して暮らし、まとまりに欠け、貧しく、王室の保護や管理の下にないために、地元民の支持に依存していた。住民が異端であれば、僧侶たちも異端だった[84]。そのため、山地では宗派が分立しやすかった。ひとたび分派が生ずると、国家権力の周縁に位置している彼らを抑えこむことは困難であった。さらに次の二つの要因が山地での分派形成に決定的であった。第一に、聖典仏教と仏陀の生前に関する説話集ジャータカ物語の組み合わせが、俗世からの隠遁を強力に正当化した。王宮の配置の基盤となった須弥山*8の宇宙論も同じ働きをした。隠者、放浪僧、森林教団はすべて、社会の外側という立ち位置に由来するカリスマと超自然的な知の担い手になった[85]。第二の要因は、平地では禁じられていた異端の信者が、危険から逃れて山地へ向かいがちだったことである。山地の人口構造と地形は、宗教上の異端を助長しただけでなく、平地で迫害された分派に避難地域を提供した。

ビルマのシャン高原には、仏教を信仰する稲作民が小規模な盆地国家を作ったという示唆に富む事例がある。マイケル・メンデルソンは、ビルマの僧団《サンガ》についての著名な研究のなかでゾーティー（光、発光）革新派について書いている。ゾーティー派は一九世紀後半に「ビルマの本拠地から追い出され」て、シャン高原に定着した[86]。彼らはシャンの文献と図像を自らの文化に組み入れるだけでなく、シャン特有の仏教も導入した。同時に、ゾーティー派はパラマットという異端視された宗教的営みも一部に取り入れた（パラマットとは一九世紀初頭にボードーパヤー王に好まれて信仰された分派である）。メンデルソンは、分派に関する短い説明を「避難地域」という見方につながる洞察でしめくくる。「後世の研究者による検証が待たれる重要な手掛かりは、シャン諸州が何世紀ものあいだ「異端信仰」であることを理由にビルマの中心地から追い出されてきた分派に、避難場所を提供していた可能性だ[87]」。シャンが仏教徒になったのは一六世紀後半になってからのことで、ビルマの中心地から排斥された分派の集団的大移動が、シャンの改宗につながったと考えられる。エドマンド・リーチは、ほぼすべてのシャンにとって仏教徒であることがシャンらしさの源であると指摘しながらも、「彼らの大多数はたしかにたいして信心深くもないし、シャン仏教には多くの異教的要素が含まれている」と急いで付け加える[88]。スコットはそれよりもかなり早い時期に、『上ビルマおよびシャン州地誌』のなかでシャン諸州の僧侶を、護衛付きの家に住む武装商人であり、煙草をふかしてスカルキャップをかぶる人々だとしている。スコットはさらに、ビルマ王朝の権力から遠ざかれば遠ざかるほどに異端の程度が増すという文をクッシング博士の文献から引用している[89]。一九八〇年代のシャン州を人目を忍んで旅したあるジャーナリストによれば、中国国境近くには、女性と寝て、アヘンを吸い、警備付きの寺院に住む僧侶がいた[90]。これらの断片的証拠から推測すると、シャン人仏教徒とは、過去数世紀にわたって抑圧され、ビルマ人の住む中心地から追い出されてきた異端分派の、生きた化石のような人々であると言えそうだ。

　ゾミアは、低地の反逆者や敗北兵にとってそうであったように、異端宣告された宗派にとっても避難先となってきた。過去数世紀にわたってこの過程をたどってみると、ゾミアがいかにして影社会、つまり大規模水稲国家とほとんど同じ宇宙論的要素を使っていながら、その鏡のような存在になってきたのかがわかる。ゾミアは、国家形成に伴う災難や王朝の計略による被害から逃れてきた人々や彼らの思考が流れこんだ集水域のような場所であった。山地では、平地から追い払われた多元主義をふんだんに見かけることができる。それらの山地に積もる破片は、低地王国が平地から叩き出したもの、そして状況が違えば低地王国がそうなっていたかもしれない姿を教えてくれる。

　山地、砂漠、うっそうとした森林といった辺境と宗教的異端との関連はあまりにも密接で見逃すことはできない。帝政ロシアにおけるコサックの住む辺境地帯は、その平等主義的社会構造だけでなく、ラージンやプガチョーフといった大規模農民反乱に重要な役割を果たした古儀式派の砦としても有名である。スイスも、その平等主義と宗教的異端という特徴で長いあいだ知られてきたし、アルプス山脈は、ヴァチカンから概して異端信仰のゆりかごだと見なされることが多かった。ワルドー派[*9]はアルプスを避難場所とみなし、一七世紀半ばにサヴォイア公国の侯爵に強制改宗を迫られた際に、山脈の最も高台にある盆地へと移動した。宗教改革自体はアルプス山脈地方で広く普及したものの、地理的な分断のために地域ごとの分裂が生じ、ジュネーヴではカルヴァン派が、バーゼルではツヴィングリ派が形成された[91]。

　異端に満ちている山地を、たんに政治的、地理的な周縁の反映として、つまり迫害を受けた少数者《マイノリティ》がいざというときに駆けこめる抵抗の地としてみることもできる。しかしこの見方では、山地の異質性が平地とのやりとりのなかで形成されてきた背景を汲みとることができない。山地の異質性は、独自性と抵抗の表現を内包した文化的な選択の結果だからだ。〔北アフリカの〕山地に居住する〔白人系〕ベルベル人は、近隣の支配者との暗黙の競合のなかで、自らの宗教上の異端を頻繁に再構成してきた。「〔アフリカの〕イフリーキアの属州を支配するローマ人がキリスト教徒になると、完全には支配下に入っていなかった高地ベルベル人もキリスト教徒になった。しかし、彼らの場合はドナトゥス派やアリウス派といった異端者としてローマ教会とは一線を画した。その地でイスラームが大流行するとベルベル人もムスリムになったが、カリジテ派としてアラブ人ムスリム支配の不平等に異議を唱えた」。ロバート・リロイ・キャンフィールドは、アフガニスタンのヒンドゥークシュ山脈のイスラーム異端派を念入りに調べ、その精密に計算された在り方に、これと似たパターンを見出している(92)。農業が盛んな平地をスンニ派が占めている場合、近隣の山地では多くの人々がシーア派の宗派十二イマーム派となり、さらに奥地の近づきがたい地域に暮らす山地民は〔シーア派の分派である〕イスマーイール派を信仰している。各宗派への信奉は、生態系の異なる等高線に応じて変化したが、それに言語や民族の境界が重なることも多かった。これら二つの異端のかたちはともに、スンニ派を正統とする国家にシーア派が服従してこなかったことを強く示している。ここで宗教的アイデンティティとは、政治的、社会的差異を強調するために彼ら自身が選択した、境界作りの仕掛けである。東南アジア大陸部でもこれと同じような過程が進んだが、それについては山地の千年王国運動を考察したⅧ章で検討しよう。

国家空間における過密、健康、生態環境

狩猟採集民とは対照的に、農民は概して、悪質な菌を吐き出し、強力な武器と防具を手に入れ、より高い技術をもち、容易に侵略戦争を遂行できる中央集権化された政府のもとで暮らす。

——ジャレド・ダイアモンド『銃、病原菌、鉄』

定住穀物農耕と家畜飼育（豚、鶏、ガチョウ、カモ、牛、羊、馬など）によって、伝染病は大規模に拡大した。天然痘、インフルエンザ、結核、ペスト、はしか、コレラといった、人類をこれまでに苦しめてきた致命的な流行病の多くは、家畜由来の人畜共通感染症である。ここで決定的な役割を果たしたのが過密状態である。ここでいう過密とは、人だけでなく家畜、ネズミ、ダニ、蚊、ノミなど、「否応なしに」人に同伴してくる害虫の過密をも意味する。これらの病気が咳、接

触、水源の共有といった近接状態や、害虫を通して伝染するかぎり、寄生虫の宿主の密集そのものが流行病の温床を作りだす。近代前期のヨーロッパ都市における死亡率は、一九世紀中頃に下水道施設が整備され清潔な水が供給されて死亡率がはっきりと減少するまで、自然状態での死亡率を上回っていた。東南アジアの都市がヨーロッパの都市よりも衛生的であったとは思えないし、こういった疫病の多くは「文明の病」だといえるだろう。歴史書によれば、これらの疫病は、動植物や昆虫の密集が避けられない穀物栽培の中心地に存在した。(93)

水稲国家の年代記やヨーロッパ人訪問者の記録から明らかなのは、前近代の東南アジア大都市では流行病が頻繁に猛威を振るっていたことだ。(94)スラウェシ島北部と中央部で包括的かつ詳細な研究を行ったデイヴィッド・ヘンリーによれば、流行病、とくに天然痘が、この地域の人口増加に歯止めをかけていた。おそらく過密と交易経路に近かったことの影響で、沿岸の住民よりも「山地住民」のほうが「健康的で強壮な印象が強かった」と記している。(95)

伝染病の流行に対して最も安全な対策はすぐに町を出て地方や山地に散らばること、というのは誰もが知っていたようだ。人々は、何が病を実際に媒介するのかは知らなかったが、分散と隔離が病の流行を遅らせることには気づいていた。山地民は一般に、平地を健康に悪い地だと見なしていた。標高一〇〇〇メートル以上に住む人々のこのような発想は、低地でのマラリア感染率が高いことに由来するものか、もしくは都市の流行病や商人によって海路経由でもち運ばれる疫病に対する恐怖の表れだったのだろう。ルソン島の比較的標高の低い地帯に住んでいたイゴロト人は、流行病が発生するやいなや山地に帰って散らばり、道を遮断しなければならないことを熟知していた。(96)疫病の猛威から身を守るための対策として山地への避難が人口学的にどれほど有効であったか、また避難した人々のどれくらいが疫病が過ぎ去った後に戻ったのか、といった問いにはっきりと答えることは不可能である。しかし、干ばつと飢饉からの逃避も要因として加えると、山地への避難が人口動態におよぼす影響はかなり大きかったと言えるだろう。

農業とはすべからく危険性をはらむものである。しかし、全体的にみれば、水田農業の危険性が最も高く、次が山地農業であり、狩猟採集は最も危険性が低かった。ただし灌漑水田稲作にも唯一の利点があって、一年を通じて水枯れのない川から水が供給されるかぎり日照りによる渇水に強かった。(97)一方で、山地で行われる焼畑と狩猟採集は多様性が豊かで多くの栄養源を供給するので、一、二種類の作物の不作で辛い思いをしても、破滅的な飢饉になることは少なかった。おそらく人類の密集がそうであるように、特定の栽培品種を密集させると、流行病に大きな影響を与えるという点が最も重要だろう。穀物生産は遺伝的多様性が比較的低いため、水田植物に適応した昆虫、真菌類、サビ菌類などの病害虫にとっては、疫学上理想的な環境が作られる。そうした害虫が密集すると、そのほとんどで米を栽培している灌漑稲作の平原は、あっという間に破滅的状況を迎えることになる。

干ばつが起きたり、作物が目に見えて病害虫の被害を受けたりすれば不作の理由は明らかであるが、それ以外にも、健康を侵された患者の抵抗力が弱まるように、水分不足で弱まった作物は容易に病原体に感染してしまう。一六世紀後半にはハンタワディという下ビルマの王国が、ネズミの大発生によって荒廃し、貯蔵穀物の大部分が失われてしまった(98)。食料がなくなると、住民も逃げ去った。ネズミの大発生を引き起こしたのは、豊富な貯蔵穀物であることは明らかである。これとは対照的に、一八〇五年と一八一三年に上ビルマで起こった凶作と飢饉の原因ははっきりしない。タンミィンウーによると、限りある耕作可能地を圧迫したのは、マルサス的な人口増加のほかに干ばつもあったようだ(99)。病を流行させる真の原因がどんなものであれ、疫病は人口の大規模な集団移動を引き起こした。とくに「焼畑農耕への移行」が進み、その結果として多くの水田が放棄されたので、コンバウン朝の徴税役人は、放棄地という新しい範疇を地籍図に加えなければならなかった。逃亡した人々が遠方の山地へ移動したかどうかは定かではないが、ひとつ明らかなのは人々が続々と水田中核地を放棄したということだ(100)。

水田中核地帯でマルサス的な人口増の圧力があったという事実は、水田地帯に財政的な制約だけでなく生態学的な限界があった、という興味深い可能性を示唆する。これはまさしくチャールズ・キートンが論じてきたものだ(101)。キートンによると、ミンドン王支配下の乾燥地帯付近で起こった大量の森林破壊は表土の流出を増やし、灌漑用ため池や水路の沈泥の固化も進んで、多くの水路が放棄されてしまった。この地域ではもともとの降水量が年間五〇〇－六五〇ミリとほんのわずかなので、降水量が少しでも減少すると干ばつと人口の大移動が引き起こされる可能性があった。この説によれば、乾燥地帯は不作を招きやすい劣悪で脆い生態環境へと変化した。劣悪な生態環境が引き起こす飢饉から逃れようと山へ向かった人々もいただろうが、多くの人々は一九世紀末に発展し開けたイラワディ・デルタの開拓前線へと向かった。いずれにせよ、この人々も水田中核地から去っていったのだった。

穀物生産に逆らうように

東南アジアにおける植民地期以前の水稲国家や中国の明朝

や清朝の公的史料にもとづく自画像では、各々の王朝は輝かしい国家で、多くの住民が平和裏に参集したかのように描かれている。それによると聡明な行政官が無作法な民衆を導き、人々に読み書きを教えて、仏教や儒教のある王宮中心地へと向かわせた。この中心地では、定住水田耕作を行い王国の忠実な臣民になることが文明の達成指標である。イデオロギー色を帯びた他の自国描写がそうであるように、このヘーゲル的な国家の理想像は、人々の実際の経験、とくに辺境の人々の現実とはまったく異なる残忍なパロディであって、あたかもベトナム戦争時のアメリカ政府による「和平工作」という言葉の使い方のようである。

ここで「文明」が何を表しているのか、という大きな問いはとりあえずおいておくとしても、上述の自国描写は少なくとも二点で根本的に間違っている。第一に、人口が集まる過程は、文明に向けた平和で自発的な道程とは程遠いことが多かった。中心地の住民の多くは捕虜となった人々であり、戦争の褒賞として集団で捕らえられて中心地まで連行されてきたか、もしくは国家にとっての必需品を売る奴隷売買遠征隊からいわば買いつけられた人々であった。一六五〇年の段階で、アヴァの首都から半径二〇〇キロ以内に暮らす住民は、主に奴隷とその子孫で構成されるアフムダーンという王務を司る人々で、彼らは総人口の四〇パーセントを占めていた。一七六〇年から一七八〇年にかけて、減少していたアフムダーンの人口を増加させるために、マニプール、シャン高原、下ビルマから大規模に捕虜の強制移送が行われた。またシャムは、捕虜の王国としてさらに強烈な事例である。ある訪問者によれば、一七世紀後半のシャム中心地の人口の三分の一は「異邦人であり、主にラオ人やモン人戦争捕虜の子孫」であった。ビルマ人の侵略によって人口が激減したシャムは、一九世紀初頭に捕虜獲得へ向けた大規模軍事工作を始めた。その大きさは「中央盆地では、ラオ人、モン人、クメール人、ビルマ人、マレー人の総数が、自称シャム人とほぼ同じ規模に達する」ほどであった。[102] 一方で、多くの辺境住民が、平和な時期に王宮中心地で得られる有利な条件に引き寄せられたのも事実である。けれどもこのような国家形成は、当時の人口条件を考慮すると、捕虜と奴隷なしには考えられなかった。

王朝の自国描写のなかでひどく省略される第二の点は、国家中心地からの避難を裏づける圧倒的な数の証拠である。これを認めてしまうと「人々が水田中核地を離れて自発的に〝未開人の地へ赴く〟わけがない」と考える文明論を明らかに否定してしまうことになる。たしかに過去六〇年間は都市部や中心部で人口が爆発的に増加した近代国家によって山地支配が強化されてきたから、近視眼的な史観をとれば、この文明論の間違いに気付かなくても仕方がないのかもしれない。

しかしそれ以前の千年以上のあいだ、国家から避難することは、少なくとも国家に引き寄せられるのと同じくらい一般的だったことは明らかである。避難の過程は不規則で、水田中核地では人々が移出し文字どおり無人になる状態と、人々が満杯になるまで居住する状態とのあいだを激しく揺れ動いていた。

国家の中心地から避難する動機はいくつも考えられるが、おおまかな分類は可能だ。国家による略奪がなければ誰もが低地での稲作を好むだろうことを暗に仮定する文明論とは反対に、水田稲作よりも山地の焼畑や狩猟採集生活を選択する積極的な理由があった。開けた土地がたくさんあるかぎり、労働に対する見返りの観点では焼畑は灌漑稲作より効率的だった。実際に土地はごく最近まで豊富にあったし、もともと山には病害虫が少なかったので、焼畑の作物は豊富で多様な栄養を供給した。これに低地商業や国際貿易で高価に取引される商品をもたらす狩猟や採集を組みあわせれば、比較的わずかな労働で大きな見返りがもたらされる。焼畑や狩猟採集で、社会的自律と商業交換の利益の両方を得ることは可能だったのである。たいていの場合、山地へ赴いたりそこに居とどまることは、物質的な犠牲と引き換えに自由を求めることではなかった。

飢饉、疫病、戦争で人口が壊滅した後に、もし幸運にも生き残ることができたなら、水田のあった平地でも、焼畑こそが典型的な生業手段となっただろう。つまり国家に抗する空間とは、地図上の場所ではなく、権力に対する位置付けを意味するのだ。それは、反逆の成功、農業技術の変更、想定外の天災が起こったときに生みだされる。同じ場所があるときは強力な支配を受け、またあるときは比較的独立を保つことができたのは、水田国家の領域の広さと、臣民になる可能性のある人々による抵抗の程度によるところが大きかった。

実際の避難について言えば、その年その年にゆっくりと徐々に人々が押し出される場合と、劇的な出来事が大規模な集団移動を引き起こす場合とを分けて考えるのが有益だろう。前者の場合、野心的な統治者による課税や賦役に日増しに苦しめられ、零落した臣民がじりじりと流失して国家権力の範囲の外へと移動した。宗教上の異端者、党派争いの敗者、村から追放されたもの、犯罪者、冒険家も同じように辺境へと移動したかもしれない。こういった類の移住者は、これからみていくように、先行して存在していた山地社会組織に難なく吸収されていった。

長い目でみたときに、人々の断え間ない移出の累積と、危機に伴う大規模な集団移動のどちらが中心地の人口減少に寄与したのかは判断できない。前者は目立たない動きであったために、年代記よりも収税記録に多くみてとることができるだろう。戦争、飢饉、火災、疫病は前者のタイプの移動よりもニュース性が高いので、年代記や保管文書に表れる傾向が強い。この四つに圧政を加えたものが、ビルマの民話でいう五大災厄である。(103)五大災厄によって、人々はある国家から別の国家へ、水田のある中心地から国家権力の周縁へと大規模に移動し、山地では人口の再配置が促された。

戦争、飢饉、流行病などが引き起こす災厄を予見する方法はないし、あらかじめその継続期間や規模を知る方法もない。こういった災厄はその性質上、パニックと避難を引き起こす。とはいえ、こうした災厄は前近代の東南アジア世界では頻発したために、農民が飢饉を乗りきるために緊急時の食料入手の知識をもっていたのと同じように、多くの人々はあらかじめ「災厄発生時の行動基準」をもっていた。中心地に住む農民の多くにとって、散在し、避難ルートを確保し、いざという時のための生業手段を別にもつことは、災厄に対処する選択肢のひとつだったにちがいない。(104)

反乱や略奪を伴った大規模な集団移動は、植民地期以前の大部分の東南アジア国家の歴史を区切る契機となった。ここで災害を二種類に分けてみよう。ひとつは安全を求める中心地の住民を別の国家や権力の周縁、山地へと押し出す災害、もうひとつは野心的な王権によって初めて強制的に国家に組みこまれた人々が起こす抵抗や逃避である。両方とも一四世紀から一六世紀にかけてのベトナム北部で顕著に観察できる。一三四〇年から一四〇〇年にかけて干ばつ、反乱、侵略が起こった紅河デルタでは水田農民が壊滅的な状況に陥った。人口は八〇万人減少して一六〇万人程度まで落ちこみ、多くの避難民が山地へ移動したと思われる。一六世紀初頭に人口を回復させた中心地の権力は「首都の西や北や北東にある山地ベトナム区域へ」の拡大を試みた。霊験あらたかな仏教や道教の達人の先導もあって断続的に起こった反乱は、強い抵抗を引き起こし、何千もの人々が遠方の山地へと避難したようだ。一九世紀初頭には、シャムの王室がこれと似たような猛烈な抵抗に出くわしている。当時、シャムの王室はラオス南部への支配拡大をもくろんでおり、「赤い鉄」政策と称して納税者に入れ墨を施し、賦役を要求し、「山地民と部族民の奴隷化を大規模に推進した」(105)。これに対する反乱が鎮圧されると、国家への編入から逃れようとした人々は山地へ向かい、奴隷狩りを恐れた人々は支配のおよばないさらに遠方の山地へと避難した。上ビルマでも、一三世紀のモンゴル侵攻にはじまり一五世紀までの大半の期間に大混乱と飢饉の経験から、マイケル・アウントゥインのいうように「多くの人々が伝統的に安全とされた地域から移動して、安全な飛び地に移っていった」(106)。避難民が向かった先がどこなのか正確にはわからないが、大部分は国家権力の辺境である高地へと散らばっていったにちがいない。下ビルマのデルタ地帯はもともと避難場所であったが、そこがビルマ人権力の中心地から逃げた人々に知られた目的地となったのは一九世紀のことである。

断片的な証拠しかないとはいえ、水稲国家の中心で統治される人々と、国家領域の外にいた人々とのあいだの振幅パターンについて若干の推論をしてみよう。国家権力からの距離という点では、統治が行き届き稲作農耕をする中央に居住する人々から、尾根に居住し防御柵を作って国家統治のおよばない人々までをひとつの連続帯として想像することができる。中心地帯の周縁にいる人々と、その近くの丘陵地の人々は、国家権力との関係において中間的な位置を占める。図式にして考えると、危機に直面した人々はまず次に安全と思われる場所へ移動したと想像できる。したがって中心地帯で戦争や飢饉に直面した人々は、中心地帯の周縁へと移動しただろう。中心地帯周縁の人々は、まず中心地帯の混乱から逃れて財政面で離脱することで自らを防衛しようとしたに違いない[107]。そしてこれが失敗すると、次に付近の後背地や山地へと向かっただろう。後背地や山地の人々は、直接統治や奴隷狩りというかたちで国家権力が拡大すると、反乱を起こしたり逃避したり、あるいは反乱後に逃避して、おそらくはさらに奥の標高の高い山地へと向かった[108]。つまり、それぞれの集団は危険にさらされると、この連続帯に沿って国家権力から離れた次の位置へと移動したと考えられる。中心地帯が好ましい状態であれば、移動の過程は逆になり、多くの人々が中心地帯近くへと移動し、交易や国家の保護下で得られる様々なメリットを享受しただろう。

オリヴァー・ウォルターズが東南アジアの「折りたたみ式《コンチェルティーナ》」のマンダラ国家について書いているが、人々は危機と報酬のバランス次第で支配領域に近づいたり離れたりするという意味で、この比喩はマンダラの住民に適用することができる。このように移動する人々は、政治的に国家状態と無国家状態の両刀使いであったと見るべきである。人々は長い時間をかけて国家状態と無国家状態とを行き来するが、往来する能力は利用可能で広大な辺境の地があるかどうか、そして新しい居住環境に適した社会構造と生業形態の選択肢をあらかじめ携えているかどうかにかかっていた。それにしても結局のところ人々が避難した先は、まったくの新天地であったのだろうか。このような人々の多くは奴隷やその子孫で、大多数が山地から間引かれた者たちであったことを思い出してみると、おそらく、ある人々にとっては、国家から離れる旅はその人の故郷へと帰る旅であったにちがいない。

距離という障壁——国家と文化

何も必要とせず、森や山、踏みこめない未開地、高くそびえる断崖に囲まれたイゴロト人。彼らを征服することほど難しいことはない。
——一八世紀フィリピンのスペイン人官公吏

植民地官僚は、植民統治の以前から遠方の山地を征服する際の軍事的障壁が恐るべきものであることを了解していた。移動性が高く総じて敵対的な住民、そして険しい地形の組みあわせの存在は、軍事侵攻は言うにおよばず、遠征による征伐すら危険きわまりないものであることを意味していた。このような危険な征伐遠征を記した『玻璃宮御年代記』によると「道は昼まで雪の吹きだまりや霧に阻まれた。山地で追跡を続行することは不可能であると判明したため、モーガウンという町のソーブワーの追跡を命じられていたマハーウパヤーザー王子とアヴァの王は召還された」[109]。一九世紀末にビルマ北部で強力に武装した「平定」の遠征軍を率いていたスコットは、行軍の困難さと特定の区域の征服にかかった時間の関係をこう説明した。「ダコイト（盗賊集団）は安全な潜伏場所をもっていた。広大な未開の森林地帯やマラリアに覆いつくされ何マイルも続く浸水地域、鬱蒼としたジャングルと峡谷に秩序をもたらすには、さらに一、二年かかった」[110]。こうした困難はベトナムのフランス植民地政府にとっても同様であった。一九〇一年のある報告書は「切り立った山々の作る避難場所と人を受けつけないような森林」に守られた山地で抵抗する人々を支配する際の障壁について警鐘を鳴らしている[111]。

これまで述べたのは、もちろん平地国家の見方である。山地に避難している人々の視点からすれば、一連の障壁は優位に活用できる自然条件であった。人々はイゴロド人がしたように、山道を遮断し、必要ならばより深い山中へと逃げ隠れることができた。外敵から防衛する際に有利な山地には、小集団でも強力な軍隊をくいとめることを可能にする無数の場所があった。山中の奥まったところは、最も近い平地中心部からの攻撃に対する障壁が最大になる場所であって、国家の直接支配が最も届きにくい所であった。こういった場所には、「山の要塞」という表現が文字どおり当てはまる。イギリスの視点からみると、「野蛮な」ワ人は、タイ、中国、ビルマのシャン州東部をまたぐ国境の、まさにそのような山の要塞に住んでいた。ある植民地官僚によると一九世紀末の地図は「急勾配の山々が交錯する」地形の実際の困難さをまったく描くことができていなかった[112]。今日でさえ、二〇〇万人強ほどいるワの人々は「間違いなく現代世界のなかで最も広大で未開な山地のひとつ」に暮らしている[113]。

地形のもたらす障壁の程度は、単純に地勢図から読みとれるものではない。障壁は社会的に操作されて、かなり増幅したり縮小したりするからである。山地へと権力を拡大しようとしたイギリスの前進をたどることとは、かなりの程度まで橋、全天候型の道路、森林伐採、正確な地図、電信機といった、距離を短縮する技術の進歩をたどることでもある。枯葉作戦、ヘリコプター、飛行機、衛星写真といったより高度な技術は、障壁をさらに縮める。つまり、障壁とはたんに物理的にそこにあるのではなく、多様な目的に沿って絶え間なく造り上げられているのだ。距離という障壁を増幅させようとする人々は、橋の破壊、細い道での待ち伏せや仕掛け罠、倒木を使った道の遮断、電話線や電信線の切断など、さまざまな対抗戦略を使う。ゲリラ戦についての文献は、機密情報を得るためのテクニックを除くと、大部分が自身に有利なように地形を操作しようとする、という内容である。

軍事的な論理が距離という障壁を説明するのと同じように、それは社会や文化への影響をも説明する。その結果を描きだしてみると、山地社会と水稲国家の社会的差異をあるていど図式的に解明できる。東南アジアにおける主要な文化的影響の多くは、海を渡ってくる商人によってもたらされた外来のものであった。バラモン教の影響を受けたヒンドゥー教、仏教、そして後にはイスラームがこのようにして伝来し、海岸地帯から平地や河岸など商業や交通の主な幹線に沿って、低地民の移動とともに広がっていった。文化的な思想の影響が、地形という障壁が小さく人々の行き来が多い地域から広がっていく経過はコマ送りの連続写真のようである。

逆に、沼地、湿地、峡谷、険しい山々、荒野、砂漠などの障壁のとても大きな場所は、物理的には国家の中心地に近くても、実際には近よりがたいために政治的、文化的に異なる地域として残ることになる。巨大な山脈の連なりを、長期にわたる時間軸と垂直方向に伸びる標高とを加味して読みとくと、特定の文化の層がどのように形成されてきたのかを容易にみることができる。例えばヒンドゥー教シヴァ神信仰という文化的まとまりは沿岸から入りこみ、国家権力や商業交換の動きに合わせて水路沿いや耕作に適した平地を越えて広がる。精霊信仰者《アニミスト》などさまざまな理由からこの文化圏に順応しないことを選んだ人々は、流域の上流へ、奥地の内陸部へとその文化圏の外に移動したり、追い立てられていった。ここでもうひとつ別の文化的なまとまり、例えば仏教やイスラームが最初にあった宗教に続けて普及する場合を考えてみよう。この新しい波は、おそらく国家の支援の下、同化を拒むヒンドゥー教シヴァ神信者らを流域上流へ押し出し、この人々がもっと早期に流域上流へ避難していた精霊信仰者たちをより標高の高い場所へ、または内陸のさらなる奥地へと追い立てる。このような状況から、先に述べたテンゲル高地のような状態が導かれることは容易に想像できる。つまり、はるか遠方からの文化的影響が文化の深層部ともいえる最も古いものを最も標高の高いところに移動させ、表層部の新しいものほど標高の低い平地に位置するといった具合に、文化が順々に垂直方向に堆積したようなかたちになるわけだ。もちろん実際の移住の形態はずっと複雑であり、例えば二〇世紀に東南アジア大陸部では、キリスト教宣教団が低地を「飛び越して」直接に高地へ入ってきた。しかし、このように大ざっぱな見取り図を描くことで、なぜ国家の近づきがたい高地は低地とは文化的に異なっており、時代に応じて独自の層を形成してきたのかを理解する際の助けになる。[114]

乾燥地の小ゾミア、湿地の小ゾミア

ここまでの議論の焦点は、私たちがゾミアと名づけた広大に連なる山岳地域にあった。しかし、これまでにみた距離という障壁、避難地域、国家に抗する地形といった諸原理は、他の小規模な地域でも同じような働きをする。歴史的にも重要なのは、ビルマのペグー山脈の事例である。森林に覆われたこの山脈の幅は六五キロから二〇〇キロにわたり、ビルマ中心部のイラワディ川とシッタン川のあいだを南北に四〇〇キロ走っている。

国家に抗する空間として、豊かな平地の最も近くに位置するペグー山脈は長いあいだ、逃亡者、反逆者、強盗の避難場所となってきた。鬱蒼とした森、隠れた渓谷、そして何にもまして実り豊かな水田農耕集落への近さ。これはチャールズ・クロスウェイト卿が言うところの「ダコイトにとってこれ以上の条件は望みえない」ものであった。[115] ところがペグー山脈は、二〇世紀初頭ビルマの植民地政府にとって主な収入源であったチーク材が豊かに残っている数少ない森林のひとつであったために、人々がこぞって狙う支配の標的になってしまった。このペグー山脈を支配するためイギリスは多くの資源を投入したにもかかわらず、この地は一八八五年の第三次英緬戦争、一九三〇–三二年のサヤーサンの大反乱[*10]の期間、そして第二次世界大戦の勃発時には決定的にイギリスの手から滑り落ちた。戦後、一九七五年までの約三〇年間、ペグー山脈北部は共産主義反乱者の主な拠点地域となり、南部はラングーン政府を陥落しかけたカレン反乱軍の拠点地域となった。ビルマ共産党は、反乱軍の拠点として延安の安全性が高いとみなし、この山塞の「中央マルクス・レーニン主義学校」を「黄金の都北京」と名づけた。[116] 一九七五年に、ビルマ共産党とカレン民族統一戦線がこの地で最終的に一掃されると、反乱軍は中央平地と中央政府に対して直接攻撃できる距離にあった最後の拠点を失った。人口希薄なペグー山脈は、ビルマにおける国家に抗する空間について本を書くならば必ず一章を割くに値する場所である。[117]

ペグー山脈の北端に位置するポパ山には重要な仏教寺院があり今日も巡礼の場所となっているが、ごく最近までは国家に抗する空間として知られてきた。マンダレーの南西、メイッティーラとチャウッという町の中間に位置し、標高一五〇〇メートルにも達するこの険しい山の頂は、峡谷と低木林を擁する峰々に囲まれている。ポパ山は主要な避難地域や革命派の拠点地域として機能するほど広大ではなかったものの、交易ルートと低地民の居住地にじゅうぶん近かったので、強盗団や家畜泥棒にとっての隠れ家になっていた。[118]この地でイギリスの併合から一〇年間も抵抗を続けた集団もあった。ポパはまさしくイギリスが侵略と占拠の困難な山の要塞と見なした、文字どおり何百とある場所のひとつであった。こうした場所は、王位僭称者、異説を唱える森林住僧団、反逆者、強盗などをかくまっていたことだろう。山の要塞はそれぞれ国家に抗する空間として独自の歴史をもっており、何らかの理由で国家から距離をとりたいと願う人々は、そこが避難地域になると知っていた。これらの地域に共通していたのは、国家をもたず散在して移動を繰り返す人々がいること、そして防御し避難するのに有利な険しい地形であった。

国家に抗する場所をすべて描写するには、高い山の上の要塞と同じくらい、沼地、湿原、沢、荒野、デルタ、マングローブの茂った沿岸、入り組んだ水路と群島といった多種の湿地にもページを割く必要がある。統治困難なこれらの地域は、豊かな水田農耕地域の近くの標高の低い場所にあることが多かったため、低地の政治的秩序にとっては山の要塞に匹敵するほど大きな脅威となった。揚子江デルタの真南に位置する嘉興《かこう》は、一七世紀初頭にはまさにこのような秩序の乱れた地域で、運河や水路によって作られた迷路は、秩序維持を目指す国家にとっては頭痛のタネであった。そのような地の統治を任されていたある長官は「これらの広大な水系は湖、湿地帯、入江、沼にさえぎられながら計り知れないほど遠方まで広がっている。その場所は、どこからともなく山賊が現れ、集まってはまた消えていく広大な避難地帯である」と記している。[119]

ヴェネツィアやアムステルダムで湿地帯が国家中心地を守る天然の防衛線になったように、湿地帯は反逆者、山賊、海賊にとっての避難先にもなる。〔一三世紀の偉大な古典である〕『水滸伝』は、不祥事や裏切りによって失脚した役人とそのお伴の無法者連中が湿地帯に集結した冒険物語である。[120]これよりもさらに長く、三〇〇〇年以上にわたって物語になっているのは、チグ

地図7　ペグー山地の標高。

ペグー
山地の
標高
マンダレー
MANDALAY
SAGAING
サガイン
AVA
アヴァ
パコックー
PAKOKKU
パガン
PAGAN
ポパ山
POPA
1518M
PEGU YOMA RANGE
ペグー山地
マグウェ
MAGWAY
IRRAWADDY RIVER
イラワディ川
プローム
PROME
TOUNGOO
タウングー
ペグー
PEGU
標高
(メートル)
0 - 200
201 - 500
501 - 1,000
1,001 - 8,752
0
30 KM

リス川とユーフラテス川のあいだ、今日のイラクとイランの国境上にある巨大なメソポタミア湿原である。一万五〇〇〇平方キロメートルにわたるこの湿原は季節に応じて形をかえ、つい最近まで国家から離れた孤島として多くの人々に居住場所を提供してきた。英語圏の人々の目を初めてこの湿地世界へ向けさせた冒険家ウィルフレッド・セシジャー[*11]の書いた『湿原のアラブ人』によると、湿地は「びっしりと生い茂るアシが侵入を阻み、迷路のようで人々は舟でしか動くことができない。湿地は戦いに敗れた残党の避難場所として、ずっと昔から無法と反乱の中心であったに違いない」と指摘する。[121]不慣れな部外者にとってはこみ入った迷宮でしかない水路は季節に応じて変化するので、容易く移動できる地元住民は、国家からやってくるどんな侵入者よりも決定的に有利であった。国家がこの問題を強引に解決しようと思えば、他の湿地抵抗地帯の事例と同じように、湿地を排水し、一気にそして永久に居住環境を破壊することになる。湿地を壊し国家空間を拡大するための大事業は、最終的にイラン・イラク戦争中に同地域で大打撃を被ったサダム・フセインによって成し遂げられた。統治者が山の避難地域に対してそのような方法をとることはできないが、湿地帯に対する最終手段はいつも、なにがなんでも排水して抵抗や反乱の潜在的拠点を破壊してしまうことであった。[122]

白人居住者の支配した北米では、沼地は反乱と逃避の避難場所として山地や辺境と同じくらいの役割を果たした。一九世紀前半にインディアンを排除しようとしたアンドリュー・ジャクソンの政策を強制しようとした合衆国連邦政府軍に対して、〔北米インディアンの〕セミノールはオスセオラ首長の下、逃亡奴隷の支持者らとともに七年間におよぶ抵抗戦線を敷いた。[123]ヴァージニア州東部とカロライナ州北部の州境にあるディズマル大湿地は、何世代にもわたって何千人もの逃亡奴隷の避難場所であり、「奴隷制を最も強く支持する南部社会のど真ん中」に位置していた。[124]逃亡奴隷はそこにいた白人背教者、徴兵制を逃れてきた南部住民、脱走兵、脱法者、酒密造者、猟師、大工、罠猟師らに加わった。ロングフェローが「ディズマル湿地の奴隷」という詩を作り、ハリエット・ビーチャー・ストウは一八五六年に『ドレッド——ディズマル湿地の物語』を書いたことで、「大ディズマル」は『水滸伝』における沼地のように文学の題材にもなった。アラブ湿地における避難地帯と同様に、大ディズマルは「最底辺」の人々に自由と独立を許す場所となったため、水を抜いて干拓せよと繰り返し叫ばれてきた。[125]

東南アジアの沿岸地域も国家から逃れる人々や反逆者の隠れ場所となってきた。メコン川、チャオプラヤー川、イラワディ川といった東南アジア大陸部の主要河川のデルタ地帯は変化に富み、潮の満ち引きによって現れては消える無数の支流や河口、入り江があるので、取り締まりはほぼ不可能であった。水域を熟知し追手に気づいた瞬間に消え去ることのできた逃亡者たちには、支配者側の暴力をもってしてもとても敵わなかった。革命に有利な地理環境を憂慮したフランスとアメリカは後援したサイゴン政府に対して、山地と湿地帯をとくに監視すべき場所として忠告した。「〔ベトナムの〕中央高地とメコン・デルタ西部の湿地平原〔トランス・バサック〕は、共産主義者の侵入を容易に許してしまうので、戦争を遂行するうえで注意すべき二大地域であった」と(126)。ビルマ政府に対抗したカレン反乱軍も「広大なマングローブ湿地帯、森林保護区、泥深い川、奥地に隠れた支流、といった人を寄せつけない地域」を十分に活用したので、「政府軍はつねにゆっくりと動くしかなかった(127)」。

マングローブのなかの住み家はおそろしく曲がりくねった水路を作り、長い経験をもった地元の人以外にはみえない場所にあるという点で、おそらく避難に理想的な環境であった。隠れ家としてこれ以上の場所はない。「曲がりくねった運河や支流は泥や砂が堆積した浅瀬で遮断され、植物の壁のなかに埋もれて視界から消えてしまう。マングローブ迷宮の細い水路は木々の枝やニッパヤシの葉で覆われている。このような場所で危険が予想された場合、複雑な地形をもつ場所に慣れ親しんだこの水系の住民は、首尾よく見つからずにすむだろう(128)」。

隠れたり避難したりするのに好都合な地勢は、略奪者にとっても好都合だった。ペグー山脈が繁栄した低地のすぐ傍にあるのと同じように、マングローブ林は船舶航路の近くにあるので、略奪者は船を奪ったり、海岸の集落を襲ったり、奴隷狩りを行うためにマングローブ林から素早く出たり戻ったりした。ヴァイキングと同じように、この海上のジプシーは商人でもあり略奪者でもあるという両生的存在だった。ヴァイキングと同じように、彼らは大型の船では航行できない小さな支流を上ることのできる速くて底の浅いペラフと呼ばれる舟をもち、防備の薄い上流側から下流の集落を夜中に襲撃することもできた。マングローブ林の利点をうまく生かす彼らは、一時期の東南アジアでオランダとイギリスの海上交易に対する大きな脅威となった。強力に武装し、モーターの動力を得た彼らの直系の子孫は、今日もマラッカ海峡を定期運航する巨大タンカーを苦しめている(129)。

山地と同様、沼地や湿地、マングローブはしばしば通う場所でもあり、襲撃をかけるときの潜在的な拠点でもあった。しかし何にもまして、そうした場所は国家の存在感が最も薄い場所であり、さまざまな理由で国家の押しつける権威から逃れようとする人々が避難場所を見いだせるところであった。

野蛮人のほうへ

確かなのは、国境沿いの中国人のなかには同じような分岐進化の道をたどり始めて［草原遊牧生活に親しみ始めた］人々がいること、そして、万里の長城が作られたのは、中国の中に中国人を引き留め、同時に中国の外では新しい型の野蛮人を外に締め出しておくためだということである。

——オーウェン・ラティモア『歴史における辺境』

少数民族《マイノリティ》とはどんな人々で、どのようにして現在の地にたどりついたのだろうか。古くからの物語や平地の民衆に伝わる見方では、少数民族とは平地民の祖先であり、最初の先住民である。一方、現在の歴史家や民族誌家は、ゾミアに住んでいる少数民族を、敗北、迫害、周縁化の苦汁をなめた移民として描くことが多い。この見方は一般に、少数民族を不当に被害者に仕立て上げるものである。二つの暗黙の前提が、この見解を支えている。第一の前提は、山地民はみな、できることなら平地に住みたいと思っており、彼らの多くはかつて低地に居住していたが圧力に屈して不本意ながら山地へと追い立てられた、というものである。第二は、山地民は「野蛮さ」や後進性というこれまで貼られてきた烙印を避けたいと思っているはずであり、その野蛮さは逃避行のもたらした必然の結果である、という前提である。低地の基準から見ると、文明化した人々とは水稲耕作を営み国家に納税する臣民であり、こういった状態から逃れ、国家の勢力圏の外側で新しい生業形態を採用することは、それ自体が常軌を逸したところに身を置くことにほかならない。

話をここで終えてしまうと、移動者の主体性《エージェンシー》という、移動行為の背景にある重要な意図を見落とすことになる。開けた土地があり平地民との交易も可能な辺境の地に暮らす山地民は、納税と賦役から逃れられることはいうまでもなく、少ない労働で比較的豊かな生活を送ることができる。ラティモアの描写では、中国の北部や西部辺境の遊牧民の多くはもともとさまざまな背景を抱えた農耕民で、「貧しい農業と決別し、牧畜民としてのより安定した生活に移る決心をした」人々だったが、これと同じように、人々が高地での焼畑農耕と狩猟採集による生活へ移行したのも、限られた経済的利益を追求した自発的なものだったのである。(130) さらに、より少ない労働でより多くの収穫を自分の手にできるのだから、国家権力から距離をおくことは、その物質的な利点だけを考えても十分に納得できるものだろう。

　平地からみると、山地へ移動して暮らすことはつねに地位の低下と結びついており、自発的な山地への移動など想像もおよばないことであった。平地では、山地民とは一度も文明化されたことのない先住民であり、あるいはもっと同情的にみても、強制的に平地から追い出された人々にすぎなかった。部族民は、侮辱の対象となっていることを絶えず意識しているので、自らの口承史で、自分たちが現在このような場所や地位にあるのは迫害、裏切り、過失によるものだと語ることが多い。しかしどの山地集団も、多数の文明の「離反者」を受け入れて、血筋にうまく取り込んできたことは明らかである。離反者の多くは漢族であって、都合がよかったからこそ文明から離れ山地へ移ったのである。だがこれまで見てきたように、漢族の儒教国家論に基づいた自画像に、このような対立する語りが存在する余地はなかった。だからこそ、公式には未開人に対する防壁だと見なされた万里の長城や湖南の苗境長城は、実際には納税者である定住農耕人口を国家権力の届く範囲内に封じこめるために建てられたのである。マグナス・フィスケショーが示すように「過去に想像された野蛮人、そして一九世紀中葉に「ミャオの反乱者」と呼ばれた人々の大半は実際には、納税や服役といった社会の中心が課してくる義務から逃走した多数派の中国人たちであった[131]」。移住した漢族やその他の人々が山地社会に入る利点には、交易、新たな土地、婚姻もあっただろう。自己周縁化あるいは平地からみれば「自己野蛮化」とでもいえることが、時にはかなり一般的に行われていたのだろう。けれども、それは一般的な文明論では考えられない行為であった[132]。

　もし実際に、ある集団が平地国家の文化や慣習に同化しない道を選び、かわりに、あえて文明から物理的・文化的距離を置いたとしたら、この過程を上品さの喪失や堕落としてではない仕方で描写しなくてはならない。ジェフリー・ベンジャミンは「異化」という語で、マレー半島の山地民が生態学的、経済的、文化的にマレー人国家に対峙するように自らを位置づけた様子を捉えようとした[133]。この異化 dissim*i*lation という言葉は、偽装 dissim*u*lation と混同されるべきではなく、多かれ少なかれ意図的に二つの社会のあいだに文化的距離を作りだすことを示している。異化の過程で採用され維持されたのは、言語的差異、民族に特有な歴史、独特の服装や冠婚葬祭、住まい方、農耕様式、標高などの違いだった。このような文化的特徴はすべて、特定の集団を他の集団から区別するようにできているため、必然的に関係を示すものとなっている。また、例えば「我々は森の狩猟採集民である。ゆえに我々は耕作はしない」というように、異化は、山地－平地経済系全体のなかで競争相手と棲み分けるうえでの適所《ニッチ》を自分たちの場所として主張するときに機能する。異化は長期間にわたって続き、入念に行われ、結果として民族集団の形成に至るのだが、これについてはⅦ章で述べることにしよう。

　本章の最後に、国家の中心地からの移住史の文脈で、異化が多くの山地民にとって意味する最も重要な側面を強調しておきたい。異化という行為の背景にある鍵となる主張は次のとおりである。「我々は国家をもたない人間である。我々は平地国家から距離を保つためにこそ、山地で焼畑農耕と狩猟採集に従事しているのだ」。

アイデンティティとしての自律、国家をかわす人々

　多くの山地民にとって異化すること、そして自社会と他社会の差異と距離を明確にすることは、山地民自身と低地国家とのあいだに文字どおりの距離を作ることを意味した。ある意味では、異化の過程には複雑すぎるほどの要因が絡み、自己矛盾さえはらんでいた。例えば、長期におよぶ移住の過程を考えてみよう。ある盆地にひとつの小規模集団がいたとする。この集団は軍事的にも弱小で、いつ他の集団に侵略され服従することになるかわからない。包囲されたこの集団の一部には、低地にとどまり、服従させられ、長い時間をかけて同化する者がいるとしよう。その一方で、別の一派は低地を離れて後背地や山地へ移動し、自律を守るために生業形態を変えたとする。さらに、この集団に、マキバドリという名前がつけられたとしよう。低地に留まるマキバドリ人は、支配的な低地文化のなかで独特の存在感を示しつつも、低地文化に同化される結果、彼らはもはや「マキバドリ人」ではなく、「中国人」「ビルマ人」「シャム人」「タイ人」になるだろう。けれども、大人数で他所へ移動していった集団は、低地に残ったマキバドリ人より大きな変化にさらされるとはいえ、依然としてマキバドリ人として知られることになる。さらに、平地国家からの移出こそが、マキバドリ人としての歴史の大きな特徴になっていく。平地の視点でも、国家からの逃避が「マキバドリ人」の特徴となるだろう。そしてこの過程が何度か繰り返されると、国家の回避という側面が、この集団の本質的な特徴として理解されるようになるだろう。

　図式化すれば、この過程は、何人かの民族誌家や歴史家が典型化したミャオ／フモンの経験、とくに過去三世紀以上にわたって行われた反乱と逃避経験の典型である。ニコラス・タップは、ミャオ／フモンが同化と異化に分岐する過程を描いている。一方には、「熟した」ミャオ、つまり「中華系ミャオ」がおり、彼らは中国という政治権力、中国式の人名、定住農業を受け入れ、多くは長い時間をかけて漢族文化に吸収された。もう一方には、「生《なま》の」ミャオ、すなわち「ミャオ系ミャオ」がおり、彼らは山中の高地に移動したりそこに留まって焼畑を営み、略奪を行い、中国の国家からは距離を

とっている[134]。これとは別にミャオ／フモンの歴史を調べたミショーはこう指摘する。「土地不足、森林の枯渇、過剰なもしくは不公平な納税義務、さまざまな役人や地主による職権乱用に苦しんで、多くのフモンが新しい環境への適応を試みた。立ち上がり闘った者もいれば、新しい行政地域や他国への移動を選択した者もいたが、移住したのはフモン人口の一部でしかなく、大多数はその地にとどまり順応した[135]」。この説明では、逃避せず、「地図に描かれること」を拒否して残存したフモンの人々こそが、逃亡者、国家なき人々としてのフモンということになる。長い歴史のなかでフモンとして知られてきた人々の多くは、漢族の国家に臣民として吸収され、ひとつの集団として区別できないほど消え去っていてもおかしくない。他民族でフモンと一緒に反乱を起こしたり逃避したりした人々が、フモンという地位に取りこまれていった点も酌量すると、残ったフモンの人々には、家系的な、まして遺伝的な連続性などないことになる。フモンらしさの連続性とは、先祖の血筋を当然受けついでいるという主張ではなく、反乱や逃避という共有された歴史のなかにこそ、力強く横たわっている。

これと似たパターンは、（すべてとは言えないが）ゾミアの大部分の山地民に適用できるだろう。ワ、アカ、ラフ、リス、カム、パラウン、パダウン、ラメット、そして一部のカレンに共通するのは、それぞれ反乱の後に、その地にとどまる人々もいれば、逃避し移住先の地で他の移民を吸収していく人々もいた、という歴史のようである。シャンシャン・ドゥ（杜杉杉）によれば、過去三世紀のあいだにラフは約二〇回の蜂起に関わっており、蜂起の後には「漢族の帝国支配域にとどまるものも多かったが、大きな鎮圧の後には南部へ移動し辺境の山岳地域へと向かったものもいた[136]」。複雑な歴史をもつカレン、とくにポー・カレンやカレンニーにも、同じ要素が多くみられる。カレンはまずモンと連合し、一八世紀中葉にペグーが陥落すると今度はシャムと連合し、モンやシャム、シャン、ビルマ国家に吸収されていった。今日私たちがカレンだと考えている人々の多くは逃避するか山中に残ることを選んだ人々であり、国家に属さず、弱小だが自律的に暮らしている[137]。過去にカレン、ラフ、フモンであったことのある人々のほとんどは、歴史のどこかの段階で国家の臣民として、さまざまな要素が合成された低地社会に同化してきた。その一方で、逃亡者の生き残りは、逃避と無国家の歴史を積み重ねながら、独自のアイデンティティをもち続けてきた[138]。

「国家逃避者としてのアイデンティティ」とでも呼べるような事例を詳細に記したのは、故レオ・アルティング・フォン・ヘウサウによるアカの研究である。アカは、ベトナム北部のハニを含めて、およそ二五〇万人強の人口を抱えるチベット・ビルマ語系言語の話者であり、過去には中国化していない「黒い骨」[*12]（すなわち「生」）のイ－ロロ人の系統と考えられていた。今日、アカは雲南省南部のシプソンパンナーや、そこに隣接するラオス、ビルマ、タイに住んでいる。過去二世紀以上にわたって、アカは戦争や奴隷制に追い立てられ、あるいは新しい焼畑地の開拓を求めて、南方へと移動してきた。アカと接してきたのは漢族の王朝とタイ人王国という二つの低地王国であったが、とくに漢はアカの文化実践と信仰に深い影響を残した。

ここで重要なのは、史実としての信頼性はともかく、アカは複雑な系譜を維持しており、ピマ phima と呼ばれる吟唱詩人をとおして自身の歴史を語ることである。この歴史のなかには文書化することができるものもありそうだが、実際に文書化されたかどうかにかかわらず、口承史《オーラルヒストリー》に耳をすませば、逃避と無国家性という決定的な特徴をもつ人々の姿が聴こえてくる。彼らによれば、アカはもともと山地民であり、徐々に低地へ移動し、国家の臣民にはならずに水田農耕を行うようになった。雲南省南部でタイ人戦士集団が国家を形成すると、一部のアカは吸収されたが、他のアカはパラウンや他の人々とともに山地へと逃げていった。フォン・ヘウサウによれば、この逃走の物語は一二世紀末にタイ・ルーの戦士バ・ゼンが、多くの先住者を追い払って最初の都市国家であるムアンを建設した時期と一致する。続いて一三世紀中葉、元朝モンゴル人の侵攻によって、雲南省南部に国家権力の網の目が拡大した。このとき以降、アカは自らを国家をかわす人と見なして、「兵、強盗、徴税請負人が容易に近づけない」ような場所や生業手段を選んできた。[139] 逃避はしたけれども、アカは遺伝的に孤立してはいなかった。フォン・ヘウサウによれば、アカは柔軟な養子縁組の慣習と血筋を創造的に利用しながら、ラフ、パラウン、カム、ワなどの他の山地民と同様に、タイ人や漢族を取りこんでいった。

アカにみられる逃避と無国家性は、ある種の規範として、彼らの歴史と世界観に埋めこまれている。アカの伝説に登場する重要な人物に、一三世紀にアカの王となるジョバがいる。彼は国勢調査を行って、課税と国家形成に向けた象徴的な一歩を踏みだし、同じアカに殺害された。その息子バジュは、イカロスのようにシャーマンである天馬に乗って空を飛んだが、太陽に近づいたときに羽に塗られた蜜蝋が溶けて死んでしまった。これら二つの物語はいずれも階級制と国家形成にまつわる教訓譚になっている。さまよえる魂を再び身体へと呼び戻そうとするシャーマンの標準的な治癒儀礼にも、同じような国家回避的道徳観がみられる。それによれば「九つの層からなるこの精霊世界への旅は、山地から低地への降下を表わしている。低地に降りた人間の魂は「竜宮」に囚われ、死ぬまで賦役や奴隷労働に勤しむよう運命づけられる。囚われた人間の魂を取りもどすには、奴隷売買と同じように豚か水牛のような他の大型動物を捧げなければならない」[140]。アカの「宗教」も、同じ原理にもとづいている。アカは、専門技能をもつ職人、例えば古くからの家系をもつ人や鍛冶屋などの専門家を尊敬する以外には、神といった高位の存在を認めず、文字どおり誰に対しても頭を下げない。アカほど口承史、日常的な営み、世界観に、国家や血統に基づいた階級に対する徹底的な拒否感が表れている人々はいない。

訳注

＊1　ジプシー（ヨーロッパで移動生活をする人々に対する他称）を規制、支配するために各国が行った検挙や殺害などの総称。

＊2　フィリピン北部のルソン山岳地帯の地域的な一単位として用いられるようになった名称で、そこに住む民族や言語も指す。高地における棚田で有名。

＊3　著者スコットによると、この「モン」はウィーンズがMonと綴っているが、ビルマ南東部の少数民族であるモン・クメール系のモンとは別の民族である。

＊4　チベット・ビルマ語派のジンポー・ヌン語支、ルイ語群に属するガナン語話者に対する名称。

＊5　一九世紀末にフランス植民地支配に対して起こった大規模なベトナムの抵抗運動で、阮朝の第八代皇帝である咸宜帝（ハムギー）をリーダーとした。

＊6　ゲティン・ソヴィエト（運動）ともいう。一九三〇年、ベトナム中部でベトナム共産党の指導下に組織された農民運動。武装蜂起した農民が数カ月にわたり権力を掌握し、地主や植民地政府と闘うが、三一年には弾圧を受けて崩壊。

＊7　中国では杜文秀起義。ムスリム系少数民と回族が主導した清朝に対する反乱。パンゼーとは、ビルマ語の雲南回族に対する呼称。

＊8　仏教の宇宙観に説かれる神話的な聖山。これによると、虚空に風輪という風（空気）の巨大な円筒が浮かんでいて、その上に水輪、水輪の上に金輪がのる。金輪の上に大海があり、その中央に須弥山がそびえたつ。須弥山の上半分は帝釈天（インドラ）などの天（神）の住む世界で、さらにその上空には何層もの神が重なっている。こうした構図にもとづく宇宙観を須弥山宇宙観という（『世界宗教大辞典』平凡社、一九九一年、および定方晟『インド宇宙誌』春秋社、一九八五年を参照）。

＊9　一二世紀、リヨンでピーター・ワルドーによってはじめられたキリスト教の教派。清貧の強調、信徒による説教、聖書の翻訳を強調し、当時のローマ・カトリック教会から異端宣告を受け、迫害されるが、近年では宗教改革の先駆とも評される。

＊10　ビルマ南部のターヤーワディー地方を中心に発生した大規模農民反乱。指導者サヤーサンが王を名乗り蜂起したが、鎮圧された。

＊11　エチオピアのアディスアベバ生まれの英国人（一九一〇－二〇〇三年）。第二次大戦後アフリカやアラビア半島などを探検した。

＊12　「黒い骨」のイとは、漢族の奴隷として仕えた祖先をもつ白いイとは婚姻関係をもたず、貴族階級の本当のイだと考えられてきた人々である。

VI　国家をかわし、国家を阻む
——逃避の文化と農業

もう一度あなたが、東南アジア版ジャン・バティスト・コルベールの片腕だと想像して欲しい。今回の任務は、国家の収奪に理想的な空間を設計《デザイン》するのとは逆だ。国家形成と収奪にできるだけ抵抗できる地勢、生業戦略、社会構造をあなたはどのように設計するだろうか。

あなたが設計するもののほとんどは、水稲国家のそれとは逆になるだろう。つまり、平坦で障害物が少ない沖積平野のかわりに、「地形の障壁」が高く険しい人を寄せつけない景観を編みだすだろう。また一斉に収穫できる穀類を集中させずに、むしろ耕作地を移すことができる、多品種で、分散し、成熟期間が異なるイモ類を好むだろう。さらには定住地をもつ固定的な政治体制ではなく、広く点在し動き回ることのできる居住形態、そして容易に分裂しては再結成できるような流動的で特定の指導者をもたない社会構造を考案するだろう。

大雑把にいってゾミアの多くの場所で見られるのは、まさに「国家に抗う」居住、農業、社会構造の形態である。これは労働力と穀物を集積しようとする国家戦略にとっては、かなり都合の悪い農業生態的な条件である。こうした国家を寄せつけない抵抗の形態は、次の二点で際立っている。第一に、ある地域を組みこむことで得られる労働力と穀物の見返りよりも管理費、軍事費が高くつくとき、国家がその土地の領有に躊躇するのは明らかである。その場合、朝貢国という身分にさせておくならまだしも、直接統治には及び腰になる。国家に抗する社会景観の第二の特徴は、その空間に土着の国家をつくることなど、まったく見込めなくなることである。そもそも山地には国家に必要不可欠な最低限の労働力、富、穀物が欠けている。さらに国家の領有に不都合な人口と農業形態があることは、略奪への耐性をもつ別の形態があることの証左である。奴隷狩りの遠征、略奪する軍隊、山賊、飢えのため山賊になりつつある者は、国家と同様、実入りがよい「国家空間」を求める。移動しながらまばらに暮らし、イモ類を栽培し永続的な権威構造をもたない社会を狙って、細々と収奪するようなことはしないだろう。その意味で山地社会は、国家に対してだけでなく一般的な収奪に対しても抵抗力をもっている。

私は、コルベールのような戦略家がとる手段や「設計」という考え方を、ある意図をもって用いてきた。東南アジア大陸部の山地民に関する歴史と民族誌のほとんどは、明示的であれ暗黙裏であれ、山地民が住む場所、居住形態、農業、社会構造を所与のものと自明視し、伝統や生態的な制約に縛られたものとして扱うことが多い。こうした制約が多少あることを認めたうえで、私があえて強調したいのは、山地民の営みには歴史的かつ戦略的に選びとられた要素があるということである。長期的にみると、山地と低地での居住形態、社会構造、農業様式、民族的アイデンティティにはかなりの流動性と多様性があることは特筆してよい。これらは一見すると、静的で永久に不変なものにさえみえるかもしれない。しかし過去に立ち返り、歴史的なレンズを数百、数千年前まで、あるいは数世代前まで広げてみてみるだけで、居住形態、社会構造、農業様式、民族的アイデンティティには、著しい適応性がみられることがわかる。さまざまな証拠が示すように、山地社会は——場所、居住形態、農業技術、親族関係、政治組織の側面で——低地国家や周辺の山地民との位置関係のなかで、社会的、歴史的に選択されたものとして理解する必要がある。

ある極端な事例——カレンの「逃避村」

希有な事例はその極端さゆえに、社会的プロセスの基本的な動態をかえって浮き彫りにしてくれることが多い。好例となるのが、ビルマ軍事政権がおもにカレンの居住地域で実施する激しい対ゲリラ作戦である。ここで軍事拠点周辺に形成される「国家空間」は、たんなる収奪対象地域というよりは、支配の徹底した強制収容所であるといったほうがよい。対照的に「非国家空間」とは、たんに徴税人の力がおよぶ範囲の外というよりも、人々が生き残るために逃げこんできた地域であった(1)。

ビルマ軍の制圧したカレンの居住区はジョージ・オーウェル風の婉曲表現で「平和村」と呼ばれるが、軍の手が届かないところに逃れた人々が暮らす地域は、身を潜めるための

「避難村」と呼ばれる。当局の説明によると「平和村」とは、村長が武装ゲリラに協力しないことを約束し交代制で軍事キャンプに無償労働を提供するかわりに、住民は家屋を焼かれることも強制的に移住させられることもないという条件に合意した村をさす。しかし実際には「平和村」は、軍事キャンプに隣接する場所へ頻繁に移動を強要され、そこで住民らはビルマ軍の労働力と人質予備軍にさせられた。平和村の住人たちは登録され、一人一人に身分証が付与される。住民の農地、ビンロウの木、カルダモンの茂みは、軍による徴税と徴発のために査定される。Ⅲ章で検討した水稲国家が軍事化した縮図のようなこの地帯で、基地の司令官は軍に必要な労働力、現金、食料のほとんどを、いちばん近い平和村から搾りとっている。村の住民は、集住させられることと強制労働の相関をそれとなく理解している。数多い記録のひとつによると、かつてあった七つの村落は、兵舎に近いクラーラーとタイコーダーというふたつの村に強制的にまとめられた。村のある住民がいうには、「軍の人夫が足りなくなると、軍はクラーラー村とタイコーダー村の住民全員を連行した。男女を問わず連れていった……ビルマ政府がこのふたつの村を強制移住させたのは一九九八年だった。住民が一カ所にまとめられているので、強制労働や人夫に簡単にかり出すことができた」[2]。同じような強制移住対象地域で別の住民は、軍事拠点の近くに集住させられたことが、いかに搾取につながったのかを述べている。「思うに、軍は私たちを働かせるためにこの場所への移動を命じたのです……ビルマ人にとって一カ所で暮らす村の住民は、働かせるのに都合がいいのです」[3]。

各地域にある資源から自前で物資を供出しなくてはいけないうえに、汚職と略奪という悪しき伝統もあるため、軍隊は再定住地域を極端な収奪対象地域へと変貌させた。軍が「理想的」と考える支配空間とは、平地で幹線道路沿いにある（待ち伏せができない！）見通しのよい場所で、移住後に登録された住民が周囲に住んでいるような場所である。軍による監視の目が容易に届く農地で穀物を栽培する住民は、武装ゲリラに対する防衛線であり、人質であると同時に労働力、資金、食料の供給源でもある。水稲国家を強化したようなこの環境で、ビルマ軍は管理下の住民から労働力と資源を過酷なまでに搾取する。このため、多くの人々は死にものぐるいに逃げ出そうとする[4]。

住民が軍用地に隔離されることは、擬似的な国家空間の模倣《パロディ》である。同様に、その苦しみから逃れようとする人々が国家に抗するための技術は、本章で後に検討する戦略のひとつの極限形である。簡潔にいえばその戦略とは、近づきがたい奥地へと逃げ込み、できるだけ小集団に分かれて散在し、見えない、もしくは目立たない生業に従事することである。

最も簡単に利用できる避難場所は、一般的に水源のはるか上流にあって標高の高い山地である。カレンの集落で暮らすある年配の住民は、「逃げるなら、山のほうへ駆けあがる」という。もし追いたてられれば、さらに上流へ、さらに高地へ逃げる。「それでも彼らは私たちを捜しに来たので、もっと上流へ逃げたんだ」。そして「とうとう三回目の追っ手が来たときに、ここまで逃げて来たんだ」という[5]。このような避難方法の強みは、直線距離では村や農地から遠くないものの、道路からは離れているので実質的には近寄れないことである。軍事的な圧力が高まるにつれ、そうしたいわゆる避難村（ビルマ語で言うところのユワーポウン ywa poun）は、さらに小さな単位に分かれる。もともとの村は一五－二〇世帯なのにくらべて、避難村が七世帯以上になることは滅多にない。それでも危険が迫ると、さらに小さな世帯に分かれる。分派するにつれて、ひとつひとつの集団は見つかりにくくなり、追いたてられ捕まり殺されることも少なくなる。最終的に住民たちは、ビルマ軍政の管轄がおよばないタイ国境地域や難民キャンプへ危険を冒しながら移動することもある。

山地に残ることを選んだ人々は、再び逃げる羽目になるかもしれないので、見つからずにすむような生業戦略をとり、気づいたら直ちに逃げられるように物理的な移動性を最大限に高めている。森での狩猟採集は最も目につかない生業である。狩猟採集者の通り道しか痕跡を残さないからだ。しかし純粋な狩猟採集だけでは生活できない[6]。山地で隠れて暮らす住民は次のようにいう。「村の人たちは、私が森のなかでそうしていたように、根っこや葉っぱを食べざるをえない。根っこと葉っぱを食べて四日も五日も過ごさないといけない時もあった……村で暮らすのはとても怖かったので、森での山小屋暮らしは一年間続いた。バナナを植え、根っこや野菜を食べて暮らした[7]」。森に逃れた人の多くは、運べるだけの米を運び、小分けにして隠した。もっと長く森で過ごした人々はわずかな土地を開墾し、トウモロコシ、キャッサバ、サツマイモを育て、わずかなカルダモンを植えた。小規模で分散し、人目につかないたくさんの区画を作るのがおきまりのパターンだった。分散して人目につかないようにすることは、避難民の態度だけでなく農法の選択肢も規定した。避難民たちは、できるだけ手がかからず、すぐに収穫できる作物や、簡単には接収されず壊滅的な打撃を受けることも少ない、自分の都合で収穫できるイモ類を選んで育てる。人、耕作地、作物は、それぞれ捕らえられたり接収されたりしないように配置される。住民たちは、生き残るために何を犠牲にしているのかをよく自覚している。国家の収奪的特徴が極端に現れている空間での村落儀礼、学校教育、スポーツ、交易、宗教的習慣は、完全に撤廃されることはなくとも、軍事奴隷にされないよう、すべて制限された。

カレンの死にものぐるいの逃避術は、ゾミア全体の歴史と社会組織にみられる戦略の極限形である。「山地」農業、「山地」社会組織、「山地」という場所そのものは、国家の侵出を阻み支配をかわすための形態から明らかになる。そのような戦略は、何世紀にもわたって、植民地当局を含む低地の水稲国家との絶え間ない「対話」にもとづいて考案され、磨き上げられてきた[8]。この対話が、重要な局面で山地社会と水稲国家の双方の話者を作りだす。山地社会と水稲国家は、生業、社会組織、権力のあり方について二者択一の形態を示す。つまり、両者は模倣と対立という複雑な関係にあって、それぞれが相手の「影」のような存在なのだ。山地社会は、低地国家の影響を受けている。同様に東南アジアの低地国家全体も、山地、湿地、入り組んだ水路が巡る相対的に自由なコミュニティに囲まれている。こういったコミュニティは、低地国家にとっては脅威であり、「野蛮」な地域であり、魅惑的でもあり、避難場所であり、なおかつ価値のある産物の供給源ともなっている。

なにより場所、つぎに移動性

近寄りがたい場所に分散することは、その場所を収奪しようとする者にとって面倒である。国家にとって、行軍中の兵士を生き延びさせるための略奪は欠かせない。「全軍は、逃げ行く王を追い続けた。しかし行軍は強引で、閑散とした地域に村は少なく、わずかにある村々も互いに遠く隔たり、兵士や軍用動物を食べさせるだけの十分な食料は手に入らなかった。そのため、終わりの見えぬ行軍に疲れ果て、軍の半数は普通の食事さえ満足にできず飢えた。多くは病死し、餓死し、食料を求めて疲弊したが、追撃はひたすら続けられた[9]」。

国家の支配をかわすためにまず重要なのは、場所である。直線距離では国家のすぐ近くでも、地形が障壁となり足を踏み入れられない場所がある。実際、水稲国家から接近する際の困難の度合いとでも言えるものをはじき出すことは可能だ。その度合いは、クリフォード・ギアツによるバリの「劇場国家」に関する記述に暗示されている。ギアツは「高地の君主」に着目し、彼らは荒涼とした土地に暮らすことで「軍事的圧力に抵抗するのに有利な自然条件にあった」と指摘する[10]。さらに高地の「最も標高が高い場所には、君主の手から完全に逃れ、乾地農業を営む少数のコミュニティがあった」と述べている。純粋に地理的な条件からみると、ゾミアのなかでは貴州省南西部のほとんどが、最も人を寄せ付けない近寄りがたい地域である。貴州については、次の常套句が場所の状況をうまく言いあてている。「三日つづけて晴れることはなく、平らな土地は三平方フィートと続かず、誰も三セント以上のお金をもっていない」。一九世紀後半に訪れたある旅行者は、貴州滞在中に荷車を一台も見かけず、そこでの交易は「人間と動物が背負って行われている」と記している。多くの場所は猿しか行けないと評されたが、実際には山賊と叛徒の避難所になっていた。[11] この文脈では、場所が国家権力に対する周縁性を表現するひとつの形式になっている。以下で検討するように、物理的な移動性、生業活動、社会組織、居住形態は、たいていセットになって、収奪する国家とコミュニティとのあいだに十分な距離を置くように配置される。

　長期の歴史的観点に立てば、国家権力の周縁にある場所は、文化的、生態環境的な所与ではなく、社会的選択の結果として見なくてはならない。場所は生業活動や社会組織のように変えることができる。そのような変化は、時代を超えて観察され記録されてきた。居場所の転換は、国家権力に対する人々の「立ち位置」の転換を示していることが多い。

　最近の研究では、例えばマレーシアでオラン・アスリ〔マレー半島に暮らす先住少数民の総称〕と呼ばれる「国家なき」人々はもともと国をもたなかった、とする見方は修正を迫られてきた。それまでオラン・アスリは、初期に流入した移住者の末裔であり、マレー半島で彼らを支配し続けてきたオーストロネシア語族の人々よりも技術的に遅れた人々と理解されてきた。しかしそれぞれの民族が別々に移住してきたという学説を遺伝学的に裏付けることはできない。オラン・アスリ（例えばセマン、トゥムアン、ジャクン、オラン・ラウト）とマレー人は、進化の系列ではなく政治の系列でみるほうがよい。その観点を最も説得的に詳述したのが、ジェフリー・ベンジャミンである。[12] ベンジャミンにとって「部族性《トライバリティ》」という用語は、国家から逃れるための戦略を表すものにすぎなかった。その対極にあるのが「小農制」で、それは国家に組みこまれた農耕制度として理解される。彼の解釈では、「部族的な」オラン・アスリのほとんどはもともと国家を拒絶してきたマレー半島の住民の一部であった。セマン、セノイ、プロト・マレー（トゥムアン、オラン・ラウト、ジャクン）といった各「部族」は、国家をかわすうえでそれぞれ異なる戦略を代表している。民族の固有の戦略を採用すれば誰でも、実質的にセマン、セノイなどになった。同様に国家をもたない人々には、マレー半島がイスラーム化する以前から、マレー人になる選択肢が常にあった。実際に多くの人がマレー化したし、マレー人らしさには同化の痕跡が残っている。同時にすべてのオラン・アスリは、今に至るまで物々交換や交易をして低地の市場とつねに繋がりをもってきた。

　ここで重要なのは、国家に対して周縁的な場所とは政治的な戦略の結果だということである。ベンジャミンが指摘する

ように、

第一に……部族性は、おしなべて選択の結果生じたものであり、第二に……（近代でも前近代でも）国家を基礎とした文明の出現も、おおむねその選択に関係してきた。

だからこそ国家をかわす戦略のひとつとして、多くの部族的な人々が地理的な辺境地に暮らしてきた、と想起しておくのは、なおさら理に適っている[13]。

国家をかわす第二の原則は、移動性《モビリティ》、つまり居場所を変える能力である。国家権力から遠く離れた周縁にありながら、さらに奥地の有利な土地へ容易に移動できれば、その社会に近づくことはますます困難になる。国家の中心から奥地へと遠ざかる度合いに幅があるように、人々の移動にも度合いがあって、地形の障壁をものともしない人々から、多少の移動をする人々、そしてほとんど動かない人々という具合に、移動性の程度を考えることができる。物理的な移動力の高い人々の典型は、もちろん遊牧民である。遊牧民は一年のほとんどを家畜の群れと移動して暮らす。遊牧民には牧草地がないと動けないという制約があるが、長距離をすばやく移動する能力で彼らに勝るものはいない。遊牧民の移動性は、国家や定住民を襲撃することにも見事に適している。遊牧民が集まって形成する「部族」同盟は、定住して穀物生産に従事する国家にとって、しばしば最も深刻な軍事的脅威であった[14]。

しかし本書にとって重要なのは、国家権力に対して遊牧生活が可能にしてくれる回避戦略である。例えばペルシア人国家の周縁部にいたヨムート〔トルクメニスタンに居住する民族〕やトルクメン〔中央アジアのテュルク系民族〕は、遊牧民の移動性を駆使して穀物栽培地域を襲撃し、なおかつペルシア当局による租税と徴兵からも逃れた。遊牧民に対して大規模な軍事遠征がなされると、彼らは家畜や家族とともに軍隊の手が届かない大草原や砂漠へと撤退した。「したがって、移動性はペルシア政府からの政治的管理の実効性を弱める究極の防衛手段となっている[15]」。別の生業が容易に営める場所にいても、人々は遊牧生活のもつ戦略的な利点、つまり政治的自律、略奪のしやすさ、徴税人や強制的な徴兵を避けることができるといった利点を持ち続けることを選んだ。

東南アジアの高地の環境では、実質的な牧畜民はいない。移動の容易さという観点からみて遊牧民に最も近いのは、遊動する狩猟採集民である。生業手段に狩猟採集を取りいれておけば、いざというときにかなり頼りになる。ところが狩猟採集に特化している人々は、国家権力がおよばない遠隔地に暮らしており、彼らの生活には物理的な移動が不可欠だ。移動性の高さは、脅威にさらされたときに役立つ習慣なのである。狩猟採集民は歴史家や低地の人々から見れば、進化論的な用語でいう原始的な「部族」の生き残りだった。しかし現在の諸研究は、この説を覆している。近代における狩猟採集は、文明から置き去りにされたことへの対処ではなく、国家に捕らわれるのを避けるための政治的選択、あるいは適応としてみられるようになった。マレー半島のセマンの狩猟採集について書いたテリー・ランボーは、この新たな合意を次のようにはっきりと提示する。「セマンは一見すると、とても未開のようにみえるが、それは彼らが孤立し辺境にある避難地域に押しこめられ、旧石器時代の段階のまま生き延びているからではない。むしろ軍の支配地域や敵対することが多い農耕民の近くで暮らしているため簡単に征服されてしまうマイノリティ集団にとって、遊牧や狩猟採集による適応は最も実益があり安全な戦略なのだ……身の安全を守るという観点からみても、農民たちにくらべてずっと捕らえにくい遊牧民たちの適応方法は理に適っている[16]」。

だからといって、極度に分散して暮らすのが最も安全というわけではない。最小規模の集団には、新たな危険と不都合が迫る。まず小規模な社会は標的にされやすく、略奪、とりわけ奴隷化から身を守る必要がでてくる。また孤立した焼畑地は、複数の場所で一斉に実が熟す所よりも、害虫、野鳥、その他の野生動物の被害にさらされる可能性が高い。病気、不測の事態、食料不足、死へのリスクも、最小規模の集団では深刻だ。よってビルマ軍から逃れるカレン難民の単独行動は、極限の場合であって短期間しか続かない。決死の覚悟で逃れてきた人々でさえ、長期にわたる自衛には少なくとも数世帯からなる集団が必要である。

人々の生業戦略を、複数の生きる術のなかから政治的な理由で選ばれたものとしてみてみると、「移動のしやすさ」という条件を考慮に入れる必要がでてくる。狩猟採集は遊牧とともに、国家をかわそうとする集団に最大の移動性をもたらす。移動耕作（焼畑）は、狩猟採集ほどではないが、灌漑水稲農業はもとより定住型農業よりも移動性が高い。国家空間を設計する者にとって脅威なのは、成員が国家の中心部で行う水稲作から遠く離れた辺境での狩猟採集へ移行することである。そうなれば国家権力を支える労働力と食料確保が難しくなるからだ。

以上のように、焼畑民と狩猟採集民は怠慢や後進性ゆえに山地で孤立していた、とする解釈には根拠がない。逆に、彼らは意図的に、いるべくしてそこにいて、なすべきことをしている、と考えるのに十分な理由がある。実際、山地に住まうことは、支配層による無理な課税や奴隷化の脅威から逃れた低地民の、歴史的な選択の結果なのである。山地へと移動した人々の狙いは、日々の営みのなかに刻みこまれている。

つまり彼らは低地社会に吸収された人とは異なる選択をしたのだ。その狙いのひとつは、国家や当局に奴隷や臣民として捕らえられないように逃れることである。すでに九世紀の段階で、中国南西部の役人は「野蛮人」が森のなかや渓谷に散在し「捕獲から免れていた」ので、漢民族王朝の中心の周囲に「彼ら」を再定住させることは不可能だったと記している(17)。強制労働と課税から逃れることと同じくらい重要な目的として、山地に広く行きわたっている比較的平等な社会関係と自律という魅力も見逃すべきではない。

山地民は、自律への欲求だけで平地以外の環境へ移り住むわけではない。現代の研究と考古学的史料から明らかなように、最も厳しい環境にある人々を除き、狩猟採集民は集住する定住者よりも、健康で病気にかかりにくく、とくに動物原性感染症の流行に強いことが知られている。農業の出現は、総じて人々の福祉水準を向上させるよりも低下させてしまったようだ(18)。その延長線上で考えてみると、多様な移動耕作は人口を分散させるため、十分な土地があるかぎり人々の健康に有利に働く。つまり山地での暮らしは、健康と自由という理由で好まれたのかもしれない。初期の漢王朝が、臣民に狩猟採集と焼畑を禁止したとするマーク・エルヴィンの説明は、山地民の選好を反映しているだけでなく、山地民の多くが低地は不健康だと広く信じて疑わなかったことを示している。低地が不健康だと信じられたのは、マラリア原虫を媒介する蚊が九〇〇メートル以上のところではほとんどいなかった、という歴史的事実にも依るようだ。

前近代の人々は、伝染病を媒介するものとその広がり方については知る由もなかったが、分散することで生存確率が上がることは理解していた。ダニエル・デフォーは『ペスト』[*1]で、ロンドンの裕福な人々は、ペストの最初の兆候がみられるやいなや、ロンドンを離れて田舎へ向かったと詳述している。オックスフォード大学やケンブリッジ大学は、ペストが流行すると、学生たちを田舎の避難所に分散させて住まわせた。ウィリアム・ヘンリー・スコットは、これと同じ理由から、ルソン島北部では低地民と「服従した」イゴロトの人々が伝染病から逃れるために山地に避難し散住した、と報告している。山地で暮らしていたイゴロトは、病の伝染を防ぐためには、分散して山地へと続く道を遮断するのがよいことを知っていた(19)。このように、低地国家からもたらされる脅威は、奴隷商人や徴税人だけではなく、目に見えない細菌にまで広がっていたと十分に考えられる。これが、水稲国家の手の届かないところに居住する、もうひとつの説得的な理由であった。

逃避農業

ぶどうを育ててはいけない　お前もしばられてしまうから
穀物を育ててはならない　お前もひかれてしまうから
ラクダを引いて　羊の群れを追うのだ
するとその日はやって来る　王になる日が
——遊牧民の詩

新大陸の視点

社会組織と日々の生業の歴史を意図的な政治的選択とみなせば、大きな影響力をもつ文明論を正面から批判することにならざるをえない。文明論とは、経済的、社会的、文化的な進歩を説明するために整えられた歴史的な系譜である。最も原始的な形態から最も進んだものへと生業戦略を並べてみると、狩猟採集、遊牧、園芸・移動耕作、定住型農業、灌漑耕作農業、産業型農業の順番になるだろう。これと同じように社会組織を進化順に並べると、森やサバンナでの小規模集団、集落、村落、町、都市、大都市の順番になるだろう。このふたつの系譜が本質的には同じことを指していることは言うまでもない。つまり農産物（単位あたりの土地の収穫量）が集積していく順序、そしてより高い凝集性をもって人口が増加していく順序である。このような文明論を一八世紀初頭に初めて精緻化したのは、ジャンバッティスタ・ヴィーコである。[*2]この語りが支配的になったのは、社会的ダーウィニズムとの親和性が高いことに加え、多くの国家や文明が自身について語る物語にうまく合致するからである。この進化論的な図式は、人口の集中化と穀物の集約的な生産という単線的な移行を想定しており、その逆行は考えられていない。ひとつひとつの段階が不可逆的な発展とされている。

過去二世紀（途上国では過去半世紀）におよぶ産業化の過程における、人口と農業の傾向を実証的にみてみると、この図式を裏付けることができる。なるほどヨーロッパでは、国家をもたない（「部族的」）人々は、実利的な理由から一八世紀頃までには姿を消し、貧しい国々でも〔国家に〕包囲され、風前のともし火である。

ところが前近代のヨーロッパ、二〇世紀以前の途上国や東南アジア大陸部の山地（ゾミア）に関する実証的な研究をみると、単線的な文明論は根本的な誤解を孕んでいることがわかる。この図式は、たんに自己満足のための規範論ではなく、国家構造に組みいれられる度合いを示しているのだ。文明化への段階は、自律性と自由の後退を示す指標にもなっている。ごく最近まで多くの社会や集団は移動農耕と狩猟採集をするために定住耕作を放棄してきた。そのために親族体系と社会構造を変化させ、より小規模な集落へと分散していったのである。東南アジア島嶼部の考古学的な記録によると、人々はその時々の条件に応じて狩猟採集をしたり農耕をしたりと、長期的には二極のあいだを揺れ動いていたようである[20]。悲しむべき後退や消失としてヴィーコが捉えていたのは、国家権力が押しつけてくるさまざまな不都合をかわすための戦略的な選択にすぎなかったのである。

原始的に見える人々の多くが、実はより自律的な生活を求めて、意図的に定住農業と政治的服従とに見切りをつけてきたとわかってきたのは、ごく最近になってからである。すでに見たように、マレーシアのオラン・アスリは多くの点でこうした選択をした人々の好例である。他方で最も顕著な事例は、南北アメリカ大陸が征服された後の記録に残されている。フランスの人類学者のピエール・クラストルは、南アメリカで狩猟採集をする多くの「部族」が、遅れているどころか、かつては国家の構成員として定住農業をしていたと最初に主張した。彼らは、支配から逃れるために意図的に定住農業を放棄したのである[21]。クラストルの議論によると、彼らはより大きな経済的余剰を生みだし広範におよぶ政治秩序をつくる力をもっていたにもかかわらず、国家構造の外側にとどまるために、あえてそれらの可能性を放棄した。スペイン人たちからは（インカ、マヤ、アステカとは違って）「神も法も王ももたない者たち」と蔑称されたが、クラストルによれば、彼らはほとんど力をもたない形式的な首長のもと、相対的に平等主義的な社会秩序のなかで暮らすことをむしろ選んだ人々であった。

そのような集団が、なぜ小さな群れをなして狩猟採集生活を送ることにしたのかは正確にはわからない。考えられるいくつかの要因のなかで最も重要なのは、ヨーロッパから持ちこまれた病気のため、多くの地域で死亡率が九〇パーセントにも達し、人口が壊滅的に減少したことである。これによって既存の社会構造が消失し、生き残った人々が狩猟採集や移動耕作に利用できる土地が大きく広がった[22]。さらに、不自由な契約労働者として働かせるスペイン人の悪名高い「リダクシオン」からの逃避、そして人口の集中にともなう伝染病からの逃避もあった。

典型的なのは、アラン・ホルムバーグが人類学の古典である『長弓の漂流民』で最初に記述した、東ボリビアのシリオノの事例である。シリオノは明らかに火をおこしたり衣服を織ったりできず、粗末な小屋で暮らし、数字に弱く、家畜を飼育せず、宇宙論を発達させることもなかった。ホルムバーグによればシリオノは、まさに自然状態のまま暮らしている旧石器時代の人類の生き残りだった[23]。しかし一九二〇年頃にインフルエンザと天然痘が村を襲って多くの人命が失われるまで、シリオノは穀物を栽培していたことが現在でははっきりしている。数の上で優位な勢力から攻撃され、奴隷化を逃れる過程で、シリオノは穀物生産を放棄したようだ。いずれにしても、シリオノには穀物を防衛できるだけの人数が残っていなかった。シリオノが独立して生き残るためには、小さな集団に分かれ、狩猟採集をし、脅威に直面するたびに移動しなければならなかった。彼らはときおり手斧やナタを求めて集落を襲撃したが、略奪に出かけた者がもちかえる病気をひどく恐れてもいた。彼らは病気と奴隷化を逃れるために、意図的に定住しないことを選んだのだ。[24]

クラストルは、かつて定住生活をしていたものの奴隷化、強制労働、伝染病から逃れて身を守るために遊動的な生業戦略を採った人々の例を数多く検討している。なかでもトゥポ・グアラニは集住農耕民だったが、一七世紀に数万人規模で逃走し、沿岸部のプランテーションへ送ろうとするポルトガル人とメスティーソの奴隷商人、そして伝染病という三つの脅威から逃れた。[25] かなり後になると歴史はわすれられ、彼らは遅れた素朴な技術をもつ原住民の生き残りとみなされるようになった。しかし現実には彼らは、文明のもたらす隷属と病気から逃れる手段として移動性の高い生活を取りいれたのである。

南北アメリカ大陸にはもうひとつ、支配をかわす逃避型農業の事例がある。それはマルーン・コミュニティ、すなわちアフリカ出身の逃亡奴隷が奴隷商人の手の届かないところにつくったコミュニティである。マルーン・コミュニティの規模はさまざまだ。推定二万人が暮らすブラジルのパルマレス、それよりも人口の多いオランダ領ギアナ（スリナム）から、小さな定住地であるジャマイカ、キューバ、メキシコ、サン・ドマングなどのカリブ諸島一帯や、フロリダ州、さらにはノースカロライナ州とバージニア州境にあるディズマル大湿地まで広く分布している。本書では「（支配）逃避型農業」論について詳述するが、ここではマルーン・コミュニティでとられた農業戦略の全体的なパターンについて述べるにとどめる。[26] マルーンの人々の営みには、東南アジア山地民とかなり似かよった特徴がみられるだろう。

逃亡奴隷は、湿地、急峻な山岳地帯、深い森、人跡未踏の荒地など、まさに容易には見つからない人里離れた場所へと群がった。トゲのある植物や罠で可能なかぎり道をふさぐことができ、一本道を通ってしか来られず、見張りが容易で、守りの堅い場所を選んだ。彼らは山賊のごとく、見つかって防衛に失敗したときのために避難ルートを準備した。移動耕作を中心とし、足りない分を狩猟採集、交易、泥棒などで補うのが、マルーンたちの最も一般的な営みである。彼らは、キャッサバ、ヤムイモ、サツマイモなどのイモ類を好んで植える。人目につかないし、土のなかに放置しておいて都合がいい時に収穫できるからだ。安全な場所では、バナナ、料理用バナナ、陸稲、トウモロコシ、落花生、カボチャ、野菜などの常畑作物を植えることもあるが、これらは簡単に接収され壊滅させられる恐れがある。こうしたコミュニティには、短命のものもあれば数世代続くものもある。マルーン・コミュニティはそもそも法の適用範囲外にあるので、近接する集落や農園を襲撃して生活の足しにしていたものも多かった。自給自足できているコミュニティはひとつもなかったようである。マルーン・コミュニティの多くは、交易価値の高い生産物がとれる特有の農業生態をもつ地域にあり、密貿易や交易を通してより大きな経済に密接に統合されていた。

「逃避型農業」としての移動耕作

> その必要性に迫られて、やむなくではない。むしろ特有の政治的な駆け引きとして移動耕作を取り入れたのだ。
>
> ――アジャイ・スカリア
> 『ハイブリッドな歴史』一九九九年

移動耕作は東南アジア大陸部の山地で最も一般的な農業である。しかし、その営みは政治的な選択の結果として捉えられていないのは言うまでもなく、そもそも彼らが移動耕作をしていることすらほとんど知られていない。それどころか山地の開発計画担当者を含めて平地の役人たちは、移動耕作の技術を原始的で環境を破壊するものとみなしている。そしてこの農法に従事する人々は遅れた人々であるとされた。ここには暗に、技能と機会さえ与えれば彼らは移動耕作を放棄し、定住地に落ち着き、定住農業を（望ましくは水稲栽培を）するであろう、という前提があった。ここでも、焼畑から水稲への移行は単線的で進化の流れに沿ったものとみなされた。

この見方とは対照的に、本書では移動耕作の選択は優れた政治的選択だと主張する。この主張をするのはけっして私が初めてではない。以下の議論は、この問題をより綿密に検討してきた多くの歴史家と民族誌家の見解に依拠している。雲南での焼畑技術と焼畑民を専門にする中国の第一人者は、焼畑が初期の原始的な農耕技術で、いったん耕作者が灌漑技術を習得すればやがては放棄される運命にある、という主張を真っ向から否定している。「雲南の焼畑を、農業史での原始「段階」の典型とするのは間違いだと強調せねばならない。雲南では短刀と斧を用いた焼畑生活と、鍬と鋤で耕す定住農業の生活は並存しており、それぞれに異なる利用法と機能がある。どちらが先でどちらが後かをいうのは難しい……しかし最も重要なのは、この土地の「純粋な」焼畑を、原始の状態のまま変わらないものとする理由はどこにもない、ということである」[27]。

焼畑を選ぶこと、また狩猟採集や遊牧を選ぶことは、国家空間の外部にとどまることを選択することに他ならない。この選択は歴史的に東南アジアの大衆が享受してきた自由の基盤であった。山地にあるタイの小国家《ムアン》の臣民には、リチャード・オコナーが指摘するように、つねにふたつの選択肢があった。ひとつは居住地を変え、より条件のよい小国家に属することである。「けれどももうひとつの方法は、平地の水田を捨てて山地で耕作することだった」。オコナーが指摘するように「山地の農民には、強制労働の義務がなかった」[28]。一般的に焼畑は物理的な移動性を高め、それゆえにジャン・ミショーによると、「中国から逃れたフモンやロロのように移動を迫られた集団にとって、焼畑は逃避や生存のための戦略としても用いられてきた……かつては定住していた彼らも、それぞれの土地で困窮、戦争、気候変動、人口激増などに直面すると別の場所に動きだしたのだ」[29]。移動耕作は最も小規模の国においてすら、財政と労働力を管理する国家機構の埒外にあるとされた。まさにこの理由から、東南アジア大陸部の代表的な国家は例外なく焼畑農耕を非難し、やめさせようとしてきたのである。移動耕作は国家財政には不毛な農法だった。栽培品種が多様かつ分散しており、監視、課税、接収も困難だったからである。焼畑農耕民自身も分散して暮らしていて、監視、強制労働、徴兵対象とするのが難しかった。国家の嫌う焼畑の特徴はまさにそれゆえに、国家の支配から逃れようとする人々には魅力的だった[30]。

水稲と移動耕作は、時間的な進化を示す系列でも二者択一の選択肢でもない[31]。多くの山地民は、灌漑稲作と移動耕作を同時に行い、どちらが政治的、経済的に利点があるかを考えて、両者のバランスを調整する。平地民のなかにも水稲から焼畑に切り替えてきた者もおり、とくに伝染病や人口移動によって多くの土地が利用できるようになると焼畑化が進んだ。たいていの地理的環境では、移動耕作、乾燥農耕、灌漑による水稲栽培はいずれも実行可能である。棚田をつくり、湧き水や小川を確実に利用できれば、比較的高地や険しい地形でも水稲栽培ができる。ベトナムの紅河上流でみられるハニやルソン島のイフガオによる洗練された棚田が典型である。湧き水や小川から取水する棚田は、カレンやアカの土地でもみられる。ジャワ島やバリ島での稲作の存在を伝える最古の考古学的遺跡は、低地にではなく山地や火山を取り巻く中腹に残っている。四季を通じて湧き水があり、明瞭な乾季があるので灌漑稲作に適していたのである[32]。

低地の役人たちは植民地期も今も、焼畑は原始的であり、同時に新古典派経済学の厳密な意味において非効率だとみなしてきた。しかしこれは見当違いの推論であって、単一作物を栽培する稲作とくらべて、焼畑が一見すると無秩序で多様にみえるからである。より深く読み解くと、役人たちの言説には効率性の考え方そのものに関する誤解がある。たしかに水田稲作は焼畑稲作よりも単位面積あたりの生産量は多い。しかし労働力一単位あたりの生産性は、概して低いのである。どちらがより効率的であるかは、土地と労働力のどちらが生産要素として稀少であるかによる。土地が豊かで労働力が不足している東南アジア大陸部のような地域では、移動耕作のほうが生産高あたりの労働力を節約できるので効率的だった。国家建設において奴隷制が重要だったのは、国家が移動耕作民を捕らえ、課税対象となる労働集約的な水田へ連行せざるをえなかったためであることははっきりしている。

農業技術の効率性は、人口動態だけではなく農業生態的な諸条件に応じても変わってくる。毎年、川の氾濫が農作業をしやすい豊かな沈泥《シルト》を堆積させる地域では、わざわざ灌漑設備やため池（や貯水タンク）を用意するよりも、洪水が引いた後に水稲栽培をしたほうが、はるかに少ない労働力ですむ。対照的に、地形が急勾配で水の供給が不安定なところでは、水稲栽培にかかる労働コストは限りなく高くなる。しかし生産要素にかかるコストに基づいて相対的な効率を評価してしまうと、農法を決定づける政治的な文脈をまったく見逃してしまう。棚田を作って維持するには多大な労働力が必要なのに、なぜ手の込んだ灌漑式の棚田が山地につくられるのかを新古典派の理論は説明できない。山に棚田が作られる理由は、おおむね政治的である。エドマンド・リーチは、カチン丘陵にみられる棚田を不思議に思い、棚田が作られたのは軍事的な理由によると結論づけた。重要な関所を防衛し、交易と租税を管理するには、集住し食料を自己調達できる軍事駐屯地が必要だった(33)。これは、小国家を支えてくれる農業生態空間の縮小版を山地に築くことに等しかった。また植民地期初期の旅行記にあらわれる尾根上の要塞化した集落のごとく、棚田は低地国家からの襲撃と労働力確保のための奴隷狩りから身を守るために必要だったのだ。ここでも、理由は経済的ではなく政治的なものであった。奴隷狩りからうまく身を守るためには、アクセスのしにくい立地に住み、敵を撃退できるだけの防衛要員を集中させる必要があった(34)。ミショーは、北ベトナムの高地で暮らすハニの棚田は、定住しつつも国家の中心からは距離を保つことを望んだ人々がもともと作ったものだ、と述べている(35)。

他方でほとんどの条件下では、移動耕作こそが襲撃、国家建設、国家からの収奪に抗するのに最も一般的な農業戦略である。険しい地形を距離の足かせと考えるのが妥当ならば、同じように移動耕作を収奪に対する戦略的な抵抗と考えてもよい。焼畑の決定的な利点は、収奪に抗する性質が本来的に備わっていることだが、この政治的利点は経済的な配当にも結びつく。

この政治的利点を描きだすために、ある人口・農業生態的な環境を想像してみよう。そこでは焼畑も水稲も可能で、効率面からはどちらがよいかはっきりと優劣がつけられない。そうすると選択は、政治的かつ社会文化的なものになる。焼畑の卓越した政治的利点とは、（身を守るよりも逃げるときに有利に働く）人口の分散、複数作物の栽培、収穫期が多様で収穫まで地中に保管できるイモ類の生産に重きをおける点である。国家や山賊にとって、焼畑の農産物や住民たちを収奪することはもちろん、査定することさえ困難なのである[36]。狩猟採集にはおよばないものの、焼畑は収奪への抵抗を最大化する農法である。これとは逆に、水田稲作は国家（や山賊）の標的にされやすい。どこに人がいて、どこに穀物、荷車、耕作用家畜、財産があるのかがわかってしまうからである。そうなれば人口や穀物が接収されたり潰されたりする可能性は著しく高くなり、収奪への抵抗は小さくなる。

よって移動耕作を純粋に経済的に評価する場合でも、税と労役を回避し、収奪被害を最小限に抑えるような政治的利点を計算に入れなくてはならない。水田耕作の総収益が移動耕作のそれとおおむね同等でも、水田耕作の場合、農民は労役と穀物という形で「地代」を支払わねばならず、純収益は水田耕作のほうが低くなる。したがって焼畑にはふたつの強みがあると言えるだろう。まず（特有の危機があるとはいえ）自律性と自由が強いこと。もうひとつは、農民自身が労働と収穫物を自由に配置できることである。二点とも本質的には政治的利点である。

山地で農業を営むことは、国家の枠組みの外で社会的、政治的生活を送ることに他ならない[37]。よく練られた政治的選択がどういうものかについては、マイケル・ダヴがジャワの国家と農業に関する分析で雄弁に強調している。切り開かれた「開墾地がジャワ人の国家と文化の勃興に関連づけられるのと同様に、森林は未開で統制のきかない恐ろしい勢力を連想させる……森林に対するこのような恐怖感は、歴史的な経験から生まれた。なぜなら古代ジャワの焼畑農耕民は、そこに君臨する王宮文化の一部でもなければ――この点が最も重要なのだが――その管理下にもなかったからである[38]」。これは、ヒョルレイファー・ジョンソンがタイ・中国国境のミャオ（ミエン）に関する研究で指摘していることだが、焼畑は国家の手の届かないところに身をおくために営まれていることを示す小さな徴候にすぎない。彼が示唆するように、本来は政治的に中立なはずの農業技術が政治性を帯びるのは、国家が水稲栽培で自己成型するからである。「ふたつの農法は歴史的には同時に行われてきたと思われるが、国家の重要課題が統制になると、人々は水稲農民、技術者、兵士などとして国家を支えることを強制されるか、国家なき焼畑民になるかのいずれかを迫られた[39]」。

ここでフモン／ミャオの事例が参考になる。彼らは、標高九〇〇メートル以上の土地で暮らし、焼畑農法でケシ、トウモロコシ、雑穀、イモ類、ソバなどの高地作物を栽培する典型的な高地民とされている。しかしフモンの人々は、実際にはきわめて多様な農業技術をもっていることがわかっている。ある農民が述べるように「私たちフモンには、畑地だけの人もいれば、水田だけを耕す人もおり、また両方をする人もいる[40]」。この選択には、自分たちのコミュニティと国家との距離をどれくらいとるかという政治的判断が働いているようだ。国家が危険でなかったり、まずないが圧倒的な魅力をもっていたりすれば、選択はそれほど政治的にはならない。しかし国家が文化的にも政治的にも住民の選択に影響を与えるところでは、国家の臣民になるか「山地部族」になるか、あるいはもっと成り行きまかせに二股をかけるのか、という選択が農法の選択に影響を与える。耕作者が選べるさまざまな生業手段のなかでも焼畑移動耕作は、国家による収奪を防ぐので、国家に対する抵抗の選択肢として最もよく見られる。

逃避農業としての作物選択

逃避農業の論理と、収奪への抵抗の論理は、移動耕作のような技術体系だけでなく、特定の作物にも適用される。もちろん国家の収奪に対して焼畑が有効なのは、植生が多様であり、山がちな場所に分散して行われるからである。移動耕作民が六〇種類、もしくはそれ以上の作物種を植え、栽培し、育てようとすることは珍しくない。このような環境で作物目録を作り、査定し、徴税しようとすれば、どんなに熱心でもひどく困惑するにちがいない[41]。こうした理由からJ・G・スコットは、山地民は「国家にはいっさい記録されず」「官僚にとっては、移動耕作民の戸数はおろか村落数を数えることすら完全に骨折り損だろう」と記した[42]。加えて厄介なことに、ほぼすべての焼畑農耕民は隣りの森で狩猟、漁労、採集もしていた。このように生業戦略を幅広く組み合わせることにより、彼らは意図的にリスクを分散させ、多様で栄養価に富んだ食材を確保しながら、同時に自らを捕らえようとする国家の目をくらませた[43]。このため多くの東南アジア諸国はやっきになって焼畑民を捕らえ、既存の国家空間に強制的に移住させた[44]。

作物のもつ収奪に対する抵抗力はさまざまだ。生果や野菜のように長期間保存できない作物や、ハヤトウリ、イモ類のように重さや量の単位あたりの価値が低い作物を税として徴収しても、労力に応じた見返りは得られなかった。

一般的に、ヤムイモ、サツマイモ、ジャガイモ、キャッサバなどのイモ類は、収奪に対してほぼ安全だと言えるだろう。実が成熟すると、二年くらいまでならそのまま土のなかに安全に置いておけるし、必要に応じて簡単に収穫できる。つまり略奪すべき穀物倉庫がないのだ。例えば軍隊や徴税人がジャガイモを欲しがったとしても、一個ずつ掘り起こさなければならない。一九八〇年代にビルマの農民は、不作と軍政の強制買い取りに苦しめられると、作付けを厳しく禁止されていたサツマイモを密かに栽培した。サツマイモを植えることにしたのは、簡単に隠せて収奪できないからだった[45]。一九世紀初頭のアイルランド人がジャガイモを育てていたのは、限られた土地から多くのカロリーを摂取するためだけではない。イモは接収されたり焼き払われたりすることなく、小さな盛り土のなかで育つからである。英国人が馬にのってジャガイモ畑を走ろうとすると、馬が転倒して足を骨折してしまうのだ。しかしアイルランド人は、遺伝的にも多種な南北アメリカ大陸にあるイモのなかでも極めて限られたものしか選べず、もっぱらジャガイモとミルクだけを生存の糧にしてきたのである。

イモ類、なかでもジャガイモ類を頼りにすることで、国家の支配下にある人々も国家をもたない人々も、収奪や戦争による略奪に抵抗することができた。ウィリアム・マクニールは、一八世紀初頭にプロイセンが勃興したのはジャガイモのためだとしている。敵軍は、穀倉地帯や家畜、そして地上に保管された飼料作物を取り上げて壊すことはできただろうが、地面の下にあるジャガイモに対しては無力だった。このイモ類こそが、フリードリヒ・ヴィルヘルムとその後継者であるフリードリヒ二世が精力的に普及させた品種であった。プロイセンが諸外国の侵略に対して独自の抵抗力をもったのはジャガイモのおかげである。穀物倉庫と作物が接収、破壊されてしまった農民は、散り散りで暮らすか飢えるほかないが、塊茎類を栽培している農民は軍事的な危険が一段落するとすぐに戻って、主食を掘り起こして食事をとることができた[46]。

他の条件を同じとすれば、例えばトウモロコシのように耕作限界地や標高の高い場所で育つ作物が逃走に役立ったのは、それによって逃げることのできる空間が拡大したからである。労働集約的で収穫までに時間のかかる作物よりも、ほとんど手がかからず早く成熟する作物を栽培するほうが移動しやすくなるので、国家を寄せ付けにくい[47]。周囲の自然植生に溶けこむような背丈が低い作物は、目立たないので収奪されにくい[48]。分散している人間を捕まえるのが難しいのと同じように、作物を分散させればさせるほど、収穫は難しくなる。そのような作物が焼畑民の選択肢になるにつれ、国家や収奪者にとって焼畑民は、経済的には何の価値もなく「手を煩わせるに値しない」者となる。そこはいわば国家勢力のおよばない空間となるのだ。

東南アジアの逃避焼畑

誤った認識を捨てさって、移動耕作は必然的に定住型農業よりも古く、原始的で非効率的だなどと考えなくなれば、正すべき思い込みはあとひとつしかない。それは、移動耕作の技術がわりあい静的で、過去千年間にわたってほとんど変わってこなかったという考えだ。正反対に実際には焼畑と狩猟採集は、過去千年で水稲農業以上の変化を経験してきたといえる。研究者のなかには、私たちになじみのある移動耕作は、まずは鉄、次に鉄の刃によって可能になった、と主張する者もいる。これらの道具で焼畑地を開墾する労力が大幅に減ったからである。(49) 異論がないのは、鉄斧のおかげで従来は開墾の難しかった地域での農法の転換が可能かつ容易になったため、国家からの逃避が可能になったことである。

これに加えて少なくともふたつの歴史的要因によって焼畑が変容した。第一は、高価な物品を扱う国際交易である。少なくとも八世紀以降、高価な交易品は焼畑民と狩猟採集民を国際的な市場と結びつけていた。胡椒は一四五〇年から一六五〇年にかけての国際貿易のなかで、金と奴隷についで最も価値の高かった交易品の顕著な例である。それ以前の中国との交易では、薬効のあるハーブ、樹脂、動物の臓器、羽毛、象牙、香木が求められた。あるボルネオ専門家はさらに論を進めて、移動耕作の目的は、価値の高い交易品を森で探し回る商人たちを食わせるためだったとまでいう。(50) 移動耕作を変容させた第二の要因は、一六世紀以降に新大陸から持ちこまれた作物であった。新品種は焼畑を容易にし、範囲を拡大した。焼畑はとても大きな政治的な自律の可能性をもたらしたが、その一方で、水稲に対する経済的な比較優位があったのは一六世紀から一九世紀にかけてのみで、その期間には国際交易財の入手機会が拡大した。

この要素が、一九世紀初頭にビルマ国家の中心地で暮らしていた人々が大量に山地へ逃避し、移動耕作を営む過程でどのていど効いたのかは、正確に評価しにくい。しかしこの出来事は、本書の目的からすると示唆に富む。焼畑は一般には少数民族だけの営みとみなされている。けれどもこれは、水稲国家に暮らしていたビルマ人と思われる人々が焼畑に切り替えた事例なのである。徴税や強制労働の負担が極限に達したので、ビルマ人もまた国家の中心から離れていったのだ。Ⅴ章で論じたように、一九世紀初頭のボードーパヤー王はなりふりかまわず土地を征服し、パゴダを建立したり土木工事に取り組んだりしたので、多くの臣民が貧困にあえいだ。人々は反乱や強盗で反逆したが、それ以上に多かった反応が逃散であった。国土の中央にあった土地は捨てられ、当局は膨大な数の放棄地の登録を開始したほどであった。「重税に直面した多くの世帯は、近寄りがたい辺境地へとこっそり姿を消したのである」。ウィリアム・ケーニッヒが述べているように、逃散によって大規模な「移動耕作への移行」が起こった。[51] こうして起きた大きな人口の再配置は、臣民たちが王の統治の手が届かないところへ逃げ、接収に対して以前よりはるかに強い抵抗力をもつ農法を営むようになった結果である。

かつては定住し、上座仏教徒であり、水稲耕作をしていた多くのモンが水田を放棄したことにもっともな理由がある。彼らは一八世紀なかばに起こったビルマ王朝（アヴァ）に対する度重なる戦争（戦争は反乱で途切れたりしたが）の結果、水田を捨てたのだった。モンは大混乱と敗北のなかでカレンとともに逃亡し、食料供給確保のために移動耕作へと転換したようだ。[52]

逃亡して移動耕作をすることは、植民地国家の要求が耐え難いものとなった場合にも一般的な対処法であった。ジョルジュ・コンドミナスによると、ラオスに駐在したフランスの植民地官僚は「住民が負うべき責務に耐え難くなって、村ごと移動するのをみかける。彼らは、村が道路沿いにあると定期的な補修に動員されてしまうから移動する」といった不平を漏らすことが多かった。[53] そのような移動は一般に焼畑と関連していた。というのもラオス人、タイ人、ベトナム人の農民は焼畑が役人には把握しづらく収奪から逃れやすいことを知っていたからである。

移動耕作と狩猟採集に頼って戦乱での絶体絶命の危機を回避しようとするのは、たんに人々が古いやり方を好むからではない。東南アジアでは第二次世界大戦とその後の反共闘争のさなか、上流地域や安全な場所へ退避することが選択肢のひとつだった。一九四〇年以前には稲作をしていたサラワクのブナン・ルソンは、日本軍が侵略すると森の中に避難し、狩猟採集民や焼畑民として暮らし、一九六一年になるまで定住地農業に戻らなかった。近隣のクニャやセポップの農民も同様で、二–三年も農地を放置して森に入り、サゴヤシと野生動物を食べていた。これは、なにも赤貧だったからではない。むしろ通常の交易路が閉鎖された戦時下では、サゴヤシを食べることで、山地での焼畑稲作にくらべて労働単位あたり少なくとも二倍のカロリーを摂取できたのである。[54] マレー半島西部ではジャクン（ムラユ・アスリ）が、日本軍の捕虜にならないようにリングイ川の上流まで避難した。彼らの森林に関する知識は重宝されたので、日本軍に道案内や人夫を強要されたし、日本軍の撤退後も、一九四八年以降のマラヤ非常事態宣言期[*3]に英国軍や共産党勢力の叛徒に利用された。彼らはキャッサバ、サツマイモ、バナナ、多少の野菜にくわえて、老人と子ども用にわずかな米を栽培して暮らした。また鳴き声で居場所が知られないように、ニワトリは食べてしまった[55]。

東南アジアの逃避作物

「逃避作物」には収奪を避けやすい特徴が複数ある。それらは、地図化し管理することが難しい環境にうまく適応する作物であることが多い。管理の難しい環境とは高い場所にある起伏の激しい山々、湿地、デルタ地帯、マングローブの生育する沿岸地帯などである。くわえて別々の時期に実をつけ、隠すのが簡単で、栽培にほとんど手がかからず、単位あたりの重さや分量にそれほど価値がなく、土のなかで栽培できるものなら、いっそう便がよい。そのような作物種の多くは焼畑とたいへん親和的なので、逃避的価値はさらに高まる[56]。

アメリカ新大陸の作物がもたらされる以前には、数少ない高地栽培向きの穀物を頼りに、国家から自律して支配を逃れるためにある程度のスペースが確保された。エンバク、オオムギ、生育期間が短い雑穀、ソバの実は、キャベツやカブと同様に、栄養の乏しい土壌や高地に耐性があり生育期間も短い。この作物のおかげで人々は米が獲れる所よりも、さらに高い標高に居住できる。旧世界のイモ類であるタロイモとヤムイモも、サゴヤシと同じように国家なき人々に好まれた[57]。タロイモの栽培には、湿度が高く栄養の豊富な土壌が必要だが、その条件さえ満たせば比較的高い標高でも栽培できる。タロイモはいつでも植えることができるし生育期間も短い。しかも育てるのにも調理するにもほとんど手がかからない。いったん熟しても、土のなかに放っておくだけで必要に応じて掘りだせる。ヤムイモも自然のままほったらかしで育てることができる点でタロイモと同じだが、それ以外の長所もある。ヤムイモの栽培にはタロイモよりも手間がかかり、雨季の終わりに植えなければならないが、害虫や菌に強く、様々な環境で栽培することができ、市場で換金作物として販売することもできる。新大陸からの品種がタロとヤムにとってかわるまでは、タロイモの代わりにヤムイモが栽培されることが多かった。その理由はピーター・ブームガードによると、ヤムイモはより乾燥した山腹に適していた一方で、タロイモに適した土地のほとんどが次第に水稲に使われるようになったからである。同じようにサゴヤシも逃避作物であって、幹を切り割り、潰して練って洗うことで、髄部からデンプンがとれる。サゴは自生し、生育期間が短く、山地で作る米やキャッサバよりも手がかからず、沼地のような環境でもよく育つ。サゴから作られるデンプン粉は、ヤムイモのように売れるし、物々交換もできるが、九〇〇メートル以上の高地では栽培できない[58]。タロ、ヤム、サゴヤシなどはいずれも飢饉に備えた「救荒食」として知られていた。水稲作農民でさえ、新米を収穫する前の食料不足の期間は救荒食に頼っていたが、それ以外の人々にとって、これらの作物は国家による収奪を防ぐための主食だった。

逃避農業は、一六世紀初頭に新大陸から新たな作物がもたらされたことで急激に変容した。なかでもトウモロコシとキャッサバは、この変容のなかで決定的な役割を果たしたので、それぞれについて論じたい。新大陸の作物の一般的特性は特筆に値する。全く新たな環境に持ちこまれる「外来種」の多くがそうであるように、新たな環境では原産地にいたような病害虫にかからなかったため、力強く繁茂することが多かった。東南アジアの多くの地域で受容され、とくに国家の手の届かないところで暮らそうとする人々がすばやくこれらの作物を植えるようになったのは、何よりも作物に耐性があったからである。サツマイモは好例である。オランダ人の著名な植物学者で挿絵画家のゲオルク・エーベルハルト・ルピナスは、一六七〇年にはオランダ領東インドの全域で急速にサツマイモの栽培が広がっていたことを発見して驚いている。サツマイモの長所は、収量が多く、病気に強く、栄養価が高く、おいしいことである。さらに逃避作物として便利だったのは、とくに以下の三点である。成熟期間が短いこと、それまでのイモ類よりも単位あたりの労働から得られるカロリーが高いこと、そしておそらく決定的に重要な点だが、ヤムイモやタロイモよりも高地で栽培できること、である。ブームガードが示唆するように、サツマイモは（ニューギニアでそうであるように）たいていブタの飼育と一緒に行われ、高地人の逃避行を助けたと考えられる。サツマイモ栽培は、ブル島のようなアクセスしにくい地域で遊牧をしながら半定住している人々にも普及した[59]。サツマイモがもつ逃避作物としての性質は、フィリピンではより顕著にみられた。スペイン人たちはサツマイモを槍玉に挙げて、そのせいでフィリピンで遊牧生活をするイゴロトの人々を定住させることはおろか、正確な人口すら把握できない、といった。「彼らは些細なことで次々と場所を移動する。気になる住居にしても彼らはどんな場所にでも干し草を使ってつくってしまうので、移動を止めることができない。彼らはヤムとカモテ（フィリピンでのサツマイモの呼び名）があれば問題なく生活できるので、次々と場所を変える。サツマイモはどこでも育つし、移動するときは根こそぎ引っこ抜けばよい[60]」。これまでアクセスしにくかった地域への流入を可能にし、その場所で十分に食料を供給してくれる作物は国家に嫌われる作物に他ならなかった。

食用作物に関する議論の途中であるが、ここでどんなに孤立した山地民、あるいはマルーン・コミュニティでも、完全には食料を自給できていなかった点を思い出しておくことは重要である。こうした集団のほとんどすべては、低地の市場で物々交換や販売できる交易価値をもった産物を栽培し、狩猟採集をしていた。彼らは政治的な自治を保ちつつ、交易と交換から利益を得ようとしていた。歴史的には綿、コーヒー、タバコ、茶が交易対象となり、なかでもとくに重要だったのがアヘンであった。これらの作物は多くの労働力と定住的な生活を必要としたが、栽培地域が国家支配から遠く離れていれば、政治的な独立と両立可能だった。

作物が国家逃避の目的にどれほど適しているのかを、おおまかに見積もってみよう。表3は、アヘンと綿を除く食用作物に限定して逃避作物としての特性を比較したものである。[61] 労働集約性、病害虫への耐性、保存の良さを包括的に測定する基準がない以上、「逃避適正」の序数的な尺度をつくりだすのは現実的ではない。けれどもある特定の農業生態に限って考えれば、通り一遍の比較は十分可能になる。新大陸原産の栽培作物であるトウモロコシと（マニオカ、ユッカとしても知られている）キャッサバの逃避的性質がいかに重宝されるようになったかを検討してみれば、歴史的にふたつの種がどう異なるのかを、表3にはないグローバルな視点から比較することができる。

トウモロコシ　トウモロコシは一五世紀にポルトガルから東南アジアにもたらされ、急速にひろがった。[63] 一七世紀後半になると東南アジアの海上貿易をとおして普及するようになり、一九三〇年代には小規模の自作農家が栽培する作物のおよそ四分の一を占めるようになった。しっかりと根付いて東南アジアの環境に馴染んだので、もうひとつの新大陸原産の作物である唐辛子と同様、ほとんどの人々はトウモロコシを土着の作物だと思いこんだほどである。

トウモロコシ以上に国家支配から逃れるのにおあつらえ向きな穀物はないだろう。トウモロコシには、陸稲とくらべて多くの優れた点がある。単位あたりの労働力と単位面積あたりのカロリー生産量が高いだけではなく、稲作よりも収穫が確実だ。また異常気象でもよく育つ。他の作物のすき間に簡単に植えることができて、生育期間は短く、飼料としても利用でき、乾燥させれば保存が利き、陸稲よりも栄養価が高い。しかし本書の議論で最も重要な点は「陸稲を育てるにはあまりに標高が高く、急斜面で、乾燥しすぎていて、痩せすぎている土地でも、トウモロコシは育つ」ことである。[64] この長所があったからこそ、山地民と低地民はこれまでは人を寄せ付けなかった土地へ入植できたのである。水源地をさらに上っ

表3　逃避的特徴をもつ作物群

作　物	保存性	労働集約性	気候／土壌（湿潤／乾燥）	罹病性	標　高	単位重量あたりの価値（貨幣経済下）	地中での保存
タロイモ	低い	普通〜高い（灌漑状況による）	温暖湿潤	20世紀から	低-中（0〜1800m）	低	可（短期間）
キャッサバ	低いが乾燥不可	低い	暑い気候／乾燥した土地への耐性	20世紀から	低-中（0〜2000m）	低	可
アヘン	加工すると高い	高い	耐性がある	あり	通常は高	加工するととても高	不可
トウモロコシ	普通	普通	高温多湿	20世紀から	低-高（0〜3600m）	低	不可
ヤムイモ	高い	普通〜高い	非常に湿潤で高温	なし	低（0〜900m）	低	可
サツマイモ	普通（最適湿度で6カ月）	低い	湿潤を好む	あり	低（熱帯では0〜1000m）	低	可
エンバク	高い	普通〜高い	湿潤	あり	低-中	低	不可
モロコシ	高い	普通〜高い	多品種あり。高温乾燥が最適	なし	低-高、ただし低を好む	低	不可
ジャガイモ	普通	低い	かなり適応しやすい。夜間に涼しい気候が最適	19世紀と20世紀	低-高（0〜4200m）	低	可
ハトムギ	高い	普通〜高い	さまざまな気候	なし	低-中	低	不可
オオムギ	高い	普通〜高い	他の穀物よりも多くの環境に適する。とくに寒い気候	20世紀から	低-高	低-中	不可
ワタ	高い	高い	暑い気候	あり	低	中	不可
ソバ	低い（飼料としては普通）	普通〜高い	痩せた土壌に強く、寒冷を好む	なし	高への耐性	低	不可
トウジンビエ	高い	普通〜高い	ほとんどは乾燥と熱に耐性	なし	低-中	低	不可
ピーナッツ	高い	低い〜普通（一般的にその土地での主要作物と同じ）	熱帯もしくは亜熱帯	20世紀から	低（0〜1500m）	中	不可
バナナ	普通	主食としては低く、輸出作物としては普通〜高い	熱帯	あり	低-中（0〜1800m）	主食としては低、輸出作物としては中	不可

出典は原注（62）を参照。

た高度一二〇〇メートル、あるいはそれより高い土地に住むようになっても、人々はそこで頼れる主食を手にできた。急斜面で近づきにくく、距離の障害に守られた場所だったので、国家の支配圏の外でも定住に近い生活を営むことができた。長いあいだ水稲が栽培されていた高原地域では、トウモロコシを導入したおかげで水稲栽培の中心地から外れた近隣の山地に入植することができた。

トウモロコシのおかげで、水稲国家の外部での自律的な生活は突如として容易に手に入る魅力的なものとなった。多くの人がトウモロコシの栽培をはじめたので、人口が大規模に再配置されたほどだった。ブームガードが述べるように「トウモロコシによって、政治的、宗教的、経済的、あるいは健康上の理由から低地や高地の中心地から距離をおくことが可能になり、まばらな山地でなんとか生きのびるだけではなく、人口を増加させることすらできるようになった」[65]。トウモロコシが高地の国家なき社会の形成を後押ししたという強い主張もある。例えばロバート・ヘフナーは東ジャワのテンゲル高地に住むヒンドゥー教徒のジャワ人の事例をあげて、トウモロコシがあったからこそ「ヒンドゥーの農民たちは、ムスリムによるヒンドゥーのマジャパヒト王国征服以来、近寄りがたかったテンゲル高地へとゆっくりと退避できた」という[66]。他の場所でも、トウモロコシや（イモ類、キャッサバなどの）高地作物は、高地の人口形成に、そして低地国家に対する彼らの政治的、文化的差異をはっきりさせるのに、しばしば決定的に重要な役割を果たしたようだ。国家空間から離れていく理由はさまざまであり、宗教上の分裂、戦争、強制労働、植民地計画に基づく強制的な開拓、伝染病、奴隷制など多岐にわたったが、トウモロコシが手に入ったことは、逃げようとする誰に対しても、新しく有益な手段になった[67]。

タイとラオス領内、もしくはその周辺で暮らしている山地民のフモンは、過去二世紀にわたって、漢民族に軍事的圧力をかけられては逃れ、抵抗に失敗しては逃亡をはかった。その後は（トンキンなど）ベトナム北部でフランスの圧力からも逃れてきた。一般的に一〇〇〇メートルを超える場所に居住し、トウモロコシ、豆類、イモ類、ハヤトウリ、ケシを植える彼らはまさに国家なき人々である。フモンの人々が逃避を続けられたのはトウモロコシがあったからに他ならない。一般的に陸稲は一〇〇〇メートル以上では育たないが、アヘンは九〇〇メートル以上でのみ生育する。かりにフモンが陸稲とケシを主な生計手段としたなら、標高九〇〇から一〇〇〇メートルの狭い地帯でしか暮らせなかっただろう。しかしトウモロコシを植えることで、さらに三〇〇メートル高い場所にも生活圏を広げることができた。そこではトウモロコシもケシもよく育ち、国家の標的とされる可能性もさらに低くなる。

キャッサバ／マニオカ／ユッカ　新大陸原産の逃避作物の最たるものは、間違いなくキャッサバだった。[68]トウモロコシと同様、キャッサバは東南アジアの島嶼部および大陸部で急速に広がった。キャッサバは驚くほど多様な条件下で、ほとんどどこでも育つ。この大きなイモ類は、とても丈夫で栄養繁殖するので、育てるよりも生育を止めることのほうが難しいくらいだ。[69]キャッサバは干ばつにも耐性があり、何も育たないようなやせた土壌でも育つので、新たな土地を開墾するときに理想的である。新大陸からもたらされた他の品種と同じく天敵も少なかった。イノシシも、タロイモやサツマイモのようにはキャッサバを好まない。[70]あえていえば、標高が高い場所ではトウモロコシやジャガイモのようには育ちにくいのが欠点であるが、人が定住したり移動したりする場所では、キャッサバの生育を妨げるものはほとんどない。

キャッサバには、ほかのイモ類と同様、逃避的性質がある。サツマイモほど生育期間は短くないが、いったん熟せば必要になるまで地面のなかに放置しておくことができる。多用途かつ丈夫で、焼かれても燃えるのは地表の枝葉だけなので、スペイン語圏でキャッサバは戦時の主食や小麦を意味する「ゲリラの穀粉」と呼ばれた。ゲリラとはつまるところ、国家を回避し移動する人々の特殊な別称である。さらに収穫後に粉末（タピオカ）にすればしばらくは保存がきく。根も粉末も市場で売ることができる。

最大の利点は間違いなく、最小の労働力で最大の収穫が得られる点である。このため遊牧民は好んでキャッサバを植えてそのままにし、二－三年のちに戻ってきて掘り起こすことができた。また掘り起こさずにおけば、葉も食料になった。このようにキャッサバは、どんな生態的環境でも育てることができ、ほとんどどこにでも植えることができ、労力を大いに省いてくれる作物である。この見事な長所によって、キャッサバはヤムイモを押しのけたサツマイモにとってかわり、最も広く普及するイモ類の食べ物となった。

植民地期の前後を問わず水稲国家にとっては、このように容易に入手できる労働節約型の自給用作物は、非常時には飢饉食として重宝されたものの、通常は国家建設に対する脅威であった。国家の一番の関心事は、水田を拡大することであり、それができないときには奴隷労働を使うなどして、綿、藍、サトウキビ、ゴムなど他の重要な輸出用換金作物の生産を最大化しようとした。新大陸からもたらされた逃避作物のおかげで、逃避は政治的にも経済的にも魅力的になったが、植民地当局は、キャッサバとトウモロコシを、怠惰な原住民が仕事をさぼるために植える作物だと非難することが多かった。新大陸でも同じように、賃労働やプランテーションのための労働力を確保する際に邪魔となったので、これらの作物は自由農民の自律を維持させるとして嫌われた。中米の大農園主たちは、銃と釣り針を手にした農民にキャッサバが加わると、定期的に賃労働に従事する人はいなくなるとぼやいた(71)。

キャッサバは、多くのイモ類のように社会構造に大きな影響力をもつので、人々の国家逃避とも関係してくる。キャッサバの影響は、穀物文化、とくに水田稲作文化と明らかな好対照をなす(72)。水稲作を営むコミュニティは単調なリズムで生活している。種まき、田植、稲刈り、そしてそれに関連する儀礼は、水の管理と同じように細かく調整されている。協力して、水を管理し、作物を見張り、労働を交換すれば、命令こそされないものの、参加する見返りは十分だった。しかしサツマイモやキャッサバのようなイモ類の場合には、そうはいかない。植えつけと収穫は、それぞれの家族が必要と思ったときに決められ、ほとんど継続的に行われる。こういった作物は農耕法の特性上、ほとんど、あるいはまったく協力体制を必要としない。イモ類を栽培する社会は、穀物を栽培する人々よりも、より広域に分散することができ、協働が少ない。それゆえそのような社会組織は、より大きな勢力に組みこまれることや、おそらくは階層化や服従に対しても強い抵抗力をもっている。

逃避の社会構造

稲作国家は灌漑稲作とそれに従事する人々の集住を必要とするため、それらを「読みやすい」景観にまとめ、強化しようとする。国家にとって手をつけやすい経済と人口は、〈収奪しやすい景観〉といってよいだろう。監視や収奪を受けやすい経済的景観があるのと同様に、管理されやすく、収奪されやすく、従属させられやすい社会的構造がある。逆もまた真である。これまでみてきたように、収奪に対して抵抗力のある農業技術と作物体系は、国家を寄せ付けない。同様に、監視と服従に対して抵抗力をもつ社会組織や政治組織にもさまざまなパターンがある。移動耕作やキャッサバ栽培が、国家に対するひとつの「立ち位置」を表しているように、さまざまな形式の社会組織も、それぞれ国家に対する戦略的な立場を表している。社会構造は農業技術と同様に、あらかじめ決められたものではない。社会構造というものは長期間にわたって見れば、ほとんど選択の結果なのである。選択の多くは広い意味で政治的である。ここでは、社会組織に関する弁証法的な見方が必要となる。東南アジア大陸部の周縁にある政治構造は、つねに自らの近隣にある国家制度に適応しようとする。ある状況下では、それらの政治構造は――というよりは、それを動かす人的アクターは――、構造を調整して、近接する国家との同盟や合併を進める。また別の場合には、朝貢や合併のくびきから逃れるように自らを整形する。

この観点からすると社会構造とは、特定のコミュニティに不変の社会的特徴とみなされるべきではなく、むしろ自らを取り巻く権力との間合いをとることを一つの目的とした可変的なものとして捉えられるべきである。これを最も明確に示してくれたのは、東部ビルマのカヤーに関するF・K・レーマン（別名、チッフライン）の研究である。先達であるリーチと同様に、彼は社会組織が時の経過とともに振り子のように振れることを論じたうえで、この振り子運動を理解するための変容の規則に着目した。「実際に、カヤーなどの東南アジアの山地民の社会システムはみな、ほぼ前述のようなかたちでとらえなければ理解不可能に思える。山地社会にとっての不可避な前提とは、近接する文明との周期的な関係の変化に応じて自らの社会構造、ときに「民族」のアイデンティティすら変化させるということのようだ[73]」。

一般的に、ある社会やその一部が併合や収奪を回避しようとするときには、より単純で、小規模で、分散した社会的単位、つまりすでに論じた社会組織の原初的形式へと移行するのが常である。収奪に最も抵抗力のある社会構造とは――それだけ、あらゆる集団行動も妨げられてしまうのだが――指導者のいない小規模な世帯の集合体である。このような社会組織の形態は、収奪への抵抗力をもつ農業と居住の形態とともに、低地の稲作「文明」からは、必ずといってよいほど「野蛮」「未開」「後進的」として記号化される。農業や社会組織の文明化の度合いが高いか低いかを測る物差しが、収奪と従属のしやすさと完全に重なっていることは偶然ではない。

「部族性」

国家と部族との関係は、ローマ帝国とその軍団にとっては主な関心事項だったものの、ヨーロッパ人の歴史記述のなかでは長らく姿を消したテーマだった。ヨーロッパで最後まで残った独立した部族民、すなわちスイス、ウェールズ、スコットランド、アイルランド、モンテネグロの人々や、南ロシアの大草原の遊牧民は、より強大な国家とその時々に優勢な宗教や文化に徐々に吸収されていった。しかし中東では、いまなお部族と国家の問題は絶えない。したがって、まずはこの地域での部族と国家の関係をめぐる民族誌家と歴史家の研究をふりかえって指針を得ることにしよう。

民族誌家と歴史家のあいだでは、部族と国家は影響し合いながら互いを形づくる存在だと一般に考えられている。部族と国家は、進化的な順序を表すものではないし、部族は国家に先立って存在するわけではない。部族は、むしろ国家との関係で定義されるひとつの社会的な形式である。「中東の統治者が「部族の問題」に気をとられているとすれば……部族のほうは、絶え間ない「国家の問題」を抱えてきたといえるだろう」[74]。

部族が安定的、永続的で、その系譜も文化もまとまった単位にみえることが多いのは、国家がそうした単位を希求し、ゆっくりと時間をかけてそのような部族を形作ることが多いからである。政治的な起業家精神を基盤に、あるいは報償と罰則を仕組むことで国家がお仕着せする政治的アイデンティティや、「トラフィック・パターン」[*4]をとおして、部族がひょっこり立ち現れることもある。いずれの場合でも、部族の存在は国家との関係のあり方に左右される。統治者と国家機構は、交渉や統治をするための安定的で信頼でき、階層化されている「把握しやすい」社会構造を必要とする。国家は、交渉相手となり忠誠を求めることができる対話の相手、あるいはパートナーを必要とする。彼らを通じて指示を伝達し、政治秩序に責任をもたせれば、穀物や朝貢を調達できるようになる。部族民は、その名の示すとおり国家の直接統治の外にいるので、彼らが多少なりとも統治の対象となるとすれば、それは彼らを代弁し、必要なら人質になってくれるような指導者を介してしかありえない。「部族」として表象される集合体は、国家が想像するようないかなる実体ももたない場合がほとんどである。部族という誤った表象は、国家が捏造した公的なアイデンティティに加え、民族誌家や歴史家が、首尾一貫した記述と分析になじむような社会的アイデンティティを部族に求めてきたことにも起因する。視野に入ったり外れたりを続ける社会的有機体を十分に記述することはできないし、ましてや統治することはより難しいのである。

国家なき人々（別名で部族）が、政治的、社会的に国家制度への編入圧力をうけたときの反応はさまざまである。部族集団やその一派は決められた指導者（間接統治の指導者）をもった朝貢社会として、緩やかに、もしくは完全に、国家に組み込まれることもある。とくに武器をもった牧畜民の場合、自らの自律を守るために戦う場合ももちろんある。その場を立ち去ることもあるだろう。さらには分裂したり、散在したり、生業戦略を変えたりすることによって、収奪の標的にはみえないようにカモフラージュしたり、自らを魅力のないように演出することもある。

最後に示した三つの戦略は、抵抗と回避の選択肢である。わずかな例外を除いて、東南アジアの国家なき人々に軍事的な選択肢はなかった[75]。その場を立ち去ることを選択すれば、移動耕作や採集を採用する必要がある。この点についてはこれまで検討してきた。以下で検討するのは、社会的な再組織化という最後の戦略である。この戦略では、最小単位――たいていは世帯――への分割が行われ、さらに分散した小集団《バンド》に適した生業戦略が採用されることが多い。アーネスト・ゲルナーは、ベルベル人がとったこの意図的な選択を「分割せよ、さすれば支配をかわせよう」という標語で描いている。これは秀逸な格言である。というのも、ローマ人の標語であった「分割して統治せよ」は、分割できなくなると統治が機能しないことを示しているからだ。マルコム・ヤップは同じ戦略を〔背骨をもたずバラバラにされない特徴を指して〕「クラゲ部族」と呼んだが、この名称が適切なのは、指導者のいない集団を統治しようとしても、バラバラで無秩序の住民に直面して何の突破口もとっかかりも得られない点をうまく表現しているからだ[76]。オスマン帝国にとっても、指導者が不在で組織的に分散した異端者のセクトよりも、キリスト教徒であろうとユダヤ教徒であろうと、構造のある集団のほうがはるかに扱いやすかった。最も恐れられていた自律と反抗の形態は、例えば神秘主義のダルウィーシュ〔イスラームの托鉢修道者〕の教団のようなものであった。彼らは意図的に集団で定住せず、特定できる指導者ももたないことで、オスマン警察の探知をかいくぐった[77]。このような状況に直面すると、国家はたいてい協力者を捜し、首長を介した支配地域をつくろうとする。首長の地位を狙っている者にとっては、このような動きはうまく使えば利益になるものだが、その支配下に入れられないようにするためには、これから見るように、首長を無視さえすれば十分なのだ。

部族的構造の基本的な単位はレンガのようである。つまり、識別できる構造なしにバラバラに散在することもあるし、でたらめに山積みになっていることもあれば、一緒になって大きな、ときには非常に大規模な部族的同盟を組み上げることもある。ロイス・ベックはイラン南西部のテュルク系民族カシュガーイーについて、このプロセスを絶妙な詳細さで検討し、「部族的な集団は拡大も収縮もした。国家が資源へのアクセスを制限したときや、外国勢力が攻撃をしかけてきたときに、部族集団はより大規模な集団に加わる場合もあった。逆に大きな部族集団は小さな諸集団に分かれることで、国家からよりみえにくく、手が届かないようにした。諸部族のあいだを移動すること（民族的なアイデンティティの転向《シフティング》）は、よくあるパターンであり、それは部族の形成と分解のプロセスの一部だった」と述べる。ベックはピエール・クラストルのラテンアメリカ論の中東版ともいえる論考で、遊牧に移行した農耕民を例に挙げ、その社会組織と生存戦略は国家に把握されにくくするための政治的選択とみなす。「多くの人が未開で伝統的とみなす形式は、より複雑な諸制度への反応、あるいはその鏡像としてつくられたものである」。ベックはさらに、「そのようなローカルな制度は、彼らを支配しようとする側の制度に対して、適応したり挑戦したり距離をおいたりしてきた」と付け加える。[78] 換言すれば、社会組織とは国家の影響が生みだした産物であり、人々の選択の結果なのである。そして人々の取り得る選択肢のひとつは、国家を建設する側には見えない（もしくは）読みにくい社会構造をもつことなのである。

　このような社会的形状の切り替え《シフト》というテーマは、遊牧民と狩猟採集民でもはっきり見られる。モンゴルが中国による植民地化を免れたのは、首長不在の社会構造と、そこに「神経中枢」が欠如しているからであると指摘したのは、オーウエン・ラティモアである。[79] またリチャード・ホワイトは、植民地期北アメリカの先住インディアンの政治を詳細に分析して、部族的構造とアイデンティティの極端な不安定性、ローカルな諸集団の自律性、そして新たな土地へ移動し生存戦略を素早く変化させる人々の能力を強調している。[80] ホワイトが検討した民族と移民の吹き溜まりは、ゾミアの大半を特徴づけるものでもあるが、そこでのアイデンティティは真に複数性をもつ。そのような人々は、アイデンティティを変化させるというよりは、いくつかの潜在的なアイデンティティを内包する文化的、言語的な組み合わせから、ひとつの可能性を強調して引きだす。アイデンティティや社会単位の曖昧さ、そして複数性と代替可能性には、ある種の政治的な利点がある。つまり国家や他民族と関係をもつか、もたないかという選択の幅が広いということである。[81] イランと旧ソ連の国境域に住むトルクメンや、ロシアのカルムイク〔モンゴル高原西部から東トルキスタン北部に居住するオイラト人のロシア呼称〕などの遊牧民の集団に関する研究では、そのような集団が自らに有利なときはいつでも小さな独立した単位に分かれ、分節化する能力をもっていることが強調されている。[82] カルムイクを研究する歴史家は、マーシャル・サーリンズによる部族民に関する次の一般論を引用している。「その政治体は原始的な有機体の特徴を持ち続けるのであり、首長の権威という保護的な外骨格で覆われつつも、原理的な中身は単純で、分節化されただけのものである」[83]。

　こうした社会の特徴は、バラバラにもなるし再構成もできるような社会構造をはぐくむだけでなく、場合によっては必要とすることさえある。牧草地、狩猟場、焼畑候補地といった共有資源が存在することによって自立が可能になると同時に、相続された私有地によくみられるような、富と地位の差異が大規模に広がり続けるのを妨ぐこともできる。これと同じように重要なのは、狩猟採集、移動耕作、交易、家畜飼養、定住型農業などを混ぜ合わせた生業戦略の幅である。それぞれの生業形態には、独自の協働体制、集団規模、定住パターンが必要である。これらの生業形態はさまざまな社会組織を通じて総体として、ある種の実践経験や慣習をもたらす。多様な生業技術の組み合わせは、多様な社会構造の組み合わせを生みだし、その時々の政治的かつ経済的な利点に応じて行使されるのだ[84]。

国家らしさと永続的上下関係の回避

ゾミアの一部を管理したいという野望をもった国家——例えば雲南と貴州にいた漢の行政官、タイのアユッタヤー王朝、ビルマのアヴァ、シャンの首長（ソーブワー）、英国植民地国家、独立国家の政府など——は、いずれもその地域に取引の相手になる首長国を見出そうとし、うまく見つからなければそれをつくりだそうとしてきた。リーチによると、ビルマの英国植民地政府は、地理的にこぢんまりとまとまっていて交渉相手にしやすい専制的な「部族」体制を好み、無政府状態ではっきりとした代弁者をもたない平等主義的な人々を嫌った。「カチンの山岳地域や……他の人口密度が低い多くの地域では、とても小規模で独立した村々が支配的だった。各村の村長は、自らが完全に独立したドゥボーの地位にあることを主張する……この事実は繰り返し言及されてきた。より注目に値するのは、英国当局が首尾一貫して、点在する集落のあり方に反対していたことである[85]」。世紀の変わり目に別の英国の役人は出来事の推移を関心をもって見守っていた人々に対し、カチン小首長たちの表面上の服従を真に受けないように警告した。「うわべでは従属を装いつつ、各村はそれぞれの独立を主張し、自分たちの首長以外は認めないのである」。この役人はリーチに先んじて独立性が最も小さな社会単位の特徴だと強調した。この社会単位は「世帯や個々の家の所有者に当てはまり、もし世帯主が首長と意見を異にすれば、自らがソーブワーであるかのごとく、村を出て新たな家を好きな場所に建てることができた[86]」。このように英国は他国と同じように、民主的で無政府状態にある人々に対して、「野生的で」「生で」、ビルマ語で言うところの「野卑な」人々であるとレッテルを貼る一方で、彼らの隣に暮らす専制的で、同じ言語や文化を共有している人々を「飼いならされ」「熟した」「教養がある」人とみなした。無政府状態の「クラゲ」部族を、安定的に間接統治することはほとんど不可能であった。平和的に制圧しておくことすら難しく、できても長続きするものではなかった。一八八七年から一八九〇年まで英国の弁務長官を務めた人物によると、カチンとパラウン地域の人々は、「中央からの統制に一度も従ったことがない」人々であり、征服するには「山をひとつひとつ」押さえていくしかなかった。彼によれば、チンの人々も同じくらい苛立ちの対象だった。「チンがもつ唯一の統治制度は、村長あるいはせいぜい小さな村々の集まりであった。したがって、チンを一まとまりの相手として交渉することは不可能だった[87]」。

英国は、反抗的で扱いにくいチンに怖じ気づいて、「民主的な」チン地域に首長をつくりだすことに着手し、その首長に権限をもたせようとした。植民地当局の支援のおかげで、首長は集落で饗宴を気前よく主催する「饗宴社会」をつくりあげ、一般の村人より高い地位を得た。その反動として、コミュニティを単位とした饗宴を否定し、首長よりも個人の地位を高める私的な饗宴の伝統のみを継続する、新しい習合的なカルトが生まれた。これがポーチンホー信仰で、ザンニア（民主的な部族地域）全体、そしてその行政区域のチン人口の四分の一以上の人々に急速に広まった[88]。ここに見られるのと同様に他の多くの事例でも、国家や国家的形態から距離を置く独立した状態には、「経済的な繁栄よりも高い価値がおかれた」ようだ[89]。

おそらく最も荒々しい山地民であり、首狩り族としても知られているワの人々は、「民主的な」チンとグムラオのカチンのようにかなり平等主義的である。誰でも平等に饗宴を開いて地位を向上できることが重要視され、首長の地位を望む者でないかぎり、有力者や富裕者が供物を捧げ饗宴をひらくことは許されない。この平等主義は、マグヌス・フィスケショーが指摘するように、国家を拒絶する戦略として構築されたものである。「ワの平等主義は、中国人や進化論者からは「未開」社会として誤って解釈されたが、むしろ差し迫る大きな権力の脅威に直面し、自律性の崩壊を避けるための手段として理解したほうがよい。国家の脅威は、中継点の緩衝地帯で朝貢を取り立て、税を課すかたちですでにそこまで迫っていた（この緩衝地帯は、ある意味で、中国の他の地域でみられるような「反野蛮人」の防衛壁の役割を果たしていた）[90]」。

国家は特定の政治的構造をつくらせ、それを通して自らの影響力を行使しようとする。そうした圧力へのもうひとつの対処法は、実体のない擬似的な首長的権威をつくり、従うふりをすることである。北タイのリスは、まさにそうしているようだ。彼らは低地の当局を喜ばせるために首長を任命する。首長がポチョムキン〔政治上の見せかけ〕にすぎないのは、富と能力をもった年長の尊敬される男性ではなく、いつも実質的な力をもたない人物が任につくのをみれば明らかである[91]。これと全く同じことが植民地時代のラオスで報告されている。そこでは地元担当の役人と名士のニセ者がそれぞれ必要に応じてでっちあげられたが、実質的には地元で尊敬されている人物たちがニセ役人の振る舞い方を含めて、それまでどおり地元を仕切ってきたのだ[92]！　ここでの「逃避型社会構造」とは、国家を回避するためにつくられた社会的発明であるというよりは、念入りに仕組まれた階層に守られた、既存の平等主義的な社会構造であった。

ゾミアの山地民を対象とした著作のなかで最も著名な民族

誌は、エドマンド・リーチのカチンに関する研究『高地ビルマの政治体系』である。リーチの分析は、ほぼ二世代にわたる研究者らによる、前代未聞の分量の精査と批評の対象となってきた。リーチが、カチンの社会構造に影響をおよぼす（とくに英国の帝国統治と、アヘン経済という）より大きな政治的、経済的変化を故意に無視し、振り子のように揺れ動くという彼独自の構造主義的なアイデアを優先させたのは明らかだ[93]。また彼は、カチンの婚姻連帯のシステムに関する土着の用語と、それがリネージに基づく社会的階層の永続性に与える影響について深刻な誤解をしていたようだ。彼の学問的貢献についての今日の民族誌家たちによる透徹した批判的検証は、フランソワ・ロビンとマンディ・サダンが近年編集した文献にみられる[94]。

しかしこの優れた批判的文献は、次の点を全く問題としてとりあげていない。すなわち、多様なカチン社会システムのあいだには、その相対的な開放性と平等主義に重要な差異があること、そして前世紀が終わろうとする頃、より専制的な首長たちを暗殺し、退かせ、放棄しようとする運動のようなものがあったという事実である。リーチの民族誌の核心部には、逃避に向かう社会構造の分析がある。その社会構造とはシャンの藩王国や、シャン式の権力と階級制を模倣しようとした小規模のカチンの首長（ドゥーワー）による捕獲と収奪を防ぐための社会組織の一形態である。私なりに端的かつ図式的に述べると、リーチによればカチン地域には、シャン、グムサ、グムラオという三つの政治組織のモデルがある。シャン・モデルは、国家のような（原則として）世襲の首長制と体系的な収税と労役で特徴づけられた所有権と階層構造をもつ。その対になるのが、グムラオ・モデルで、これは個人的な地位の差はよしとしながらも、あらゆる世襲の権威と階級格差を拒絶する。英国から認知を受けていなかったグムラオの村々は独立した集団で、平等性と自律を強化するような儀礼組織と守護神をもつことが多い。シャンとグムラオ体系は相対的に安定しているとリーチは論じた。ここで必ず強調しなくてはならないのは、これらの体系は、リーチの研究対象になっている人々が現象学的に理解している民族的な区別ではないということだ。「シャン」の方向に動くことは、階級制、儀礼、そして国家的な形態がもたらす機会とより緊密に関わるようになることである。そして、グムラオの方向に動くことは、まさにシャン国家とそこでの営みから距離をおくことである。歴史的にみると、人々はこれらのモデルと規範のあいだを行き来してきたのである。

三つ目のモデルはグムサ体系で、そこでは妻を娶るリネージが妻を差し出すリネージより社会的かつ儀礼的に優位にあり、結果として平民と貴族階級との区別をもたらす。これは理論的に厳格かつ階層化された中間的モデルである。[95] リーチは、このモデルがとくに不安定であると主張する。[96] グムサ体系の最も上位のリネージの長は、まさに小規模なシャンの統治者に変貌していく過程にあるのだ。[97] それと同時に彼がその地位を永続的なものにし、より低位のリネージを自らの農奴にしようとすれば、反乱と逃亡が発生し、グムラオ的な平等性への反動を喚起することになる。[98]

本書の目的からいえば、リーチのカチンに関する民族誌は、国家形成を阻み、回避する平等主義的な社会組織のモデルをわかりやすく描いてくれている。リーチは、これら三つのモデル間の振り子運動を、あたかもカチン社会の永続的な特徴であるかのように描いている。だがグムラオ体系とは、部分的には特定の歴史的革命の結果によるものでもあった。『上ビルマおよびシャン州地誌』では、グムラオの「反乱」は、首長（ドゥーワー）の娘に対する二人の求婚者がいずれも断られたことに端を発した、と報告している（受け入れられていれば彼らとその親族集団の地位は上昇していた）。[99] 彼らは、ドゥーワーとその娘の嫁いだ相手の男性を殺害し、味方勢力とともに、多くのドゥーワーを次々とその地位から退かせた。ドゥーワーのなかには、その称号や特権を放棄して一命を取りとめたり追放を免れたりした者もいた。この話は、グムサ構造が階層化された格付けをもつゆえに、低い格付けのリネージの男たちの地位への野心、とくに競争的な饗宴を通じて発現される野心を防いだとするリーチの見方と一致する。[100] リーチ自身による反乱の原因に関する説明は、はるかに微妙で精巧なものだった。議論の核心には屠殺された動物の腿肉を差し出すことを含めた、首長の特権である労役提供を強られることへの拒否があったという。[101]

グムラオの村々の出現パターンには二通りあった。第一には上述のとおり、小規模な階級打破革命が起こって、小さな平民の共和国がつくられるパターンである。第二には、おそらくより一般的なパターンだが、階層化された村々から世帯やリネージが移動し、新たにもっと平等主義的な村々が形成されるというものである。グムラオの村々の起源神話は、このいずれか一方を強調する。この点でリーチは、グムラオそれ自体を不安定なものとみなす。というのも、不平等が生じると、そこで優位にある者はその優位性をグムサの見せかけのもとで正当化し、規則化しようとするからである。しかしここで、もう一つの解釈も可能である。つまり不平等に息苦しさをおぼえると、同じ身分の小さな家族集団は自ら分裂し、グムラオのコミュニティが再生産されるというものである。分裂も小規模の革命も、より広い世界の状況と人口動態に条件付けられる。英国の圧力によって隊商による稼ぎの減収と奴隷の減少を強いられた地域では、不平等さはさぞかし息苦しいものとなっただろう。アヘン市場が急速に発展した辺境地域ならば、人を惹きつけたかもしれない。人口圧力が小さく、焼畑に使える土地が豊富なところでは、反乱よりも分裂のほうが起きやすかっただろう。[102]

グムラオ地域は、国家から忌み嫌われていた。英国人によるカチン地域に関する初期の記録には次のような対比が描かれている。すなわち、世襲の首長のいるよくまとまった村々を行軍する容易さと、「ほとんど小型の共和国ともいえるようなグムラオの村で、首長がどれほどまともであっても、素行の悪い村人の行為をまったく統制できないところ」を通過する困難とである。[103] グムラオの社会組織は、いくつかの側面で国家を遠ざける特性をもっていた。まず彼らのイデオロギーは、封建制を気取った世襲の首長候補たちを思いとどまらせたり、その殺害を促したりした。次に、近接するシャン首長国による朝貢要求と統制に対する抵抗力をもっていた。最後に、平等主義的で非常に小さな共和制という無政府状態であったため、国家にしてみれば扱いにくく、外部による統治や制圧が難しかった。

ここで私が、逃避型社会構造としてのグムラオ村落に紙幅を割いてきたのは、たんにリーチのおかげで記録がよく残っているからではない。多くの山地民が二つ、あるいは三つに枝分かれした社会組織のモデルをもっていたことを示す証拠は数多い。第一は平等主義的なカチンのグムラオ体系に近いもの、第二はより階層化されたグムサ体系に近いもの、そしてときには第三のモデルである小規模なシャン王国に似たものもある。リーチは「この種の対照的な統治理論は、ビルマ・アッサム地域の辺境地帯全域に現存する」と述べ、チン、セマ、コニャック、ナガに関する研究を引用している。[104] リーチの挙げたリストに、近年のカレンやワに関する研究を加えることができるだろう。[105] 東南アジア大陸部の山地民の経済活動では逃避作物と逃避農法が使われているが、政治活動では国家をうまく拒む社会的モデルが使われることが多いのである。

国家の影で、山地の影で

ビルマ独立前夜、部族の代表を招集したある諮問会が開催された。諮問会で、北部ワ州の奥地にあるモングモンの首長は、望ましい管理体制のあり方について尋ねられ、彼なりの論理で次のような回答をした。「私たちは野生の民なので、そんなことは考えたこともありません」。[106] この首長は、彼に質問をした担当官よりもワであることの要点をよく心得ていた。すなわち、まさに全く管理されないことこそ、ワそのものなのである。

このような実態の読み間違いは、ほとんどの山地社会が

「影」ないしは「鏡」の社会であるという事実の重要性を示している。つまり彼らの政治的、文化的、経済的な構造はもちろん、宗教的な立ち位置も、国家に近い隣人たちの形式や価値と矛盾する形を意識的にとることが多いのだ。リーチによれば、山地社会の反発的な態度はいくぶん経済的な犠牲を伴う。彼は「カチンは経済的な利益よりも独立に高い価値をおくことが多い」と結論づけた[107]。他方で、低地国家に移住し同化する人々（歴史的にそのような人々は多くいた）は、低地社会の底辺に参入することになる。そうした人々の短期的な身分がどうなるかと言えば、レーマンが説明しているとおり、ビルマ人社会に参入するチンの場合には、不完全なビルマ人になるか成功したチン人になるかしかなかった[108]。

山地でのアイデンティティとは、いかに生きるかということについて暗黙裏に対話し熟慮するなかから生まれてくる。そこでの対話の相手とは、最も身近にあって、自らとは対照をなす（国家の）文明である。ミャオ／フモンのように、口承史で中国／漢人国家との長期間にわたる戦いを記録してきた人々にとっては、こうした対話こそが最も大きく際立つ。したがって、フモンがフモン自身を語る物語は、漢人やその国家とやりあうときの気構え、守り、立ち位置を示すものになる。フモンの打ち出す論点は、次のようなものである。彼ら（漢民族）は皇帝をもつが、私たちフモンは誰もが（観念上は）平等である。彼らは領主に税を払うが、私たちは何も払わない。彼らは文字と本をもつが、私たちは逃げる過程でそれを失った。彼らは低地の中心で密集して暮らしているが、私たちは山地に広く点在して自由に暮らしている。彼らは奴隷のようだが、私たちは自由だ[109]。

このような言い方をすると、山地の「イデオロギー」のすべてが低地のイデオロギーから派生したものであると結論づけたくなるかもしれない。しかし、これは二つの点で間違っている。第一に、山地のイデオロギーは低地社会だけではなく、その他の隣接する山地民とも対話しており、そこには系譜、精霊の慰撫、人類の起源といった重要な事柄が含まれている。そうした事柄は、低地中心部との論争からはそれほど影響を受けない。おそらくより重要な二点目は、かりに山地のイデオロギーが低地国家から深く影響を受けているとするならば、歴史的に人々を寄せ集めてきた低地国家の側もまた「野蛮な」隣人に対して、自らの「文明」の優位性を弁明することに囚われてしまうということである。

山地民の語りと自らの立ち位置をめぐる自己理解には、この点に関連した少なくとも三つのテーマが繰り返しあらわれてくる。それは、平等性、自律性、移動性という、いずれも相対的に規定される言葉で表すことができる。もちろんこれら三つはいずれも人々の営みとして、山地での物質的な生活そのもの、すなわち低地国家から十分に離れた居住地、分散した暮らし、共有財、移動耕作、栽培作物の選択に体現されている。レーマンが指摘するように、山地民は自らの選択として「ビルマ人（の国家）の制度をもっては搾取できないような経済活動をしていた。したがって、彼らはけっしてビルマ王国の一部とはみなされなかった」[110]。「水田稲作農業が、国家との従属的関係を意味していた」ように、「普遍化を目指す国家と森林に覆われた後背地という二分化した地域文化の枠内で焼畑に従事することは、政治的立場の表明でもあった」[111]。

上にみたようにグムラオ・カチンの歴史では、突出した首長たちがその地位から退かされたり暗殺されたりすることで、平等主義的な社会関係が維持されてきた。このような歴史とそれに伴う語りは、専制的で野心を抱くリネージの首長らを思いとどまらせるに十分な警鐘の物語として機能するだろう。カレン、カヤー、カチン地域の多くは反乱の伝統で知られている[112]。首長をもつカチンの地域でも、首長らは無視されとくに尊敬もされない。カチン以外にも似たような伝統をもつ人々がいる。リスは「独断的で専制的な首長をひどく嫌う」し、「首長を殺害するリスの物語はいくらでもある」のである[113]。これらの物語の厳密な意味での真実性よりも、むしろそれらが権力関係の規範を表現していることが重要である[114]。ラフのあいだでも似たような話が流布している。ある民族誌家はラフの社会を「極端に平等主義的」として描写したし、別の民族誌家はジェンダーに関連して、ラフを世界の誰よりも平等主義的な人々だと主張している[115]。一方アカの人々は、独自の神話的憲章を通して平等主義的な慣行を強化している。その神話によれば、首長とその息子は蜜蠟で固めた翼をつけたシャーマンの馬をもち、その馬であまりにも高く飛翔してしまった。するとイカロスと同様に、その翼は融けてしまい、彼は落下して死んでしまうのである。この物語の「華々しく大げさなやり方」による語りは、「明らかに階層的な首長制と国家形成に対する嫌悪を示している」のである[116]。

山地民が自律して、社会内部の階層制と国家形成から逃れえたのは、物理的な移動が可能であったからだ。この点からいえばグムラオの反乱は、むしろ例外である。山地での自由の基礎を成してきたのは、反乱ではなく逃亡であった。平等主義的集落は、革命家よりも逃亡者が形成したもののほうがはるかに多かったのである。リーチが述べているように「シャンの村人たちは自らの（水田）地に拘束されている。水田は資本投資をあらわしている。カチンはタウンヤー（焼畑、文字どおりには「山地耕作」）に投資しない。カチンの人々は首長が気に入らなければ、どこか別の場所に行けばよい」[117]。東南アジアの植民地当局や独立国家をわずかな偽装でまごつかせ、すぐさま移動できてしまうのは山地民の能力であり、日常的な営みでもあった。ゾミアのほとんどは国家建設から逃げた人々のための広大な避難場所として描写できるだろうが、ゾミアの域内でも、階層的で国家に類似した場所から、より平等主義的な辺境地帯への移動が絶えず生じていたのだ。

山地のカレンは好例である。彼らが小規模な集落の一部、もしくは全体を新たな場所に移動させるのは、たんに新たな焼畑地を拓くためだけではない。病気や死亡が続くといった不吉な兆候、派閥闘争、朝貢の圧力、あまりに支配的な首長、夢見、尊敬されている宗教的人物の一声など、これらのいずれもが移動を促すのに十分な理由になる。国家はカレンを定住させ利用しようとしてきたが、彼らの絶え間ない分裂や移動によって頓挫させられた。一九世紀の中頃に、多くのカレンがモンの同胞らとともにビルマから逃れて、タイ当局による支配を受け入れたときにも、彼らはタイの役人たちが望んだとおり定住しようとはしなかった。[118]英国もペグー山脈での「森林村」の支援をとおしてカレンを定住させようとした。焼畑の範囲を限定して、高価なチークの立木を守るのも狙いであった。ところがこの計画は抵抗にあい、カレンは立ち去ってしまった。[119]私たちが山地カレンについて知っていること――つまり、彼らが歴史的に隷属を恐れてきたことや、孤児や迫害された人々としての自己イメージをもっていること――はすべて、彼らの社会構造と焼畑が、よそ者に捕らえられないように安全な距離を保つためのものであることを示唆している。安全とは柔軟な社会構造を選びとることも意味した。一般的に山地のカレンは、自律的で緩やかに構造化された社会をもつといわれる。つまり経済的、社会的、政治的、宗教的な問題があれば、彼らは容易に分裂するのである。[120]

民主的で国家をもたない山地民の社会構造が、徹底して可塑的であるというのは、けっして誇張ではない。形態の変容、分裂や離散、物理的な移動、再結合や生業形態の変化は、あまりにも目まぐるしいので、人類学者が好んで記述してきた村、リネージ、部族、集落といった単位そのものの存在が、疑問に付されるほどである。歴史家、人類学者、さらにいえば行政官が、カレンを把握するうえでどのような単位に焦点をあてるべきなのかは、ほとんど形而上学的な問題になる。最も地位の低いとされる山地民は、とくに多様な形態をもつようである。彼らの言語と文化的営みは幅広く多様で、さまざまな状況に素早く適応することができる。[121]ラフニ（赤ラフ）の民族誌家であるアンソニー・ウォーカーは、村々が分裂、移動しては完全に消散し、別の集落に散り散りに暮らしながら新参者たちを取りこむこと、そして新たな集落が突如として現れることを記している。[122]ひとつの村の姿を描くのに十分な時間すらないほど、すべては移ろいゆく。赤ラフ社会の基本単位は、どう考えても村ではない。「ラフニの村落共同体とは、要するにいくつかの世帯の集まりであり、成員たちはさしあたり、多少なりとも許容できる共通のヘッドマンのもと、同じ場所で暮らすのが都合がよいと考えている」。ウォーカーによれば、ヘッドマンといっても「互いに妬みあっている世帯の集まり」のヘッドマンでしかない[123]。

ここで私たちが相手にしているのは、「クラゲ」部族だけではない。「クラゲ」リネージ、村々、首長制、そして究極的にはクラゲ世帯を相手にしているのである。移動農業とともに、社会組織のこうした多形性は、国家構造への編入をかわすのに見事に適合している。そのような山地社会は、国家自体にあからさまに挑戦することはほとんどないものの、国家が侵入したり圧力をおよぼしたりすることを簡単には許さない。脅威にさらされると彼らは退却し、分散し、まるで水銀のようにバラバラになる。あたかも「分割せよ、さすれば支配をかわせよう」をモットーにしているかのように。

訳注

＊1　邦訳　デフォー『ペスト』平井正穂訳、中公文庫、二〇〇九年。

＊2　ダーウィンの進化論を人間社会に適用し、社会はある理想的な状態へと進化するとした一種のイデオロギー。帝国主義や植民地化の正当化、優生思想につながった。社会進化論とも言う。

＊3　第二次世界大戦後、英国によるマラヤの再統治に反対していたマラヤ共産党に対して、植民地政府は一九四八年に非常事態宣言を発令し、マラヤ共産党を非合法化した。植民地政府は大規模な掃討作戦を実施し、非常事態宣言はマラヤ独立後の一九六〇年まで続いた。

＊4　ベネディクト・アンダーソンは民族・人種的ヒエラルキーに応じて支配下の住民が分類、編成され、人口統計学的なカテゴリーだったものに社会的生命が与えられる様態を「トラフィック・パターン」と呼んだ。以下を参照。ベネディクト・アンダーソン『想像の共同体』白石さや他訳、NTT出版、一九九七年。

Ⅵ＋½ 口承、筆記、文書

詩は人類がもって生まれたことばである。造園が田畑より古く、絵が書きことばより古く、歌が演説より古く、比喩が推論より古く、物々交換が商業より昔から存在したのと同じように……。

——ブルース・チャトウィン『ソングライン』（J・G・ハーマンからの引用）

その厳密さにおいて、法とは筆記することでもある。書きことばは法の味方である。法は筆記のなかに宿る。筆記か法のどちらか一方しか熟知していないということは、もはやありえない……石に刻まれていようが、動物の皮やパピルスに記されていようが、筆記は法の力を体現する。

——ピエール・クラストル『国家に抗する社会』

低地のエリートにとって野蛮さの基準は、読み書きできるかどうかである。山地民が背負う文明に関する烙印《スティグマ》のなかで最も際立つのは、彼らが筆記と文書《テキスト》を知らないことだ。文字を知らない者たちを文字の世界に引き込み、正規の教育を施すことは、開発主義国家の存在理由である。

しかし、これらの人々は長期的にみれば、識字以前《プレ》の段階ではなく、レオ・アルティング・フォン・ヘウサウがいうように識字以後《ポスト》の段階にあると考えてみてはどうだろうか。[1]山地民は国家から逃避して、社会構造や生業習慣を変化させた結果として筆記と文書の世界を捨て去った、と考えられるのではないか。そして非常に極端な仮説ではあるが、彼らが自らすすんで文書と識字の世界を捨てたことに、主体的もしくは戦略的な側面があったとしたらどうだろうか。この可能性を裏付けるものは、ほとんどが状況証拠にすぎない。ここでの議論を逃避農業と逃避的社会構造に関する前章から分けたのは、このような理由で私自身も自らの議論に自信がもてなかったからかもしれない。しかし（非識字の意図的な創出とまでは言えなくても）文字が読めない状態を戦略的に維持することは、逃避農業や逃避型社会構造と同源である。焼畑農業と人口分散が国家に取りこまれずに生きてゆくための戦略であり、分断された社会と指導者をもたない無頭制が国家による収奪を防ぐのだとすれば、筆記と文書の欠如も同様に歴史や系譜の面で人々を自由にし、掌握のしづらさを通じて国家の日常業務から人々を解放したと考えられるだろう。焼畑農業を行い、平等を重んじる移動集落が、とらえどころのない「クラゲ」のような社会経済的形態だとすれば、口承も捕獲を逃れようとする文化的なクラゲとみなすことができるかもしれない。この解釈によれば口承は、国家形成とその権力に対する意識的な「立場」を示しているのかもしれない。農業と居住習慣が戦略的な立場とともに長期的に振幅するのと同じ理由で、識字と文書が取りいれられては放棄されることがあるのかもしれない。

無文字ではなく、あえて非識字性や口承と呼ぶのは、口承が単にある能力の欠如ではなく、文化的生活を送るための積極的な意味をもった別種の媒体であることに気づいてもらいたいからだ。ここで取り上げる「口承」は、ある社会が初めて文字と遭遇した状態を意味する一次的無文字状態と区別する必要がある。はじめから読み書きを知らない人々とは対照的に、東南アジア大陸の山塊の非識字社会で暮らす人々は、少数の読み書きに通じた人々や文書が存在する諸国家に接触しながら、二千年以上暮らしてきた。彼らはそうした国家に対して、自らの守備位置を定めなければならなかった。さらに、読み書きに通じる低地国家のエリートたちは、国の総人口からすればつい最近まで、ごく少数の者に限られていたことは言うまでもない。低地国家においてでさえ圧倒的多数者が、筆記や文書から影響を受けつつも、口承文化のなかで生きてきたのである。

筆記の口承史

ほとんどの山地民は、低地国家と入植者が非識字性を蔑んできたと自覚しているため、筆記をしない理由を「説明する」口承伝説をもっている。いささか驚くべきことだが、これらの口承伝説のあいだには注目すべき類似性がみられる。しかもこの類似性は、東南アジア大陸部だけでなく、マレー世界やヨーロッパにも散見できる。一連の物語はひとつの主題に集約される。筆記をしない人々もかつては文字をもっており、不注意でなくしたり裏切りによって失われたりしなければ、今でも書きことばを保持していたはずだ、というものだ。このような伝説は、民族的なアイデンティティのように、他の集団に対する戦略的な立場そのものであった。取り巻く環境が明らかに変われば、そうした伝説もアイデンティティと同じように修正されてゆくと考えるのが妥当だ。こうした伝説のあいだに類似性がみられるのは、山地民の文化的な消極性というよりも、国家に属さない彼らのほとんどが低地の大きな王国に対してとってきた戦略が共通していたことによるものだろう。

アカが文字を「失った」経緯に関する物語は、こうした伝説の典型である。それによれば彼らは遠い昔、低地に居を構え、水稲を栽培し、国家に組みこまれた人々であった。たいていの話では、アカは軍事的に優勢なタイ系民族を避け、低地から逃れて散々になったという。逃げる途中で彼らは「空腹のあまり、水牛の皮でできた本を食べてしまったために文字を失った(2)」。ビルマ、タイ、中国の国境沿いの山岳地帯でアカと隣り合わせに暮らすラフのあいだでは、自分たちが文字を失ったのは、ある餅を食べてしまったからで、その餅にはラフの神グシャによって文字が刻まれていた、と伝えられている(3)。ワのあいだにも同様の物語がある。彼らもかつては牛の革に書かれた文字をもっていたのだが、飢饉の際に革を貪り食ってしまったために文字を失ったのだという。ワに伝わる別の物語によれば、自分たちの祖先の時代にグリー・ネーという悪戯の天才が、すべての男たちを戦いに駆りだし、自分だけは村にとどまり、村のすべての女たちと関係を結んだ。捕らえられ糾弾されたグリー・ネーは、もっていた楽器とともに棺に閉じこめられ、水底に沈められることになった。ところが棺が水上を漂っているあいだに、彼は魅惑的で美しい曲を奏でたので、川下の動物たちによって救いだされた。グリー・ネーはお返しに、書きことばを含む自分が知るあらゆる技術を低地民に教えた。こうしてワは文盲のまま残されてしまった。そのためワにとって書くことは、この悪戯者を思い起こさせる。筆記を表す語彙には「取り引き」と同じ言葉が当てられ、裏切りや詐欺といった意味が暗示されている(4)。カレンには、いくつもの伝説がある。それによれば三人の兄弟（カレン、ビルマ、漢人、もしくはヨーロッパ人）がそれぞれ自分たちの文字をもっていた。ビルマと漢民族は自分たちの文字を継承したが、カレンの男は畑を焼いているあいだに、文字が書かれた革を切り株の上に置き忘れてしまい、それを野生動物（または家畜）に食べられてしまったのだという。この種の物語は際限なく変奏できる。ジーン＝マーク・ラストドーファーは、カヤーとカヤンのアイデンティティに関する研究のなかで、このテーマに関する伝説の種類をかなり包括的に調査し、カレン系民族のあいだだけでも同様の物語が無数に存在すると指摘している(5)。ラフも、かつて書きことばをもっていたが、本を失ってしまったと語っている。実際に彼らは自分でも読解できない象形文字のような印が書き留められた紙切れをもっていたことが知られている(6)。そうした物語は国家や文字をもつ強力な集団との暗黙の対話から強い影響を受けて成立したのではないかと想像できる。この地域以外でも同様の物語が見られることを考えても、この推測は確かであろう(7)。

裏切りの物語は軽率さの物語と同様によく見られる。ある民族にその両方が伝わっていることもある。それぞれの物語には、理想的な特定の聞き手や状況があるからだろう。カレンの言い伝えによれば、彼らが読み書きができない理由は、歴代のビルマ王が読み書きのできるカレンをひとり残らず殺したため、教えられる者がいなくなってしまったためだという。ラオスに住むカム(ラメット)の伝説によれば、書きことばの喪失は自らの政治的な屈服に関係があるという。それによれば七つの村の者たちが同じ山で焼畑農業を行うために集まった際に、タイ系民族の領主に対して共闘することを誓い合った。誓いは水牛のあばら骨に記され、山頂に厳かに埋められた。ところがその後、あばら骨は盗掘され、「その日、我々は書きことばを失い、それ以来ラム(タイ系民族の領主)の支配に苦しむことになった」のだという(8)。

一九世紀末に集められたチンの物語は、自分たちが読み書きできないことをビルマ人のせいにしている。チンはその他の諸民族と同じように、一〇一の卵から生まれたという。末っ子として生まれたチンは最も可愛がられたが、大地はすでに別の兄弟たちに分け与えられており、チンには残っていた山とそこに生む動物が与えられることになった。彼らの監督役に任命されたビルマ人は、王室の象徴である象を騙しとり、そのうえいっさいの文字が学べないように何も書かれていない石版の裏側だけを見せていた(9)。フモンのあいだには、軽率さと裏切りの両方の物語が伝わっている。ある話によれば、漢民族から逃げる途中で居眠りしてしまい、文字が書かれた書類を馬に食べられてしまったからだとか、誤ってそれを鍋に入れて食べてしまったからだと説明している。他の話では、漢民族がフモンを低地から追い払った際に、書類をとりあげ、すべて焼いてしまったからだという。教育を受けた者も山に逃げ込んだが、彼らが死んでしまったため、書きことばは失われてしまったそうだ(10)。

フモンやミエンのようないくつかのグループでは、書きことばの喪失は、かつては自分たちも低地国家を形成していた民族だったという主張と常に関係している。彼らの物語は、低地から追い払われるまで、自分たちにも王がおり、用水を引き、水稲を栽培し、そして書きことばをもっていた、と暗に主張している。現在、彼らはそれらを失ってしまったために汚名を着せられているが、すべて彼らのものだったというのだ。こうした見方をすれば、読み書きの伝来はけっして目新しいものではなくなる。それはかつて失ったものや盗まれてしまったものを取り戻すことにすぎない。キリスト教宣教師たちが、その土地の口承にあわせて、聖書や文字をもちこんだとき、それが失われた文化的資産の復興であるかのように考えられても不思議ではない。とりわけビルマ人でも漢人でもない者から文字がもたらされたので、なおさら歓迎されたわけだ。

　失われた読み書きの物語はいったい何を示唆しているのだろうか。歴史を再び非常に長い目でみれば、こうした伝説には根源的な歴史的真実があることがわかる。タイ系民族、フモン／ミャオ、ヤオ／ミエンの移住の歴史を再構築してみると、彼らは低地からやってきた水田稲作国家の住人であり、タイ系民族の場合はしばしば国家まで形成していたということになる。[11]他の山地民の多くも、その昔、あるいは比較的最近まで、国家に組みこまれていたか、そうでなければ読み書きのできるエリート層をもった低地王国と密接な関係にあることが多かった。

　上記の仮説に従えば、低地から山地へ移動した者のなかには、読み書きに通じた者がわずかに含まれていたと考えるのが妥当だろう。数少ない読み書きに通じた者たちが死に絶えてしまったことを伝えるフモンの伝説は、読み書きの知識が継承されなかった理由こそ説明していないものの、ある程度の真実を含んでいると言えるかもしれない。カレンも一時期は、モン・ペグー、タイ・南詔国、ビルマ、タイといった読み書きの技術をもったいくつかの水稲栽培国家の系譜と密接な関係を保っていた。こうした国々との関係から、山地社会には読み書きのできる少数のエリート層が間違いなく育っていたはずである。ムー川沿いに暮らすガナンは、今では文字をもたない人々だが、山地の砦へ逃げ込む前は、識字文化をもつピュー王国の一部であったことは間違いない。ガナンとフモンは、その他の多くの山地民と同じように、かつて関係があった低地民の文化的習慣や信仰の多くを今も継承している。これまで論じてきたように、現在山地民と呼ばれる人々の多くが「低地」での過去をもつとすれば、こうした文化的連続性の存在は驚くほどのことではないはずだ。ではなぜ、彼らは読み書きと文書を山地にもっていかなかったのだろうか。

読み書きの偏狭性と文字喪失の前例

通常、文明の語りにおいては、読み書きの喪失や放棄の話は出てこない。読み書きの習得は、移動農業から水稲耕作への移行や、森に暮らす小集団から村、そして町から都市への移行と同様に、後戻りのできない片道切符のようなものにたとえられている。しかし前近代社会において読み書きができる人口は、最も理想的な環境の下でも一パーセントにも満たなかったことはほぼ確実である。漢民族の場合、読み書きは書記官や高位の聖職者、またはごくわずかな層の学者に限られた社会的資産だった。こう考えると、社会全体に読み書きが普及していたと主張するのは正しくない。すべての前近代社会において圧倒的多数の人々は、文書の影響を受けた口承文化のなかで暮らしていたが、文字を知らなかった。多くの場合、読み書きは一握りの人口によって命脈を保ってきたといっても過言ではない。読み書きは僅かな数のエリートたちに限られていただけではなく、その社会的価値は出世の手段や地位の証となる国家の官僚制や組織化された僧侶集団、そしてピラミッド型の社会組織に依存していた。つまり、これらの諸制度の構造を脅かす出来事は、それが何であれ読み書きを脅かすものに他ならなかった。

紀元前一一〇〇年（トロイア戦争の時代）から紀元前七〇〇年ごろまで四〇〇年も続いた「古代ギリシアの暗黒時代」の背景には、ここでいう制度的な崩壊に非常に近い出来事があったようだ。それ以前のミケーネ時代のギリシア人は、ごく少数の者しか習得できない難解な音節文字（線文字B）をミノア人から借用し、主に宮廷行政業務や税金を記録していた。ところが、ドーリア人による北方からの侵略によるものか、内戦、生態学的な危機、飢餓によるものかははっきりしないものの、ペロポネソスの宮廷や町は焼かれ、放棄されて、長距離貿易は崩壊し、難民と大規模な国外離散（ディアスポラ）が発生した。この時代が暗黒時代と呼ばれているのは、記録が書き残されていないからであり、社会的混乱と年月に埋もれて、線文字Bは放棄されてしまった。ホメーロスの叙事詩『イーリアス』『オデュッセイア』や、吟遊詩人たちのあいだで語り継がれ、後に書きとめられた説話が、暗黒時代を生き残った唯一の文化遺産である。紀元前七五〇年頃に平和が訪れると、ギリシア人は実際の発音を記号化した正真正銘のアルファベットを今度はフェニキア人から借用し、彼らは再び読み書きができるようになった。これは、文字が明らかに失われ、後に復活した最も端的な例である[12]。

読み書きが危うく失われかけたもうひとつの例は、ローマ帝国の片割れが崩壊した後の西暦六〇〇年前後にみられた。それまで存在したラテン語の読み書きは、ローマ帝国の非軍事職に就く者にとって有用性が高く必要なものでもあったが、ローマ帝国崩壊後は飾りとしての役目以外には確たる価値がなくなってしまったようだ。現地のエリートにとって、自分の身を守り権力の階段を昇るためには、諸侯に軍事奉仕する必要があった。かなりローマ化されていたガリア地方でも、読み書きのできる人口は主に聖職者に限られるところまで衰退していた。遠く離れたブリテン島においては、ローマ風の文化と教養の装いはすべて霧散した。ミケーネの社会秩序によって、限られた数の人たちしか読み書きできない古代ギリシアの線文字Bが維持されていたように、ローマ国家とその諸制度は、読み書きが「エリートにとって不可欠な資質」となるような環境を保った。そうした制度的な関係が崩壊すれば、読み書きの社会的基盤も同時に崩れてしまうのである[13]。

現代の山地民の多くがある段階で、ある程度の読み書きができる低地国家の近隣やそのなかで暮らしていたと仮定してみよう。山地民のなかの一握りのエリート層が中国語に通じるようになったとすれば、彼らが後に読み書きできなくなってしまったことをどう説明すればよいだろうか。ここでも忘れてはならないのは、読み書きに通じた階級は、漢族国家の影響を受けた人々のなかはもちろんのこと、漢族社会のなかでさえごくわずかであったということである。つまり「読み書きのできる者」とは、ごく一握りの人々かもしれないのだ。さらに、低地国家で用いられた文字の読み書きに通じた山地民は、まず確実に双方の文化的技能に長けたエリートたちであり、低地国家の同盟者や行政官となり、同化の道を歩むにふさわしい人々であったはずだ。そしてほとんどの歴史学者が考えるように、今日の山地に暮らす少数民族の多くが、拡張する漢族勢力に吸収された経験をもつとすれば、読み書きに通じた少数の者はその場に留まり、自分たちの利益になるように同化していったと考えられる。

この仮説に基づけば、低地国家の権力の中枢から別の場所に移住したり逃げだしたりした人々は、読み書きに通じたほぼ全ての少数者を置き去りにしたはずである。さらに憶測になるが、抵抗したり逃げだしたりしたグループに、読み書きに通じる者がいたとしても、少数者であり、仲間たちのあいだでは微妙な存在であったはずだ。というのも、国家の文字の読み書きに長けているために重宝がられる一方で、国家にくみする潜在的な裏切り者ともみなされたに違いないからだ。その場合、彼らはわざと読み書きをやめてしまい、他人に教えようともしなかっただろう。

またこれとは別の説明として、読み書きの喪失は山地への移住に伴う社会構造の分裂、移動、分散の帰結にすぎない、ということもできる。低地国家の中枢を離れるということは、移動を優先して社会構造の複雑化をあきらめることを意味した。こうした状況では、読み書きも文献もこれといって役に立たず、記憶には残っていても、人々の実践としては死に絶えていった[14]。古代ローマの社会がそうであったように、読み書きの実践は、特定の国家とその官僚的慣例に依るところが大きかった。具体的にいえば、国が作成した書類に関する知識、法令、年代記、一般的な記録、税、経済的取引、そして何よりも官職と序列構造であり、そこでは読み書きできることが貴重な特権とみなされた。いったんこの構造が放棄されると、読み書きを習得して伝達しようという社会的な動機付けは、急速に衰退していったはずである。

筆記の欠点と口承の利点

筆記の喪失に関するここまでの議論で指摘してきたのは、読み書きができる者の消滅と、彼らの技能に価値を与えていた文脈の消失には表裏一体の関係があった、ということだった。もう一歩踏み込めば、さらに強力な議論を唱えることができると私は考える。つまり、筆記の伝統にくらべて口承文化は、柔軟性と適応力の面で明らかに優れているということである。

議論の便宜上、秘密の文字と銘文を魔術的効果を狙って利用する場合を除外して考えることにする。[15] 魔術的な文字は、ゾミアのいたるところで見られる。まじないや祈禱に用いられる文字と記号には「世界に対して働きかける」ことが期待された。そうした文字や記号は、身につけられたり、刺青として身体に彫りこまれたり、僧侶や呪術師によって授けられたりすることで、強力な護符として作用する。これらは書きことばの象徴的な力を証明するもので、それ自体研究の価値があるものの、本章で議論される筆記とは異なっている。また口承文化のための覚書としてのみ使われるゾミアの文字も議論の対象から除外する。例えば湖南省南部のヤオ／ミエンは、漢民族による支配以前から、自分たちの悲嘆を忘れないように布にぬいこむ素朴な文字をもっていたとされる。このように耐久性のある文献もなければ、文学や記録文書もない限定されたかたちの読み書きは、口承が支配的な文化のなかに読み書きがとりこまれた例としては魅力的だが（まるでホメーロスが文字をもっていて、『オデュッセイア』のなかの難しい一節を記憶したり、暗唱したりできたようなものだ）、本章では取り上げないことにする。[16]

特殊で限定された筆記の存在は、文書《テキスト》というものが広い意味でさまざまな形態をとりうること、そして書物や書類はそのうちの二つにすぎないことを再認識させてくれる。すべての階級制が世代を超えて持続するには、権威と権力を主張する「文書」が生みだされなければならないと断言したい。そうした文書は筆記以前には、王冠、紋章、トロフィー、マント、頭飾り、王位を表す色、護符、家宝、石碑、記念碑といった物質的な形態で存在したかもしれない。国家は権威と権力を示す文書を最も貪欲に求め、自らの永続性の証として、そうした文書を大量に生みだすのだ。初期国家は、永劫の権力を主張するために、石版に文字や象形文字を刻みこんだ。

記念碑や書かれた文書の主な欠点は、他の文書より恒久的であることだ。もちろん絶対なわけではないが、そうした文書は石碑としていったん建立されたり書き留められたりすると、いつ何時「掘り起こされる」かわからない不変の社会的化石になる。それが誰かの生誕にまつわる伝説であろうと、移住の物語、系譜、さらに聖書やコーランのような経典であろうと、いかなる文書も書きとめられることで、ある種の正統性を主張できるようになる。[17] もちろん文意が完全に明解であることはありえないので、複数の文書が競合すれば解釈の幅は広がる。とはいえ文書自体は解釈を行う際の定点になる。つまり蓋然性の低い解釈が生まれるのだ。いったん解釈に異論のない文書が現れると、それは正統な解釈からのズレを判定するための目安となる。[18] この過程は、対象となる文書が権威あるものとみなされる場合に最もよくみられる。例えばある文書のなかで、ある人々が特定の場所を発祥地として、低地の王が課した不公平な税を逃れるために脱出し、特定の旅路を経て、特定の守護神を奉り、死者を特定の方法で葬った、と主張されているとしよう。そうした文書の存在そのものが重要な帰結を招くことになる。というのも、こうした文書の存在によって、正統かつ標準的な物語が発達してくるからだ。標準となる物語を文書から直接導くことができるということは、文書を読むことができる識字階級にとって有利である。その後のどんな解釈に対しても、基準となる解釈との整合性によって、異説の幅が規定される。これとは対照的に、口承文化においては、話されたことが信頼できるかどうかを典拠の確かな書かれた文書から導くことができない。

さらにそのような文書は同類の文書と同じく、作られたときの歴史的背景を反映している。そうした文書は、「ある関心に導かれて」書かれた歴史的な立場を示すものである。文書が作られた当時は、ある集団にとって有利な歴史解釈を認める役割を果たしたものが、状況が一変して、その解釈が不都合になってしまったらどうなるだろうか。もし昨日の敵が今日の味方に変わったとしたら、どうだろうか。文書が十分に多義的であれば、辻褄を合わせるための再解釈が可能だろう。さもなければ、焼却されたり廃棄されたりすることになる。もちろん記念碑の場合にはそうはいかないので、特定の名前や記録されている出来事が削りとられるだろう。[19] 固定化された解釈は時間がたつにつれて、外交を成功させるための手段ではなく、落とし穴や障害にもなりうることは容易に想像できる。[20]

一般的に山地民や国家に属さない人々にとって、筆記と文書の世界は、国家と切り離せない関係にある。低地の水田国家が読み書きの中枢であるのは、たんにそこが世界的宗教崇拝の中心であるからだけでなく、読み書きが行政と国家統治のために必要不可欠な技術であったからだ。課税可能な土地を示す地籍図、賦役労働者の登録名簿、領収書、記録簿、勅令、法令、特定の合意書や契約書といった延々と続く書類の山が存在しないような水田国家、つまり筆記が存在しない水田国家など想像できないだろう。[21] 国政術の原初的様式は人口名簿と世帯調査であり、これらが課税と徴兵の基本となった。古代メソポタミア王国ウルクで発見された文書の八五パーセントもが経済に関する記録であった。[22] クロード・レヴィ＝ストロースが指摘するように「文字は、中央集権化され階層化された国家を再生産するために欠かせないものだった。書くという作業は奇妙なもので……そこには都市と帝国の形成が付きまとう。それは政治体系への統合、言い換えれば相当数の人口がカーストや奴隷といった階層のなかに取りこまれることを意味する……文字は人類の啓蒙よりも、むしろ搾取を奨励するものであるように思われる[23]」。

アカのあいだでよく見られる（「道」と呼ばれる）放浪の物語によれば、彼らはかつてイ（ロロ）の支配者によってひどく虐げられながら稲作を行う低地民であった。物語の中心人物はジャビオラン王であり、アカに対する彼の最大の罪は毎年の国勢調査を始めたことであった。[24] 国勢調査という考え方は、国家権力機構の象徴そのものであった。植民地時代初期の歴史を振り返れば、先住民が最初の国勢調査に抵抗したことがわかる。小農や部族民は、国勢調査が課税と労役の予告であることを見抜いていた。

同じように植民地時代の小農も、筆記と記録に抗して、国家を相手に反乱を起こした。小農たちが最初に怒りの矛先を向けたのは植民地の役人ではなく、むしろ書類であって、土地所有権証、税のリスト、人口の記録といった役人たちの支配の手段が標的になることが多かった。公文書館を焼きはらう反乱は、暗に解放を意味していたからだ。書くことと国家による抑圧との関係は、植民地世界に限ったことではない。一七世紀のイングランド内戦時にも急進派のディガーズ（真正水平派）やレベラーズ（平等主義派）[*1]は、法律や聖職者が用いるラテン語が物事をわざわざ神秘化し、自分たちから金を巻き上げるための手段になっていると考えた。文字に関する知識は明らかに疑いの芽となっていたのだ。[25]

初期の国家形成の多くは、村、郡、血統、部族、首長、家族、田畑といった、かつては流動的で無名だったまとまりに呼び名をつけてゆく過程であったようだ。名づけの過程は国家の行政権力と相まって、それまで存在しなかったものを創造する。漢民族の役人にとって「野蛮人」の明確な特徴は姓の欠如であった。漢民族が受け継ぐ姓は、国家形成の過程で生まれた。このように、アイデンティティと場所は独自の単位にまとめあげられることで、やがてそれぞれ独自の系譜と歴史を獲得し、さらには公式に受け継がれるようになるが、こういった過程自体が筆記に結びついた国家の産物なのである。

国家をもたない読み書き以前の状態、またはそれを棄て去った後の状態にいる多くの人々にとって、読み書きと筆記の世界は、たんに自分たちの無力と無知とそれに伴う負の烙印を想起させるだけではない。それは同時に差し迫った危機も示していた。国家権力と密に結びついた筆記の習得は権力を強化する一方で、簡単に無力化されてしまう。筆記と識字を拒絶したり捨てることは、多くの民族にとって国家の手の届かないところに留まるための戦略のひとつである。書きことばより「官僚に成文化させない知識」に頼るほうがはるかに賢明というわけだ[26]。

国家なき人々は強力な低地国家の隙間に入り込むように暮らしているので、適応力、模倣力、再発明力、順応力が生き残りのための重要な技術になる。そのため口承に基づくその土地の文化はかなり魅力的な選択肢だ。口承文化においては、権威のある系譜や歴史的な正統性を保証する絶対的な基準がひとつであることはない。口承による描写に複数の解釈ができる場合、そのうちのどれを信じるべきかは、それを語る「語り部」の地位と説明が聞き手の利害と趣向にどれだけ一致しているかに左右される。

口承の伝統は、少なくとも二つの理由から、筆記の伝統よりも本質的に民主的である。まず読み書きの能力は、語る能力の分布にくらべ狭く偏っていることが多い[27]。さまざまな口述史のどれが正当であるかを容易に「裁定する」手立てはまずない。書かれることで固定化され、語りの真実性を比較可能にしてくれるような文書も存在しない。口承による意思疎通の対象範囲は、「公認」の語り部によるものでも、その場に集まって顔をつき合わせられるくらいの規模の聴衆に限られる。発話された言葉は、言語がそうであるようにある種の集団的活動の産物であり、伝達された時点ですぐに「その「意味」が世の中の人々に行き渡るには、さまざまな大きさの社会的集団全体に言葉を介したやりとりが習慣としてあらかじめ共有されていなければならない[28]」。ある種のパフォーマンスである発話されたテキストは、保存されて書きことばに閉じこめられた瞬間から、元々の意味に不可欠なリズム、音調、小休止、伴奏される音楽やダンス、聴衆の反応、肉体や顔の表情といった発話特有の性質をほとんど失ってしまう[29]。実際、口承史と語りには「原型《オリジナル》」という観念が全く当てはまらない[30]。口承文化は、聴衆に対して特定の時間と場所で演じられる一回かぎりのパフォーマンスのなかにのみ存在し、それを通じてのみ維持されてゆく。もちろん、口承を語って聞かせることがパフォーマンスのすべてというわけではない。

パフォーマンスには、舞台、身振り手振り、語り部の表情、聴衆の反応、その場の雰囲気が含まれている。そのため口承文化には、放っておくと消えてしまうその場かぎりの現時性がある。もしそれが聞き手にとって関心の対象ではなく、何の役にも立たないのであれば、語りはそもそも成立しないだろう。これとは全く対照的に、書かれた記録は千年のあいだひっそりと存在していても、突然掘り起こされて、権威づけに利用されることがある。

このように、口承伝統と筆記の伝統との関係は、焼畑農業と灌漑水田稲作の関係や、小規模で拡散した親族集団と人口が密集した定住社会との関係と同じようなものである。口承伝統は「クラゲ」のように姿かたちを変え、柔軟な形態の習慣、歴史、規則をもっているのだ。口承伝統は、長い時間の流れのなかで内容や強調点を変化させるという、ある種の「ゆらぎ」を許容する。いうならば、利害関係に基づく集団史の戦略的再調整を可能にする幅があり、その幅のなかで、省略される出来事や強調される出来事、そしてただ「記憶される」出来事が作り出されていく。共通の背景をもつ集団が二、三のグループに分裂し、それぞれが異なる物質的環境におかれれば、口承史も同様に多様化すると想像できる。異なる口承伝統は、互いの影響が感じられないほど離れればなれになるにつれて、共有された筆記による文書ならば示すことのできる参照点を失ってしまう。つまりそれに基づいてそれぞれの伝統がかつての共通の物語からどれほど離れ、お互いがどのような違いをもつに至ったかを測る基準を失うことになる。口承伝統は、繰り返し語られることで受け継がれ、伝達される過程で様々な解釈を上塗りしてゆく。物語は、その時々の関心、権力関係、隣接する社会や血縁集団に対する見方に影響される。バーバラ・アンダヤのスマトラ（ジャンビとパレンバン）における口承伝統の研究は、このような自己調節と修正の過程をとらえている。「共同体における暗黙の合意のもとに、現在と関係のない詳細は伝説から抜け落ち、先祖に関する伝承として新たに統合された要素にとって代わられる。こうして過去は継続的に意味をもちつづけることになる」[31]。

口承であっても、集団が望むなら、何世代にもわたり忠実に情報を伝達できる。セルビアの口承史詩、さらにはホメーロスの叙事詩に関する画期的な研究によって、吟遊詩人の伝統が明らかにされている。それによれば吟遊詩人は、韻、韻律をそらんじ、徒弟関係のなかで長いあいだ修業することによって、非常に長い文節を原文に忠実に伝承することができる[32]。アカには、教師であり語り部でもあるピマという特殊な階級があり、彼らは儀礼の際に非常に詳細な物語を唱えることで、長い系譜、歴史的な大事件、慣習法を保存している。

かなり異なる方言をもち、広域に散らばっているアカの諸グループが、ほとんど同一の口承による物語を守ってきたという事実が、そうした技術の有効性を物語っている。さらに驚くべきことだが、アカとハニは八〇〇年以上も前に分裂したにもかかわらず、お互いに容易に理解可能な口承の物語を保存してきた[33]。

私はビルマ・シャン州のカローから東に二日間歩いたところにあるパオの村で、今日における詳細な口承史の好例に出くわしたことがある。夕食の終わりに数名の村人が年配の男性に、第二次世界大戦後のパオで最も有名な政治家ウー・アウンターの話を聞かせてくれと頼んだ。ウー・アウンターは一九四八年にタウンジーの近くで何者かによって殺害されている。私が録音したその語りは二時間以上も続いた。翻訳してみると、私が想定していたような英雄的で勇猛果敢な史詩では全くなく、ウー・アウンター最後の日々に関する非常にありきたりだが、微に入り細に入った話であることがわかった。まるで警察の綿密な捜査報告のようだった。語られたのは、アウンターが村に着いた時間、付き添いの者が誰で、なにを着ていたか、ジープの色、彼と会話した者、風呂に入った時間、数人の男たちがやって来てアウンターはどこかと尋ねた時刻、その男たちの格好と乗っていたジープ、アウンターの妻に言ったこと、彼の死体が見つかった場所、その時に着ていた服と身元確認に用いられた指輪、検死結果などである。話の締めくくりに語り部は、「何事においても、損失や欠陥が生じないように、この実例から学ぶべきだ」と聞き手を戒めた。あたかも警察の本格的な捜査に備えて、すべての証拠と物的事実をそのままなんとかして残そうと、半世紀以上にわたり几帳面なまでに大切に語り継いできたかのようだった。さらに驚いたことに、こうした語り部たちは、パオが暮らす地域のいたる所で結婚式や宴会の際に雇われ、ウー・アウンターの暗殺の話を唱詠していたのである。この話はドラマ性に乏しく、事実関係の詳細ばかりを描いたものだったが、人気があり人々の崇拝の対象になっていた[34]。

このように口承の伝統は、ある状況のもとで戦略的に調整したり変化させたりする柔軟性をもちながら、書くことで固定化される文書のもつ厳密な一対一の対応関係を維持していると考えられる。口承伝統は、その何れにも対応できるのだ。つまり話しことばを使えば、実際にはかなり新しい内容を含んでいても、原典に忠実で正確なテキストだと主張できる。そして、その主張が正しいかどうかは誰にも評価できないのだ。

口承伝統が戦略的かつ日和見的な適応力をもっているのには、多くの理由がある。習慣、系譜、歴史に関するいかなる説明も、特定の文脈を背負った利害関係に基づいているのだから、時間とともに変化するのはむしろ当然であろう。専門の僧侶と詩人が語りを担っているカチンのあいだでは、「どの専門家による語りにもいくつかの型があり、それぞれが異なる既得権益を背景とした主張を下支えしている」という。カチンの親族集団が自らの地位や家柄の高貴さについての主張を闘わせるなかで、起源、歴史、精霊に関する物語は、特定の家系の利益を強調する色合いを帯びるようになる。そしてエドマンド・リーチが警告するように「カチンの伝統に「正統な型」といったものはなく、あるのは同じような神話上の登場人物と構造的シンボリズムからなる、いくつかの物語にすぎない……異なるのは、誰が物語を語るかによって重要な詳細が変わってくるところである」[35]。親族集団や家系に当てはまるものは、民族集団のようなさらに大きな社会的なまとまりにも当てはまる。民族集団を取り巻く環境が時とともに変わるにつれて利害関係も変わり、それに応じて歴史、習慣、そして神々に関する語り方さえも変わる。現在、カレン系集団はさまざまな異なる配置で、モン、タイ、ビルマ、シャンなどと隣りあわせに暮らしているが、自分たちの置かれた状況にあわせて口承伝統を発展させてゆくだろう。彼らの立場は政治的に不安定で、大きな変化に突然さらされやすいため、口承伝統の柔軟さは重要だ。ロナルド・レナードが主張するように、カレン文化が突如としてわが身を転じて移動と変化に適応しようとする場合に、口承伝統は、移動耕作や物理的な移動性と少なくとも同じくらい役に立つだろう[36]。

口承伝統のわずかなゆらぎは、けっして皮肉っぽく加工されたわけでも丸々でっちあげられるわけでもなく、信憑性など気にも留めない吟遊詩人が無自覚に引き起こすものであることが多い。このゆらぎは、その時点で重要だったり関連が強い叙述を、選択的に強調または省略することで生じる。口承伝統は、しばしば同じ基本要素を共有しつつも、組み合わせ方、強調の置き方、道徳的な意味合いの違いによって異なる意味になるため、ありあわせのものを器用に組み合わせるブリコラージュだと呼ぶことができる[37]。ブリコラージュの好例として考えられるのが、歴史の復唱である。ここで多くの山地民は、他の集団との同盟や対立の証拠として系譜を語る。先祖は無数にいるので、系譜のなかでは、他の集団との接点をいくらでも作ることができる。わずか八世代さかのぼるだけで、父側の直系先祖は二五五を数える。母側の先祖もあわせれば、その数は倍増し五一〇に達する。どの先祖の流れを除外し、逆にどれを追跡して強調するかは、ある意味で恣意的である。アメリカ人の父系の流れをたどってゆけば、ほとんど確実にエイブラハム・リンカーンにたどりつく。当然、家系にリンカーンの暗殺者ジョン・ウィルクス・ブースが含まれる者も無数にいることになるが、彼との結びつきをわざわざ探しだして強調しようとする人はいない。ここで言いたいのは、戦略的に特定の先祖を選択し強調するだけで、現在の同盟を正当化する血縁関係を成立させてしまうことができるということだ。このように考えると、込みいった系譜というのは、通常は隠れていて必要とあれば呼び覚ますことができる縁故を記した膨大な目録なのである。社会環境が不安定になるほど、集団間の軋轢と組み換えは頻繁になり、普段は陰に隠れている先祖が呼び覚まされて利用されるようになる。ベルベル人は、政治、放牧の権利を正当化する場合にはもちろんのこと、戦争に必要なほとんどいかなる同盟を正当化する際にも、自由自在に系譜上の根拠を作り出すことができるという[38]。

これとは対照的に、書き記された系譜とは、口承系譜のなかのひとつを時間から切り離して固定化し、将来の世代が利用できるようにしたものである。日本で初めて書かれた政治的記録である古事記は「真実ではないこと」が取り除かれて記憶された上で公式の伝統の礎となる文書として書き残されたものである。古事記は神話と天皇家の系譜史である。その目的は間違いなく、多くの口承伝統から選択的に都合のよいものを成文化し、それを不変で神聖な歴史として布告することであった[39]。これによって、異なる解釈をとる物語は異端とみなされただろう。公式な王朝の系譜の創出は、他の地域でも政治的中央集権化の動きと軌を一にしてきた。マカッサルにあった多くの弱小王国のひとつが覇権にまでのぼりつめたのは、戦いに勝利したことがきっかけだったが、その後、彼らは一族の半神半人性の証を書き記し、系譜として公布し、覇権を強化した[40]。古代に書き記されたほとんど系譜は、口承だけでは揺らいでしまう主張を安定化させるために用いられた。古代スコットランドで初めて文書化された系譜を調べたマーガレット・ニーケは、口承による系譜と記述された系譜のあいだの違いを次のように捉えている。

> 口承社会の伝統のなかでは……どんな主張でも、外部にはその正当性を立証する術がほとんどなかったため、意図的に証拠を粉飾することで、自分たちに都合のよい系譜を簡単に作成できた。特定の個人や家族の権力を維持するには、文書として記録することが必要で、そうすれば系譜はそれまでよりずっと確かになった。そのため、そうした個人の権力と地位に反する主張を捏造しようとすれば、現状の系譜リストとともに、別の系譜を作るための技術も入手する必要があった[41]。

系譜と同じように、歴史にも取捨選択があるといえるだろう。選択、強調、省略の可能性は無数にある。ありきたりな例だが、米国と英国の関係をとりあげてみよう。実際には、米国は英国と二度戦っているが（独立戦争と一八一二年の米英戦争）、二〇世紀以降の両国は世界大戦と冷戦で同盟国であったため、この事実は一般には強調されない。もし現在、米国が英国の敵であれば、二国の関係史は現在とは違ったかたちで描かれただろうことは想像に難くない。

このように、記述された歴史と系譜を解釈する際にも、口承による歴史や系譜がそうであるように、選択の余地は多くある。両者の違いは、口承伝統でみられる選択的な忘却と記憶が、書かれた歴史で同じことをするのにくらべて、目立たず自然に感じられることである。口承伝統では新しいものに対する抵抗が少なく、実際にはかなり目新しいことでも、伝統的な語りとしてやすやすと取りこまれ、矛盾を感じさせない。

歴史をもたないことの利点

口承による歴史と系譜は記述されたものよりも柔軟に調整できる。そうだとすれば、最も過激な手段は歴史や系譜をいっさいもたないと主張することだろう。この点についてヒョルレイファー・ジョンソンは、リスをとりあげて、ルアやミエンと比較している。リスの口承史は、横柄な首長たちを殺した、とただ主張するだけの非常に簡素なものである。ジョンソンは「リスの忘却は、ルアやミエンの記憶と同じくらい能動的な行為だ」と主張している。ここで彼がいわんとしているのは、リスは歴史をいっさいもたないと決めたということであり、さらに、そうすることで「村や集落といった世帯より上位の社会構造が儀礼や社会組織のなかで機能しないようにし、人々の関心、労働、資源を動員しようとする上位の社会構造を拒否した」ということである。[42]

リスの戦略は、二つの方法で歴史解釈の幅を飛躍的に広げた。まず最初に、たとえ口承であっても、歴史や系譜には他の集団に対する戦略的な立場がつねに反映される。つまり表明される立場は選びうるもののうちのひとつにすぎないのだ。ある特定の選択をすることで、後にそれが不都合になるかもしれない。口承であっても立場の調整は容易ではない。これに対してリスは、自主自立の伝統を除けば、自らの過去に関する物語に束縛されることを拒んでおり、修正すべき立場をもたない。実質的に彼らは自由自在に歴史を解釈できる。加えて、リスの無歴史性は次の意味でさらに急進的である。例外的に部外者に表明することはあるものの、リスはアイデンティティの範疇としての「リスらしさ」をほとんど否定する。リスは自らの歴史を否定し、集団としての帰属意識を規定する共通の歴史と系譜をあえてもたないことによって、世帯以外の文化的アイデンティティの拠り所を否定している。リスはどんな立場もとらないことで、究極の「クラゲ」文化とアイデンティティを作りだしてきたといえるかもしれない。こうした選択をすることで、集団としての抵抗をあきらめつつ、激変する環境への適応力を最大限拡張してきたのだろう。

ここまで論じてきたように、無力な山地民は、文化的な柔軟さをできるだけ拡げるために、筆記の伝統と固定化された文書を避け、さらにはそれら全てを放棄してしまった。彼らの系譜と歴史は短ければ短いほど説明が不要となって、即興でつくることができるようになる。ヨーロッパのジプシーがよい好例だろう。ジプシーはあちこちで迫害されたため、固定化された筆記のかわりに豊かな口承伝統をもち、語り部を非常に尊敬する。彼らは固定化された歴史をもたない。また自分たちの起源や、将来の約束の地に関する物語ももたない。彼らには神殿や国歌もなければ、遺跡や記念碑もない。自分たちが何者で、どこから来たのかを話したがらないのがジプシーだ。多くの国々をせわしく行き来し、行く先々で災難に見舞われてきたジプシーは、生き残るために自分たちの歴史とアイデンティティをつねに調整しつづけなければならなかった。彼らは攻撃から身をかわすことに究極的に長けた人々なのだ。「歴史」はどれだけ必要とされ、どれだけ欲されているのだろうか。口承史と書かれた歴史をこのように検討しただけでも、より大きな疑問、つまり、口承、文書にかかわらず、そもそも歴史を背負った社会的単位とは何なのかという疑問がわいてくる。

中央集権化された政府と支配王朝をみてみると、支配者が系譜や宮廷に関する伝説、詩、叙事詩、賞賛の賛美歌などを通じて、自らの正統性と歴史の長さを主張（または偽造）しようとしたのは明らかである。自らの権威が自然にもたらされた必然であったと制度的に主張しようとすれば、口承であれ筆記であれ歴史に依存しなくてはならない。社会的地位についても同様のことが言える。ある血統の優位性や、ある町の特権的な地位を正当化するには、それが恣意的で、強引に獲得されたとみなされないように、歴史や伝説を引き合いに出すことになる。上位の地位や一世代以上にわたって続く不平等を正当化するには、歴史による理由付けが必須になるとさえ言えるだろう。正統性は必ずしも書きとめられたり口伝される必要はなく、山間部でしばしばみられるように、儀礼の際に披露される貴重な宝物、銅鑼、太鼓、印章、家宝、生首を通じてなされることもある。階級がはっきりしない定住集団でさえ、出自や過去に関する物語をもち、自分たちにとって大切な田畑や家屋敷に対する権利を歴史のなかに求めることが多い。

では、国家の周縁部におかれ、階層のない系譜をもち、頻繁に耕地をかえる焼畑農民のような人々の場合はどうだろう。彼らは柔軟な適応性を優先するため、口承で歴史を伝えるのはもちろん、そもそも歴史自体をさほど必要としないのではないだろうか。まず彼らの場合、系譜を含めて「歴史を背負った単位」そのものが変化を続けているので、その存在を自明視できない。第二に、歴史を背負った単位がどんなものでも、焼畑民には守るべき歴史的な特権などないので、むしろその場に応じて歴史を即興でつくる自由があったほうが戦略的にも都合がよい。

ヤン・ヴァンシナは口承史の古典的名著と見なされている著書のなかで、隣り合うブルンディとルワンダの口承伝統を比較し、この議論について説得力のある議論を展開している。バンシナによれば、この二国には多くの共通点があるものの、ブルンディでは階層化と集権化の程度が低いため、より集権化されたルワンダに比べて口承史がずっと少ない。ブルンディには、ルワンダと異なり王家の系譜や宮廷の歌もなければ王朝詩もなかった。

ブルンディの政治組織全体の流動性は際立っている。詳細な口承伝統の出現を好む理由は何もない。州が不安定であったため、地方史は存在せず、王家［権力のない強奪者］を別とすれば、いかなる一族も重要でなく、名家に関する歴史や中央集権的な政府、さらには公認の歴史家さえも存在しない……過去を忘れることは皆の利害にかなっていた。かつて古参の摂政であった者は、宮廷は歴史に何の関心も示さないためと、歴史的記録は事実上存在しないと語った。彼らの政治組織のあり方が歴史をもたない理由を物語っている。(43)

筆記の文化と口承の文化はお互いに相容れないわけではない。文書とまったく接触のない口承文化は存在しないだけでなく、口承伝統と共存しない文書中心社会も存在しないし、口承伝統はときには口承社会から抵抗を受けることもある。水稲栽培と焼畑農業、階層社会と平等社会を語る場合と同様に、ここでも振幅という考え方が役に立つだろう。文書に依存する国家の優越性が増すにつれて、国家をもたない社会も読み書きの習得へと向かっていった。しかし逆に、読み書きの優位性が薄れたときには、国家をもたない人々は、口承伝統を保ったり、口承伝統のみを重んじるようになっていった。

民族、親族集団、共同体が、それぞれ自らの歴史とどうかかわってきたかをみれば、彼らと国家との関係が明らかになる。どの集団にも必ず何らかの歴史があり、自分たちは何者で、どのようにして今に至ったのかを伝える物語がある。しかし類似点はここまでである。周縁に位置し、特定の指導者をもたない集団は物語で、旅程、敗北、移住、風景を強調しがちである。それとは対照的に、集権化と国家（または国家にならんとする集団）につきものなのは、地位、開祖である英雄、領土の主張である。伝統がとりうる形態もさまざまだ。筆記の伝統は、政治と行政を恒久的に集権化させる道具として重要な価値をもつ。その一方で移ろいやすく見通しのはっきりしない政治環境に生き、素早く適応しなければ、繁栄のみならず生存さえも危うくなってしまうような人々にとっては口承の伝統が役に立つ。最後に指摘しておくべきは、どれだけ歴史を求めているかは民族によって異なるということだ。例えばリスやカレンは身軽でいることを好み、必要最低限の歴史しかもたない。不定期に往来する貨物船の船長のように、彼らは次の停泊港がどこになるのか定かでないことを経験上知っているのだ。

　国家なき人々は、近隣の文化圏の人々から負の烙印を背負わされた「歴史なき民」であって、歴史性という文明の根幹にある特徴が欠落している人々であるとみなされることが多い(44)。しかし、そのような批判は二つの点で誤りである。第一にそこでは、書かれた歴史のみがアイデンティティと共通の過去に必要な物語であるという考え方が前提になっている。第二により重要なのは、そうした民族がどれだけ歴史をもっているかは、発展段階の低さを表すものではなく、つねに主体的な選択の結果なのであって、その選択によって彼らは、文書文化を基盤とする強力な近隣諸国に対して自らを位置づけてきたのである。

訳注

＊1　一七世紀中頃に現れたこれら二つの運動は、封建制度に抵抗を試みた。ジェラルド・ウィンスタンレーに率いられたディガーズは、プロテスタントの農民を取り込み、土地の共有と男女平等を求めて運動を行ったものの、短命に終わった。一方、レベラーズは農民、都市手工業者、職人を取りこんで国王に対抗した。指導者のジョン・リルバーンは千年王国思想に影響を受けていたという。

Ⅶ　民族創造
——ラディカルな構築主義的見解

忘却、さらに言うならば歴史的誤謬は、国民創造の上で欠かせない要素であり、それゆえに歴史学の進歩はしばしば国民性を脅かすものとなる。

——エルネスト・ルナン『国民とは何か』

古来のアイデンティティを提唱する人ほど近代的な人はいない。

——チャールズ・キング

部族は集落ごとにまとまっているわけではなく、見境なく混ざっている。しかも彼ら「カチン」の村のなかには、パラウン、「ラ」、ワ、中国人がおり、少数ながらシャン人までいる。

——J・G・スコット『上ビルマおよびシャン州地誌』

部族と民族性の矛盾

あたかも大きな資産を受け継いだ相続人のように、英国は、他の植民地と同様にビルマでも、新たに占有した資産目録を作成した。地籍調査が不動産の目録作成の道具だとすると、国勢調査は、征服で得た人口を登録するための道具であった。

ところが山地にたどりついた行政官は、一九一一年とそれに続いて行われた国勢調査でとてつもない複雑さに直面し、すっかり分類への熱意をそがれてしまった。「部族」名のほとんどは外部が名付けた異名で、名付けられた当人にはまったく使われていない状況で、分類などできるだろうか。同じ人々であるのに、外部が違う名で呼ぶこともあった。さらに、外部者が付けた異名は「奴隷」「犬食い」といった蔑称であるか、「山の民」「上流の民」といった地理的認識に基づくあまりに大雑把なものであった。好例はマルーの人々で、彼らはシャン州北部の中国国境付近に暮らし、J・G・スコットの『上ビルマおよびシャン州地誌』に記されている。同書によれば彼らは、自分たちを「カチン」とは呼ばず、「当局」もそう呼ばなかったにもかかわらず、隣人からは、確かに「カチン」と呼ばれていた。「彼らは「カチン」「ジンポー」の装いをして、「カチン」と通婚もするが、言語はジンポー語よりもビルマ語に近い(1)」。こんな彼らを国勢調査では、いったいどう呼べばよいのだろう。

一九一一年と一九三一年の国勢調査で、「人種」を分かりやすく分類するために用いられたのは言語であった。当時の言語学理論では「特定の言語を話す人々は、まとまった集団を形成し、特定の文化や歴史をもつ」というのが定説だった(2)。ところが「部族」と「人種」(この二つの用語は国勢調査で区別なく使われていた)を「母語」と等価に扱ったものだから、国勢調査では大変な混乱が生じた。国勢調査員がうけた訓練は、「母語」とは「幼児期から話されている」言語であり、必ずしも「家でふつうに話されている言語ではない」ため、家での言語は副次的な言語として別に記録される必要がある、という周到なものだった。水稲国家の中心部に暮らし、ほぼ単一言語であったビルマ人を除いて、山地少数民が二つの言語を話すことは例外というより通常だった。カレン、シャン、その他の(ビルマ人以外の)チベット・ビルマ語族にとって、母語として二つの言語を話せることは標準的で、三つの言語を操る人も多かった(3)。たった一つの村でさえ細かく見れば複雑な小宇宙のようであった。ほんの一三〇世帯にすぎない「カチン」の村で六つ以上の「母語」がみつかり、村人はジンポー語を、マレー語やスワヒリ語のようなリンガ・フランカとして使っていた(4)。

母語を部族や歴史と一対一対応で扱えば、暗黙のうちに、話しことばは不変であって、人々をずっとひとつにつなぎとめる糸だとみなしていることになる。にもかかわらず、国勢調査の作成者らはわざわざ「ビルマでの言語的、人種的差異の極端な不安定さ」について言及している。国勢調査の付録『ビルマの先住民族に関するノート』は有益かつ退屈であるが、著者のJ・H・グリーンはいらだちをこめてこう書いている。

ビルマの人種や「部族」は、服を着替えるのと同じぐらいの頻度で言語を換える。言語は、征服、併合、隔離によって変わり、隣の部族や人種が自分たちより強く、より多数の、より先進的な勢力に属しているとみれば、そちらの言語を採用するのが一般的な傾向だ……人種はどんどん混ざりあい、からんだ糸はますますほどけにくくなる。

言語によって人種を区別する方法が信頼できないことが、この国勢調査であらためて明らかになった。[5]

得られた結論はエドマンド・リーチには明らかであったが、国勢調査の設計者にとってはそうでなかった。言語は先祖から受け継がれるものでもなければ、不変のものでもないという結論である。つまり歴史を推測するために言語を用いることは「ばかげている」のだ。この結論は、この問題を精査した多くの人に共有されている。[6]

民族目録を作ろうとした者が無秩序にみえる状況に直面してもどかしい思いを抱いた事例は、山ほどある。整然とした客観的で系統立った部族分類を作るためには、ある部族だけに共有されていて、他の部族にはない普遍的な特徴をみつけなくてはならない、と彼らは考えた。母語による分類はうまくいかなかったが、それは他の特徴でも同じだった。「カチン」、カレン、チンが存在するのはじゅうぶん明らかだった。わからなかったのは、民族間の境界がどこにあるのか、はたして先代もカチン、カレン、チンであったのか、はたまた次世代もそうあり続けるのか、だった。

ミャオと呼ばれる大グループ（中国だけでも七五〇万人）、タイとラオスでのフモンが、この典型だ。彼らのあいだでは三つの主要言語が話されていて、同じ言語内でも方言が違うと互いに理解できない。さらにミャオの多くは男女とも三つ以上の言語を話すことができる。ミャオを自認する集団には、低地に暮らし水稲耕作をする人々がいると思えば、より高地の焼畑でケシ、トウモロコシ、ソバ、エンバク、ジャガイモなどを育て、狩猟採集を営む人もいる。同じミャオのなかにも、中国式の服装、儀礼、言語を取り入れて同化が進んでいる人々もいれば、中華風の文化的要素を保ちながらも辺鄙な土地に暮らし、低地の風習とは距離をおいている人々もいる。ひとつの村という小さな単位のなかにも、文化的な幅の広さをはっきりと確認できる。ミャオと他の集団（カム、リス、中国人、タイ、カレン、ヤオなど）との通婚や養子縁組は頻繁に行われていた。[7] 現在のミャオが自らの文化的特徴と考えているのは、牛の供犠、蘆笙《あしぶえ》などだが、これらは実は他の集団にもみられるものである。このように不規則に分布しているのは、中国では漢人の役人に反抗し、漢人政権に従わないすべての集団が「ミャオ」と呼ばれたからである。この呼称が、国家の行政で慣行になるにつれて強化され、やがて定着した。つまり「ミャオ」とは、一方的に範疇を押しつけることのできる強力な他者によって、そう呼ばれてきた人々であった。

カレンの多様性もやっかいであった。カレン全体に適用できる宗教、服装、埋葬儀礼、言語といった特徴を何ひとつみつけることができなかったからである。カレンの下位分類のなかにも驚くべき多様さがみられる。マーティン・スミスの言うように、「〝スゴー・カレン〟という名称は、デルタのバセイン（パテイン）で生まれ育ち、ラングーン大学を卒業し、ビルマ語で生活する人に対しても使えるし、また［タイ国境近くの］ドナ山脈に住み、文字が読めず、アニミストで、ビルマ人に一度も会ったことのない人に対しても用いることができる」[8]。カレンには、ミャオやヤオほどではないが、民族を越えて養子縁組や通婚をする慣習がある。「カレンらしさ」とみなされるものが必ずしも他の民族と区別できる民族的アイデンティティとは限らない。チャールズ・カイズによれば、少なくともタイでは、家庭、村、教会といった場面では「カレン」でありながら、同時に、市場、政治、タイ人とのやりとりでは「タイ人」であることができる。彼によれば、タイ人と中国人、タイ人とクメール人、タイ人とラオス人のあいだでも同じように、日常でのアイデンティティは滑らかに揺れ動く。カレンなどの多くの民族的少数派は、異なるアイデンティティのあいだをたやすく行き来できる、あたかも民族的両生類のようである。民族的両生類は他の文化圏の近くに暮らし共生しつつ、その場が求める振るまいをほぼ完全に習得する。カイズの指摘によれば、焼畑民でアニミストのルア／ラワの人々は、家ではモン・クメール系言語を話しつつ、同時にタイ語、低地耕作技術、仏教を熟知しているので、低地に移るなり、まさに一夜にしてタイ人になることができる。「カレンらしさ」の文化的な豊穣さに直面したカイズは、さらに一歩踏み込んで、文化的特徴の共有はさほど重要ではないと結論し、民族性とは自らによって作り上げられると考えるに至った。彼によれば「民族的アイデンティティそのもの［つまり、特定の民族的アイデンティティを主張すること］が、民族集団の文化的特徴になるのだ」。このアイデンティティをまとうことを選んだ人々が――他のカレンもその選択を受け入れるという前提のうえで――結果としてカレンになるのである[9]。

ある特徴に基づいて民族を規定しようとする方法は、東南アジアの山地ではまったく通用しない。山地民一般の特質を焼畑や拡散的居住といった特徴で捉えようとしても、完全に満足な結果を得ることはできない。たしかにカチン、ミャオ、カレンのほとんどは山地民で焼畑移動耕作に従事している。彼らの儀礼の多くは「焼畑式の農業」や狩猟採集に由来している。しかし同時に、自らをカチン、ミャオ、カレンと認識しているかなりの人々が、常畑や灌漑水稲耕作などの異なる生業空間に暮らし、稲作中心地の言語など低地社会の特徴を多く取り入れている。

主要な特徴をもとに民族や部族のアイデンティティを定義しても、それが当事者の帰属とまったくかみ合わない大きな理由は、山地民自らが労働調達の仕組みとして誰かれかまわずよそ者を取りこんできたからである。この吸収の能力が、山地社会の文化的多様性を高めてきた。新参者の受け入れ、捕虜のすばやい階層間移動、もっともらしい系譜をひねりだす早業などが互いに組み合わさって、文化的に包容力のある山地システムが育くまれてきた。独特の階級的な分節リネージをもつとされるカチンでさえも、その体系は硬直的ではなく、近隣のリスや中国人を取り込むことで機能していた。フランソワ・ロビンが論じたように、それは民族の複数性を巧みに包括した見事な例であった[10]。

決まった特徴に基づいて「部族」の境界線をきれいに引くことはできないのだから、ある集団をいわばリンネ式に分類しようとした人々が困惑したのも無理はない。例えば、現在のビルマ・インド国境に位置するナガ丘陵に見られたあまりの多様性を前に、植民地行政の官僚は「慣習、政治制度、技術、言語を必ずしも共有していないために互いにいくらか似通っているが、また同時に異なっている数百、数千の小さな村々を目の前にして、民族誌的混沌に陥った[11]」。このような混乱は正真正銘のもので、そこには四つの側面があった。第一に、ある特徴に目をつけたとしても、そこには濃淡があり、ある村や集団から他の集団へ切れ目なく連続していることが多かった。儀礼、服装、建築様式、言語のどれをとっても、変化には切れ目がなく曖昧なので、かりに境界線を引いても恣意的で独断的なものにしかならなかった。第二に、細心の注意をはらい、こまごまとした変化を丁寧に確認して、特性に基づく境界線を正確に引こうとしても、克服の難しい別の問題が現れてくる。A、B、Cというそれぞれの特性に基づいて境界線を引くと、特性の数だけ境界線が生まれてしまい、結果としてお互いに相矛盾する「民族性」分類がつくられてしまうのだ。第三に、特性に基づいて民族性を定めても、その特性は当事者が日々の生活のなかで理解しているものとはまず一致しないという致命的な問題があった。植民地時代の民族誌家による地図ではAという名で記されている人々は、訪れてみると自らをBと称し、自分たちはこれまでも常にBであったと言う。記録と実態の落差は見過ごせるものではなかった。分類作業がこれらの障害をどうにか乗り越えたとしても、第四の問題である時間に、いよいよとどめをさされることになる。歴史的な変化にいくらか敏感な人であれば、Aという特徴や自己認識が、そう遠くない昔はBであり、驚くべきことに現在はCになりつつあることに気づく。このように、時間を経て極端に流動的である民族集団や部族がどうしてひとつのまとまった民族でありえるだろうか。

アイデンティティの極端な流動性は、ある意味ではそれほど驚くべきことではない。ゾミアは、カフカスやバルカンのように国家形成のプロセスで生まれた「割れ目地域」とでも呼べるような場所であり、実際にそうありつづけてきた。そこは国家の中心部で生じる侵略、奴隷狩り、疫病、強制労働から避難、逃亡してきた人々が少なくとも二千年のあいだ、次から次へと押し寄せて住むようになったところである。この避難地域で、平地から逃れてきた人々は遠く険しい地形に暮らす山地民に合流し、方言、慣習、アイデンティティの吹き溜まりをいっそう複雑にした。生業技術は異なる標高に適応して実に多様化し、これに合わせて民族の多様化も進んだ。加えて山地では、奴隷、略奪、通婚、養子縁組などを通じて人が行き来することで、複雑なアイデンティティが構成されていった。植民地統治者が直面したクレイジーキルト〔不定形の布をパズルのように縫いつけたキルト〕のように複雑な民族の混合状態は、こうしてつくられた。これに似た民族の流動状態をマレー半島で分析したジェフリー・ベンジャミンとシンシア・チョウは、「遺伝子、知識、言語は濃密かつ多面的に混ざりあっているため、さまざまな〝人々〟を地理的、言語的、生物学的、文化歴史的特性の組み合わせに基づいて区別しようとしても徒労に帰する」と結論したが、この分析はゾミアにも当てはまる。[12] 民族を区別する土台がここまで台無しにされると袋小路に入るしかなさそうだ。明らかに「部族」は厳密な意味では存在せず、ある「部族」から他の「部族」を明確に区別する、系譜的、遺伝的、言語的、文化的な方式はない。しかしここで、混乱しているのはいったい誰なのか、と問わなくてはならない。歴史家と植民地期の民族誌家はたしかに当惑したかもしれない。民族の入り混じったビルマ北部の村々は、「几帳面な官僚的役人にとって忌まわしいもの」であっただろう。彼らは、帝国統治期の最後まで、カチンとシャンのあいだを行政的に線引きしようとしたが、挫折した。[13] しかし当の山地民自身はけっして混乱していたわけではない。自分たちが何者であり、何者でないか、彼らははっきりと自覚していた。完全で不変な民族範疇のリストを作りだすことに熱を上げる研究者や行政官とは違って、山地民自身は時を経てうつり変わる複数のアイデンティティに当惑などしなかった。それどころか、これから見ていくように、アイデンティティの曖昧さや、すき間だらけの境界は、彼らにとって今も昔も政治的な資源として活用されてきたのである。

　山地民の実体験のなかにも確かに「部族」は存在する。カレン、カチン、フモンを自らのアイデンティティの名と認め、そのために命を賭けて戦ってきた人々がいる。彼らの信じる連綿たる民族の歴史は、厳密な検証には耐えないだろうが、そのような強力な民族的アイデンティティも、近代における国民国家のアイデンティティと同様に人為的に作りだされてきたものだった。

民族のアイデンティティを外から規定しようとする不毛な努力に代わる唯一の実行可能な分析方法は、それぞれの自己認識を出発点として、部族の区分を「政治的起源を有するもの」として扱うアプローチである。これは民族的アイデンティティを政治的な事業として読む方法である。マイケル・モアマンがすでに四〇年近く前に指摘したことだが、重要な問いは、カレン、タイ、ラワ、パラウン、ティンといったタイの山地民が「宗教や農法といった民族性の基盤や象徴、さらに方言、食物、服装といった民族的標章」を取捨選択できる生態環境にあるとき、彼らはどういった算段でそれらの選択を決定しているかということである[14]。

ここで詳しく展開するのは、著しくラディカルな構築主義者としての見解である。それは、山地の民族的アイデンティティが、権力と資源をめぐる競争を有利に進めるための集団的位置取り《ポジショニング》として政治的に設計され、作りだされてきた、という見方である。近代国家をはじめとする、自分たちより強力な集団が入りみだれている世界においては、民族を新たに創造する自由は著しく制約される。マルクスにならっていえば、山地民は自分自身のアイデンティティを作るが、自分で勝手に選んだ状況のもとで作るのではない。ここでいう位置取りとは、低地国家と他の山地民に対する戦略的な位置取りのことである。彼らに対して優位に立つことこそが、山地のアイデンティティの機能である。何百年かけてゾミアに移住し続けた人々は、事実上、小農として低地国家に吸収されることを拒んだ人々である。山地にやってきた彼らは低地国家に一度も吸収されたことのない人々、あるいははるか昔にすでに低地国家を離れた人々に加わった。そこで彼らに与えられていた選択は、国家をもたない状態のままでいるか、国家に取り込まれるかの二者択一であった。もちろん、それぞれの選択肢には一定の幅があった。ヒョルレイファー・ジョンソンによるタイ北部のミエンに関する重要な研究で展開されている以下の解釈には説得力がある。彼はいう。「人々は、いかにして国家に暮らす臣民と森に暮らす非臣民というふたつの範疇のあいだを行き来するのか。さらにいかにして、自律した山地民がふたつにわかれて、一方は国家のもとに入り、他方は村の暮らしを放棄してさらに小規模で狩猟採集を営むようになるのか。これは社会的景観の変化に関する一般論に再び戻るテーマである。同時に、それは人々がいかにして構造化された範疇のあいだを行き来し、特定の関係に出入りすることを通じて、アイデンティティ、共同体、歴史の媒介変数を繰り返し再編するのかというテーマにも結びついている[15]」。このような視点に立つと、帝国の行政官や国勢調査員にとってはいらだたしい混沌として見えたものは、実のところ主要な低地国家に対して「立ち位置《ポジショナリティ》」を示すために山地民が日々の生業、社会構造、アイデンティティを運用した証として理解したほうが的を射ている。

一九世紀、および二〇世紀の大部分において、民族や「部族」のアイデンティティはナショナリズムに関連しており、画餅に帰した独立国家の夢と結びついていた。国民国家が政治単位としての完全な制度的覇権を握った今日、ゾミアに暮らす多くの民族も自分たちの独立国家を求めるようになった。しかし山地の長い歴史のなかに見出される斬新な注目点は、民族や部族のアイデンティティによってたんに自治が可能になったことだけでなく、彼らが国家をもたずにすんだことである。「反国家ナショナリズム」とでも言うべきこのパラドックスは、これまでもっぱら見過ごされてきた。しかし国家の外で暮らすという選択肢が、絶望的なほどに実現不可能な空想にすぎなくなったのは、おそらく一九世紀に入ってからのことであり、それ以前は反国家的ナショナリズムこそアイデンティティの最もありふれた基盤であった。E・J・ホブズボームは、ナショナリズムを見通した研究でこれらの重要な例外を指摘している。「さらに議論を進めれば、「部族」的ともいえる民族性を最も強くかつ長く保ってきた人々は、国民国家かどうかにかかわりなく、たんに近代国家の押し付けに抵抗したのではなく、国家一般に対して反抗してきた。アフガニスタン周辺のパシュトゥン語系の人々、一七四五年以前の高地スコットランド人、高地アトラスのベルベル人など、同様な例は簡単に思い起こせる[16]」。

ここで想起されるべき最も重要な例外は、もちろん千年以上ものあいだ国家を避けてきた無数のゾミアの人々である。彼らは数多くの名前を用いて、さまざまな場所で、多くの伝統国家、植民地国家、近代国家に対して戦いを挑んできた。彼らの苦闘はひとつの大義では容易にあらわせないのである。

多民族を吸収して国家を作る

初期の水稲国家の創設者は、これまで国家をもたなかった人々を臣下として集めなくてはならなかった。国家が崩壊すると、次の国家形成者は、他国を襲撃したり、国をもたない山地民を併合したりして、散らばった人々のなかから自らの臣下となるべき人々を再結集させなければならなかった。初期の移民「波動」説によると、ビルマ人とタイ人は北方から灌漑稲作に適した沖積台地を急襲し、先住者を打ち破って追い払った。現在ではこの見方は証拠に乏しく信頼性が低いと考えられているが、この理論では暗に、ビルマ人とタイ人社会は、統治者とその臣民がともに移動して支配者として入植してきたという説を前提としている。いまの有力な見方は、この地に到来したビルマ人やタイ人は、軍事的にも政治的にも優れ、稲作中心地を組織し統括する技術をもったエリート開拓者集団であった、というものである。臣民たちは、国家をもたない周辺の山地民から集められ、私たちが水稲国家と呼ぶ権力の結び目をとりまくように組みあげられてきたのだろう。長い目でみれば、現在シャンと呼ばれる人々の多くは、かつては山地民であったが、徐々にシャン州の平地の国家に統合されたと考えられる。いまはビルマ人とされている人々のほとんどは、過去に低地や山地からきた非ビルマ人（シャン、カチン、モン、クメール、ピュー、チン、カレンなど）の子孫であった。タイ人の多くもまた同様にもとは山地民であった。さらに長期的にみると、「漢人らしさ」の創出こそが、人々を取り込むうえでこれまでに最も長期にわたり成功した国家形成プロセスであったと考えられる。ここで重要なのは、どの初期国家も非常に深刻な労働力不足に直面していたため、臣民の出自などにこだわる余裕はなかったという点である。

　最も注意深く観察され入念に検討された人員集約の例は、マレー海洋貿易の中心であるヌグリ〔マレー語で「国」という意味で、現在の行政区としての「州」をも指す〕の研究である。ヌグリについては一六世紀以前からヨーロッパ人によって詳しく記述されてきた。ヌグリはある種の「すき間」的政体であって、山地の採集者と国際貿易とを仲介し、戦略的要衝を防御しており、力ずく、もしくは軍事力と商業的利益の両方で周囲を魅了して、労働力を引きつけた。奴隷狩りは広い海域で行われ、集められた捕虜はヌグリに取り込まれた。同化の条件は少なく、マレー首長の家臣になり、イスラームを信仰し、多島海貿易におけるリンガ・フランカであるマレー語を話すという程度にすぎなかった。ヌグリは特定の民族性を指すというより、ひとつの政体の構成員になるための政治的方程式であった。不安定な交易や略奪の結果、マレー世界で貿易を展開したヌグリは、ミナンカバウ、バタック、ブギス、アチェ、ジャワ、インド、アラブからの商人などといった、取り込みの対象になった多くの民族の混ざり具合に応じて国ごとにさまざまな文化的様相をみせるようになった。最も繁栄したヌグリであるムラカは、貿易商人を磁石のように遠方から引きつけ、ヴェネツィアに比肩するほどの勢いであった。しかし同時に、激しく変動する海外貿易に依存していたヌグリの基盤は、長期的には脆弱だった。

　タイ、もしくはシャンのムアンとよばれる藩王国は、貿易の衰勢に影響を受ける度合いは低かったが、多くの点でヌグリに似ている。[17] そうした小国家はつねに近隣の大国と労働力をめぐって争っていた。そのためヌグリと同じように、出自を問わずに臣民を捕えたり、臣民になるのを認めたりした。高度に階層化しながらも、社会的流動性が高い点も似ていた。

タイの完全な構成員になるには、普遍宗教である上座仏教を信仰し、水稲耕作を行い、タイ領主への忠誠を誓い、土着のタイ語を話すことが求められた。

タイやシャンの藩王国は、北ベトナムからゾミアを経て北東インドまで広がっていた。これらの小国は多数存在し、いずれも小規模であったので、あたかも実験室のように、水稲国家形成の歴史的プロセスを細かく見せてくれる。この過程はビルマ、タイ（タイ諸国家のなかで最も繁栄した！）、漢民族の国家などでもみられた。

ほとんどすべての歴史家や民族誌家は、タイやシャンの平民の多く、もしくは大半が山地民の子孫であるとしている。リーチはこれについて彼ら平民は「元来は山地部族の子孫であり、最近になって洗練された趣向をもつシャンの仏教文化に同化された人々」であると記している。[18] ジョルジュ・コンドミナスも後に、「とくにシャン国家や他のタイ侯国では、その大部分がタイ以外の出自である」として、この視点に同調している。[19] ムアンはずっと開放的だったので、そこに暮らすタイ人以外の人々は、タイ語を話しつつも、母語を使い、自分たちの慣習を維持することができた。

奴隷制と社会的流動性の高さの組み合わせ、そしてある種の錬金術で元山地民を低地のシャンやタイ（またはビルマやタイ）に変えてしまう手管は際立っていたので、歴史家たちはこれらの隷属形態と新世界で見られた奴隷制とを注意深く区別した。[20] リーチは、山地民が隷属状態に陥る典型的な手順を紹介している。カチンは、まず個人または集団で労働者や兵士としてシャンの支配下に入り、その報酬としてシャンの妻を娶る。平地に移り住んでシャンである妻方の地守護精霊やナッ信仰など、新たな土地の慣習を身につけ、カチンの親族関係を断ったうえで、シャンの階層制度の最下層に入るのである。カチン一般を指すシャン語は接頭語として「カKha」を伴うが、これは農奴という意味である。リーチはカチンの山岳地域にいる「シャンの下層のほとんど」は、「奴隷［捕虜］、またはカチン出身の平民」の出自であると推測している。コンドミナスは、もう少し長い時間軸でみると、もともと山地民だった人々[21]は奴隷としてタイの制度に組み入れられ、比較的すぐに他のタイと同じ平民になることを示した。さらに、勢力争いで成功裏に権力を奪取した者には高貴なタイの名前が与えられ、家系も権力にふさわしく改訂されたという。[22] このようにタイのことわざでは「タイとカ［農奴］は、猿と農奴ほど違う」と言われていたとはいえ、労働力をめぐる競争が激しい政体では、市民権を得る方式が人口流出をできるだけ食い止めるようにできていたのである。

しかし強奪や奴隷狩りを手広く行えば、国の政治体制に一層急激な変化をもたらしかねない。一八三六年にチェンマイを訪問した人の記録によれば、シャン王は捕虜として連れてこられた二八人の妻をもち、家臣も同様に女性を捕虜としていたという。J・G・スコットの報告では、シャン王の妻のほとんどは外国出身なので、「人々の土地固有の身体的な特徴は、二世代あまりで完全に変化し、言語も同様に母親が子どもに教えることで変わっただろう」とされている。彼はさらに、長年の慣習としてシャン王は「ときには囚われ、ときには買われ、ときには貢物としてもたらされた中国、ビルマ、カレン、カチンの人々を妻に娶った。その結婚が新たな勢力を生み、シャンの伝統的な首長ソーブワーが大部分の臣下たちとは違う人種になることもあった」としている[23]。

「シャン」や「タイ」になること、つまり階層や国家の一員に組みこまれることには、社会全体におよぶもう一つの特性があった。有力なカチン首長が、もともと「階級をもたない」平等社会を変化させて、シャン的な小国家にしてしまうのである。リーチによる古典的な研究の大部分は、このテーマに費やされている。よくある戦略は、権力をもったカチンの首長がシャン家系の上流階級から妻を娶るというものである。この婚姻は、カチン首長を一夜にしてシャンの王子に仕立ててくれるのだが、その一方で、カチンの家系に嫁を出せなくなる。そうしてしまうとシャン王子としての地位が危くなるからである。その結果、同胞のカチン家系は、契約結婚によって彼の（首長の）家系と同等の地位につけなくなる。そうなると彼のカチン人従者は選択を迫られ、このような転換を受け入れて自らもシャン人として王子の臣下になるか、もしくは反抗して首長を殺害もしくは追放するか、それとも違う地に移り新たな共同体を作るかを選ばなくてはならなかった。リーチが見事にあとづけたのは、まさにこの論理であった[24]。カチンの首長は交易商人や低地民から定期的に貢物を集める立場におかれると、いつも小さなシャンのソーブワーに昇ろうとしたが、これが常にうまくいくとはかぎらなかった。

このような小国家形成の過程をへて、山地民は低地民になるわけだが、その順序は簡単に逆転できる。タイやシャンの藩王国は大きな水稲国家と同様に、侵略、飢餓、暴君による支配、襲撃、王位継承を巡る内乱などにより、分裂してしまう危険をはらんでいた。崩壊したシャンの藩王国から離散した人々はどうなったのだろうか。過去の資料によると多くの人々が、近隣のより穏やかなシャンの国に移動したようである。とくにシャンに「なりたての」元カチンや元リスの多くは、おそらく山地に戻り、焼畑を再開し、以前のアイデンティティを再び採用したのだろう。これは彼らにとって比較的簡単で手馴れた選択肢であり、平時に再び稲作中心域に戻ることもできた。このような民族性の転換は、少なくとも二〇世紀以前までは双方向的であり、アイデンティティは二重、もしくは二面的であったと考えてよい。

　非常に多くの東南アジア山地民にとって、最も身近な低地国家のモデルはタイのムアン（国）であった。ムアンはいわばキリスト教でいうところの「低教会派」であって、はるかかなたの権威や儀式を重んじる「高教会派」、つまり漢人、ビルマ人、タイ人の宮廷をモデルにしたものだった。成功した低地国家はカチン、リス、アカ、ワ、カム、ルー、ミエンといった多くの山地民を新しいアイデンティティのもとにひきつけたが、このアイデンティティは、より大きな王国の臣民になる場合よりも流動的で長続きしなかったと思われる。二つ以上の水稲国家のあいだに位置する民族集団は、異なるリスクと異なる選択肢に直面した。カレン、なかでもモン、ビルマ、タイによる水稲国家のあいだに位置したポー・カレンは、まさにそのような状況にあった。低地ビルマに暮らすビルマ人の多くは、間違いなくモンやカレンの出自である。カレンは三つの低地国家のあいだで文化的にも戦略的にも仲介役として、容易にアイデンティティを移しかえることができたのは確かだ[25]。彼らは仲介的な立場を利用することもあれば、逆に敵に利用されて悲惨な目に遭うこともあった。当初はタイ王国の代理人や使いとして他の山地民から貢物を取り立てる役割を自慢して、「我々の統治は厳しく、税は重かったので、貢物を運ぶ背中のバスケットの紐がギターの弦のように鳴った」と哀愁をもって語っていたが、ビルマによる破壊的なシャム侵攻のときには、タイ軍に仕えるスパイ部隊と疑われて、誰よりも大きな代償を払う羽目になった[26]。

　かりに民族集団の境界線が穴だらけで、アイデンティティも柔軟だとすれば、すでに明らかになったようにアイデンティティとは、有利になったり不利になったりする状況の変化に応じて移り変わっていくものであると考えてよい。現在の中国で公式には最大の少数派先住民族のひとつであるタイ語系集団のチワンの事例はまさにこの過程を示している。彼らもおそらく他の集団と同様に漢民族の拡大に伴って、中国南西部の山地に追われた集団であった。彼らは現在でも、他のタイ人と同じように自らを低地民だと考えている。一般的に彼らはイ、ミャオ、ヤオの焼畑民よりも低い標高に暮らしていた。居住地は、漢民族と山地民のあいだの文化的すき間だった。より正確にいえば、そのような文化的適所《ニッチ》は彼らが創り上げたものだ。「ミャオは山の頂に暮らし、チワンは源流に暮らし、漢人は道路の起点に暮らす」と言われている[27]。かねてから汚名を着せられてきたチワンは、徐々に漢民族としての架空の出自を作りだし、結果的に山地に住む民族的少数者に対して「漢人を演じる」ようになった。しかし、スターリン流の定義[*1]による革命政府の新しい民族分類方法では、彼らは使用言語に基づいて「チワン」と定義された。この定義ははじめは新たな汚名として受けとめられたため、チワンとみなされた人々の多くがその分類を拒否し、かわりに「チワン語を話せる漢人だ」と主張した。一九五三年の国勢調査によれば、チワン語を話す人々のほとんどはチワンとして自己認識をしていなかった。しかし当人らの理解を得ないまま、党はチワン行政区を作った。

ところが新しい少数民族政策の下で、「チワン」アイデンティティがかなりの便益を生むようになった。というのも、議員や行政職を割り振られ、専門教育や高等教育への優先的アクセスが与えられ、「一人っ子」政策からも免除されるようになったからである。突如として、公的なチワン・アイデンティティの経済価値は高騰し、それまでの汚名を埋め合わせるほどになったため、新たなアイデンティティが定着した。「チワン系漢民族」というのはもちろん、彼らの感覚では、チワンであると同時に漢人であることを意味したが、ヤヌス神のように二つの顔をもったアイデンティティの片方、すなわち公式なほうがより価値をもつことになった。さまざまな免除措置を含む新たな制度は、これまで徐々に進んできた「チワン」の漢化の流れを逆行させたのだった。

低地国家の成長を強制力の程度に差こそあれ、外部世界から人口をたぐりよせる技法の成果とみなせば、そこに主流派とは異なる新たな視点が与えられる。これによって国家形成に関する理解を修正し、初期の歴史叙述と近代の国民国家史観の両方を特徴づけていた民族に基づく考え方を正すことができるからだ。リーチが結論づけたように、シャン文化は「多くの専門家が想定しているような、どこか他の地域からもちこまれた既成の文化複合体とみるべきではない。シャン文化は、いくつかの小規模な軍事的植民地が土着の山地民と経済的な交流を重ねた結果、長い時間をかけて内発的に成長したものであった」[28]。植民地期以前に最盛期を迎えたビルマやシャムといった国家についても同様の指摘ができる。いずれもさまざまな言語的、文化的な出自の人々を稲作中心地に集め、留めておくための政治的手段が効果的に働いたのである。これは一カ所に力を集めて国家建設に適した生産力を作り上げるためであった。先に指摘したとおり、ビルマ人やタイ人が数多くの多様な人々を取り込んでいったのは、二千人ほどのノルマン人がブリテン島の先住民を征服したのと同じ方法なのである。

こうしてみると、ビルマとタイの小国家は民族統合というより、国家作りの手本としてみたほうがよい。その理由は第一に、もともと暮らしていた住民を完全に撲滅し、置き換えてしまうような北方からの大規模な侵略は起きていないということ。第二に、植民地期以前の水稲国家の文化的な基盤をよくみてみると、民族では色分けされておらず、むしろ国家空間の枠組みになっていることである。要となるのは、もちろん稲作中心域の存続を可能にする灌漑稲作の農耕技術である。しかし灌漑稲作の技術は、ビルマやタイに限られた技術ではなく、それ以前のクメール、ピュー、モンの王国においても同様に基盤となっていた。古代インド宮廷の世界観と建築は、神聖な王国のいわばイデオロギー的な上部構造であり、まさにその目的にあうように変型されていた。王国の周辺に水稲国家の臣民が集められたのと同じように、輸入された上座仏教もあらたな覇権者のもとに「さまざまな民族神や精霊」を招集させる役割を果たした。カトリックが異教の神々を聖者として取り込んだように、仏教でもナッやピーといった土着の精霊が補助的な神々として位置づけられた。タイ語やビルマ語といった国家建設者の言語も、(パーリ語を介したサンスクリット起源)の文書を通じて、仏教と古代インド国家の正統的な宇宙観に結びついていた。シャン文化、ビルマ文化、タイ文化として、それぞれの民族に固有で独自なものとして見なされているものの多くは、国家建設のための基本的な仕掛けと密接に結びついている。別の言い方をすれば、「国家であること」は民族の基礎に組み込まれている。逆にシャン、ビルマ、タイの人々からみれば、まだ寄せ集められていない山地民の民族的特徴の大きな部分は、まさに国家をもたないところにあった。

低地をならす

低地王国と山地の大きな違いは、前者が宗教的にも言語的にも、また長い目でみれば民族的にも著しく均一である点にある。多くの社会からかき集められた人々は、やがてひとまとまりの文化的慣習や制度を共有するようになった。水稲国家のなかを数百キロ移動しても、どこまで行っても驚くほど似かよった宗教慣習、建築様式、統治形態、衣装、言語、儀礼を確認できるにちがいない。それとは対照的に、山地を旅すると短い距離でも、クレイジーキルトのような実にまだらな言語、儀式、アイデンティティに遭遇する。ヒョルレイファー・ジョンソンの言葉を借りると、低地システムには求心性があり、山地システムには遠心性がある。ジョンソンによれば、この「平地は比較的均一で、山地は驚くほど多様であるという鮮明な違い」は、異なる移住様式に起因しているのではなく、閉じた階級制度のもつ求心性と、開かれた階級制度のもつ遠心性という、システムとしてまったく異なるふたつの社会的仕組みの帰結である。(29)

この文化的な差異は、ビルマ人、タイ人、漢人、ベトナム人の低地王国と山地とを区別するだけではない。さまざまなシャンの小国家と彼らの隣人である山地民とのあいだにも注目すべき対比を作りだす。リーチはこのような相違を半世紀も前に強調し、その原因を以下のように指摘している。

シャンの周辺に暮らす山地民には驚くほど多様な文化が見られる。その一方で、シャンの人々は広く分散して暮らし集落が点在しているのに、驚くほど均質である。私が主張したいのは、シャン文化の画一性は、シャンの政治組織が画一的であることと相関関係にあり、この政治組織はシャン特有の経済的特徴によってほぼ決定されている、という点である。歴史学的な推測をすれば、低地のシャンは過去数世紀のあいだ、いたるところで近隣の山地民を同化させてきたが、経済的な条件が場所によって変わったわけではないので、同化のパターンはどこでも似ていた。そのためシャン文化自体はほとんど変化することがなかったのである。(30)

リーチがほのめかしたように、シャンの諸王国の均一性は、地理的、経済的、政治的にも国家空間の縮小版であったことに起因している。

シャンの国々は標高六〇〇－九〇〇メートルの低地や平野に位置し、「あるものは長く狭く、あるものはコップのように丸く、あるものは皿のように平らであり、またあるものはまるでイラワディ低地の縮小版のごとく長く伸びている」(31)。大規模な低地国家の場合と同様に、これらの場所はみな水稲耕作に適しており、シャンであることと水稲耕作をすることは同義語になっていった。小さな中心地域に労働力と穀物が密集することによって、小規模な国家形成が可能になった。しかし灌漑稲作は他にも決定的な社会的影響をもたらした。単一作物に強く依存したことで、大規模な低地国家と同様に、多くの人々の生業習慣や社会組織が変化をこうむった。全世帯が同じ穀物を、ほとんど同じ時期に同じ方法で植え、移植し、除草し、収穫した。水利用を調整する必要があるため、協働と紛争解決のための制度が形作られた。農業が均一化すると、水稲をめぐる儀式も均一化し、収穫祭や水管理が同じようなものになった。灌漑稲作社会は共通の物質文化――食事、料理方法、農具、牽用動物、家屋建築なども形成していったのである。(32)

永続的な水田耕作は土地所有と相続を制度化し、それによって社会階層の格差も助長される。山地も地位の違いや格差に満ちているので、格差の有無そのものだけでは、低地と山地を区別することはできない。両者の区別は、水稲国家では所有地の相続を国家が強制することで格差が維持される一方で、山地にはそのようなメカニズムがない。共通の農耕体制と階級制度によってもたらされた均質化が、農民反乱により中断されることはあったが、反乱も再び元の社会体制を新たな支配のもとで再生産してしまうのが常だった。この構造から抜け出す唯一の代案は、開かれた階級制度と共有資源制度をもった山地への逃避であった。

低地国家の社会的、文化的均質性は、地形が平坦な灌漑稲作地域の政治支配によって作られたものでもある。地勢がゆるやかなために人々の交流が活性化し、それによって文化統合が促され、貿易と共通の制度的秩序が作られた。地形の不均一な山地に比べ、低地の地理的空間では権力がたやすく浸透していく。シャンの支配下にある王宮、儀式、宇宙論は、大きな平地国家の縮小版としてほとんど同じ機能を果たしたので、模倣の対象になったアヴァ、アマラプラ、マンダレーの王宮、儀式、宇宙論のまさに地方版ともいえるものだった。

ヴィクター・リーバーマンによれば、東南アジア低地の均質化は、一六〇〇年から一八四〇年のあいだの国家の中央集権化とともに大幅に進んだ。西洋モデルの模倣に基づく国家形成と国際貿易からの歳入増によって、大陸部の国家は宗教的異端派を一掃し、より画一的で効率的な徴税制度と行政組織を築き上げ、王国全域におよぶ経済統合と軍事化を進めることができた。[33] 一九世紀の鉄道、蒸気機関、電信の影響ほどではないものの、火器、軍事組織、土地測量、記録保管方法の発達と文字の普及によって地理的な距離は同じように短縮された。低地国家が、より均質的なビルマ、タイ、ベトナム、シャンといった人々を作り出そうとしていた一方で、山地社会は、さらなる差異、不均質性、新たなアイデンティティを生み出していった。

いくつものアイデンティティ
——穴だらけ、複雑、流動的

東南アジア大陸部の山地民の多くは、植民地国家が民族の分類を強要する前までは、私たちが考えるような「まっとうな」民族的アイデンティティなどもっていなかった。彼らは普段、例えば「X谷の人々」や「Y川の人々」など、地名との関連で、あるいは血縁や親族集団に基づいて認識されていた。さらに彼らのアイデンティティは、聞き手がだれであるかに応じて明らかに変わった。名前の多くはある種の関係を暗に表すものであり、「丘の上」の人々や「西の尾根」の人々など、あるひとつの視点から見てはじめて意味をなすものであった。加えて、外部者が使った呼び名はいくつもあった。呼び手によって名前が変わるミャオが好例である。さらに厄介なことに、山地民はたいてい複数のアイデンティティをもっていて、状況に応じてアイデンティティを使い分けていた。またアイデンティティ自身が変化しうるものでもあった。つまり「東南アジア大陸部では民族的アイデンティティと言語の関係は、流動的な傾向をもっている。他民族との接触の結果、人々は比較的短い時間で、民族的アイデンティティも言語も変えることができた」[34]。植民地期以前の権力関係には、アイデンティティの柔軟性がほぼ組み込まれていたわけだ。山地民と同様に、低地民もたいてい複数の権力のあいだに位置しながら、その政治中枢の影響力の満ち欠けに応じて自らの世界を形作ってきた。近代の国政術、つまり相互排他的な統治権や民族といった概念、そして国土という空間を対象とする行政の登場する以前には、このような曖昧さが普通にみられた。

アイデンティティの柔軟性は、地位の低い者が高い者に倣う、少なくともその権威に従うという階層社会の特徴でもあった。グラント・エヴァンズは、北ベトナムのタイが暮らす地域の分析で、アイデンティティの二重性とその用いられ方を明らかにした[35]。それによれば、下位の民族集団で黒タイの人々に農奴として認識されているシン・ムーンは、自分たちの言語に加えてタイ系の言葉を話し、独自の「民族」名に加えてタイ語の氏名ももち、概してタイ人になろうとしている。黒タイの人々はベトナムのアオザイを模倣しベトナム語の語彙を取り入れる一方で、より高い地位にある白タイはベトナム風の葬式儀礼を採用したりベトナム人との結婚を通じて同化を進めた。エヴァンズによれば、このようなタイのエリートは文化的な両生類である。彼らは名目上自分たちと同等か、下位のものに力を行使するときには、タイとしてのアイデンティティを存分に展開する。その一方で、上位のものに接する時は、ベトナム側のアイデンティティをうまく用いる。アイデンティティは複数あり、権力と威信の関係に応じて組織的に構成されているというのが、エヴァンズの論点である。この一般的なテーマについては、ジョンソンがきわめて繊細に詳述しており、そこでは北タイのミエン（ヤオ）の人々が状況に応じて、いくつもの顔を戦略的に使い分けていることをとりあげている[36]。

植民地官僚や国勢調査員の困惑とはかなり違うかたちではあるが、後世のビルマの民族誌家や歴史家もリーチがかつて示した見解を確信し、民族集団の境界線は変化しやすく穴だらけで、人為的なものだとまざまざと実感することになった。例えば、同じ集団が呼び手や目的によって、「カレン」「ラワ」「タイ」と異なって分類されることがある。相異なる集団が長いあいだ近接して暮らしていると、お互いが継ぎ目なく混ざりあい、二者間の境界は恣意的で無意味なものに思われてくる[37]。先に述べたように、ルア／ラワの人々はモン・クメール系言語を話すアニミストの焼畑民であるが、タイ語、水稲耕作、仏教にも非常に深く慣れ親しんでいるので、月曜日にはいかにもルアなのに、翌日の火曜日にはいかにもタイとして振る舞うことができる、といっても大袈裟ではない。彼らをひとつの民族的範疇に帰属させる意味はほとんどない。「X」の人々には一定の幅をもった特徴やアイデンティティがあって、それらを状況に応じて使いこなし、演じることができる、と考えたほうが適切だろう。この意味で、民族的アイデンティティとは、演じることのできるレパートリーと、そのレパートリーが演じられる文脈を指しているのである(38)。

別の方法を使って、演者が選ぶアイデンティティの幅やレパートリーを捉えるには、リーチがしたように、複数の社会的地位を複数の社会組織で同時にもっている点からアプローチすることもできる。このような実態があまりに広く見られたのでF・K・レーマンは、この地域一帯での民族性とは「所与」の帰属ではなく、選択されたものである、とさえ考えた。いわく「共同体全体が自らをどの集団に所属させるべきかという意識的な選択に迫られていたのかもしれない(39)」。これはアイデンティティの複数性を考える上で有効な方法だが、次の三つの制約条件を忘れてはならない。第一は、強力な外部、とくに国家のような存在は、多くの人々のアイデンティティの選択の幅を制約するという点である。第二は、複数のアイデンティティのあいだの移行は、状況が変われば元のアイデンティティへ逆流することがあるという点である。最後に、これが最も重要なのだが、外部が重大なアイデンティティの移行として理解しているものを、そのまま当事者自身の実体験として鵜呑みにしてはならないという点である。リーチはこの文脈で、「カチン」の共同体は、平等であろうが階層的であろうが、シャンの共同体と同じ儀礼的言語をほぼ共有しているのに、彼ら自身の解釈はそうなっていない、と指摘している。外部の観察者からみれば、経済的な立地条件のよいカチン小国家がシャンのムアンの一部になれば、カチンがシャンになったかのようにみえるだろう。これは間違ってはいないが、当事者にとってみれば、「この変化はほとんど意識されることはない。〝洗練〟の過程で、もともとはカチン文化としてのみ捉えられていた儀式を、シャン文化として価値づけているにすぎない」。外部からの観察者だけが「文化や社会組織の変化が民族集団にとって決定的な重要性をもつにちがいないと考えたがる」のである(40)。

たしかにアイデンティティの変化を分析的に理解すると、なにがしかの欠点があって、当事者の経験とあまりにもかけ離れしまう。民族的な変化をこれまでとは異なるかたちで理解することによって、その土地の当事者自身の日常レベルの認識に近づくことはできないだろうか。多くの山地民が複数のアイデンティティをレパートリーとしてもっていると仮定すれば、これまで見てきたように、レパートリーの多くを引き出しているのは、その行為の背景にある社会的文脈である。言い換えれば、その場の状況が合図となって適切なアイデンティティが選ばれ、演じられるわけである。例えばカレン的なものからタイ的なものまでをカバーする幅広いレパートリーの持ち主ならば、タイの町の市場とカレンの村祭りというふたつの異なる文脈で、装い方、話し方、振る舞い方を変えるのは当然だ。ここで、あるレパートリーが他のレパートリーより「純粋」で「本物」であると考えようとするのは間違っている。特定のアイデンティティが表現され、演じられるかどうかは、必要となる社会的文脈がどれほど頻繁に現れるかによって決定されるからである。例えば前述のカレン・タイの人が、タイ系の支配的な低地社会に移動して灌漑稲作農耕者になれば、タイの社会や文化的文脈の頻度が増し、レパートリーのなかの「タイ人」の部分が演じられるようになる。外部の観察者にとっては、民族的アイデンティティの完全な移行に見えるものが、実は「タイ」部分のレパートリーが演じられる頻度が変化するという相対的なものにすぎないわけである。いずれにせよ、これは段階的に生じる変化であり、当事者が苦痛や損失としてとらえているわけではない。

ともに低地で水稲耕作を営むモンとビルマの人々の関係を歴史的にたどれば、複数のアイデンティティがどのように演じられるのかがわかると同時に、アイデンティティに幅をもたせることの戦略的価値もみえてくる。一八世紀はじめには、数の上ではわずかに優位であったモンは、イラワディ・デルタにビルマ人とともに住んでいた。両者の主な違いは、体に刻まれた文様（ビルマ人は下半身に入墨をしていた）、髪型（モンは頭の前方を丸く切り、ビルマ人は長い髪をまとめて、髷を結っていた）、服装、言語にあった。アイデンティティの変化とは、こういった特徴を入れ替えることにすぎなかったが、両者が隣りあって暮らしていたデルタ地帯ではモンもビルマ人もバイリンガルで、このような変化はお手のものであった。シャンの作ったアヴァ王朝の力が大きくなると、それに合わせてビルマ語を話し、太ももに入れ墨をするビルマの文化作法を採用する人々の割合が増えた。ペグー王朝の力が増大すると、今度はその勢力下のビルマ人が、頭の上で結んでいた髷を切り、モン語を話すようになった。名目上はアヴァやペグーに貢物を納めていた独立した自治集落は、忠誠の先を素早く取りかえた。争いが、特定の文化的標識を結晶化させ、政治的な意味をもたせる原因となり、後に民族の特徴とみなされるようになったのは明らかだが、争いの原因そのものは民族性とは無関係だった。

ここから特定のアイデンティティを作り直すことの意味がわかってくる。[41]状況に応じてビルマ人にでもモン人にでもなりすますことができたことは、ペグーとアヴァの戦争に居あわせた人々や、そこで捕らえられた戦闘員の多くにとって、救いであったにちがいない。「さまざまな選択の幅《ポートフォリオ》」として のアイデンティティの働きを文化的な保険機能、すなわち逃避のための社会構造として理解してみよう。まるでカメレオンが背景の色と同化するように、曖昧で、形の変わるアイデンティティは非常に便利であったので、固定化したアイデンティティを致命的なリスクとみなした集団に積極的に利用された。先に論じた「クラゲ」部族と同様に、こういった可塑性は、外部が組織に入り込む余地を与えなかったのだ。

ラディカルな構築主義——部族よ、永遠なれ

厳密な意味での「部族」はこれまで存在したことがない。「厳密な」という言葉で私が意味しているのは、明確な境界をもったひとつの完全な社会単位としての部族という意味である。もし「部族らしさ」というものが、系譜的、遺伝的にまとまって生まれ育った人々を指し、固有の言語集団を構成し、政治的まとまりをもち、文化的に独自で実体のある存在であるという基準を満たさなくてはならないとすれば、ほとんどの「部族」は不合格になるだろう(42)。前述のとおり、文化的慣習、社会統合、言語、生態圏の範囲をはっきりと示す境界はまず見つからないし、境界があったとしても、ひとつに決まることはまずない。また「部族」はかつて考えられていたように、ある種の進化論的階段——小さな集団、部族、首長制社会、国家という階段のひとつでもなければ、部族制、奴隷制、封建制、資本主義といった順序に位置づけられるわけでもない。

国家や帝国は、チンギス・カン、シャルルマーニュ、オスマン一世、満州族など従来、部族と認識されていた人々によって建設されてきた。しかし部族が国家をつくったというより、国家が部族を作ったといったほうがはるかに正しい。

部族とは、適応の結果を表す、いわゆる「二次的形態」であり、国家や帝国との関係のなかでのみ双方向的に作られてきた。「部族」の対義語または対になる言葉は「小農」である。もちろん、両者の違いは小農がすでに完全に国家の臣民として統合されている耕作者であるという点にある。その一方で、部族や部族民は国家の周辺にいる臣民であり、国家の統治下にはまだ編入されきっていないか、または国家を避けることを選んだ人々である。植民地帝国と近代国家はとりわけ多くの部族を作りだすことに長けていたが、「周縁の部族地帯」を作り上げることはローマ、唐、マレー貿易小国家といった初期の諸帝国のいずれでも同様にみられた。部族を名付ける「部族」は「統治の基本単位」ともいえる。

ことは、ある種の技術であって、人々を分類して小農とまだ小農になりきっていない人々に分けて管理しようとするものである。部族の領域が区切られてしまうと、物や人を貢物として納める単位として使われ、それらの業務を受けもつ首長の管轄単位となり、ゲリラを排除するための軍事活動対象区にもなった。それまで集落として区別されず組織化もされていなかった人々に、恣意的とはいえ、集団としての名称が与えられ、行政的な秩序に沿って定められた場所があてがわれた。

　国家や帝国は部族を作って、流動的で無秩序で、土地に固有の社会関係に区切りを入れる。「部族」がこうして作られる以前にもある種の区分——例えば、焼畑民と狩猟採集民、海域民と陸域民、穀物栽培民と野菜栽培民——は存在した。しかし、これらの区別は、言語、儀礼、歴史といったその他の区別と網の目のように交差していた。これらの差異ははっきりとしておらず、むしろなだらかな勾配をなしていることが多かったので、政治的支配の基盤になることはほぼなかった。恣意的に作りだされた部族が深刻な問題とならなかったのは、放置すれば流れ動く人々を統治や交渉の単位としてまとめあげて行政上の区切りをつけることさえできれば、さしあたりは十分だったからである。そのためローマ帝国は野蛮人に名前をつけては自らの領域内に編入したものの、実際には彼らを地元の首長の下に置いて、原則としてその首長に管理責任を負わせた。支配対象地域を官僚制の編み目で覆う必要があったのは、「社会集団や野蛮人内部の政治があまりにも流動的であった」からである。[43] 外部者による名称が現地で原住民に受け入れられるかどうかは問題ではなかった。明朝、清朝、中華民国期のあいだ、中国南西部辺境地域の「苗《ミャオ》」の下位集団の名前は、主に女性の服装に基づいて恣意的に名付けられたもので、現地の当事者の自己認識にはまったく対応していなかった。[44] 植民地統治者は、当事者自身が使う名称がいいかげんで「無秩序」だと判断すると、行政用の民族範疇を恣意的にあてがうことで対処した。フランスは、ベトナムにおいて民族誌と決定論的社会進化論を武器として、かろうじて見つけた民族境界に線を引き、統治下の民族集団のなかから首長を選んだだけでなく、社会進化の段階に基づいて諸民族を配置した。[45] 同様にオランダも、インドネシアで錬金術のような行政手法を打ちたて、アダット[*2]と呼ばれる慣習法を先住民集団ごとに定めて成文化し、首長の任命をとおして間接統治の基礎とした。タニア・リーがいうように「慣習共同体《アダット・コミュニティ》」の概念が作られた目的は、地方の農村人口を、比較的安定した「伝統」をもった民族集団として仕立てあげ、首長をもったはっきりした集団意識を作りだし、中央集権的な政治組織にすることだったのだろう[46]」。

この支配の技術は新しく鮮明なアイデンティティを一撃で提供するものだったが、首長による階級的な支配が全面的に機能することを前提としていた。支配者もおらず、集団や親族を超えた政治機構ももたない人々に、新たな体制下での居場所はなかった。[47] 彼らは好むと好まざるとにかかわらず首長が支配する世界に追い立てられた。もともと平等志向であった人々を統治するには、制度的なとっかかりを欠いていた。そういった制度は武力によって作りださなければならなかったのだ。英国がビルマ東部に到達したとき、現在「シャン州」と呼ばれる地域の人口のおよそ半分は、支配者をもたない平等主義の人々（グムラオ・カチン、ラフ、パオー、パダウン、カヤー）であった。間接統治のための階層的組織を求めていた英国は、四〇人余りいたシャンのソーブワーを頼った。彼らは実態とかけ離れていたとはいえ、地元の支配者であると主張していたからだった。このやり方には抵抗も見られたが、英国にとって制度をもちこむ方法は他にはなかった。

部族はひとたび作りだされると、一人歩きを始める。支配のための政治的構造として作られた単位は、いつのまにか政治的な自己主張を戦わせるときに必ずもち出される慣用句になった。自治権、資源、土地、交易ルートなどを手に入れるには統治権を主張する必要があったため、部族という概念がそれらを獲得する手段として頻繁に使われるようになった。国家の内部に向けた慣用表現は、小農、商人、聖職者といった階級や身分に訴えかけるものだった。他方で、国外の資源に対しては、部族的アイデンティティや慣習的権利といった表現が使われた。白人入植期の北アメリカほど、この状況が顕著な場所はない。アルフレッド・クローバーが的確に指摘しているように「アメリカ原住民を見れば見るほど、私たちの従来もっていた部族という概念が、現実にそぐわない不確かなものであることがわかる。部族の概念は明らかに、白人入植者が先住民について語り、彼らと交渉し、彼らを統治して、最終的には私たちの価値観を強引に彼らの脳裏に焼き付かせることを目的に都合よく作られてきた概念にすぎない……部族の概念は作り物ではないか、と考え直してみる時が来たのかもしれない[48]」。

このような二次的な意味において、部族を名づけ、部族自身も自己でそのアイデンティティを認識している事例は、実際たしかに存在する。部族とは自然に存在するものではなく、人間の創りだした構築物——つまり政治的プロジェクト——であって、他の「部族」や国家と対話し、競合するなかで形成される。部族間の境界の線引きはそもそも恣意的であって、民族誌的には大きな違いがある。政治的な試みとして文化的違いとされるものを基に民族を規定しようとする者は、役人であろうとなかろうと、もともとあった社会的な境界を発見するのではなく、むしろ数えきれないほどの文化的な違いのなかから集団を区別するためのひとつの基準を選択しているにすぎない。方言、服装、食文化、生業、世襲形式のどれを強調しても、条件として「彼ら」から「私たち」を区別する文化的、民族誌的境界を規定することに変わりはない。部族を政治的な発明だと理解すべき理由はこれである[49]。選択された境界が戦略的な選択になるのは、それが集団の組織化を計る政治的なからくりになっていて、特定の違いに基づいて集団をひとつの方向にまとめ上げてしまうからである。本来、だれがXで、だれがYかを決める妥当なやり方は、当事者自身による自己認識を受け入れることである。

部族を作りだす

国家が部族を作りだすかたちはさまざまだ。最もわかりやすい例は、行政的統治や政治的管理のための鋳型として作りだされる場合である。しかしより印象的なのは、部族や民族アイデンティティが周辺部で生みだされる場合、そのほとんどは自律性と資源への権利を政治的に主張するのが目的であるという事実である。

　例えば、コサックの起源を考えてみよう。興味深いのは、この民族性がどこからともなく作りだされたにもかかわらず、やがてコサックを自認する人々が現れた点である。この事例は、東南アジアの民族創造を考えるうえでもきわめて示唆に富んでいる。コサックとなった人々は、もともとヨーロッパ・ロシアの全土から脱走してきた農奴や逃亡者であった。彼らの多くは一六世紀に「モスクワ大公国による社会的、政治的抑圧を避けるために」ドン川流域の草原地帯へ逃げてきた人々である[50]。奴隷、または逃亡者であること以外、なにひとつ共通する点がなかった二二のコサックの「群れ」は、ロシアの広大な奥地で、地理的にシベリアからアムール川、ドン川とアゾフ海へと散らばっていた。

　彼らが辺境の「民族」となったのは、新たな環境条件と生業習慣などが主な理由であった。居住した場所に応じて、タタール、チェルケス（彼らからは服装を採りいれた）、カルムイクの人々のなかに入り込み、騎乗の習慣と集住様式を真似た。これらの初期の入植者は、放牧と農業に広大な土地を利用することができたため、個々の家族が独立して生業手段をもち、共有地制度のなかで暮らしながら、移動と居住の自由を完全に得ていた。隷属を味わってきた彼らは独立と平等主義を求め、その精神はこのような辺境の政治経済システムによって支えられていた。

　この当時のコサック社会は、帝政ロシアの農奴を基盤とする階層性と鏡のように対をなす存在であった。帝国を脅かした農奴の三つの大反乱が発生したのはいずれも、コサックの土地においてであった。ゾミアと同じく、この無国家状態の辺境にも、宗教的な異端、とくに宗教改革と隷従からの解放を結びつけた古儀式派の人々が引きつけられた(51)。ブラーヴィンの乱（一七〇七―〇八）で敗北すると、コサックは装備を備えた騎兵隊としてツァーリに奉仕することを条件に自治を認められるようになった。そして、プガチョフの乱（一七七三―七四）に関わったコサックが激しく軍事弾圧されると、コサックの原始的で地域的な民主勢力の多くは衰退し、奴隷と土地をもったウクライナ出身のコサック貴族が取ってかわった。

そもそもコサックは、どう見てもひとつの「民族」ではなかったが、今日のロシアではおそらく最も連帯感の強い少数「民族」になった。確かなのは、彼らが「好戦的な少数民《マイノリティ》」として国家に有益であったことが——東南アジア、南アジアのカレン、カチン、チン、グルカ兵士がそうであったように——彼らの民族創造の過程に役立ったということだ(52)。しかしこの役割が元になって、民族創造の過程が始まったわけではない。コサックは、作りだされた民族として特筆すべきものであるが、彼らが唯一の例というわけではない。マルーン型の共同体として、はっきりと自覚的に民族が形成された例はそれほどめずらしいものではない。コサックのかわりに、例えばスリナムのマルーンの事例を使っても同様の分析ができるだろう。彼らは、少なくとも六つもの異なる「部族」として、それぞれ独自の方言、食文化、居住、婚姻形態をもつようになった(53)。北アメリカのセミノールやヨーロッパのジプシー／ロマも、生態的、経済的適所《ニッチ》を共有し、迫害の経験などを基に、当初の絶望的状況から異なる人々が融合した民族の事例である。

すべての民族性や部族アイデンティティは、ある関係の上に成り立っている。それぞれが境界を主張するので、排他的かつ暗黙に特定の立場、すなわち土地の領有を表現し、境界の外に位置する複数の集団に対峙することになる。このような民族とは対《ペア》になる集団に構造的に対抗する主張になっていると考えてよい。つまり農奴と自由なコサック、文明人と野蛮人、山地民と平地民、上流民（フル）と下流民（ヒリール）、遊動民と定住民、放牧民と穀物栽培民、湿地民と乾燥地民、生産者と交易者、階層主義者（シャン、グムサ）と平等主義者（カチン、グムラオ）といった対《ペア》である。

民族の「立ち位置」と農業経済の適所は、民族的な境界形成に大きく影響するのが常であったので、特定の場所や生業様式の呼び名がいつしか民族性を代表するようになった。ゾミアやマレー世界では、山地に暮らしていることがそのまま部族呼称となることが驚くほど多い。例えば、パダウン、タウントゥー、ブキタン、オラン・ブキット、オラン・ウル、ミゾ、タイ・ロイといった呼称は実際に山地民の部族名となっている。それらの名前の多くは間違いなく、もともとは低地国家が交易相手の山地民に与えた、無礼さや残忍性を意味する異名だった。ときとともにそういった名前が誇りある自称にさえなって定着していった。民族の境界は生態学的、職業的適所と一致することが多い、と人類学者は指摘してきた。マイケル・ハンナンは「民族集団の境界とこの適所の境界は、均衡状態において一致する」とまで指摘している。[54]

おそらく、この種の対比で最も顕著なのは、穀物耕作をする漢民族と野蛮人であろう。初期の漢民族国家が拡大するにつれ、帝国内部の「山地、沼地、ジャングル、森林」に残った人々や、そうした地に避難した人々は、さまざまな呼び名で知られるようになったが、これまで見てきたように「内側の野蛮人」とひとまとめに呼ばれるようになった。定住農業が難しく、収穫のほとんどない草原《ステップ》の縁に押しだされた人々は「外側の野蛮人」と呼ばれた。いずれにせよ、さまざまな人々を区別する境界は生態的な条件によって決められていた。フェルディナント・フォン・リヒトホーフェン男爵は一八七〇年代に地質と民族の境界が突然変化した様子を鮮やかに詳述している。「驚いたのは、［黄土の地を］何度も越えた後に、最後に山頂につくと、突然ゆるやかに起伏する広大な草原が出現することだ……この境目にあるのが、最後の中国人村である。そこを過ぎるとチャオディと呼ばれる草原があり、モンゴル人のテントがみえてくる」[55]。「モンゴル民族」は原始的な民族ではなく、もともと漢人だった人々を多く含み非常に多様であることに注視したラティモアは、そこでは生態環境が支配条件になっていることを見いだし、「異なる土壌の境界、農業と放牧の境界、中国人とモンゴル人との境界、これらはすべてぴったりと一致する」と指摘した。[56]

生態的適所《エコロジカルニッチ》が生業習慣、儀礼、物質文化を区切ることで民族が創造されることがある。しかし、生態的条件は民族、部族形成のための必要条件にも十分条件にもならない。民族の区切りが政治的な産物である以上、そこで用いられる民族的特徴は、最初から重要だったのではなく、例えば資源へのアクセスを主張するためにあえて作りだされたものかもしれない。この意味でカヤー／カレンニーという「部族」は明らかに、近隣のカレン系の人々から自らを区別するために発明された部族の例である。[57]

カレンニーは一九世紀初頭に誕生したので、「部族」の起源について、ある程度資料に基づいた検討ができる。カレンニーとは、もともと非仏教徒からなる平等主義的だった社会に、一八二〇年代、自ら王子を名乗り、千年王国を唱えるカレン人が登場したことに由来しているようだ。次章でみるように、千年王国運動は、山地において新たな共同体を生みだす重要な役割を担っていた。独自のソーブワー制度をもつシャン様式の王国の形成は「たんなる中央カレンの方言の寄せ集めを、とても特徴のあるカヤーの社会文化システムに変換することに成功した」[58]。このような国家形成の模倣はそれほど珍しくなかった。異例だったのは、この王国が政治的にも文化的にも成功したことである。成功の理由は、新たに作りだされたカレンニーの藩王国が、最も豊かなチークの生育地に位置していたという幸運だった。

小規模ながら国家的組織をもっていたカレンニーは、新たな部族アイデンティティを主張し、やがて地域のチーク交易を独占するに至る。それまで緩やかに結ばれていただけのカレンニー共同体は、カリスマによる指導力によってまるで合資会社のように融合されて、「これまで仕えていたシャンを押しのけて、チーク交易を牛耳る」のに役立った[59]。カレンニー民族の組織化は、最も手近なシャン水稲国家を国家形成のモデルとし、それを援用して行われた。そのシャン国家のモデルは、もともとはビルマ王朝を真似たものであり、それもまた彼らがチーク材への領有権を主張するのに役立った。新たにアイデンティティを作りだし、資源を支配する戦略は、こうして見事に成功したのである。

多くのアイデンティティが同様の目的で作りだされていることは明らかである。例えば重要で戦略的な交易ルートを守ること、水、鉱物、価値のある土地への排他的な権利を主張すること、特定の産品の所有権を主張すること、競争相手から漁撈や狩猟の権利を守ること、利益の高い職業や儀礼的な特権を守ること、などが目的になる。このように部族や民族性の形成は、国家をもたない人々が、国との交渉のなかで権利を主張する際の標準的な方法と定義できるかもしれない。そして、このような社会での部族の形成は、現代社会における労働組合、企業、職能組合などと同じような役割を果たしているともいえる[60]。資源へのアクセスが部族の権利としてうまく認められれば、新たなアイデンティティを採用する根拠はさらに強まる。同様に、部族アイデンティティは、同じ資源に目を付けた他集団の接近をしりぞけることにも用いられる。こうして排除され、他の地への移動を強いられる人々も、そのプロセスを通じて自らの部族アイデンティティを作っていく[61]。

アフリカにおける部族の分類もまた同様に、帝国の官製事業であった。ごく少数の専門家集団が国家をもたない人々に対してせっせと民族の境界線を引き、地元の慣習を成文化し、支配領域を指定し、首長を指名し、帝国統治に適した行政単位を作った。貢物、徴税、行政を目的に新しい単位を作り名前をつけるために、極端な文化的多様性を分類する何らかの網の目をかぶせる必要があったわけだ。エドウィン・ウィルムセンが書いているように、こうした事業とは、実のところ「制度の発令によって、もともとなかった部族を新しく作りだすという自己実現的予言」なのであった。ひとたび部族が国家をもたない民族を代表する唯一の社会形態として確立されると、部族の概念はすぐに支配的なものとなった。いかに恣意的で虚構に満ちていようと、植民地の枠組みのなかでうまく立ちふるまうには「自らを部族に仕立て上げなくてはならないことを、原住民は理解していた」[62]。原住民を、相互に排他的で境界の定められた部族に分割しようとさせたのは、デカルト的啓蒙主義の特徴である行政管理への熱狂でもなければ、アングロ・サクソンのカルヴァン派的几帳面さでもなかった。カエサルの『ガリア戦記』を紐解けば明らかなように、ローマを統治する者は誰でも、統治下の現場がいかに混乱していようと部族的な秩序を求めていた。漢の帝国建設事業でも、野蛮人にさまざまな名称をつけ、領土ごとに土司を任命したが、行政運営の特徴としてはローマと同様である。「夷を以て夷を制す」、すなわち野蛮人を利用して野蛮人をおさえる土司制度は、元代（一二七一－一三六八）に考案され、一八世紀に至るまで直接統治の難しいところや財政的に収益の上がらないところを対象に広く導入された[63]。

国家が進めようとした恣意的な分類作業の水面下で、つまり当事者のあいだでは、資源、名誉、権力をめぐる地域紛争が絶え間なく続いていた。これらの紛争は、儀礼をめぐる論争や条件のよい土地の利用をめぐる競争、婚姻を通じた同盟をめぐる争いや地方の指導権の継承争いなど、新たな社会文化的分断を絶えず生みだしていた。別の言い方をすれば競争力のある新しい社会単位の潜在的な基盤は、日常的に再生産されていたわけだ。

マックス・グラックマン独自の考えによれば、衝突は大まかに求心的なものと遠心的なものに区別できる[64]。首長をめぐる派閥争いがあっても、勝利の報酬が何であるかについて暗黙の了解があり、社会を構成する単位の重要性が再確認されれば、中央集権化が進む。派閥を分裂させたり、他の集団を求めて分離するような衝突は分権化に向かい、遠心的になる。この考え方からすると、ゾミアでは人口的にも地理的にも遠心的な衝突が促される。指導者の地位をめぐる争いに敗れた者たちが分裂し、新たな焼畑を拓き、新たな居住地を作ることはそれほど難しくなかった。従属を強いられ、階層制度に永続的に組みいれられることにくらべると、これは平等主義的な代案であった。また離れた共同体は、距離が障害になって、低地社会にくらべて独立を維持しやすかった。険しい地形と孤立という状況によって、さまざまな方言などの言語的な分化が引き起こされるのと同様に、ゾミアのおかれた条件によって文化の違いが増幅され、各々が凝固した。このような文化的漂流や差異化の過程は「部族」を区別する際の材料となることが多い。だが文化的な違いと部族や民族の集団的アイデンティティとを混同してはならない。部族を新たに名づけたり、民族集団を作りだす行為は政治的な試みであり、文化的な違いを利用しているにすぎないこともある。文化的差異の多くは政治化されないし、同じ部族集団のなかにも文化的差異が内在していることも多い。

民族創造の動きがいったん始まると、「部族」は政治化された実体として、文化的差異を再生産し、強化する社会的プロセスが動きだす。言ってみれば彼らは自身の存在を正当化する理由を作りだすことが可能になるのだ。アイデンティティの政治的な組織化に成功すると、社会生活様式の再加工を通じて、文化の差異化が生みだされるようになる。ベネディクト・アンダーソンは、「トラフィック・パターン」という概念を使ってこういった創造がオランダ植民地政府によってインドネシアで行われ、実質的にはほとんど存在していなかった「華人」民族集団を作り出したと記述しているが、この過程をうまくとらえた概念である。[65] オランダはバタヴィア〔ジャカルタのオランダ植民地期の名称〕で、先入観に基づいて、華人のマイノリティーを他の人々と区別した。ごちゃまぜだったこの集団に、華人としての自己認識はなく、他のバタヴィアの人々と自由に通婚していた両者の境界はあってないようなものだった。しかしオランダは、ひとたびこの民族性を識別すると、それに基づいて行政的な虚構を制度化した。「華人」地区の領域的支配に取りかかり、「華人」の役人を選出し、華人の慣習法と見なしたものを基に地方裁判所を設置し、華人学校を制度化した。こうして華人に分類されるすべてのバタヴィアの人々が「華人」として植民地政府と向きあうよう念押しをしたのである。オランダ帝国政府の想像による虚構として始まったものが、諸制度に内在したトラフィック・パターンを通じて、社会的実質を伴う現実となった。そして、六〇年の時を経てふたを開けてみると、自他ともに認める華人共同体が存在するようになったというわけだ。ウィルムセンの指摘を言い換えると、彼らは行政的な秩序を通じて、存在しなかった人々を作りあげてしまった。

「部族」が政治的なアイデンティティ——権利、土地、地域の指導権などを代表する単位——としてひとたび制度化されると、その集団の構成員にとってはアイデンティティの強化と補強が重要になる。ジェフリー・ベンジャミンによれば、セノイ、セマンといった山地民は、英国植民地やマレー国家の魅力と危険に反応して、いっそう「部族」化し、婚姻習慣を制度化して離散と狩猟採集の傾向を強めた。[66] 犂の利用を禁止する文化的禁忌も、定住化をさらに妨げた。特定のアイデンティティを背負うことによって資源や特権を得るほど、構成員らは自らの境界を監視することに関心をもつようになり、境界はより鮮明になっていくことが多い[67]。要するに制度的なアイデンティティは、いったん作られてしまえば独自の歴史をもつようになる、ということである。その歴史が長く深いほど神話に近似していき、国家中心のナショナリズムは忘れられていく。そのようなアイデンティティは自らの出自を作りだし、時とともに本質主義的な特徴を帯び、ときには熱烈な忠誠心を喚起する。

系譜の体面を保つ

通常、部族とみなされるような平等社会では、血筋を決める最もありふれた方法は書いてしまうことだろう。

——モートン・フリード『部族の観念』

初期の植民地官僚が山地で部族を「発見した」のも、無理はなかった[68]。植民地官僚が望んでそうしたからなのはもちろんだが、多くの山地民の自己表象も官僚の望みを強化したからである。そもそも国家なるものがないところでの社会的結合は、形式的には親族関係、家系、リネージによって秩序づけられる。こういった原則こそ、植民地当局自身が部族地域で見つけ出そうとしていたものだった。競争、略奪、反乱、移住、社会分裂、振動、複数のアイデンティティといった政治的な実態は目がくらむほど複雑で、絶えず流動的であったが、その一方で、マルクス主義者のいう「イデオロギー的上部構造」によって、見た目の上では歴史的に一貫した世襲集団が維持されていた。相続、世襲、序列が公的な役割を果たせたのは、系譜と歴史が詐称されたからだった。もしある種の継続性や象徴的秩序が重要とされるなら、このやり方は理にかなっている。結局のところ、無秩序な山地の政治にはまとまりがなく、偶発的で予見できず、ましてや秩序立てることなど不可能だ。例えば王位簒奪や掟破りの婚姻などが成功しても、巧妙につじつまを合わせて説明してしまうことで、昔からの掟が守られ、まったく破られていないように繕うのはとても簡単だった。

私の知るかぎりすべての山地民は例外なく、よそ者を吸収するために家系を書き直してきた長い歴史をもっている。山地社会は労働力を必要とするシステムでもあり、新たな移住者を同化したり、養子にとったり、よそ者と結婚して彼らを包含したり、金で買収したり、奴隷狩りの遠征を通じて、その数を増大させようとしてきた。受け入れた側の集団にとって、新たな労働力は新しい焼畑を拓くために必要であり、また自らの政治や軍事的な影響力を強化するためにも歓迎された。低地社会も同様に労働力を求めていたが、新参者は階級制度の最下層に組みこまれることが多かった。これとは対照的に山地社会における新参者は、しばしば最も力の強い血縁集団や一族に帰属させられた。

カレンは他の山地民と比較して、あまり他の集団との通婚をしないといわれるが、強力な隣人に囲まれているため、外からの新たな構成員を驚くほど取り込んでいる。同化された人々には、中国人、シャン、ラメット、リス、ラフ、アカ、ビルマ、モン、ラオ、ルーがいる。[69] アカも「狭間の人々」であり、低地民を下に見おろしながら、上にはまだ他の山地民がいる中腹に居住し、長い年月をかけて作られた同化システムをもっている。この社会はとくに長い口承の家系で知られていて、アカと婚姻する人は、祖先崇拝の儀礼を実施し、息子をもち、アカ語を話すかぎり、新たな（目下の）リネージの始祖として受けいれられる。一五－二〇世代という比較的短い家系のリネージの多くは、雲南の中国人や、ワ、タイなど、彼らの祖先の実際のアイデンティティまでたどることができる。捕えられた奴隷は、主人、もしくは家系的に近い者のリネージに編入される。レオ・アルティング・フォン・ヘウサウによれば、アカ社会では長年にわたって慣例的に編入が続いてきたため、「アカ」でありながら、実際には外部からの新参者の遺伝子が大量に加えられてきた。[70] しかし系譜からみると、すべての移民は既存の家系の横糸、縦糸として紡がれて、すばやく「同化」してしまうため、多民族が入りまじることからくる混乱はとくに生じなかった。

同じような手管で家系を操作して、首領のリネージを作り出せば、家系のイデオロギーの正統性と実際の権力とを一致させることができる。首領級のカチンのリネージでは、四〇以上の前の世代までさかのぼることができる。リーチはそれらの系譜を「架空で」「歴史的裏づけのまったくない」ものとみなしている。いったんあるリネージが影響力をもってしまうと、平凡なリネージの人々は、自分の家系が少しでも有利になるように、権力のあるリネージとの近さを強調するように系譜を書き換える。カチンのリネージ体系で実際に権力の座にある者は、儀礼的な責務を満たし、盛大な饗宴を催すことで、もてなしを受ける人々の忠誠と労働力に対する権利を主張する。特権階級に期待されるこうした責務をうまく満たせる者なら、誰でも首長として認められるので、この権力者の家系が実際のところなんであろうと関係がない。[71] リーチは、家系が実際の権力関係を覆いかくす正統性のからくりになりうることを明確に指摘した。「社会的地位の階級を昇っていくには二重の過程がある。特権は、まず儀礼的責務を惜しまず与えることで得られるが、さらに、過去にさかのぼって個人のリネージを正統化することによって、公認の地位に転換される。この最後の過程では、家系という伝統を都合よく操作すればよい。カチンには、地位の継承に関して色々な決まりごとがあるが、逆にいえばこの決まりごとをうまく操作すれば容易に家系を変えることができた」。さらに「影響力のある特権階級なら誰でも、家系図で自分から遠い部分を都合よく再構築することができる」。原則として、「人の地位は出自によって的確に定められるはずだが、実際にはこの制度にはほとんど無限の柔軟性が与えられている[72]」。

山地の「部族性」を下支えしていたのは、このような巧妙な家系神話であって、その再構成によって社会における実際の権力分配を家系の観点から正統化する役割を果たした。神話の語り部は、神話を事実に沿った方向に導く専門家であった。手っ取り早く管理できるという理由で、植民地官僚たちは山地民に階層と部族性を求めた。山地民の巧妙な家系神話は、役人たちにとって願ったりかなったりだった。植民地官僚は、階層化が進んでいない人々が多かった地域に、ひとつのシャン国家を作りあげた。カチンのなかで官僚が好んだのは、特権階級や首領を頂く独裁体制で、逆に嫌ったのは「無政府《アナーキー》で」民主的なグムラオ・カチンだった[73]。

カレンニーでも同様に、指導者に求められたのは、カリスマ性をもち、饗宴、政治、軍事に長けた能力だった。相続や家系的な地位が重要だったのは、政治的に成功するためには正しい家系であるというイデオロギー的規則との整合性が必要だったからである。レーマンの説明では「たとえ侵略者が普通の村人であっても、彼が権力の座を占めたときには、自分の先祖に少なくとも一人は「王の骨」を受け継ぐ者がいたことを示そうとした」。カレンニーやカレン社会一般は双系の系譜を認める親族制度なので、こうした主張に必要な繋がりを見つけるのはカチンの場合よりも簡単だった。植民者が探しているのが、世襲に関する秩序だった取り決めや長い歴史をもっている部族だったとしたら、山地民は彼らにとっておあつらえ向きであり、後づけされた系譜で政治の不安定さを覆いかくしてくれたにちがいない[74]。

公的な社会制度としての部族は、見たところ明らかに、ある種のイデオロギー上の骨組みであって、政治的な現実を示したものではなさそうだ。歴史上最も有名な部族のひとつであるオスマン帝国を築いたオスマン家は、実際は異なる民族の寄せ集めであり、政治目的のために集まった宗教的な共同体であった。彼らは例外ではない。資料をあたったルディ・ポール・リンドナーはこう主張する。「現在の人類学者の「中東における」現地調査からわかるのは、部族民、親族、さらには集団のつながりでさえ、部族の方言やイデオロギーが示唆するものにくらべて、ずっと開放的であるということだ[75]」。

オスマンの場合、部族とはテュルク系牧畜民とビザンツ系入植者をまとめるのに便利な乗物であった。同時に、血縁関係が重要であって、部族が血族とみなされる場合には、遠い親族までさかのぼって縁戚関係を作りだすこともできた。分節リネージのモデルは、間違いなく多くの部族にみられる共通のイデオロギーであるが、それが実践されるのは稀であって、外見を保ち続けなくてはならない場合のみに、現実に適用された。(76)

血縁関係と家系は社会的な団結の唯一の正統な基礎としてあまりに強力なので、事実とは異なるにもかかわらず、自己表象のあり方を支配した。山地民にとっては、それが実権を正統化する唯一の方法だったのである。チャールズ・ディケンズの小説に登場するヴェニアリング夫妻*3が隣人らに自分たちをよく見せようとするのと同じように、彼らがうわべを繕っているのも、シニカルな悪ふざけではなく、社会関係を正統化するための流儀なのである。系譜の加工は民主的なメカニズムであるともいえる。そのなかで、共同体の構成員は過去にまでさかのぼることができる正統性を指導者に付与し、それに対して指導者は儀礼への義務を果たし、トップとして必要な寛容さを発揮する。このような部族的思考は、植民者の想像と同じくらい、山地のイデオロギーに深くうめこまれていた。

民族的アイデンティティが曖昧であり、その境界線が穴だらけで、さまざまなアイデンティティが生まれては消え、つねに「権力政治」が穏やかな由緒ある家系の裏で行われていることをみれば、山地のアイデンティティを考える際には、ラディカルな構築主義の立場をとらざるをえないだろう。リーチがカチンについて示したように、少なくとも言えるのは、どの山地民も一定の幅の社会形態を装うことができる、ということだ。この流動的なものが押しつけられ固まった型は、これまで見てきたように帝国的な想像による所産なのである。トマス・カーシュはリーチに続いて、社会組織の流動性それ自体が説明を要する現象であることに注目した。彼は、「これまでの東南アジア民族誌で記録されてきた山地民のなかで、永続的で不変な民族誌的地位をもっている人々は誰一人としていなかった。彼らは、むしろ絶え間のない変化の過程のただなかにいた」と主張した。(77)

山地では社会形態が非常に不確定で、歴史と家系が柔軟であり、言語と民族が渾然一体としていたが、これらは統治者、民族誌家、歴史家だけを悩ませるためのパズルではない。こうした特徴は山地民を形づくる本質的な性質なのである。それはまずラテンアメリカの一部にある、大量の移民、脱走兵、没落小農、反逆者が集まり、まだらな先住山地社会のあるような避難地域にみられる特徴であった。地形自体も、山地の文化的、言語的な複数性を促進し、保護する役割を担った。他方でこの不確定さを、予想のできない突然の大変革がおきうる状況に対する適応反応としてみることも妥当であろう。レナードはカレンが多様な生態環境をもつ場所に散らばり、いくつもの強力な低地国家に隣接していることに注目した。カレンの社会構造、口承史、血縁様式、生業技術、料理法、建築に共通してみられる見事なしなやかさは、移動と変化に適応した結果であると彼は分析している。いざとなれば、ほとんどのカレンはすぐに方向転換できるというわけだ。それは非常に優れた順応力であり、現実に彼らの生活に役立ってきたのである[78]。

どのような役割を演じるよう求められるのか、どのような状況に適応しなければならなくなるのかがわからない状況で、山地民は可能なかぎり幅の広い文化的レパートリーをもとうとしてきた。ジョンソンはこのレパートリーの多くが「部族的アイデンティティの形成」によるものであるとしたが、なかでもとくに注記しているのは、「部族性」が村を超えた行動を表す唯一の用語であって、レパートリーの構成要素のひとつになっている、ということである。ジョンソンが研究の中核にすえたのは、山地民の意のままになる社会的、経済的選択がどの程度の幅をもっているかであった。「人々は、いかにして国家に暮らす臣民と森に暮らす非臣民という二つの範疇のあいだを行き来するのか。あるいは、自律した山地民の状態から国家の下に入る場合と、村の暮らしを放棄してさらに小規模で狩猟採集を営むようになる場合を往復するのはどうしてなのか。これは社会景観の変化という一般的な問題に再び戻るテーマである。また同時に、それは人々が構造化された範疇のあいだを行き来し、特定の関係に出入りすることを通じて、アイデンティティ、共同体、歴史の媒介変数をどうやって繰り返し再編するのか、というテーマにも結びついている[79]」。

ジョンソンの分析でも明確であるが、これら一連の選択肢の連なりから、二つの軸を見つけだすことができる。第一の軸は平等と階層性、第二の軸は無国家性と「国家性」、つまり国家への従属度である。狩猟採集は平等主義と無国家を、低地国家に取り込まれることは階層性と従属を選ぶことにつながる。これらの中間には、首長がいたりいなかったりする階層のない社会と、国家に従属することもある階層的な首長のいる社会がある。二つの軸のあいだで、あたかも自分から選んだようにはっきりした場所を占めても、その場所は安定せず、永続もしない。それぞれの場所は、他の社会とともに、たまたま適応したものにすぎず、受け入れたり、捨てたりするのは、状況によるのである。ではこれからいよいよ、これらの選択の構造についてみていこう。

立ち位置

カレンニー／カヤーがどのようにひとつのまとまったアイデンティティをもつようになり小国家となったのか。この問題と格闘しながら、チッフライン（F・K・レーマン）が結論づけたのは、カレンニー／カヤーを理解するには、彼らと同じくカレンニー諸語を話す人々、とくに隣のシャンとビルマの水稲国家に住む人々との位置関係や戦略的関係といったより大きな構図のなかで、彼らを位置付ける必要がある、ということだった。つまり民族集合体が変形するか、分裂したときは、それに合わせて、彼らの社会構造やアイデンティティさえも調整されたのである(80)。

レーマンが示すこのシステムを太陽系にたとえて、互いに一定の距離を保ち、重力をおよぼしあう天体の集合体としてみてみよう。システムのなかで最も大きな惑星が水稲国家である。水稲国家は満ち欠けし、競争により互いを牽制する。さらに最も小さい水稲国家が隣りの山地社会の捕虜となることもあるだろう。しかしたいていの水稲国家は労働力、物量、象徴的な中心性を備えているので、重力の中心になる。

ところが、この比喩にも限界がある。それは、水稲国家には惹き付けると同時に追い払う力もあり、影響はさまざまだからである。水稲国家の文化的カリスマ、そして象徴的な影響は、国家の放つどんな力よりも強力だ。どんなに遠隔の山地にある居住地にも、式服、帽子、祭式用の杖、巻物、宮廷建築の模倣品、式辞の言葉、宮廷儀式の作法など、低地国家から断片的に山地に伝わってきたと思われる権威の象徴や権力の証を見出すことができる。山地で個々の村を越えた権威が主張されるときには、正統性と真正性の証として必ずといってよいほど、外の世界に開かれたある種の象徴が用いられた。漢文化と上座仏教文化の象徴の陰影が重なる山地では、双方の低地システムの断片が混然と入り混じる。これらの羽根のように軽い象徴的破片の多くが山地に軽々と届いたのは、それらがほとんど装飾品であって、宇宙論的大言壮語の一種であったからである。それらの装飾品の旅は、南インドの神聖な王族の考え方や象徴が東南アジアの伝統的な宮廷に届いた旅のミニチュアのようなものだった。

水稲国家の中心部がもつ引力は経済の面でも同じくらい広範囲に影響を与えた。大陸部の低地王国の中心は、マレー世界と同様に、千年以上ものあいだ国際的な嗜好品の消費地であり、そこでは山地の産物が最も高価で取引されていた。前に見たように、山地と低地の生態区域はそれぞれ異なり、経済的に相互に強く依存していた。この貿易はたいてい強制されたものではなかった。低地の文書をみると、貢物による取引では形式上は山地の貢物国が下位にあるようにみえるが、実際には山地は優位な立場にあり、貢物貿易は相互に利益をもたらした。このように山地と低地の経済的な統合は、強制ではなく互恵的であったからこそ、広範囲におよんだのだ。

ところが、東南アジアの水稲国家が政治、行政的に直接統治できる範囲は、かなり限られていた。地形、軍事技術、少ない人口、開放的なフロンティアといった不利な条件のため、強制力を行使できたのは比較的小さな中心域においてだけだった。強制力が確かに行使されたのは奴隷を獲得する遠征の時（戦争や奴隷商人を通して）であって、この遠征で捕虜となった多くの奴隷は、管理が可能な狭い領域に住まわされた。しかし奴隷たちに逃げられてしまうこともあった。

統治に厳しい限界があったため、ほとんどすべての低地国家は、ひとつ以上の近接する山地民と正式に同盟関係を結んだ。山地民にとって低地中心域の近くに居住することには、山地と低地のあいだにある豊かな境界域をうまく利用し、両者のあいだの交易を仲介者として独占できるうま味があった。ヤオ／ミエンの人々と中国の王朝、ラワの人々とチェンマイやチェントゥン宮廷の場合、それぞれの同盟関係は法令や法典といった書面で結ばれていたようだ。[81]「契約」とは、要するにある種の取引である。貢物と従順さ（反乱を起こさない！）の見返りに、山地民のヤオは、自由に「山々を越えて」新たな焼畑地を見つける特権を与えられ、税、強制労働、通行料を免除され、領主や官使にひざまずいて礼をとらなくてもよいとされた。これらの書類は文明論に満ちており、ヤオもラワは文明世界の魔法円のはるか外側に位置づけられている。ジョンソンが鋭く指摘しているとおり、官製書類は民族に名前を付与し、もともと流動的であったアイデンティティを固定化し、明示的ではないものの宮廷がもっていた土地や移動についての権限を破棄し、さらには、「部族領域」を確定して、部族が確実に実質的な首長を頂くようにするものだった。こういった文書を、漢民族が言うところの「蛮が熟する」方程式とみなすこともできるだろう。

低地民が山地民について作成した一連の権利書の類は、裏読みすることもできる。低地の宮廷にとって、近隣の山地と同盟することはきわめて重要であった。さらに山地民は重要な緩衝帯であって、自分の中心域と山地の向こうの敵のあいだにある早期警戒システムでもあった。[82]山地の同盟者は重要な交易ルートを守ってくれたし、ほかの山地民との交易や外交の仲介もしてくれた。あげくの果てには、彼ら自身が奴隷狩りをして、中心部の不安定な人口を補充してくれることもあった。そのような両者の関係は一見すると、山地民が低地の役人に対して服従し従っている、一方的なものにみえるかもしれない。しかし、うまくやったのは山地民の方であって、彼らは低地の役人の前で平伏して頭を下げなくてよいという条件を突きつけることに成功したとみなすこともできる。というのも、すっかり料理されて「熟した」野蛮人なら、屈服していたはずだからである。ヤオ／ミエンは、低地の役人や外部者に対して文書を見せびらかすことでよく知られているが、それはこの解釈が間違っていないことを示すものともいえるだろう[83]。

このような取り決めは実に数多い。複数の低地国家のあいだに位置していたカレンの集団は、その時々によって同盟関係を変えた。カレンは一八世紀半ばにモン・ペグー同盟がアヴァ王朝と戦った緒戦で重要な役割を果たしたが、そこでの三千の兵士はカレンあるいはモン・カレンの王位僭称者に率いられていた。この地域のポー・カレンは、モン・カレンとして知られており、ときにはビルマ・カレンとも呼ばれたより北のスゴー・カレンとは区別されていた。ペグー王国が崩壊し、人口の多くが離散した際、カレンはモンとともに逃れ、タイに保護を求めた。タイはカレンの人々を前線に「移植」して早期警戒システムとしたが、ビルマからみれば裏切り者であった。チェンマイのタイ王国にとって、カレンは「森の番人」であり、最初にこの土地にやってきた儀礼的にも重要な相手であり、価値のある同盟相手、交易相手でもあった。カレン民族のアイデンティティは、場所と時期に応じて、どんな低地国家と同盟しているかによって決まった[84]。

「文明化」した低地水稲国家は、必ずひとつ以上の山地野蛮人との互恵的な同盟関係を必要とした。アカの相手はケントゥンやシプソンパンナーといったタイ諸国であり、チンの相手はビルマの王国、ラワはチェンマイのタイ・ユアン、ワはさまざまなシャン／タイ諸国、ポー・カレンはモン、ラワはランナー、初期にはランプーンと、ジャライはキナ、パラウンはシャン、高地タイはラオ、カチンはシャンであった。そして北西部では、ナガがマニプリ王国に属する山地部隊とみなされた[85]。どの事例においても、ある種の共生が育まれ、山地の同盟者が低地の相手に文化的に似ていくことになった。

これは、「蛮が熟する」方程式にとても似ているようにみえる。それ以上に、この同盟関係は、併合と同化のための方程式であった。これまで論じてきたように、少数のタイ人やビルマ人が軍事的な植民者としてやってきたのと同じく、おそらく他の低地民人口も同じようなプロセスで形成されたのだろう[86]。近隣の山地の同盟者は、低地と繋がりをもった首長によって統治されるようになり、次第に階層性を帯びるようになった。かれらはこうして、漢人の分類でいう「熟した野蛮人［熟蛮］」になった。漢文明における発展の諸段階、すなわち、生の野蛮人、熟した野蛮人、完全な臣民／「版図に入る」という序列は、リーチが描いたシャン文明の諸段階、すなわち、平等主義のグムラオ、階層化されたグムサ、そしてシャンという序列と構造的に似ている[87]。リーチは民族性の遷移を勾配と呼べるような考え方で表現した。このような遷移は、すべての水稲国家とそこに近接する山地の同盟地域とのあいだに同じように見いだすことができる。結局、この移り変わりは山地民が低地の臣民になっていく社会文化的な経路であった。そこでは物理的な近さ、交換と接触、言語的統合、儀礼の流用、そして近代以前においては水稲耕作が変化の触媒となった。重要なのは、この経路はゆるやかな勾配になっていて、急に深刻な形で方向を変えたりすることはない、ということである。ゆえに民族遷移が起っていることすらまったく気づかれないかもしれないのだ。

かりに、この民族遷移がほぼ切れ目のないものだとすれば、逆の方向への動きも同じように切れ目がないにちがいない。低地の「文明」への道は山地の自治への道であり、道の途中には無数の宿がある。戦争や伝染病の場合には、変化は突然(しかも良くある)かもしれないが、たいていの変化はむしろ段階的で、気づかれずに進むものであり、そのなかで水稲国家が衰えたり、交易ルートが移ったり、税が重くなったりした。低地国家への道は両面通行道路であり、低地から離れることは、それに組み込まれることにくらべていつも痛手になるとはかぎらなかったのである。

平等主義——国家の発生を防ぐ

わしらをみな大砲で吹き飛ばすか、わしらをみな一八〇〇〇人のナワーブ［王侯］にしなされ。

——パシュトゥンの老人が英国人に向けた言葉

ラメットはたんに、「首長」という概念を理解できないのだ。

——カール・グスタフ・イジコウィッツ『ラメット』

ベドウィンはその野蛮な性質によって、諸民族のうちでも、互いに従属関係を結ぶことに最も耐えられない民族である。彼らは粗野で高慢で野心があり、みな指導者になりたがる。

——イブン・ハルドゥーン『歴史序説』

リーチの『高地ビルマの政治体系』が、今日でも色あせない古典であり続ける理由は、彼がカチンのなかに見出した専制的な一派と民主平等的な一派の対立が、高地ビルマ以外の民族誌的文脈にも当てはまるからである。国をもたない周辺部の人々にとって、この対立するふたつは位置取りに関する根源的な選択を表しているようにみえる。リーチはとくにアッサム・ビルマ国境地域に関する文献を当時入手できる範囲で詳しく調べることによって、カチン以外の先住民集団のなかに、民主平等的な形態と専制君主的な形態が対になっている事例を多く発見した。彼は、チン、セマ、コニャク、ナガについての研究を引用している[88]。今ではこれらの例にさらにカレン、ラフ、ワ、カレンニーを加えることができるであろうし、もし広範囲の文献調査をおこなえば、より多くの民族を追加できるにちがいない[89]。

英国に率いられた「平定」軍は、平等主義をとるカチンの領域で遭遇した抵抗に衝撃を受けた。「ここで我々の対峙した敵はグムラオ・カチンだった。彼らの主な特徴は、たとえ小さな村であっても首長のような権威者がいないことだ[90]」。彼らは「挨拶やおじぎといった類のもの」をまったくもたない、とも記されている。グムラオのように支配者層をもたない人々は、英国はもちろん他のどの体制にとっても危険分子だった。制度的な取っ掛かりがないので、共同体に入り込み、交渉し、統治することができなかった。そのため植民地政府は「ひとりのドゥーワー［首長］のもとで正しく設置された地域」しか認めず、それらの村においても役人たちには、住民の「独立心」に注意を払い、その兆候が見られれば速やかに鎮めるよう命じた[91]。だからこそ、民主的な伝統の誇り高き継承者である『地誌』の編集者は、皮肉の気配さえ感じさせずにこう書くことができた。「そのような共和的、または民主的な共同体は、ビルマの行政境界内では今後は許可されない[92]」。

レーマンが明らかにしたように、カヤーの民主的原理と専制的原理は、「一組の儀礼的な周期とそれに関わる人員が同時に生じる」ときにみられる[93]。専制的ともいえる宗派が、地域を越えた象徴的なふるまいを演出し、そのためにシャン諸王国やマンダレーのビルマ宮廷から装飾品と象徴を取り入れる。その儀礼の中心はチークの高い御柱が立った村の中央である。このチークを見ればカヤーの村だと一見でわかる。チークの柱は旗竿であって、シャンやビルマの仏塔《パゴダ》に多くみられ、（地元の精霊が仏陀に帰依していることを象徴している）柱の上には、仏教建築におなじみの傘型の相輪が取りつけられている。このカルトを信仰する世襲の僧侶が供物を用意し、シャン語で王を意味するソーブワーに由来する名前の高位神に捧げる。僧職にあるものは、他の宗派の僧と交流したり、結婚したり、供物を受けとったりはしない。とくに森の精霊（ナッ）を信奉する僧からの供物は受けとらない。

ここで重要なのは、カヤーの信仰複合体が徹底して両生的にみえることである。そこには民主的要素と専制的要素の両方がみられるものの、儀礼の上では両者は分離している。片方の複合体は、低地の形態を模倣していて、ソーブワーのイデオロギーの上部構造と国家形成一般に役立っている。もう一方の宗派は、純粋に土着のものであり、首長の権威に関わることがまったくない。アイデンティティの流動性、つまり「急旋回する」能力が、階層のある社会から階層のない社会への移行を可能にするのであれば、カヤーの人々は少なくとも儀礼的な面で、どちらにもころぶ準備ができているわけである。

最後に、平等主義的な社会と階層的な社会の形成を比較して、以下の点を指摘しておこう。それは、文化的慣習の一部が国家や権力にみられる永続的な階層性を作りださないように作用している、ということである。具体的に、階層化された山地社会であるルア／ラワと、平等主義者的な集団であるリスをみてみよう。ルアのなかでは、儀礼と祭礼における特権《エリート》（サマン）リネージの優位性が重要視されており、エリートは同時に土地へのアクセスも支配している(94)。支配層のリネージは込みいった長い家系をもち、自らの地位を際立たせ、低地国家、とくにチェンマイとのつながりを強調する。この関係で注目に値するのは、ミエンがもっているような「勅許」である。勅許によって、強制労働、徴兵、ゾウや馬の飼い葉の供出免除が認められ、焼畑の権利が保障されていた。一方でリスは、すべてのリネージに対して、競争的饗宴や土地への平等なアクセスを認め、階級や地位に基づく本質的な差異をもたなかった。

しかし本書の目的に照らすと、平等主義者であるリスのふたつの特徴が重要だ。第一は、短く欠損した家系が結果的に歴史を拒むことになっていることである。多くのリネージ史の目的は、口承であれ文書であれ、他とは違う地位にあるのだという主張を確たるものにすることであり、ひとつの「リネージ」をはっきりさせるのは、もっぱらそのためである。にもかかわらず、もしリネージの歴史が省略されたり、まったく無視されるようなことがあれば、それは歴史に基づいて自分たちの家系の優越性を主張することが、文化的に不可能になることを意味する。ほとんど、もしくはまったく歴史がないということは、すべての親族集団をほぼ同等の立場に置くことになる。従属させられてきた集団にとって、書かれた歴史や家系をもたないことが、戦略上、そして適応上、有利になることは、すでに詳しくみたとおりである。口承に基づく家系も、それが考案され創作されたものとはいえ、自らを正統化しようとする同様の主張になるため、家系を拒絶すれば平等に一歩近づく。よく言われるもっともなことだが、文書を基盤とした文明はつねに、国家なき人々を、自分たちが掌握しきれない歴史なき人々として捉えてきた(95)。しかし、私たちがここでみているのは、地位の構築をしてくれるはずの歴史を拒む営みであって、階層化を防ぎ、階層化に伴う国家形成を阻むことを名目とした歴史の否定である。リスが歴史をもたないのは、もてないからなのではなく、彼らはあえて歴史の厄介さを避けようとしているのである。

このように歴史をもたない平等主義的な集団では、各々のリネージ――つまり、この場合では家族――はそれぞれに独自の家系に関する習慣と活用方法をもつようになる。しかし、多くのリスが誇りをもって指摘するひとつの「伝統」も存在する。それは、独裁的になりすぎた首長を殺すという伝統である。ポール・デュレンバーガーが指摘しているように、「リスは強引で独裁的な首長を……ひどく嫌い」「首長を殺したリスの話は多数ある」(96)。このような伝統は平等主義をとる他の多くの山地民にもみられる。どの程度の頻度で首長殺しが起こるのかははっきりしないが、この伝統の原型となったカチン首長に対するグムラオの反抗については多くの資料が残されており、それによればそうした反抗は政治的な運動の一種であったようだ。このような訓話は、平等な社会の仕組みを守るための事前警告のようなものであって、なんとかして専制的な首長が自分のリネージの力を固定してしまうのを防ごうとするものなのである。

上下関係の階層化したルアでは、リネージも格付けされている。彼らは地位をめぐって駆け引きをする。駆け引きの手段として自らの優位性を主張し、他とは異なる複雑な起源神話や家系が作られることもある。それに対してリスは、グムラオ・カチンと同様に、リネージの格付けと階級別の饗宴を否定し、歴史を拒否する。より直接的には、野心的な首長の出現を阻止して、社会がそういった方向に向かうのを避けようとする。平等主義的なリスは結果的に、ある包括的な文化を作ることで、国家形成を防いでいる。

平等主義型と階層主義型の社会組織モデルがひとつの文化に併存するのは、カチン－シャン関係に限られない。そのような形態は、東南アジアの全域で見られる(97)。さらに思い切って言えば、こうした特徴は構造的なもので、国家の境界に暮らしている国家なき人々の多くに共通すると推測できるいくつかの理由がある。このため、ロバート・モンターニュはモロッコのベルベル社会についての古典的な論文で、こう主張する。「ベルベル社会は、互いに競合し、対立するふたつの社会形態のあいだで振れ動いている。ひとつは議会、もしくは階層的議会に統治された民主的、または寡頭政治的な部族共和制、もうひとつは、近代における圧制者である大カーイド[*4]のような短命な部族専制である」(98)。カチンと同じように、ベルベルも固有の国家形成の鋳型をもっておらず、初めて国家を作ったときには隣接するギリシアを模していた。これと類似する事例は数多いが、そのなかでもとくに、マイケル・コダルコフスキーによるロシアのカルムイク遊牧民に関する研究が同様の振れ幅を提示していて重要である。名ばかりの支配層にいたリネージは、聖職者らとともに、なんとかして王朝を打ちたて、世襲による継承と中央集権をなしとげようとした。その他の部族の指導者からみれば、中心などないほうがよく、継承ルールは「不確定」なほうがよかった。つまり開かれた階級だ。「一方は社会の中央集権化を推進し、もう一方は分離主義の傾向を強化するというふたつの方向が構造的に相容れない状況は、遊牧民に付きまとう内戦がなぜ際限なく繰り返されてしまうのかを説明してくれる[99]」。その一方で、コダルコフスキーがはっきり指摘しているとおり、中央集権化の傾向に密接に関係しているのは、隣接する国家への適応であった。帝政ロシア体制は、カルムイク・ハーン国を後押しして、制度的な媒介、あるいは支配の手段として利用した。ロシア皇帝は、大英帝国や中華帝国がそうであったように、部族の無政府性を嫌っていた。中央集権化と専制政治の程度は、帝政ロシアの権力――これにはロシアが与えることのできる便益が含まれる――とカルムイク・ハーン国の政治的な野心によって決まった。

支配者をもたずに国家の縁で暮らす平等主義の人々を制御することは難しい。彼らは把握できない人々だ。「リーダーのところに案内せよ」という命令に対し、はっきりとした答えがないのである。そういった民族を征服したり、取り込んだりする場合、段階的に――いちどに一村ずつ、あるいは一家族ずつという具合に――進めざるをえないので、本質的に安定しない。だれも他人を代弁できないからだ。指導者をもたないということは、先述した中東の「クラゲ部族」のように、それ自体が逃避のための社会構造になっている。指導者がいないため必然的に、非常に特殊な状況（カリスマ的な宗教指導者、短命の軍事同盟など）を除いて、人々は団結できない。このように、外部の国家による併合を妨ぐ社会構造は同時に、内部からの国家的な構造の結晶化が起こるのも妨いでいる。

このような平等主義的な社会構造を支える物的条件とはどのようなものだろうか。この点を考えるうえで、グムラオ・カチン、リス、ベルベル、カルムイクのおかれた状況は示唆に富む。開かれた辺境の共有地が、きわめて重要な役割を果たしているようである。固定化した相続可能な土地財産が恒久的な階級形成を促すのと同じように、共有地は生業に欠かせない資源へのアクセスを平等化し、村とリネージの頻繁な分裂を可能とする。この点で辺境の共有地は平等主義を維持する要になっているようだ。地勢の生みだす抵抗という観点から見ると、彼らは国家の中心からかなり離れたところに暮らしており、狩猟採集、牧畜、焼畑など、より移動的な生業習慣をもつほど、平等主義をかかげ、国家をもたないことが多い。国家による共有地の囲いこみと侵害は、どこであれ、そのような生活様式を脅かす。

山地での極端に入りくんだアイデンティティ、そしてこれらのアイデンティティのあいだを行き来する移動性。このふたつの間のつながりを理解するためには、人々の移動を低地国家に対する位置取りをめぐる戦略的な選択と考える必要がある。居住標高と農業経済的な適所をみれば、人々の位置取りがどのようなものであるかがわかることが多い。この視角は、低地国家が自らの行政目的に合わせるために考え出したアイデンティティをみるときに最も際立つ。明朝中期の「瑶《ヤオ》乱」の後、王朝に協力して支配下で定住した人びとは「民《ミン》」つまり臣民になったが、定住しなかった人々は「瑶」になった。[100]この民族名称には、もともと税を払わない山地民という程度の意味しかなかった。つまり当初は人々のあいだに文化的、言語的一貫性はなかった。これと同じで、これまで見てきた苗《ミャオ》という用語も、国家に掌握されていない地域に暮らす反抗的な人々全般を指すことが多かった。そしてもちろん、生と熟、野生と従順、カレンに適用される森と家などの用語は、たんなる国家に対する政治的な服従の度合いを示すものとみてよい。

国家による御仕着せの名称とは別に、民族的アイデンティティ、その下位区分、そして村々――グムラオとグムサ・カチンと同じく――の階層化の程度や、国家とのあいだの結びつきの程度について広く知られるようになった。フォン・ヘウサウによれば、高地アカは自律性を最大化するような生業習慣を取りいれ、とくに国家や奴隷狩りの手が簡単にはおよばない居住地を選んだ。[101]

ここで国家をかわす特性と、国家を阻止する特性とを区別しておく必要がある。両者は互いに関連しているが、同じではない。国家をかわす特性は、国家による人々の捕獲、編入、支配、あるいは生産物の組織的な横奪を困難にする。一方で国家を阻止する特性は、集団の内部に国家に似た階層的な構造が恒久的に生じることを難しくする。

これまで繰り返し述べてきた国家をかわすさまざまな特性は、次のように一般化して要約できる。第一に、物理的に移動可能で、広く散らばって暮らし、新たな小単位に分裂しやすい社会は、明らかに国家に捕捉されにくい。[102]これらの諸特性が強く関係しているのは、決定要因とまではいえないが生業習慣の選択である。狩猟採集は（陸上であれ海洋であれ）、移動性、分散、分裂を促進する。狩猟採集から焼畑、常畑、灌漑稲作へと変わるにつれて、移動性、分散、分裂の程度が次第に減っていく状況は容易に描くことができる。Ⅵ章でみたように、作物栽培を営む社会では、目につきにくいイモ類がばらばらな収穫時期に実れば、うまく国家をかわすことができる。地上に同じ時期に実る穀類ではこうはいかない。東南アジアの外ではこの階梯に、移動と分離に秀でた遊牧が加わる。

国家をかわすのに役立つ第二の特徴は、平等性の高い社会構造であり、これは国家の障害になって、地元の首長や村長を介して支配が拡大することを難しくする。平等主義構造の鍵となる（必要だが十分でない）物的条件の一つは、生存に欠かせない資源が広く開放されていて、平等なアクセスが保証されていることである。この意味で、土地所有の共有制とフロンティアの開放性は、平等主義を下支えする重要な物的条件である。実際、国家をかわす二つの主要な生業形態である狩猟採集と焼畑は、いずれも移動と分散を促進するものであるが、だれもがアクセス可能な共有資源がなければ実質的に成り立たない。共有資源の喪失は自律性への致命的な痛手になる。

国家をかわす最後の戦略は、国家の中心部から距離をおくこと、つまり本書でいう地勢の軋轢からくる遠隔性である。二〇世紀の直前までは、遠隔地にいるだけで国家の圏外にはっきり位置することができた。実際、国家から距離をとる遠隔戦略は、国家をかわす他の諸戦略にとってかわりうるほどの十分な効果をもった。ハニやイフガオの人々が遠く離れた山地の棚田で安全に灌漑稲作ができたのは、国家の中心部からかなり離れていたからだった。

いくつかの民族は、国家をかわす特性を長年にわたって発揮してきたので、彼らの名前を唱えるだけで無国家性が呼び覚まされる――近隣国家はこれを指して「野生」「生」「野蛮」などと呼んだ。例えば、ラフ、リス、グムラオ・カチン、アカ、ワ、カム、フモンなどが、ほとんどこれで説明できる。たしかに、民族は時間とともに変化するし、多くの民族集団にはさまざまな下位集団がいるのだが、これらの事実を括弧に入れて、国家をかわす特質を測る定規を作って民族名で分類していけば、どんな民族でもその定規の線上で順位付けできてしまうだろう。

このような定規の反対側には、「国家に適合的な」特質ともいえる極がある。つまり、密集した居住地、定住生活、穀物栽培、確立した土地所有権、土地所有による権力と富の格差、である。これらの諸特性はもちろん、国家空間の社会に設計されたものである。このような国家適合型の特性を体現する人々、そしてぬぐいきれない「国家らしさ」を刻印された人々は、シャン、ビルマ、タイ、モン、ピュー、クメール、キン／ベトナムである。フェルナン・ブローデルの言葉を借りれば、世界のどこでも人々はこの二つの極のあいだを行ったり来たりするのであって、国家との絶ちがたい関係を無にしてしまう民族は多くないのである。無国家の極では、分散して移動する狩猟採集民や小集団が国家の中心から遠くはなれて住んでいる。もう一方の極では、納税する稲作小農が国家中心のそばに暮らしている。

国家に対する民族の位置取りで実際に最も重要なのは、個人が両極のあいだでつねに動き回っているということであり、時間とともに例えば「カレンニー」「ラフニ」「カチン」の示唆する立場も変わっていくということである。歴史的にはいつでもどこでも、民族的アイデンティティの表明には一定の幅があって、その幅のなかで国家との関係が調整された――つまり、アイデンティティの選択には勾配があって、時間とともに優勢な経済的、政治的条件にあわせて傾くのである。稲作をしていても、樹脂、薬草、ツバメの巣の値段が跳ね上がれば、すべてを投げ出して採集をしたほうが経済的には間違いなくいい。しかしそうでなくても狩猟採集への移行が容易に起こりうるのは、それが国家を避ける戦略になっているからだ。同様に、灌漑稲作か焼畑かの選択も、どちらかといえば政治的な選択であって、たんに単位労働あたりの栄養価を計算して比較した結果ではないのだ。日々の生業、標高、社会構造の選択が、あるひとつの文化的なアイデンティティ、そして低地国家に対する「立ち位置」と関連しているときに、民族のアイデンティティが変化したとすれば、それはまず第一にひとつの政治的選択なのであって、文化的アイデンティティはたまたま同時に変化したにすぎないのである[103]。

例えばラフの一部は狩猟採集をするために人里離れた山地に移り住むこともあれば、村に定住して耕作を行うこともある。最近では一九七三年に、多くのラフがビルマ政府による徴税と強制労働に抗議して反乱を起こし失敗したが、そのあと彼らはビルマのチェントゥンを去って山地に向かった[104]。カムも、反乱の頻度は少ないが、似たような歴史をもっており、村での暮らしを放棄して狩猟採集を行う集団と、低地へ移動して稲作を行い仏教に改宗する集団にわかれた[105]。さらにリーチが指摘するように、カチンの多くも異なる社会形態のあいだで揺れ動いてきた。カチンの変動が示しているのは、シャンの低地国家と階層性に対する位置取りであって、大きな文化的な転換ではない。ここまでの議論で明らかになったことを繰り返すと、東南アジアで過去数千年も行われてきた焼畑と採集は、社会進化における灌漑稲作の前段階ではない。むしろ「二次的な適応」であり、主に政治的な選択を示すものなのである[106]。

ジョンソンが鋭く指摘するように、「民族の独自性は主に低地への帰属に関係があるだろう」。彼はまた「民族集団は、

［あらかじめ決まった］社会組織をもたない」と主張している。彼が言わんとしているのは、特定の与えられたアイデンティティは、生業、文化的な帰属、内部の階層構造、そして何よりも低地国家との関係に応じて大きく変わる、ということである。[107] 言い換えれば、個人や集団が様々な民族的アイデンティティのあいだを行き来するのは、位置取りの結果なのであるが、個別のアイデンティティそのものもそれらを背負った人間の選択が積み重ねられて、アイデンティティの意味が再定義されるという意味で変わりやすいのである。

もし山地民が選ぶことのできるアイデンティティに幅があり、それぞれのアイデンティティが低地諸国との関係にあわせて調整されるとすれば、その歴史的な動向について何がいえるだろうか。過去半世紀の変化はきわめて重大である。これまでみてきたように、ゾミアは主に避難地域であって、低地国家の掌握の外に逃れることを選んだ社会の逃避先だった。さまざまな名称の民族アイデンティティがモザイク状に入り組んでいる状況をみても、長く複雑な歴史のなかで、反乱、戦争、文化変革によって移民が出入りしてきたことがわかる。もともとゾミア人口の多くは、低地、とくに中国から来ている。彼らがやってきた当時の民族名を保持できたのは、主に国家権力の領域から離れたためであった。国家に残った（おそらく大多数の）人々は、低地文化に統合され、もはやミャオ、ヤオ、タイとは呼ばれなくなった。この歴史、そして並外れた生態的多様性と地理的孤立が、国家をもたない人々からなる世界最大のモザイクを作りだしてきたのだろう。

しかし過去半世紀のあいだに、選ぶことのできるアイデンティティの勾配は、さまざまな面で国家管理のほうに、いわば急激に傾いてきた。「生の」野蛮人に文明がもたらされたという古典的な語りは、開発や国家建設の語りに置き換えられるようになった。国家権力が限られていたため、かつての語りは実現が難しい願望にすぎなかったが、新たな語りには強制力がある。これは少なくとも三つの要因で説明できる。第一は、国民国家の隅々にまで行きわたる完全なる統治権という近代的な考え方の拡大と、それを実行するための行政的、軍事的手段の発達である。これによって国民国家は、自らの発する令状を隣国との国境線まで容易に行きわたらせることができるようになった。互いに重複し、曖昧で、主権の行き届かないような、かつての実質的なゾミア領域は次第に希少になっている。第二には、指導者のいない平等主義社会の物的基盤であった共有地がなくなって、国家が土地の所有権を配分するようになり、個人が自由に占有するようになっていることである。さらに最後には、低地人口が急激に増加したため、大規模な山地への入植が広がり、それを国家が財政的に支援したり、推奨したりしていることである。入植者は穀物や社会組織を持ち込むものだが、今回は国家まで持ち込んでいる。その結果が世界最後の囲い込み《エンクロージャー》である。

訳注

＊1　スターリンは、その著書『マルクス主義と民族問題』のなかで、民族を「言語、地域、経済生活、および文化の共通性のうちにあらわれる心理状態の共通性から歴史的に構成されたもの」と定義した。

＊2　アダットは慣習、慣習法の意。資源や土地の利用、冠婚葬祭、紛争仲裁など、広く生活に関わるさまざまなしきたり、規範の総称であり、口承されているものも多い。同じアダットを共有する人々をアダット・コミュニティと呼ぶこともある。

＊3　成金夫婦で、金にものをいわせて豪華な晩餐会を頻繁に催し、衣装に気を配ったり、身元保証のために知り合いの親戚関係を利用したりして、次々に社交界の名士を招き、希薄な友人の輪を際限なく広げていく（ディケンズ『我らが共通の友』間二郎訳、筑摩書房、一九九七年）。

＊4　フランス保護領体制下で複数の部族の評議会を監督する役職であり、総督から任命された地区長官（シェフ・ド・レジョン）に直属する。豪族はほぼ自動的にカーイドに任命され、フランス当局を後ろ盾とした部族地域の統括者であった（アーネスト・ゲルナー『イスラーム社会』宮治美江子ほか訳、紀伊国屋書店、一九九〇年、三七〇－九八ページ参照）。

Ⅷ　再生の預言者たち

ビルマ仏教界に現れたこの悟りの追求者に名前をつけたほうがよさそうだが、彼はなんとも分類しがたい人物なので、ひとつ思い切って、ヴェーバーの表現にならい「世界の魔術師」と呼んでみたらどうだろう。

——ギョーム・ローゼンバーグ『解脱と権力』

しかしこの世界では、人々はつねに魔術化の機会をうかがっており、僅かな兆しでもあれば、それに応じようとしている。トニー・ブレアの若さ、活力、決意だけではなく、銀幕に映るアーノルド・シュワルツェネッガーの力強さや、シルヴィオ・ベルルスコーニの起業活力さえにも、である。

——ジョン・ダン『人々を自由にする』

目録を作って、山地民が何百、いや何千という反乱で、過去二千年以上にわたり国家の侵略に抗してきた例を列記しても、その数を勘定するのは容易ではない。ましてリンネ式命名法のような理路整然とした方法で反乱を分類するのは、気の遠くなる作業だ。

こうした反乱は、奇跡をもたらす預言者として振る舞う者（または、他人からもそう見なされている者）に率いられていることが多く、史料のなかに突如膨大な記録として現れ、歴史の表舞台に登場する。彼らの反乱は日々の行政や朝貢関係の維持にとって間違いなく脅威であり、国家が平和裏に周辺の人々を吸収するという文明論と矛盾するものであったからこそ注目される存在になった。反乱が起こるたびに、軍や警察による報告書、非難の応酬、裁判と処刑、諮問委員会、政策の変更、行政改革が巻き起こった。このため山地民は、漢、ベトナム、シャム、ビルマの国家による記録のなかで、貢物、賦役、税に関する統計データの対象として、または国家への反乱を企てる野蛮人として描かれることがほとんどである。学者のなかには反乱に関する文書の数があまりに膨大なため、山地民の歴史を反乱を鎮圧する側から無批判に論じ、山地があたかも反乱に満ち溢れている場所であるかのように描いてしまう者もいる。

これから見ていくように、ゾミアでの反乱に関する研究は、低地国家への抵抗を理解するうえで示唆に富んでいる。しかし反乱の勃発ばかりに目を奪われると、その過程を見落とし、山地社会の進化と同様に重要だが地味な要素が抜け落ちてしまう。見落とされるのは、例えば、ときには反乱のあとに、またより一般的には、軍事的な対立をさけるために起こる移住と逃避の長い歴史である。同じく見落とされがちな重要点は、人々が適応や同化によって低地国家やその社会へ溶けこんでゆく過程である。もちろん適応や同化を選んだ者の多くは、時とともにタイ、モン、漢、ビルマ、キンになり、カレン、フモン、ミエン、シャンとしては史料から消えてゆくことになる。しかし、同化を選んだ人々は山地社会に帰属意識をもち続けた人々よりも少なかった、などと根拠もなしに仮定はできない。そして最後に、反乱にばかり固執していては、低地国家と同盟関係を結んだり、外人部隊や傭兵として山地民の反乱を抑圧する側についた山地民がいたことを見落としてしまう。書き残された記録に眼を奪われて、山地民がつねに反乱を起こしていたなどと考えないようにしよう。預言や思想こそが山地民を低地国家への反乱に駆り立てたのであり、これらの事例は国家と周縁の民族との対話の難しさを明らかにしてくれる。

生まれつきの預言者、反乱者
――フモン、カレン、ラフ

東南アジアの山塊部には、生まれつきの預言者、反乱者の民族がいるようにみえる。先行研究から判断すれば、ミャオ／フモン、カレン、ラフがこれに該当する。彼らの反乱は詳細に記録されてきた反乱でもある。人口が九〇〇万人近くにおよぶミャオ／フモンと、四〇〇万人以上いるカレンの記録が多いのは、人口の多さゆえだろう。それに対して、ラフ（約六五万人）やカム（五六・八万人）といった他の民族的少数者も同じ傾向をもっているが、人口は少ない。

フモン

反乱に関する最古の史料は、間違いなくミャオ／フモンに関するものである。(1) 記録によれば、彼らの漢民族との紛争は、ミャオ／フモンの王である蚩尤〔しゆう。古代中国の神話に登場する武神〕が、漢民族の名高い始祖、黄帝との戦いで伝説的な敗北を喫した紀元前三千年（！）にまでさかのぼるという。ヘロルド・ウィーンズの計算によれば、西暦四〇〇年以降の二世紀のあいだ、ミャオは黄河と長江のあいだに広がる低地をめぐって、四〇回以上も漢民族への反乱を続けた。その後も反乱は続き、この分野の権威のあいだでは、過去二千年のミャオの歴史は連綿と続く反乱、敗北、移住、逃避の歴史であったことが共通認識になっている[2]。一四世紀中期までのミャオの歴史に多くの憶測が含まれているのは、ミャオという呼称自体、漢行政に抗う多数の国家なき人々の総称として用いられることが多かったためである。さらにそれまでの時代では、ミャオとヤオ／ミエンの違いが明確ではなかったことも関連している[3]。

　一方、異論の余地がないのは、明朝が支配圏を拡大し、貴州に大規模な軍事コミューンの建設を進めようとしたために、一四一三年以降ミャオとヤオの反乱、制圧、逃避が断続的に起きたことである。明と清の時代（一三六八－一九一一年）には、「ミャオとヤオに対する弾圧や鎮圧作戦がほぼつねに行われていた[4]」。この時代を専門とするふたりの歴史家によれば、この作戦は誇張なしの「殲滅作戦」であった[5]。大規模な反乱は一六九八年、一七三三－三七年、一七九五－一八〇三年に起こった。一八五四－七三年には、史上最大の農民反乱である中国中部の太平天国の乱と重なるように、とうとう貴州でも「ミャオの大反乱」が烈火のごとく広がった。ミャオの大反乱は、大変な困難の末に制圧されたが、その後一〇年以上も反乱者の支配地域が残ることになった。この敗北によって、フモンと太平天国の残党は大規模な脱出を行い、ベトナム北部、ラオス、タイの山間部へと逃れていった。

　強制的な同化政策を逃れたフモンは、自立を求めて中国の南部国境地帯を越えたが、インドシナ半島ではフランス人に、北部タイではシャム人によって、同様に脅かされ続けた。そのためフモンは、フランスに対しては一九〇四年、一九一一年、一九一七－一八年、一九二五年、一九三六年、一九四三年に、シャム当局に対しては一九〇一－〇二年、一九二一年と長期にわたり反乱を繰り返した[6]。後に詳しく検証するラフとカレンの反乱にも当てはまることだが、これらすべての反乱にほぼ共通するふたつの特徴を強調しなくてはならない。まず第一には、こういった反乱は千年王国の到来を人々に期待させる預言者に率いられていること、そして第二には、反乱が近隣の他の山地民にも訴える何かをもっていたということだ。

カレン

ミャオほど多くの記録は残っていないが、カレンも歴史上、多くの反乱と預言者を生みだしてきた。その歴史をたどれば、彼らの文化には解放と尊厳への志向性が浸透しており、低地国家の宇宙観に強い影響を受けていることが明らかになる。約四五〇万人におよぶカレンはビルマ・タイの国境沿いに居住し、いずれの国でも最大の山地少数民である。カレンには仏教徒、アニミズム信仰者、キリスト教徒がいる。事実、カレン系民族の文化的多様性はあまりに大きいため、彼らに関する研究は、カレン系民族に共通する特徴など存在しないと指摘するところから始まることが多い。しかし、バプテスト教会の宣教師D・L・ブレイトンは「カレンの民族的特徴は預言者を輩出することだ」としている(7)。カレンはなにを信仰していようと、奇跡を起こす者、カリスマ性をもつ異端の治療師、預言者、さらに王を自称する者たちへの信奉をずっと変えなかった。一九八〇年代後半にカレン反乱軍のキャンプで看護士として働いていたジョナサン・ファラが指摘するように、この伝統は依然として生きている。「彼らは千年王国の到来を信じ、戦士たちの指導者、高僧「クルーバー・カーオピー」を崇拝するカルト集団、預言者などを輩出しつづけ、カレン王国の復興は間近だと互いに言いきかせている。アニミズムを信ずる者は（スゴー・カレン語で神を意味する）ユワの到来を、バプテストはキリストの再来を、仏教徒は未来仏である弥勒菩薩（転輪聖王）の降臨を信じている。何者かの到来が迫っており、（スゴー・カレン語でカレンの伝説的祖先とされる）トメパが現れ、なにかが起こると考えられている。「兄弟よ、エジプトの古代ユダヤ人を思い出せ。四〇年の荒野、そして約束の地を。同じことがカレンにも起こる、四〇年が過ぎれば(8)」」。

バプテストの宣教師に幸いしたのは、聖書を与えた相手が、それまで救世主の出現を信じ続けてきた人々だったことだ。宣教師が早とちりしてしまったのは、バプテストの救世主がカレンが求める最後の救世主だと思いこんでしまったことである。

カレンが新たな預言者を熱狂的に受け入れるたびに、新たな世俗の秩序が作られ、神の訪れの準備がなされる。聖者になる者は——治療師、牧師、隠遁者（ヤテー）、僧侶であろうと——しばしば来るべき秩序のさきがけとなり、信者が集う「福田」とみなされた(9)。誰が訪れるかは、未来王（ミンラウン*1）、菩薩、そして弥勒菩薩（転輪聖王）、あるいはトメパ、ユワ、ドゥエーゴー／グウェーガー（かつての反乱指導者）といったカレン王もしくは救世主などであった。カリスマ的な人物が唱える宇宙論は、低地のものとほぼ似通っている。ビルマにおけるミンラウンの反乱と、シャムにおける有徳者（プー・ミー・ブン）の反乱は酷似しており、両国に伝わる「永遠の王」の伝統を担っていると言ってもよいだろう。カレン王国は、有徳者が千年王国到来のあかつきにたどりつくという銀の町と黄金の宮殿を祈願する。一九世紀半ばに宣教師がカレンの預言者的伝統を記録した以下の一節は、こうした願望の本質をとらえている。

カレンの王はまだ現れない
タライン［モン］の王の時代があった
ビルマ王もひとつの時代を築いた
やがて異邦人の王も現れるはずだ
しかしカレンの王はまだ現れない
カレンの王が訪れる時
唯一無二の王になるだろう
カレンの王が訪れる時
貧富の差は消える
カレンの王が訪れる時
生きとし生けるものに幸が訪れ
獰猛なライオンや豹も飼いならされるだろう。[10]

広く信じられていたのは、貧富が逆転し、世界がひっくり返り、間違いなく次はカレンが権力、富、宮廷、町を手にする番だ、ということだったが、ここには長い反乱の伝統が息づいている。

カレンがよく口にするミンラウンの反乱に関する一節は、一八世紀半ばのものらしい。その当時カレンは、南ビルマのペグー／バゴー王国と北ビルマのアヴァとの戦いの最中だった。ペグー／バゴー王国は大部分の人口がモンで、アヴァは大部分がビルマ人だった。[11]ペグー北部にあるカレンの村から、ミンラウンが現れたのは一七四〇年のことだ。その名をターフラといったが、人々からはグウェー・ミンと呼ばれていた。[12]彼がカレンであったかどうかは定かではないが、彼には間違いなく強力なカレン支援者がついていた。[13]ビルマ人知事がペグーに重税を課したことが原因で反乱が起きたが、グウェーミンがハンタワディー（ペグー地方）の王であることを宣言し、仏の福田を意味する官名であるスミンドーブッダケーティーダンマラージャーに就くことで終結した。在位期間は短かったが、彼は間違いなく「カレンの」王であった。一七四七年に彼が部下である第一大臣に王座を奪われた後、アヴァ－ペグー戦争が勃発した。最終的にはペグーは完敗し、ビルマ人のアラウンパヤーが一七五七年に新王となった。カレンの口承伝統は、この時代の惨状を「アラウンパヤーの飢餓」として伝えている。何千ものモンやカレンが弾圧から逃れ、遠く離れた東部の山地へと落ちのび、あるいは自らシャムの庇護下に入った。

その後、ミンラウンの出現と反乱が次々と起こった。グウエー・ミンとほぼ同時期に現れたミンラウンの一人、ソークウェーレンは王朝を築き、その後も少なくとも一〇人のミンラウンが現れた。[14] ソー・クウェーレンに続いたミンラウンとその支持者は、彼が軍隊とともに再来することを期待していた。一八二五年から一八二六年にかけてあるカレン人預言者は、ビルマが第一次英緬戦争に敗北したことに乗じて、ユワの再来が迫っていると宣言し、四年のあいだビルマ人支配を覆したが、最後には討伐された。一八三三年には、ビルマを訪れた初期の宣教師で、後にラングーン大学となる学校の創始者でもあるアドニラム・ジャドソンが、大勢の支持者をもつスゴー・カレンの預言者アリマディに出会っている。彼の預言は、やがて大きな戦争が起きた後、王が仏教によって平和をもたらすというものだった。彼は側近とともに、キリスト教宣教師の執拗な布教活動に抵抗して、小さな地域で独自の教団を結成した後、ビルマ軍と戦うために一八四四年から四六年にカヤーの王子と同盟関係を結んだ。ミンラウンであることを宣言したアリマディは、多くの支持者とともに戦死した。一八五六年には、サルウィン山地でも別のカレンが王になろうとして、シャンとカレン系民族から志願兵を集め、成立間もないイギリス植民地のビルマ人官吏へ税を支払うことを拒否した。[15] 一八六七年には、植民地当局からは盗賊の烙印を押されたミンラウンを名乗る者が、パプン付近の山地のカレンのなかから現れた。ミンラウンは一般的に即位宣布にあたり、仏塔を建立し、その尖端部に王の特権である相輪（ティー）を取りつける儀式を主催することが多かった。

憶測ではあるが、弱小の預言者は、政治的に消極的であったり、多数の支援者を集められなかったりしたため、植民地時代の公文書に名を残さなかったが、仏教徒カレンのあいだでは度々出現しているので、たんに注目されなかったからだと思われる。こういった預言者たちは同時に、二〇世紀の仏教徒カレン社会に繰り返し現れる宗教者でもある。日本による侵略の直前には、自らをプー・グウェゴウと呼ぶカレン男性がサルウィン川流域で千年王国運動を起こしている。彼は戦争の最中にイギリスの組織した一三六部隊によって暗殺された。

ミカエル・グレイヴァーズの指摘によれば、ビルマ・タイ国境地帯に暮らすカレンのあいだには、世紀末的宇宙論を奉ずる二種類の宗教運動がある。そのひとつは、「黄色い糸運動」のポー・カレンを自称する者たちからなっており、彼らは、儀礼と実践を指示する隠遁者の信奉者である。彼らは預言者に命ぜられて、豚の飼育と飲酒を止め、七本の黄色い糸を手首に巻き、「大地の女神」（ソンタルウィー）に捧げられた柱を前面に据えた仏塔を建立する。女神は弥勒菩薩が降臨するまで仏の恵みを施してくれる。ルーバウンと呼ばれるこの伝統は隠遁者の門弟に率いられており、ときにはミンラウンを名乗って反乱を起こすこともある。二〇〇〇年にもルーバウン・カレンの村人とタイ国境警備隊のあいだで衝突が起き、五人の警官が殺害されている[16]。

カレンのあいだに流布しているもうひとつの仏教的千年王国観は、テラコンと呼ばれる新興宗教一派の伝統である。この伝統にはルーバウンと共通する点もあるが、特徴的なのは、隠遁預言者の始祖ソー・ヨーから続く「王家」の血統を強調し、女性を儀式から排除する点である。グレイヴァーズはテラコンを階層化の進んだ「低地版」ルーバウンとみなし、構造が国家に似ていて、すべての宗教が統一されるという未来観をもっていると考えた。山地民が二元的な社会構造（平等主義と階層化）をもつことが多いのと同様に、預言運動も同様の二元性を帯びるようである。

ラフ

ラフはチベット・ビルマ語系の言語を話し、アカ、ハニ、リス、ロロ（イ）とも関連がある人々であり、山地で焼畑農業を営み、雲南省南西部を「故地」としている。人口六五万あまりのラフの九〇パーセントは、サルウィン川（怒江）と紅河上流部のあいだのビルマ西部から雲南省にかけて暮らしている。ラフ社会は、山地のなかでも際立って平等を重んじており、集落より大きな政治集団はほとんどみられない。そして、ラフを最も熟知する民族誌家の見解によれば、彼らには集落の内部にすら実質的権威が存在しないという[17]。その一方で、彼らの社会に豊富なものは、預言者とその長い伝統である。ラフはこの預言者の伝統に、大乗仏教、アニミズム、さらに現在ではキリスト教の要素を取り込みながら、漢、タイ、イギリス、ビルマといった低地の敵に対して権利を主張してきた。

ラフの預言者の伝統についてここで簡単に概観する目的は三つある。まず、簡便に歴史的かつ人類学的な土台を固め、どのような宗教的世界観がラフの預言者と支援者を支えているのかを明らかにすること。第二は、習合的な宗教観念がどのように調合されて、その多くが国家の中心部からどう発せられるのか、そして、低地国家の制度的形態を模倣することで低地国家の思惑にどのように対抗できるのかを明らかにすること。最後に、そうした思想と人が、集団行動に必要となる社会的結束をどう形成するのかを明らかにすること。これによって、通常、個人主義的であるはずのラフ社会だけでなく、ワ、カレン、リス、アカ、タイ系民族といった他の山地社会においても、社会的結束がどのように生まれるのかが明らかになる。

通説によれば、過去四世紀のあいだのラフの南下と山地移動は、漢の政府とその移民による圧迫によるとされる。それ以前の明朝初期（一三六八－一六四四年）にも、少なくともラフの一派（ラフ・ナ）が、雲南南西部にある臨沧江沿いの肥沃な低地をめぐってタイ系民族と争っていたようだ。その結果、タイ系民族が勝利を収め、ラフは山地へと追いやられ、より大きなタイ系民族国家の属国となった。多くの他の山地民と同様に、今日のラフは焼畑とアヘン栽培を行う人々とみなされているが、焼畑を行うようになったのはこの敗北の後のことであり、その理由は農奴としてタイ系民族に取り込まれないようにすることだったのであろう。

ラフにとってさらに深刻な脅威は、侵略的な拡張を続ける初期の清朝であった。初期清朝は、古い史料を引用しながらラフについて語っているが、それを見ればいかに漢人官吏がラフを蔑視していたかがわかる。「色黒で、醜く、愚かである。蕎麦を食べるが、木の幹、山菜、蔓、蛇、虫、蜂、蟻、蟬、鼠、野鳥も食べる。家の建て方を知らず、洞窟にすんでいる。彼らは野人と変わらない」[18]。またよく知られた漢人の民話では、ラフは尻尾をもって生まれるが、生後一カ月で抜け落ちるという。

「夷を以て夷を制す」という明朝の政策の下で、ラフはタイ系民族の首長によって非常に緩やかに支配されていた。こうした支配が劇的に変化したのは、清朝によって新たな政策が施行され、ラフの住む地域を漢人の行政官が直接統治し始めたときであった。直接統治を実施するために、当局はタイ系民族の役人を解任し、土地の肥沃さを基準に開拓地の地籍測量を行い、体系的な税制を課すために世帯の登録を始めた。一七二五年に施行されたこの政策が引き金となり、一七二八年には六年にもわたる大規模な反乱が勃発した。この反乱は、ラフ、タイ、ハニ、ロパン、イからなる多民族同盟によるもので、新たな税、拡大する漢人の移住者、清朝による茶の独占に反対するものだった。一連の反乱の後期になると、ラフはタイ系の僧侶に率いられた。この僧侶が言うには、自分には「彼らを抑圧から解放する超能力がある」のだった[19]。

奇跡を起こす僧侶たち、つまりラフに「生き神」と崇められている者たちが果たした中心的な役割が際立っているのは、一八世紀末に起こったラフ、ワ、ブランによる数々の反乱（一七九六－一八〇七年）においてである。この反乱は、残存するタイの領主が課した税と賦役に反対して起こった。ラフは地元の人々に「銅金和尚」と呼ばれ敬われた漢民族の血を引く大乗仏教僧の呼びかけにこたえて反乱を起こした。反乱は清朝の軍隊によって制圧されたが、それによってビルマ・シャン州へと南下する大規模な民族移動が引き起こされたようだ。その一方で、反乱が起きた場所にとどまったラフは漢民族化した。

一八〇〇年までには、ラフによる無数の反乱にはある種の文化的な型ができあがっていた。ラフの反乱は、ほとんどつねに神王と見なされた聖者によって率いられていた。彼らは病を癒し、共同体を浄化できる、仏教で言うところの「福田」にあたる人物であった。アンソニー・ウォーカーがこの文化複合体をつぶさに考証してくれたおかげで、この混合体を作りだすラフの世界観の中心的要素を特定できるようになった。

ラフの社会には、その隣人であるカチン、リス、アカといった多くの山地民社会と同じように、半陰陽の創造主の伝説がある。[20] 仏教伝来以前から存在するこの伝統は、遅くとも一九世紀半ばまでには、タイ系民族の上座仏教ではなく、大乗仏教と一体化していた。ラフを大乗仏教に改宗させたのは、山間部に寺を建立した何代にもわたるカリスマ的な僧侶たちだった。二代目の僧侶にあたるアシャと彼の妹（姉ともいわれる）は、ワを打倒して大乗仏教に改宗させ、ラフの配下に入れたという伝説がある。大乗仏教の伝来とともに、平等、平和、物質的な豊かさ、よそ者による支配からの解放をうたい、新たな世界の到来を唱える「黄金の地」の伝統がラフ社会に導入された。大乗仏教の出家者組織は、ラフ社会に千年王国の信仰をもたらしただけでなく、紛争調停の社会的メカニズムを作り、蜂起の際に村落同士をつなぐネットワークを社会全体に張り巡らせた。大乗仏教とタントラ仏教の中心的な教えである師弟関係によって、末寺が教義と弟子筋で結びつけられ、最も敬われた開祖とのつながりが形成された。

このようにして、ラフの預言者は事実上、カリスマ的な僧侶となり、自他ともに認める創造神グシャの化身であり、同時に釈迦の化身（ビルマ語で言うセッチャーミン）でもあって、倫理的で平和な世界を復興させる、とみなされるようになった。二者が一体化して同一人物とみなされることによって、ラフの祖霊の化身であると同時に、世界を司り法輪を転ずる未来仏の権化ともなった。ウォーカーの解説によれば、「ラフが繰り返し経験した現象は、通常の儀礼の遂行を乱すような事態……つまり聖者の登場であった。その聖者は、グシャ神と一体であることを主張し、村落を基盤とする社会組織を超えて、よそ者による政治的支配に挑戦しようとした」[21]。カレンの預言者と同様にラフの預言者も、伝統的な倫理原則を復興し、低地国家（ラフの場合には漢民族やタイ系民族）による支配に抗う存在だった。

生き神になるということは明らかに非日常的な行為であるが、頻繁に生じたラフの預言運動から、預言者がたどる「履歴」とでも呼べるものを特定することができる。まず村の祭司が神秘体験をし（だいたい原因は病気である）、トランスや憑依状態のなかで、病を癒す力を得たと主張する。世間がこの祭司の主張を受け入れ、村外からも治療のために相当数の信者が集まるようになると、今度は自分にはグシャとしての神性があると主張するようになる（信者がそう主張する場合もある）。次に彼は儀礼や（食生活、祈禱、タブーなどをめぐる）教義の改革を訴え、共同体を清め、新たな秩序へ向けて準備をすべきだと主張することが多い。最後の段階では、近隣の低地国家の史料のなかに忽然と登場し、自ら墓穴を掘るかのように、神の化身として新たな秩序を宣言し、低地国家に対抗して信者を結集するのが通例だった。

ウォーカーは、史料のなかに登場する二〇世紀の生き神について記している。中国の記録によれば、ラフの預言者が率いた一九〇三年の反乱が起こったのは、人々が一カ月にもわたる集会で読経を唱えながら瓢簞笛を吹き踊ったあとだった。その後の戦いで預言者は死亡した。米国バプテスト教会の宣教師であるハロルド・ヤングのカレンの助手は、ケントゥンの北で「（自分は）救世王だと主張」するラフの男性に出会い、その信者にはアカ、シャン、ラフが含まれていたと報告している。一九一八年にラフの反乱者が中国の衙門（行政長官事務所）を襲った際には、弥勒菩薩の紙の仏画を携えた反乱者がいたという。一九二〇年代になると、キリスト教はラフ社会に深く食いこんでおり、あるアメリカ人宣教師の報告では、病を癒す力をもつと評判の雲南人の改宗預言者が膨大な数の信者をかかえ、信者に対して新たな食生活に関するルールを言いつけていたという。報告は断片的だが、キリスト教徒となったこの生き神には、それ以前に現れたラフの仏教徒の預言者たちと多くの共通点があったようだ。

一九二九年には、あるラフの治療師がさまざまな民族からなる信者を従えてケントゥン付近に現れた。彼は突如として村を砦で固めると、税の支払いを拒否し、ムアン・サットにあるタイ系民族の小国家を攻撃し占領しようとした。この時点でイギリスの植民地軍が介入し、この預言者の砦を破壊し、武装した信者たちを蹴散らした。一九三〇年から一九三二年にかけて活動した別のラフの預言者はワの首長を襲い、そのあと人里はなれたアウンラウン山脈に多数の信者とともに撤退した。そこで彼は半ば独立した王国に君臨した。

国家の立場から書かれた史料は、反乱を非合理なものとして記述することが多いが、反乱を低地国家の侵略から独立を守ろうという切羽詰まった要因から説明することは容易だ。例えば、一九七三年にケントゥン付近でビルマの軍事政権とラフとのあいだで起きた、最近の軍事衝突をみてみよう[22]。ラフの宗教界、世俗界の指導者であったマウ・ナ・パウ・クは、グシャの神性を授かり、ラフの道徳秩序の守護者として六〇年にわたって敬われていた。軍事衝突の原因は、おそらくビルマ軍がラフを非武装化して、アヘン貿易を接収し、世帯、家畜、販売用の家畜の屠殺に対して課税しようとしたためだと思われる。ビルマ当局にとって、預言者は許容範囲を超える独自権力の代表者であり、なんとしてでも打倒しなくてはならない相手だった。二名のラフ貿易商が逮捕されると戦いが始まった。何千ものラフが加勢したこの戦いでは、自らの無敵さを過信していたことも災いして、何百ものラフが命を落とした。これに続く五〇を超える戦闘では、ビルマ軍も相当数の死者を出した。この反乱と、一九七六年に雲南省で反漢民族をかかげて始まった預言者運動とのあいだには、直接的な関連があったようだ(23)。

キリスト教徒のなかでも、とくにバプテストがラフの改宗に成功したことは、驚くべきことではない。多くのラフは一般的に預言を受けいれやすい性格であるうえに、彼らはバプテストの教えが普遍的な健康（つまり不滅の生）を与えてくれ、積年の願いであった漢民族とタイ系民族による支配から解放されるための強力な味方になるとみなしていた。学校が開校され、預言の書が入手されると、自分たちを遅れた者として蔑視してきた低地社会との対等な関係が可能になった。事実、ウィリアム・ヤングの説教を聞いた初期のラフ改宗者の多くは、彼を奇跡をもたらす新たな神だとみなし、かつて自分たちが信奉してきた預言者たちと同様に、新たなる神の計らいへの準備として、（酒類、アヘン、賭博をやめるなど）倫理的な行いに立ち戻ることを呼びかけていると考えた。換言すれば、ラフはキリスト教に改宗しても、ほとんど何も変えずに従来どおりの宇宙論と預言者の到来を期待しつづけることができた。ラフにとってタイ系民族や漢民族の領主による支配からの解放がいかに重要であるかを、ヤングの成功を観察していた二人の長老派の宣教師はこう鋭く見抜いている。「まず私たちは［運動の政治的段階に］言及しよう。というのも私たちの判断では、免税、兵役の軽減、（タイ系民族の）支配者への貢物の免除といった政治的配慮が、洗礼を受けたラフ国家にとって最も重要な関心事であったからだ(24)」。

周縁と疎外の弁神論

圧倒的な逆境に置かれているにもかかわらず、周縁の山地民と疎外された世界の人々が、自らの解放が間近であると確信し、その確信に従って行動することが多いのには驚かされる。悲劇に終わることもよくあるが、彼らが極端に楽観的で、自分たちが解放されると強く信じている様は、注目と賞賛にすら値する。もし疎外された人々が、自らの勝機の小ささを理解している抜け目ない現実主義者ばかりであったら、現在の世界がどうなっていたか想像もつかない。マルクスは宗教を批判する際でも一定の感嘆を示した。最後の文句ばかりが広く引用される一節のなかでマルクスは次のように記している。「ところが、人間は世界の外にとどまり続けるような抽象的な存在ではけっしてない。人間は人間からなる世界、国家であり、社会である。こうした国家と社会から、倒錯した意識としての宗教が生まれた……宗教的な苦難は、現実の苦難の表現であるとともに、現実の苦難に対する異議申し立てでもある。宗教は虐げられたいきものの溜息であり、心なき世界の心情であり、精神なき状態の精神である。宗教は人々の阿片なのだ[25]」。何度も何度も、おびただしい数の山地民が声高に世界を都合よく解釈し、解放の到来を頑なに信じ続けている様子は、その他の疎外され汚名を着せられた人々と、間違いなく家族的類似性をもっている。汚名を着せられた人々とは、宗教改革内戦時の再洗礼派、メラネシアのカーゴ・カルト、ツァーリの勅令による解放を信じたロシアの農奴、救世主の登場を信じた新大陸の奴隷、さらにユダヤ教やキリスト教にかぎられたものではないが、王や神の到来（または再来）を信じる何百もの千年王国運動の担い手である。皮肉ではあるがこうした世の中の読み違いがしばしば大流行したことで、反乱が勃発し、その結果として実際に状況が逆転することもあった。

預言運動には神の介入と魔術が不可欠だから、宗教的な装いをまとわせて、怪しげなものに仕立て上げることは容易である。しかし、こうした誘惑はしりぞけなければならない。なぜなら、現在では「革命」と呼ばれている権力をめぐる大衆闘争は、一八世紀最後の四半世紀以前には、一般に宗教的なものと解釈されていたからだ。大衆による政治は宗教であり、宗教は政治であった。マルク・ブロックの言葉を借りるなら、中世ヨーロッパの封建世界における千年王国運動の反乱は、大規模な資本主義社会におけるストライキと同様にありふれたものであったと言える[26]。一七七六年に北米で、一七八九年にフランスで、誰もが認める初めての世俗革命が起きるまで、大規模な政治運動の熱意は、そのほとんどが宗教色を帯びていた。正義と権利の観念、そして今日「階級意識」と呼ばれているものは、宗教の言葉で表現されていた。大衆の熱意と従属的な立場におかれた人々の政治に注目すれば、それらが完全に世俗的な装いをまとって現れることは稀であることに気づくはずだ。これから見ていくように、そうした民衆の熱意が世俗的でないかたちをとっていることを軽く見てはならない。政治とは、つねに道徳秩序に関する神学的議論でもあるのだから。

仏教、キリスト教、イスラームといった救済宗教を含む大衆宗教のなかに、アニミズム的基層信仰が確固として存在し続けていることからも、「実在する」実践的宗教は俗事を無視しているわけではないことが裏付けられる。アニミズムの宗教的営みの大部分は、さまざまな世俗の関心事に影響を与えようとするものであり、豊作の保証、病の治癒、狩りの成功、恋の成就、戦いでの勝利、あらゆる敵の妨害、試験合格や子宝などを祈願して行われる。救済宗教の営みには、高尚な教義とは裏腹に、俗事の成就に対するアニミズム的執着が反映されているものである。ビルマ上座仏教徒のナッ信仰やシャム上座仏教徒のピー信仰は社会の奥深くまで浸透しており、一般の人々が大衆的なアニミズムと規範的な仏教のあいだにある緊張関係に気づくことは滅多にない[27]。

無数の預言者たち

当然ながら反乱の名前は、反乱の中心人物であるカリスマ的預言者にちなんでつけられることが多い（例えば一九三〇年からその翌年にかけてビルマ南部で起こったサヤーサンの反乱）。残念なことにこうした習慣は、注目すべき対象を取り違えているように思われる。まず預言運動はほとんどの場合、あるカリスマ的な人物の周囲で始まるものの、千年王国運動には特定のリーダーがいなかったり、何人かの人物が続けざまに現れ、誰も決定的な役割を果たしていないことが多い。

さらに重要な反論は、預言者は数えきれないほどいる、ということである。私たちが目にするのはせいぜい史料や新聞、警察や裁判所の記録のなかに残るほど大きな運動に限られている。ギョーム・ローゼンバーグは、ビルマ人の隠遁僧たちについて次のように記している。「数知れぬ失敗、つまり、聖者になることを目指したものの、それを果たせずに終わった名もない数々の森林僧に、私たちは関心を払ってこなかったのだ……聖者になれなかった者たちの知られざる運命を把握することが、華々しい勝者の目覚しい軌跡を知ることよりもずっと困難なことは確かである」[28]。一世紀初期のローマ帝国支配下のパレスチナには、古代ユダヤの時代から伝わる預言を実現する救世主を自称する者が無数にいたことだろう[29]。しかし、ナザレのイエスに集まったカルト集団のみが、後に世界宗教として制度化されることになった。

このようにカリスマとは、預言者と信者とのあいだに生まれうる、特定の文化的関係である。カリスマとは人間関係であり、お互いの心の共振から生まれるため、誰かのポケットに金貨があるという場合とは違って、誰それにカリスマ性がある、とは言えない。カリスマ的関係を生みだすものが何であるかを定義することは困難だが、いかなる文化的状況においてもつねにカリスマ的であるということはありえない。ある歴史的瞬間においてカリスマ的なものが、別の時代では全く理解不能だと見なされることもある。だとすれば、ある個人の才能や輝かしい個性を支えているのは、持続的な文化的期待や欲求であり、預言者はそこに作りだされる期待の幅のなかに自らをうまくはめこむことができるかどうかを問われるわけだ。この観点からすれば、カリスマ的な結びつきとは、特定の集団が心底受けとめられるメッセージを発している頼もしい説法者を求めている状態とみなしてもよい。それは、あたかも信徒たちの目標（どれだけ野心的であっても）が具体的に示されており、人々はそこへたどり着くための確かな手段を捜し求めているような状態である。ここでの預言者は移動のための乗り物なのだ。これと同様に、「五〇の白い仏塔が建立されれば新たな世界が訪れる」といった具体的な預言はいつでも反証されてしまうので、人々の興味をそそらない。むしろ、大切なのは特定の未来を待ち望む心性のほうである。たとえ具体的な預言がはずれても、預言を待ち望む心性が構造的かつ歴史的な大義に支えられてさえいれば、新たな装いをまとって復活できるからだ。だとすれば、なぜ特定の集団に千年王国の到来を待ち焦がれる傾向が強くみられるのか。なぜ山地社会では、ユートピア的な未来が次々に生まれるのか。預言者を輩出し続ける山地社会の多くには、何らかの共通な性質があるように思われる。

優れた預言者が現れる社会には、預言者としての資質の雛形が埋めこまれていると言ってもよい。これまでみてきたように、ラフが預言者になるまでの標準的な出世のパターンを導きだすことは可能だ。預言者と信者たちが互いに影響しあう様子は、聴衆が中世の吟遊詩人に与えた影響になぞらえることができる。例えば市場で庶民の施しだけで暮らす吟遊詩人を例にとってみよう。人々は、彼の歌が気に入れば、小さな銅貨をめぐんでやる。多くの聴衆を楽しませるため、彼には千もの歌と物語のレパートリーがあるとする。聴衆の好みが一貫していれば、この詩人は少しずつ聴衆について理解を深めるうちに、市場で披露する歌や、おそらく歌の順番や歌い方さえも、聴衆の嗜好に応じて変えてゆくだろう。たとえ詩人が群集の表情や熱意を読みとることに長けていなくても、市が終わるまでに集めた小銭の数から、自分が何を歌うべきかを知り、レパートリーを調整するにちがいない。

どんな類推にも限界があるように、このたとえ話にも限界がある。この場合、創造的にレパートリーを追加し、聴衆の好みさえ変えてしまう預言者の能力が過小評価されすぎている。広場で歌うという何の変哲もない行為を引きあいに出すことで、預言者の運動に活力をもたらす莫大な利害関係と情熱を見落としてしまうのは間違いない。それでもこの類推からわかるのは、カリスマ運動に加わる人々――たんにカリスマ的指導者に騙されているだけだと誤解されがちな人々――の文化的な期待と歴史認識が決定的な役割を果たして、預言者の行為に影響を与え、彼を成功に導くことがありうるとい説教師なら誰でも使う手段である。優れた政治家やてゆく過程は非常にありふれたものであり、優れた政治家や説教師なら誰でも使う手段である[30]。

「遅かれ早かれ」

社会的階層は、それ自体が、富、特権、名誉の階層化を生みだす。だが、階層化の原理が異なれば、生み出される序列も少しずつ異なってくる。例えば儒学者や仏教寺院の住職は、社会的に最高の特権をもっていても、物質面では貧しいことがある。もちろん、ほとんどの社会では両者の順位相関は高く、長期的にみれば序列は金融用語でいう代替性をもつ。社会階層はある一定の式典、儀礼、消費として顕在化し、文明化された行為とみなされる。結婚や葬儀、服装、家屋の様式、饗宴、儀式、宗教的行為、娯楽に関する形式は、適切で価値あるものとみなされるようになる。こうした基準に従い、高潔に振る舞うのに必要な富をもつ者が、もたざる者より高貴かつ模範的であると、自他ともに見なされるようになる[31]。

「特権なき者たちの宗教」について書いたときのマックス・ヴェーバーは、この種の社会的、文化的な差異を念頭においていた。階層化された秩序のなかで、特権なき層が味わうのは、たんに栄養や金銭の問題ではなく、地位や社会的評価に関する負の烙印と不名誉である。彼らは毎日、自分たちの食生活、儀礼、葬儀、ひいては自分自身が人として特権層より劣っていると感じる。ヴェーバーは「自明なのは、最も広義の救済を必要としているのが、特権なき階級の者たちであることだ」と述べている。これとは対照的に「軍人、官僚、富豪といった「満ち足りている」階層の者にとっては、救済の必要性は縁遠く、別世界のものである」とも指摘している[32]。

不遇な者たちは、現在の地位や富の維持に全く関心をもたず、むしろ社会秩序の劇的な変化によって最も利益を得る階層である。だから彼らが全く新しい秩序の到来を約束する運動や宗教に対して、異常なまでに関心を寄せたとしても不思議ではない。特権なき階級の「世界転覆」に対する強い関心は、ユダヤ教の伝統の中ではヨペルの年というかたちで現れる。その際には借金が帳消しにされ、奴隷が解放され、囚人も釈放される。旧約聖書のこのメッセージは、出エジプトと「約束の地」の思想とともに、北米の奴隷に受容された。彼らはヨペルの年と贖罪を文字どおりに理解していた。同様の例は、カトリック国におけるカーニバル、インド・ヒンドゥー社会のホーリー祭、東南アジアの水かけ祭りなどといった、世の中を逆転させる年中行事である。その際には、短期間ではあるものの、通常の社会秩序が中断、または逆転することになる。これらの儀式は、無難に緊張を緩和し、社会的序列を課しつづけるための安全弁からは程遠い。それはむしろ闘争の場であり、現実の暴動に結びつく恐れすらあった[33]。

ヴェーバーは、不遇階級のなかでもとくに厳密に「遅かれ早かれ、偉大なる勇者や神が現れ、信者たちにふさわしい社会的地位を授けてくれる」と信じる者たちを特定しようとした。革命的な宗教は、例えば小農のなかでもとくに社会の周縁部、つまり「国内勢力（金融業者、農場主、荘園領主）や国外の政治的権力によって、奴隷や無産階級にされるおそれがある」者にとって魅力がある、とヴェーバーは考えていた。小農を過激な宗教セクトへと駆りたてるのは、貧困というよりは、わずかでも土地を所有する自立した状態から、土地なし労働者や、ひどい場合には農奴という惨めな依存状態にいまにも陥いるかもしれない場合である。自分たちの経済的、社会的自立が脅かされると、元来とりたてて信心深いわけでもなく、明らかに正統派でもない小農（異教徒 pagan という言葉は、田舎に住む者を意味するラテン語 paganus が語源である）は、反体制的で革命的なセクトに変身するのだ。ヴェーバーは多くの事例のなかでも、とくにローマ帝国支配下の北アフリカのドナトゥス派、一六世紀初期のボヘミア地方のタボライト派（通称フス派）、イングランド内戦期のディガーズ、ロシア小農の分派を、預言者の伝統を引く農村の急進主義として注目していた[34]。


ヴェーバーの見方は、山地における預言運動を詳しく検討する際に役立つ。さしあたりここでは、国家を基盤とする秩序に組みこまれていた小農共同体に、急進的な預言運動を支援する傾向があることに注目するだけで十分である。自律的な村落秩序（地元の紛争調停、放牧権と共有地の管理、指導者の選択など）に、中央集権的な国家が介入しようとする際には、必ず急進的な傾向が現れる。ここでも問題になるのは、収入や食料供給ではなく、自律なのである[35]。

千年王国論的な色合いが濃い山地の宗教的異端や預言運動は、歴史的にみれば、低地居住者やすでに低地国家にとりこまれた山地民のあいだでも同様にありふれたものである。事実、先述したように、山地に流布する千年王国論の大部分は、もともと低地国家から取りいれた物語の断片から成り立っている。

ビルマは上座仏教国家の模範だが、明らかに異端的習慣と信仰に満ち溢れている。古くからの伝統のなかで、ウェイザー（錬金術、魔術、空中飛行を行う、不老不死の超能力者）や隠遁僧 ya thè、さらに憑依、トランス、占星術をあやつる治療師（ベーディン・サヤー）や黒魔術師（アウッラン・サヤー）、そして奇跡をもたらす僧侶などが信奉されてきた。彼らはみな、未来仏、転輪聖王、菩薩になりうる人々である[36]。

低地の上座仏教に見られる基本的な対立軸の一方には、森林僧、つまり隠遁生活を営む僧がおり、もう一方には定住僧、つまり九つある公認された教団のいずれかの戒律を守って出家した僧がいる。[37]隠遁者として霊的な能力を独力で得ようと決意した僧侶は、非常に質素な生活と厳しい断食を行い、墓地や死体のうえで瞑想を行うことが多い。彼らは定住農業や政府の支配地域を捨てるだけでなく、強力な精霊や野生の自然に満ち溢れた危険な世界に入ってゆく。森林僧は大衆の尊敬を集めることで私たちの知るところとなり、奇跡の力を手に入れたと信じられるようになる。その力には、未来（宝くじの当選番号まで！）を見通す力、次の仏陀が現れるまで生きながらえること、強力な薬や護符を作ること、錬金術を身につけること、空を飛ぶこと、忠実な信者に徳を授けることなどが含まれる。こうした力は低地定住者からみると、国家空間や灌漑稲作の地を離れ、森や荒野へと旅立つことによってしか得られない。つまり、特別な力は水稲国家の外にしか存在しないと暗に考えられている。森林僧の多くがビルマ人でないという事実は、山地の異端のもつ魅力の証でもある。[38]

預言者の果たす役割は、全体としてカリスマ的で異端的な仏教の実践だとみなされてきた。預言運動は、霊感とカリスマ的な人物との繋がりに依存しているため、制度化され階層化した出家者集団（サンガ）に対する脅威と見なされ、つねに抑えこまれてきた。ローマ帝国政府が（至高の社会のみが授かりうる）アポロンの神託を好意的にとらえる一方で、女性や下層階級の男性に好まれたディオニュソス信仰による乱飲乱舞を禁止したように、上座仏教の権威者たちは、カリスマによる運動を脅威とみなしてこれを禁じた。[39]カリスマによる活動がつねに危険なものになりうることは、仏教の出家式の際になされる次のような警告のなかにも暗示されている。「もう一度繰り返すが、私たちの同胞のなかでは、特別な才能に恵まれていると主張したり、この世のものとは思えないほど完璧であると自称したり、虚栄心から自らを聖者だと主張するような者はいない。人里離れた場所に引きこもったり、聖者が陶酔感を味わっているかのように振る舞ったりした挙句、並み外れた精神の高みに到達する方法があるかのように他人に教えこむようなことがあってはならない」[40]。一八世紀のコンバウン朝の始祖アラウンパヤーは、こうした脅威を危惧し、僧侶になるための訓練課程を修了できなかった者に刺青をしたうえで追放したので、「彼らが異端であることは目印で確認できた」という。[41]

だとすればビルマの低地国家では宗教的な諸派が混在していた状況があったことをどう理解すればよいだろうか。マイケル・メンデルソンの所見から出発するのがよい。僧侶たちは、富や水稲栽培が集中している場所、つまり最も国家形成に適した場所に密集している。裕福な在家者や政府の役人、公認された僧侶たちの学習拠点は、自ずとこれと同様の場所に引き寄せられていた。この緊密な繋がりに加えてメンデルソンは次のような観察も行っている。それは（例えばアニミズムなど）土着の宗教的伝統に対する仏教の強みが、王室の権威、つまり君主国家との直接的な結びつきに由来するということである。正統派ではない仏教、つまり出家式の際に禁止されている習慣やナッ信仰、その他のアニミズム的な習慣を検証してみると、そこには国家形成の歴史における継ぎ目、断絶、亀裂などが体現されており、ある種の一貫した理屈がある。こうした非正統的な宗教の営みとその実践者は、国家に抗う差異と異端の領域の存在を示しており、少なくとも国家が奨励する宗教による取りこみや順化の失敗を表している。

イギリス議会の野党が、政権奪回の機会をうかがって実際の内閣を模した影の内閣を作るように、経典に基づく公式の仏教にも、正統派に影のように付きまとい、混乱を生じさせる代替組織が存在する。伝統的な僧院のかわりに、国家の外部には僧伽の戒律を逃れた修験者と森林僧たちがいる。そこには仏教にもとづく千年王国への期待があるかわりに、未来王（ミンラウン）になろうとする者、治療師、弥勒菩薩、仏法王などが、支持者に対してユートピアの到来が間近であると約束している。国家の中央におかれた仏舎利塔や神殿のかわりに、地域社会のナップエ（精霊の儀式）がある。解脱のために功徳を積むのではなく、現世利益のための世俗的で即物的な技術がある。官僚化し、試験に合格した僧侶からなる僧伽の代わりに、カリスマ的な僧侶が独自の支持者を集めている。ビルマ人仏教徒の多くは、家の敷地内にあるナッの祠と仏舎利塔での三蔵（経典）の読経のあいだを、気軽かつ無意識に行き来している。あくまで、こうした区別は主に分析のためのものにすぎない。

代替宗教は国家形成の歴史的過程で縫い合わせられたものの、いまだに消えない傷跡のようなものであり、このことが最もはっきりとわかるのは、ナッ信仰においてである。ほとんどのナッは実在した人間で、彼らはまだ「青い」うちに死んだ、つまり早世した者の霊であるために、生きている者を守ったり傷つけたりできる魂がこの世にまだ残っていると信じられている。注目すべきは、多くの有名なナッが生身の人間であったときの伝説の多くが、王への不服従や反乱で彩られていることである。[42]なかでも最も著名な「タウンビョン兄弟」の二人は、陽気なムスリムであった。兄弟は王が仏教の重要な聖遺物を手に入れるのを手助けしたのだが、ビー玉遊びに夢中になり、その聖遺物を収める仏塔に必要な二個のレンガを届けそびれてしまった。この不敬罪によって、王は彼らの睾丸を潰して殺してしまった。マンダレーの三〇キロ北にあるタウンビョン村では毎年彼らを讃える祭りが行われ、祭りは飲み食い、賭け事、奔放な性が繰り広げられる、収拾がつかない狂乱の騒ぎになる。おそらくナッは中央集権化を推し進める王に征服されたさまざまな集団や土地の守り神なのであろう。そう考えたメルフォード・スパイロは、タウンビョン兄弟の信仰にみられる政治的、宗教的な反体制的傾向を次のように記している。ナッは「権威に対峙するものを象徴している。人々は祭式のなかで……権威に対して異議を唱えるのだ。しかしナッは……宗教的権威への対立も象徴している。ナッの信者は、仏教への敵愾心を露わにし、仏教が禁止する願望を満たすことができる」[43]。その他のナッの例としては、王によって不当に殺された者（ほとんどのビルマ人の家庭の祭壇に祭られているマハギリナッの兄妹）や、少なくとも三人の王殺し、さらに反仏教的な行動の見本のような放蕩者たちがいる。

三七体のナッを祭った大神殿（その数は、ビルマ人の宇宙論に従えば、神々とその属国の数とに正確に符合するという）は、中央の権威によって設置されたともいえる。メンデルソンによれば、その神殿は一連の土着信仰を、君主の下にある仏教の傘下に収めようとした努力の象徴である。これらの土着信仰のあり方は、カトリック国において特定の聖人信仰がキリスト教以前の神々としばしば結びつけられるのと同じであるという。大神殿設置の目的は、強力だがまとまらないナッを、中央集権化された君主の下で制御可能にすることであった[44]。しかし期待されたような協調は不安定であり、ナッ信仰は正統派仏教と国家統合への抵抗精神の象徴であり続けた。メンデルソンが総括しているように、「仏教が優勢なときには、各地域にあるナッ信仰が禁止されるなどして、ナッ信仰は弱体化するのがつねである。つまり仏教が強力な中央の君主に寄り添う一方で、アニミズムは地方と反乱勢力の勝利に符合すると考えてよい」[45]。つまりビルマ人の儀礼生活には、国家形成時の対立が依然解消されず残っているのである。

ナッ信仰とはまったく別の話として、仏教界にも一方に――ヴェーバーがカリスマの日常化と呼んだ――官僚化し、登録され、検定試験を経なくてはならない僧侶がおり、他方には、奇跡を起こし、病を治療し、護符を配る僧侶がいるという亀裂があるのは明らかである。村の僧侶の多くは、在家の期待に応じてこの二種類の仏教実践を混ぜあわせている。国家が危機を迎えたときに在家の願望を代表していたのは、預言者の流れを引く者たちであった。実際のところ、こうした預言者の伝統を踏まえずに、二〇世紀ビルマのナショナリズムについて信頼できる歴史を記すことは不可能だろう。ビルマの全面的な植民地化後まもなく、ウーオッタマが自らを王と僭称し仏法王の正統な継承者であると宣言してイギリスに対する叛乱のかどで絞首刑にされて以来、輪転聖王の系譜は一九三〇年のサヤーサンの反乱まで切れ目なく続くことになった。サヤーサンの提唱した運動はナショナリズムの萌芽と見なされたため、彼は国家の制裁を受けた英雄となり、この反乱はサヤーサンの乱として歴史に刻まれることになったが、実は彼のほかにも「未来王の僭称者」が三、四人いたことを忘れるべきではない。[46] 今日、一般大衆が抱く民主主義への期待を背負っているのは、いまだ国家に「飼いならされていない」僧侶たちである。飼いならされた囚われの身の僧侶たちは、軍部高官から手渡される贅沢な贈り物や供物によって懐柔され、軍部と足並みをそろえるようになってしまっている。[47] ビルマ独立運動の功労者であるネーウィン（一九一一－二〇〇二年）がまだ健在で、権力を掌握していたときには、ナッ信仰を描いた映画はすべて禁じられていた。ナッ信仰と預言運動の流れをくむ仏教は、組織化され手なずけられた僧伽に組みこまれなくてはならなかった。それは、焼畑やイモ類が灌漑水稲栽培に置きかえられたのと同じである、と言えるかもしれない。前者は掌握が困難で、国家の横奪に抗うものであるが、後者は中央集権化に役立つ。

高地における預言運動

低地での預言運動も、山地での運動と同様に、近年まで一般的に見られた。山地との違いは、低地の運動が合意に基づく文化的基盤の枠の内で生じる抑圧と不公平への抵抗を表している点である。低地社会に見られるこのような抵抗は、山地で見られるものと同様に長い期間にわたって激しくつづくかもしれないが、それは恋人同士の口喧嘩のようなものである。つまり西洋社会の観念で説明するなら、低地社会の争いは社会契約の条件をめぐるものであり、契約自体の是非を問うものではない。苦難の末に得た国家の産物、つまり少なくとも一二世紀から続く文化、言語、宗教の標準化の進展は、その契約に傷を残したものの、あからさまな文化的、政治的分離の要求は稀だった。しかしこうした文化的母体のなかでさえ、困窮者や汚名を着せられた者たちは、急進的な選択を思い描くことができる。つまり徹底的な札の切り直しによって、階級や地位といった差別を解消するという選択を想定することである。しかしこのたとえが示しているのは、現在のゲームにおいて持ち札を切り直すことであって、けっしてゲームへの参加の是非を問うことや、ゲーム自体を無効にしてしまうことではないのだ。[48]

預言者や千年王国の活動を引き起こすような状況は非常に多様で、容易には説明できない。だが、ここではっきりしているのは、預言とその実現に向けた行動が、それぞれの状況で共有されている圧倒的な危機意識への対応策になっているということだ。ここでいう危機とは、洪水、不作、疫病、地震、台風といった自然災害の場合もある。ただ、旧約聖書にあるイスラエルの民が考えたように、災害には精霊や神の力が働いているとみなされることが多い。危機はきわめて人為的な場合もあり、戦争、侵略、重税、賦役など、国家に属する大半の人々の歴史において重要な意味をもつこともある。

それに対して、自律した山地民が歴史的に直面してきたのは、国家権力の侵食によって強いられた選択である。これは、奴隷になるか、ひたすら逃避するか、自分たちの共同体や生業を直接に管理する力を失うか、あからさまに反乱に打って出るか、強制的な定住化を受け入れるか、分裂して離れ離れになるか、といった選択を迫られることを意味した。低地民が迫られている選択肢とくらべると、山地民の選択肢は急進的とは言わないまでも、はるかに過酷で、しかも選択の際の判断材料となる情報も乏しいことが多い。より現代的な例として、一九六〇年代にフモンたちが選んだ運命的な選択を思い浮かべてみよう。彼らは、アメリカの側につくか、それともパテート・ラーオ（ラオスの共産主義勢力）を支援するか、または別の場所に移り住むかのあいだで選択を迫られていた。山地民は、低地の国家権力に対処する際、けっしてナイーブな物知らずではなかったが、彼らの直面した脅威は把握しにくく、自らの生活に深刻な結果を招くようなものばかりだった。

一七世紀末以降、シャム・ラオス国境で勃発した別種の反乱からは、違った傾向を読みとることができる。一七世紀の終わりに起きた一連の反乱は、税や農作物の不作、さらにシャム人のもとで働く中国人徴税請負人の流入に対する平民の怒りによって起こった。こうした反乱は「地域に自治と社会的公平さをもたらすという未来像を示した、奇跡を起こす聖者」に率いられていたが、その実態は国家への編入条件の再交渉を迫ろうとした国家内の民による反乱であった(49)。ところが、一九世紀後半になると、版図の拡大を目指すチャクリー朝の力が山地にまでおよぶようになり、多くの人々が奴隷となり、抵抗するものは虐殺され、山地民に対する直接的な行政がしかれるようになった。これによって預言者による反乱が起こり、ヴィエンチャンを中心にシャム人による支配に対するアヌウォンの大反乱（ヴィエンチャン王国最後の王がシャムからの独立を求め蜂起した事件）へと発展していった。こうしたより最近の反乱は、それ以前の平民（プラーイ）による反乱とは異なり、多くの比較的独立した人々が、初めて国家に吸収される危機に晒されたために生じたという意味で「処女地の反乱」と呼ぶことができる。そうした人々にとって重要だったのは、国家に包摂される際の条件を是正することではなく、そもそも国家の管理を受け入れるかどうかであった。

ここで引きあいに出されている山地民を、新大陸の素朴な先住民が一六世紀に技術的先進国家の組織や武器に突然直面した状況のようにみなしてはならない。彼らはそれほど騙されやすい人々でなかったことを強調しておかなければならない。彼らには低地国家との長い付き合いがあったのだ。ここで思いだしてほしいのは、国家の象徴的、経済的、政治的な影響力の射程には、それぞれ重要な区別があることだ。彼らは政治的な吸収合併に対しては非常に強く反抗するものの、長いあいだ低地の宇宙論の熱心な消費者でもあった。低地の宇宙論に対する山地民の熱狂は大変なものであり、自分たちの反乱の伝統を築くために、低地の伝統を借用してきたほどである。象徴の通商は、商品が重さをもたず、距離がもたらす障害に妨げられることもなかったため、最も活発に広がった。山地と低地は補完的な関係にある生態圏であり、経済的な交換も同じく活発に行われた。お互いに相手の必要とする生産物をもっていたためである。その意味で彼らは生来のパートナーであった。長いあいだ山地民は奴隷制度のような政治的服従に由来する不自由をできるだけ避け、象徴と経済の交換に自発的に従事することで恩恵を受けてきた。彼らが国家から押しつけられた「輸入品」で唯一抵抗したのが、まさに政治的服従だったのである。

ちなみに預言運動の流れを汲む聖者の反乱が企てられたのは、低地国家からの侵入行為に対してだけではない。反乱は山地のなかでも起き、国家的なものが発生するのを防ぐ手立てとして、同じ民族集団のなかにおいてすら展開された。これはエドマンド・リーチの分析にも暗示されており、彼はカチンのあいだで起きた専制的な村長への反乱について記している。同様の例は、トマス・カーシュによるチンの「民主的」な習合カルトの説明でも明らかである。このカルトは、それまで首長たちが独占していた共同体の祝宴を否定して、誰もが儀式的な地位を競いあうことが許される「個人的な」祝宴を復興させることに成功した。つまり、文化的な技法としての預言運動は、国家の力から逃れるときだけでなく、国家が発生するのを防ぐのにも役立つのである。

山地の聖者に導かれた反乱は、国家に編入されることを妨げるさまざまな技法のひとつにすぎないと考えてよいだろう。私たちが長々と議論してきた定石どおりでリスクの低い技法、つまり焼畑農業、逃避的な作物栽培、社会的分裂と分散、そして口承伝統などをすべて足し合わせても、山地民が国家から逃れるために用いるさまざまな武器の半分にすぎない。残り半分の武器は反乱とそれに伴う預言者の宇宙論であり、それはおそらく最後の手段として用いられるようなリスクの高い技法である。これはまさに、ミカエル・グレイヴァーズがカレンについて指摘している、次のような興味深い点である。

低地と山地のあいだで繰り広げられるカレンの戦略の曖昧さは、防御と攻撃を兼ね備えた二重の戦略として表現できる。前者は税、賦役、政治的抑圧から逃れることであり、同時に焼畑農業、狩猟、採集によって生き延びることである。後者は国家による管理と強制に対抗して、自分たちの政治集団を築くために、王室の権力を真似るといった攻撃的側面である。いずれの側面でも、仏教倫理を土台とした道徳的な指導者が求められ、また仏教国家が模倣されるが、同時に近隣の王室と国家に対する（民族）文化的な批判も行われる。(50)

対話、模倣、つながり

山地社会の伝説、儀式、政治は、山地の想像のなかにたちはだかる低地国家との論争として読み解くことができる。国家が山地社会に近づけば近づくほど、また国家が大きければ大きいほど、それだけ多くの対話が国家をめぐって費やされる。山地社会の創世神話の大半では、親族関係を暗示する雑種性や人間関係が主張される。よそ者や異邦人が登場し、土地の女性と結ばれるという神話もある。その二人の生んだ子どもたちこそが山地民だとされる。他の伝説によれば、山地民と低地民は異なる卵から生まれた同腹の兄弟姉妹であるという。このように山地と低地のあいだにある根源的な平等が、すでに物語の一部となっている。これと同じように、そのむかし山地民には王がいて、書物をもち、文字を書き、低地で水稲耕作を行っていたという伝説もある。この伝説によれば、低地とはかつては対等な関係であったのだが、裏切りによって隠されたり、盗まれたりしてしまった。多くの預言者が約束する内容の中心は、彼が王となった暁には、不正を正し、もともとあった平等を回復し、現状を逆転させるというものである。なかでもフモンの物語の主張は力強い。伝説によれば、彼らの王である蚩尤は中国の始祖に殺害された。いつの日か新しい王が現れ、フモンを解放し、彼らの黄金時代が幕を開けるという。(51)

山地と低地の文化的対話で仮定されている前提には、少なくともあと二つの源泉がある。第一に、双方の社会は（インドや中国世界という）より大きな宇宙に浮かぶ惑星のようなものであり互いに影響しあっている、という仮定である。この仮定では、山地民は低地国家の政治的な従属民ではなかったかもしれないが、交換で結ばれた経済システムだけでなく、観念、象徴、宇宙観、称号、政治手法、処方箋、伝説などが循環する、さらに大きな世界大の循環の輪のなかに積極的に参画していた。民俗文化については言い古されてきた台詞であるが、山地民は「上位文化の一部である……洗練された知的伝統の重要部を自分たちの文化構造に絶えず取りこんでいる[52]」。好きなものを自由にとれる文化のビュッフェでは、山地社会がほしいものを取りこんで、好きなように利用できるので、通常の経済的交換よりも摩擦が少なく、安上がりで、完全に自発的である。

山地と低地は共通の歴史によっても固く結ばれている。多くの山地民が低地に暮らす国家の民の子孫であり、なかにはかなり最近まで国に暮らしていた者もいることを忘れてはならない。彼らは自分たちがかつて暮らした場所に伝わる文化や信仰の多くを山地にもたらした。人里離れたアパラチア山脈の谷間には古い英語、スコットランド方言、音楽、ダンスが残っているのに、発祥地ではずいぶん前に消滅してしまった。これと同じように、山地社会は信仰や儀式の生きた歴史資料館であり、彼らの先祖がもちこみ、長い移住のなかで取りこんできた慣習を保存している。例えばフモンの風水は、何世紀も前に漢民族の行っていたものの忠実なレプリカだと考えられる。山地の権威を表す決まり文句や、地位や称号を表す勲章、首長の衣装は、低地の展覧会の展示品としてふさわしいだろう。奇妙なことに、低地民が山地民を「自分たちの過去」の象徴と見下すことはある意味で正しいのだが、考え方自体はまったくの間違いである。山地民は社会的な化石にはせずに、古風な習慣を低地から持ちこみ、多くの場合にそれを保存してきたにすぎない。さらに、弾圧を受けた宗派、隠遁僧、反体制活動家、王の僭称者とその従者、ならず者たちが絶え間なく山地へ逃げこんできたことも加えると、山地社会は低地がしばしば抑圧してきた過去を映しだしていることがわかる。

とくに宇宙論と宗教については、山地における反体制派のカリスマによる宗教運動と、国家のなかの隷属階級とのあいだには確かなつながりがあるように思われる。山地民の大部分が東南アジア国家の中枢にある宗教（仏教、イスラーム）から距離をおいてきたことについて、オスカー・セールミンクも「「アニミズム」として分類されることが多い山地の宗教には、低地の民間宗教と共通する信仰と習慣が多数含まれている」と鋭く指摘している[53]。カレンやシャンの仏教のように、山地に伝搬した低地宗教は異端でカリスマ的な様相を呈することが多い。このことからわかるのは、国家の従属民による象徴面での反抗と、独立した山地社会のあいだには、ある種の連続性があるということである。より革命的で、「世界の逆転」を唱える預言は、これらの無産化し、土地を奪われた者たちのあいだで最も大きな求心力をもつ。そして山地民が最も頻繁に接触をもつのは、もちろん低地民のなかでも周縁部の人々である。取引や仕事を求めて低地を訪れる山地からの訪問者は、低地社会の最下層と最も緊密な接触をもつ。

低地民の下層階級と、僧侶や隠遁者といった「賤民知識人」は、山地へ迷いこむ可能性がとりわけ高い人々である。このような構造的地位と社会的接触を考慮すれば、低地の過激な宗教運動と山地の預言運動の違いは、質的なものではなく、程度の差とみなされるべきだろう。ともに救済宗教の世俗的な働きを強調する。ともに不正義をただす正しい王や仏陀の再来神話を信じる。ともに低地国家に対して憤りを抱くに十分な理由をもっている。結局、両者のそれぞれが、国家を打ち破ろうとする宇宙観とその実践の社会的、歴史的な資料室になっているというわけだ。

新たな国家や秩序の形成はほぼすべての預言運動の目標であり、そのためには現存する秩序の破壊が必要になる。そうした運動は表面的には反乱のかたちをとる。反乱は、秩序を攻撃するために、象徴的な呪術とでも呼ぶべき手段によって、低地国家の権力、魔法、勲章、制度的カリスマを自分たちのものにする。新たな王や菩薩が到来するというユートピアの本質は、国家による抑圧の否定と解釈できる。つまり、すべての者が平等で、賦役、税、貢物もなく、貧しい者はいなくなり、戦争も殺人も止み、ビルマ人、漢人、タイ系民族の迫害者は撤退するか、滅ぼされるというわけだ。約束された未来像の内容から、現在のなにが間違っているのかを推し量ることができる。そうした新たなユートピアを待ち望む者は、けっして受け身ではなく、儀式を通じて準備を行い、国家への忠誠の誓いを撤回することを宣言し、納税を拒否し、攻撃を仕掛けるのが一般的だ。預言者の周りに人々が集まるのは、前近代の東南アジアにおける国家形成と反乱の双方にみられる特色であり、支配者たちとその御用学者のあいだでは不穏な兆候として知られていた。

これまで盛んに議論されてきたのは、儀礼的な言説を用いて――例えば、カレンの千年王国カルトがビルマ人支配に抵抗したり、フモンが漢帝国に抵抗したりするのを、反国家的と捉えてよいのかどうか、象徴の面では国家儀礼からの借り物が多いのに国家を破壊する行為とみてよいのかどうかであった[54]。理由は後に明らかにするが、私の見解ではこの問題に対しては議論する者の視点の取り方次第で答えが変わる。たしかなのは、政治的秩序についての言説で、村落の集合体を超えた唯一のものは、君主に関する言説だったということだ――それが俗であろうと聖であろうと[55]。これは一八世紀末までのヨーロッパの反乱にも当てはまる。事実上すべての国家は君主制であり、悪王に対する対処法は善王しかなかったのである。

植民地期の前でも後でも、東南アジア大陸部国家（および中国）は、奇跡を起こす王の僭称者たちとその信者の脅威を間違いなく認識していた。国家は、そうした運動が起こるたびに軍隊を派遣して鎮圧して、国家の中央から監視できる公認の正統僧侶組織に置きかえた。マックス・ヴェーバーであれば予想できただろうが、国家は政治色を帯びた、あらゆるカリスマの思想を容赦なく敵視してきた。つまり、たとえ反乱者たちが仏教的な宇宙論や漢の皇帝の紋章を取りいれていても、国家の役人には気休めにならなかったのである。[56]

よく注目されるのは、アンコールやパガンから発し、より弱小の国家を経て、ほとんど力のないラフやカチンの村長に到る模倣の連鎖とでも呼べるものである。古代国家は同様に南アジア国家を模倣し、「帝国儀式の土着化」とでも呼べる過程をたどった。[57] この過程は各地で広くみられたが、王宮建築、称号、紋章、儀礼のモデルとなったのは、最も近くの大きな政治的領域のものであることが一般的だった。ここで重要なのは、そうした模倣の広がりが国家の実効的な権力支配の範囲とはなんの関係もないということである。クリフォード・ギアツは、「象徴の面で高度に集権化されている権力は、制度面での分散が著しい」とまで主張していたが、それはあたかも象徴の中央集権化が「ハードな」権力の限界に対して均衡を保つように作用しているかのようであった。[58]

同じような過程は、土地の支配を主張するときと同じように反乱の際に用いられる象徴的な言葉にも作用している。まるで「オープン・アクセス・ソフトウェア」を自由に使って反乱を起こし、「永遠の王」を主張しているかのようだ。しかし反乱を企てる者が多数の信者を集められるかどうかはまた別の話である。構造的にみると、ふさわしい宇宙論をもちあわせているラフの預言者が世界の王となる可能性は、ワの集落の首長が皇帝になる可能性と同じくらい低い。拡散した人口と農業生産体制は、地理的な障害ともあいまって、大規模な社会的動員を阻害する。[59] F・K・レーマンがいみじくも記しているように「著しい落差は、地方を超えた上位の政治システムが文明化した隣人たちを手本に目指すものと、その政治システムの資源と組織的な能力で実際に実現可能なもののあいだに見られる」。[60] 山地でもカリスマ的な人物によって（ビルマ・カヤー州のような）弱小国家が築かれたり、（アラウンパヤーのような）より大きな王国が低地の預言者によって築かれたりすることもあるが、これらは例外である。宇宙論的大言壮語はある種の方言であって、この語法によってのみ、地方を超えた権威を主張することができる。考え方としては、この宇宙論的大言壮語は間違いなくある種の帝国的発想、つまりけっして本質の変わらない「仮想」国家であって、実際の現実と一致することはほとんどない。「仮想」国家は、自らが宇宙の中心であると主張するが、主張とはいっても、ほとんどいつも分裂した脆弱な現実の政治状況を覆い隠すための主張であって、けっして山地の有力者だけのものとはかぎらない。儀礼的な主権を訴えることは低地王国でもよく目にすることである。実際、東南アジア低地王国が自らの宇宙論の重要な源泉とした南インドでもよく見られた(61)。「仮想」国家を呼び覚まし、宮廷建築、儀式の決まりごと、宇宙論を模倣するとき、そこには間違いなくある種の類感呪術〔類似物のあいだには神秘的な関連性があるとの信念にもとづいて行われる呪術〕が作用している。偉大な国家の中心は、帝国の力が直接およばない地域の人々にとって取りこむことが極めて容易な象徴の断片である。彼らの状況は、明治初期に洋行し、西洋の進歩の秘密は憲法にあると考えた日本人の置かれた状況と大して違わない。憲法を正しく手に入れさえすれば、社会の進歩はほとんど自動的についてくるものと彼らは考えた。この方程式そのものが有効だと考えられたのである。この点では山地民も低地国家の建国者や簒奪者も同じような信念をもっていた。低地国家のバラモン教司祭が、宮殿、勲章、系譜、宣誓を正確に保つことに細心の注意を払ったのはそのためである。摸倣は魔法の呪文のように「一言一句完璧」でなければならなかった。

おそらく低地国家のもつ象徴的な魅力のためだろう。山地のカリスマ的指導者は、反抗的であるかどうかにかかわらず、この広い世界に関する知識と国家との関わりを披露することを期待されていた。彼らはほぼ例外なく地方の世界人《コスモポリタン》だった。つまり彼らは、地域に根ざしてはいるものの、さまざまな場所を旅し、いくつもの言葉を操り、他の土地にコネや協力相手をもち、低地の宗教の聖なる呪文に通じていて、弁論に優れた仲介者である。北米先住民のピジン〔異言語間の意思疎通のために作られた混成語〕で言えば、彼らは「サヴィ」つまり多岐にわたる知識に精通している。これは非常に広い範囲に一般化できる。太平天国の乱、太平洋の島々で起こった何百ものカーゴ・カルトの反乱、新大陸の預言者によるヨーロッパ人への反乱などの主謀者は、文化的に両生的であることが多く、自分が暮らす複数の世界のあいだを容易に行き来する翻訳者なのである。南米の植民地時代初期に起きた反乱に関するスチュアート・シュワルツとフランク・サロモンの次の結論は、代表的な見解のひとつである。「驚くほど一般的に言えることだが、救世主的な反乱や千年王国運動の反乱を率いた者たちは、インディオの生活様式を選んだメスティーソであったり、アンデス山脈では、メスティーソと同じような社会環境にいる二つの文化に通じたインディオであった(62)」。

文化間の翻訳は、山地がさまざまな土地の言葉であふれているゆえに、文字どおり理解できることもある。ニコラス・タップは、北部タイのフモンの有力な村長がカレン語、ラフ語、中国語、シャン語、北部タイ語を使いこなすことができるために多くの者から尊敬されている、と述べている(63)。他方で、この多文化的な傾向もまた、低地の宗教や宇宙論に関する知識に由来することが多い。預言者に、僧侶、元神学生、伝道師、治療者、商人、周縁地域の聖職者が著しく多いのはそのためである。彼らは、グラムシ流に言えば、前近代世界の周縁にいる収奪された人々にとっての有機的知識人である。[*2] この論点もかなり一般化できる広がりをもつ。マルク・ブロックは、中世ヨーロッパの小農の反乱において、地方の聖職者の果たした重要な役割に注目した。聖職者の「苦境は、しばしばその下にいる教区民たちと変わらないほどひどかったが、［彼らの］知性は、自分たちの苦難がより普遍的な害悪の一部であり、［彼ら自身が］知識人としての伝統的な役割を果たすべきことを知っていた」(64)。マックス・ヴェーバーは、こうした階級を「賤民知識人」と名づけ、彼らが「社会的慣習に対するアルキメデスの支点に立っていたため……宇宙の意味について独自な態度をとることができた」ことに注目した(65)。山地でもそのような宗教性を帯びた人物たちが同様の役割を果たしていた。彼らは共同体の願望を明確に表現してくれる存在であり、国家の繰り出す象徴的な技術を使いこなすか、少なくとも中和することができた。

　このように山地の指導者たちは両生的な立場で二つの異なる世界に足を踏み入れているため、危険な立場におかれる。彼らは外部の利益のために働くスパイとなりうるからだ。エリック・ムグラーによれば、雲南省にあるイの村では、こうした危険を認識しているため、かなり特異な儀式を行い、この危険を封じ込める実用的な対策を講じているという(66)。漢の役人をもてなし養うことは、重要ではあるものの破滅を招きかねない重責で、役人が何百もの兵士を引き連れていることもあったので、その受け入れは毎年交代で裕福な家族が担当していた。ホストに当たる年、その役を担う夫婦は原始ラフとして振る舞い、漢民族的な文化をすべて放棄することが求められた。彼らはラフの祖先が身につけていたとされる衣装をまとい、陶器製ではなく木製の容器をつかって飲み食いをした。さらに、自家製ビールしか飲まず、低地の食事と見なされる肉（犬、馬、牛）には手をつけなかった。そして接待役になる年は、一年を通じて中国語を全く話してはならなかった。これほど包括的な禁忌は想像できないほど入念な仕組みで、ホストとなる家族をきわめてラフらしく保ち、漢民族と適当な距離をとるようになっていた。漢民族との社会的接触のほとんどは、ある「話し手」に委ねられており、彼らは接待役の家に一年間無料で同居した。この「話し手」は、接待役の家族とは対照的に、客人と飲み食いし、よい身なりをして、世界人としてのマナーを身につけており、流暢な中国語を話し、危険な客人たちをもてなすのが常だった。話し手はいわば村レベルの外務大臣であり、その任務は訪問者を懐柔し、要求を最小限に抑えこみ、ある種の文化的障壁として漢民族と村の内政とのあいだに立つことであった。ラフは、有力で世界的な視野をもった地元の仲介者が、自分たちの財産になるどころか容易に負債にもなりうることを理解しており、わざわざ二種類の役割を設けて危険を最小化しようとしたのだった。

臨機応変——究極の逃避型社会構造

私はこれから、東南アジアの山地における預言運動を「脱エキゾチック化」しようと思っている。一般に預言運動は、一般的な理性や行動から大きく逸脱した特異な現象であると見なされがちで、精神病とは言わないまでも集団的錯乱を連想させる[67]。これは二つの理由で不幸なことである。第一の理由は、西洋社会において今日まで続く千年王国の豊かな歴史を無視していることである。第二の理由は、この文脈にいっそう密接だが、預言者の活動が伝統治療の実践と村の移動や分裂に関する決定とどの程度の繋がりをもっているかを見落としているためである。預言者の活動をよく理解するためには、そうした営みを日常的な活動を強力にした、より集団的な活動だとみなしたほうがよい。そこにあるのは程度の差であって、必ずしも質的なものではないのである。

シャーマンや伝統的な治療師は、一般的にトランスや憑依によって悩みや病を抱えた者を治療する。シャーマンは具合が悪いところを特定し、儀式で患者を悩ませている霊に退散するよう説得する。それに対して預言者は、問題の所在は共同体全体だと考える。多くの場合、共同体を襲う危機と脅威とは、村で尊厳と尊敬を勝ち得るための通常の文化的営み——すなわち、勤勉に田畑で働き、勇気をもち、饗宴を成功させ、獲物を仕留め、結婚し、子どもをつくり、その土地で名誉ある行いをするといった営み——だけでは、充分対応できないような例外的な状態であることも多い。それは、共同体全体の生活世界の命運がかかった状態であって、小手先の調整では治療できない。タップが表現しているように「シャーマンが患者個人とその家族の健康や幸福を案じるとすれば……救世主としての預言者は、究極的にフモン社会全体を救済することに関心をおいている[68]」。ここでの患者は集団全体であり、その命運を担う預言者の役割は壮大である。つまり預言者は苦しむ共同体全体のためのシャーマンなのである。

預言運動をすべて例外的なものとして捉えてしまうと、預言者が喚起する「マイナーリーグ」級の変化を見逃してしまう。つまり、村の分裂や移動の際の変化が看過されてしまう。こうした変化は毎日起きるわけではないが、文化的日常化とでもいえるようなものの対象になることはよくある。もっともな理由さえ揃えば、村や田畑の分裂と移動はいつでも起こりうる。土壌の疲弊、人口増加、不作、近隣グループや国家による政治的圧迫、不吉な死や流産、伝染病、派閥争い、悪霊による災いなど、理由は何でもよい。このように背景となる理由はさまざまだが、大きく見れば移動の際に起こりうる二つの面が重要である。第一に、移動はつねに不確定性、不安、社会的緊張を伴う。たいていの場合、移動先はあらかじめ選ばれているが、それでも潜在的な危険は依然として大きかった。歴史的に見れば、移動は同盟や参戦の決定と同じくらい大きな危険をはらんでいたのである。このため、移動は預言者の夢に基づいて決められたり、告知される場合がほとんどだった。例えばフモンのあいだでは、シャーマンである可能性が高い有力者が夢を見ることによって別の場所への転居を促す。共同体の分裂の場合には、そうした「夢みる人」が信者とともに荷物をまとめて別の場所へ移り、元の場所から遠くない所に「姉妹」村を築く[69]。フモンは風水を固く信じていて、どんな景観の変化も必ず人々の命運を左右すると考えている。

カレンの村も同じように移動したり分裂したりする。カレンの村も、ラフの村も、とても脆弱で、分裂する理由に事欠かない。フモンの場合と同じく、村の分裂は預言者の見る幻や夢、何らかの兆しを介して告げられることが多い。つまり預言者は世界征服者として現れてくるわけではない。人々にとって預言運動は日常的な経験であり、重要な決定事項と結びついているとはいえ、世界を揺るがすほどのものではないのである。こうした解釈からすれば、史料に現れるほどの預言者は、ただの預言者ではなく、多くの支持者を引き連れて大胆な目的を掲げる「メジャーリーグ」級の預言者なのである。

メジャーリーグ級の千年王国運動が小規模な預言運動と異なる点は、支持者が預言者の指示に従って、頻繁に後先を考えない行動に出ることである。よりよい環境に移住してそれまでの数々の習慣を作り直そうとする場合とは違って、千年王国運動は、新たな世界の訪れを持ち望むだけでなく、それを作りあげようささえする。彼らは過去のすべての習慣を放棄してしまうことも多い。作物の植えつけをやめて、米や土地を売り払い、金を他人に与えて、家畜を屠殺し、とつぜん食生活を変え、新しい服装や護符を身につけ、自分の家を焼き払い、神聖なタブーを犯すことさえもある。こうした取り返しのつかない決断を行った後では、元に戻ることは容易ではない[70]。これほど徹底した革命的行動の後には、村落共同体の社会的階層は完全な変容をとげる。新しい秩序の下では、それ以前の地位や特権はなんの意味ももたなくなり、預言者やその取り巻きといった、従来の秩序の下で下層民であった者が、今度は上流に列せられる。外部の世界にとって革命かどうかは別として、それを経験する共同体にとっては、間違いなく、文字どおりの革命なのである。

社会的過程としてこの種の千年王国運動は、高次の逃避社会構造とみなすことができる。だとすると、千年王国運動を機能面からのみ説明しようとする不十分さを承知のうえで、そうした運動がはたして劇的に変わった環境に迅速かつ大規模に順応できるのか、と考えたくもなる。レーマンは「スゴー・カレンは、伝統的に……千年王国運動とその指導者を輩出してきた。この機能によって彼らは社会的、文化的関係の新たな文脈に劇的に適応できる」とまで主張している。彼はカレンの千年王国運動がある種の民族創世のはじまりであることに注目している。「彼らが宗教をほぼ完全に変えてしまうのは、まさに民族アイデンティティの変容であって、これは集団内部の関係の変化に応じたものなのだ[71]」。

ミカエル・グレイヴァーズは、近年ビルマ東南部で起こったウー・トゥーザナが指導するカレン仏教徒の運動を説明して、この運動が戦闘地帯における彼らの立場を変化させ、大規模な移住を引き起こしたと強調している。「この運動が示しているのは、宇宙論や民族的アイデンティティが絶えまなく再評価され、それによって秩序を作り危機を克服しようとしているということである[72]」。予言者はみな、なんとかして信者を平和で安定した環境、つまり最低限の暮らしに導こうとするのだが、その多くは失敗する。そうした運動は、経済的、政治的、軍事的な危機と軌を一にした、一か八かの社会的実験であって、勝てる見込みがほとんどない賭けのようなものである。

すでに明らかになっているように、カリスマ的運動は、新たな国家や民族的、政治的アイデンティティを形成することができ、実際に形成してきた。最も鮮烈で詳細な記録が残っている事例は、一九世紀のボウラケとカンタラワディー——主要なカレンニー州（現カヤー州）を構成する二つの藩王国——の成立である。ボウラケは後に新たな領土の基礎となり、ビルマのカヤー／カレンニー国家における民族的アイデンティティを再編成した。この地域の歴史について私たちが知っているのは「創始者は二人とも明らかに南部出身で、外部世界の知識をうまく利用する典型的なカリスマ的性格の持ち主であることだった。彼らはある宗教カルトを築いた。カヤーの国家体制は明らかにこのカルトを基礎にした。このカルトは、この時代の仏教とアニミズムを信じていたモン、ビルマの仏教徒、平地カレンの千年王国思想と驚くほど似ていた[73]」。前述したように、この地域は貴重なチークの大森林が残る最後の地域のひとつであり、そこには世俗的な関心事が少なからず関係していた。とはいえこれはカレン系諸族間の民族的位置づけの大きな変化であって、カリスマ的預言者によって始められたものだった。

ラフは多くの山地民と同じように、小さな派閥に分かれているが、通常、赤ラフ、黄ラフ、黒ラフといった色名で呼ばれている。こうした派閥の起源は、歴史と伝説のなかに埋もれて失われてしまったが、アンソニー・ウォーカーによれば「いくつかの派閥は、ほぼ確実にメシア的指導者を起源としている」という。[74] 歴史的にみると、預言運動が山地における民族の集団的な再組織化の主流であった可能性はある。もしそうなら、預言運動の過程は村の分裂と同じようなものであって、より広くかつ劇的に生じたにすぎず、根本的な質は変わらないと見なすことができる。

村が分裂する時と同じように、そうした政治的な仕切り直しでは、つねに隣りあう民族グループや低地国家との関係が見直される。カレン系仏教徒セクトの指導者であるウー・トゥーザナは、信者のために安全区域を設けようとした。彼は同時に周囲との関係を根本的に見直して、ビルマ国家に接近したため、彼の軍団（民主カレン仏教徒軍、DKBA）はビルマ軍の指揮下にある傭兵か成金にすぎなくなった。これ以外では、分裂やカリスマ的運動は人々をさらに奥地へと押しやり、新たな状況に適応するための文化の改造を促した。

マックス・ヴェーバーの言う選択的親和性*3は、ゾミアに暮らす多くの山地民が直面している状況と、彼らの社会組織、民族的帰属、宗教的アイデンティティがもつ驚くべき可塑性と適応力のあいだに見られる。移動性が高く、平等を重んじ、社会的周縁部にいる人々のほとんどは、敗北と逃避の長い歴史をもつ。そうした人々は強力な国家の世界に対峙し、自分たちには縁のない政策に対処してきた。市場にいる物売りが、値段を提示したり決めたりできずに、買い手の言い値をただ受けいれるしかないのと同様に、こうした人々はたいてい使いすての駒として、変わり続ける危険な権力関係のなかを突き進んで行かなければならない。彼らは、奴隷狩り、貢物の要求、侵略してくる軍隊、伝染病、そしてときには不作に直面してきたため、国家と距離をとる生業習慣だけでなく、変幻自在の社会的、宗教的組織を発展させ、変化の激しい環境にうまく適応してきた。ほとんどの山地社会には、異端派、修行僧、僭称者、自称預言者が多く集まっていたので、いざとなれば根本的な改革の旗振りをする者が山ほどいた。[75]

一歩離れて全体を見渡し、山地民がほぼ一夜にして――社会でも、宗教でも、民族でも――新天地に旅立つという驚くべき能力を見直してみれば、周縁弱者のびっくりするほどの豊かな国際性が明らかになる。彼らは決して慣習にとらわれた時代遅れの伝統的な人々ではなく、むしろカリフォルニアの人々のように、自分自身を自由自在に捉え直すことに長けているのだ。

民族合作の宇宙論

山地民の社会を観察してまず最初に気づくのは、そこが小さな地域のわりに、言語的にも政治的にも困惑するほど複雑であることだ。山地の歴史の流れを「静止画」でみると、画面のほとんどを占めるのは低地社会にはみられない多様性だ。もともとバルカン半島のナショナリズムについていわれたこと、つまり、わずかな差異を誇張するナルシズムは、ゾミアにより当てはまる。そして実際、低地国家の勢力は——例えば前近代の古典国家、植民地体制、アメリカの特殊部隊やCIA、あるいはビルマの現在の軍事政権に至るまで——例外なく、自らの目的に合わせてそうした差異を利用してきた。

しかし、明らかに長年にわたって存在する大きな例外は、カリスマ的人物が、低地の千年王国的宇宙論を断片的に用いて、民族の境界を超えて人を移動させる場合である。この文脈におけるカリスマは、習慣、伝統、親族、古代儀式にもとづく結束とは質的に異なる社会的結合である。ターマニャ僧正が二〇〇三年に没するまで、パアン〔カレン州ターマニャ山〕を拠点に活動し、さまざまな民族からなる信者を二万人あまりも集めていたのはこの例である。彼はパオの両親のもとに生まれたが、彼の信者にはカレン、シャン、モン、ビルマ人が含まれており、この僧侶が築いた霊験あらたかな福田への参加を熱望していた。彼はラングーンの軍事政府に反対の立場を表明していた。彼自身の批判は慎重に表現されていたものの、運動は一九八八年の民主運動以来最大の大衆による反政府感情の表明となった。この例からわかるのは、史料や植民地報告書に記録されているその他の何百もの運動と同様に、カリスマ的宗教預言者だけが、山地社会にある無数の壁を乗り越え、民族、血統、方言を超越して、大勢の信者を魅了できるということである。

中国西南部へと拡張していた漢人国家、山地への支配を強めていた植民地政府の双方にとって最大の障害となったのが、善王や黄金時代の到来を告げる預言者によって力を得た異民族間の同盟であった。これから例示する三つの反乱には、人々の動員が潜在的にもつきわめて強力な側面が示されている。

一九世紀中頃に貴州で起きたいわゆるミャオの反乱（一八五四−七三年）は、約二〇年にもわたって何百万の人々が参加した多民族による反乱であり、犠牲者は五〇〇万人にも上った。これに合わせて清朝の支配に対して前例のない規模の反乱が各地で同時に起こったが、そのすべてが宗教的習合カルトの影響を受けていた。具体的には、江西省を中心にした捻軍の乱（一八五二−六八年）、雲南省のムスリムによるパンデーの乱（一八五五‐七三年）、貧農による太平天国の乱（一八五一‐六四年）である。反乱の期間とその広がりを見てもわかるとおり、ミャオの反乱は分散せざるをえず、そこには盗賊、冒険家、没落した漢の役人といった多様な集団が含まれていた。反乱参加者の半分近くは漢民族を名乗っていたようだが、残りの半数はミャオをはじめとする山地の民族的少数派であり、そのなかではミャオが最多数であった。イスラーム系中国人（回族）も参加していた。このような扱いづらい民族連合をつなぎ止めていたのは、明らかに、人々に共有されていた世俗的な宗教的救済の思想だった。「漢人と民族的少数者の両者からなる反乱者たちに決定的な影響を与えたのは、千年王国的な宗教であった。民間宗教の信者集団は民族の壁をある程度まで克服していた。少なからぬ数のミャオが漢人主導の宗派に参加しており、稀に逆のケースも存在した」[76]。このように、急進的な預言宗教が下層階級（この場合には漢人の坑夫）と僻地の山地民の双方を魅了していたことは明らかである。両集団のユートピアへの期待は、内容は間違いなく異なっていたものの、軛からの早急な解放という面では同じであった。

民族の壁を超えた預言運動の第二の例として、一九三七年にベトナム中央高原とカンボジアの一部を震撼させた、いわゆる「ニシキヘビ神の反乱」がある[77]。この反乱者たちを団結させたのは、ニシキヘビ神という山の神が諸集団に共通して信奉され、黄金時代の始まりを告げに再降臨すると信じられていたことにあった。人々はニシキヘビ神が植民地宗主国であるフランスを打ち破ると信じ、やがていっさいの税や賦役から解放され、儀礼的な掟に従う者は繁栄を極め、フランス製の品々にあやかることができると考えていた。この運動はサム・ブラムという預言者らしき人物が、聖なる地図と魔法の水を配布するなどして導いていたが、彼が一度も訪れなかった山地にも影響が広がっていった。ジャライをはじめとする山地集団の多くは、この運動が始まってからしばらくのあいだ、作物の栽培をすべて止めてしまった。

フランス人をひどく驚かしたのは、この反乱には明らかに多民族的性格と共通の宇宙論がみられることだった。植民地時代の人類学者は、中央高原の異なる「部族」を分類することに大変苦心したが、こうした異なる人々（名目上はカトリックである部族すらいた！）が、同じ宇宙論を共有してそれに突き動かされていることは驚きであり、同時に、困惑の元でもあった。反乱には預言運動としての側面があったので、社会経済的な差異という亀裂に沿って発生地域が限定されたわけではなかった。そのため暴乱は、フランスの鎮圧作戦が最も残虐だった山地に集中し、上座仏教の影響が最も強く、暮らしが直接脅かされた山地民のあいだに顕著にみられた。しかし、オスカー・セールミンクが明らかにしたように、イデオロギーの観点から振り返ると、こうした反乱は聖者による反乱の長い系譜の一部であって、フランス人がこの地を訪れる遥か前にまでさかのぼることができる。一八二〇年には、ラオスからやってきた僧侶に感化された救世主たちが、広く山地社会を巻きこんで、ラオス王に対して反乱を起こした。またニシキヘビ神の反乱勃発の数年前、預言者による反乱が二度にわたって起きているが、いずれも鎮圧されている。最初の反乱は、秘密の文字の発明者である仏教徒の聖者オン・コムダムに率いられたもので、ボラーウェン高原ではカの反乱と呼ばれる反乱であり、次の蜂起はカンボジア－コーチシナ－アンナムの境界線上で起き、フランス軍駐屯地を攻撃した。(78)後者の反乱は空襲による焦土作戦によって鎮圧された。しかし反乱はこれで終結したわけではなかった。これら三度の反乱を率いた指導者の多くは、次の世代でパテート・ラーオ（ラオス王政の対抗勢力）とベトミン（ベトナムの独立運動組織）につながってゆく。ベトナムが社会主義国になっても、千年王国運動の扇動は終わらなかった。ベトミンがディエンビエンフーにおいて山地軍の協力を受けて、フランスに対して軍事的な大勝利を収めた後にも、大規模な千年王国運動は山地の少数民族のあいだで一九五六年に勃発し、ベトミンはその鎮圧に二年を費やすことになった。このあいだ村々の仕事は中断され、家畜も売り飛ばされ、役所は襲われ、人々は大挙してラオスへ移動し、そこで来るべき王の訪れを待った。(79)

次に最後の事例をみてみよう。記録に残る無数のカレンの預言運動はすべて、実質的に多民族からなる信者を引き連れていた。例えば植民地時代以前の一七四〇年に、ペグー／バゴーで起きたカレン－モンの反乱には、ビルマ人、シャン、パオが含まれていた。植民地時代初期の一八六七年にパプンで起きた反乱には、カヤー、シャン、モン、パオが集まっていた。一九七〇年代に反タイ運動として発生した多民族からなる「クルーバー・カーオピー」の反乱と、さらに近年にパアン付近で起こったターマニャ僧正の運動は、パオに率いられてはいたが、山地と低地の集団を多数巻きこんでいた。人類学者や行政官が境界の指標としたがる民族や言語の違いも、聖者による運動においては連帯の障害にはならないようだ。

ここで注目すべきことは、預言運動の指導者が通常の親族秩序を超越しているか、少なくともその外部におかれていることである。シャーマンや僧侶は、特別な天賦の才と地位によって、家系や血統の政治的しがらみから解放されている。他の者たちと違い、彼らは自分たちが属する社会集団の偏狭な自己利益を追求しているとは見なされないのが普通だ。(80)稀ではあるが、とくにフモンやカレンのあいだでは、孤児が英雄になり、最終的に王になるという物語が同様の役割を担っている。肉親がおらず自分の機知だけで成功したからこそ、孤児は血統や民族を超えて人々を団結させる特別な位置におかれるのだ。

くりかえしゾミアの山地では、聖者に率いられた多民族の反乱がおこり、これが抵抗運動の特徴的なかたちになっている。体系的な調査を行ったわけではないが、無国家状態の辺境と、こうした運動のあいだには強い相関があるようだ。南米の場合、住処を失った辺境の人々の反乱は通常、二つの文化に通じた指導者に率いられる救世主運動のかたちをとることがわかっている。歴史学者イラ・ラピダスの主張によれば、中東の征服運動では「親族は副次的な現象にすぎない」という。彼は次のようにも述べている。「こうした運動はリネージではなく、多様な集団の集まりに依拠している。そこにいるのは個人、従者、信者、氏族間の派閥などである……そうした集まりの最も一般的な形態は、宗教政治的なカリスマ指導者を頂く宗教的首領制である」[81]。聖者に率いられた多民族からなる同様の反乱に注目したトマス・バーフィールドは次のように言う。「アフガニスタンやパキスタン北西部の辺境地帯のような民族的に分裂した地域では、ほとんどの反乱を主導するのは宗教預言者であって、彼らは神の命に導かれそれに基づく変革をもたらすために行動していると主張する……カリスマ的な聖職者は諸部族を抵抗勢力に駆りたて、神によってその成功はすでに約束されていると主張して、政治の舞台に現れた」[82]。

仏教圏からキリスト教圏、イスラーム圏、アニミズム圏にいたるまで、反乱は救世主的な聖者によるものだった。ここで考察すべき主張は、こういった運動が反乱の主形態だったのは、分断されて指導者のいない小社会においてであり、そこでは連帯行動の中枢機関となる調整機関が存在しなかったからだ、というものである。より中央集権化した社会では、すでに存在する機関を介して抵抗や反乱を組織することが可能であり、事実これまでそのように組織されてきた[83]。指導者のいない社会――とくに平等を重んじるまばらに分散した社会では、集団による抵抗はなされないか（こちらの場合のほうが多い）、抵抗しても一時的でその場しのぎの反乱をカリスマが率いることが多い。

やや別の言い方をすれば、平等主義を重んじる集団の逃避型社会構造の形態が可変的で簡素化されていたため、集団行動に必要な構造的手段が奪われたとも言えそうだ。そうした場合、人々の動員はカリスマ的預言者を介してのみ可能になる。預言者は親族やリネージの争いから自由だからだ。宇宙論的配置や観念的構造といったものだけが、こうした付け焼刃の集団行動を可能にするのであって、これらは宇宙の王という、低地社会の救済宗教から取り入れた考え方に由来するのである。

これとは対照的に、精霊信仰は持ち運びができない。慣れ親しんだ土地からいったん離れてしまえば、精霊はよそ者として、潜在的に危険なものになる。つまり低地の世界宗教だけが、持ち運び自由で場所にこだわらない避難所を獲得できる。[84]ほとんどの山地社会は逃避的特徴、つまり分散居住、焼畑農業、採集、分裂によって形成されてきた。しかし、いたるところで発生している暴力的な預言運動が示唆するように、逃避の通常手段が閉ざされて「追い詰められた」場合に備えて、山地社会は民族を超えた反乱の吸着剤となる宇宙論的構造を十分に取りこんでいるのだ。彼らが「仮想」国家を想定するのは、異端として抵抗するためであって、この目的をみれば、彼らが低地社会の世界観に支配されているなどと想像することはけっしてできない。

キリスト教——隔たりと近代化のための資源

二〇世紀の幕開けに前後して山地にやってきたキリスト教宣教師は、山地民に新たな救済宗教をもたらした。山地民の多くはキリスト教に飛びついた。キリスト教には二つの大きな利点があったからだ。キリスト教は独自の千年王国論をもっていたこと、そして自分たちが距離を置こうとしていた対象である低地国家とは無関係であったことである。キリスト教は低地国家にとって代わる強力な思想であり、ある意味で国家に対抗するものだった。この宗教は、ゾミア圏内の山地民の改宗に大きな成功を収めた。しかし低地民のあいだでは、ベトナムの一部を除けば普及しなかった。

南アジアと東南アジアのいたる所でみられたことだが、山地民、不可触賤民、社会的周縁者、民族的少数者は、文化的に差別する側の中核国家の国民とは異なる宗教的アイデンティティを保持したり受けいれたりした。低地社会にヒンドゥー教がみられる地域の山地ではアニミズム、イスラーム、キリスト教、仏教が見られる。ジャワ島のような低地でイスラームがみられる地域では、山地ではキリスト教、アニミズム、ヒンドゥー教によく出会う。マレーシアの支配者層はムスリムであるが、少数派である山地民の多くはキリスト教、アニミズム、一九世紀にペルシアで結成されたバハイ教の信者である。山地民も低地社会で流行している宗教を取りいれることがあるものの、低地の教養からすれば異端であることが多い。ほとんどの場合、山地民は低地社会の宇宙論を自分たちの目的に応じて借用しているが、宗教的には低地民と区別されることを選んできた。

本書の目的に照らすと山地のキリスト教は、次の二点で山地と低地の関係に影響をおよぼしている。第一にキリスト教は近代的なアイデンティティの象徴であり、山地民に「この世界が……認めようとしない独自性と威厳」を付与してくれる。(85) これから見てゆくように、キリスト教のもたらす新たなアイデンティティを受けいれれば、読み書き、教育、現代医療、物質的な繁栄が約束される。さらに山地のキリスト教には、征服王が邪悪な者を打ち破り、高潔な者が王になるという自前の千年王国的な宇宙論が内包されている。第二には、キリスト教は思想であると同時に制度でもあり、グループの形成に必要な媒体や資源とみなすのが適当だ。キリスト教を受容すれば、社会集団にみられるモザイクのような民族関係のなかで、自らの立場を再定義することができる。村の分裂という素朴な方法や、政党、革命分子、民族運動といった社会的アイデンティティを獲得するための近代的な手法と同じように、キリスト教は新たなエリート層に社会的な居場所を提供する強力な手段であり、社会的動員を可能にする制度的枠組みを提供してくれる。これらの手法のひとつひとつはときには山地ナショナリズムの指標になる。さらに山地と低地の差異を維持し、際立たせるために用いることもできる。ごく稀には、これらの手法は山地と低地の差異を縮めるために用いられることもあった。

キリスト教宣教師が訪れる以前には、フモンの預言者によるる反乱は、彼らのあいだに色濃く残る大王伝説に依拠しており、王はいつの日か再来して自らの民を救済すると考えられていた。この伝説には、フモンの願望と親和性のある大衆(大乗)仏教や道教の要素も取り入れられていた。相当数のフモンが聖書に馴染んでゆくなかで、イエス・キリスト、マリア、そして三位一体論は、フモン独自の来るべき解放の考えに容易く取りこまれていった。預言者がキリスト、マリア、聖霊、もしくはその三者すべてだと主張することは、古代フモン王フアブ・タイスの降臨を告げるのと同様に一般的になった。(86) フモンのキリスト教徒からみれば、聖書に記された終末論のメッセージは千年王国の信仰にそっくりだったので、ほとんど手を加える必要がなかったのである。

読み書き能力の取得と失われた本(聖書)の再来は、フモンにとって大いに魅力的だった。伝説によれば、彼らは中国人に本を盗まれたか、自分で無くしてしまったため、中国人やタイ人といった低地民に蔑視されるようになった。この汚名を払拭するために人々は本の再興を待ち望んだ。現在のフモン文字を作ったアメリカ人バプテスト教会の宣教師サミュエル・ポラードが救世主のように思われているのはこのためだ。フモンは今や自分たちの文字をもっただけではない。それまでのフモンのアイデンティティは、中国人との違いとして理解されてきたが、ポラードの偉業のおかげで、フモンは漢字以外の文字で、原則として中国人と同じように読み書きができるようになった。以前は世俗の三位一体——近代化、国際化、識字——にいたる道筋は、中国かタイの低地社会に導かれていた。しかし今やキリスト教によって、近代化、国際化、識字化しつつ、同時にフモンであり続けることができるようになった。

フモンの歴史は、明朝や清朝による殲滅作戦を戦い、大規模での混乱に満ちた移住をし、米国ＣＩＡによる「秘密戦争」では不幸な運命をたどった同盟関係を結ぶという、驚くべき長期にわたる不運の連続である。過去五世紀のあいだ、フモンが早死にしたり緊急逃避したりする確率は、この地域のいかなる人々よりも高かったはずだ[87]。こうした歴史をふまえれば、彼らがあっという間にどこかへ移動し、社会組織を再編し、さまざまな形で千年王国の夢と反乱のはざまで姿を変えることに長けているのはむしろ当然だった。これらはある意味で一か八かの実験であって、運命を変えようとした人々が社会的アイデンティティを賭けているのだ。状況が悪化すればするほど、彼らは逃避的な社会構造を芸術の域にまで高めることになった。

雲南、ビルマ、タイでは二〇世紀の初頭に、相当数にのぼるラフがキリスト教に改宗している。ラフの伝説によれば、最初の宣教師であるウイリアム・ヤングの到来は、その一〇年ほど前にワとラフの宗教的指導者によってすでに預言されていたという。神とキリストは、再来が待たれるラフの創造神グシャとすぐに同化していった。キリスト教が伝来する前の神々が、聖書の登場人物たちと同化していったのは、ラフがキリスト教の物語を取りこむと同時に、宣教師も神々を自分たちの知るラフの伝説に織りこんでいこうとしたためでもあった。ラフは、新大陸のアフリカ人奴隷と同様に、古代ユダヤの人々の窮状、放浪、服従、そして最終的な解放に、自分たちの境遇を重ねていたのだ[88]。

キリストの再臨は、ラフの解放が間近であることを告げるものと理解された。宣教師がビルマやタイで初めて布教に成功してから間もなく、ラフのある預言者はキリスト教のお告げや大乗仏教の預言に感化され、彼らのもとに現れる神によって、自分たちがケントゥンを治めるシャン王に貢物を送るのは一九〇七年が最後の年になるだろうと宣言した。この預言者は、多くのラフを教会の集会に連れていったものの、自分が神だと主張し、複数の妻を娶ったため、キリスト教当局によって「破門され」、最終的には反キリスト教運動を率いることになった[89]。このようにキリスト教を信仰や制度として文化的に取りこみ、山地民の必要に応じて低地の敵や、場合によっては宣教師と戦う道具として利用する営みは、ラフ、フモン、カレンのあいだで顕著に見られる。ラフ語とワ語で書かれた小冊子には、大幅に簡約化されたキリスト降誕が次のように記されており、宣教師と山地民の双方によるキリスト教利用の雰囲気を今に伝えている。

イエス・キリストは……未亡人を母にもつ男であった。イエスが生まれる前に、ある占い師が母に向かって、全世界を征服するほど強い息子が生まれるといった。村長はそれを聞いて激怒し、キリストの母を殺すことに決めた。村人の助けによって、マリアは馬小屋に逃れ、かいば桶のなかでイエスを生んだ。イエスの母が彼を家に連れていくと、母の腕から飛び降りた。床につくやいなや、彼が腰かけるための黄金の椅子が現れた(90)。

このように歴史的な厚みがあり、著しく広域で見られる千年王国活動を一歩離れて眺める現実主義者のなかには、これらの記録すべてを魔術的な解決策の惨めな失敗談だと解釈する者もいる。結局のところ、約束された世紀末は一度たりとも訪れたことがなく、その呼びかけに応じた者は敗れ、破滅し、生き残った者さえも四散してしまった。この観点からすれば、何世紀にもわたる預言運動の終わりなき祈り自体が、運動の不毛さの証である。けっして満たされない希望で敷きつめられた思想の地平をながめて、少しでも肯定的なものを拾いだそうとした多くの歴史家や人類学者は、そこにナショナリズムの原型、もしくは共産主義の原型を見出した。これらの原型は同じ目的をもった世俗的運動に通じているが、神秘的でなく、だからこそより成功の見込みが高い考え方だった。これはエリック・ホブズボームが名著『素朴な反逆者たち』で提示した評価である。そこで彼はキリスト教の千年王国の革命的プログラムに欠けているのは、この現実主義だけだと指摘している(91)。グシャ、神、菩薩、仏陀、古代フモン王ファブ・タイス、（シーア派で神に導かれた者を指す）マハディをプロレタリアート（無産階級）の前衛党に置き換えてみれば、現実味を帯びるというわけだ。

千年王国への情熱を、社会構造から逃れるための最も包括的で野心的な形態として捉えさえすれば、従来とは異なる景色が見えてくる。千年王国論は自分たちを侵害する国家をかわし破壊することを目的に、低地社会の思想構造を大胆に横取りした結果とみることができる。たしかに千年王国は一度も訪れなかった。しかしそうした運動は、新たな社会集団を生みだし、諸民族を再編、融合し、新たな村や国家を形成し、生業活動や習慣を劇的に変化させ、長距離移動を引き起こし、大変な逆境のなかにもそれなりの尊厳、平和、豊かさのある生活への希望の源として生き続けた。

ある意味で山地民は、手に入るイデオロギーの材料なら何でも取りいれることで、自らを主張し、低地国家から距離をとってきた。当初、彼らの主張の材料になったのは、自分たちの伝説や神々のほかに、大乗仏教や上座仏教といった低地の宗教が唱える解放の啓示だけだった。やがてキリスト教が新たな夢想の枠組みとして利用できるようになると、それは預言的メッセージとともに浸透していった。別の時代には、社会主義とナショナリズムが同じことを約束した。今日（先住民の権利を重じる）「先住主義」は、国際宣言、条約、裕福なNGOによって支援されており、山地民のアイデンティティと主張の枠組みとして、かつてと同じ約束をしている[92]。目指す方向はほとんど変わらないが、それを達成するための手段が変わったのだ。こうした想像の共同体は、すべてユートピア的な希望を色濃く帯びてきた。想像の共同体のほとんどは失敗し、なかにはかつての千年王国運動の反乱と同じくらい悲惨な結末を迎えたものもある。模倣、呪物崇拝、ユートピア主義は山地に限られたものではないのだ。

訳注

＊1　ビルマ語で「未来王」の意。「未来仏（バヤーラウン）」という語彙とともに、一九世紀までビルマで頻発した千年王国的諸運動のなかで多用された。

＊2　イタリアのマルクス主義思想家アントニオ・グラムシ（一八九一－一九三七）の提唱した概念で、ある社会集団に対してイデオロギー的に同化し、その集団の代弁者として活動する知識人のこと。

＊3　影響を受けた特定の社会的行為や経済形態が互いに引き寄せあう傾向を指す。ヴェーバーが社会分析のために用いた概念。もともとはゲーテが小説『親和力』のなかで、化学の分野で用いられていた概念を人間関係の分析に応用したことに由来する。

IX　結論

野蛮さは、彼らの特徴となり本性となった。彼らはそれに不足を感じなかった。権威からは自由だし、政治権力に対して恭順しなくてもすむ。そうした生まれながらの傾向は、文明の否定であり、アンチテーゼであった。

――遊牧民についてのイブン・ハルドゥーンの言葉

山岳民族の風変わりでエキゾチックな慣習が博物館、メディア、観光でもてはやされるにつれ、一般の人々（あるいは都市の中産階級だけかもしれない）は、かつての自分たちの姿、いまの自分たちとは異なるものを知ることになる。

――リチャード・オコナー

本書が描きだし、理解しようとした世界は今にも消えつつある。ほとんどの読者にとって本書で繰り広げた世界は自分たちの暮らす世界からはあまりにかけ離れているように映るだろう。現代世界で私たちの享受できる自由に未来があるかどうかは、リバイアサン（強大な政府）を避けることよりも、それを飼いならすという途方もない仕事にかかっている。ますます標準化された制度の構造は、私たちの生活の隅々まで占拠するに至った。なかでも最も支配的なのは、私的所有制度と国民国家という欧米で顕著にみられるモデルである。そのなかで私たちは私的所有制度の生みだす富と権力の著しい格差、そして相互依存を深める人々の生活に押し付けがましい規制をかけてくる国家との格闘を強いられている。ジョン・ダンが力強くいったように、人々は「惨めにも、自分たちの為政者の善意と技能がもたらす安全と繁栄に、これまで以上に」依存するようになってしまった。[1] そして、リバイアサンを飼いならすため私たちが手にできる道具は、ギリシアに起源をもち、欧米で規格化されたあの頼りない議会制民主主義しかない、と彼は付け加える。

私たちの暮らす世界とは対照的に、本書でとりあげた世界は国家がいまほどには目前に迫りきっていない世界であった。歴史を長い目でみればほとんどの人類が比較的最近まで暮らしていたのが、この世界にほかならない。思いきって単純化すれば、そこには四つの時代があった。（1）国家がなかった時代（これが圧倒的に長い）、（2）小規模国家が国家なき周辺地域に取り囲まれていた時代、（3）周辺地域が縮小し、拡張する国家権力に取り巻かれる時代、そして最後に、（4）事実上、地球上のすべてが「統治された空間」になり、周辺地域とは民間伝承の対象となるような残余にすぎない時代。ひとつの時代から次の時代への移行は、地理的にも時間的にもけっして均等に進んだわけではない。例えば、中国とヨーロッパは東南アジアやアフリカよりも早熟だったし、国家形成の気まぐれによって周辺地域は広がったり縮んだりした。しかし、長期的な傾向が右のようであったことは疑う余地なくはっきりしている。

本書でゾミアと呼ぶことにした境界をまたがる高地地帯は、世界のなかで最も大きく、また最も歴史のある避難地帯のひとつであった。そこに暮らす人々はいまだに国家に全面的に取りこまれることなく、その影でひっそりと生きてきた。しかし、過去半世紀のあいだに生じた技術革新と独立国家の野心が互いに組みあわさり、ゾミアの人々にわずかに残されていた相対的な自治さえをも弱体化させた。そのため、本書の分析は第二次世界大戦以降の状況にはほとんど当てはまらない。さらに第二次大戦以降、ゾミア全域では漢、キン、タイ、ビルマ諸民族らによる山地へと計画的かつ自然発生的な大規模移動が起こった。この平地から山地への移動によって、辺境は国家に従順な人々の居住地域となり、低地の人口圧も軽減した。と同時に、そこでは輸出用の換金作物が生産されるようになった。人口学的にみると、高地への植民は山地の先住民を取りこみ、最終的には吸収してしまうための国家による意識的な戦略であった。[2]

山塊《マシフ》での生き方は、国民国家が覇権を握るごく最近までのあいだ、人類の多くがどのような基本的な政治的選択肢に直面してきたのかを教えてくれる。ここでの選択は、避けられないリバイアサンをどう飼いならすのかではなく、低地にある諸国家に対して自らをどう位置づけ、向きあうのかという選択であった。人々の選択肢はさまざまであり、国家の中心部からできるだけ離れた奥地で平等主義的な社会を築き、山の頂で焼畑耕作や採集活動を行うものもあれば、低地国家のそばで階級的な集団に属して朝貢、交易、略奪の可能性を利用して生きるというものまで一定の幅があった。これらの選択肢に不可逆なものはない。国家との距離は、位置、社会構造、慣習、生業形態を変化させることで調節できた。かりに行動様式や慣習のどれも変えることがなくても、近隣国家の勢力範囲のいわば足元との距離は、王朝の崩壊や勃興、戦争、人口の圧力の変化などによって変わってくる。

ゾミアに暮らす人々とは何者だったのか。もちろん、当初はどの国家の国民でもなかったという意味で、高地であろうが低地であろうが東南アジア大陸部のすべての人々はゾミア人であった。ひとたび最初の小さなヒンドゥー・マンダラ国家が形成されると、その国家に属さない大多数の人々は、新たに作られた小さな諸国家のなかで最初に自治を行う人々として立ち現れた。国家をもたないこうした人々について、いまでは考古学的な調査にもとづいて多少なりとも知ることができるようになっている。調査でわかったのは、彼らの社会は特定の仕事に特化した職人たちが広く分布した複雑な社会であって、政治的に分権化され、平等主義であったことである。それは埋葬品が概ね均質であることからもわかる。この発見は、一部の考古学者らが「ヘテラルキー」（異なる階層をつないだ樹形図で、最上位に単一の節点をもたない反階層的構造）と呼んだものと一致している。国家なき人々の社会は、統一的な階層をもたない社会、複雑な経済をもった社会であった。[3] 調査によれば、高地に暮らす人々はまばらで、国家をもたない彼らの多くは耕作可能な高台もしくは平野部にいて、不安定な氾濫原に生活する者は稀であった。

とくに漢にみられるような初期国家は、水田耕作に適した低地に支配を拡張する過程で「難民」を作りだし、その難民が山地の人口の大部分を占めていった。彼らは、もともと平野部に暮らす、国家をもたない（その多くは焼畑耕作を行っていたであろう）人々で、水稲国家の水平的な拡張の前に立ちはだかった人々である。水稲国家による最初の支配対象は、そうした人々のなかから寄せ集められた。なんらかの理由によって国家支配への編入から逃れようとした人々は、平地のなかでも中心部から遠く離れたところ、もしくは近づきがたい山地のような勢力圏の外に身をおかなくてはならなかった。この見方に沿えば、国家体制に直接組み込まれたことのない山地に住んだり初期の国家から逃れたりしてきた人々は、支配がおよばないところで小集団を形成していたのである。しかし長い時間の経過とともに、山地にも賦役、徴税、兵役、戦争、家族の継承をめぐる係争、改宗など、国家形成に直接かかわる事柄を理由に、国家の支配下から逃れてくる移民の波が数多く押し寄せてくるようになる。戦争、凶作、伝染病などで国家が崩壊したり、もしくは生き残るために避難する人々が続出して、国家がなくなってしまうような場合もある。コマ送りの写真のようにしてみてみると、こうした移民たちの作りだす波動は車同士をぶつけ合って遊ぶゴーカートのゲームのようにみえるだろう。波動のひとつひとつが、最初にそこにいた移民にガタンとぶつかりながら進むのだが、押されたほうも動くまいと抵抗しながら、次なる先住移民の領域に押しだされる順番待ちをしているような状態である。この道程こそが「破片地帯」を作りだしてきたのであり、長い時間をかけてとてつもなく複雑なキルト模様を作りだし、山地での場所やアイデンティティをたえず再構成してきたのである。

この意味で「ゾミア」とは国家の産物、もっと正確にいえば、国家形成と国家拡大の効果であるといえる。国家が崩壊した領域や避難民の集まる地域は、平野での国家形成事業が必然的に作りだす「陰の双子」のようなものである。国家と、それが生みだす破片地帯は、互いを形成しあっているという点で陰の双子という言い回しを文字どおり体現している。両者は互いの陰に立ちながらも他方の文化的な要素を取りいれているのだ。低地国家のエリートは、自らの文明的な地位を自分たちが把握しきれていない人々との関係で規定しつつも、その彼らに依存して貿易や（略奪や賄賂などを通じた）支配下の人々への物資の補給を確保している。その一方で山地に暮らす人々は、生活に欠かせない交易品を平地国家に依存していたし、政治的支配の外にいながらも、略奪や儲けの機会を最大限利用するために低地の王国とあえて近接した場所に暮らすこともあった。より奥地に暮らす平等主義的な山地民たちは、低地の階級制と権威に自らを対置させた。低地と山地の人々は、前者が密集していて均一的であるのに対して、後者は散在的で不均一であるいう意味で、ふたつの対照的な政治領域を構成する。それぞれは単体としては不安定であったが、いつとはなく互いの人やモノに惹かれあう間柄になった。

高地に展開した社会とは、諸国家や「文明」を形づくる大もとになった雑多な「原料」などではない。そうした社会はむしろ、搾取の対象にならないよう、できるだけ目立たないように設計された、国家形成に対する反動の産物なのである。遊牧民による牧畜生活が二次的な適応であって、定住型農業国家から退出しつつも機会さえあれば交易や収奪の恩恵に浴しようとしたものであるのと同様に、焼畑移動耕作も外部環境への適応の結果なのである。牧畜がそうであるように、人口を分散させる焼畑耕作は、国家にいつ接収されてしまうかもしれない「神経中枢」をもたない。変幻自在の生業様式は外からの横奪の試みをくじいてしまうのである。故意に人目につかないような場所に暮らし、言語的、文化的に錯綜したアイデンティティをもち、さまざまな生業手段を使いこなし、中東の「クラゲ」部族のようにバラバラに分散して暮らす能力をもつ彼らは、低地社会の繰りだす宇宙論を利用しながら、抵抗する集団としてのアイデンティティを瞬く間に形成する。山の民は、国を作ろうとする指導者や植民地行政官からすれば悪夢のような存在になるべくしてなったのである。大雑把にいえば、まさしくその通りであった。

山地社会を分析するには、小部落、分節リネージ、核家族、焼畑集団などの原初的な単位にさかのぼらなくてはならない。国づくりを進めるうえで固有の文化をもち、多くの小集団から構成され、捉えどころのないアイデンティティや社会的単位をもつ山の人々は実に扱いづらい。そうした原初的な単位は、時に応じてカリスマ的な預言者の指導の下に戦争や交易を目的とした小さな連合体や同盟を形成することもあった。そうかと思うと、形成されたときと同じくらいの速さで衰退し、元の単位に戻ってしまうことも多かった。国づくりを企てる者たちが、山の民を当てにできないと感じたとすれば、歴史家や人類学者も同じように彼らの把握には手を焼いた。近年フランソワ・ロビンとマンディ・サダンは、山の民の流動性、とくに外部によってつくられた民族集団の分類が現実を反映していないという観点から、民族を「他の文化的特徴を包括する上位の所産」として扱うのをやめ、「他の文化的特徴のひとつとして扱うこと」を提案した。[4] エスニシティよりも、村、家族、交換ネットワークに注目するほうが民族誌的に正確であるというわけだ。民族の境界線が穴だらけではっきりしないこと、どのアイデンティティひとつをとってみてもその内部に途方もないバリエーションが広がっていること、そして「カチン」や「カレン」の意味するところがたどってきた歴史的な変転などを考えると、そもそも人々を区別するカテゴリーなど設けることができないという不可知論の立場が正しいように思えてくる。だが、ロビンとサダンの賢明な助言にしたがって山地の社会秩序とアイデンティティの再構成を、近隣の低地国家が引っぱりこもうとする政治的、経済的、象徴的な重力に対する、村、集団、ネットワークの戦略的な配置換えとみなせば、(山地民の)流動性や表面上の無秩序を理解できるようになるにちがいない。

国家をかわし、国家を阻む
——グローバル－ローカル

ゾミアや山塊の研究とは、山地民そのものの研究ではなく、国家を避けようとしたり、あるいは国家によって排除されてきた人々についてのグローバルな世界史の一部である。そうした歴史の全体を描きだすことは私ひとりの手に負えるものではない。多くの研究者を巻きこむ共同作業で取り組むのが理想である。東南アジアの文脈にかぎってみても、本書で扱った以上の広い対象を取りこまなくてはならない。少なくとも、国家に頼らずに舟に乗ることを選んだオラン・ラウトと呼ばれる海の民の研究を含まなくてはなるまい。ここでいう海の民とは、ある時期のムラカのスルタンにとっては、帝政ロシアの軍事勢力にとってのコサックが水に乗り移ったかのような存在であった。彼らは海上に散らばって暮らし、島々のあいだを駆け巡る複雑な水路のなかに身をおくことで奴隷商人や国家から逃避することができただけでなく、略奪や奴隷獲得に従事したり、ときには自ら傭兵になることもあった。

ゾミア地域以外にも国を超えて広がる空間のグローバルな世界史に含まれてくる人々はいるけれども、本書では軽く触れることしかできなかった。ここで本格的に扱うことはできなかったジプシー、コサック、ベルベル、モンゴル、その他の遊牧民なども国家周辺の歴史を広く描きだすうえでは欠かせないだろう。西アフリカのマリに暮らすドゴンのように捕獲から逃れた人々は言うまでもなく、奴隷労働者が国家建設の欠かせなくなったような地域（新大陸の大部分、ロシア、ローマ、イスラーム世界）では、逃亡奴隷たちが形成したマルーン共同体もグローバルな世界史の一翼を担うことになる。そして、もちろん植民地支配の下で皆殺しの危険にさらされ、従前の居住地から新天地へと逃げた先住民たちは、この物語の大きな部分を占める。(5) 地理的、文化的、時間的なばらつきがどれだけあったとしても、避難先となった地域の比較研究を行えば、そこにはいくつかの特徴的な共通性を見出すことができる。歴史的な深みのある比較研究を行えば、ゾミアにみられるような民族的、言語的な複雑さと流動性、そして多様な集団がいくどとなく作り直してきた「破片地帯」が明らかになってくるにちがいない。ゾミアの人々は、奥地で辺境の近寄りがたい場所に暮らし、さらに空間的な散らばり、身軽さ、収奪への抵抗力を最大化するような生業形態を発達させてきたようにみえる。その社会構造も、離散や分裂、そして再構成しやすいものになっていることが多く、画一的なきまりに基づく事業を持ち込もうとしても、働きかけるための制度的なとっかかりが外からはよくわからないようなつくりになっている。最後に、国家の枠外にある空間に暮らす集団には、たいてい村と家族の両方のレベルで強烈とさえいえるほどの強い平等主義と自治の伝統をみることができる。これらは専制と階級の固定化を効果的に予防している。

山塊に暮らすほとんどの人々は、国家の近くに住んで巧みに文化的、経済的機会に便乗しつつも、国家の取りこみからは逃れるために、かなり包括的な文化的技術の選択肢をもっていたようである。この選択肢の一部は、時間の経過に応じて彼らがまとっていくアイデンティティの流動性と曖昧さそのものに由来する。この流動性と曖昧さはあまりに衝撃的で、国の行政にとってはあまりに苛立たしいものであるために、リチャード・オコナーは、どんな集団にも民族的なアイデンティティがあるという前提を改めて「東南アジアでは人々がエスニシティと土地とを頻繁に変えるので、むしろ〝民族に人々が属する〟と言うほうが正しい」とさえ書いている(6)。アイデンティティの順応性を重視するのは、不安定な国家システムの隙間にできる「破片地帯」のひとつの特徴かもしれない。ほとんどの山地文化は、異なる地理的空間やアイデンティティのあいだを跨いで旅するための、いわば荷造りを済ませている状態にあるといえる。言語と民族的アイデンティティをめぐる広い選択肢、そして自在に分裂する才能は、いずれも彼らが動きまわる際の強力な旅行道具の一部なのである。

この観点から、フェルナン・ブローデルの山地民に関する次のような主張を再考してみるとよい。「彼らの歴史とは、まさしく歴史をもたないことであり、大いなる文明の波に呑まれることなく、その縁に居とどまる(7)」。少なくともゾミアについていえば、歴史をもたないというブローデルの主張は全くあてはまらない。複数の歴史をもつゾミアの人々は、状況に応じて、そのどれかひとつだけを展開することもできれば、いくつかの組みあわせをうまく配置することもできる、というのがより的を射た表現であろう。アカやカチンの人々のように、長くて念入りな系譜を作りだすこともできれば、リスやカレンのそれのように、非常に短い系譜と移民史しかもたない人々もいる。はっきりした歴史をもたないようにみえる人々がいるとすれば、それは次の行き先が決まらない段階では身軽にしておくのがよいことを学んだからである。彼らは時間感覚をもたないわけでも、歴史をもたないわけでもない。大きな交易路の継ぎ目をつなぐ不定期船、あるいは諸国家のはざまを行き交うジプシーのように、国家のとりこみからうまく逃れられるかどうかは機敏さを最大化できるかどうかにかかっている。この人々にとっては、できるだけ選択肢を広げておくことが利害にかなうのであり、どのような歴史をもつのかも選択肢のひとつなのである。彼らは、自分たちに必要なだけの歴史をもっているのだ。

このように、文化の戦略的な位置づけ、奥地での居住、機動性、固有の基準に基づく作物や耕作技術の選択、そしてはっきりした指導者の不在に伴う「摑みどころのない」社会構造といった特徴も、たしかに国家回避の手段になっている。しかしここで決定的に重要なのは、彼らが回避しているのは国との関係そのものではなく、国家の支配下に陥ることであるという点だ。周辺の山地民が回避してきたのは、歳入確保に立脚した国家による腕づくの権力行使であり、支配下の人々から直接税や労働を搾取する国家の能力なのである。その一方で彼らは政治的自治と共存できるかぎりにおいて、平地の国家とのあいだの関係づくりを熱心に模索することもあった。とくに、低地の大商人をひいきの交易相手にしたいという利権をめぐる思惑をめぐっては夥しいほどの政治的対立を繰り広げた。山地と低地は、これまでみたように農業生態系の隙間を埋める相互補完的な存在なのである。こうしたことから、隣接する低地国家は山地の産物や人口の獲得をめぐって互いに競合するのが常だった。

特恵的な関係はひとたび築かれると、朝貢関係として公式化されただろう。儀礼や低地国家の記録のなかでは非対称的な関係にみえたとしても、現実には交易相手の山地民が優位に立っていることがある。つまり、低地の人々の視点に偏った山地民の描写を鵜呑みにしてはならない。徴税と賦役の厳しい権力行使が描きだす幅の狭い弧の向こう側には、貢物のやりとりからだけでは捉えることのできない、広くて曖昧な経済的交換の領域が横たわっているのである。この領域は、互恵的な貿易に立脚した丈夫な接続網であり、ごく一部の例外を除いて恒常的な政治的支配とは無縁の世界を作りだしていた。商品が小さくて軽く、その価値が大きいほど、この曖昧な領域の外周は大きく広がっていた。例えば宝石や珍しい薬品、ケシなどの場合には、この外周はとてつもなく遠くまで広がっていた(8)。

象徴的、宇宙論的な意味で平地国家の影響力の広がりは確かに大きかったが、それは底の浅いものでもあった。中国式であろうが、インド式であろうが、あるいはエキゾチックな混合の様式をとろうが、村レベルを超えた権威の正当化に役立つアイデアは、事実上ほとんどが低地からの借り物であった。それらのアイデアは、低地の係留から緩く解き放たれて、山地特有の目的に資するかたちで再構成された。低地の一部を構成する宇宙論、権威の標章、服装、建築様式、肩書きなどが再配置され、預言者、治癒者、野心的な首長らの手によって固有の混合物に仕立てられる過程は、「ブリコラージュ」と呼ぶにふさわしい。高地の人々はさまざまな象徴の原材料を低地から輸入しているが、高地の預言者はそれらの材料を千年王国論で色づけし、低地の文化的、政治的覇権への対抗のために用いたわけだ(9)。

低地生まれの宇宙論が普及したのは、それが人々の協力を促進し、一部の社会科学者が「取引費用」と呼ぶ社会の断片化を克服するのに役立ったからであった。これは本書での国家逃避に関する全体的な主張に関係しているといえそうだ。というのも分散、身軽な移動、複雑な民族性、焼畑という小規模な生業活動、平等主義といった、国家による包摂から逃れるのに役立つ山地社会の特徴は、集団をバラバラにし、共同組織を成り立たせたり、集団をまとめるうえで途方もない障害になるからである。山地の人々が共同するために欠かせない唯一の社会的資源は、皮肉なことに低地に求められなくてはならなかった。それは低地国家に付随する社会的階層性とそれに伴う宇宙論である。

山地社会はさまざまな国家回避行動をみせる。ときにそうした特徴が、一定の階級性や国家形成にも似た特徴と共存してきた場合もあれば、別の集団では国家回避が内部に国家的なものを作りださないようにするための営みと組み合わさっている場合もある。例えば、はっきりした指導者をもたず、強い平等の伝統の下に固定的な上下関係が生じるのを押さえ込もうとするアカ、ラフ、リス、ワの人々は後者に分類できそうだ。彼らは婚姻同盟を通じて氏族のあいだに固定的な上下関係が生じるのを防ぎ、言い伝えを通じて出すぎたまねをした首長は暗殺や追放の憂き目に遭うと警告していることも多い。さらに不平等が固定化する恐れがある際には、村や氏族を小さく、より平等な分派に別れて対応するのである。

撤退の諸段階と適応

ゾミアのような破片地帯、もしくは避難地域について記述することには逆説が伴う。山地社会のもつ流動性と順応性を描きだそうとすれば、それ自体が動いているのを覚悟のうえで、「どこか」に観察の足場をもたなくてはならない。私自身も「カレン」「シャン」「フモン」について語るとき、彼らがまるで固定されて変化しない社会単位であるかのように扱ったが、長い期間にわたって観察してみれば、山の民はけっして固定された人々ではないことがわかる。読者をいっそう混乱させてしまうかもしれないが、山地社会の流動性がどれだけ根本的なものだったかを思い出そう。平地から逃げだした人々は、私たちが知りうるかぎりの長いあいだ、山地に人口を補給してきた。山地の人々も、これまた私たちの知りうるかぎりの長いあいだ、平地国家の社会に同化してきた。山地と平地の人々とを分ける原理的な「境界線」は、互いの領域を行き来する大量の交通量にもかかわらず、そこにあり続けた。山地社会は、とらえどころがない。彼らの操る変幻自在のアイデンティティは、「アイデンティティの境界」を固定させるいかなる努力も根拠をもたない一過性のものにしてしまう。山地では社会が全体として自らを再構成するのと同じように、個人も、親族集団も、そして集落そのものも自分たちを作り直している。そして、山地社会は平地の国家事業に対峙して自らを戦略的に位置づけるのと同時に、人々が織り成す複雑な網の目のなかで、山に暮らす隣人たちに対しても位置取りをしている。[10] ここに風変わりなことはなにもない。

位置取りの過程と互いの状況に合わせた適応は、山地における政治過程で繰り返し立ち現れる一貫したテーマなのである。私たちにとっては頭の痛いこの情況も、こう考えてみると多少の慰めになる。山の民の流動性は植民地統治者や国の行政官を困惑させるかもしれないが、当の行為者たちは自分たちが何者で何をしているのかはっきりわかっているし、煙にまかれているわけでもない、と。

隣接する統治体制のもつ危険や誘惑に適応するのは、国家の周辺にいる人々だけではない。統治対象の中心になる農民たちも、政治の中央で展開される好機をうまく利用するための慣習や、騒乱による最悪の影響から身を守るための常套手段を発達させてきた。スキナーは明朝や清朝時代の中国農民が朝廷の崩壊、秩序や繁栄に対応するために用いることのできた適応手段の幅がどのようなものであったかをやや詳しく述べている[11]。本書の目的に照らせば、これらの選択肢の幅の特徴は、それが現在の居場所に残り、定住農業を続けるために農民たちがとった防衛手段になっているという点である。それは非常に制約された状況下での自己防衛の様式である。国家の中心にいた農民たちが、こうした方法を用いて適応してきたことをみると、国家の周辺における人々の選択肢がどれだけ広く開かれていたのかがよく理解できる。

スキナーによれば、国家を司る強力な支配者の下での統合、平和、活気ある貿易の時期には、地域の共同体はこうした望ましい条件を利用して適応する。地域共同体が外の広い世界での機会をものにしていく過程では、経済的な特化、貿易、行政や政治上のつながりも繁栄の方向へと向かう。これとは対照的に、支配秩序の崩壊、経済恐慌、国内的な不和や山賊行為が横行する時期には、地域共同体は保身の手段として次々と撤退して自らの殻に引きこもるようになる。この撤退には規則性があるとスキナーは言う。まず国家が掲げる規範からの逸脱、その次に経済的な閉鎖、そして最後に防衛のための軍事的な封鎖、というパターンである。特殊技能をもった職人や貿易商人は帰郷し、特定の業種に専念する経済特化の度合いは低下し、地元での食料供給は厳しく見張られ、よそ者は追放され、作付けを見張る集団が組織され、貯蔵庫が建てられ、地元住民からなる在郷軍が作られる[12]。戦闘や反逆が採り得る選択肢に入っていないとき、地域のコミュニティが外部環境の脅威に対して行ったのは、規範的、経済的に離れ、軍事的には退却していくことであった。彼らは、屈服することなく、自律的で、自給自足できる空間を作ろうとしたわけだが、それは危険が続くかぎり外の社会からの独立を宣言することに等しかった。そして脅威がおさまると、地域コミュニティは逆の順序、つまり最初に軍事的、次に経済的、最後に規範的という順序で再び自らを開いていくのであった。

ゾミアの山地社会は、いずれも近隣社会との政治的関係において爆発的に広い自己配置の幅をもっていて、自らを密に包摂させたり、また逆に距離をとることもできる。スキナーが描写した水田に足をとられた中国の小農とは異なり、山地の人々は物理的な可動性が高く、長い距離を移動でき、状況に応じて組み合わせることのできる生存技術の幅をもっている。山地社会とは、つまるところ国家からの離脱の程度を巧みに調整し、状況に合わせて加減する能力をもつ離反者から構成された社会であった。そうした間合いの調整は、国家の中核を構成する平地農民にとってはなかなか真似のできない特徴をもっていた。最初の特徴は居場所の遠さである。一般に居住地が高い場所や奥地にあるほど、国家の中心部や奴隷狩りや徴税からは離れることになる。第二の特徴は規模と散らばりである。居住空間が小規模で点在しているほど、侵略者や国家にとっては標的としての魅力がなくなる。最後の特徴は状況に応じた生業技術の調整である。それらの技術が具体的な形となったのが戦略的な位置取りであって、それによって国家、社会の上下関係、政治的な包摂に対する距離が定まる。

ヒョルレイファー・ジョンソンは、この文脈で（1）狩猟採集、（2）焼畑耕作、（3）定住農業の三つの生業戦略を比較対照している。[13] 狩猟採集の略奪に対する耐性の強さは、事実上、実証済みであり、この生業戦略が社会的不平等を招くことはほとんど考えられない。焼畑も略奪に対する耐性は強いが余剰を生みだすこともあるので、ときおり内部に一時的な上下関係を生みだす。[14] その一方で、定住農業、とくに水田耕作の類は収奪されやすく、略奪の対象になりやすく、大規模な居住地と永続的な階層性を伴う。人々はさまざまな割合でこうした諸技術を組み合わせて、時間の経過とともに調整していく。ただし、どのような調整の背景にも政治的選択があったということは、本書でみたヤオ（瑶）やミャオ（苗）のような人々にとっては明らかであった。山の民にとって狩猟採集と焼畑はいずれも、低地国家からの政治的離脱のかたちであると理解されていたし、とくに狩猟採集が、国家から距離をとるためのよりラディカルな選択肢であることを人々は認識していた。[15]

このように、高地に暮らす諸集団は居住場所だけでなく、社会的にも、農業生態的にも大きな選択の幅をもっていた。選択肢は実に広く、平地での水田耕作を受けいれて、低地国家の水田耕作民になってしまうというものから、近づく侵入者は殺されるという噂を広めつつ尾根のある山奥で狩猟採集や焼畑を営むというものまであった。これら二つの際立った選択のあいだに、さまざまな雑種の可能性が横たわっている。どの時点でどの選択肢が実際に選ばれるのかは、スキナーが描写した中国の農民の例にあるように、外部条件にも依存する。平和で経済が拡大し、新開地の拡張に国家が積極的である時期には、定住型の農業を選択して政府の中心部に近づいては朝貢や貿易による関係構築を模索し、民族的にも言語的にも低地文化の方向に流れる山地民が多い。これに対して、戦争や内乱が起こったり、搾取的徴税や奴隷狩りが盛んな時期には、山地民は反対の方向へと流れて、そこで国家の中枢から避難してきた人々と合流する可能性が高い。

どの山地民も、ある一時点で見ると、尾根で焼畑を営んだり、ケシの栽培に従事するといった特定の生活様式を採用しているようにみえる。彼らの文化は、そうした生活様式に閉じこめられてしまっているように思われることさえあるだろう。しかし、非常に長い時間の幅のなかで見ると、そこには、ひとつの民族集団から枝分れしたあとに、異なる状況に直面した多様な人々による活発な動きがある。こうした動きがひとつの決まった方向に向いていると考えなくてはいけない理由はない[16]。逆に長い目でみると、そこには変幻自在の口頭伝承文化に「伝統」としてうまく取り込まれている歴史があり、低地国家に近づいたり、遠ざかったりを繰り返してきた自己変革と調整の歴史があったと想像できるのだ。

ここで思い出すべきなのは、大部分の狩猟採集民や牧畜民(ひょっとすると焼畑耕作民も)は、原始の人々の生き残りではなく、国家の陰で適応をなしてきた人々である、ということだ。ピエール・クラストルが想定したように、はっきりした指導者をもたない狩猟採集民や焼畑耕作民の社会は、臣民として国家による支配をかわしつつ、近隣諸国との有利な交易を可能にする農業生態的立ち位置を利用できるように見事に設計された社会なのである。ダーウィン流の社会進化論を信奉する人であれば、山地民の移動性、バラバラに点在する集落、世代を超えて引き継がれることのない身分、口承文化、生業とアイデンティティ形成の戦略の幅広い選択肢、そして場合によっては預言に傾倒する傾向さえも、変動の多い彼らの環境に見事なまでに適応していると気づくにちがいない。彼らは自ら国家を作ることよりも、国家が存在する政治的環境のなかで非臣民として生き残ることにうまく適応してきたのである。

文明への不満分子

イギリスとフランスの植民地行政官は、支配対象の人々に対する新たな税負担を正当化するために、税を「文明社会」に生きるための代金であると説明した。彼らは言葉のまやかしで三つの計略を遂行した。まず、支配対象の人々を完全に「文明以前の段階」と評し、植民地の現実を帝国の理想に巧みに置き換え、実際には国家形成であったものを「文明」と混同させた。

作り話が多い文明の「実話」というのは、たいてい統制の行き届かないところに暮らし、やがては征服され、一体化されていく野蛮で扱いづらい敵対的集団の存在を必要とする。それがフランス人だろうが、漢人だろうが、あるいはビルマ、キン、イギリス、シャムの人々であろうが、「文明」は、こうした仮想敵の打ち消しによって規定される。部族や民族性の概念が、統治権や税制のおよばなくなる場所を境にして生まれる大きな理由はこれである。

このように支配者たちの結束と自信を高めるためにもっともらしくでっちあげられた話が、帝国の辺境地域ではあまり説得力をもたない理由はすぐにわかるだろう。例えば一九世紀半ばの雲南や貴州で、儒教の古典的内容、すなわち親孝行、儀礼の重視、秩序の遵守、しきたりの拘束力、臣民の暮らしに対する慈悲深い配慮、高潔な行い、公正さを教育する場合を想像してみよう。こうした教育を通じて帝国に流布される想像上の世界と、明や清の辺境の現実とのズレに驚かずにいられるだろうか。言説とは異なり、生身の人間が実際に「暮らしている」辺境地域は、商売人に正義を売り飛ばすような腐敗した為政者、武装したごろつきや山賊、追放された役人や犯罪者、土地の不法占拠者や密売人、行き場を失った漢の人々で満ちていた[17]。漢民族は各地に点在していただけなので、漢文明が辺境の現場ではほとんど人々を引きつけなかったのもうなずける。逆に、理想と現実の矛盾に気づいた地域の人々や分別ある帝国の役人たちは文明論が単なるぺてんにすぎないと見抜いていた[18]。

中国に打ち立てられた漢と東南アジアの上座仏教にもとづく諸国家は、「文明化された」臣民の理想について多少なりとも異なる認識をもっていた。漢人の場合には、家長制、先祖の位牌、文字を知っていることが同じ民族として同化する際の前提になっていたと考えられるが、文明の水準を満たすための宗教的な要件は何もなかった。ビルマやタイの場合は、仏教と僧団（サンガ）への敬意が宗教的な要件になっていた。人的資源に飢えていた東南アジア大陸部の諸国家には、お高くとまって特定の民族を差別している余裕などなかった。インドの古典的様式の流れをくむ王朝は漢民族国家のように上下関係に基づく階級制をもっていたものの、民族的には寛容であった。

そうした国家のすべては、財政上もしくは軍事上の動機に駆りたてられた水稲国家であった。実際、水稲国家はあらゆる手段を用いて人口密集型の居住空間と、その基盤としての灌漑施設を作ろうとした。支配下の人々がおおむね均質の集落共同体で、同じ穀物を同じ方法で栽培していれば、土地の評価、徴税、行政管理はそれだけ容易になる。漢の場合、父系世帯を財産と行政の基本単位として登録していたことで、社会的統制がいっそう容易になった。開かれた平野に灌漑水田が広がり、そこに文化的な定住共同体もあるという景観は、統治対象として理想的な水稲国家の姿を反映していた。

水稲国家の役人たちにとってみれば、彼らの考える不適切な居住形態、生業手段、社会組織をできるだけ作らせたくはない。だから、役人たちは可能なかぎり人々の居住地が点在しないようにしつつ、狩猟採集、焼畑、遠隔地への移住を禁じた。水田が国家による住民の組織化と彼らの生産活動を基にした文明的景観を意味するのであれば、その論理を延長すると、山地や森林などの奥地に暮らし、畑だけでなく時には自らも移動しながら、小さな平等主義の村を何度も作りかえてきた山地民は未開人ということになる。ここでとりわけ際立っているのは、文明的な景観と人口動態の組み合わせが、国家形成に最も適した組み合わせに密接に符合していることである。逆に、国家にとって収奪しにくいような景観とそこに暮らす人々は、未開で野蛮な人々であるとされる。この見方からすれば、だれが文明人で、だれが未開人であるかを見分けるための座標軸は、結局、国家によって収奪のしやすい農業生態的な条件にあるかどうかに過ぎないことがわかる。

低地のエリートにとって国家の境界線上における生活が未開や後進性と密接にかかわっていることは間違いようのない事実であった。国家にとって生産物を把握しづらい土地景観と、そうした土地に暮らす人々の顕著な特徴を数えあげれば、それがそのまま未開状態の目録にもなる。近寄りがたい森林や尾根にある住居は未開としてコード化される。かりに売って儲けるための営みであっても、狩猟採集、林産物採集と焼畑農業は遅れたものとして理解される。生活拠点の点在と集落規模の小ささは、それだけで原始的とみなされる。物理的な移動のしやすさや融通の利くアイデンティティも、原始的で危険とみなされる。偉大なる低地の宗教を信奉するわけでもなければ、王や聖職者に税を納めるわけでもない彼らは、文明の境界の外側に位置づけられるわけだ。

低地民は彼らこそが社会進化ピラミッドの頂点に居座り、山地民はその底辺、つまり原初段階に位置するものと勝手に想像している。山地の人々は、すべての事柄において「以前《プレ》の」、つまり初期段階におかれた人々であると考えられているのである。彼らは水稲耕作以前、都市以前、宗教以前、識字以前、低地国家以前の人々なのである。しかし、私たちがここまで長々とみてきたように、山の民に着せられた汚名の数々は、国家を避けようとする人々が自治を放棄しなくてすむように、積極的に身につけ、遂行してきた特徴なのである。低地民の想像は、間違った歴史認識に基づいている。山の民は、何々以前《プレ》の状態にあるわけではない。彼らの生き方はむしろ、以後《ポスト》、つまり灌漑水田以後、定住以後、支配対象以後、そしてもしかすると識字以後といったほうがよい。彼らは権力に反発して意図的に国家なき状態を作りだした人々であり、自ら国家の手中に陥らないように注意しながらも諸国家からなる世界にうまく順応してきた人々なのである。

自らをかわそうとする山の人々の農業生態系、社会組織、移動性について、低地の人々の理解にとりたてて間違いがあるというわけではない。低地の人々は言ってみれば、山の民を正しい容器に仕分けた。ただし、低地の人々は歴史のつらなりを根本的に誤解したうえに、容器のラベルまで付け間違えた。彼らが「文明的」と呼ぶものを「国家の支配下におかれた」と付け替え、彼らが「未開」と呼ぶものを「国家の支配をかわす」と付け替えれば、ちょうどおあつらえむきである。

用語解説

東南アジア大陸の言語分類について

東南アジア大陸の言語は、通常以下の五つの語族に大別される。(1)オーストロネシア語族。東南アジア島嶼部で話される言語やマレー語。(2)オーストロアジア語族。かつてインドシナ半島全域を広く覆っていた可能性が指摘されているモン・クメール系やベト・ムオン系などを含む言語。(3)シナ・チベット語族。オーストロアジア語族の居住域へ割り込むように南下してきたと言われ、現在の中国から東南アジア大陸に至る広大な地域で話される漢語、チベット・ビルマ語（ビルマ語、ロロ語、カレン語）などを含む言語。(4)タイ・カダイ語族。他の民族に比べて相対的に新しくインドシナ半島へ南下したタイ語などを含む言語。(5)ミャオ・ヤオ語族。東南アジア大陸部山地から中国南部に分布し、シナ・チベット系の言語だと言われることもあるが系統帰属は十分に明らかにされていない言語。詳しくは大野徹編『東南アジア大陸の言語』（大学書林、一九八七年）を参照。

アヴァ Ava

インワともいう。ミッゲー川がイラワディ川に合流する地点に建設された町。ビルマの最初の王朝はパガン王国（一〇四四－一二八七年）であったが、パガン朝崩壊の後、一三六四年にここが都とされ、イラワディ流域中央平原地帯を制する王国の中心となった。

アカ Ahka

雲南省南部で発祥し、チベット・ビルマ語派諸語を話す集団の一般的名称。タイ、ラオス、ビルマでは、イコーやコーとも呼ばれ、ベトナムではハ・ニ、中国ではハニ（哈尼）とも呼ばれる。アカの総人口はおよそ一七五万人で、その八〇パーセントが中国に居住している。

イ Yi

中国では「彝族」として公認されている少数民族の名称であり、ロロと呼ばれることもある。推定人口八〇〇万人弱。チベット・ビルマ語派の民族としては、中国で最大の集団である。

オラン・アスリ Orang Asli

マレー語で「最初」の人を意味する。マレー半島の先住民族とみなされる人々を指すマレーシアの分類名称で、モン・クメール語派を母語とする人々と、マレー語を話す人々から成る。

カチン Kachin
ビルマでカチンと呼ばれる人々の多くはジンポー語を話し、隣接する中国での民族名はジンポー（「景頗」）である。ビルマでは北部のカチン州とシャン州北部にそのほとんどが居住し、中国におけるジンポー族の約三倍の規模をもつ。

カム Khmu
モン・クメール語派のカム諸語を話す人々。推定人口は五五万人。カムはその多くがラオスに居住しており（八八パーセント）、ベトナムに一〇パーセント、タイに二パーセントが分布している。

カヤー／カレンニー Kayah/Karenni
チベット・ビルマ語派のカレンニー諸語を話す民族。主にビルマに暮らしているが、ごく一部がタイで生活している。ビルマでは、この民族の名に基づいてカヤー州がある（一九五二年にカレンニー州がカヤー州へと名称を変更した）。サルウィン川が横切るこの州の州都は、ロイコーである。

カレン Karen
チベット・ビルマ諸語のカレン語系諸語を話す民族。主にビルマに分布しているが（推定人口三九〇万人）、タイにも多数が暮らしている（推定五〇万人）。

キン／ベト Kinh/Viet
語意は「京《キン》」であり、そこから転じて「京の人」を指す。ベトナム社会主義共和国内の推定人口は六五〇〇万人（ベトナム国の総人口の九割近く）。中国の漢族、タイのタイ族、ラオスのラオ族などと同様に、ベトナムの民族的多数派である。

クメール Khmer
カンボジアの民族的多数派が話す言葉の名称。カンボジアの人口の九〇パーセント以上がクメール語を話す。タイ、ベトナム、ラオスにも多くのクメール語の話者が暮らしている。

シャン Shan
ビルマでタイ語系民族にたいして使われてきた名称。人口は二九〇万人あまりと推定される。ビルマにはタウンギーを州都とする「シャン州」があるが、この州の総人口のなかでシャンが占めるのは半数程度である。シャン人の多くはタイ・

ヤイ（「大きなタイ」という意味）を自称する。一三世紀から一六世紀にかけて、水稲を基盤に複数の王国を建てた。英国植民地期はシャン連合州であったが、ビルマ国の独立時にシャン州という一つの行政地区としてまとめられた。州内には、カチン、ラフ、アカ、パラウンなど多くの少数民族が暮らしている。

タイ Tai
タイ・カダイ語族タイ系諸語を話す人々の総称。その分布範囲は、東北インドのアッサムから、ビルマ北部、ラオスとタイ全土、カンボジアとベトナム一部、そして中国西南部（雲南・貴州・広西）まで広がる。タイ族は、一三世紀前後に雲南から東南アジア大陸部の盆地に、多くの盆地国家を築いた。またムアンと一般に呼ばれる集落を統合する政治単位をもった。

チワン Zhuang
中国では「壮族」として知られ、中国最大の少数民族である。タイ・カダイ語派に属し、東南アジア大陸部山地全体でも最大の山地民族集団を形成する。推定人口は一六〇〇万人。これはラオスの総人口の三倍に達し、ラオスとカンボジアの総人口に匹敵する。

チン Chin
西ビルマの南部の国境地域のアラカン山脈に属するチン丘陵に暮らすチベット・ビルマ語派諸語を話す。ビルマにおけるチンのほとんどは、イラワディ平野の西端から始まるチン州に暮らしている。

チン丘陵 Chin Hills
ビルマ北西部からインドのマニプルまで連なる山脈。アラカン・ヨーマ（山脈）としても知られる。

南詔 Nan Chao/Nan Chau
八世紀から一三世紀半ばまで、中国雲南地方に形成された政権。洱海西岸の盆地を中心に、四川、チベットおよび大陸部各地に延びる交通路の把握によって成立した。支配下には多種多様な民族が存在したが、支配者とその周辺は広義のチベット・ビルマ語派の民族であったとされる。

パダウン Padaung
チベット・ビルマ語派のカレンニー語系下位集団に対する名称。ビルマ系カヤー（赤カレン、カレンニー）に属し、モン・クメール語派のパラウン（トーアン）とはまったく別の民族。

パダウンという分類はビルマ政府には認知されていないが、その大多数はビルマに暮らしている。タイではおよそ三万人のパダウン人がメーホンソン県に住んでいると推定されている。パダウンの女性は、金色の真鍮リングを首に纏うことから、タイで「首長族」として観光の対象となっていることが批判されている。

ハニ Hani

「哈尼」と綴られる。中国での推定人口は一四〇万人。雲南省南西部の紅河ハニ族イ族自治州に暮らし、紅河沿いに、麗江、元陽、緑春郡などから構成される。ハニは東南アジア国境付近からはみ出すように分布し、それらの地域では一般にアカという名で呼ばれている。

パラウン Palaung

推定人口四〇万人。モン・クメール語派に属し、大半はビルマのシャン州北部の山岳地帯に居住している。この地域にシャンとカチンが移住する前から住んでいたといわれる。自称トーアンもしくはドアンであり、パラウンはビルマ語の他称である。

フモン Hmong

Hは無声音で発音されない。推定人口は四〇〇万人。東南アジア大陸部山地の最も主要な山地少数民族の一つである。タイ語系集団とともに、フモンは山塊にまたがる六つの国のすべてに居住しており、これは山岳民族としては唯一の存在である。彼らは、ミャオの下位集団のなかの最多集団でもある。

ペグーヨーマ（山脈） Pegu Yoma

ビルマ南部中央、イラワディ川とシッタン川のあいだの山岳地帯。南北四三五キロメートルにわたり、ラングーンの近くにまで及ぶ。高度の平均は六〇〇メートルだが、最高地のポパ山で一五一八メートルに達する。山岳民族が焼畑を営み、米、トウモロコシ、アワなどを育てている。一九六〇年代はカレンや共産党の反政府勢力の避難地であった。ビルマ語で「ヨーマ」は山脈を意味する。

ミエン Mien

東南アジア大陸部山地のチベット・ビルマ語派ヤオ諸語を話す。タイとラオスでは、多くのヤオが「イウミエン」を自称する一方で、ベトナムでは「キムミエン」（キムムン）という名が使われる。ミエンはヤオのなかで最大の下位集団なので、「ミャオ・ヤオ」という語族名称より「ミャオ・ミエン」

がより正しいと指摘する言語学者もいる。

ミャオ Miao
中国では「苗族」として知られ、公式登録されているなかで最大級の少数民族。中国国内の推定人口は九〇〇万人近く。チベット・ビルマ語派ミャオ・ヤオ諸語を話す。半数近くが貴州省に暮らしていて、同省ではもっとも重要な少数民族である。雲南、湖南、四川、湖北でも、少数民族総人口のなかで割合が高い。

ムオン Muong
ベト・ムオン語群のムオン諸語の言葉を話すベトナムの少数民族。一九九九年の国勢調査によれば、人口は一一〇万人。タイー（Tay）とタイ（Thai）に次いで三番目に大きな少数民族である。

モン Mon
ビルマのモン州を中心に、カレン州とタイ南西部にまでひろがって居住する民族。東南アジア大陸部の有力な先住民族の一つで、ビルマのペグー朝の他にもタイのドヴァーラヴァティやハリプンジャヤなどの王国を建てた。モン・クメール語派のモン語を母語とする。

ヤオ Yao
ミャオとともに、チベット・ビルマ語派ミャオ・ヤオ語系の民族の大半を占める。東南アジア大陸部山塊全体での推定人口は三三〇万人。中国では「瑶族」として知られる。もともと中国のおそらく湖南南部に暮らしていたが、漢族の圧力を受けて西に移動したと考えられている。

ラオ Lao
民族名称としてのラオは、タイ・カダイ語派のラオ語を話す民族を指す。複数の国に分布しているが、大多数はタイに暮らしている。タイでのラオ語話者は二八〇〇万人に及び、そのうちの大多数はタイ東北部のイサーンと呼ばれるアイデンティティをもつ。その他、ベトナム北西部とカンボジアでも、ラオは少数民族として公式登録されている。

ラフ Lahu
チベット・ビルマ語派に属する人々で、中国南部を出自とするが、過去二－三世紀のあいだにその一部が山地へと移住した。今日のラフは、東南アジア大陸部の五カ国に分布しており、その人口は六五万人と推定されている。そのうちの約七割が居住している中国では「拉祜族」として知られ、雲南省の南部、怒江（サルウィン川）と瀾滄江（メコン川）のあいだに居住している。

ラメット Lamet

モン・クメール語派の民族。ラオスでの推定人口は一五万人強。その人口は北西部のルアンナムター県とボーケーオ県にほぼ均等に分布している。

ラワ Lawa

タイではルア（Lua）とも呼ばれ、タイ政府にも山地の主要九民族の一つとして登録されている。推定人口は二万人強。ほとんどはチェンマイ、メーホンソン、チェンライを中心に北部の五つの県に居住する。言語学や民族学的観点から、ビルマと中国国境地帯のワ族と類似点が多いと指摘されている。

ラーンナー Lan Na/ Lanna

もともと「百万枚の田」を意味した。タイ・ユアン族の領地の中心部にあるチェンマイに一四世紀から一六世紀にかけて繁栄した重要なタイ系民族の王国の一つ。今日のタイ王国の北部を覆うほどの勢力範囲であった。ラーンナー王国の丘陵には、このタイの国に政治的にも経済的にも依存していた山地集団が多く居住していた。

リス Lisu

チベット・ビルマ語派の少数民族。もともと中国の出身であり、現在でも八割以上が中国に暮らしている。およそ一割がビルマに、そしてその他がタイに暮らしている。人口はおそらく一〇〇万人に達する。

ルー Lue

タイ語系集団。東南アジア大陸部山塊の五つの国に分布しているという点で稀有な山地少数民族。ルー語の話者は、中国の南部で二五万人以上、ビルマで八万人以上、タイで七万人程度と推定されている。ラオスではおよそ一二万人、ベトナムでは四〇〇〇人とされている。この二国では少数民族として公式に登録されている。

ワ Wa

モン・クメール語派パラウン－ワ系の民族。中国、ビルマ、ラオス、タイの国境地帯に暮らす。中国の雲南省南西部の推定人口は四〇万人。タイ北部のラワもパラウン・ワ語派民族に含めるべきと指摘する学者もいる。

小さき民に学ぶ意味
——あとがきに代えて

佐藤　仁

歴史の主人公はだれか

アジアの地図を広げてみる。地図には山や谷といった起伏が刻み込まれているとしよう。その地図を横からながめてみよう。今度は山の部分が盛り上がってみえてくる。「標高」という次元を無視しがちな私たちの眼前に、平面図では見えなかった立体的な山の風景が広がる。

ベトナム中央高原を東端とし、インド北東部を西端、そして中国南部を北端とする広大な地域が本書の舞台となる「ゾミア」である。歴史上、ゾミアに暮らす山の民は平地に発達した国民国家が恣意的に定めた国境線をものともせずに、地形や勾配に応じた農業生態環境を見ながら自らにふさわしい生活拠点を模索し、独自の世界をつくりだしてきた。ここでジェームズ・C・スコットは問う。圧倒的な労働力を集積して中央集権的な国家や軍隊を操る力をもつ平地の文明は、なぜ第二次大戦後の時代になるまで山を登りきることができなかったのか。それは山の民の教育レベルが低く、文明をうまく吸収できなかったからではない。スコットによれば、彼らは国家の縛りから逃れるために、文字や定住農業といった文明のシンボルを自ら遠ざけてきた。文明が山を登れなかったのは山の主たちが意図的に文明との間の距離をとろうとしてきたから、というのがスコットの説である。

「未開で遅れていて、できれば文明に追いつきたいと思っている山の民」という平地ではぐくまれた固定観念を問いなおし、山に暮らす人々の視点で東南アジアの来歴を描き出すこと。これこそスコットが本書で試みた「東南アジアのアナーキズム史観」である。

平地と山地の対照は、なにも地形だけに見られるのではない。「正史」という形で多くの文書と遺構を残す平地の国家権力に比べ、山の民はほとんど何も書き残してこなかった。だからこそ、正史における山の民の扱いは小さい。物証に乏しい以上、こうした民の歴史を調べるとなれば、どうしても口承伝統を中心とする断片的なデータに頼るほかない。断片的データを結びつけ、その隙間を埋め合わせるのは想像力である。だが、想像力の比重が多い研究に対しては批判も多い。スコットにも、しばしばそうした批判が向けられてきた[1]。しかし、スコットの想像は都合の悪いデータの切れ目を取り繕う独りよがりな空想ではない。村人の家に何度も寝泊まりし、無数の民との生のやり取りを経てきたからこそ可能になったリアルな迫力をもつ。データの厚みばかりを強調する研究より読んで面白いし、何よりも読者の想像力を呼び覚ます。

　スコットの貢献は私たちの常識に異議を唱え、従来とは異なる解釈の地平を切り開く仮説を歴史研究やフィールドワークから鍛え上げるところにある。例えば当事者のまなざしで農民の経済選択を考察した初期の作品である『モーラル・エコノミー』[2]では、農民はどれだけ所得を稼げるかよりも「どれだけ手元に残るか」というリスク回避原則の下に行動していることを明らかにした。続く『弱者の武器』[3]では、それまで従来の政治学的研究で注目されてきた一揆や暴動ではなく、逃散、放火、怠慢といった目立たない日常的な手段が農民の抵抗の大半を占めることを明らかにした。当事者の目線に迫るスコットの接近方法は、後にレジスタンス研究と呼ばれる分野の創出につながり、多くの後進を惹きつけた。この二冊は、今では東南アジア研究の古典に数えられている。

　たしかに本書にあるような「山の民は国家をかわすために積極的に文字を捨てた」といった指摘に出くわすと、ちょっと言い過ぎではないかと思う面もないわけではない。しかし、ここでの論点は、この命題が事実としてどれだけ一般的、普遍的であったかではなく、そうした可能性を認めることで開かれる地平の広がりである。かつて文字を知っていた人々が積極的に文字を捨てた地域があったという常識を揺さぶるような事実は、その事例数がいかに少ないとしても、人間のたくましさを教えてくれる何と豊かな源泉であろう。

　常識を揺るがすようなストーリーは、新しい仮説や想像を喚起し、未踏の地平を開いてくれる。いったん地平が開かれれば、その正しさを検証するための事実収集が進み、「科学的」検証も活性化するだろう。大事なことは、誰が最初に雑多な諸事実にくくりを与え、探求に値する地平として切り開くかである。本書に限らず、スコットがやってきた仕事の貢献は、この最初の一歩を踏み出すところにあった。もっとも、スコット自身も本書の随所で認めているように、ゾミアの命名にしても、あるいは山地民の焼畑がもつ戦略性にしても、彼が最初に指摘したことではない。スコットの貢献は、既存の諸説をうまく再編集し、独自の味付けをしながら注目しやすいストーリーに仕立てたところにある。

　公式の記録には国家が自らの統治を正当化するために書き残したものが多い。その一方で、公式記録の対極にある山の民の口承伝統と記憶は、歴史に書き残されることが滅多になかった。小さな民に注目する必要性は、ロシアの偉大な作家トルストイの長編小説『戦争と平和』のモチーフであった。政治哲学者のアイザイア・バーリンによれば、政治家や軍人といった「重要人物」のみに着目した歴史の描き方を批判した「トルストイの逆説」とはこうである。

軍人や政治家は、権威のピラミッドの中で高く位置していればいるほど、普通の男や女から成っているピラミッドの基礎から遠く離れざるをえない。そして、むしろ彼ら普通の男女こそが、現実の歴史の内容になっているのである。したがって、高い所にいるお歴々の言葉や行為は、理論上では大きな権威を有しているにもかかわらず、歴史のうえには逆にそれだけ小さい影響力しか持たないというのである。(4)

トルストイ流に言えば、歴史の隠れた主人公は、公の資料には徴税や徴兵の対象としてしか登場しない名もなき人々に他ならない。「重要人物」に基づく小説や正史の影響力が強いのは、それを好んで読もうとする私たち観衆がいるからであるとみることもできよう。権力は批判や妬みの対象でもあるが、その一方では羨望の対象にもなりうる。為政者の歴史は、その消費者である名もなき民によって、時には積極的に支えられてきたわけだ。東南アジアの山地に伝えられてきた紋章や系譜といった国家的シンボルのレプリカが語るのは、平地の国家に反旗を翻してきたかに見える山の民でさえ、国家を支えることに寄与してきたことである。このように考えると、本書があえて山の民に注目するのは、元々は平地に暮らし、何らかの事情で山に移り住んだ彼らの暮らしが、平地文明の本質を映し出す鏡となっているからと考えられないだろうか。

現場の人、スコット

スコットとはどんな人物なのか。一九三六年生まれの彼はクエーカー教徒として教会に通い、ウィリアムズ大学を卒業後、六七年にイエール大学政治学部で政治学博士号を取得。その後、ウィスコンシン大学マディソン校で教鞭をとったあとに、七六年からイエール大学政治学部と人類学部で教授を務めている。こう聞けば権威を笠に着た堅苦しい人物を想像するかもしれない。なるほど、彼は米国アジア研究学会の会長や米国芸術科学アカデミーのフェローにも選ばれているほどの大物である。また、本書『ゾミア』は米国アジア協会の二〇一〇年度バーナード・シュワルツ著作賞を受賞、日本では同年に、「隣接分野を刺激し、挑発し、生産的な議論を誘発した」貢献が認められて第二一回の福岡アジア文化賞を受賞している。出す本のほぼ全てがヒットし、広く引用される。誰もが羨む研究者の王道を歩んだ人であるには違いない。

こう聞くと意外に思われるかもしれないが、華麗な肩書とは裏腹に、スコットは地に足のついた肩の凝らない人である。

私が本書の邦訳の準備も兼ねてインタビューのために自宅を訪れたとき、彼は耕している畑を見せてくれた。米国東海岸の名門大学教授にしては学会の場においてすらネクタイ姿をみたことがないし、夏はサンダル履きの自然体である。(5) 何よりも、六〇歳を過ぎてからビルマ語を勉強し、本格的なフィールドワークをしているのがすごい。たいていの人類学者が大学院のときに一度だけ長期の現地滞在調査を行うのとは違い、徹底した現場へのこだわりがある。そもそも、彼が最初に本格的なフィールド調査をしたのは、『弱者の武器』を執筆したときであって、その当時のスコットはすでに四〇歳を過ぎていた。油の乗った研究者が、なぜ二年もの長きにわたって大学を空け「たった一つの村」を調べに出かけなくてはならないのか。知人の多くは彼の行動をいぶかしく思ったそうである。しかし、彼は「たった一つの村」における分析から、村人たちの小さな匿名の抵抗運動が、ときに革命級の大きな構造変革につながることを一つの仮説として提示することに成功し、周囲の疑念を見事に払拭した。

現場と理論の絶妙なバランス。だからといって順風満帆で来たわけではない。とくに統計と因果論を重視する「実証」派の政治学者からは「方法論が不明確で非科学的」と批判されてきた。(6) こうした批判に対してスコットは、主流派にすり寄るどころか、むしろ堂々と距離をおくことを選んできたようだ。定期的に郵便受けに届くアメリカ政治学会の学会誌を「毎号、そのままゴミ箱に放り込んでいる」と公言してはばからない。(7) このように自分のスタイルを貫き通して、学問の山を登り続けてきた。

その元気はどこからくるのか。何ということはない。彼は研究そのものを心から楽しんでいるのだ。いつも「手がけてみたい次のテーマ」で頭がいっぱいのようである。私がインタビューで訪問した一昨年は世界の「川」という新テーマを熱く語ってくれた。そこに醸し出されるワクワク感に引き込まれて、彼の授業やセミナーはいつも大人気である。他人になんといわれようと、自分が楽しいと思う研究に邁進すること。外形的な「業績」が重視される研究の世界で彼が思い出させてくれる大切なことの一つだ。

『ゾミア』と日本

ここで、スコットの『ゾミア』と日本との接点を考えてみよう。日本に長期滞在をしたことがないスコットは、日本にも山の民に関する研究の蓄積があることをほとんど知らないはずである。そこで、日本語を読むことのできる読者ならではの楽しみ方の道しるべとして、日本民俗学の議論とスコットの議論とに接点を見出す思考実験をしてみよう。『ゾミア』に描かれているような移動式焼畑や無文字社会、あるいは、国家権力に対する山の民の戦略といった論点は、日本にどれほど当てはまるのだろうか。

庶民や平民に焦点を当ててきた日本の民俗学にはスコットもあっと驚くほどの非平地民に関する考察と分析があった。これが山民や海人と称される人々に関する諸研究である。日本の山民（あるいは海人）研究は、ほとんど英語で書かれていないので、もちろんスコットは引用していない。しかし、これらは本書におけるスコットの主張と共鳴する部分も多くあるので、両者の接点を日本の民俗学のなかにみることにしよう。

山の世界を平地とは異なる人々が暮らす別世界としてくくりだしたのは、民俗学のパイオニアである柳田國男や日本の辺境地域をくまなく歩いた宮本常一であった。書き残された史料が少ない「平民の歴史」に迫ろうとした柳田國男は、民俗学の方法論について解説した今から八〇年近く前の論考で次のように述べている。

文化は継続しているので、今ある文化の中に前代の生活が含まれているのである。文字に書いて残したものと比べて、史料としての価値がどれだけ違うだろうか。かりに一方は判を押した証文であり、他の一方は単なる形跡だけだから、同じに取り扱うことはできぬとしたところがもしも書いたものが何一つ残っておらぬとすれば、第二の手段としてはこちらによるの他はないのである……こういうものを残された証拠として考えて行けば、行く行くは無記録地域の無記録住民のためにも、新たなる歴史が現出して来るということ、これが私たちの是非とも世に広めたいと思っている郷土研究の新たなる希望である。(8)

「無記録地域の無記録住民のための歴史」。これはスコットの試みと重なる。現存の文書に依存した歴史理解の偏りについて、柳田はこうも言う。

在来の史学の方針に則り、今ある文書の限りによって郷土の過去を知ろうとすれば、最も平和幸福の保持のために努力した町村のみは無歴史となり、わが邦の農民史は一揆と災害との連鎖であったごとき、印象を与えずんばやまぬこととなるであろう。(9)

このような視点は、スコットの打ち立てた金字塔の一つでもある日常的抵抗論を想起させる。すでに述べたように、スコットは、政治学者がそれまで注目してきた一揆や暴動といった、組織化された抵抗は歴史上はまれであって、現実の抵抗は組織化されていない、匿名の、目立たない形をとるものがほとんどであったとする。それは逃避、放火、税金のごまかし、のろのろ仕事、知らないふり、問題の放置など、スコットが「弱者の武器」と称した一連の抵抗メニューで構成され、その時々の権力者の脅威となってきた。そのほとんどが記録されず、歴史の表舞台にも出てこない、名もなき民衆によるこのような日常的な闘いこそが、それぞれの時代のうねりを底流で規定しているとスコットは考えた。

ただし、スコットと柳田には見逃せない違いがある。スコットは山の民の営みに政治的な意味を見出すことに重きをおきつつも、そこから得られる知見の実践的な応用には関心をおいていない。これに対して柳田は、政治とは一見かけ離れた人々の習俗を記録することに重きをおきながら、その動機の根本には彼が「学問救世」と呼んだ、人々のかかえる具体的な問題の解決や生活改善という実用への志向性があった。柳田が「無記録地域の無記録住民のための」と念押しした部分を見逃してはならない。柳田にとって平民の研究とは、「何故に農民は貧なりや」という問いに答える実践に向かうものであった。

あくまで実学として平民の役に立つ学問を構想した柳田に対して、スコットのそれは実学からは距離をおき、政府が「開発」の名の下に行ってきた介入を批判することに力点をおく。同じ問題意識に立脚しながら接近方法が異なるのは、スコットが研究者としての自分の役割をわきまえているから、ということもあるのだろう。しばしば取り返しのつかない悲劇を生みだしてきた国家による「正しい問題解決」を検証した結果、安直な政策提言に自らくみすることに慎重になっているのかもしれない。スコットの前著『国家のまなざし』[10]は、こうした問題意識から、「人々のために」行われた国家の諸政策が人々に何をもたらしたのかを問うた作品である。

再び日本に話を戻そう。国家と民衆のせめぎあいが日本ほど豊かに記録されている国はあるまい。村同士の争いのほうが顕著であった江戸時代から、国家権力が大きく前面に出てくる明治時代になると、土地、森林など多様な資源を「官有地」として囲い込む圧力が強まり、各地で入会争議に代表される血みどろの闘争が繰り広げられた。地方レベルでの係争が、その仲裁役として「お上」、やがては中央政府の介入を自然に呼び込んだことは想像にかたくない。

こうしたなかで宮本常一の言う「農民にとって一番こわかった年貢と夫役」から逃れる手段として、山に逃げる人がいたとしても不思議ではなかった。ただし、日本の場合は山の民と言えども里に生活の拠点をおくのを基本とした地域も多かったようである。高橋文太郎は昭和一八（一九四三）年の文章で、鉱山夫などを除いては、いずれも山麓または山間の盆地域の住民は平地に自分たちの村を拓いて、そこに落ち着き、木樵《きこり》、炭焼きなどを行う際も村から通うにすぎない、と指摘する。(11) 戦前に全国的な山村調査を行った柳田國男も「予想に反して山村特有の独自の文化を確認することはできなかった」としている。(12)

それでも山を基盤とする経済が成り立っていた証拠の一つは山における職業の多様性であろう。鉱山労働者はもちろん、山中での荷物運びを行うボッカ（歩荷）、東北や北海道で狩猟で暮らしていたマタギ、炭焼き、山中で椀や杓子といった木工品の加工を行う木地師などが代表的である。これらの山間の非定住者をサンカ（山窩）と総称する場合もある。移動性の高かった彼らの持ち物の多くは軽量で価値の高いものが多く、「その極端な場合が無形の文化、つまり芸能や信仰だった」。(13) また、山と平地の交流は盛んだった。とくに平地からの塩を必要とした山の民は、一つの交易体系を各地で築いていったわけである。(14)

あえて人里を離れて「政治の圏外」へ逃れ、山に移り住む者もいたようだ。例えば川漁を生業とし、スッポンを捕ることからその名がついたといわれるポンと呼ばれる人々がそれである。(15) それにしても、熱帯とは異なり急峻で冬の厳しい日本の山に住み込むというのは決して望ましい選択肢ではなかっただろう。信仰や精神世界に迫ろうとした民俗学者が多かったなかで、宮本は国家権力との関係を明確に意識した数少ない人物であったかもしれない。宮本常一は次のように言う。

山中への開墾定住が、すこしでも税負担のかるいところへの逸出を願ってのことであったことは一つの悲劇であった。まず、人の開きのこした所にはろくな所はなかった。精一ぱいかせいで、一年間食いつなぐことさえ出来ぬ世界、そんな所へまでなお住もうとしたものも、貧しくはあっても、そこにはなお人目をのがれる若干の自由があったからである。(16)

日本の一部地域には村の総意として貧者を山へと送りだす「貧者育山」あるいは「山上がり」と呼ばれる慣習もあった。明治初期に民法編纂の基礎資料とするために日本各地の慣例を集成した『全国民事慣例類集』によれば、中国地方では生産性の低い荒蕪地しかもたないために困窮した村人を山に送りだす習慣があった。(17) 困窮した村人は自分の土地を村に差しだすかわりに、山中の入会地を耕作する権利を認められ、その間、村の賦役義務が免除されるという仕組みである。ただし、こうして支援を受けて再起し、村に帰ってきた者には、一般の村人同等の権利は認められなかったという。その多くが官林へと編入されていった日本の山は、農民と国家との政治的な接点を構成しつつ、農村の内部に生じた問題を解決する資源としても機能していた。

では、文字をもたない山の世界で、人々はどのように集団としての意識をもち、アイデンティティの醸成を行っていたのか。無文字社会での教育とは、ある種の型とリズムをもった昔話を語り継いでいくことであった。三年寝太郎や桃太郎のような農民的英雄に、宮本は庶民が心に描いていた理想を見出す。逆に、文字を知らない奥地の山民のひらけていない様子を小馬鹿にした「愚か村」に関する言い伝えが全国にあるという事実は、山民に対する平地民の偏見がかなり普遍的に見られたことを雄弁に物語る[18]。

農耕に基盤をおく平地民ではない人々の研究は、一つのジャンルとなって文化人類学、民俗学、歴史学の研究者らによって継承されていった。網野善彦らも編集委員に加わった『日本民俗文化体系』の第五巻に『山民と海人』が堂々と入ったのは、その証左であろう。この書物では山人と海人の類型化が行われ、こうした非平地民と中央国家の相互依存関係が構築されていたことが指摘されている。日本の農山漁村がたどってきた道を踏まえてスコットを読むと、その面白さが二倍になる[19]。

山の話は、海とセットになって「国境」の在り方を考えさせてくれる。私たちが現在「日本」と考えている空間は、朝鮮や中国といった国土の外側にある諸国家とのあいだに海を介して形成されてきただけではなかった。「国土」は、その内部にも多様な曖昧領域を抱え込みながら徐々に作られてきた。その時々の王朝からは半ば独立して東北や北海道で生活していた蝦夷はよく知られた例である。この点に注目した村井章介は、歴史的な観点から国境を確固とした「線」ではなく漠然とした「広がり」として捉え、そこに「境界をまたぐ人々」が存在したことに着目する。こうした人々は例えば「沈黙貿易」と呼ばれる、言葉の通じない相手と直接接触を避けながら物々交換をする作法を古代から発達させて、境界の両側を媒介する役割を果たしてきた[20]。今日の私たちが当たり前であると考えがちな国土が、いかにして人為的に作りだされてきたのかを考えることは、スコットを通じた東南アジア史との対話を試みるうえでの、もうひとつの接点になる。

国を前面に位置づけるのではなく、曖昧な境界を行き来する人々の多様なやり取りに注目するという方法は、国境を一つの防衛線として固く位置づけようとする近代の発想に、斬新な代替案を示している。硬直的な境界を押し付けようとする国家を前面に出すのではなく、そこを行き来してきた名もなき漁民たちを主人公にすることで、だれの所有地でもない曖昧領域をかえってそのままにして生かしていた過去の営みに新たな光を当てることができる。

スコットは国家が地球の隅々まで浸透した「第二次世界大戦以降には私の議論は当てはまらない」と謙遜する。だが議論の射程は彼が思っているよりも遠く、現在まで延びていると言えそうだ。

文明の鏡

ところで柳田國男や宮本常一とスコットとを並べてみると、そこには興味深い共通点を見出すことができる。いずれも学問的な主流派ではなく、むしろ「野の人」とでも呼べる立場におかれながら、出色の仕事を残したことである。例えば宮本は長く民俗学に傾倒した財界人の渋沢敬三から支援を得ながら、定職をもたずに旅を繰り返した。二人とも民に寄り添うような学問を志し、国家権力を相対化する材料をいかんなく提供した。

いわゆる固定化されたディシプリン（専門分野）と距離をおくスコットのスタイルは、まさに国家権力とつかず離れずの間合いをたくみに保つ「野蛮な」山地民の生業戦略を彷彿とさせる。ディシプリンとの距離を保ちながら学問的なニッチを嗅ぎつけて動き回るさまは、歴史学、人類学、政治学といった個別専門分野の「作法」が硬直化すればするほど、力強さを増しているようにさえ感じられる。

本当に大切なのは、作法よりも何を問うかだ。私はあるインタビューでスコットが口にした次の言葉にいたく共感する。「私は問うに値いしないような問題に決定的な前進をもたらす人々よりも、だれもが重要だとわかっている問題にとりくみ、ささやかであっても一歩前に進める人々に感銘を受ける」[21]。スコットによれば、現在政治学の主流は、取るに足らないような些細な問題、はっきりと答えを出せるような（＝論文に加工しやすい）問題ばかりを扱っているというわけだ。

交通手段や通信技術の発達が、距離や地形の障壁を取り除き山地民の自律性を失わせたように、地理情報システムの発達や統計の整備は学問をビッグデータへと向かわせるのかもしれない。しかし、学問は再現可能性や厳密さを獲得する代償として、その切実さと、何よりも面白さを失ってしまうのではないか。スコットの本を訳したいと思ったのも、残されたわずかな空間に知のにぎわいを確保する必要を感じたからである。

社会現象を解き明かすうえで何をどのように「データ」にするのか。災害や環境問題という形で人間の開発活動に対するしっぺ返しが一層強く顕在化してきた今日、少数の専門家ではなく無数のシロウトが各地で実践してきた生きる工夫を再度読み直してみる必要はないだろうか。スコットの研究には一貫して歴史の表舞台には出てこない、ごく普通の民が生きる過程で直面する切実な選択肢への温かいまなざしがある。そのまなざしは宮本常一の次の言葉と共鳴する。

一般大衆は声をたてたがらない。だからいつも見すごされ、見おとされる。しかし見おとしてはいけないのである。記録をもっていないから、また事件がないからといって、平穏無事だったのではない。孜々《しし》営々として働き、その爪跡は文字にのこさなくても、集落に、耕地に、港に、樹木に、道に、そのほかあらゆるものにきざみつけられている。[22]

私たちの「文明」はどこから来て、どこへ行こうとしているのか。文明は、その発達過程において何を取り込みながら、何を置き去りにしてきたのか。様々な環境問題の顕在化は、今のままの文明の持続性を厳しく問うている。オルターナティブの模索は、公の歴史から忘れ去られた「小さき民」のなかにこそありそうだ。

小さき民に学ぶ意味を、そこだけ切りとって強調するのは、楽である。だが、彼らを小さく、端へ追いやることに加担してきた私たち自身の歴史に向き合うのは、ちょっとした勇気がいる。山の民という鏡のなかに、国家や資本主義に依存する私たちの本当の姿を覗き見る覚悟をもてるかどうかが、今、問われている。

翻訳の経緯

本書の翻訳が持ちあがったのは、二〇一〇年六月のことである。たまたまスコットの前著『国家のまなざし』に関して、私の書評[23]を目にした、みすず書房の中林久志さんが翻訳を打診してこられた。それまでも翻訳に携わった経験から、私は非常に躊躇した。翻訳は想定以上の労力がかかるものだし、何より五〇〇ページ近い大部である。そのときに思いだした。私は一九九八年にスコットの下で一年間のフェロー生活を終えた最後に彼と約束をしていた。「あなたの本の書評は必ず出して日本の読者に紹介するし、できれば翻訳も手がけたい」と。書評はどうにか出したものの、結局、『国家のまなざし』の翻訳は手つかずのままだった。

中林さんから打診を受けたちょうど同じころ、旧知の今村真央さんが当時出版されたばかりの本書をすでに独力で翻訳し始めていると聞いた。渡りに舟とばかり、中林さんを今村さんに紹介し、本書を訳すことを勧めて、あとはお任せするつもりであった。だが、スコットとの約束のこともあり、手伝いを買ってでることにした。翻訳チームは今村さんが信頼をおく若手の東南アジア研究者から選別され、そこに当時スコットの下で客員研究員をしていた内藤大輔さんを加える形でスタートした。ビルマ語、マレー語、タイ語といった言語能力はもちろん、本書が対象とする各地域の文化に対する造詣という観点からメンバーそれぞれの比較優位を生かして訳文を練り上げた。その過程ではスコット本人とのやり取りも頻繁に行い、原著にあった誤謬を正すこともできた。今村さんはご自身の博士論文を抱えながらも、私の右腕としてよく全体を辛抱強く精読し、数々の有益な改善案を示してくれた。原著の謝辞に登場するわずか二名の日本人の一人が今村さんであることも見逃してはならない。随所に登場するビルマ語やビルマ固有の概念については池田一人さん、マレー語については内藤大輔さん、人類学の専門用語については田崎郁子さんが特に大きく貢献してくれた。

翻訳の分担は次のとおりである。

はじめに／Ⅰ章　今村真央
Ⅱ章　池田一人
Ⅲ章／Ⅵ＋½章／Ⅷ章　中井仙丈
Ⅳ章／Ⅵ章　久保忠行
Ⅴ章　田崎郁子
Ⅶ章　内藤大輔
Ⅸ章　佐藤仁

以上のコアメンバーでは確認しきれなかった用語については、それぞれの交友関係を生かして知見の提供をお願いした。特にお名前を記して感謝しておきたいのは、次のみなさんである。この方々には専門用語の邦訳、読みやすさの改善提案から、ちょっとしたヒントに至るまで多様な助力を賜った。以下、敬称略。阿部朋恒（首都大学東京）、太田淳（広島大学）、小長谷有紀、信田敏宏（以上、国立民族学博物館）、菊地由香（東京都庁）、紺野奈央（サイレンセスター王立農学校）、鈴木佑記（日本学術振興会特別研究員）、鶴田格（近畿大学）、テインテインウィン（マハーサーラカーム大学）、中川恵（羽衣国際大学）、三俣学（兵庫県立大学）、麻田玲、菅豊、長澤榮治、名和克郎、中村雄祐、華井和代、馬場紀寿、平勢隆郎、森本和夫、李艾桐、高橋昭雄（以上、東京大学）、片岡樹、小島敬裕、坂川直也、佐久間香子、佐藤若菜、下條尚志、速水洋子、堀江未央、森下明子、吉沢加奈子（以上、京都大学）、落合雪野（龍谷大学）。みなさん、ありがとうございました。

翻訳の基本方針は、日本語として読みやすいように訳すこと、機械的に訳語をあてはめるのではなく、個々の文脈で最も適した日本語を選択することであった。例えば、スコットは国家が多様な住民を把握するために強制する様々な規格化を形容して legible という言葉を用いる。これは文脈に応じて「掌握可能な」とか「読みやすい」などと訳した。また、Valley（盆地）、Lowland（低地）、Plane（平地）などの頻出語も、日本語のリズムを重視して訳しわけた。原著にあるやや技巧的な表現を思いきってシンプルにしている箇所もある。訳語に関する技術的な論点については田崎郁子さんのまとめた巻頭の凡例をご覧いただきたい。

*

内容の楽しさとは裏腹に足掛け三年かかった本書の翻訳の過程は、どちらかといえば厳しい修行の感が強かった。いま最後のあとがきを脱稿する「山の頂」にたどり着き、仲間たちと上からの眺めをようやく楽しめる気がする。

ここ二年あまり、ほぼ毎日一時間以上の翻訳と校正作業の場を提供してくれたのはスターバックス田端店である。店員のみなさんの笑顔はときに空疎な翻訳作業のビタミン剤である。「分厚い英語の本を読んでましたよね」とやさしく声をかけられ、「読むどころか、翻訳をしているのです」という私の返事に店員さんの「え?」と言わんばかりのあっけにとられた顔が印象的だった。スコットの原著（重さ約一キロ!）、校正原稿、消せる赤ペン。この三点セットからようやく解放された今、次はどんな仕事を持ち込んで驚かせてやろうか。

二〇一三年九月

注

（1）原著に対する批判的な書評はすでに数多く出されているが、特に次の三つをあげておきたい。Sanjay Subrahmanyam, "The View from the Top," *London Review of Books*, 2 December 2010, pp. 25–26; Victor Lieberman, "A zone of refuge in Southeast Asia? Reconceptualizing interior spaces," *Journal of Global History* 5, pp. 333–346; Hjorleifur Jonsson, "Above and Beyond: Zomia and the Ethnographic Challenge of/for Regional History," *History and Anthropology*, Volume 21, Issue 2, June 2010, pp 191–212. スブラマニヤムはスコットの方法論を問題にし、リーバーマンは山地民の具体的な生活が描きだされていないという批判を展開し、ジョンソンはヨーロッパ近代の範疇をアジアの過去に不用意に投影していると批判している。後者の二人はスコットが本書で頻繁に引用した著者であるだけに手厳しい。これらの批判には、なるほどと思われる部分もあるが、これだけの批判と論争を喚起するのもスコットの強みの一つとして認めなくてはなるまい。『ゾミア』を素材にしながらスコットを擁護する立場から書かれた書評として Sanford F. Schram, "The Artful Study of Not Being Governed: Better Political Science for a Better World," *Common Knowledge* vol. 18, Issue 3, Fall 2012, pp. 528–537 を参照。

（2）James C. Scott, *The Moral Economy of the Peasant: Rebellion and Subsistence in Southeast Asia*, Yale University Press, 1976（邦訳 スコット『モーラル・エコノミー——東南アジアの農民叛乱と生存維持』高橋彰訳、勁草書房、一九九九年）。

（3）James C. Scott, *Weapons of the Weak: Everyday Forms of Peasant Resistance*, Yale University Press, 1985.

（4）アイザイア・バーリン『ハリネズミと狐——「戦争と平和」の歴史哲学』河合秀和訳、岩波文庫、一九九七年、三四－三五ページ。

（5）このインタビューはスコットの人物を知りたい人にはうってつ

けであるので一読をすすめたい。月刊『みすず』二〇一三年10月号をご覧いただきたい。

（6）スタンフォード大学の政治学者D・ライティンは、こうした批判の急先鋒である。David Laitin "Seeing like a State: How Certain Schemes to Improve the Human Condition Have Failed by James C. Scott," *The Journal of Interdisciplinary History*, vol. 30, No. 1 (Summer, 1999), pp. 177–179. スコットを軸とする定性的手法を重視する研究者らは、二〇〇〇年にアメリカ政治学会でペレストロイカ（革新）と呼ばれる運動を引き起こし、主流派政治学の方法論的狭量さを批判した。この運動については Kristen R. Monroe, *Perestroika!: The Raucous Rebellion in Political Science*, Yale University Press, 2005. を参照。

（7）James C. Scott, "Peasants, Power and the Art of Resistance," in Gerald Munck and Richard Snyder, *Passion, Craft, and Method in Comparative Politics*, Johns Hopkins University Press, 2007, pp. 351–89.

（8）柳田國男『郷土生活の研究法』筑摩叢書79、一九六七年、一三－一四ページ（『柳田国男全集28』ちくま文庫所収）。

（9）同右、二〇ページ。

（10）James C. Scott, *Seeing Like a State: How Certain Schemes to Improve the Human Condition Have Failed*, Yale University Press, 1998.

（11）高橋文太郎『山と人と生活』金星堂、一九四三年、五ページ。

（12）大林太良ほか『日本民俗文化大系5　山民と海人――非平地民の生活と伝承』小学館、一九八三年、三一ページ。

（13）千葉徳爾「山の民俗」（同右所収、第二章、一七三－二一六ページ。引用は一七九ページ）。

（14）宮本常一『山に生きる人びと』河出文庫、二〇一一年。

（15）大林ほか『日本民俗文化大系5　山民と海人』五五ページ。

（16）宮本常一『宮本常一著作集3　風土と文化』未來社、一九六七年、二四五ページ。

（17）生田精編『全国民事慣例類集　司法省蔵版』商事法務研究会、一九八九［一八八〇］年、四四八ページ。

（18）柳田『郷土生活の研究法』一四六ページ。

（19）例えば本書のⅥ章には、一九世紀後半に中国の貴州を旅行した人が書き残した「荷車を一台も見かけず、交易は人間と動物が背負うことで成り立っている」という引用がある。これは当時のゾミアにおける交通がいかに困難なものであったのかを想像しやすいようにスコットが挿入したものである。ところで、山民の道具を詳細に研究した千葉徳爾は、日本で山地の運搬に車が使われなかったのは斜面を下る際に「車のように回転する道具ではかえって危険が多かった」からとしている（前掲書、二〇九ページ）。歴史も文化も異なる日本と東南アジアの安直な比較は慎むべきかもしれないが「面白さが二倍」とはこうした比較から想像の地平が飛躍的に広がるからである。

（20）村井章介『境界をまたぐ人びと』日本史リブレット28、山川出版社、二〇〇六年。

（21）P. Schouten, 'Theory Talk #38: James Scott on Agriculture as Politics, the Danger of Standardization and Not Being Governed', Theory Talks, http://www.theorytalks.org/2010/05/theory-talk-38.html（15-05-2010）.

（22）下中弥三郎編『風土記日本2　中国・四国篇』平凡社、一九五七年、月報。

（23）佐藤仁「*Seeing Like a State: How Certain Schemes to Improve the Human Condition Have Failed* By James Scott」『アジア経済』四一巻一二号、二〇〇〇年一二月、八二－八五ページ。

索 引

【あ行】

アヴァ　52, 64, 70, 71, 84, 86, 90, 95, 116, 163, 167, 200, 212, 256, 259, 276, 291
アウントゥイン，マイケル Aung-Thwin, Michael 165
アカ
　灌漑水稲農業　194
　居住パターン　143
　口承文化　232, 233
　国家からの逃避　178, 179, 337
　国家をかわす技術　283
　人口調査　230
　政治構造　22, 117
　他民族との同化　270
　血筋をめぐる慣習　177, 178, 335
　低地国家との同盟　276
　奴隷制と　88, 89
　ハニ文化と　19
　反乱　177
　避難民としての　23, 32, 152, 156
　非文明としての　102
　平等主義　218
　文字の喪失　223
アギーレ・ベルトラン，ゴンサロ Aguirre Beltrán, Gonzalo 132, 136
アテナイ　24, 39, 51, 52, 72
アニミズム　86, 290, 293, 298, 299, 304, 305, 310, 317, 322, 323
アパラチア山脈　2, 14, 310
アフガニスタン　16, 74, 125, 129, 160, 248, 322
アフリカ
　人口密度　73
　破片地帯　8, 25
　民族分類　266
アラブ人　20, 124, 160, 172
アリストテレス　103
アンダーソン，ベネディクト Anderson, Benedict 60, 268
アンダヤ，バーバラ Andaya, Barbara 51, 232

イスラーム　21, 29, 91, 101, 102, 105, 112, 120, 136, 137, 160, 168, 186, 249, 298, 310, 320, 322, 323, 334
イフガオ　65, 158, 194, 283
イブン・ハルドゥーン　20, 277, 329
イラン・イラク戦争　172

ヴァンシナ，ヤン Vansina, Jan 238
ヴィーコ・ジャンバッティスタ Vico, Giambattista 190, 191
ウィートリー，ポール Wheatley, Paul 21, 56, 146
ウィニッチャクン，トンチャイ Winichakul, Thongchai 62, 69, 156
ウィルムセン，エドウィン Wilmsen, Edwin 267, 268
ウィーンズ，ヘロルド Wiens, Herold 141, 142, 145, 289
ヴェーバー，マックス Weber, Max 90, 287, 301, 302, 305, 312, 314, 318
ウォーカー，アンソニー Walker, Anthony 104, 219, 220, 295, 296, 318
ウォルターズ，オリヴァー Wolters, Oliver 21, 80, 94, 113, 114, 166
ウルク（メソポタミア）　230

エインズリー，C. Ainslie, C. 45
エヴァンズ，グラント Evans, Grant 257
エジプト　5, 6
エブリー，パトリシア Ebrey, Patricia 122
エルヴィン，マーク Elvin, Mark 189
エルソン，ロバート Elson, Robert 145

オコナー，リチャード O' Connor, Richard 4, 35,

36, 66, 75, 106, 121, 194, 329, 335
オーストラリア　3, 10
オスマン（朝）　3, 6, 25, 210, 260, 271, 272
オラン・アスリ　112, 186, 191
オラン・ラウト　186, 334
オランダ　44, 48, 51, 71, 156, 173, 192, 202, 261, 268

【か行】

カイズ，チャールズ Keyes, Charles　152, 244
海洋国家　44, 51, 52, 71, 86, 135
カーシュ，トマス Kirsch, Thomas　272, 308
ガタリ，フェリックス Guattari, Felix　29
カチン
貢物と　153, 154
グムラオ・モデルと　212-16, 218
血縁をめぐる慣習　245, 249, 251, 270, 271, 335
口承文化　234
国家からの逃避　145
シャンと　82, 116, 117, 246, 251, 258, 276, 280
社会構造　217, 251, 258, 271, 272, 277, 278, 284
政治構造　22
奴隷狩りと　88
反乱　308
文明の語り　106
民族的アイデンティティ　242-44, 246, 251, 252, 264, 284, 333
預言と　295
ガナン　151, 225
カム　22, 102, 177, 178, 224, 243, 252, 283, 284, 288
カレン
移動耕作　79
カリスマと　288-93, 295, 318, 321
灌漑水稲農業　194
居住パターン　147
キリスト教と　325
血縁をめぐる慣習　249, 271, 335
交易　110
口承文化　234
国家からの逃避　150, 152, 153, 188, 200
国家空間からの脱出　94
社会構造　216, 218, 219, 278
宗教的混交性　308, 309, 318
政治構造　22
通婚　243, 244, 251, 270
低地国家と　252
低地国家との同盟　273, 276
奴隷制と　88-90
日用品の交易　108
反乱　169, 173, 177, 289, 321
逃避村　182-85
ビルマ化　12, 84
文化的多様性　243, 244
文明の語り　106
捕虜としての　93
民族的アイデンティティ　242, 244, 246, 247, 257, 259, 265, 276, 333, 337
村の分裂　316
文字の喪失　223-25
預言と　310, 311, 317
歴史の欠如　239
カレンニー
カリスマと　271
血縁をめぐる慣習　271
社会構造　278
政治構造　117
奴隷狩りと　152
民族的アイデンティティ　265, 266, 274, 284, 317
カンボジア　14, 62, 69, 86, 88, 108, 113, 119, 320, 321

ギアツ，クリフォード Geertz, Clifford　68, 101, 185, 312
キージング，フェリックス Keesing, Felix　137, 138, 146
キートン，チャールズ Keeton, Charles　162
ギブソン，トマス Gibson, Thomas　86
キャッサバ　43, 184, 192, 198, 201-03, 205-07
キャンフィールド，ロバート・リロイ Canfield, Robert LeRoy　160
ギリシア　5, 6, 50, 72, 85, 226, 227, 280, 330
キン　13, 52, 77, 118, 283, 288, 330, 341

クラゲ部族　210, 212, 220, 222, 232, 236, 260, 281, 333
クラストル，ピエール Clastres, Pierre　29, 191, 192, 210, 221, 340
グラックマン，マックス Gluckman, Max　267
グリアズノフ，M. P. Griaznov, M. P.　29
クリスティー，ヤン・ウィスマン Cristie, Jan Wisseman　43
グリーン，J. H. Green, J. H.　242
グレイヴァーズ，ミカエル Gravers, Mikael　292,

293, 308, 317
クロスウェイト，チャールズ Crosthwaite, Charles 169
クローバー，アルフレッド Kroeber, Alfred 262

ケーニッヒ，ウィリアム・J Koenig, William J. 93, 95, 200
ゲリラ 89, 168, 182, 183, 206, 261
ゲルナー，アーネスト Gellner, Ernest 14, 29-31, 124, 210

コサック 25, 135, 159, 263, 264, 334
五大湖 39, 134
コダルコフスキー，マイケル Khodarkovsky, Michael 281
コピトフ，イゴー Kopytoff, Igor 74
コリス，モーリス Collis, Maurice 116
コルクホーン，A. C. Colquhoun, A. C. 139
コンドミナス，ジョルジュ Condominas, Georges 67, 81, 82, 88, 200, 250
コンバウン朝 75, 83, 84, 91-93, 95, 150, 162, 303

【さ行】

サダン，マンディ Sadan, Mandy 214, 333
サツマイモ 108, 184, 192, 198, 201, 202, 206, 207
サヤ・サンの反乱 169, 299, 306
サーリンズ，マーシャル Sahlins, Marshall 211
サロモン，フランク Salomon, Frank 133, 134, 313
サンスクリット 21, 60, 113, 114, 254

ジャクソン，アンドリュー Jackson, Andrew 172
ジャドソン，アドニラム Judson, Adoniram 292
ジャライ 108, 110, 119, 276, 320
ジャワ島 43-45, 63, 70, 112, 113, 136, 137, 194, 196, 205, 249, 323
儒教 104, 113, 117, 163, 175, 341
シュワルツ，スチュアート Schwartz, Stuart 133, 134, 313
上座仏教
　アニミズムと 295
　カリスマと 299, 302, 303, 320, 327
　コンバウン朝と 83
　シャン国家と 117
　低地民と 58
　文化的多様性と 91
　文明の語りと 101, 105, 116, 120
　民族的アイデンティティと 254, 274
　理想的臣民と 341
ジョンソン，ヒョルレイファー Jonsson, Hjorleifur
　生業戦略 196, 339
　民族的アイデンティティ 247, 254, 273, 275, 284
　歴史の欠如 236

スイス 14, 159, 208
ズゥオン，マック Durong, Mac 101
スキナー，G・ウィリアム Skinner, G. William 338, 339
スコット，ウィリアム・ヘンリー Scott, William Henry 189
スコット，J・ジョージ Scott, J. George 115, 145, 148, 151, 159, 167, 197, 241, 242, 251
ストウ，ハリエット・ビーチャー Stowe, Harriet Beecher 172
スパイロ，メルフォード Spiro, Melford 305
スマトラ島 39, 125, 232
スミス，マーティン Smith, Martin 244
スリナム 25, 192, 264

セシジャー，ウィルフレッド Thesiger, Wilfred 172
セデス，ジョルジュ Coedès, Georges 33, 113
セミノール 172, 264
セールミンク，オスカー Salemink, Oscar 147, 310, 321

【た行】

ダイアモンド，ジャレド Diamond, Jared 160
大乗仏教 80, 157, 293-95, 324, 325, 327
ダヴ，マイケル Dove, Michael 196
タップ，ニコラス Tapp, Nicholas 79, 120, 176, 313, 315
ダン，ジョン Dunn, John 287, 329

チェンマイ 62, 70, 87, 88, 90, 143, 144, 152, 154, 250, 275, 276, 279
チャム 52, 81
チャンドラー，デイヴィッド Chandler, David 114
チン
　社会構造 212, 213, 217
　政治構造 22
　低地国家との同盟 276
　奴隷狩りと 153
　平等主義 216

　民族的アイデンティティ　243
　文字の喪失　224

デイ，アンソニー Day, Anthony　36
ディケンズ，チャールズ Dickens, Charles　272
ディズマル大湿地　26, 172, 192
テイラー，キース Taylor, Keith　36, 118
ティリー，チャールズ Tilly, Charles　48, 71, 148
デフォー，ダニエル Defoe, Daniel　189
デュレンバーガー，E. ポール Durrenberger, E. Paul　280
テンゲル高地（東ジャワ）　136, 137, 169, 205

トゥキディデス　39, 51, 72
道教　117, 165, 324
トウモロコシ　18, 77, 108, 134, 142, 184, 193, 197, 198, 202-06, 243
ドゥルーズ，ジル Deleuze, Gilles　29
ドゴン　334
土司制度　119, 267

【な行】

南詔　19, 127, 131, 143, 144, 151, 225

ニーケ，マーガレット Nieke, Margaret　235
ニューギニア　16, 202

ヌグリ　37, 38, 249

ノルマン人　50, 82, 253

【は行】

バタヴィア　268
パダウン　103, 154, 177, 262, 264
ハーディ，アンドリュー Hardy, Andrew　155
ハニ
　アカ文化と　19
　灌漑水稲農業　65, 194, 195, 283
　口承文化　233
　反乱　293, 294
　避難民としての　23, 32, 152
　非文明としての　102
バーフィールド，トマス Barfield, Thomas　22, 322
パラウン　83, 88, 101, 106, 177, 178, 212, 241, 247, 276
『玻璃宮御年代記』 71, 89, 151, 167
バリ島　65, 68, 156, 185, 194
バルカン半島　8, 246, 319
バングラデシュ　13, 14, 16
ハンナン，マイケル Hannan, Michael　265

ピュー　84, 86, 283
ピュー王国　131, 143, 144, 151, 225, 249, 254
ヒンドゥー教　76, 80, 101, 113, 114, 136, 137, 157, 160, 168, 205, 301, 323, 331
ビン・ラディン，オサマ Bin Laden, Osama　129

ファーニヴァル，ジョン Furnivall, John　76
ファノン，フランツ Fanon, Fritz　78
ファラ，ジョナサン Falla, Jonathan　290
ファン・スヘンデル，ウィレム Van Schendel, Willem　14, 16
フィスケショー，マグヌス Fiskesjö, Magnus　25, 122, 175, 213
フィリピン　25, 86, 101, 124, 125, 129, 167, 202
フォックス，エドワード・ウィッチング Fox, Edward Whiting　49
フォン・ヘウサウ，レオ・アルティング Von Geusau, Leo Alting　89, 102, 152, 177, 221, 270, 282
フセイン，サダム Hussein, Saddam　26, 172
仏教
　カリスマと　303
　カレンと　290, 292, 293
　国家の正統性と　101
　山地民による受容　28
　社会との距離　157
　ジャワの　136
　シャン文化と　82, 158, 159
　大乗――　80, 157, 293-95
　低地民と　21, 58
　反乱と　165, 294
　文化的影響としての　163, 168
　ポパ山の　170
　労働力の源泉と　90, 91
ブームガード，ピーター Boomgaard, Peter　201, 202, 205
フモン
　移動耕作　79, 194, 197
　居住パターン　18
　口承史　217
　国家からの逃避　147, 176, 177, 205
　国家をかわす技術　283
　政治構造　22
　反乱　120, 156, 176, 177, 205, 288, 289, 325

避難民としての　23, 177
民族的アイデンティティ　142, 243, 246, 325
文字の喪失　224, 225
預言者と　307, 309-11, 313, 315, 316, 321, 324
ブラジル　25, 133, 135, 192
ブラム，サム　Bram, Sam,　320
ブリコラージュ　234, 336
ブレイトン，D. L.　Brayton, D. L.　290
ブロック，マルク　Bloch, Marc　298, 314
ブロディ，ヒュー　Brody, Hugh　10
ブローデル，フェルナン　Braudel, Fernand　16, 20, 21, 49, 52, 56, 283, 335
ブロンソン，ベネット　Bronson, Bennett　125

ベック，ルイス　Beck, Lois　210
ヘフナー，ロバート　Hefner, Robert　136, 137, 205
ペリー，パトリシア　Pelley, Patricia　102, 118
ベルベル人　3, 14, 29-32, 124, 152, 153, 160, 210, 235, 248, 280, 281, 334
ペレス，トメ　Pires, Tome　81
ベンジャミン，ジェフリー　Benjamin, Geoffrey　112, 124, 175, 186, 246, 268
ベンヤミン，ヴァルター　Benjamin, Walter　35
ヘンリー，デイヴィッド　Henley, David　161

ボウイー，キャサリン　Bowie, Katherine　87
ポー・カレン
カリスマと　292
低地国家との同盟　276
奴隷制と　89
反乱　177
ビルマ－シャム戦争　150
民族的アイデンティティ　252
ホッブズ，トマス　Hobbes, Thomas　7
ホブズボーム，E. J.　Hobsbawm, E. J.　248, 326
ホメーロス　226, 228, 232
ポラード，サミュエル　Pollard, Samuel　324
ホルムバーグ，アラン　Holmberg, Allan　191
ホワイト，リチャード　White, Richard　39, 134, 211
ポンティノ湿原　26

【ま行】

マクニール，ウィリアム　McNeill, William　198
マグリブ　29-31
マゼラン，フェルディナンド　Magellan, Ferdinand　86
マタラム（ジャワ）　44, 45, 70, 136
マッカーシー，ジェームズ　McCarthy, James　69
マラッカ海峡　51, 173

ミショー，ジャン　Michaud, Jean
移動耕作　194, 195
ゾミアの範囲　14
避難民としての山地民　23, 131, 132, 177
ミャオ
移動耕作　196, 197
居住パターン　142, 143
言語と　243
口承史　217, 225
国家の中心からの移住　141, 142, 175-77, 339
長城と　112, 175
反乱　119, 120, 140, 142, 156, 288, 289, 319, 320
避難民としての　25, 32
民族的アイデンティティ　128, 139, 243, 244, 252, 256, 261, 282, 285, 289
明命帝（ベトナム）　77, 78, 118, 119

ムゲラー，エリック　Mueggler, Erik　314
ムハンマド　102

メンデルソン，マイケル　Mendelson, Michael　158, 303-05

モアマン，マイケル　Moerman, Michael　247
モン
移動耕作　200
カレンと　177, 234
灌漑水稲国家と　249
居住パターン　147
交易　110
「国家らしさ」への適応　283
上座仏教と　83
水稲国家と　86, 225, 252, 254
逃避　219
民族的アイデンティティ　81, 259
民族的混合としての　81-84, 90, 163
モンゴル　6, 83, 118, 125, 143, 144, 165, 178, 211, 265, 334
モンターニュ，ロバート　Montagne, Robert　280

【や行】

ヤオ
居住パターン　141, 143, 252
交易　275

国家からの逃避　142, 147, 339
山地民の組織化　112
政治構造　23
反乱　119, 140, 282, 289
避難民としての　32
文明の語りと　128
民族的アイデンティティ　243, 247, 252, 257, 275, 276, 279, 285, 289
文字の喪失　224, 225, 228, 236
ヤップ，マルコム Yapp, Malcolm　210
ヤング，ウィリアム Young, William　297, 325
ヤング，ハロルド Young, Harold　296

【ら行】

ラオス　14, 23, 37, 62, 81, 83, 89, 141, 143, 152, 155, 156, 165, 178, 200, 205, 213, 224, 243, 289, 307, 321
ラストドーファー，ジーン＝マーク Rastdorfer, Jean-Marc　223
ラッフルズ，スタンフォード Raffles, Stamford　40
ラティモア，オーウェン Lattimore, Owen
生態環境の支配　265
非国家空間としての山地　216, 111, 129
モンゴルの社会構造　211
遊牧　29, 174
ラテンアメリカ　8, 132, 137, 210, 272
ラピダス，イラ Lapidus, Ira　322
ラビバダナ，アキン Rabibhadana, Akin　38, 95
ラフ
漢の官吏と　314, 315
キリスト教と　325
国家からの逃避　177
国家をかわす技術　283
社会構造　218-20, 262, 278, 284, 312, 337
政治構造　22
タイ国への編入　12
他民族との合同　178, 270
反乱　177, 289
避難民としての　23, 32, 156
非文明としての　104, 105
村の分裂　316, 318
文字の喪失　223
預言と　288, 289, 293-97, 300
ラフニ　219, 220, 284
ラメット　89, 177, 224, 270, 277
ラワ　82, 90, 106, 244, 247, 257, 275, 276, 279
ランナー　276
ランボ，テリー Rambo, Terry　188

リー，ジェームズ Lee, James　92
リス
カチンと　245
カレンと　270
血縁をめぐる慣習　279, 335
国家をかわす技術　283
逃避型社会構造　213, 337
奴隷制と　88
反乱　177
平等主義　218, 279-81
民族的アイデンティティ　251, 252
ラフと　293, 295
歴史の欠如　236-39, 280
リーチ，エドマンド Leach, Edmund
カチンの血筋をめぐる慣習　270
カチンの社会構造　214-18, 250, 251, 258, 272, 277, 278, 284, 308
言語の相違　243
国家化の影響　115, 116
国家形成　53
国家の中心　60
国家を模倣　116
シャン　82, 116, 121, 158, 250, 251, 253, 255, 258, 277
社会構造の振幅　208, 212, 215, 272
政治秩序の単位　38
棚田　195
中国型の山地社会　21
標高と生業　18
民族的アイデンティティ　257, 258
リード，アンソニー Reid, Anthony
海洋国家　16
河川へのアクセス　46
交易　70
奴隷制　86
労働力の集積　69
リーバーマン，ヴィクター Lieberman, Victor
国家による集中化　256
シャム文化　81
前近代国家　94, 95
農業国家の利点　70
ビルマ国家　83
民族的アイデンティティ　84
リヒトホーフェン，フェルディナンド・P・ヴィルヘルム Richthofen, Ferdinand Paul Wilhelm　265

リン，ジョン・A. Lynn, John A.　149
リンドナー，ルディ・ポール Lindner, Rudi Paul 271

ルソン島　25, 65, 136-39, 146, 161, 189, 194

レヴィ＝ストロース，クロード Levi-Strauss, Claude 230
レナード，ロナルド Renard, Ronald　150, 234, 273
レーマン，F. K.（チッフライン） Lehman, F. K. (Chit Hlaing)
　カレンニー　117, 208, 274, 278
　血縁をめぐる慣習　271
　交易　109
　国家の勢力　45
　山地社会の経済　218
　チン　217
　民族的アイデンティティ　258
　預言と　312, 317

ロウ，ウィリアム Rowe, William　128
ローゼンバーグ，ギヨーム Rozenberg, Guillaume 287, 299
ロビン，フランソワ Robinne, François　214, 245, 333
ロマ（ジプシー）　25, 103, 135, 237, 264, 334
ローマ帝国　3, 5, 6, 72, 85, 113, 125, 126, 144, 160, 208, 210, 227, 226, 260, 261, 267, 299, 302, 303, 334
ロングフェロー，H. W. Longfellow, Henry Wadsworth 172

原注

I　山地、盆地、国家

1. *Guiyang Prefectural Gazetteer.* 以下で引用。Mark Elvin, *The Retreat of the Elephants: An Environmental History of China* (New Haven: Yale University Press, 2004), 236–37.
2. *Gazetteer of Upper Burma and the Shan States.* vol. 1, part 1 (Rangoon: Government Printing Office, 1893), 1: 154. 植民地政府資料をもとにJ・ジョージ・スコットと助手J・P・ハーディマンによって編纂されたもの。
3. Elizabeth R. Hooker, *Religion in the Highlands: Native Churches and Missionary Enterprises in the Southern Appalachian Area* (New York: Home Missions Council, 1933), 64–65.
4. 低地民と低地国家はさらに、森の人々と村の人々とを区別することがある。より正確には,森のなかで動き続けると思われている人々と村に定住している人々との区別である。
5. 国家と文明の形成におけるベドウィンの遊牧民とアラブの都市民の関係は、14世紀の歴史家であり哲学者のイブン・ハルドゥーンの著作で広く論じられているテーマである。
6. 大きな産業規模の鉱山は国家形成と結びつけられることが多いが、最近の考古学の発見によれば、タイの東北部においては銅鉱山と冶金が、国家の介入なしにかなり広まっていたようだ。これは農民による農閑期間の工芸であった痕跡があるが、その規模は驚くほど大きかった。以下を参照。Vincent Pigott, "Prehistoric Copper Mining in Northeast Thailand in the Context of Emerging Community Craft Specialization." 以下に所収。A. B. Knapp, V. Pigott and E. Herbert, eds., *Social Approaches to an Industrial Past: The Archaeology and Anthropology of Mining* (London: Routledge, 1998), 205–25. この点に私の注意を促してくれたマグヌス・フィスケショーに感謝する。
7. Anthony Reid, *Southeast Asia in the Age of Commerce, 1450–1680*, vol. 1, *The Lands Below the Winds* (New Haven: Yale University Press, 1988), 15〔邦訳　リード『大航海時代の東南アジア 1』平野秀秋ほか訳、法政大学出版局、1997年、22ページ〕。東南アジア大陸部における1平方キロあたりの人口は32人であったが、中国（チベットを除く）では37人と人口密度が高かった。一方で当時ヨーロッパではおよそ11人であった。
8. Richard A. O'Connor, "Founders' Cults in Regional and Historical Perspective." 以下に所収。Nicola Tannenbaum and Cornelia Ann Kammerer, eds., *Founders' Cults in Southeast Asia: Polity, and Identity*, Yale Southeast Asia Monograph Series no. 52 (New Haven: Yale University Press, 2003), 269–311. 引用部は281–82ページ。さらに以下は国家形成一般について、通説とは大幅に異なる非直線的な解釈を提示している。Allen W. Johnson and Timothy Earle, *The Evolution of Human Societies: From Foraging Group to Agrarian State*, 2nd ed. (Stanford: Stanford University Press, 2000).
9. Richard A. O'Connor, "Agricultural Change and Ethnic Succession in Southeast Asian States: A Case for Regional Anthropology," *Journal of Asian Studies* 54 (1995): 968–96.
10. この点については以下を参照。Michael Mann, *The Sources of Social Power* (Cambridge: Cambridge University Press, 1986), 63–70.
11. Charles Tilly, *Coercion, Capital, and European States, AD 990–1992* (Cambridge, Mass.: Blackwell, 1990), 162.
12. 定住の奨励はおそらく歴史上初の「国家事業」であり、それに続く国家事業である徴税と密接に関連している。これは、数千人の人民解放軍が棚田を掘り起こして、「野蛮な」ワに

灌漑水田を指示した毛沢東時代に至るまで、数千年にわたり国家建設の中心事業であり続けた。

13. Hugh Brody, *The Other Side of Eden: Hunters, Farmers, and the Shaping of the World* (Vancouver: Douglas and McIntyre, 2000)〔邦訳　ブロディ『エデンの彼方』池央耿訳、草思社、2004年〕。
14. Sanjay Subramanyum, "Connected Histories: Notes toward a Reconfiguration of Early Modern Eurasia," *Modern Asian Studies* 31 (1997): 735–62.
15. 以下はベトナムとインドネシアにおけるこの過程を描いた優れた研究である。Rodolphe de Koninck, "On the Geopolitics of Land Colonization: Order and Disorder on the Frontier of Vietnam and Indonesia," *Moussons* 9 (2006): 33–59.
16. 植民地期以前の国家と同様に、植民地期政府と植民地期後初期（つまり独立期）の国家も、これらの地域を「無主地」(ラテン語で terra nullius もしくは inutile）とみなした。これはフランスにおいて、La France utile (有用なフランス領）と La France inutile (無用なフランス領）とが伝統的に区分されていたことと似通っている。これらの地域は穀物や収入というかたちで行政費用を直接負担したわけではなかった。たしかに森林や山地の産物には価値があり、また山地の人口にも奴隷としての価値があった。しかし利益の源はあくまで直接管理下の穀物耕作地であり、山地は国家が依存していた中心部からはるか遠くに位置していた。植民地時代の山地では、現地民の実力者がそのまま中央の監督下におかれ、彼らが貢ぎ物を収めるという、いわゆる間接統治の仕組みが典型的であった。元朝から明朝の大部分に至るまで、そのような地域は間接統治の中国版である土司制度の下に置かれた。
17. 山地の人々が、自分の都合で低地の宗教を受けいれることは稀ではない。そのように低地宗教を象徴的に使っても、それは山地民が低地国家へ編入されたわけではなかった。例えば、以下がこの点について論じている。Nigel Brailey, "A Reinvestigation of the Gwe of Eighteenth Century Burma," *Journal of Southeast Asian Studies* 1, no. 2 (1970): 33–47. 本書 XIII 章も参照。
18. Patricia M. Pelley, *Post-Colonial Vietnam: New Histories of the National Past* (Durham: Duke University Press, 2002), 96–97.
19. この公式見解に対して、以下は説得力のある反論を提供している。Keith Taylor, "Surface Orientations in Vietnam: Beyond Histories of Nation and Region," *Journal of Asian Studies* 57 (1998): 949–78.
20. 現在、これらの四つの民族は、それぞれ国民国家をもった。この過程で東南アジア大陸部に存在した多くの前近代国家は、カンボジアとラオスを除き、すべてこれらの新しい国民国家の領域に編入された。カンボジアとラオス自身もまた国民国家として、その地域の非国家空間を領域内に編入していった。
21. Geoff Wade, "The Bai-Yi Zhuan: A Chinese Account of Tai Society in the 14th century," appendix 2, 8. 以下で発表された論文。The 14th IAHA Conference, Bangkok, May, 1996. 以下で引用。Barbara Andaya, *The Flaming Womb: Repositioning Women in Early Modern Southeast Asia* (Honolulu: University of Hawai'i Press, 2006), 12.
22. Willem van Schendel, "Geographies of Knowing, Geographies of Ignorance: Southeast Asia from the Fringes." 以下のワークショップで発表された論文。 Locating Southeast Asia: Genealogies, Concepts, Comparisons and Prospects, Amsterdam, March 29–31, 2001.
23. Jean Michaud, *Historical Dictionary of the Peoples of the Southeast Asian Massif* (Lanham, Md.: Scarecrow, 2006), 5. 以下も参照。Jean Michaud, ed., *Turbulent Times and Enduring Peoples: Mountain Minorities in the Southeast Asian Massif* (Richmond, England: Curzon, 2000).
24. Michaud, *Historical Dictionary*, 2. 今日までに山地に移った低地人口を含めると、さらに5000万ほど上乗せする必要があるだろう。加算されるべき移住者数は日増しに大きくなっている。
25. Ernest Gellner, "Tribalism and the State in the Middle East." 以下に所収。Philip Khoury and Joseph Kostiner, eds., *Tribes and State Formation in the Middle East* (Berkeley: University of California Press,

1990) 109–26. 引用は124ページ。パシュトゥン、クルド、ベルベルとの類比はそれほど適切ではない。というのも、これらの人々はそれぞれ共通の文化をもっている（もしくは、より適切にいえば、もっているということが前提になっている）。タイ（傣、シャン）、フモン、アカ（ハニ）などいくつかの民族は、この地域に広く拡散しているが、あくまで例外であり、本書が論じている山地王国にそのような文化的結束性が想定されることはない。しかし、以下は、山地におけるイスラームの派閥化について鋭い見解を提出している。Robert Le Roy Canfield, *Faction and Conversion in a Plural Society: Religious Alignments in the Hindu-Kush*, Anthropological Papers, Museum of Anthropology, University of Michigan, 50 (Ann Arbor: University of Michigan, 1973).

26. ラオスはいくぶん例外である。というのも、隣国タイとの国境でもあるメコン川に沿う細い平地を有しているが、スイスと同様に大部分において「山の国家」だからである。
27. この点については、以下の示唆に富む研究を参照。Sidney Pollard, *Marginal Europe: The Contribution of Marginal Lands since the Middle Ages* (Oxford: Clarendon, 1997).
28. この他に、辺境からの視点を正面から主張する書として以下を参照。Michaud, *Turbulent Times and Enduring Peoples*（とくに以下。Michaud and John McKinnon, Introduction, 1–25）。さらに以下も参照。Hjorleifur Jonsson, *Mien Relations: Mountain Peoples, Ethnography, and State Control* (Ithaca: Cornell University Press, 2005).
29. F. K. L. Chit Hlaing [F. K. Lehman], "Some Remarks upon Ethnicity Theory and Southeast Asia, with Special Reference to the Kayah and Kachin." 以下に所収。Mikael Gravers, ed., *Exploring Ethnic Diversity in Burma* (Copenhagen: NIAS Press, 2007), 107–22. とくに109–10ページ。
30. Fernand Braudel, *The Mediterranean and the Mediterranean World in the Age of Philip II*, vol. 1, trans. Sian Reynolds (New York: Harper and Row, 1966)〔邦訳　ブローデル『地中海Ｉ　環境の役割』浜名優美訳、藤原書店、1991年〕。
31. Reid, *Southeast Asia in the Age of Commerce*, vol. 1.
32. 以下でうまく表現されている。Van Schendel, "Geographies of Knowing," 10.「ブローデルのような学者たちが、海をひとつの地域世界として捉え直したのであれば、世界一の山地帯を同様に捉え直すこともできるはずだろう」。しかしそのような読み直しはこれまで行われなかった。ゾミアの数々の地域からは優れた研究が提出されているが、これらの研究は「ゾミア学」を想起することもなければ、社会科学全般に対して新たな問いや方法論を投げかけるべく新しい視点を築き上げようともしてこなかった。
33. 「アナーキー（無政府状態、無秩序状態）」とはもちろん主観的な、「読み手」次第の判断にすぎない。植民地政府の役人にとって、山地が「把握」不可能な地であっても、山地民自身が自分たちの状況を把握していたことはいうまでもない。
34. E. R. Leach, "The Frontiers of Burma," *Comparative Studies in Society and History* 3 (1960): 49–68.
35. 以下は、ラフにおけるジェンダー分析を提供している。Shanshan Du, *Chopsticks Only Work in Pairs: Gender Unity and Gender Equality among the Lahu of Southwest China* (New York: Columbia University Press, 2002).
36. 9世紀から13世紀にかけての南詔とその後継者であった大理国（雲南省南部）、さらに約14世紀から17世紀にビルマに侵略されるまで独立していたケントゥン／チェントゥン／チャイントゥン（現在のシャン州東部）、小規模の独立王国であったナーン（現在の北タイのナン河の盆地）、13世紀から18世紀まで独立していたラーンナー（現在のタイ国チェンマイ近辺）、これらのいずれもが水田稲作社会であり、また山地における国家建設に最も頻繁に関連づけられるタイ語系の人々によるものであったことは示唆的である。
37. Janet Sturgeon, "Border Practices, Boundaries, and the Control of Resource Access: A Case from China, Thailand, and Burma," *Development and Change* 35 (2004): 463–84.
38. Van Schendel, "Geographies of Knowing," 12.

39. Braudel, *The Mediterranean*, 1: 32, 33. しかしここでブローデルは、ロマ（ジプシー）やユダヤなど、自分たちの文明とともに移動した人々には目を向けていないようだ〔邦訳　ブローデル『地中海Ⅰ　環境の役割』1991年、48ページ〕。
40. Ibn Khaldun, *The Muqaddimah: An Introduction to History*, 3 vols., trans. Franz Rosenthal, Bollinger Series 43 (New York: Pantheon, 1958), 1: 302〔邦訳　イブン゠ハルドゥーン『歴史序説１』森本公誠訳、岩波文庫、2001年、388ページ〕。
41. O. W. Wolters, *History, Culture, and Region in Southeast Asian Perspectives* (Singapore: Institute for Southeast Asian Studies, 1982), 39. 以上の引用は以下から。Paul Wheatley, "Satyanrta in Suvarnadvipa: From Reciprocity to Redistribution in Ancient Southeast Asia." 以下に所収。J. A. Sabloff et al., eds., *Ancient Trade and Civilization* (Albuquerque: University of New Mexico Press, 1975). 引用部は251ページ。
42. 以下で引用。Andrew Hardy, *Red Hills: Migrants and the State in the Highlands of Vietnam* (Honolulu: University of Hawai'i Press, 2003), 4.
43. Owen Lattimore, "The Frontier in History," *Studies in Frontier History: Collected Papers, 1928–1958* (Oxford: Oxford University Press, 1962), 469–91. 引用は475ページ。
44. Edmund Leach, *The Political Systems of Highland Burma: A Study of Kachin Social Structure* (Cambridge: Harvard University Press, 1954)〔邦訳　リーチ『高地ビルマの政治体系』関本照夫訳、弘文堂、1995年〕。
45. Thomas Barfield, "The Shadow Empires: Imperial State Formation along the Chinese-Nomad Frontier." 以下に所収。Susan E. Alcock, Terrance N. D'Altroy, et al., eds., *Empires: Perspectives from Archaeology and History* (Cambridge: Cambridge University Press, 2001), 11–41. カール・マルクスは、軍事化され寄生的で、奴隷狩りと略奪が行われたローマ帝国の周辺の辺境地を「ゲルマン的生産様式」と呼んだ。以下の博士論文は、ワによるそのような二次的国家形成についての最も優れた論考である。Magnus Fiskesjö, "The Fate of Sacrifice and the Making of Wa History," Ph.D. thesis, University of Chicago, 2000.
46. この語は、ゴンゾラ・アギーレ・ベルトランからの借用である。ベルトランの主張では、スペイン領アメリカで征服以後、先住民の多くが住んでいたのは、人々による移動が難しく、また植民地支配経済との関わりの薄い地域であった。彼の念頭にあったのは主に険しい山地であったが、砂漠や熱帯森林も含まれていた。ベルトランはそのような地を、人々が逃げこんでいった環境というより、植民地期以前の人口が孤立したまま今日まで残った地帯とみなしている。Gonzalo Aguirre Beltrán, *Regions of Refuge*, Society of Applied Anthropology Monograph Series, 12 (Washington, D.C., 1979), 23 ほか随所。
47. Michaud, *Historical Dictionary*, 180. 引用は199ページ。ミショーはまた他の書において、ベトナム中部高地の人々（フランス語でいうモンタグナード）を念頭に、このテーマを繰り返し論じている。「ベトナムの高地民は、戦争によって避難民となり、国家権力の直接支配域の外にとどまることを選択した人々といえるだろう。国家権力は徴税を目的に資源と労働力を追い求め、同時に兵隊、従者、妾、奴隷などの源となる人口を確保しようとつとめた。つまり、ベトナムの山地民はつねに逃げ続けてきた人々であることを示している」。Michaud, *Turbulent Times and Enduring Peoples*, 11.
48. 以下を参照。Christine Ward Gailey and Thomas C. Patterson, "State Formation and Uneven Development." 以下に所収。J. Gledhill, B. Bender, and M. T. Larsen, eds., *State and Society: The Emergence and Development of Social Hierarchy and Political Centralization* (London: Routledge, 1988), 77–90.
49. Fiskesjö, "Fate of Sacrifice," 56.
50. この主張を詳しく展開した古典的作品は以下。Pierre Clastres, *Society against the State: Essays in Political Anthropology*, trans. Robert Hurley (New York: Zone, 1987)〔邦訳　クラストル『国家に抗する社会』渡辺公三訳、白馬書房、1987年〕; Aguirre Beltrán, *Regions of Refuge*; Stuart Schwartz

and Frank Salomon, "New Peoples and New Kinds of People: Adaptation, Adjustment, and Ethnogenesis in South American Indigenous Societies (Colonial Era)."（以下に所収。Stuart Schwartz and Frank Salomon, eds., *The Cambridge History of Native Peoples of the Americas*, Cambridge: Cambridge University Press, 1999, 443–502）。以下は、最近の研究をまとめて論評している。Charles C. Mann, *1491: New Revelations of the Americas before Columbus*（New York: Knopf, 2005）〔邦訳　マン『1491』布施由紀子訳、NHK 出版、2007年〕。

51. Felix M. Keesing, *The Ethno-history of Northern Luzon*（Stanford: Stanford University Press, 1976）; William Henry Scott, *The Discovery of the Igorots: Spanish Contacts with the Pagans of Northern Luzon*, rev. ed.（Quezon City: New Day, 1974）.
52. この点については例えば以下を参照。Bruce W. Menning, "The Emergence of a Military-Administrative Elite in the Don Cossack Land, 1708–1836." 以下に所収。Walter MacKenzie Pinter and Don Karl Rowney, eds., *Russian Officialdom: The Bureaucratization of Russian Society from the Seventeenth to the Twentieth Century*（Chapel Hill: University of North Carolina Press, 1980）, 130–61.
53. Leo Lucassen, Wim Willems, and Annemarie Cottaar, *Gypsies and Other Itinerant Groups: A Socio-historical Approach*（London: Macmillan, 1998）.
54. マーティン・A・クラインはこう指摘している（Martin A. Klein, "The Slave Trade and Decentralized Societies," *Journal of African History* 42（2001）: 49–65）。中央集権化が一定のレベルに達したアフリカの社会では、略奪や奴隷狩りがより頻繁になることによって、中央集権化の傾向がいっそう強まった。その一方で権力が分散化された社会は、山地や森林といった避難地域に逃避したり、奴隷狩り対策の防備を固めたりした。以下も参照。J. F. Searing, "'No Kings, No Lords, No Slaves': Ethnicity and Religion among the Sereer-Safèn of Western Bawol（Senegal）, 1700–1914," *Journal of African History* 43（2002）: 407–29; Dennis D. Cordell, "The Myth of Inevitability and Invincibility: Resistance to Slavers and the Slave Trade in Central Africa, 1850–1910"（以下に所収。Sylviane A. Diouf, ed., *Fighting the Slave Trade: West African Strategies*, Athens: Ohio University Press, 2003, 50–61）。また、以下は統計的分析を試みている。Nathan Nunn and Diego Puga, "Ruggedness: The Blessing of Bad Geography." 以下に所収。*American Historical Review*, "Geography, History, and Institutional Change: The Causes and Consequences of Africa's Slave Trade," March 2007.
55. 「マンダラ」という語は、もともと南インドを起源としており、王宮を中心とする政治的景観を表す語である。マンダラでは、同盟関係とカリスマを通して、中心から外に向けて力が放射される。マンダラは、定められた国境をもたず、その影響範囲は状況次第で伸縮し、それ自身が完全に消滅することもある。貢物と連盟を求めて互いに競争しあういくつものマンダラが恒常的に存在していた。その意味でマンダラは、本質的に複数的存在であるといえよう。I. W. Mabbett, "Kingship at Angkor," *Journal of the Siam Society* 66（1978）: 1058. とくに以下を参照。Wolters, *History, Culture, and Region*.
56. インド研究や中国研究などとくらべると、この点についての東南アジア研究全体の罪は重くない。東南アジアは地理的に交差点であり接点であり、他の地域を起源とする宗教や信仰、権力の象徴、政治組織の借用や適用が歴史上さかんに行われた。マンダラの支配層はそのような装飾品を喜んで見せびらかした。低地の文化や社会組織がいかに山地の産物であるかという点は往々にして見過ごされている。
57. スマトラのミナンカバウやバタックといった人々は、灌漑稲作を営み、複雑な文化を育てあげたが、国家を築きあげることはなかった。これらの事例は、灌漑稲作がほとんど常に国家形成の条件になるものの、それだけでは十分でないことを示している。
58. 同じプロセスは、はるか以前の漢民族組織の形成を理解する際にも当てはまるところが多い。
59. Gilles Deleuze and Felix Guattari, *A Thousand Plateaus: Capitalism and Schizophrenia*, trans. Brian Mas-

sum (Minneapolis: University of Minnesota Press, 1987), 360〔邦訳　ドゥルーズ&ガタリ『千のプラトー』宇野邦一ほか訳、河出書房新社、1994年、416ページ〕。

60. Clastres, *Society against the State*〔邦訳　クラストル『国家に抗する社会』〕。奴隷狩りの脅威にさらされた人々が比較的安全な地帯に逃げこむことによって作られた破片地域がアフリカでは数多く存在する。ギニアとリベリアの国境沿いのラメ語圏はそのような地域のひとつである。マイケル・マクガヴァンとの私信（2007年11月）。

61. M. P. Griaznov, *The Ancient Civilization of Southern Siberia*, trans. James Hogarth (New York: Cowles, 1969), 97–98, 131–33. 以下で引用。Deleuze and Guattari, *A Thousand Plateaus*, 430〔邦訳　ドゥルーズ&ガタリ『千のプラトー』487ページ〕。

62. Lattimore, "Frontier in History," 472.

63. Ernest Gellner, *Saints of the Atlas* (London: Weidenfeld and Nicolson, 1969), 1–2.

64. 同上、1–2, 14, 31ページ。

65. 以下から引用。Richard Tapper, "Anthropologists, Historians, and Tribespeople on Tribe and State Formation in the Middle East," 以下に所収。Philip Khoury and Joseph Kostiner, eds., *Tribes and State Formation in the Middle East* (Berkeley: University of California Press, 1990), 48–73. 引用は66ページ。

66. これまでの研究によれば、変化と移動に富む生計手段や流動的なアイデンティティと同様に、余分なものをいっさい取り除いた簡素な社会組織は、自然環境や政治環境に対する適応力が高い。この点については以下を参照。Robert E. Ehrenreich, Carole L. Crumley, and Janet E. Levy, *Heterarchy and the Analysis of Complex Societies*, Archeological Papers of the American Anthropological Society, no. 6 (1995).

67. この視点は、東南アジアの古典国家は貿易に依存していたのか、それとも労働力に依存していたのか、という長年の議論に欠落しているようだ。河川の合流点、山地の峠、翡翠やルビーといった宝石の埋もれた鉱山などの戦略的拠点は、競争相手に奪われないよう軍事的に防備しておく必要があった。

68. Georges Coedès, *The Indianized States of Southeast Asia* (Honolulu: East-West Center Press, 1968). フランス語原書は1948年刊。

69. J. C. van Leur, *Indonesian Trade and Society* (The Hague: V. van Hoeve, 1955), 261.

70. John Smail, "On the Possibility of an Autonomous History of Modern Southeast Asia," *Journal of Southeast Asian History* 2 (1961): 72–102.

71. Peter Bellwood, "Southeast Asia before History." 以下の第 2 章。Nicholas Tarling, ed., *The Cambridge History of Southeast Asia*, vol. 1, *From Early Times to 1800* (Cambridge: Cambridge University Press, 1992), 90.

72. ほかの文化圏とくらべると、東南アジアの島嶼部の河口近くに位置した国家は、物理的史料をほとんど残さなかった。シュリーヴィジャヤ王国の遺跡を探し求めた考古学調査が非常に長いあいだ続いた事実がはっきりと物語っているとおりである。またこれに関連して、山地での建設物資や埋葬習慣は、考古学的発掘の対象となるようなものをほとんど残さなかったというジャン・ミショーの指摘にも注目したい。Jean Michaud, *Historical Dictionary*, 9. また低地でも反乱時において防塞目的に使われないよう、レンガ、石、チーク材を用いた建物を一般平民が築くことはしばしば禁じられていたことにも注意したい。ヒョルレイファー・ジョンソンとの私信（2007年 6 月 6 日）。

73. 逆にいえば、文書による痕跡を残さない王国は、記録にもいっさい現れないということだ。コンドミナスによれば、東南アジアのクメール圏と山地におけるルアの王国は、山地に仏教をもってきたモンの王妃とラワの王との結婚に関する口承伝説や遺跡を残したにもかかわらず、ほとんど歴史に跡を残していない。これは文字をもっていなかったことが原因であろう。Georges Condominas, *From Lawa to Mon, from Saa' to Thai: Historical and Anthropological*

Aspects of Southeast Asian Social Spaces, trans. Stephanie Anderson et al., an Occasional Paper of Anthropology in Association with the Thai-Yunnan Project, Research School of Pacific Studies (Canberra: Australian National University, 1990).

74. つまりそのような年代記は国家の役割を象徴的に果たしている。この点を私に指摘してくれたインドラニ・チャッタジーに感謝する。
75. ビルマの王宮資料シッターンは重要な例外である。これは徴税対象の財産や経済活動の目録であり、いわば国勢調査文書であった。以下を参照。Frank N. Trager and William J. Koenig, with the assistance of Yi Yi, *Burmese Sit-tàns, 1784–1826: Records of Rural Life and Administration*, Association of Asian Studies monograph no. 36 (Tucson: University of Arizona Press, 1979).
76. Richard A. O'Connor, "Review of Thongchai Winichakul, Siam Mapped: A History of the Geo-body of a Nation (Honolulu: University of Hawai'i Press, 1994)," *Journal of Asian Studies* 56 (1997): 280. この点について格好の例は、ビルマ王宮に保存された中国皇帝からの外交書簡である。ビルマ王宮では、中国の皇帝が東の皇帝、ビルマの王が西の皇帝であり、この両者が同格の存在として文明世界を馬乗りに支配しているかのごとく描かれている。タントゥンが指摘したとおり、「中国からの式辞としてビルマに残っているものが、中国に残るオリジナルと大幅に異なっていることに疑問の余地はない。ビルマ王は自分より高い存在を認めなかったので、彼が許すことのできるものだけが残ったわけだ」。Than Tun, ed., *Royal Orders of Burma, A.D. 1598–1885*, part 1, *A.D. 1598–1648* (Kyoto: Center for Southeast Asian Studies, 1983), 3: 1. このような王宮史を読んでいて思い起こすのは、私が通った高校の学校新聞のモットー「記事にするのは輝かしい出来事だけ！」である。
77. 以下はこの近視眼を矯正する最初の試みのひとつである。Taylor, "Surface Orientations." ようやく国家史観を脱神話化する重要な研究が着実に始められていることを確認しておこう。
78. Walter Benjamin, "Theses on the Philosophy of History," in *Illuminations*, ed. Hannah Arendt (New York: Schocken, 1968), 255–56〔邦訳 「歴史の概念について」『ベンヤミン・コレクション 1 近代の意味』久保哲司訳、ちくま学芸文庫、1995年所収〕。チャールズ・レッシュが以下の未刊行論文でこの点に私の注意を促してくれたことに感謝する。Charles Lesch, "Anarchist Dialectics and Primitive Utopias: Walter Benjamin, Pierre Clastres, and the Violence of Historical Progress" (2008).
79. Herman Kulke, "The Early and Imperial Kingdom in Southeast Asian History." 以下に所収。David G. Marr and A. C. Milner, eds., *Southeast Asia in the 9th to 14th Centuries* (Singapore: Institute for Southeast Asian Studies, 1986), 1–22. ブロンソンは、南アジアの北部3分の2を占める地域において過去3000年のあいだ、「比較的長続きし、広域を支配した国家はただ2つ、グプタ朝とムガール帝国だけである。しかしこれらの国家も（そしてより小さな国家でさえも）長く続いてせいぜい2世紀ほどであった。無政府状態の、いわば政府の「不在期間」は容赦なく、はるかに長かった」と指摘している。Bennett Bronson, "The Role of Barbarians in the Fall of States." 以下に所収。Norman Yoffee and George L. Cowgill, eds., *The Collapse of Ancient States and Civilizations* (Tucson: University of Arizona Press, 1988), 196–218.
80. Anthony Day, "Ties That (Un)Bind: Families and States in Pre-modern Southeast Asia," *Journal of Asian Studies* 55 (1996): 398. デイはこの論文において、アンソニー・リードとヴィクター・リーバーマンの国家史観的側面を批判している。
81. 以下を参照。Taylor, "Surface Orientations." テイラーは、史的証拠の裏付けがないかぎり、近代の国家史観や地域史観を過去に当てはめることを周到に回避しているが、一方で今日ベトナムと呼ばれる地域の前近代史を想像力豊かに検証している。
82. この点について、サラ（メグ）・デイヴィスによるコンドミナスへの批判を参照。Sara (Meg) Davis, "Premodern Flows and Postmodern China: Globalization and the Sipsongpanna Tai," *Modern China* 29 (2003):187.「村人は、村に住むこともあれば、町に住むこともあった。村や国の

連合体は分割してはまた再併合された。貴族は支持層をなんとかひとつにまとめるためにしばしば遠出する必要があった……絶え間なく移動と変化が繰り返されるため、共通する特徴を見つけることは容易ではないが、次の３つの不変要素を認めることができる。特定の村との帰属関係、強い独立志向の伝統、そして移動の自由である」。

83. Anthony Reid, "'Tradition' in Indonesia: The One and the Many," *Asian Studies Review* 22 (1998): 32.
84. Akin Rabibhadana, "The Organization of Thai Society in the Early Bangkok Period, 1782–1873," Cornell University, Thailand Project, Interim Report Series, no. 12 (July 1969), 27.
85. Richard White, *The Middle Ground: Indians, Empires, and Republics in the Great Lakes Region, 1650–1815* (Cambridge: Cambridge University Press, 1991).
86. Thucydides, *The Peloponnesian War*, trans. Rex Warner (New York: Penguin, 1972)〔邦訳　トゥキュディデス『歴史』1・2巻、藤縄謙三・城江良和訳、京都大学学術出版会、2000・2003年〕。
87. Basile Nikitina. 原語はフランス語。以下で引用。Tapper, "Anthropologists, Historians, and Tribespeople," 55. 翻訳は筆者。
88. Sir Stamford Raffles. 以下で引用。Reid "'Tradition' in Indonesia." 31.

Ⅱ　国家空間

1. 以下で引用。Yong Xue, "Agrarian Urbanization: Social and Economic Changes in Jiangnan from the 8th to the 19th Century," Ph.D. diss., Yale University, 2006, 102. ここで引き合いに出されている論理はヨハン・ハインドリヒ・フォン・トゥーネン、ヴァルター・クリストラー、G・W・スキナーによって精緻化された「中心地理論 central-place theory」の標準的な公式から導き出されたものそのものである。この論理は図式的にすぎ、時に過ちに陥る。例えば、もし春草が輸送経路上に自生していて、いくらでも確保できたらどうであろうか。この場合、牽引用の家畜はコストをかけずに輸送の道中で肥えていくことになるし、目的地でその家畜を売るとなれば家畜は積み荷の一部であるとさえいえる。
2. ピーター・ベルウッドが指摘するように、水稲耕作地の人口密度は、天水に頼った焼畑での陸稲耕作のおよそ10倍になる。後に見ていくように、これは国家にとって決定的な利点となる。Peter Bellwood, "Southeast Asia before History," 以下に所収。Nicholas Tarling, ed., *The Cambridge History of Southeast Asia*, vol. 1, *From Early Times to 1800* (Cambridge: Cambridge University Press, 1992), 1: 90.
3. もちろん、役人らは乾燥済みの熟した作物を焼却してしまうことにより、耕作者もしくは村全体に懲罰を与えることもできる。
4. （また）穀物の備蓄によって、軍隊が自給しながら長距離を行軍できるようになるし（例えばユリウス・カエサルの軍団）、逆に、城壁に守られた国家の中核地が包囲を受けても守り手がより長いあいだ持ちこたえられる、ということにも留意したい。前近代の侵略戦争は、往々にして穀物の収穫期にあたるように計画されたが、これはその補給部隊にすべての糧食を搬送させるよりは、軍隊が出征途上で自己調達できるよう見越してのことであった。
5. 一般論としては以下を参照。Jonathan Rigg, ed., *The Gift of Water: Water Management, Cosmology, and the State in Southeast Asia* (London: School of Oriental and African Studies, 1992). とくに当該書に所収の以下を参照。Philip Stott, "Ankor: Shifting the Hydraulic Paradigm," 47–58; Janice Stargardt, "Water for Courts or Countryside: Archeological Evidence from Burma and Thailand Revisited," 59–72. 本書の趣旨は、以下で提起された水利社会のテーゼの一部を少なくとも東南アジアの文脈で永遠に葬り去ることにある。Karl Wittfogel, *Oriental Despotism: A Comparative Study of Total Power* (New Haven: Yale University Press, 1976, 9th ed.). 特筆すべきは、住民が逃散するおそれが常にあり、人口が特徴的な分布をしていたため、労働者の強制的な大量動員ができなかったことである。バリにおける棚田と灌漑の複雑なシステムの研究を行ったク

リフォード・ギアツが、このテーマに関する学問的コンセンサスをうまく表現している。「現実には（棚田と灌漑施設の）……建設に国家が果たした役割は、小さなものにすぎなかったようである……まず、スバック体系は非常にゆっくりと少しずつ出来上がっていったものであって、一大権威が巨大な人間集団を一気に動かして一朝一夕に作りあげたものではないことはほぼ確実である。スバック体系の形成はすでに19世紀には完了していたのであるが、19世紀以前から、ほとんど感知しえない拡大はゆっくりと確実に進んでいた。大々的な灌漑施設が作られるには高度に中央集権化された国家を要するという考えは、こうした施設が、一挙に作られたのではないという事実を無視している」。Clifford Geertz, *Negara: The Theatre State in Nineteenth-Century Bali*（Princeton: Princeton University Press, 1980）, 197〔邦訳 ギアツ『ヌガラ』小泉潤二訳、みすず書房、1990年、215ページ〕。ギアツ引用の参考文献も参照のこと。また、とくにバリについては以下も参照。Stephen Lansing, *Priests and Programmers: Technologies of Power and the Engineered Landscape of Bali*（Princeton: Princeton University Press, 1991）〔スバック体系はバリ島の伝統的な水利組合で、その起源は8–9世紀にさかのぼるとされる。バンジャール（部落）やデサ（村）とは別個の社会組織を形成していて、各スバックが固有の寺院を持ち水を中心とする宗教儀礼を営む〕。

6．Barbara Watson Andaya, "Political Development between the Sixteenth and Eighteenth Centuries." 以下に所収。Tarling, *Cambridge History*, 1: 402–59. 引用は426ページ。

7．Jan Wisseman Christie, "Water from the Ancestors: Irrigation in Early Java and Bali." 以下に所収。Rigg, *Gift of Water*, 7–25. 引用は12ページ。

8．Andaya, "Political Development," 426.

9．私のこの洞察は以下の文献に負っている。Edward Whiting Fox, *History in Geographical Perspective: The Other France*（New York: Norton, 1971）, 25.

10．象は荷運びの役畜としてよりも、軍事遠征における「衝撃と畏怖」効果を与えるものとしてのほうがずっと価値があったと想像できる。戦争における象の使用を想起させてくれたキャサリン・ボウイに謝意を表したい。

11．*The Man Shu*〔蛮書〕（*Book of the Southern Barbarians*）, trans. Gordon H. Luce, ed. G. P. Oey, data paper no. 44, Southeast Asia Program, Cornell University, December 1961, 4–11.

12．次頁の表Ⅰを参照。この情報をまとめて計算してくれたアレクサンダー・リーに謝意を表したい。C. Ainslie, *Report on a Tour through the Trans-Salween Shan States, Season 1892–'93*（Rangoon: Superintendent, Government Printing, 1893）.

私はエインズリーが踏査したパンヤンとモンパンのあいだの二つの平行ルートを選んだ。彼は「もうひとつ、標高の高い山あいのロンラウッ経由のルートがあり、かつぎ稼業に慣れた人夫にさえ難路だといわれている」と書いている。

エインズリーはさらに野営地の有無にも言及している。適地（給水源の近くにあり、見通しがきいて、平坦な場所）の多くは、雨季に冠水する。この表の標準単位は、宿場と宿場のあいだの「旅程」もしくは1日の徒歩進度である。

13．徒歩での移動距離とかつぎ人夫と牛車の積荷能力に関する数値については、以下を参照。Anthony Reid, *Southeast Asia in the Age of Commerce, 1450–1680*, vol. 2, *Expansion and Crisis*（New Haven: Yale University Press, 1993）, 57〔邦訳　リード『大航海時代の東南アジア 2』平野秀秋ほか訳、法政大学出版局、2002年、75ページ〕。ジェレミー・ブラックは、17世紀ヨーロッパにおける軍事的移動について言及して、1日に24キロメートルという行軍の上限を示している。Jeremy Black, *European Warfare, 1660–1815*（New Haven: Yale University Press, 1994）, 37. 軍需物資輸送車両を必要とする大きな規模の軍隊では、1日にわずか16キロメートルが平均である（だから戦略のうえでは俊足の騎兵隊が重要になる）。John A. Lynn, ed., *Feeding Mars: Logistics in Western Warfare from the Middle Ages to the Present*（Boulder: Westview, 1993）, 21.

14．4頭立て荷馬車の場合の計算については、以下を参照。Lynn, *Feeding Mars*, 19. おそらくかの

表Ⅰ　東部シャン州における歩行時間、1892-93年

行程	距離(キロ)	渡河数	主要な標高差	コメント
パンヤンから ナムンゲラム	11.25	1	760m下り 215m上り 365m下り	標高差のため、「雨季に行軍困難」
ナムンゲラムから マンカッ	15.25	3 (船が必要な場所1箇所)	550m上り 「とても厳しい」下り 120m上り 120m下降	「この行程の雨季の行軍は非常に困難」。渡河の必要があるため。
マンカッから ラウクー	14.5	3	1200m上り 1200m下り 上り？ 275m上り。 「とても険しい」 「大変楽な下り」	河川「大変な急流で増水時は通行不可能」
ラウクーからタポン	19.25	2	川沿い、大きな変化なし。しかしいくつかの険しい小峡谷。	
タポンからマンパン	7.25	1	わずかな上り、大きな下り	シャンの小国の首都への入り口
タマッロンから パンウオ	13.25	1	楽な850mの上り(給水のため90mの上り下りあり)	「サルウィン川の増水時は、道がなくなる」
パンウオから パッロン	13.25	0	150m下り 150mの「緩慢な上り」 2400m下り。「場所によるとやや険しい」	村にたくさんの米備蓄あり。
パッロンからナムワ	10.5	1	350m下り 245m上り 335m下り。「やや険しい」	
ナムワからナムンゲラム	14.5	2	455m上り。「最初大変険しい」 610m下り	

有名なローマ帝国の整備の行き届いた道路を前提にしているからだろうが、ピーター・ヘザーは平坦な地勢を牛車で移動できる距離を1日に40キロメートルと見積もっている。しかし、ディオクレティアヌスの物価令では、荷車1台分の麦が80キロメートル移動するごとに倍の値段になると記録している。以下を参照。Peter Heather, *The Fall of the Roman Empire: A New History of Rome and the Barbarians* (Oxford: Oxford University Press, 2006), 107, 111.

15. Fox, *History in Geographical Perspective*, 25.
16. F. K. Lehman [Chit Hlaing], "Burma: Kayah Society as a Function of the Shan-Burma-Karen Context." 以下に所収。Julian Steward, ed., *Contemporary Change in Traditional Society*, 3 vols. (Urbana: University of Illinois Press, 1967), 1: 1–104. 引用は13ページ。
17. Reid, *Southeast Asia in the Age of Commerce*, 2: 54〔邦訳　リード『大航海時代の東南アジア2』〕。
18. Charles Tilly, "War Making and State Making as Organized Crime." 以下に所収。Peter Evans, Dietrich Rueschmeyer, and Theda Skocpol, eds., *Bringing the State Back In* (Cambridge: Cambridge University Press, 1985), 178.
19. George Fitzherbert, review of Melvyn C. Goldstein, *A History of Modern Tibet*, vol. 2, *The Calm before the Storm, 1951–1955* (Berkeley: University of California Press, 2008), *Times Literary Supplement*, March 28, 2008, 24.
20. 「からすが飛ぶように（＝直線距離で行くと）」という比喩は、空中を行く比較的抵抗のない移動を表すほとんど完璧な表現であるが、もちろん嵐や乱気流、いつも風が吹き荒れる空域は、抵抗のない環境とはとうてい言えない。
21. Thongchai Winichakul, *Siam Mapped: A History of the Geo-Body of a Nation* (Honolulu: University of Hawai'i Press, 1994), 31〔邦訳　ウィニッチャクン『地図がつくったタイ』石井米雄訳、明石書店、2003年〕
22. Fernand Braudel, *The Mediterranean and the Mediterranean World in the Age of Philip II*, 2 vols., trans. Sian Reynolds (New York: Harper and Row, 1966)〔邦訳　ブローデル『地中海』〕。
23. 英国のほとんどの土地は海へつながる可航水路の近くにあるため、ノルマンディー公ギヨームによるイングランド征服はこの法則を証明する例外的な一件であった。
24. Andaya, "Political Development," 427. アンダヤはまた同様に、マタラム（ジャワ）とアヴァ（ビルマ）の武装兵力についての値の大きな数字を引用している。
25. 氾濫原を活用した農業はこのような川筋で行われていたし、今でも行われている。しかし、小さな枯渇しない川筋を用いた灌漑地よりは、安定性と信頼性で劣るようである。以下を参照。Staargardt, "Water for Courts or Countryside." ここには、批判的な評価がひろく定着しているカール・ウィットフォーゲルのテーゼに対する皮肉が含まれている。そのテーゼとは、広大な灌漑は国家から独立して構築できるし事実そうされてきたが、その一方で、デルタの低地を耕作地として開拓するために必要な大規模な排水設備は、実際のところ異なった種類の「水利社会」を前提とし、開拓者たちへの信用貸しが必要とされるかもしれない、というものである。
26. E. R. Leach, "The Frontiers of Burma," *Comparative Studies in Society and History* 3 (1960): 49–68. 引用は58ページ。
27. 同上。
28. 同上、56ページ。
29. ここで関連するのは、フォン・トゥーネンとクリストラーの業績にもとづくG・ウィリアム・スキナーによる社会的、文化的統合単位としての標準的な市場領域の発展についての研究である。以下を参照。G. William Skinner, "Chinese Peasants and the Closed Community: An Open and Shut Case," *Comparative Studies in Society and History* 13 (1971): 270–81. スキナーのモデルは標準化された平坦な地勢を前提にしているため、可航河川、沼沢地、山地という変数を考慮に入れて修正しなくてはならない。宗教運動が山地を横断せずに、むしろ川沿い

に伝播していく事例については、チャールズ・カイズが描くカレンのテラコンが参考になる。これはモールメイン／モーラミャイン後背の山地における預言者運動である。Charles F. Keyes, ed., *Ethnic Adaptation and Identity: The Karen on the Thai Frontier with Burma* (Philadelphia: ISHII, 1979), 66–67.

30. Leach, "Frontiers of Burma," 58.
31. Benedict Anderson, "The Idea of Power in Javanese Culture." 以下に所収。Claire Holt et al, eds., *Culture and Politics in Indonesia* (Ithaca: Cornell University Press, 1972).
32. Than Tun, ed., *Royal Orders of Burma, A.D. 1598–1885*, part 1, *A.D. 1598–1648* (Kyoto: Center for Southeast Asian Studies, 1983), 72.
33. O. W. Wolters, *History, Culture, and Region in Southeast Asian Perspectives*, rev. ed. (Ithaca: Cornell University Press, in cooperation with the Institute of Southeast Asian Studies, Singapore, 1999), 28.
34. Thongchai, *Siam Mapped.*
35. 同上、88ページでは、これが19世紀のシャムとベトナムに対する朝貢国カンボジアのとった戦略だったと主張されている。
36. 同上、73、86ページ。トンチャイはまた、小王国ライ（Lai）が同時に、中国、トンキン、ルアンプラバンに対して朝貢していたと指摘する（100）。このような地域における断片化した統治権とそこに表出する社会的、政治的なアイデンティティの変転については、今では古典的研究となっている以下を参照。Richard White, *The Middle Ground: Empires and Republics in the Great Lakes Region, 1650–1815* (Cambridge: Cambridge University Press, 1991).
37. 以下を参照。*Royal Orders of Burma*, 3: vii.
38. 川による移動はこの法則の例外だと思われるかもしれない。しかし降雨量の多い時期には主要河川は増水し航行が難しくなることが多い。水足が速くなるために遡上がさらに困難になるのはいうまでもない。
39. Desawarnana (Nagarakartagama). 以下で引用。Wolters, *History, Culture, and Region*, 36.
40. 例えば以下を参照。"Glass Palace Chronicle: Excerpts Translated on Burmese Invasions of Siam," compiled and annotated by Nai Thein, *Journal of the Siam Society* 5 (1908): 1–82 and 8 (1911): 1–119.
41. *Gazetteer of Upper Burma and the Shan States*, compiled from official papers by J. George Scott, assisted by J. P. Hardiman, vol. 1, part 1 (Rangoon: Government Printing Office, 1893), 136.
42. おそらく最も際立った植民地期の事例は、ディエンビエンフーにあったフランス軍の要塞に対して、北ベトナム軍が山岳民族の助力を得て行った兵糧攻めだろう。他方で最も代表的な例としては、北ルソンにおけるスペイン人に対する、イゴロトたちのとった戦略があり、これについてはウィリアム・ヘンリー・スコットによる秀逸な研究がある。William Henry Scott, *The Discovery of the Igorots: Spanish Contacts with the Pagans of Northern Luzon*, rev. ed. (Quezon City: New Day, 1974), 31–36, 225–26.

III　労働力と穀物の集積

題辞は以下から。Nicholas Gervaise, *The Natural and Political History of the Kingdom of Siam*, trans. John Villiers (Bangkok, 1987), 27. 以下で引用。Victor B. Lieberman, *Strange Parallels: Southeast Asia in Global Context, c. 800–1830*, vol. 1, *Integration on the Mainland* (Cambridge: Cambridge University Press, 2003), 27.

1. Anthony Reid, *Southeast Asia in the Age of Commerce, 1450–1680*, vol. 1, *The Lands Below the Winds* (New Haven: Yale University Press, 1988), 20〔邦訳　リード『大航海時代の東南アジア１』30ページ〕。オーウェン・ラティモアは、国家中枢と辺境に関する議論のなかで、粗放から集約まで、段階別の分類法を提唱している。彼によればそれは狩猟採集、遊牧農業、天水農

業、灌漑農業の順である。労働力と穀物の集約を可能にする最終形態、つまり灌漑農業が国家形成には最も適している、と彼は言う。Owen Lattimore, "The Frontier in History." 以下に所収。*Studies in Frontier History: Collected Papers, 1928–1958*（Oxford: Oxford University Press, 1962）, 469. とくに474ページ。

2．Richard A. O'Connor, "Agricultural Change and Ethnic Succession in Southeast Asian States: A Case for Regional Anthropology," *Journal of Asian Studies* 54（1995）: 988n11. これは以下に負う。F. K. Lehman［Chit Hlaing］, "Empiricist Method and Intentional Analysis in Burmese Historiography: William Koenig's *The Burmese Polity, 1752–1819*, a Review Article," *Crossroads: An Interdisciplinary Journal of Southeast Asian Studies* 6（1991）: 77–120.

3．実際には水稲農家は、灌漑水田のほかにも天水水田や焼畑を所有していたかもしれない。耕作者は、このように異なる形態を組みあわせた耕作地で自給自足を行うことで、柔軟性を確保していた。重税が課された水田での稲作を減らし、比較的税率の低い作物に切り替えることで、税をいくぶん軽減することもできた。

4．Georges Condominas, *From Lawa to Mon, from Saa' to Thai: Historical and Anthropological Aspects of Southeast Asian Social Spaces*, trans. Stephanie Anderson et al., an Occasional Paper of the Department of Anthropology in Association with the Thai-Yunnan Project, Research School of Pacific Studies（Canberra: Australian National University, 1990）. 以下も参照。Michael Mann, *The Sources of Social Power*（Cambridge: Cambridge University Press, 1986）, 54–58〔邦訳　マン『ソーシャルパワー１』森本醇ほか訳、NTT 出版、2002年〕。マイケル・マンも同じような「社会的囲い込み」という表現で、初期国家による人口を取り囲むための努力を比喩している。

5．以下で引用。Mark Elvin, *The Retreat of the Elephants: An Environmental History of China*（New Haven: Yale University Press, 2004）, 104.

6．以下を参照。Frank N. Trager and William J. Koenig, with the assistance of Yi Yi, *Burmese Sit-tàns, 1784–1826: Records of Rural Life and Administration*, Association of Asian Studies monograph no. 36（Tucson: University of Arizona Press, 1979）. トレイジャーとケーニッヒの指摘によれば、植民地期以前のビルマにおける地域ごとの郷土史ですら、「王権の影」と呼ばれるに焦点を当てて「後背地は、王権の中心に奉仕する場合だけ現れる」としている（1）。顕著な例外はシッターン sit-tàns（通常、「検分」と訳される）である。これは、各々の首長が地域ごとに作成する報告書であり、土地、作物、そしてなによりも王に提供する年次ごとの収益源についてのものである。シッターンはとりわけ最も収益の高い土地に注目して作られた収入目録であった。「最も収益の高い」というのは年１、2回の収穫が見こめる灌漑水田のことである。

7．引用は同上、77–78ページ。

8．以下からの用語。Robert Elson, "International Commerce, the State, and Society: Economic and Social Change." 以下の３章。Nicholas Tarling, ed., *The Cambridge History of Southeast Asia*, vol. 2, *The Nineteenth and Twentieth Centuries*（Cambridge: Cambridge University Press, 1992）, 131.

9．R. L. Carniero, "A Theory of the Origin of the State," *Science* 169（1970）: 733–38.

10．Clifford Geertz, *Negara: The Theatre State in Nineteenth-Century Bali*（Princeton: Princeton University Press, 1980）, 24〔邦訳　ギアツ『ヌガラ』25ページ〕。

11．Thongchai Winichakul, *Siam Mapped: A History of the Geo-Body of a Nation*（Honolulu: University of Hawai'i Press, 1994）, 164.

12．Barbara Watson Andaya, "Political Development between the Sixteenth and the Eighteenth Centuries." 以下に所収。Tarling, *Cambridge History*, vol. 1, *From Early Times to 1800*, 402–59. とくに422–23ページ。マレー世界で用いられるダト／ダトゥ（Dato / Datu）という言葉は「家臣のいる君主」を意味している。ビルマ人官吏で地位が村長より上の者は、その地域で生み出される収益の受領者に任命されることが多かった（ミョウザー myó-sà つまり「町を食う者」と記

される)。彼らはその地区を支配しているわけではなく、収入は多くの高官らに分け前として分配されることが多かった。また一般に、そうした地位は相続できなかった。実際に、地区を支配し収入を得ていた官吏は、別の場所に移った後でも、元の住民に対する支配権を保ちながら徴税していたようだ。このためイギリス人は困惑した。ひとつの地域に暮らすビルマ人が何人もの異なる者に忠誠を誓い、税を納めていることを知ったからだ。

13. J. Kathirithamby-Wells, "The Age of Transition: The Mid-eighteenth Century to Early Nineteenth Centuries." 以下に所収。Tarling, *Cambridge History*, 1: 883–84.
14. Reid, *Southeast Asia in the Age of Commerce*, vol. 2, *Expansion and Crisis* (New Haven: Yale University Press, 1993), 108〔邦訳　リード『大航海時代 2』142ページ〕。
15. 引用は同上、129ページ〔邦訳　リード『大航海時代 2』〕。
16. この関連では以下で注目すべき証拠が提示されている。Kenichi Kirigaya, "The Age of Commerce and the Tai Encroachments on the Irrawaddy Basin," draft paper, June 2008. 中心－周縁関係のモデルに関しては以下を参照。Noboru Ishikawa, "Centering Peripheries: Flows and Interfaces in Southeast Asia," Kyoto Working Papers on Area Studies no. 10, JSPS Global COE Program, Series 7, *In Search of Sustainable Humanosphere in Asia and Africa*, Subseries 8, Center for Southeast Asian Studies, Kyoto University, December 2008.
17. Lieberman, *Strange Parallels*, 1: 88.
18. Amar Siamwalla, "Land, Labour, and Capital in Three Rice-growing Deltas of Southeast Asia, 1800–1840," Yale Economic Growth Center, discussion paper 150 (July 1972). アマール・シアムワラは、マンダレー、バンコク、ハノイを中心とする中核国家が、支配地域の外である南部デルタ地帯へ大規模な移住が起きないようにしていた、という点を強調する。最も大雑把な「輸送経済」の観点からいえば、たいていは肥沃な土地で穫れた農作物を首都に輸送するよりも、肥沃な土地に人々を移動させたほうが確実に理にかなっていた。人を動かすほうが穀物を動かすより簡単だ。人は歩くことができるうえに、いったん住み着いてしまえば、遠くに移動する必要のない余剰を生み出すからである。
19. 例えば以下を参照。Charles Tilly, *Coercion, Capital, and European States, AD 990–1992* (Cambridge, Mass.: Blackwell, 1990), chapter 5; Jeremy Black, *European Warfare, 1660–1815* (New Haven: Yale University Press, 1994), 9–15; Richard Whiting Fox, *History in Geographical Perspective: The Other France* (New York: Norton, 1971), chapter 2. もちろんイングランドは非常に例外的なケースである。ブラックが主張するように、イングランドが海洋大国として成功を収められたのは、貿易による莫大な富を得ることで、他国の戦費を肩代わりするかわりに、自分たちのために戦ってもらうことができたからだ。
20. 以下で引用。Akin Rabibhadana, "The Organization of Society in the Early Bangkok Period, 1782–1873," Cornell University Thailand Project, Interim Report Series, no. 12 (July, 1969), 16–18.
21. *The Glass Palace Chronicle of the Kings of Burma*, trans. Pe Maung Tin and G. H. Luce, issued by the Text Publication Fund of the Burma Research Society (Oxford: Oxford University Press, Humphrey Milford, 1923), 177.
22. 以下で引用。Rabibhadana, "Organization of Society," 16–18.
23. *Glass Palace Chronicle*, 177, 150.
24. 例えばティルサンデビ女王が支配していた住民の膨大なリストを参照。同上、95ページ。
25. パレンバンの支配者は1747年にこう述べる。「臣民が支配者を探すのは非常に簡単だが、支配者が臣民を探すのはずっと難しい」。さらなる議論と（本書で引用したものも含む）数々の格言については以下を参照。Anthony Reid, " 'Closed' and 'Open' Slave Systems in Precolonial Southeast Asia." 以下に所収。Anthony Reid, ed., *Slavery, Bondage, and Dependency in Southeast Asia* (New York: St. Martin's, 1983), 156–81. とくに157–60ページ。
26. Thucydides, *The Peloponnesian War*, trans. Rex Warner (New York: Penguin Books, 1972), e. g., 67, 96,

221, 513, 535〔邦訳　トゥキュディデス『歴史』〕。トゥキディデスはスパルタの将軍ブラシダスが平和裏に都市の降伏交渉を行い、スパルタ人の命を失うことなく、税収と労働力を増加させたことをわざわざ称えている。

27. Elvin, *Retreat of the Elephants*, 104. 以上で引用された紀元前４世紀末の『管子』。
28. 同上、104ページ。『商君書』からの引用。
29. Jeffrey Herbst, *States and Power in Africa: Comparative Lessons in Authority and Control* (Princeton: Princeton University Press, 2000), 18.
30. Igor Kopytoff, *The African Frontier: The Reproduction of Traditional African Societies* (Bloomington: Indiana University Press, 1987), 40. コピトフの優れた小論は、労働力に飢えた政治体制を理解するうえで非常に示唆に富んでいる。
31. 引用は同上、62、53ページ。
32. 同上、62ページ。
33. Richard A. O'Connor, "Rice, Rule, and the Tai State." 以下に所収。E. Paul Durrenberger, ed., *State Power and Culture in Thailand*, Yale Southeast Asia monograph no. 44 (New Haven, 1996), 68–99. 引用は81ページ。
34. Thant Myint U, "The Crisis of the Burmese State and the Foundations of British Colonial Rule in Upper Burma," Ph.D. diss., Cambridge University, 1995, 46–47.
35. このテーマについては以下も参照。James C. Scott, *Seeing Like a State: How Certain Schemes to Improve the Human Condition Have Failed* (New Haven: Yale University Press, 1998). とくに１章と２章。
36. シッターン（sit-tàns）は、民族集団が農業環境面での特化を行っていた証拠だ。例えば、ハンタワディー／ペグーのカレンは、ほとんどが焼畑と採集に従事しており、そこでは蜂蜜と銀の生産に課されるのと同等の税が小規模な穀物生産に課されていた。以下を参照。Toshikatsu Ito, "Karens and the Kon-baung Polity in Myanmar," *Acta Asiatica* 92 (2007): 89–108.
37. John S. Furnivall, *The Fashioning of Leviathan: The Beginnings of British Rule in Burma*, ed. Gehan Wijeyewardene (1939; Canberra: Department of Anthropology, Research School of Pacific Studies, Australian National University, 1991), 116.
38. この場合、養蜂からの類推が役に立つかもしれない。およそ100年前までは、蜂蜜の採集は難しい作業だった。捕らえた蜂の群れを、藁でできた巣箱のなかで養殖していたが、蜜を取り出す際に火や煙で蜂を追い払うため、巣を壊してしまうこともしばしばであった。育房と蜜房は、巣ごとに異なる複雑なパターンで配置されているため、蜂蜜の採集は複雑で、蜜が無駄になっていた。対照的に現代の養蜂箱は、そうした養蜂家の悩みを解決できるように設計されている。隔王板と呼ばれる装置によって、女王蜂がある一定以上巣の奥に入り込んで産卵できないようになっており、巣の下部にある育房を、蜜が蓄えられている巣上部の大部分から分離できるようになっている。さらに、養蜂箱の中では巣が９から10枚の縦枠のなかにきれいに配置されており、蜂蜜、蜜蠟、プロポリスを取り出す作業も１枚１枚、枠を取り出すだけでよくなった。枠の間隔である「蜜蜂の距離（８分の３インチ）」を保つかぎり、蜜蜂が枠と枠の隙間を巣で埋めてしまうことがなくなり、枠ごとの隙間も保てる。養蜂家の視点からすれば、現代の養蜂箱は規則正しく「読みやすい」養蜂箱であり、巣や女王蜂の状態を検査し、（通常、重さによって）蜂蜜の生産状況を判断し、均一化された単位によって箱の大きさを拡大したり縮小したりすることができ、新しい場所に移動することも、そして何よりも（温暖な気候の下で）蜜蜂の群れがうまく越冬するのに必要なだけ蜂蜜を抽出することができる。養蜂家が飼育箱の重さで蜜をとる時期を判断するのと同様に、略奪と食料確保のための侵略も、乾季が始まり農作物が実る時期にあわせて周期化された。トゥキディデスは、侵略は侵攻のルート上にある畑で穀物が実る時にあわせて起こるものであり、穀物が実りきらないうちに侵略を行うと致命的な計算違いを犯す

ことになる、と記している。懲罰としての襲撃の場合は、侵攻軍は実った穀物を焼き払うことによって（ただしイモ類の場合には不可能）、敵の人口を困窮させ蹴散らすこともあった。*Peloponnesian War*, 173, 265, 267〔邦訳　トゥキュディデス『歴史』〕。類推はここまでにするが、徴税人や兵士を集めてくる者にとっての集中化と単作による均一化——この場合は水田稲作——は、養蜂家にとっては現代の養蜂箱に相当する。

39. Andrew Hardy, *Red Hills: Migrants and the State in the Highlands of Vietnam* (Honolulu: University of Hawai'i Press, 2003), 288. ハーディーはベトナム語で書かれたマイ・カク・ウンの論文の他、以下も引用している。Masaya Shiraishi, "State, Villagers, and Vagabonds: Vietnamese Rural Society and the Phan Ba Vanh Rebellion," *Senri Ethnological Studies* 13 (1984): 345–400.
40. 以下で引用。Hardy, *Red Hills*, 240–55. ハーディーはフランスの政策についても優れた議論をしている。以下も参照。Oscar Salemink, *The Ethnography of Vietnam's Central Highlanders: A Historical Contextualization, 1850–1990* (London: Routledge-Curzon, 2003). さらに以下も参照。Jean Michaud, ed., *Turbulent Times and Enduring Peoples: Mountain Minorities in the Southeast Asian Masssif* (Richmond, England: Curzon, 2000); Pamela McElwee, "Becoming Socialist or Becoming Kinh: Government Policies for Ethnic Minorities in the Socialist Republic of Vietnam." 以下に所収。Christopher R. Duncan, ed., *Civilizing the Margins: Southeast Asian Government Policies for the Development of Minorities* (Ithaca: Cornell University Press, 2004), 182–21. 不運なサイゴン政権の移住政策については以下を参照。Stan B-H Tan, "Dust beneath the Mist: State and Frontier Formation in the Central Highlands of Vietnam, the 1955–1961 Period," Ph.D. diss., Australian National University, 2006.
41. Pamela Kyle Crossley, Helen Siu, and Donald Sutton, eds., *Empire at the Margins: Culture and Frontier in Early Modern China* (Charlottesville: University of Virginia Press, 2006). とくに以下の論文を参照。John E. Herman, David Faure, Donald Sutton, Anne Csete, Wing-hoi Chan, and Helen Siu and Lui Zhiwei.
42. Grant Evans, "Central Highlands of Vietnam." 以下の第 2 章。R. H. Barnes, Andrew Gray, and Benedict Kingsbury eds., *Indigenous Peoples of Asia*, Association of Asian Studies monograph no. 48 (Ann Arbor: University of Michigan Press, 1995).
43. Nicholas Tapp, *Sovereignty and Rebellion: The White Hmong of Northern Thailand* (Singapore: Oxford University Press, 1990), 38. 以下も参照。William Robert Geddes, *Migrants of the Mountains: The Cultural Ecology of the Blue Miao [Hmong Njua] of Thailand* (Oxford: Clarendon, 1976), 259.
44. Tapp, *Sovereignty and Rebellion*, 31, 34.
45. 東南アジア大陸部における定住政策のパターンは、南のマレー世界でも繰り返されている。ペラ州（マレーシア）のスルタンは、低地民でありながら非常に移動性の高いセマイの人々に定住するよう絶えず働きかけてきた。サラワク州ではマレーシア政府が絶えず「プナン人を農耕民の規範に従わせよう」としてきた。「進歩と開発は、農民像の標準化、つまり自足自給できる稲作を意味しているのだ」。以下を参照。Geoffrey Benjamin and Cynthia Chou, eds., *Tribal Communities in the Malay World: Historical, Cultural, and Social Perspectives* (Singapore: Institute of Southeast Asian Studies, 2002), 47. 以下も参照。Robert Knox Denton, Kirk Endicott, Alberto Gomes, and M. B. Hooker, *Malaysia and the Original People: A Case Study of the Impact of Development on Indigenous Peoples, Cultural Survival Studies in Ethnicity and Change* (Boston: Allyn and Bacon, 1997); John D. Leary, *Violence and the Dream People: The Orang Asli and the Malayan Emergency, 1948–1960*, Ohio University Center for International Studies, Monographs in International Studies, Southeast Asian Studies no. 95 (Athens: Center for International Studies, Ohio University, 1995); Bernard Sellato, *Nomads of the Borneo Rainforest: The Economics, Politics, and Ideology of Settling Down*, trans. Stephanie Morgan (Honolulu: University of Hawai'i Press, 1994), 171–73.
46. Kevin Malseed, "'We Have Hands the Same as Them': Struggles for Local Sovereignty and Livelihoods

by Internally Displaced Karen Villagers in Burma," Karen Human Rights Group, 2006, 9（未刊行論文）。

47. 以下の各所を参照。O. W. Wolters, *History, Culture, and Region in Southeast Asian Perspectives*, rev. ed.（Ithaca: Cornell University Press, in cooperation with the Institute of Southeast Asian Studies, Singapore, 1999）. とくに58–67ページ。
48. Crossley, Siu, and Sutton, *Empire at the Margins*. とくに以下を参照。Helen Siu and Liu Zhiwei, "Lineage, Market, Pirate, and Dan: Ethnicity in the Pearl River Delta," 285–331. 彼らは「ダン」が「漢」になる過程は、漢による初期国家形成でよく見られる過程と同様だ、と主張している。
49. Wolters, *History, Culture, and Region*, 86.
50. タイ語系民族は、ベトナム北部からインド北東部にわたる多数の民族の集合体である。彼らのうち、ビルマ東部（シャン州）やタイ北部の大部分、そして雲南省南部に住むものは水稲栽培を営み、国家を形成する仏教徒であることが多い。ここで私が言及しているのは、こうしたタイ系民族のことである。この地域には、国家構造の外で焼畑農業を行う非仏教徒のタイ系民族（「山岳タイ」と呼ばれることがある）もいたるところにいる。
51. David Wyatt による表現。以下で引用。Wolters, *History, Culture, and Region*, 128n10.
52. Lieberman, *Strange Parallels*, 1: 271–73, 318–19.
53. 同上、1：319ページ。リーバーマンは民族意識、宗教意識を強調しすぎているのではないかと思う。アイデンティティはもっと流動的なものであり、いずれかの集団にアイデンティティを抱いている者であっても、2つ以上の言語に精通していて、言語や民族よりも出身地や居住地に帰属意識をもっていた場合のほうが多かっただろう。
54. Peter Heather, *The Fall of the Roman Empire: A New History of Rome and the Barbarians*（Oxford: Oxford University Press, 2006）, 201. ヘザーがこの例で示そうとしているのは、ローマ人はローマ帝国のケルト人居住区において少数派であったにもかかわらず、文化的に優位に立つことができた、ということである。
55. Condominas, *From Lawa to Mon*, 65–72.
56. 同上、41ページ。
57. 以下で言及。Mandy Sadan, "Translating gumlau: History, the 'Kachin,' and Edmund Leach." 以下に所収。Francois Robinne and Mandy Sadan ed., *Social Dynamics in the Highlands of Southeast Asia: Reconsidering Political Systems of Highland Burma by E. R. Leach*, Handbook of Oriental Studies, section 3, Southeast Asia（Leiden: Brill, 2007）, 76.
58. Edmund Leach, *The Political Systems of Highland Burma: A Study of Kachin Social Structure*（1954; Boston: Beacon Press, 1968）, 39〔邦訳　リーチ『高地ビルマの政治体系』45–46ページ〕
59. 「タイ系民族の社会形成においては、首長と自由農民だけが水田を所有しており、非タイ系民族は所有することが許されなかった」。Condominas, *From Lawa to Mon*, 83.
60. 以下の優れた分析を参照。Jonathan Friedman, "Dynamique et transformations du systeme tribal, l'example des Katchins," *L'homme* 15（1975）: 63–98. 中国南西部に勃興した数多くの小規模タイ系民族国家は一様に豊かで、かなり標高がある高原を本拠地にしていた。そうした高原は中国人に「谷間の盆地」「山岳高原上の平地」という意味の「バジ bazi」と呼ばれていた。これらの語彙を説明してくれたシャンシャン・ドゥに感謝したい。
61. 植民地期以前の東南アジア国家を、労働力への渇望の点で比較するなら、マレー国家はかなり限定的な事例といっても差し支えないだろう。マレー国家は例外的なまでに外部に対して開かれ、多様性に満ちていた。また文化への帰属意識というより、国家への帰属意識が強い同化作用を支えていた国家だった。マレー語（スワヒリ語のような通商語）を話し、イスラームを信仰し、マレー国家の臣民でありさえすればよいのだ。こうした過度に労働力を求める国家でも、強制労働の可能性は排除できなかった。ムラカと他のマレー国家は、その地域で非常に収益性の高い奴隷貿易を行っていた。植民地期以前のマレー国家はおよ

そ、林産物と国際貿易を取次ぐ港にあったが、船倉のなかでも最も価値の高い貨物は奴隷として売られる捕虜だった。

（ポルトガル人による征服の直前の）16世紀のはじめのマレー国家が、いかに国際色豊かであったかは、ムラカの街角では84の方言を聞くことができる、としたトメ・ピレスの主張にも表れている。ムラカはヴェネツィアやコンスタンティノープルに勝るとも劣らぬ多様性を誇っていただけでなく、才能をもつ者に対して開かれた社会的、政治的体制であった。ムラカの支配者のなかで最も偉大なスルタンであったマンスールは、改宗した「異教徒王」をインドから迎えて財務管理を任せたのだが、後に彼は宮廷顧問からなる有力な支配層を築いた。このスルタンはパレンバンの非ムスリム奴隷の一人も重用し、この人物は後に強力なラクシュマナ王朝を興した。リードが強調しているように、この国では外部者でもすばやく社会の一員になり、頭角を現すことができた。「外国人貿易商のなかには、同じ宗教を信仰し、同じ言葉を話すことで、すばやく壁を乗り越え、地元の貴族社会に溶けこんでゆく者もいた。支配的な宗教と文化を受容することを厭わなければ、誰でも一世代でそうすることができた」。

タイの水稲国家ののように、マレー国家（negeri）は人口を引き寄せる効率的な装置であった。その成功によって、ほとんどのマレー人は現代の言葉で言えば「帰化したマレー」――つまりベンガル系マレー、ジャワ系マレー、中華系マレー、ミナンカバウ系マレーなど――だったのである。マレー世界で最も古い集落にですら多様な民族的由来があり、交易のチャンスを利用するために作られていた。そのためマレー国家はそれぞれ独自の文化的な趣を保っており、その趣は国家に取りこまれた奴隷と商人らはもちろんのこと、吸収された現地民によってほとんど決定付けられていた。マレーらしさとは、つまり獲得された地位のようなものであり、（ときには強制による）マレーらしい振る舞いでもあった。それは民族的なアイデンティティというよりも、交易国家とその階級制度の構成員になるための最低限の文化的かつ宗教的条件なのである。マレーとしてのアイデンティティは、あってもタイよりもはるかに流動的であったが、アイデンティティの中核にはできる限りの人々を吸収し、国家の臣民へと変えようとする力が働いていた。

62. 以下を参照。Michael Aung-Thwin, "Irrigation in the Heartland of Burma: Foundations of the Precolonial Burmese State," Center for Southeast Asian Studies, Northern Illinois University, occasional paper 15 (1990); Reid, *Southeast Asia in the Age of Commerce*, 1: 20, 22〔邦訳　リード『大航海時代 1』32ページ〕。
63. Lieberman, *Strange Parallels*, 1: 90.
64. 同上。二カ国語または三カ国語が併用され、人口が物理的に流動的だったことを考えると、ここでも人々のアイデンティティはこのリストが示唆するよりもずっと曖昧であったはずで、リーバーマンは辻褄をあわせるために後からアイデンティティを当てはめたのではないかと思われる。実際、彼は18世紀のビルマとモンの人々のアイデンティティを議論する際に、別の文献のなかでも同じように示唆している。Lieberman, "Ethnic Politics in Eighteenth-Century Burma," *Modern Asian Studies* 12 (1978): 455–82.
65. Lieberman, *Strange Parallels*, 1: 114.
66. 例えば以下を参照。Thant Myint-U, "Crisis of the Burmese State," 35.
67. Reverend Father Sangermano, *A Description of the Burmese Empire*, trans. William Tandy (Rome: John Murray, 1883).
68. Lieberman, "Ethnic Politics in Eighteenth-Century Burma."
69. 同様の主張は、とても古くから本質だと信じられている文化的特質の歴史的起源についても妥当するし、実際そうした主張がなされてきた。例えばアーネスト・ゲルナーは、アラビア語を話す北アフリカ地域のアラビア語圏の多くは「大部分がアラブ化したベルベル」だと力説する。Ernest Gellner, *Saints of the Atlas* (London: Weidenfeld and Nicolson, 1969), 13. ニ

コラス・タップは中国南西部について、「中国人化の過程は……北部からやってきた漢民族による中国南西部の侵略というよりは、とくに低地の先住民が中国人化したためである」と主張している。タップは「このように、同地域の「中国人」の多くは、生物学的な意味で北部漢民族の末裔なのではなく、むしろ都合のいいときに中国人として振る舞うようになった」と記している。Nicholas Tapp, *Sovereignty and Rebellion*, 172.

70. 以下の諸所。Richard A. O'Connor, "Agricultural Change and Ethnic Succession."
71. Reid, *Introduction to Slavery, Bondage, and Dependency*, 27.
72. Thomas Gibson, "Raiding, Trading, and Tribal Autonomy in Insular Southeast Asia." 以下に所収。Jonathan Hess, ed., *An Anthropology of War*（New York: Cambridge University Press, 1990）, 125–45.
73. この議論は以下のすばらしい論文から。Katherine Bowie, "Slavery in Nineteenth-Century Northern Thailand: Archival Anecdotes and Village Voices." 以下に所収。Durrenberger, *State Power and Culture*, 100–138.
74. 同上、110ページ。
75. この地域には1500年から1800年のあいだに、アフリカ人奴隷が絶えることなく流入しており、その多くが熟練工や船員で、インド洋を横断して東へと移動していた。これまでほとんど知られていなかった大西洋地域以外における奴隷貿易が調査されるようになったのは、ごく最近になってからである。
76. Bowie, "Slavery in Nineteenth-Century Northern Thailand." 以下を引用。Archibald Ross, *Colquhoun, Amongst the Shans*（London: Field and Tuer, 1885）, 257–58.
77. 東南アジア島嶼部にも似通った２通りの形態がある。第一には、奴隷を求めて海を渡り歩く者たちが、小さな島々と沿岸を襲って住民を根こそぎ捕虜にし、ほかの住民を内陸部、とくに川の上流部や山地へと追いやるものだ。海辺に見張り塔が建てられ、沿岸部の住人に奴隷狩りの海賊の襲来を知らせた。第二には、これは破られることの多い決まりだったのだが、ムスリムは他のムスリムを奴隷にすることを禁じられていた。私の知るかぎり、この戒めがイスラームへの改宗をどこまで促したのかは検証されていないが、おそらく改宗への強力な動機にはなっただろう。17世紀初期のマタラム王国は大陸部と同じ道を歩んだ。反抗的な属国（例えばパジャンやスラバヤ）を滅ぼし、住人をマタラムに移住させた。この王国は山地も襲撃した。「非ムスリム住民が住むテンゲル高地は、奴隷狩りの格好の標的だった……1617年から1650年のあいだに、マタラム軍は山岳地帯への襲撃を重ね、住民を奴隷として捕らえた」。Hefner, *Political Economy*, 37.
78. *Gazetteer of Upper Burma and the Shan States*, compiled from official papers by J. George Scott, assisted by J. P. Hardiman, vol. 1, part 1（Rangoon: Government Printing Office, 1893）, 432.
79. Gibson, "Raiding, Trading, and Tribal Autonomy" はこの議論を、東南アジア島嶼部の文脈に当てはめ、ブイド（フィリピン）を犠牲者、イバンを組織的な奴隷狩り社会としてうまく描いている。海の奴隷制に関する最良の研究としては、以下がある。James Francis Warren, *The Sulu Zone, 1768–1898: The Dynamics of External Trade, Slavery, and Ethnicity in the Transformation of a Southeast Asian Maritime State*（Singapore: Singapore University Press, 1981）.
80. Charles Crosthwaite, *The Pacification of Burma*（London: Edward Arnold, 1912）, 318.
81. Condominas, *From Lawa to Mon*, 53.
82. Salemink, *Ethnography of Vietnam's Central Highlanders*, 28; Grant Evans, "Tai-ization: Ethnic Change in Northern Indochina."（以下に所収。Andrew Turton, ed., *Civility and Savagery: Social Identity in Tai States*, Richmond, England: Curzon, 2000, 263–89. 引用は４ページ）。以下も参照。Karl Gustav Izikowitz, *Lamet: Hill Peasants in French Indochina*（Gothenburg: Ethnografiska Museet, 1951）, 29.
83. Peter Kunstadter, "Ethnic Group, Category, and Identity: Karen in North Thailand." 以下に所収。Charles F. Keyes, ed., *Ethnic Adaptation and Identity: The Karen and the Thai Frontier with Burma*（Philadelphia: ISHI, 1979）, 154.

84. Izikowitz, *Lamet*, 24.

85. Leo Alting von Geusau, "Akha Internal History: Marginalization and the Ethnic Alliance System."（第6章）。以下に所収。Turton, *Civility and Savagery*, 122–58. すべてとは言わないまでも、東南アジア島嶼部で「山岳民族」と呼ばれている集団のほとんどが、誘拐や奴隷への恐れを色濃く残した文化的記憶を留めている。ペナン（プナン）とモーケン（水上生活者。ビルマの西海岸の「海のジプシー」とも呼ばれる）の生活様式では捕まらないことが最優先にされていることが知られている。最もよく記録されているのは、1920年代まで追いまわされていた、いわゆるオラン・アスリ（セマイ、セマン、ジャクン、バテッ、セノイ、トゥムアン）の事例である。第二次世界大戦中とその後に続く「非常事態宣言」期になっても彼らは逃避し続けた。彼らは、傭兵、追跡者、荷物かつぎとして捕獲されないように、また一網打尽にされて、無理やり見張り付きの収容所に入れられないようにしたのである。これらのグループの多くは、目立たないように交易する術を身につけており、低地人と交易を行う際には、奴隷目当ての侵入者に跡をつけられないようにするのはもちろん、森の中にある居住地への戻り道を悟られないようにもしていた。

86. "Glass Palace Chronicle: Excerpts Translated on Burmese Invasions of Siam," compiled and annotated by Nai Thein, *Journal of the Siam Society* 8（1911）: 1–119. とくに15ページ。

87. 『玻璃宮御年代記』のような文献で報告されている数字をどう解釈すべきかは判断が難しい。16世紀後半のシャム侵略に関する記述によれば、ハンタワディから50万以上が出兵したとある。この主張は、前近代の戦争に関する私たちの理解からすれば明らかに荒唐無稽である。これは後に検証していく宇宙論的大言壮語の例だといえるかもしれない。その後、間もなくして起きたチェンマイ侵略に関する別の記述によれば、63万の兵士が出兵し、その内訳は12万がアヴァとシャンの属国から、同じく12万人がハンタワディから、同じく12万人がプロムから、15万人がアノーヤターの縦隊から、そしてどこからか不明の12万人だった、と報告されている。兵士の数が同じであることからも、明らかに水増しされているこれらの数字は外交の駆け引き、年代記の書き方に関する習慣、占星術で縁起がよいとされる数字、などに影響を受けたと思われる。*Journal of the Siam Society* 5（1908）: 1–82. とくに20、32ページ。

88. Ronald Duane Renard, "Kariang: History of Karen-Tai Relations from the Beginnings to 1923," Ph.D. diss., University of Hawai'i, 1979, 143–44.

89. 以下を参照。Trager and Koenig, *Burmese Sit-tàns*; Victor B. Lieberman, *Burmese Administrative Cycles: Anarchy and Conquest, 1580–1760*（Princeton: Princeton University Press, 1984）.

90. James Z. Lee, *The Political Economy of a Frontier Region: Southwest China, 1250–1800*（Cambridge: Harvard University Press, 2000）.

91. William J. Koenig, *The Burmese Polity, 1752–1819: Politics, Administration, and Social Organization in the Early Kon-baung Period*, Center for South and Southeast Asian Studies, University of Michigan Papers on South and Southeast Asian Studies, no. 34（Ann Arbor, 1990）, 160.

92. 最も豊富な資料は以下。Lieberman, *Burmese Administrative Cycles.* とくに152–77ページ。

93. Koenig, *Burmese Polity*, 224.

94. 以下で引用。A. Thomas Kirsch, "Cosmology and Ecology as Factors in Interpreting Early Thai Social Organization," *Journal of Southeast Asian Studies* 15（1984）: 253–65.

95. R. R. Langham-Carter, "The Burmese Army," Journal of the Burma Research Society 27（1937）: 254–76.

96. タークシン大王（1768–82年）は、自分の臣民に刺青を施すことで「私有財産」として、他の王子や貴族に再び奪われないようにした。タイ社会における身分証明の技術一般については、以下の優れた論文を参照。Pingkaew Laungaramsri, "Contested Citizenship: Cards, Colours, and the Culture of Identification," manuscript, 2008.

97. Koenig, *Burmese Polity.* とくに5章。"The Officials."
98. Lieberman, *Strange Parallels*, 1: 61; *Wolters, History, Culture, and Region*, 141.
99. 以下で引用。Malseed, "'We Have Hands the Same as Them,'" 14.
100. 同上、14ページ。
101. この議論が最も入念かつ説得力をもって述べられているのは以下。Lieberman, *Burmese Administrative Cycles.* 以下も参照。Koenig, *Burmese Polity*; Rabibhadana, "Organization of Society."
102. Lieberman, *Strange Parallels*, 1: 156.
103. Thant Myint-U, "Crisis of the Burmese State," 5.
104. Andaya, "Political Development," 447.
105. 国家形成の初期段階で、まだ人口が少なく、人々が容易に未開拓地に入りこむことができた時代には、中国も国の運営をするうえで同様のジレンマに遭遇した。漢王朝の人口抑制に関する議論は、以下を参照。Patricia Buckley Ebery, *The Cambridge Illustrated History of China* (Cambridge: Cambridge University Press, 1996), 73–75.
106. 詳細については以下を参照。James Scott, *The Moral Economy of the Peasant: Subsistence and Rebellion in Southeast Asia* (New Haven: Yale University Press, 1976)〔邦訳　スコット『モーラル・エコノミー』高橋彰訳、頸草書房、1999年〕。とくに4章。
107. 2006年、タンシュエ将軍は、ヤンゴンから辺鄙なネピドーへの遷都を唐突に決定したが、その合理的な説明を見つけることは容易ではない。

Ⅳ　文明とならず者

題辞は以下から。Charles Richard, "Etude sur l'insurrection du Dahra (1845–46)." 以下に所収。Michael Gilsenen, ed., *Recognizing Islam: Religion and Society in the Modern Arab World* (New York: Pantheon, 1982), 142. 以下で引用。Timothy Mitchell, *Colonizing Egypt* (Berkeley: University of California Press, 1988), 95; Mann to superintendent of Indian Affairs, September 28, 1865, rpt. 以下に所収。Dale Morgan, "Washakie and the Shoshone: A Selection of Documents from the Records of the Utah Superintendency of Indian Affairs," *Annals of Wyoming* 29 (1957): 215; Karl Jacoby, *Crimes against Nature: Squatters, Poachers, Thieves, and the Hidden History of American Conservation* (Berkeley: University of California Press, 2001), 87.

1. これらの主張はとくに宇宙論的だった。君主の主張はこれらの語法に則ってなされた。このため全世界の君主を志す小国の2人が隣りの王国を統治していながら、その覇権は自らの王宮の壁を越えた少数の村々にまでしかおよばない、というコミカルな状況が生じたのである。

   タイとビルマでは、バラモン的な学芸の影響、とりわけ占星学の影響力が、いまだに大衆とビルマ軍政の首脳をはじめとするエリート層の両方に広がっている。例えば以下を参照。A. Thomas Kirsch, "Complexity in the Thai Religious System: An Interpretation," *Journal of Asian Studies* 36 (1972): 241–66. カーシュが主張するように、有名なバラモン教とナッ／ピー崇拝は、「この世」を表象するようになった。つまり、非常に救済的な上座仏教の世俗的側面である。以下も参照。Ni Ni Hlaing, "History of the Myanmar Ponna," M. A. thesis, University of Mandalay, 1999.
2. F・K・レーマン（チッフライン）によると、タイとラオスの国家が「銀河的」であるというのは、最高位にある王が、原則として32の神々（下位の神）を従えていたインドラをモデルにして、より下位の王を従えるという意味においてであった。他方で、ビルマはより統一された帝国国家であった（私信、2008年1月）。
3. この傾向の大きな例外は、漢・中国である。漢は国の成員を判断する宗教的基準をもたず、せいぜい儒教を国家宗教としているだけだった。

4. Patricia M. Pelley, *Post-Colonial Vietnam: New Histories of the National Past* (Durham: Duke University Press, 2002), 89. ズゥオンは、最も高地で暮らすミャオ／フモン（苗）は、最も文明化されていないと説明を続けている。
5. Leo Alting von Geusau, "Akha Internal History: Marginalization and the Ethnic Alliance System," chapter 6. 以下に所収。Andrew Turton, ed., *Civility and Savagery: Social Identity in Tai States* (Richmond, England: Routledge-Curzon, 2000), 122–58. 引用は141–42ページ。
6. 例えば英国では、学生たちの出身がウェールズやスコットランドといった丘の上であっても、オックスフォードやケンブリッジに「のぼる」と言う。
7. もちろん、もともとこの言葉は、ムハンマドのメッカからメディナへの避難を指している。それはやがて、移住、新たな生活への適応を意味するようになった。つまりベルベルにとっては、永住ということである。
8. Eric A. Havelock, *The Muse Learns to Write: Reflections on Orality and Literacy from Antiquity to the Present* (New Haven: Yale University Press, 1986), 105.
9. ここで、ロバート・フロストの「雇い人の死」での家に関する描写を思い浮かべる人もいるかもしれない。そこでは、「家とはそこに行くしかないとき、そこのひとが受け入れるしかないところなのさ」とある〔邦訳「ロバート・フロスト『雇い人の死』」富山英俊訳、『明治学院大学英米文学・英語学論叢』126：1–16、2011年〕。
10. Andrew Hardy, *Red Hills: Migrants and the State in the Highlands of Vietnam* (Honolulu: University of Hawai'i Press, 2003), 25.
11. そのような浮浪者は、コンバウン朝では王務従事者であるアフムダーンから離れて、特定の主人に個人的に雇われる、漏れでた人々とされた。だからこそもともとの背景には、財政上と管理上の強い合理性があったのである。F・K・レーマン（チッフライン）との私信（2008年１月）。
12. Pascal Khoo Thwe, *From the Land of the Green Ghosts* (London: HarperCollins, 2002), 184–85.
13. 以下で引用。Charles Patterson Giersch, "Qing China's Reluctant Subjects: Indigenous Communities and Empire along the Yunnan Frontier," Ph.D. thesis, Yale University, 1998, 75.
14. ビルマの王たちが、自らの領土を「炎の環」に囲まれていると表現したのは、水田の中心が狩猟採集者と焼畑民で囲まれていたからだろう。Barbara Andaya, *The Flaming Womb: Repositioning Women in Early Modern Southeast Asia* (Honolulu: University of Hawai'i Press, 2006), 25.
15. 以下で引用。Anthony R. Walker, *Merit and the Millennium: Routine and Crisis in the Ritual Lives of the Lahu People* (Delhi: Hindustan Publishing, 2003), 69–71, 88. 以下も参照。Richard von Glahn, *The Country of Streams and Grottoes: Expansion, Settlement, and the Civilizing of the Sichuan Frontier in Song Times* (Cambridge: Harvard University Press, 1987).
16. ビルマ語では、「生（の人間）」（中国語での生 Sheng）は、ルーセイン（lusein）であり、「火をとおした人間」（中国語では熟 Shu）は、ルーチェッ（luchet）である。前者は「未熟者」「よそ者」、後者は「玄人」「熟練者」と訳すことができる。
17. ゴンザーロ・アギーレ・ベルトランも同じように、新大陸の人々がスペイン人による植民地化から奥地や山奥へと逃れてきた、と指摘する。Gonzalo Aguirre Beltrán, *Regions of Refuge*, Society of Applied Anthropology Monograph Series, 12 (Washington, D.C., 1979), 87.
18. 非常に私的な家の儀式として、（父系の）祖先に敬意を示すこともないし、より公的な面でも、儒教的な振る舞いをすることもなかった。
19. Giersch, "Q'ing China's Reluctant Subjects," 125–30.
20. Susan D. Blum, *Portraits of "Primitives": Ordering Human Kinds in the Chinese Nation* (Oxford: Rowman and Littlefield, 2001). ブルームによる昆明での漢に関する調査によると、遊牧、山地暮らし、水稲栽培をしないこと、裸足で出歩くこと、そして遠隔地にあることは、少数民族の身分や、文明や発展の欠如と関連づけられている。ただし見方を変えると、これらは漢と張り

あった結果とも読める。不快で最も生（なま）であるワとは正反対に、「漢民族になる途中の」傣（ダイ）のような「民話上の」少数民族もいる。分類するのが最も難しい少数民族は、フイ Hui（イスラーム）とザン Zang（チベット人）である。彼らは前近代ヨーロッパのユダヤ人に似ており、文字の読み書きもできるし文明化されているが、同化を拒否してきた人々である。

21. Richard A. O'Connor, "Agricultural Change and Ethnic Succession in Southeast Asian States: A Case for Regional Anthropology," *Journal of Asian Studies* 54 (1995): 968–96. 引用は986ページ。
22. これまで見てきたように、水稲国家は人手があって初めて成立するので、人々を臣民として取り込むのに選り好みする余裕はない。山地の臣民は、次第にビルマ人の低地のやり方に同化するものとされていた。しかし王都では、ヒンドゥーの人々、ポルトガル人、アルメニア人、中国人は文明化された外国人として歓迎され、とくに彼らを転向させるような働きかけはなかった。
23. この主題に関する資料は豊富で整っている。交易形態を図式化したものとして、以下を参照。Bennet Bronson, "Exchange at the Upstream and Downstream Ends: Notes toward a Functional Model of the Coastal State in Southeast Asia." 以下に所収。Karl Hutterer, ed., *Economic Exchange and Social Interaction in Southeast Asia: Perspectives from Prehistory, History, and Ethnography* (Ann Arbor: Center for Southeast Asian Studies, University of Michigan, 1977). ここで上流と下流の関係に着目するのは、この形態が内地と本土の交換システムと類似しているからである。とはいえ、沿岸の国家は山地の物品を集めながらも、つねに船旅をする人々（有名なオラン・ラウト、つまり海のジプシー）の持ち寄る物品の集中地点にもなっていたことは注目に値する。
24. Ronald Duane Renard, "The Role of the Karens in Thai Society during the Early Bangkok Period, 1782–1873," *Contributions to Asian Studies* 15 (1980): 15–28.
25. Oscar Salemink, *The Ethnography of Vietnam's Central Highlanders: A Historical Contextualization, 1850–1990* (London: Routledge-Curzon, 2003), 259–260.
26. F. K. Lehman [Chit Hlaing], "Burma: Kayah Society as a Function of the Shan-Burma-Karen Context." 以下に所収。Julian Haynes Steward, ed., *Contemporary Change in Traditional Society*, 3 vols. (Urbana: University of Illinois Press, 1967), 1: 1–104. とくに22–24ページ。
27. J・G・スコットは、1900年前後に近隣の諸州からシャン州東部のチェントゥンに持ち込まれた物品を、より完璧にリスト化している。ビルマからは、マンチェスターとインドからきた安価な生地、絨毯、ベルベット、サテン、アニリン染料、鏡、火縄、灯油、コンデンスミルク、色紙、蠟燭、石鹸、鉛筆、ほうろう容器がもたらされた。西部シャン州からは、あらゆる種類の鉄器具、重箱、魚醤、葉タバコが、中国からは、塩、麦わら帽子、銅と鉄のポット、シルク、サテン、アヘン栽培に必要な一式、顔料、雷管が持ち込まれた。*Gazetteer of Upper Burma and the Shan States*, compiled from official papers by J. George Scott, assisted by J. P. Hardiman, vol. 1, part 2 (Rangoon: Government Printing Office, 1893), 424.
28. ここ20年間のマレーの歴史に関する研究のほとんどは、この解釈に収斂している。とくに以下を参照。Bernard Sellato, *Nomads of the Borneo Rainforest: The Economics, Politics, and Ideology of Settling Down*, trans. Stephanie Morgan (Honolulu: University of Hawai'i Press, 1994); Jane Drakard, *A Malay Frontier: Unity and Duality in a Sumatran Kingdom*, Studies on Southeast Asia (Ithaca: Cornell Southeast Asia Program, 1990); J. Peter Brosius, "Prior Transcripts: Resistance and Acquiescence to Logging in Sarawak," *Comparative Studies in Society and History* 39 (1997): 468–510; Carl L. Hoffman, "Punan Foragers in the Trading Networks of Southeast Asia." 以下に所収。Carmel Shrire, ed., *Past and Present in Hunter Gatherer Studies* (Orlando: Academic Press, 1984), 123–49. ホフマンの議論によれば、プナンとは多くの集団を包括する用語であり、プナン同士よりも下流の交易パートナーと密接に結びついている。さらに彼らの生業活動はもともと商品を集めることを目的としていて、自給自足を第一義とはしていないと論じている。言い換えると彼らは利益を

求める商業目的の投資家なのである。

29. Ronald Duane Renard, "Kariang: History of Karen-Tai Relations from the Beginnings to 1923," Ph.D. diss., University of Hawai'i, 1979, 22.

30. その地域一帯に広がる「創始者の儀礼」の伝統は、その土地に最初に住み始めた人々や開拓者の（政治的ではない）儀礼的な優位性を認めている。吉兆と豊穣に関わる精霊たちとの関係はすべて、土地に住み始めた早さによって決まった。以下を参照。F. K. Lehman［Chit Hlaing］, "The Relevance of the Founders' Cults for Understanding the Political Systems of the Peoples of Northern Southeast Asia and its Chinese Borderlands." 以下に所収。Nicola Tannenbaum and Cornelia Ann Kammerer, eds., *Founders' Cults in Southeast Asia: Ancestors, Polity, and Identity*, monograph no. 52（New Haven: Council on Southeast Asian Studies, 2003）, 15–39.

31. 例えば以下を参照。Geoffrey Benjamin and Cynthia Chou, eds., *Tribal Communities in the Malay World: Historical, Cultural, and Social Perspectives*（Singapore: Institute of Southeast Asian Studies, 2002）, 50; Sellato, *Nomads of the Borneo Rainforest*, 29, 39; William Henry Scott, *The Discovery of the Igorots: Spanish Contacts with the Pagans of Northern Luzon*, rev. ed.（Quezon City: New Day, 1974）, 204.

32. 以下のありふれた現在の事例が多くを物語る。つまり、自動車のバンパーに貼られた「アメリカ人であることは誇りだ」というステッカーは、「アメリカ人であることは恥ずかしい」という言外の言葉への応答としてのみ理解可能である。そうでなければ、このステッカーは意味をなさない。

33. Owen Lattimore, "The Frontier in History." 以下に所収。*Studies in Frontier History: Collected Papers, 1928–1958*, 469–91. 引用は472–75ページ。ラティモアがここで見逃しているのは、どの国家にも属さない人々が長期間にわたり、黄河が流れる中国南部から西部や南西部へと驚異的な数で移動してきたことである。けっして唯一の事例というわけではないが最も際立った例はミャオである。以下を参照。Herold J. Wiens, *China's March toward the Tropics: A Discussion of the Southward Penetration of China's Culture, Peoples, and Political Control in Relation to the Non-Han-Chinese Peoples of South China in the Perspective of Historical and Cultural Geography*（Hamden, Conn.: Shoe String, 1954）.

34. すでに述べたように、ラティモアは、北部の万里の長城についてこの点を指摘した。苗境長城に関しては、次の鋭い論考を参照。Magnus Fiskesjö, "On the 'Raw' and the 'Cooked' Barbarians of Imperial China," *Inner Asia* 1（1999）: 139–68. ここでもまた、漢民族の文化そのものが多くの文化的要素の混合物だ、ということを思い出さねばならない。当然のように、漢は自然を変えたが、野蛮人は「そのなかで暮らしている」と考えられていたので、孟子は、中国人が野蛮人を変えたとは聞いたことがあるが、野蛮人が中国人を変えたとは聞いたことがない、と述べている。この点についてはフィスケショーが説得的に論駁している（140）。

35. Hjorleifur Jonsson, "Shifting Social Landscape: Mien（Yao）Upland Communities and Histories in State-Client Settings," Ph.D. diss., Cornell University, 1996, 231.

36. Michael Dove, "On the Agro-Ecological Mythology of the Javanese and the Political Economy of Indonesia," *Indonesia* 39（1985）: 11–36. 引用は35ページ。

37. Benjamin and Chou, *Tribal Communities in the Malay World*, 44.

38. Paul Wheatley, *The Golden Khersonese: Studies in the Historical Geography of the Malay Peninsula before A.D. 1500*（Kuala Lumpur: University of Malaya Press, 1961）, 186.

39. Georges Coedès, *The Indianized States of Southeast Asia*, trans. Susan Brown Cowing（Honolulu: East-West Center, 1968）, 33. 広く普及したのは、バラモン的な儀礼、予言としての占星術、ラーマヤナとマハーバーラタの叙事詩であった。反対にF・K・レーマン（チッフライン）の考えでは、仏教的な宇宙論はインドの交易人を通して伝わり、初期には広く権威を得たため、王になりたいものはみな仏教・ヒンドゥー王権の儀礼をとりいれることに利点を見出した

（2008年 1 月の私信）。また、ウォルターズとウィートリーによると、宇宙論は自らの権威を強化する方法として、まずは野心的な指導者たちの関心を引きつけたという。これは劇場的な自己催眠のようなもので、大衆文化に根付いたのは後になってからであった。

40. Oliver Wolters, *History, Culture, and Region in Southeast Asian Perspective* (Singapore: Institute for Southeast Asian Studies, 1982), 64.
41. M. C. Ricklefs, *Jogjakarta under Sultan Mangkubumi*, 1749–1792 (London: Oxford University Press, 1974).
42. Sheldon Pollack, "India in the Vernacular Millennium: Literature, Culture, Polity," *Daedalus* 197 (1998): 41–75.
43. Wolters, *History, Culture, and Region*, rev. ed. (Ithaca: Cornell University Press, in cooperation with the Institute of Southeast Asian Studies, Singapore, 1999), 161.
44. 同上。以下で引用。Ian Mabbett and David Chandler, *The Khmers* (Oxford: Blackwell, 1995), 26.
45. Wolters, *History, Culture, and Region* (1999), 12n45. 以下を引用。David Chandler, *A History of Cambodia* (Boulder: Westview, 1992), 103.
46. 海岸沿いの平地で起こっていたことについては、以下を参照。Wheatley, *Golden Kheronese*, 294.
47. Jonsson, "Shifting Social Landscape," 133.
48. G. E. Mitton [Lady Scott], *Scott of the Shan Hills: Orders and Impressions* (London: John Murray, 1936), 246. 竹は水を通さず強度があるので、低地の役人たちが任命書などを保管するのにも用いられていた。
49. Edmund Leach, *The Political Systems of Highland Burma: A Study of Kachin Social Structure* (Cambridge: Harvard University Press, 1954), 281〔邦訳　リーチ『高地ビルマの政治体系』320–21ページ〕。
50. Maurice Collis, *Lords of the Sunset* (London: Faber and Faber, 1938), 83. またシャンの王宮に関する同じような記述は以下にも見られる。Mong Mit (203) and Kengtung (277).
51. Leach, *Political Systems of Highland Burma*, 286〔邦訳　リーチ『高地ビルマ』325–26ページ〕。
52. Lehman [Chit Hliang], "Burma," 1: 15–18.
53. Leach, *Political Systems of Highland Burma*, 112–14〔邦訳　リーチ『高地ビルマ』126–29ページ〕。
54. Von Geusau, "Akha Internal History," 151.
55. Patricia Buckley Ebrey, *The Cambridge Illustrated History of China* (Cambridge: Cambridge University Press, 1999), 67.
56. 引用は以下から。Pelley, *Post-Colonial Vietnam*, 92. 以下も参照。Keith Taylor, "On Being Muonged," *Asian Ethnicity* 1 (2001): 25–34. タイラーによれば、ムオンを初めてみたフランス人の民族誌家は、ムオンをキンの原始形態と考えた。以下を参照。Salemink, *Ethnography of Vietnam's Central Highlanders*, 285.
57. Pelley, *Post-Colonial Vietnam*, 92. この主張は風変わりに聞こえるかもしれないが、20世紀に入るころ、アメリカ人の学者たちは共通してアパラチア地方の山地民を「現在に生きる我々の祖先」と考えていたことを想起しておくとよい。Dwight Billings and Kathleen Blee, *The Road to Poverty: The Making of Wealth and Hardship in Appalachia* (Cambridge: Cambridge University Press, 2000), 8.
58. 以下で引用。Ebrey, *Cambridge Illustrated History*, 57〔『論語』子罕第九の十四〕。
59. 以下で引用。"Autonomy, Coalition, and Coerced Coordination: Themes in Highland- Lowland Relations up through the Vietnamese American War,"mimeo. 強調は筆者。
60. 以下で引用。Victor B. Lieberman, *Strange Parallels: Southeast Asia in Global Context, c. 800–1830*, vol. 1, *Integration on the Mainland* (Cambridge: Cambridge University Press, 2003), 431. 同じく以下。Chandler, *History of Cambodia*, 126, 130. 羽毛布団の例えは、山地のカチンでは「石は枕にはならない。だから漢人は友人にはなれない」と言われる。以下で引用。Zhushent Wang, *The*

Jingpo Kachin of the Yunnan Plateau, Program for Southeast Asian Studies, Monograph Series (Tempe: Arizona State University Press, 1997), 241.

61. 以下を参照。David Faure, "The Yao Wars in the Mid-Ming and Their Impact on Yao Ethnicity." 以下に所収。Pamela Kyle Crossley, Helen Siu, and Donald Sutton, eds., *Empire at the Margins: Culture and Frontier in Early Modern China* (Charlottesville: University of Virginia Press, 2006), 171–89; Ebrey, *Cambridge Illustrated History*, 195–97.

62. Alexander Woodside, "Territorial Order and Collective-Identity Tensions in Confucian Asia: China, Vietnam, Korea," *Daedalus* 127 (1998): 206–7. この点については、ジョン・スチュワート・ミルの以下の主張と比較するとよい。ミルの主張は、バスク人やブレトン人は「自らの拠り所となる半ば野蛮な過去の建物に不満をかこって、自分のちっぽけな精神世界のなかで思いをめぐらし、世界全体の動きに参加もしなければ関心ももたない」状態でいるよりは、フランス文明に市民として加わろうとするべき、というものだった。John Stuart Mill, *Utilitarianism, Liberty, and Representative Government* (London: Everyman, 1910), 363–64. 以下で引用。E. J. Hobsbawm, *Nations and Nationalism since 1780*, 2nd ed. (Cambridge: Cambridge University Press, 1990), 34〔邦訳　ホブズボーム『ナショナリズムと歴史の現在』浜林正夫ほか訳、大月書店、2001年、42ページ〕。
　また中国南西部の土司制度の歴史と役割について詳しく説明してくれたシャンシャンドゥに深謝する（2008年7月の私信）。

63. 以下で引用。Wiens, *China's March toward the Tropics*, 219.

64. 以下で引用。同上、251–52ページ。

65. これはジョージ・オーウェル『ビルマの日々』(*Burmese Days*, New York: Harcourt-Brace, 1962) で描かれている偽善そのものである。主人公のフローリーは言う。「私が反対しているのは、下劣な白人の決まり文句になっている戯言なんだ。立派な紳士でござるというポーズなんだ……役人がビルマ人を押さえている間に、実業家がポケットをさぐって強奪しているんですよ」〔邦訳　オーウェル『オーウェル・小説コレクション2　ビルマの日々』宮本靖介・土井一宏訳、晶文社、1984年〕。

66. Nicholas Tapp, *Sovereignty and Rebellion: The White Hmong of Northern Thailand* (Singapore: Oxford University Press, 1990), 38.

67. 「社会的な化石」という用語は以下から。Magnus Fiskesjö, "Rescuing the Empire: Chinese Nation-Building in the 20th Century," *European Journal of East Asian Studies* 5 (2006): 15–44. フィスケショーが述べているように、とりわけ山地で暮らす漢の定住者たちを人口統計的に把握し包囲することで、そうした社会の取り込みが加速する。

68. ゾミア一帯に分散している多くの言語集団を大雑把に大別すると、文化的にみて北部と東部の国家を漢・中国文明の範囲、南部と西部を上座・サンスクリットの範囲とすることができる。おそらく王朝と国家の盛衰にともなってこの範囲は変化するが、両者が重なりあった時期や場所では、山地民はより自由に独自の文化的、政治的戦略を発揮できた。

69. Leach, *Political Systems of Highland Burma*, 39〔邦訳　リーチ『高地ビルマ』45–46ページ〕; O'Connor, "Agricultural Change and Ethnic Succession," 974–75.

70. Lieberman, *Strange Parallels*, 1: 114.

71. Fiskesjö, "On the 'Raw' and the 'Cooked' Barbarians," 143, 145, 148. 漢・中国の国政術については、フィスケショーの明解かつ鋭い分析に多くを負っている。

72. Ebrey, *Cambridge Illustrated History*, 56.

73. Anne Csete, "Ethnicity, Conflict, and the State in the Early to Mid-Qing: The Hainan Highlands, 1644–1800." 以下に所収。Crossley, Siu, and Sutton, *Empire at the Margins*, 229–52. 引用は235ページ。

74. 例えば15世紀の文書は、雲南・ビルマ国境地帯の彝《イ》族について、この野蛮人たちは「自分

たちの地が県や郡として登録され、ようやく明朝に統治される日が来たのを喜ぶだろう」としている。John E. Herman, "The Cant of Conquest: Tusi Offices and China's Political Incorporation of the Southwest Frontier." 以下に所収。Crossley, Siu, and Sutton, *Empire at the Margins*, 135–68. 引用は145ページ。傍点は筆者。

75. Fiskesjö "On the 'Raw' and the 'Cooked' Barbarians," 153.
76. Faure, "Yao Wars in the Mid-Ming." 以下も参照。David Faure, "The Lineage as a Cultural Invention: The Case of the Pearl River Delta," *Modern China* 15（1989）: 4–36. 瑶は中国の皇帝から特別の免除を得ていた。彼らが保持している勅令によると、瑶は賦役と税を免除され、領土内では自由に移動できる権利を認められていた。
77. Norma Diamond, "Defining the Miao: Ming, Qing, and Contemporary Views." 以下に所収。Steven Harrell, ed., *Cultural Encounters on China's Ethnic Frontiers*（Seattle: University of Washington Press, 1995）, 92–119.
78. Gordon H. Luce, trans., *The Man Shu*〔蛮書〕（Book of the Southern Barbarians）, 37.
79. Wing-hoi Chan, "Ethnic Labels in a Mountainous Region: The Case of the She Bandits." 以下に所収。Crossley, Siu, and Sutton, *Empire at the Margins*, 255–84. チャンによれば、有名な巡回者である客家の民族創造も同じように説明できる。畲（ショオ）は、灌漑されていない山地の田を指す言葉なので、「民族」名は生業の様式と「山地の」習慣も示していることになる。
80. Benjamin and Chou, *Tribal Communities in the Malay World*, 36.
81. Anna Lowenhaupt Tsing, *In the Realm of the Diamond Queen: Marginality in an Out-of-the-Way Place*（Princeton: Princeton University Press, 1993）, 28. ムラトゥスの山地焼畑は、いまだに整っていない農法として描かれることもある。
82. Felix M. Keesing, *The Ethno-history of Northern Luzon*（Stanford: Stanford University Press, 1962）, 224–25.
83. Ernest Gellner, *Saints of the Atlas*（London: Weidenfeld and Nicolson, 1969）, chapter 1.
84. Lois Beck, "Tribes and the State in 19th- and 20th-Century Iran." 以下に所収。Philip Khoury and Joseph Kostiner, eds., *Tribes and State Formation in the Middle East*（Berkeley: University of California Press, 1990）, 185–222.
85. Bennet Bronson, "The Role of Barbarians in the Fall of States." 以下に所収。Norman Yoffee and George L. Cowgill, eds., *The Collapse of Ancient States and Civilizations*（Tucson: University of Arizona Press, 1991）, 203–10. 引用は200ページ。この段落のほとんどは、ブロンソンの議論を詳述したものである。
86. この箇所と以下の２つの段落は、以下の優れた著作からの引用。Thomas S. Burns, *Rome and the Barbarians, 100 BC–AD 400*（Baltimore: Johns Hopkins University Press, 2003）.
87. Stephen T. Driscoll, "Power and Authority in Early Historic Scotland: Pictish Symbol Stones and other Documents." 以下に所収。J. Gledhill, B. Bender, and M. T. Larsen, eds., *State and Society: The Emergence and Development of Social Hierarchy and Political Centralization*（London: Routledge, 1988）, 215.
88. Burns, *Rome and the Barbarians*, 182. ローマ帝国の拡大にあたって野蛮人に対して向けられた陰湿なまなざしは、タキトゥスが打ち負かされたカルガクスの首長に語らせた、「強盗、殺戮者、強奪者たちに、帝国という偽りの名称を与え、人里離れた孤独を平和と呼ぶ輩」という言葉からも明らかである。同上、169ページから引用。
89. 以下で引用。Charles Patterson Giersch, "Q'ing China's Reluctant Subjects: Indigenous Communities and Empire along the Yunnan Frontier," Ph.D. diss., Yale University, 1998, 97.
90. Crossley, Siu, and Sutton, *Introduction to Empire at the Margins*, 6.
91. Wing-hoi Chan, "Ethnic Labels in a Mountainous Region," 278.
92. Donald S. Sutton, "Ethnicity and the Miao Frontier in the Eighteenth Century." 以下に所収。Crossley, Siu, and Sutton, *Empire at the Margins*, 469–508. 引用は493ページ。

93. 漢当局による直接統治と、珠江デルタでの文明化された身分には同じように強い関連がある。戸籍（地図に組み入れられること）それ自体は、「よそ者（夷）から庶民（民）へと帰属意識を変容させ……王朝が危機に陥ると、人々は税や徴兵を避けるために登録された身分を放棄することは珍しくなかった。そうした人々は公には山賊、海賊、異邦人として記録されることになった」。Helen F. Siu and Liu Zhiwei, "Lineage, Marketing, Pirate, and Dan." 以下に所収。Crossley, Siu, and Sutton, *Empire at the Margins*, 285–310. 引用は293ページ。
94. 引用は以下。Woodside "Territorial Order and Collective Identity Tensions," 213. ベトナム人が広く高地社会に移動し、そこでの文化に同化した点は、Taylor, "On Being Muonged," 28 を参照。

V　国家との距離をとる

第一の題辞は以下からの引用。Mark R. Woodward and Susan D. Russell, "Transformations in Ritual and Economy in Upland Southeast Asia." 以下に所収。Susan D. Russell, ed., *Ritual, Power, and Economy: Upland-Lowland Contrasts in Mainland Southeast Asia*, Monograph Series on Southeast Asia, Center for Southeast Asian Studies, Northern Illinois University, occasional paper no. 14 (1989), 1–26. 引用は9ページ。『老子』の次の文章と比べてみよう。

大道甚夷
而民好徑
朝甚除
田甚蕪
倉甚虚

〔大道は歩きやすいのに、
人々は脇道を好む。
王宮は清められているが、
田畑は荒れ果て、
穀物庫は空っぽだ〕
（『老子』53章）

第二の題辞は以下からの引用。Owen Lattimore, "The Frontier in History," *Studies in Frontier History: Collected Papers*, 1928–58 (London: Oxford University Press, 1962), 469–91. 引用は469–70ページ。ラティモアはこれに続けてこう述べている。「フロンティアが分かつ２つの異なる社会の最も大きな差異は、それぞれの社会の中心地付近で最も顕著にみられるもので……２つの社会が出会うフロンティアでみられるのではない。フロンティアで暮らす人口は微々たるものである……彼らは必然的に社会関係や共同の利益を作りだす。境界域に暮らす人々は、どちらの社会に属していても……同じ国籍の他の人々、とくに支配者側の人々が「彼ら」になるのに対して、彼らは各々「我々」というアイデンティティをもつようになる……このように境界に暮らす人々は……制度的には定義することはできないが、機能としては結合された社会として認知可能である」（470ページ）。

1．以下を参照。*New York Times*, July 23, 2004; the *Final Report of the National Commission on Terrorist Attacks upon the United States* (Washington, D.C.: Government Printing Office, 2004), 340, 368, http://www.gpoaccess.gov/911/index.html
2．Jean Michaud, ed., *Turbulent Times and Enduring Peoples: Mountain Minorities in the Southeast Asian Massif* (Richmond, Surrey: Curzon, 2000), 11. ミショーは続けて、山地民自らが国家形成に着手することもあったと述べている。

3. 国家が直接的な拡大を進める地域でのゲリラの抵抗は、ゲリラが強大な国家と連合を組まないかぎりは、長期的にはまず成功しない。例えばアメリカ先住民がしばらくのあいだイギリス植民者の拡大に抵抗することができたのは、フランス軍の後援のおかげである。
4. Gonzalo Aguirre Beltrán, *Regions of Refuge*, Society of Applied Anthropology Monograph Series, no. 12 (Washington, D.C., 1979), 23, 25. ボリビアの都市ポトシの銀鉱床がそうであったように、山岳地域に価値ある資源があった場合は略奪の対象として狙われた。
5. 同上、39ページ。
6. Stuart Schwartz and Frank Salomon, "New Peoples and New Kinds of People: Adaptation, Adjustment, and Ethnogenesis in South America Indigenous Societies (Colonial Era)." 以下に所収。Stuart Schwartz and Frank Salomon, eds., *The Cambridge History of Native Peoples of the Americas* (Cambridge: Cambridge University Press, 1999), 443–502. 引用は448ページ。移民や社会構造を直接的に生みだしたスペイン人の征服に関する最近の人口統計学的なまとめについては以下も参照。Charles C. Mann, *1491: New Revelations of the Americas before Columbus* (New York: Knopf, 2005)〔邦訳　マン『1491』〕。人口学的な事実はいまだ論争の渦中にあるとはいえ、アメリカ大陸の人口が今まで推定されてきたよりもはるかに多かったのは明らかなようである。アメリカはけっして無人の大陸だったのではなく、ほぼ「全域に人が居住していた」と言ってよい。この文脈で疫病に起因する人口減少が今の私たちの知るような劇的なものであるとすれば、狩猟採集と焼畑は農学的、生態学的戦略としてはるかに有効だったと想像できる。狩猟採集と焼畑は、定住型農耕よりも単位労働あたりの生産性が高く、未開拓地も多く広がっていたからだ。ジャレッド・ダイアモンドも同じような主張をして、オーストラリアの「先住」民はもともと生産性の高い場所、例えば南東部のダーリントン川水系に密集して住んでいたのだが、後にヨーロッパ人にとっては不要な乾燥地帯に追いやられた、としている。Jared Diamond, *Guns, Germs, and Steel: The Fate of Human Societies* (New York: Norton, 1997), 310〔邦訳　ダイアモンド『銃・病原菌・鉄』倉骨彰訳、草思社文庫、2012年〕。
7. Schwartz and Salomon, "New Peoples," 452.
8. 同上、452ページ。スペインによる強制定住を逃れてアンデス山脈へ逃避した事例の詳細については、以下を参照。Ann M. Wightman, *Indigenous Migration and Social Change: The Forasteros of Cuzco, 1570–1720* (Durham: Duke University Press, 1990); John Howland Rowe, "The Incas under Spanish Colonial Institutions," *Hispanic American Historical Review* 37 (1957): 155–99.
9. Mann, *1491*, 225〔邦訳　マン『1491』337ページ〕。
10. Schwartz and Salomon, "New Peoples," 460.
11. Richard White, *The Middle Ground: Indians, Empires, and Republics in the Great Lakes Region, 1650–1815* (Cambridge: Cambridge University Press, 1991), 1, 14. ここでも疫病が重要な役割を果たし、国家建設を競いあって起こった戦争とともに人々を追い立てた。
12. 以下の見事な研究を参照のこと。Leo Lucassen, Wim Willems, and Annemarie Cottaar, *Gypsies and Other Itinerant Groups: A Socio-historical Approach*, Centre for the History of Migrants, University of Amsterdam (London: Macmillan, 1998).
13. 同上、63ページ。追い出された集団は、多くの避難民が流れつくこの場所の集落に、しばしば徒党を組んで襲撃をかけた。その土地の権力者は、ジプシーや放浪者を捕らえて殺害することで応酬した。この本の著者らは、フランスでもジプシー（放浪者）が同じように追われ、一網打尽にされてガレー船にのせられたと記録している。
14. この「無法」地帯と「ワ地帯」と呼ばれるものには、興味深い類似点がある。メコン川上流域とサルウィン／ヌー川上流域のあいだの中心地域にあるワ地帯が有利だった追加的な理由は、深く入った亀裂であった。Magnus Fiskesjö, "The Fate of Sacrifice and the Making of Wa History," Ph.D. thesis, University of Chicago, 2000, 51.
15. ここではロバート・ヘフナーの詳細な説明に丸ごと頼った。Robert W. Hefner, *The Political*

Economy of Mountain Java: An Interpretive History（Berkeley: University of California Press, 1990）. 詳しい文化的な分析については、彼の以下の初期の著作を参照。*Hindu Javanese: Tengger Tradition and Islam*（Princeton: Princeton University Press, 1985）.

16. Hefner, *Political Economy*, 9.
17. 引用は同上、182ページ。ngoko とは「低地」ジャワ人のことであり、この言葉を使うと、話す際に巧妙にコード化された権力関係を表に出さずに済ませることができる。
18. ゾミアとは異なり、テンゲル高地の異端者は民族的にコード化されていない。かりにテンゲル高地が長いあいだ孤立状態に置かれるようなことがあったとすれば、差異は「民族化」されていたかもしれない、とヘフナーは言う。実際にはテンゲル高地住民は自身をジャワ人だと考え、それをあえてひけらかしはしないが、ジャワ人のような衣装をまとい、村内では階級性を帯びる用語を避けながらもジャワ語をしゃべる。テンゲル高地住民は、自身を山地 wong gunung ジャワ人だと捉え、ジャワ人とは明瞭に区別しつつもジャワ人のなかの小集団だと考えている。ヘフナーとの私信（2008年 2 月）によると、最近国家に取りこまれ、それまで東南アジア島嶼部で自律的な生活を送っていた人々は、いまだに自社会の独自性を強く意識している。そういった社会は平等主義的で、その独自性は必ずしも強い民族的特徴として表われてはいないことが多い。この点に関しては以下を参照。Sven Cederroth, *The Spell of the Ancestors and the Power of Mekkah: A Sasak Community on Lombok*（Göteborg: Acta Universitatis Gothoburgensis, 1981）; Martin Rössler, *Striving for Modesty: Fundamentals of Religion and Social Organization of the Makassarese Patuntung*（Dordrecht: Floris, 1990）.
19. Felix M. Keesing, *The Ethnohistory of Northern Luzon*（Stanford: Stanford University Press, 1976）, 4. この段落と次の段落はキージングの議論に大きく依拠している。
20. 以下の文献は同じ方向の議論を展開している。William Henry Scott, *The Discovery of the Igorots: Spanish Contacts with the Pagans of Northern Luzon*, rev. ed.（Quezon City: New Day, 1974）, 75.「そのようなリダクシオンによって、分散して居住していた部族民や半定住の農耕民は再定住することを当然のごとく求められ、そこに宣教師、徴税人、道路建設の現場監督の力がおよぶようになった」。
21. Keesing, *Ethnohistory of Northern Luzon*, 2, 304. この見方は、以下にある歴史的見解と大枠で一致する。William Henry Scott, *Discovery of the Igorots*, 69–70.
22. キージングは、金の探査、山地産物の収集、交易への欲望、平地での不和や戦争、疫病からの避難など、山地へ向かうほかの理由もあることを認めて、議論に限定をつけている。他方で彼の立場は、スペインによる植民地的労働の体制からの逃避が圧倒的な理由であった、とする点ではっきりしている。この見方は以下でスコットが裏書きし、ルソン島北部からフィリピン全体へと拡張した。Scott, *Discovery of the Igorots*, 69–70.
23. Keesing, *Ethnohistory of Northern Luzon*, 3.
24. ヤオ／ミエンの全盛期の出来事は、1465年における貴州の大藤峡での敗北である。勝者は北京に800人の捕虜を送り、打ち首にした。程なくして1512年に学者で武将でもある王陽明が、「夷を以て夷を制す」ユアンの政策を復活させることを提唱した。この政策は間接統治の方法で、のちに土司制度として知られるようになる。
25. C. Pat Giersch, “A Motley Throng: Social Change on Southwest China's Early Modern Frontier, 1700–1880,” *Journal of Asian Studies* 60（2001）: 67–94. 引用は74ページ。
26. リチャード・フォン・グラーンは、指導者不在の集団は、タイ（傣）やイのような中央集権化の進んだ「部族」に比べて、反乱を起こす可能性が低いという説得的な主張をしている。これは、指導者不在の集団が容易に同化されやすいからではなく、たんに人々が散在していて、決まった土地に拘泥することなく逃避しがちだからである。実際に、中央集権化され階級性の強い社会構造をもつ集団であるほど、平地の規範になじみが深く、一斉に同化させやすい。Richard von Glahn, *The Country of Streams and Grottoes: Expansion Settlement, and*

the Civilizing of the Sichuan Frontier in Song Times, Council on East Asian Studies, Harvard University (Cambridge: Harvard University Press, 1987), 213. 以下も参照。Mark Elvin, *The Retreat of the Elephants: An Environmental History of China* (New Haven: Yale University Press, 2004), 88. 彼によると「移住」は賦役と支配から逃避する唯一の手段である。

27. Wiens, *China's March toward the Tropics*, 186. ウィーンズの前提とは反対に、私がより妥当だと考えているのは、現在の多くの山地民はかつての低地民であり、低地民は適応の結果として山地農耕民になった、という見方である。さらに指摘すべきは、漢族が南部や南西部に侵攻していたあいだにずっと、漢族自身も北のモンゴル人から圧力を受けていたという点である。
28. 同上、69ページ。
29. 同上、81–88, 90ページ。これはウィーンズの調査全体を通じてみられる、沈着でバランスのよい調子とは対照的である。
30. 同上、317ページ。
31. 漢族が包囲した集団を吸収したのと同じように、その場にとどまることを決めた人々は、押し寄せてきた山地民社会に吸収されることも多かった。
32. C. Backus, *The Nan-chao Kingdom and Tang China's Southwestern Frontier* (Cambridge: Cambridge University Press, 1981). このバッカスの本が出版されて以降、南詔における「タイらしさ Tainess」については大きな議論が喚起された。ジャン・ミショーとの私信（2008年4月）。
33. G. E. Harvey. 以下で引用。David Wyatt, *Thailand: A Short History* (New Haven: Yale University Press, 1986), 90.
34. ときには、山地水稲国家の軍事的拡大が、他の山地民を標高の低い平地へと追い出すこともあった。13世紀以降、インドのアッサム地方にアホム王国を築いたアホムというタイ系シャン族集団は、競争相手であるディマサ王国の住民を平地へと追い出し、最終的にディマサ王国の住民はそこで多数派を占めるベンガル人に溶け込んだ。アホム自身も、後にブラマプトラ盆地に居住する平地民に侵略され、北部インドのアッサムの人々へと文化変容した。この点については以下のすばらしい論文を参照。Philippe Ramirez, "Politico-Ritual Variation on the Assamese Fringes: Do Social Systems Exist?" 以下に所収。François Robinne and Mandy Sadan, eds., *Social Dynamics in the Highlands of Southeast Asia: Reconsidering Political Systems of Highland Burma by E. R. Leach*, Handbook of Oriental Studies, section 3, Southeast Asia (Leiden: Brill, 2007), 91–107.
35. *Gazetteer of Upper Burma and the Shan States*, compiled from official papers by J. George Scott, assisted by J. P. Hardiman, 5 vols. (Rangoon: Government Printing Office, 1893). この節の題辞は以下による。Reverend Father Sangermano, *A Description of the Burmese Empire*, trans. William Tandy (Rome: John Murray, 1883), 81. 強調は筆者。
36. 17世紀の王令は、行軍に際して「鳥獣を殺して食べない」「金品を略奪しない」「少女や若い既婚女性に暴行しない」ことを兵に警告している。Than Tun, ed., *Royal Orders of Burma, A.D. 1598–1885*, part 1, *A.D. 1598–1648* (Kyoto: Center for Southeast Asian Studies, 1983), 1: 87.
37. Robert E. Elson, "International Commerce, the State, and Society: Economic and Social Change." 以下の3章。Nicholas Tarling, ed., *The Cambridge History of Southeast Asia*, vol. 2, *The Nineteenth and Twentieth Centuries* (Cambridge: Cambridge University Press, 1992), 164.
38. このような実践は政治的反抗形態として広く行われていた。ここに最初に光を当てた歴史家はマイケル・アダスである。彼の先駆的な分析については以下を参照。Michael Adas, "From Avoidance to Confrontation: Peasant Protest in Pre-colonial and Colonial Southeast Asia," *Comparative Studies in Society and History* 23 (1981): 217–47.
39. Scott, *Gazetteer of Upper Burma*, vol. 1, part 2, 241.
40. J. G. Scott [Shway Yoe], *The Burman: His Life and Notions* (1882; New York: Norton, 1963), 243〔邦

訳　シュウェイ・ヨー『ビルマ民族誌』國本嘉平次ほか訳、大空社、2008年〕。

41. Scott, *Gazetteer of Upper Burma*, vol. 1, part 1, 483.
42. 管見のかぎり文献のなかで、これに最も類似した歴史的環境として描かれた例は、19世紀の北アメリカ五大湖一帯に位置する避難地域である。19世紀の五大湖一帯については、以下で鋭敏にきめ細かく記述されている。Richard White, *The Middle Ground*.
43. Paul Wheatley, *The Golden Kheronese: Studies in the Historical Geography of the Malay Peninsula before A.D. 1500*（Kuala Lumpur: University of Malaya Press, 1961）, xxiv.
44. 国家が崩壊すると、平地住民は国家権力の外に出ることになる。それでも国家の空白につけこんで無防備な住民を一掃しようとする敵対集団、強盗、奴隷略奪者といった別の形態の権力の影響から逃れることはできない。
45. Scott, *Gazetteer of Upper Burma*, vol. 1, part 2, 508. この節の題辞は以下から。*The Glass Palace Chronicle of the Kings of Burma*, trans. Pe Maung Tin and G. H. Luce, issued by the Text Publication Fund of the Burma Research Society（Oxford: Oxford University Press, London: Humphrey Milford, 1923）, 177.
46. 別の言い方をすれば、課税対象であり続けることがビルマ人、タイ人、漢人としての民族性を表す主な特徴であった。ミエン／ヤオが皇帝から授けられたとされる巻物を大事にしていた理由は、この文脈でのみ理解することができる。この巻物は漢国家の臣民の義務である課税と賦役からミエン／ヤオを永久に免除し、望みどおりに山地へ移住する権利を与えていた。ミエン／ヤオという民族性の特徴は、統治されていないことにある。例えば見事な研究書である以下を参照。Hjorleifur Jonsson, *Mien Relations: Mountain People and State Control in Thailand*（Ithaca: Cornell University Press, 2005）. ジャン・ミショーの推測によると、ミエン／ヤオははるか昔に沿岸に暮らす漢人によって西方へと追いやられ、湖南を追い出された。Jean Michaud, *Historical Dictionary of the Peoples of the Southeast Asian Massif*（Latham, Maryland: Scarecrow Press, 2006）, 264.
47. Hjorleifur Jonsson, "Shifting Social Landscape: Mien（Yao）Upland Communities and Histories in State-Client Settings," Ph.D. diss., Cornell University, 1996, 274.
48. Oscar Salemink, *The Ethnography of Vietnam's Central Highlanders: A Historical Contextualization, 1850–1990*（London: Routledge-Curzon, 2003）, 298. 彼による次の論文も参照。"Sedentarization and Selective Preservation among the Montagnards in the Vietnamese Central Highlands." 以下に所収。Michaud, *Turbulent Times and Enduring Peoples*, 138–39.
49. この変化に関する事例として、雲南のパラウン焼畑民に関する以下がある。Yin Shao-ting, *People and Forests: Yunnan Swidden Agriculture in Human-Ecological Perspective*, trans. Magnus Fiskesjö（Kunming: Yunnan Educational Publishing, 2001）, 68.
50. Charles Tilly, *Coercion, Capital, and European States, AD 990–1992*（Cambridge, Mass.: Blackwell, 1990）, 14 and chapter 3. この節の最初の題辞は以下から。Hazel J. Lang, *Fear and Sanctuary: Burmese Refugees in Thailand*, Studies in Southeast Asia no. 32（Ithaca: Cornell Southeast Asia Program Publications, 2002）, 79. 次に挙げるスラウェシ島のブギス人の文書とくらべてほしい。「我々は木にとまっている鳥のようだ。木が倒れればそこを去り、住み家になる次の大きな木を探しにいく」。Leonard Andaya, "Interactions with the Outside World and Adaptation in Southeast Asia Society, 1500–1800," Tarling, *Cambridge History of Southeast Asia*, 1: 417. 第二の題辞は以下から。Scott［Shway Yoe］, *The Burman*, 533〔邦訳　シュウェイ・ヨー『ビルマ民族誌』〕。
51. Anthony Reid, "Economic and Social Change, 1400–1800." 以下に所収。Tarling, *Cambridge History of Southeast Asia*, 1: 460–507. とくに462ページ。
52. Charles Keeton III, *King Thibaw and the Ecological Rape of Burma: The Political and Commercial Struggle between British India and French Indo-China in Burma, 1878–1886*（Delhi: Mahar Book Service, 1974）, 3.

53. Jeremy Black, *European Warfare, 1600–1815* (New Haven: Yale University Press, 1994), 99; Martin van Crevald, *Supplying War: Logistics from Wallenstein to Patton* (Cambridge: Cambridge University Press, 1977). 以下で引用。Charles Tilly, *Coercion, Capital, and European States*, 81. 以下も参照。John A. Lynn, ed., *Feeding Mars: Logistics in Western Warfare from the Middle Ages to the Present* (Boulder: Westview, 1993).
54. Lynn, *Feeding Mars*, 21.
55. William J. Koenig, *The Burmese Polity, 1752–1819: Politics, Administration, and Social Organization in the Early Kon-baung Period*, Center for South and Southeast Asian Studies, University of Michigan Papers on South and Southeast Asian Studies, no. 34 (Ann Arbor, 1990), 34.
56. Scott, *Gazetteer of Upper Burma*, vol. 1, part 2, 231, part 1, 281.
57. Ronald Duane Renard, "Kariang: History of Karen-Tai Relations from the Beginnings to 1923," Ph.D. diss., University of Hawai'i, 1979, 78, 130 et seq.
58. Pierre du Jarric, *Histoire des choses plus memorables advenues tant ez Indes Orientales que autres païs de la descouverte des Portugois, en l'etablissement et progrez de la foy crestienne et catholique* (Bordeaux, 1608–14), 1: 620–21. 以下で引用。Reid, "Economic and Social Change," 462.
59. "Glass Palace Chronicle: Excerpts Translated on Burmese Invasions of Siam," compiled and annotated by Nai Thein, *Journal of the Siam Society* 8 (1911): 1–119. 引用は43ページ。
60. Scott [Shway Yoe], *The Burman*, 494〔邦訳　シュウェイ・ヨー『ビルマ民族誌』〕。反乱は脱走よりも危険なので頻度は少なかった。1772年のタイ人に対する軍事行動の際に、ビルマ軍に従軍していたモン人部隊による反乱の概略を説明した以下を参照。Koenig, *Burmese Polity*, 19. これ以上の戦争はうんざりとばかりに軍から離脱したモン軍人の決断は見事であった。国家間の戦争における同盟は、たいてい脱走によって覆された。私にとって最も啓発的だったのは、ベルリンの壁が崩壊してすぐにドイツの無政府主義者らによって組みたてられた、走っている人物をかたどった巨大操り人形「両世界大戦に反対する者たちの記念碑」である。この人形は作られた後に、トラックの平台に乗せられて旧東ドイツの町々を運ばれた。最終的にボンに設置されるまで、人形は当局者によって町から町へと追い回された。
61. このような軍隊に入る新兵の多くは、そもそも強制徴募された人々で、すきあらば脱走をもくろむ輩であった。ジェレミー・ブラックが報告したところによると、1717年から28年にかけてのサクソン人の歩兵連隊からの脱走率は42パーセントに上った。Jeremy Black, *European Warfare*, 219.
62. 軍隊がすでに故郷から遠く離れた場所に到達していた場合はとくに当てはまった。シチリアにおいてアテナイ人率いる軍隊が崩壊したときのトゥキディデスによる説明は示唆的である。「これからの敵は私たちのなかにいる。奴隷たちは脱走し始めている。軍のなかの異邦人を考えてみると、徴集兵は可能なかぎりの速さで故郷の町に戻っているし、高報酬に魅せられて志願兵となったものは、戦闘のことよりもいくばくかのお金を得ることばかり考えている。両者ともに、脱走兵となってこっそりと逃げ出すか、なんとかしてその場を立ち去ろうとする——シチリアの大きさを考えれば、脱走など容易いのだ」(傍点筆者)。*The Peloponnesian War*, trans. Rex Warner (New York: Penguin, 1972), 485〔邦訳　トゥキュディデス『歴史』〕。
63. Khin Mar Swe, "Ganan: Their History and Culture," M. A. thesis, University of Mandalay, 1999.
64. Scott, *Gazetteer of Upper Burma*, vol. 1, part 1, 205–7.
65. Charles F. Keyes, ed., *Ethnic Adaptation and Identity: The Karen on the Thai Frontier with Burma* (Philadelphia: ISHI, 1979), 44.
66. F. K. Lehman [Chit Hlaing], "Empiricist Method and Intensional Analysis in Burmese Historiography: William Koenig's The Burmese Polity, 1752–1819, a Review Article," *Crossroads: An Interdisciplinary Journal of Southeast Asian Studies* 6 (1991): 77–120. とくに86ページ。

67. Renard, "Kariang," 44.
68. Leo Alting von Geusau, "Akha Internal History: Marginalization and the Ethnic Alliance System." 以下の６章。Andrew Turton, ed., *Civility and Savagery: Social Identity in Tai States*（Richmond, England: Curzon, 2000）, 130.
69. Scott, *Gazetteer of Upper Burma*, vol. 1, part 2, 282–86.
70. 同上、49ページ。
71. 19世紀後半にシャン州を訪れた者はこう述べている。「これまでに知りえた事柄から明らかに推測できることだが、ジンメー（チェンマイのビルマ語名）にほど近い山地に山岳部族がまばらに住んでいるのは、彼らがかつて野牛のように組織的に狩られて奴隷市場へ供給されてきたからだ」。Archibald Ross Colquhoun, *Amongst the Shans*（London: Field and Tuer, 1885）, 257.
72. 西インドでは、山地住民が平地を頻繁に略奪していた。そのため19世紀初頭には、かつて集落のあった3492カ所のうち、人が住んでいたのはわずか1836カ所のみだった。そのうちの97集落はどこにあったかさえ記憶されていなかった。Ajay Skaria, *Hybrid Histories: Forests, Frontiers, and Wildness in Western India*（Delhi: Oxford University Press, 1999）, 130. ビルマの資料のなかに略奪品の目録を見つけたことはないが、西インドの山地住民が平地を略奪した戦利品の目録からその内容を連想することはできる。そこには、雄牛77頭、雌牛106頭、子をはらんだ牛55頭、雌の水牛11頭、真鍮製品と銅鍋54個、衣類50着、毛布９枚、鉄製の犂19個、斧65個、そして装飾品と穀物、とある。同上、132ページ。
73. タイ湾からボルネオ島に広がるスンダ大陸棚を横断して行われる奴隷売買の調査をした貴重な研究としては以下がある。Eric Tagliacozzo, "Ambiguous Commodities, Unstable Frontiers: The Case of Burma, Siam, and Imperial Britain, 1800–1900," *Comparative Studies in Society and History* 46（2004）: 354–77.
74. Scott, *Gazetteer of Upper Burma*, vol. 1, part 2, 315.
75. ワの人々は、略奪者による「首狩り」と奴隷略奪を阻止するために作られた尾根上の要塞をもつことでよく知られていた。Fiskesjö, "Fate of Sacrifice," 329. 東南アジア島嶼部にはこのような奴隷略奪のための特有の形態が存在した。とくにマレー人やイリヤヌン人、ブギス人、バジャウ人などは、多島海の沿岸集落をあさりまわって海へと向かい、奴隷を捕らえては自社会に組みいれたり、売りとばしたりした。その結果、海岸近くに住む脆弱なコミュニティは捕獲を避けて内陸へと退避し、流域をさかのぼったり、生活の場所を舟の上に移して海の遊動民になったりした。その多くが舟で生活し、海での採集を得意としたオラン・ラウト（海の民）は、稜線上へと退却した小規模集団と同じような海上集団である。実際、森林地帯に居住するジャクンの人々は、言語学的には「海の遊動民」と親戚関係にあり、いずれも同じ集団から派生し、一部は山地へと避難し、一部は海に乗りだしたと推測されている。この関係を明らかにした文献として以下がある。David E. Sopher, *The Sea Nomads: A Study Based on the Literature of the Maritime Boat People of Southeast Asia*, Memoirs of the National Museum, no. 5（1965）, Government of Singapore. 以下も参照。Charles O. Frake. "The Genesis of Kinds of People in the Sulu Archipelago." 以下に所収。*Language and Cultural Description: Essays by Charles O. Frake*（Stanford: Stanford University Press, 1980）, 311–32.
76. Andrew Hardy, *Red Hills: Migrants and the State in the Highlands of Vietnam*（Honolulu: University of Hawai'i Press, 2003）, 29.
77. Salemink, *Ethnography of North Vietnam's Central Highlanders*, 37.
78. Thongchai Winichakul, *Siam Mapped: A History of the Geo-Body of a Nation*（Honolulu: University of Hawai'i Press, 1994）, 102.
79. 以下を参照。Christian Culas and Jean Michaud, "A Contribution to the Study of Hmong（Miao）Migration and History." 以下に所収。N. Tapp, J. Michaud, C. Culas, and G. Y. Lee, eds., *Hmong/*

Miao in Asia (Chiang Mai: Silkworm, 2004), 61–96; Jean Michaud, "From Southwest China to Upper Indochina: An Overview of Hmong (Miao) Migrations," *Asia-Pacific Viewpoint*, 38 (1997): 119–30. さらに19世紀と20世紀に行われた中国南西部から東南アジア大陸部（とくにベトナム、ラオス、タイ）への移動について、最も包括的な資料を提示したのは以下である。Jean Michaud, ed., *Turbulent Times and Enduring Peoples.* とくにクリスティアン・クラスとミショーの書いた章を参照。

80. 「境界を行き来する小規模勢力」についての、ジャネット・スタージオンによる詳細な分析を参照。Janet Sturgeon, *Border Landscapes: The Politics of Akha Land Use in China and Thailand* (Seattle: University of Washington Press, 2005).
81. Fiskesjö, "The Fate of Sacrifice," 370.
82. チャールズ・クロスウェイトが、このような反乱者と王位僭称者たちが作った同盟の例として挙げているのは、上ビルマをイギリスが征服した直後の状況である。その土地のシャン人支配者は上ビルマの主権をイギリスから認められていたが、近隣地域を侵略したのでイギリスに見放された。そのあとシャン人支配者は、「大勢のミンドン王後継者のうちのひとりであるメタヤ王子の２人の息子」と手を組み「２人の大義は、アヴァ地域を支配していた名家出身のゲリラリーダー、シュエヤンに引き継がれて、彼らの地位の向上に役立った……シュエヤンの長男ソーナインはセンウィーへ逃亡したが、そこで協力を得られずに山地へと撤退し、トーンペーンとモンミットの境界あたりの生活困難な地方へと去った」。Charles Crosthwaite, *The Pacification of Burma* (London: Edward Arnold, 1912), 270.
83. 以下を参照。E. Michael Mendelson, "The Uses of Religious Skepticism in Burma," *Diogenes* 41 (1963): 94–116; Victor B. Lieberman, "Local Integration and Eurasian Analogies: Structuring Southeast Asian History, c. 1350–c. 1830," *Modern Asian Studies* 27 (1993): 513.
84. ここで興味深いのは、フランス革命のときに見られた、豊かな平地にあるフランス・カトリック主義者の大修道院と、フランスの田舎にいた貧しい聖職者とのあいだの対比である。強欲な大修道院は貧しい人々から十分の一税を取りたてたために、放火と略奪による有名な蜂起の対象となったが、片田舎に住む貧しく周縁的な存在だった聖職者は人気があり、最終的にはヴァンデでの反革命的反乱の重要な立役者となった。以下を参照。Charles Tilly, *The Vendée* (Cambridge: Harvard University Press, 1964).
85. 文献は膨大な数にのぼる。例えば以下を参照。Stanley Tambiah, *Buddhist Saints of the Forest and the Cult of Amulets* (New York: Cambridge University Press, 1984); Kamala Tiyavanich, *Forest Recollections: Wandering Monks in Twentieth-Century Thailand* (Honolulu: University of Hawai'i Press, 1997). 森林教団とその僧院は「初期の仏教実践「往相」の延長である……社会から自己を引き離すことで、八正道で要求される心と体に関する厳格な規律を達成する」。Reynaldo Ileto, "Religion and Anti-colonial Movements." 以下に所収。Tarling, *Cambridge History of Southeast Asia*, 2: 199. 現代ビルマのカリスマ的森林僧に関する最近の貴重な研究として以下を参照。Guillaume Rozenberg, *Renoncement et puissance: La quête de la sainteté dans la Birmanie contemporaine* (Geneva: Editions Olizane, 2005)〔往相回向とは、浄土真宗の重要な教義で、還相回向に対する言葉である。中国の曇鸞の主著『浄土論註（往生論註)』のなかでは、「自分の行じた善行功徳をもって他の人におよぼし、自分と他人と一緒に弥陀の浄土に往生できるようにと願うこと」が往相回向である、とされている〕。
86. E. Michael Mendelson, *Sangha and State in Burma: A Study of Monastic Sectarianism and Leadership*, ed. John P. Ferguson (Ithaca: Cornell University Press, 1975), 233. 現代の「聖人」森林僧とその弟子について明らかにした優れた研究は以下。Rozenberg, *Renoncement et puissance* (Geneva, Editions Olizane, 2005).
87. Mendelson, *Sangha and State in Burma*, 233. 以下も参照。Lehman [Chit Hlaing], "Empiricist Method and Intensional Analysis," 90. 彼は、ビルマの本流からはずれた僧と末寺が「遠方の町

と村」に避難したことを記している。

88. Edmund Leach, *The Political Systems of Highland Burma: A Study of Kachin Social Structure* (Cambridge: Harvard University Press, 1954), 30.
89. つまりサルウィン川の西岸ではなく東岸である。Scott, *Gazetteer of Upper Burma*, vol. 1, part 1, 320.
90. Bertil Lintner, *Land of Jade: A Journey through Insurgent Burma* (Edinburgh: Kiscadale and White Lotus, 1990), 279. これより 1 世紀前に書かれた、シャン人仏教徒の異教についての類似の報告は以下。Archibald Ross Colquhoun, *Amongst the Shans* (London: Field and Tuer, 1885), 103.
91. Charles Tilly, *Contention and Democracy in Europe, 1650–2000* (Cambridge: Cambridge University Press, 2004), 168, et seq.
92. Robert LeRoy Canfield, *Faction and Conversion in a Plural Society: Religious Alignments in the Hindu-Kush*, Museum of Anthropology, University of Michigan, no. 50 (Ann Arbor: University of Michigan, 1973). 引用は13ページ。トマス・バーフィールドの教えてくれた、この論文の細かな民族誌的記述と洞察力に私は大きく依拠している。
93. こういった疾病は、抵抗力の弱いものたちを全滅させて、過密地域に特有の風土病となった。アメリカ大陸ではこの種の病が、免疫をもたなかった健康な原住民を襲ったので、死亡率が跳ねあがった。さらに巨大な都市災害である火災にも目を向ける必要がある。前近代の都市は可燃性の材料で作られ、明かりと調理用燃料は絶やされることのなかった直火だった。ゆえに東南アジアの都市で起こる壊滅的な火災は、歴史的文献で何度も言及されてきた。例えば以下を参照。Anthony Reid, *Southeast Asia in the Age of Commerce, 1450–1680*, vol. 2, *Expansion and Crisis* (New Haven: Yale University Press, 1993), 91〔邦訳　リード『大航海時代 2』116ページ〕; Scott, *Gazetteer of Upper Burma*, vol. 1, part 2, 1, on Amarapura; Koenig, *Burmese Polity*, 34–35. 上記はアマラプーラとラングーンにおける火災について記述している。この節の題辞は以下。Jared Diamond, *Guns, Germs, and Steel* (New York: Norton, 1997), 195〔邦訳　ダイアモンド『銃・病原菌・鉄』〕。第 1 段落では、ダイアモンドが疫病について論じている。
94. Reid, *Southeast Asia in the Age of Commerce*, 2: 291–98〔邦訳　リード『大航海時代 2』396–405ページ〕。ここでリードは、干ばつとこれに続く凶作と病気の影響を併わせて論じている。干ばつと凶作の関係は明らかであるが、疫病が飢饉を招くとはかぎらない。
95. David Henley, *Fertility, Food, and Fever: Population, Economy, and Environment in North and Central Sulawesi, 1600–1930* (Leiden: Kitlv, 2005), chapter 7 and p. 286.
96. Scott, *Discovery of the Igorots*, 90. ただし、避難するイゴロトのなかに疫病の感染者がどれくらいいて、イゴロトが山中へと逃れる道にたどりついた時に、どれくらいの頻度で道がすでに塞がれていたのかについて、スコットは述べていない。
97. パガン朝時代のビルマ中心地における灌漑についてマイケル・アウントゥインの優れた研究は、密集と単作のもつ脆弱性には触れずに、灌漑の利点だけを強調している。Michael Aung-Thwin, *Irrigation in the Heartland of Burma: Foundations of the Precolonial Burmese State*, occasional paper no. 15 (DeKalb: Council of Southeast Asian Studies of Northern Illinois University, 1990), 54.
98. Nai Thein, "Glass Palace Chronicle," 53.
99. Thant Myint-U, *The Making of Modern Burma* (Cambridge: Cambridge University Press, 2001), 43.
100. Koenig, *Burmese Polity*, 43.
101. Keeton, *King Thibaw and the Ecological Rape of Burma*.
102. Lieberman, *Strange Parallels*, 1: 163, 174, 318–19.
103. 大雑把にいえば、「政府」としても知られている国家の中核地における人口の集中が、戦争だけでなく凶作、火災、疫病を引き起こす主要因である。つまりこれらの災厄すべてが、

部分的には国家の産物なのである。「首都居住者は全員が火災を防ぐ準備と、火災が起こった際に消火する準備を整えなければならない」といった一連の手順を定めた勅令の存在は、この証拠である。以下を参照。Than Tun, *Royal Orders of Burma*, 3: xiv, 49–50.

104.　例えば20—30年ごとにハリケーン・カトリーナ級の災害がニューオリンズの町を襲って避難する場合を想像してみよう。このような環境下にいる人々の胸には、繰り返し訪れる危機的状況が深く刻まれているにちがいない。

105.　Lieberman, *Strange Parallels*, 1: 369, 394, 312.

106.　Aung-Thwin, *Irrigation in the Heartland of Burma*, 34.

107.　このパターンについては、中国の村落を事例に詳しく述べた以下の文献を参照。G. William Skinner "Chinese Peasants and the Closed Community: An Open and Shut Case," *Comparative Studies in Society and History* 13 (1971): 270–81.

108.　ここで山地は再び直喩的にも、隠喩的にも国家に抵抗する空間となる。

109.　Nai Thein, "Glass Palace Chronicle," 17. この節の題辞はスコットからの引用。Scott, *Discovery of the Igorots*, 141.

110.　Scott, *Gazetteer of Upper Burma*, vol. 1, part 1, 148.

111.　Hardy, *Red Hills*, 134.

112.　G. E. Mitton [Lady Scott], *Scott of the Shan Hills: Orders and Impressions* (London: John Murray, 1930), 182. スコットは議論の本筋から脱線して、ワの首狩りという習慣を強調した。

113.　Martin Smith, *Burma: Insurgency and the Politics of Ethnicity* (London: Zed, 1991), 349.

114.　社会言語学者なら気付くだろうが、ここに示した見取図と似ているのが、孤立した移民、とくに故郷から遠く離れてしまった移民が、故郷の文化を失ったあとも長いあいだ古風な方言を保持するやり方である。カナダ東部ケベック州におけるフランス語、アフリカに住むブール人のオランダ語、アパラチア人の英語方言がこの例である。

115.　Crosthwaite, *Pacification of Burma*, 116.

116.　Smith, *Burma*, 231.

117.　2006年３月、私は友人とともにバイクでペグー山脈の南部、タラワディ（ターヤーワディー）町の東へと向かった。２時間もしないうちに道は砂だらけになり、バイクでは進めなくなってしまった。私たちは歩いて進むことにし、山から薪と木炭を運ぶ数台の牛車に遭遇した。半日歩いて、８つか９つのぞんざいな家が建つ集落にたどりついたが、遠くから見ていると、たくさんの木が白い布製の網で飾られている。それが蚊帳であることはすぐにわかった。山から象が襲撃して来て、村人の小さな穀物倉を壊し、バナナの苗木をすべて食べてしまったので、村人たちは木々のなかで寝ていたのだ。象は、権力に反旗をひるがえす反逆者に負けず劣らず、襲撃しやすい場所をここに見つけたのだった。

118.　Scott, *Gazetteer of Upper Burma*, vol. 1, part 1, 133.

119.　Elvin, *Retreat of the Elephants*, 190.

120.　*Water Margin*, trans. J. H. Jackson (Cambridge: C&T, 1976)〔邦訳　『水滸伝』吉川幸次郎他訳、岩波文庫〕。

121.　Wilfred Thesiger, *The Marsh Arabs* (Harmondsworth: Penguin, 1967), 99. アラッシュ・カゼニは、19世紀におけるイランのカジャール人に関する優れた論文のなかで、戦に敗れたバクティアリ軍指導者が、家族とともにシャットル・アラブ川付近の湿地帯へ逃避したと指摘している。Arash Khazeni, "Opening the Land: Tribes, States, and Ethnicity in Qajar Iran, 1800–1911," Ph.D. diss., Yale University, 2005.

122.　例えば、10万平方キロにおよぶポーランド、ベラルーシ、ウクライナ北部にまたがるプリピャチ大湿地では、かつてナチスが排水のための壮大な計画を掲げたことがあったし、ローマの近くにあるポンティノ湿原は最終的にはムッソリーニが干拓した。山地住民に対して適用された文明論が、無国家状態にある湿地住民にも同じように用いられたことが多か

ったのは、偶然の一致ではない。未開で退化しているとさえ見なされた山地民や湿地住民をまともにするためには、彼らの置かれた環境を急激に変えるか、一斉に移住させるかしかない、と考えられていたのだ。

123. 例えば以下を参照。Robert Rimini, "The Second Seminole War." 以下の16章。*Andrew Jackson and His Indian Wars*（New York: Viking, 2001）, 272–76. マレー半島には、マレー人国家から逃れ隷属化を回避して山地へ向かったり、海へと乗り出したりした集団があったが、興味深いのはこれと同じように、北米インディアンのチェロキーのなかにも、沼沢地へ避難した者もいればノースカロライナ州の「山岳地帯最上流部へ逃げた」者もいたことである。

124. Bland Simpson, *The Great Dismal: A Carolinians Swamp Memoir*（Chapel Hill: University of North Carolina Press, 1990）, 69–73.

125. Mariana Upmeyer, "Swamped: Refuge and Subsistence on the Margin of the Solid Earth," term paper for graduate seminar, The Comparative Study of Agrarian Societies, Yale University, 2000.

126. Stan B-H Tan, "Dust beneath the Mist: State and Frontier Formation in the Central Highlands of Vietnam, the 1955–61 Period," Ph.D. diss., Australian National University, 2006.

127. Smith, *Burma*, 262.

128. Sopher, *Sea Nomads*, 42–43.

129. 以下の文献が海賊行為をうまく描写している。James Warren, *Sulu Zone, 1768–1868: The Dynamics of External Trade, Slavery, and Ethnicity in the Transformation of a Southeast Asian Maritime State*（Kent Ridge: Singapore University Press, 1981）; Nicholas Tarling, *Piracy and Politics in the Malay World: A Study of British Imperialism in Nineteenth-Century Southeast Asia*（Melbourne: F. W. Cheshire, 1963）. 海上を舞台にした密輸と密航、さらに国家に抵抗する空間としての海域に関するより包括的な研究としては以下がある。Eric Tagliacozzo, *Secret Trades, Porous Borders: Smuggling and States along a Southeast Asian Frontier, 1865–1915*（New Haven: Yale University Press, 2005）.

130. 以下を参照。Owen Lattimore, *Nomads and Commissars: Mongolia Revisited*（Oxford: Oxford University Press, 1962）, 35.

131. Magnus Fiskesjö, "Rescuing the Empire: Chinese Nation-Building in the 20th Century," *European Journal of East Asian Studies* 5（2006）, 15–44. 引用は38ページ。

132. ロバート・J・ジェンクスは「ミャオの反乱」に関する研究のなかで、漢族の参加者が民族的少数派の人数を上回っていたと結論づけている。未開人はどんなに上手く統治しても反乱を起こす輩だと考えられていたため、漢族の人数のほうが多いという事実を権力が認めることはなかった。漢族の反乱となれば失政に原因が求められて各省の権力者の責任が問われるからだ。Robert D. Jenks, *Insurgency and Social Disorder in Guizhou: The "Miao" Rebellion, 1854–1873*（Honolulu: University of Hawai'i Press, 1994）, 4. 18世紀末の「ミャオの」乱に漢族が参加したことについては以下を参照。Daniel McMahon, "Identity and Conflict in a Chinese Borderland: Yan Ruyi and Recruitment of the Gelao during the 1795–97 Miao Revolt," *Late Imperial China* 23（2002）: 53–86.

133. Geoffrey Benjamin and Cynthia Chou, eds., *Tribal Communities in the Malay World: Historical, Cultural, and Social Perspectives*（Singapore: Institute of Southeast Asian Studies, 2002）, 34. より詳細な描写は以下を参照。Geoffrey Benjamin, "The Malay World as a Regional Array," paper presented to the International Workshop on Scholarship in Malay Studies, Looking Back, Striding Forward, Leiden, August 26–28, 2004.

134. Nicholas Tapp, *Sovereignty and Rebellion: The White Hmong of Northern Thailand*（Singapore: Oxford University Press, 1990）, 173–77.

135. Michaud, *Turbulent Times and Enduring Peoples*, 41.

136. Shanshan Du, *Chopsticks Only Work in Pairs: Gender Unity and Gender Equality among the Lahu of Southwest China*（New York: Columbia University Press, 2002）, 115.

137. Charles F. Keyes, ed., *Ethnic Adaptation and Identity: The Karen on the Thai Frontier with Burma* (Philadelphia: ISHI, 1979), 30–62. この程度の概略紹介では、カイズが説明したようなカレンの四散の複雑性を理解するのに十分とはいえない。カレンニー（赤カレン）／カヤーは、自ら国家形成を企て、シャンの国政術をまね、奴隷収奪者として恐れられたが、これは大いなる例外といえるかもしれない。

138. 政治、経済的な状況に応じて国家に接近したり国家から離れたりする振幅を示すためには、もっと複雑で正確な歴史的説明が必要である。国家に属さない人々は、好都合な状況になると近くの低地社会と関係性を築こうとするし、国家に属す人々も不都合な状況になると低地国家から逃げ出そうとする。上に述べてきたような選択は、必ずしも「一度きり」のものと見るべきではない。東南アジア沿岸部全域で、実際に低地国家から距離をおいていると見なすことのできる社会は無数にある。マレーシアに分散して居住する先住民オラン・アスリのなかでもセノイとセマンの人々は、農民にされてしまうことを避けるために独自の生業形態を作りだした。スラウェシ島ではワナが、オランダ統治下での強制移住から逃れるために内陸深くへ逃げこんだ。森林伐採に反対する環境保護主義者お気に入りのサラワクのプナンは、低地国家の手の届かない所に逃れつつも交易の利益は確保できるような狩猟採集生活をおくってきた。このような集団の多くは、低地人との接触を避けようとする人々として知られているが、これはおそらく長期にわたる奴隷狩りの経験の結果であろう。明朝のワに関する文献『百夷伝』にあるように、「ワは生来的に穏やかで弱く、政府を恐れている」。以下を参照。Robert Knox Denton, Kirk Endicott, Alberto Gomes, and M. B. Hooker, *Malaysia and the Original People: A Case Study of the Impact of Development on Indigenous Peoples, Cultural Survival Studies in Ethnicity and Change* (Boston: Allyn and Bacon, 1997); Jane Monnic Atkinson, *The Art and Politics of Wana Shamanship* (Berkeley: University of California Press, 1989); Peter Brosius, "Prior Transcripts, Divergent Paths: Resistance and Acquiescence to Logging in Sarawak East Malaysia," *Comparative Studies in Society and History* 39 (1997): 468–510; Yin, *People and Forests*, 65.

139. Von Geusau, "Akha Internal History," 134.

140. 同上、135ページ。

Ⅵ　国家をかわし、国家を阻む

1. ここでの題材は、カレン・ヒューマンライツ・グループ（KHRG）の詳細な報告書に基づく。"Peace Villages and Hiding Villages: Roads, Relocations, and the Campaign for Control of Toungoo District," October 15, 2000, KHRG report 2000–05.

2. 同上、24ページ。兵隊の荷物運び（ポーター）にされることはとくに恐れられている。軍事行動への随伴で極度に疲弊させられ、家に戻れないように処刑されてしまうことも多い。ポーターに徴発されると地雷原をビルマ軍に先立って歩かせられたり、叛徒からの攻撃を引きつけるために強制的に軍服を着させて先陣をきらせられたりもする。ポーターは、強制移住地、村落、市場、大衆向けのビデオ上映場、バス停、船着き場など人が集まる所ならどこででも徴用される。

3. KHRG, "Free Fire Zones in Southern Tenasserim," August 20, 1997, KHRG report 97–09, 7.

4. 当然ながら、強制移住地での公衆衛生と給水条件は、頻繁に健康上に脅威になるほど劣悪だ。この点で、彼らは国家の中心部に生じるのとよく似た疫学的な病状を呈する。

5. KHRG, "Free Fire Zones," 7, 10.

6. 熱帯雨林での純粋な狩猟採集が現実的な生業戦略として成り立つかどうかという疑問には、この点を特集した以下の文献でさまざまな専門家が検討している。*Human Ecology* 19 (1991). その答えは総じてイエスである。

7. KHRG, "Abuses and Relocations in the Pa'an District," August 1, 1997, KHRG report 97–08, 8. 村の住民たちは、いずれ自分の農地に戻って新たに作付けできることを期待していた。
8. 「つねに抜け目なく潜伏し、アルガリ〔高山や砂漠に生息するヒツジの仲間〕のように見つけるのが難しい」避難村にかんする植民地期初期の記録については以下を参照。*Gazetteer of Upper Burma and the Shan States*, compiled from official papers by J. George Scott, assisted by J. P. Hardiman, vol. 1, part 2 (Rangoon: Government Printing Office, 1893), 195, 416. 20世紀初頭のカチン丘陵での英国によるゲリラ排除作戦は、現在ビルマ軍が民族的少数派の暮らす地域で行っているものと酷似している。英軍は敵対する村々を焼き払い、穀物や作物の供給を絶ち、朝貢と強制労働を押しつけて、正式に降伏して武器を差し出すよう強く要求した。同上、vol. 1, part 1, 336.
9. "Glass Palace Chronicle: Excerpts Translated on Burmese Invasions of Siam," compiled and annotated by Nai Thein, *Journal of the Siam Society* 5 (1908): 1–82; 8 (1911): 1–119. 引用は以下から。5 : 74–75. この説明は、16世紀、バインナウン王のリンジン(ヴィエンチャン)への遠征に関するものである。
10. Clifford Geertz, *Negara: The Theatre State in Nineteenth-Century Bali* (Princeton: Princeton University Press, 1980), 23〔邦訳　ギアツ『ヌガラ』24ページ〕。
11. Robert D. Jenks, *Insurgency and Social Disorder in Guizhou: The "Miao" Rebellion,1854–1873* (Honolulu: University of Hawai'i Press, 1994), 11, 21, 131.
12. 例えば以下を参照。Geoffrey Benjamin and Cynthia Chou, eds., *Tribal Communities and the Malay World: Historical, Cultural, and Social Perspectives* (Singapore: Institute for Southeast Asian Studies, 2002). とくに第2章である以下を参照。"On Being Tribal in the Malay World," 7–76.
13. 同上。ベンジャミンの「部族性」に関する立場は、国家こそが部族を作りだしているというもので、次第に人類学者や歴史家たちに支持されるようになった。彼は「この観点からみると、歴史学や民族学の観点で報告されてきたすべての部族社会は、二次的な産物である。部族社会の特徴は、自らを国家機関(あるいはさらに遠方にも広がる影響力)に取りこまれないように積極的に手を打つことである。他方で当の部族民も、部族の生活様式が国家の存在によって形作られたことや、国家による錯綜した影響がみられることを悟られないように隠蔽することが多い。同上、9ページ。以下も参照。Leonard Y. Andaya, "Orang Asli and Malayu in the History of the Malay Peninsula," *Journal of the Malaysian Branch of the Royal Asiatic Society* 75 (2002): 23–48.
14. 遊牧形態に関する優れた概説は以下。Thomas J. Barfield, *The Nomadic Alternative* (Englewood Cliffs, N.J.: Prentice-Hall, 1993).
15. William Irons, "Nomadism as a Political Adaptation: The Case of the Yomut Turkmen," *American Ethnologist* 1 (1974): 635–58. 引用は647ページ。
16. A. Terry Rambo, "Why Are the Semang? Ecology and Ethnogenesis of Aboriginal Groups in Peninsular Malaysia," 以下に所収。A. T. Rambo, K. Gillogly, and K. Hutterer, eds., *Ethnic Diversity and the Control of Natural Resources in Southeast Asia* (Ann Arbor: Center for South and Southeast Asia, 1988), 19–58. 引用は25ページ。これと類似したサラワクでのプナン/ペナンに関する記述については以下を参照。Carl L. Hoffman, "Punan Foragers in the Trading Networks of Southeast Asia," 以下に所収。Carmel Shrire, ed., *Past and Present in Hunter-Gatherer Studies* (Orlando: Academic Press, 1984), 123–49.
17. *The Man Shu*〔蛮書〕(*Book of the Southern Barbarians*), trans. Gordon H. Luce, ed. G. P. Oey, data paper no. 44, Southeast Asia Program, Cornell University, December 1961, 35.
18. David Christian, *Maps of Time: An Introduction to Big History* (Berkeley: University of California Press, 2004), 186. 考古学的な証拠は明らかである。「ジョン・コーストワースが述べているように、「生物考古学者は、残された骸骨の状態から農業が変化する前後の人類の暮らしぶりを比較

して、農業への移行によって栄養状態が著しく低下し、疾病、過労、暴力が増加したとしている」。より多様で大きな動植物を容易に手にすることができたにもかかわらず、人々はなぜ苦痛をともなう耕作や採集を行い、種類の限られた種子を手に入れなくてはならないような生活様式を好むのだろうか」(223ページ)。この分析はエスター・ボズラップが以下の著書で示した理論を補強する。Ester Boserup, *The Conditions of Agricultural Growth* (Chicago: Aldine-Atherton, 1972). 彼女は、定住穀物栽培が、人の密集と土地不足に対する適応であって、痛みの伴うものだったと述べている。上記の証拠はサーリンズの狩猟採集社会についての記述とも合致する。彼は狩猟採集社会は「もともと豊かな社会」だったとしている。Marshall Sahlins, *Stone Age Economics* (London: Tavistock, 1974), 1〔邦訳　サーリンズ『石器時代の経済学』山内昶訳、法政大学出版局、1984年、8ページ〕。

19. William Henry Scott, *The Discovery of the Igorots: Spanish Contacts with the Pagans of Northern Luzon*, rev. ed. (Quezon City: New Day, 1974), 90.
20. Graeme Barker, "Footsteps and Marks: Transitions to Farming in the Rainforests of Island Southeast Asia," paper prepared for the Program in Agrarian Studies, Yale University, September 26, 2008, 3. この部分のエピグラフは、以下の文献に引用されている。Arash Khazeni, "Opening the Land: Tribes, States, and Ethnicity in Qajar Iran, 1800–1911," Ph.D. diss., Yale University, 2005, 377. この詩は、(イランのバクティアリ族のような)武装化した遊牧民にありがちな国家を征服する夢の描写で結ばれているが、ここで注意してほしいのは、定住地での耕作が抑圧と結びつけられることである。この点についてはカーゼニの研究から多くを得たことに感謝する。
21. Pierre Clastres, *Society against the State: Essays in Political Anthropology*, trans. Robert Hurley (New York: Zone, 1987). 原典は以下。*La société contre l'État* (Paris: Editions de Minuit, 1974)〔邦訳　クラストル『国家に抗する社会』〕。
22. 今日の証拠が示すところでは征服される以前の新大陸は、これまで想像されてきたよりも、ずっと人口密度が高かった。現在では考古学的な物証から、技術が適応可能なほとんどの場所で農業が営まれていたこと、新大陸の人口は西ヨーロッパよりも実際には多かったことがわかっている。この点の概括的なレビューは以下を参照。Charles C. Mann, *1491: New Revelations of the Americas before Columbus* (New York: Knopf, 2005)〔邦訳　マン『1491』〕。
23. A. R. Holmberg, *Nomads of the Longbow: The Siriono of Eastern Bolivia* (New York: Natural History, 1950).
24. シリオノ史の再構成については、密接に関連する集団を綿密に研究した以下の文献にほぼ基づいている。Allyn Mclean Stearman, "The Yukui Connection: Another Look at Siriono Deculturation," *American Anthropologist* 83 (1984): 630–50.
25. Clastres, "Elements of Amerindian Demography," 以下に所収。*Society against the State*, 79–99〔邦訳　クラストル『国家に抗する社会』第4章「アメリカ・インディアン人口論のために」〕。定住型農業から狩猟採集への移行は、北アメリカでも記録されており、ここでも似たような人口崩壊があった。狩猟採集の領域を広げたヨーロッパ製の金属器、火器、馬のおかげで作業は楽になった。この点については、以下を参照。Richard White, *The Middle Ground: Indians, Empires, and Republics in the Great Lakes Region, 1650–1815* (Cambridge: Cambridge University Press, 1991), passim.
26. この点に関する優れた概説は以下。Richard Price, ed., *Maroon Societies: Rebel Slave Communities in the Americas*, 2nd ed. (Baltimore: Johns Hopkins University Press, 1979).
27. Yin Shao-ting, *People and Forests: Yunnan Swidden Agriculture in Human-Ecological Perspective*, trans. Magnus Fiskesjö (Kunming: Yunnan Education Publishing House, 2001), 351.
28. Richard A. O'Connor, "A Regional Explanation of the Tai Müang as a City-State." 以下に所収。Magnus Herman Hansen, ed., *A Comparative Study of Thirty City-States* (Copenhagen: Royal Danish Academy of Sciences and Letters, 2000), 431–47. 引用は434ページ。オコナーは以下の議論も援用し

ている。Georges Condominas, *From Lawa to Mon, from Saa' to Thai: Historical and Anthropological Aspects of Southeast Asian Social Spaces*, trans. Stephanie Anderson et al., an Occasional Paper of Anthropology in Association with the Thai-Yunnan Project, Research School of Pacific Studies (Canberra: Australian National University, 1990), 60. および以下を参照。E. P. Durrenberger and N. Tannenbaum, *Analytical Perspectives on Shan Agriculture and Village Economics* (New Haven: Yale University Southeast Asian Monographs, 1990), 4–5.

29. Jean Michaud, *Historical Dictionary of the Peoples of the Southeast Asian Massif* (Lanham, Md.: Scarecrow, 2006), 180.
30. 例えば以下を参照。Herold J. Wiens, *China's March toward the Tropics: A Discussion of the Southward Penetration of China's Culture, Peoples, and Political Control in Relation to the Non-Han-Chinese Peoples of South China in the Perspective of Historical and Cultural Geography* (Hamden, Conn.: Shoe String, 1954), 215; Jan Breman, "The VOC's Intrusion into the Hinterland: Mataram," unpublished paper. 移動耕作には政治的、税制的な利点があったが、同時に焼畑民は柔軟に交換や交易の機会も活用した。バーナード・セラートは、ボルネオの焼畑は実は安全で順応性をもつと主張している。焼畑は確実に多様な食料をもたらし、利益の見込める林産物を「商売目的で収集」することも容易にできる。つまりセラートの考えによれば、「このシステムの柔軟性によって、結局は、近代世界がもたらす機会（短期の賃金労働など）を効率的に生かすことができる。それに対して、稲作農民は農地での作業に縛られてしまう」。Bernard Sellato, *Nomads of the Borneo Rainforest: The Economics, Politics, and Ideology of Settling Down*, trans. Stephanie Morgan (Honolulu: University of Hawai'i Press, 1994), 186.
31. この事実について最も説得的で洗練された実証研究は、中国の偉大な農学者、尹紹亭の研究である。その研究はいまや英語で読むことができる。以下を参照。Yin Shao-ting, *People and Forests: Yunnan Swidden Agriculture in Human Ecological Perspective* (Yunnan education Press, 2001). とくに351–52ページを参照。
32. Jan Wisseman Christie, "Water from the Ancestors: Irrigation in Early Java and Bali." 以下に所収。Jonathan Rigg, ed., *The Gift of Water: Water Management, Cosmology, and the State in Southeast Asia* (London: School of Oriental and African Studies, 1992), 7–25. また以下も参照。J. Steven Lansing, *Priests and Programmers: Technologies of Power in the Engineered Landscape of Bali*, rev. ed. (Princeton: Princeton University Press, 1991, 2007).
33. Edmund Leach, *The Political Systems of Highland Burma: A Study of Kachin Social Structure* (Cambridge: Harvard University Press, 1954), 236–37〔邦訳　リーチ『高地ビルマの政治体系』267–69ページ〕。
34. 有名なベニンのドゴンがこのパターンにあてはまる。彼らは山地へと逃げこみ、岩混じりの土をひとつひとつバスケットで運びあげて、恒久的な農地をつくりあげた。まったく非効率的なこのやり方は、そこで得られる自由がいかに束縛よりもましであるかを示している。ところが、いったん安全が確保されると、彼らは散り散りになり、移動耕作へと戻るのである。
35. Michaud, *Historical Dictionary*, 100.
36. 実際、焼畑は、この観点からすると、略奪の危険性が高い場合には、穀類栽培より立地について安定した生業形態である。穀類栽培の場合、穀類や穀物倉庫を接収、破壊されてしまえば、食べ物を求めて住み処を移動しなければならない。対照的に、焼畑民は地面のなかに十分なイモ類を確保できるうえに、地表に実る作物も多いので、当面の身の危険が去ってから元の場所に戻り、生活を続けることができる。
37. その逆は必ずしも真ではない。かなり前に指摘したとおり、水稲は国家と非国家の両方で営まれるからである。
38. Michael Dove, "On the Agro-Ecological Mythology of the Javanese and the Political Economy of Indo-

nesia," *Indonesia*, 39 (1985): 11–36. 引用は14ページ。

39. Hjorleifur Jonsson, "Yao Minority Identity and the Location of Difference in the South China Borderlands," *Ethnos* 65 (2000): 56–82. 引用は67ページ。また以下も参照。Hjorleifur Jonsson, "Shifting Social Landscape: Mien (Yao) Upland Communities and Histories in State-Client Settings," Cornell University, 1996. 彼はこの学位論文で、この問題をやや文化的な調子でこう表現する。「高地で暮らすことは、国家が低地領域を支配しているという前提に立った営みである……山地民は明らかに国家の外にいて、国家を構成する人々と世界観を共有していない。彼らは低地と森林との生態的な区分に従って行動し、それを再生産する。こうした背景から私は、高地の人々による森林での農法というのはありのままの自然ではなく、国家によってあらかじめ規定された環境に馴染んだ結果だと主張する」(195ページ)。
40. Nicholas Tapp, *Sovereignty and Rebellion: The White Hmong of Northern Thailand* (Singapore: Singapore University Press, 1990), 20. 以下から引用。F. M. Savina, *Histoire des Miao* (Hong Kong: Imprimerie de la Societe des Missions-Etrangeres de Paris, 1930), 216.
41. そのように複雑な生業活動を綿密に描くには、明晰かつ精細な民族誌的記述が必要である。東南アジアで最初の例として以下の有名な研究を参照。Harold Conklin, *Hanunoo Agriculture: A Report on an Integral System of Shifting Cultivation in the Philippines* (Rome: Food and Agriculture Organization of the United Nations, 1957). この洞察に満ちた報告が喚起する畏敬の念を、ハヌノオ〔フィリピンに居住するプロト・マレー系の民族〕の知識と技能そのものに起因させるのか、それともコンクリンという民族誌家の観察力によるものとするか、公正に割り振るのは困難である。
42. Scott, *Gazetteer of Upper Burma*, vol. 1, part 2, 416. 確かにスコットは「シャンが面倒がって育てないような農作物を育てる」山地民や納税する山地民なら、国家に記録されると報告している。しかし同時に、「税の取りたては、山地民の消極的な抵抗にあうので難しく、山地民が一斉に立ち去ってしまうリスクが常にある」(416ページ) とも指摘している。
43. よってどんな「文明」でも食習慣の中心には穀類(たいていは小麦、トウモロコシ、米、ライ麦といった穀類のどれかひとつ)があった。それらはその文明の象徴的な主食となる。ローマ人が衝撃を受けたのは、野蛮人の食習慣に肉や乳製品が多いということよりも、穀類が少ないということであった。Thomas Burns, *Rome and the Barbarians, 100 BC–AD 400* (Baltimore: Johns Hopkins University Press, 2003), 129.
44. もうひとつの選択は——高度な国家権力を必要とする方法だが——国家が指定した作物を定められた場所で栽培させて植生を単純化し、役人たちが接収できるようにすることである。これが、オランダが植民地下のジャワで強要した「栽培システム」の本質である。
45. Mya Than and Nobuyoshi Nishizawa, "Agricultural Policy Reforms and Agricultural Development." 以下に所収。Mya Than and Joseph L. H. Tan, eds., *Myanmar Dilemmas and Options: The Challenge of Economic Transition in the 1990s* (Singapore: Institute of Southeast Asian Studies), 89–116. 引用は102ページ。中国の大躍進期のとある村の指導者の事例も参照。彼は住民たちにカブを植えるようすすめたが、それは穀類と異なり、カブは課税対象にならず接収されることもなかったからだった。このおかげで住民たちは、近隣の村のように飢えずにすんだ。Peter J. Seybolt, *Throwing the Emperor from His Horse: Portrait of a Village Leader in China, 1923–1995* (Boulder: Westview, 1996), 57.
46. 穀物を栽培する農民は、食料を求める略奪者や軍に繰り返し脅かされたので習慣的に、小さな土地に小分けに穀物を埋めて隠していた。それに対してイモ類はもともと小分けにされて埋まっているのが利点だ。William McNeill, "Frederick the Great and the Propagation of Potatoes" 以下に所収。Byron Hollinshead and Theodore K. Rabb, eds., *I Wish I'd Been There: Twenty Historians Revisit Key Moments in History* (London: Pan Macmillan, 2007), 176–89.
47. ジェフリー・ベンジャミンによると、マレーシアのオラン・アスリは、雑穀、イモ類、サ

ゴヤシ、ココナッツ、バナナなど、手間のかからない作物を好む。これらの作物は彼らの移動を容易にさせるからである。この点については、以下を参照。Geoffrey Benjamin, "Consciousness and Polity in Southeast Asia: The Long View." 以下に所収。Riaz Hassan, ed., *Local and Global: Social Transformation in Southeast Asia, Essays in Honour of Professor Syed Hussein Alatas* (Leiden: Brill, 2005), 261–89.

48. マラヤ緊急事態のあいだ、共産勢力はジャングルに身を潜めたが、戦術的に愚かにも、彼らは土地を耕し、空から目につきやすい稲を植えてしまった。この指摘についてマイケル・ダヴに感謝する。
49. この点についての新大陸の事例は、以下にまとめられている。Mann, *1491*〔邦訳　マン『1491』〕。東南アジアについては、以下を参照。Sellato, *Nomads of the Borneo Rainforest*, 119 et seq. より懐疑的な観点を提示しているものは以下。Michael R. Dove, "The Transition from Stone to Steel in the Prehistoric Swidden Agricultural Technology of the Kantu' of Kalimantan, Indonesia." 以下に所収。David Harris and Gordon C. Hillman, eds., *Foraging and Farming* (London: Allen and Unwin, 1989), 667–77.
50. Hoffman, "Punan Foragers."
51. 同上、34、143ページ。
52. Michael Adas, "Imperialist Rhetoric and Modern Historiography: The Case of Lower Burma Before the Conquest," *Journal of Southeast Asian Studies* 3 (1972): 172–92; Ronald Duane Renard, "The Role of the Karens in Thai Society during the Early Bangkok Period, 1782–1873," *Contributions to Asian Studies* 15 (1980): 15–28.
53. Condominas, *From Lawa to Mon*, 63.
54. Sellato, *Nomads of the Borneo Rainforest*, 174–80.
55. John D. Leary, *Violence and the Dream People: The Orang Asli in the Malayan Emergency, 1848–1960*, Monographs in International Studies, Southeast Asian Studies, no. 95 (Athens, Ohio: Center for International Studies, 1995), 63.
56. 以下を参照。David Sweet, "Native Resistance in Eighteenth-Century Amazonia: The 'Abominable Muras,' in War and Peace," *Radical History Review* 53 (1992): 49–80. ムーラが支配していた水路は、25キロメートル四方で、迷路のように複雑で、毎年の洪水で姿を変えた。ポルトガルによる強制労働からの逃亡者を引きつけたのは彼らである。「ムーラ」という語は、現実の民族的アイデンティティを示すというよりは、「無法者」という意味合いをもつ混成語〔複数の語のそれぞれの一部を組みあわせて作られた語〕である。乾季になると、彼らは洪水が引いた土地にトウモロコシやキャッサバとともに、短期間で育つ作物を植えた。
57. ここでのイモ類、トウモロコシに関する議論の大部分は、ピーター・ブームガードによる見事な歴史調査に依拠している。とくに以下を参照のこと。Peter Boomgaard, "In the Shadow of Rice: Roots and Tubers in Indonesian History, 1500–1950," *Agricultural History* 77 (2003): 582–610; "Maize and Tobacco in Upland Indonesia, 1600–1940." 以下に所収。Tania Murray Li, ed., *Transforming the Indonesian Uplands: Marginality, Power, and Production* (Singapore: Harwood, 1999), 45–78.
58. サゴヤシは、他の多くの植物と同じように、完全に栽培化されたものでも、自生する「野生」種でも、地中で生育する。サゴはインドネシア東部から大陸部へもたらされ、繁殖に適した地に広がった。栽培は奨励もされはしたが、自然にも広がった。労働単位あたりのカロリー生産はキャッサバにも勝る。
59. Boomgaard, "In the Shadow of Rice," 590.
60. Scott, *Discovery of the Igorots*, 45.
61. バラバラだったデータを、比較できるようにまとめてくれたアレキサンダー・リーに深謝する。

62. 表3の出典は以下。D. E. Briggs, *Barley* (London: Chapman and Hall, 1978); D. G. Coursey, *Yams: An Account of the Nature, Origins, Cultivation, and Utilisation of the Useful Members of the Dioscoreaceae* (London: Longman's, 1967); Henry Hobhouse, *Seeds of Change: Five Plants That Transformed Mankind* (New York: Harper and Row, 1965); L. D. Kapoor, *Opium Poppy: Botany, Chemistry, and Pharmacology* (New York: Haworth, 1995); Franklin W. Martin, ed., *CRC Handbook of Tropical Food Crops* (Boca Raton: CRC Press, 1984); A. N. Prentice, *Cotton, with Special Reference to Africa* (London: Longman's, 1970); Purdue University, New Crop Online Research Program, http://www.hort.purdue.edu/newcrop/default.html; Jonathan D. Sauer, *Historical Geography of Crop Plants: A Select Roster* (New York: Lewis, 1993); W. Simmonds, *Bananas* (London: Longman's, 1959); United Nations Food and Agriculture Organization. *The World Cassava Economy: Facts, Trends, and Outlook* (New York: UNFAO, 2000).
63. トウモロコシに関する項目は、以下の基礎的研究に依拠している。Peter Boomgaard, "Maize and Tobacco in Upland Indonesia, 1600–1940."
64. 同上、64ページ。
65. Boomgaard, "Maize and Tobacco," 65.
66. Robert W. Hefner, *The Political Economy of Mountain Java* (Berkeley: University of California Press, 1990), 57. かりにヘフナーの主張を敷衍でき、かつ鋼鉄製の道具が焼畑を変容させたと考えることができても、近代の焼畑を無条件に一般化して、初期の焼畑を類推することはできない。
67. トウモロコシとイモは、支配的な民族集団が低地を出て山地に植民することも可能にした。したがって中国の南西部でトウモロコシとイモを栽培するようになった漢民族は、漢王朝の管理当局の勢力圏からさほど遠くない急峻な場所に広がった。これは漢民族ではない多くの人々を、さらなる山地や上流域へと追いやることになった。この点に関しては、以下を参照。Norma Diamond, "Defining the Miao: Ming, Qing, and Contemporary Views." 以下に所収。Steven Harrell, ed., *Cultural Encounters on China's Ethnic Frontier* (Seattle: University of Washington Press, 1995), 92–119. 引用は95ページ。さらに以下も参照。Magnus Fiskesjö, "On the 'Raw' and the 'Cooked' Barbarians of Imperial China," *Inner Asia* 1 (1999): 139–68. とくに142ページを参照。
68. この節でも以下が私の貴重な案内になった。Boomgaard, "In the Shadow of Rice."
69. マンは、サンタレンから来たブラジル人女性との出会いについて述べている。その女性によると、数年前に整備された道路のアスファルトがはがされたところからマニオカが出てきたということである。以下を参照。Mann, *1491*, 298〔邦訳　マン『1491』515ページ〕。
70. ジェームズ・ハーゲンによると、少なくともインドネシアのマルクでは、イノシシは掘り起こしたイモ類なら選り好みせず何でも食べた。細かな違いは関係なかったのだろう（2008年2月の私信）。
71. Marc Edelman, "A Central American Genocide: Rubber, Slavery, Nationalism, and the Destruction of the Guatusos-Malekus," *Comparative Studies in Society and History* 40 (1998): 356–90. 引用は365ページ。南北戦争後の自由小農経済の発展とその後の縮小については以下を参照。解放奴隷によるこの経済は共有資源に依存して成り立っていた。Steven Hahn, "Hunting, Fishing, and Foraging: Common Rights and Class Relations in the Postbellum South," *Radical History Review* 26 (1982): 37–64.
72. この議論は、以下で鮮やかに詳述されている。Richard O'Connor "Rice, Rule, and the Tai State." 以下に所収。E. Paul Durrenberger, ed., *State Power and Culture in Thailand*, Southeast Asia Monograph no. 44 (New Haven: Yale Southeast Asian Council, 1996), 68–99.
73. F. K. Lehman [Chit Hlaing], "Burma: Kayah Society as a Function of the Shan- Burma-Karen Context." 以下に所収。Julian Steward, ed., *Contemporary Change in Traditional Society* (Urbana: University of Illinois Press, 1967), 1: 1–104. 引用は59ページ。レーマンが、カヤーの置かれた政治的な環境

を一種の太陽系とみなし、ビルマ、シャン、カレンの社会が、互いに引きつけあったり反発しあったりしていると考えていたことは注目に値する。

74. Ira Lapidus, "Tribes and State Formation in Islamic History." 以下に所収。Philip S. Khoury and Joseph Kostiner, eds., *Tribes and State Formation in the Middle East* (Berkeley: University of California Press, 1990), 48–73. 引用は52ページ。

75. 顕著な例外はフモン、カレン、カチンの事例である。カレンとカチンは、英国統治下で武器を与えられキリスト教化された。最も注目に値する事例をひとつ挙げるとすれば、中国南西部の貴州省で1854年から1873年まで起こった「ミャオ（フモン）の反乱」である。撤退ではほぼ常に、防衛的な軍事措置が必要だ。

76. Ernest Gellner, *Saints of the Atlas* (London: Weidenfeld and Nicholson, 1969), 41–49; Malcolm Yapp, *Tribes and States in the Khyber, 1838–1842* (Oxford; Clarendon, 1980). 後者は以下の66–67ページで引用。Richard Tapper, "Anthropologists, Historians, and Tribespeople on the Tribe and State Formation in the Middle East." 以下に所収。Khoury and Kostiner, *Tribes and State Formation*, 48–73.

77. 以下の優れた研究を参照。Karen Barkey, *Empire of Difference: The Ottomans in Comparative Perspective* (Cambridge: Cambridge University Press, 2008), 155–67. 彼女の指摘によれば、オスマンが抱えていたダルウィーシュ教団についての問題は、帝政ロシアが古儀礼派信徒と帰一教会信徒に対して抱えていた問題に類似している。

78. Lois Beck, "Tribes and the State in 19th- and 20th-Century Iran." 以下に所収。Khoury and Kostiner, *Tribes and State Formation*, 185–222. 引用は191、192ページ。

79. Owen Lattimore, "On the Wickedness of Being Nomads," *Studies in Frontier History: Collected Papers, 1928–1958* (London: Oxford University Press, 1962), 415–26. 引用は415ページ。

80. ホワイトは記す。「明らかなのは、社会的に見ても、政治的に見ても、これはひとつの村落世界であることだ……部族や国家や連合と呼ばれたその単位は、村々が緩やかに結びついたものにすぎない……ケベック州ペデノー地区には、国家に類似するものは何も存在しない」。White, *Middle Ground*, 16.

81. Stuart Schwartz and Frank Salomon, "New Peoples and New Kinds of People: Adaptation, Adjustment, and Ethnogenesis in South American Indigenous Societies (Colonial Era)." 以下に所収。Stuart Schwartz and Frank Salomon, eds., *The Cambridge History of Native Peoples of the Americas* (Cambridge: Cambridge University Press, 1999), 443–502. とくに460ページを参照。

82. Irons, "Nomadism as a Political Adaptation"; Michael Khodarkovsky, *When Two Worlds Met: The Russian State and the Kalmyk Nomads, 1600–1771* (Ithaca: Cornell University Press, 1992).

83. Marshall Sahlins, *Tribesmen* (Englewood Cliffs, N.J.: Prentice-Hall, 1968), 45–46. 同上、64ページで引用〔邦訳　サーリンズ『部族民』青木保訳、鹿島研究所出版会、1972年〕。

84. 説得的な記述で、農業の集約化と粗放化が植民地以前のアンデスでは、政治的な選択肢として行われたことを明らかにしたのが以下である。Clark Erickson, "Archeological Approaches to Ancient Agrarian Landscapes: Prehistoric Raised-Field Agriculture in the Andes and the Intensification of Agricultural Systems," paper presented to the Program in Agrarian Studies, Yale University, February 14, 1997.

85. Leach, *Political Systems of Highland Burma*, 171〔邦訳　リーチ『高地ビルマ』187–88ページ〕。

86. Scott, *Gazetteer of Upper Burma*, vol. 1, part 2, 246.

87. Charles Crosthwaite, *The Pacification of Burma* (London: Edward Arnold, 1912), 236, 287.

88. A. Thomas Kirsch, "Feasting and Society Oscillation, a Working Paper on Religion and Society in Upland Southeast Asia," data paper no. 92 (Ithaca: Southeast Asia Program, 1973), 32.

89. Leach, *Political Systems of Highland Burma*, 171〔邦訳　リーチ『高地ビルマ』187–88ページ〕。ほとんどの場合、政治的選択として自らを国家の臣民や低地社会と区別する際には、文化的な狙いもある。この点に関しては、ジェフリー・ベンジャミンのセマンとセノイの平等主

義についての記述を参照。ベンジャミンは彼らの平等主義をマレー・アイデンティティに対する「解除反応」とみなし、マレー文化の特徴と「非同一化」するためのものと考えている。Benjamin and Chou, *Tribal Communities in the Malay World*, 24, 36.

90. Magnus Fiskesjö, "The Fate of Sacrifice and the Making of Wa History," Ph.D. thesis, University of Chicago, 2000, 217.
91. Alain Dessaint, "Lisu World View," *Contributions to Southeast Asian Ethnography*, no. 2 (1998): 27–50. 引用は29ページ。Alain Dessaint, "Anarchy without Chaos: Judicial Process in an Atomistic Society, the Lisu of Northern Thailand," *Contributions to Southeast Asian Ethnography*, no. 12, special issue Leadership, Justice, and Politics at the Grassroots, ed. Anthony R. Walker (Columbus, Ohio: Anthony R. Walker, 2004), 15–34.
92. Jacques Dournes, "Sous couvert des maitres," *Archives Européenes de Sociologie* 14 (1973): 185–209.
93. Jonathan Friedman, "Dynamics and Transformation of a Tribal System: The Kachin Example," *L'Homme* 15 (1975): 63–98; Jonathan Friedman, *System, Structure, and Contradiction: The Evolution of Asiatic Social Formations* (Walnut Creek, Calif.: Altimira, 1979); David Nugent, "Closed Systems and Contradiction: The Kachin in and out of History," *Man* 17 (1982): 508–27.
94. Francois Robinne and Mandy Sadan, eds., *Social Dynamics in the Highlands of Southeast Asia: Reconsidering the Political Systems of Highland Burma by E. R. Leach*, Handbook of Oriental Studies, section 3, Southeast Asia (Leiden: Brill, 2007). 綿密な批判で、リーチがグムサとグムラオという言葉について誤解していることを示したのが、以下である。La Raw Maran, "On the Continuing Relevance of E. R. Leach's *Political Systems of Highland Burma* to Kachin Studies," 31–66; F. K. L. Chit Hlaing [F. K. Lehman], Introduction, "Notes on Edmund Leach's Analysis of Kachin Society and Its Further Applications," xxi–lii.
95. マランによる以下の論文によれば、グムサには多くの形態があり、リーチが短絡的にグムサ体系の特徴としてしまった専制といえるような厳格な階級制に近いものをもつのはそのうちのひとつ（グムチン・グムサの異形のグムシェン・グムサ）にすぎない。La Raw Maran, "Continuing Relevance." マランはさらに、「真の」グムラオ（グムラウ）などというものは存在せず、そこにあるのは多少なりとも民主的なグムサ体系の変種だと主張した。厳密にいえば、最も平等主義的なグムサ・グムラオ体系は、実際には、十分な支持者を集めることに成功した者なら誰でも参加できる饗宴の寡頭競争制を敷いている。リーチは構造主義的な志向性によって誤り、分節リネージ体系と、非対称的な婚姻連帯との組み合わせが、必然的に固定的な格付けと階層制をもたらすと想定してしまったというわけだ。マランもこれが事実とは異なることを示しており、チッフライン（レーマン）も序論で同じように主張している。Cornelia Ann Kammerer, "Spirit Cults among Akha Highlanders of Northern Thailand." 以下に所収。Nicola Tannenbaum and Cornelia Ann Kammerer, eds., *Founders' Cults in Southeast Asia: Ancestors, Polity, and Identity*, monograph no. 52 (New Haven: Council on Southeast Asian Studies, 2003), 40–68. このモノグラフもまた、首長の儀礼的な独占と非対称的な婚姻連帯は、高度の平等主義と両立することを示している。
96. ヌージェントなどが強調しているように、カチンの階層にみられるより権威主義的な形式は、階級の低いリネージ間や、継承権のない息子たちのあいだで生じる内部の緊張関係にかぎって見られるわけではない。ただし、アヘンブームとそれに続いたアヘン栽培用地の取得をめぐる争いや、英国がカチン首長による課税（キャラバン交易を略奪するかわりに課した税）を削減し、収益と労働力の源泉である奴隷制を撤廃しようとしたことによって、同じカチンの社会組織のなかでも階層性の強い集団は大きく弱体化したようだ。この点に関しては以下を参照。Vanina Boute, "Political Hierarchical Processes among Some Highlanders of Laos." 以下に所収。Robinne and Sadan, *Social Dynamics in the Highlands*, 187–208.
97. リーチがグムサ体系の権威的特徴を一貫して過大評価したひとつの理由は、グムサの首長

がシャンに対しては、シャンの藩主のような君主の称号で名乗っていたからかもしれない。首長の領地には臣民と呼べる者は実はまったくいず、世襲の専制的な首長として人々に支持されていたわけではなかったと思われる。リーチはこの空威張りを額面どおり受けとってしまったのだろう。以下を参照。Chit Hlaing [Lehman], Introduction.

98. 東南アジアの状況を考慮すれば、グムラオ村とグムサ村のイデオロギーに似ているのは、宗教改革と清教徒革命で最も平等主義だった（再洗礼派）セクトである。両者の主張は同じであって、儀礼的な平等、朝貢の拒否、隷属の拒絶、慇懃な拒絶の言葉遣い、個人の自律、個人の地位が饗宴を通して強調される。

99. Scott, *Gazetteer of Upper Burma*, vol. 1, part 2, 414.

100. 饗宴制度に関する最も透徹した分析は、トマス・カーシュによるものである。以下の論文で彼は対比を用いて、平等的なグムラオは饗宴の儀礼的自律性を強調するのに対して、専制的なグムサは饗宴を通じてリネージの階層を強調するとしている。Thomas Kirsch, "Feasting and Social Oscillation." アヘン栽培が少なくとも初めの段階では饗宴を民主化したことについては、以下を参照。Hjorleifur Jonsson, "Rhetorics and Relations: Tai States, Forests, and Upland Groups." 以下に所収。Durrenberger, *State Power and Culture*, 166–200.

101. Leach, *Political Systems of Highland Burma*, 198–207〔邦訳　リーチ『高地ビルマ』225–35ページ〕。

102. E・ポール・ダレンバーガーは、リスについて書くなかで、社会組織の階層的形態の程度について、より唯物論的に記しており、これは私にとってはとても説得的だ。「東南アジアの高地には名誉と富のイデオロギーがあり、これらはある特定の状況下で地位と威信に翻訳される。富や貴重品へのアクセスが稀少なところでは階層的な形式が発展し、逆に広く行きわたっているところでは平等主義的な形式が発展する」。E. Paul Durrenberger, "Lisu Ritual: Economics and Ideology." 以下に所収。Susan D. Russell, ed., *Ritual, Power, and Economy: Upland-Lowland Contrasts in Mainland Southeast Asia*, Monograph Series on Southeast Asia, Center for Southeast Asian Studies, Northern Illinois University, occasional paper no. 14 (1989), 63–120. 引用は114ページ。

103. Leach, *Political Systems of Highland Burma*, 199〔邦訳　リーチ『高地ビルマ』226–27ページ〕。引用は以下。"Expeditions among the Kachin Tribes of the North East Frontier of Upper Burma," compiled by General J. J. Walker from the reports of Lieutenant Eliot, Assistant Commissioner, Proceedings R.G.S. XIV.

104. Leach, *Political Systems of Highland Burma*, 197–98〔邦訳　リーチ『高地ビルマ』224–25ページ〕。以下で引用。H. N. C. Stevenson, The Economics of the Central Chin Tribes (Bombay, [c. 1943]). また J. H. Hutton, *The Agami Nagas* (London, 1921); J. H. Hutton, *The Sema Nagas* (London, 1921); T. P. Dewar, "Naga Tribes and Their Customs: A General Description of the Naga Tribes Inhabiting the Burma Side of the Paktoi Range," *Census* 11 (1931): report, appendixes.

105. カレンに関しては以下を参照。Lehman [Chit Hlaing], "Burma."

106. 以下で引用。Martin Smith, *Burma: Insurgency and the Politics of Ethnicity* (London: Zed, 1991), 84.

107. Leach, *Political Systems of Highland Burma*, 234〔邦訳　リーチ『高地ビルマ』265ページ〕。朝貢、賦役、穀物への依存コストを勘定に入れると、この主張の妥当性は疑問である。いずれにしてもリーチは、自らの主張を裏付けるいかなる数値も提示していない。

108. F. K. Lehman [Chit Hlaing], *The Structure of Chin Society: A Tribal People of Burma Adapted to a Non-Western Civilization*, Illinois Studies in Anthropology no. 3 (Urbana: University Illinois Press, 1963), 215–20.

109. ここでは私なりに以下の議論を凝縮して示した。Nicholas Tapp, *Sovereignty and Rebellion*. とくに第2章を参照。また以下も参照。Kenneth George, *Showing Signs of Violence: The Cultural Politics of a Twentieth-Century Headhunting Ritual* (Berkeley: University of California Press, 1996). 上

記でケネス・ジョージが対象とした高地民は、低地民にココナッツを与えることで、自分たちがかつては首狩りを行っていたこと、そして、いまはそんな習慣を捨ててしまったことを伝えている。

110. Lehman [Chit Hlaing], "Burma," 1: 19.
111. Jonsson, "Shifting Social Landscape," 384.
112. 例えば以下を参照。Vicky Banforth, Steven Lanjuow, and Graham Mortimer, *Burma Ethnic Research Group, Conflict and Displacement in Karenni: The Need for Considered Responses* (Chiang Mai: Nopburee, 2000); Zusheng Wang, *The Jingpo Kachin of the Yunnan Plateau*, Program for Southeast Asian Studies Monograph Series (Tempe: Arizona State University, 1992).
113. E. Paul Durrenberger, "Lisu: Political Form, Ideology, and Economic Action." 以下に所収。John McKinnon and Wanat Bhruksasri, eds., *Highlanders of Thailand* (Kuala Lumpur: Oxford University Press, 1983), 215–26. 引用は218ページ。
114. 山地民は低地からの侵略者たちを寄せ付けないように、自分たちの首狩りや人食いに関する話を広め、その話が消えてなくならないようにすることもある。
115. Anthony R. Walker, *Merit and the Millennium: Routine and Crisis in the Ritual Lives of the Lahu People* (Delhi: Hindustani Publishing, 2003), 106; Shanshan Du, *Chopsticks Only Work in Pairs: Gender Unity and Gender Equality among the Lahu of Southwestern China* (New York: Columbia University Press, 2002).
116. Leo Alting von Geusau, "Akha Internal History: Marginalization and the Ethnic Alliance System," chapter 6. 以下に所収。Andrew Turton, ed., *Civility and Savagery: Social Identity in Tai States* (Richmond, England: Curzon, 2000), 122–58. 引用は140ページ。他方で、山の中腹に住むアカは、ワ、パラウン、カムなどの集団に対して文化的優位に立とうと必死だった。
117. Leach, *Political Systems of Highland Burma*, 255〔邦訳　リーチ『高地ビルマ』286–87ページ〕; Eugene Thaike [Chao Tzang Yawnghwe], *The Shan of Burma: Memoirs of a Shan Exile*, Local History and Memoirs Series (Singapore: Institute of Southeast Asian Studies, 1984), 82. これらの文献によると、シャンも自由に移動することができた。これらの文献のとおり、シャンは自由であり、しばしば抑圧的なソーブワーのもとを離れることもあった。リーチの主張のポイントは簡単で、焼畑民にとっては移動のコストのほうが安上がりだった、というものだ。
118. Ronald Duane Renard, "Kariang: History of Karen-Tai Relations from the Beginning to 1933," Ph.D. diss., University of Hawai'i, 1979, 78. 19世紀のカレンがこの例と同じように、朝貢関係を地域の自律性と切り離そうと試みたことについては、チャールズ・F・カイズが別の事例を報告している。カレンの住民はチェンマイ王国に属してはいたものの「王国のお偉方はけっして村に入ることを許されず、かわりに村の年長者たちと村の外で儀礼的共食を行っていた」。Charles F. Keyes, ed., *Ethnic Adaptation and Identity: The Karen on the Thai Frontier with Burma* (Philadelphia: ISHI, 1979), 49.
119. Raymond L. Bryant, *The Political Ecology of Forestry in Burma, 1824–1994* (Honolulu: University of Hawai'i Press, 1996), 112–17.
120. Anthony R. Walker, "North Thailand as a Geo-ethnic Mosaic: An Introductory Essay." 以下に所収。Anthony R. Walker, ed., *The Highland Heritage: Collected Essays on Upland Northern Thailand* (Singapore: Suvarnabhumi, 1992), 1–93. 引用は50ページ。
121. Keyes, *Ethnic Adaptation and Identity*, 143.
122. Walker, *Merit and the Millennium*. これとほとんど同じことが「永遠に自由気ままに動ける」フモンにも言える。以下を参照。William Robert Geddes, *Migrants of the Mountains: The Cultural Ecology of the Blue Miao [Hmong Njua] of Thailand* (Oxford: Clarendon, 1976), 230.
123. Walker, *Merit and the Millennium*, 44. 文化的に逃げ足が速いだけでなく、ラフニは系譜に極端に無頓着で「祖父たちの名前すら思い出せない」。これはもちろん、親族関係を新たに構

築したり、断ち切ったりすることをかなり容易にする。以下を参照。Walker, "North Thailand as a Geo-ethnic Mosaic," 58. このような短い系譜をもつ小さく柔軟な世帯単位は「現代人的」と呼ばれてきた。これは多くの（ただしすべてではない）周縁的で汚名を着せられた人々を特徴づけているようだ。以下を参照。Rebecca B. Bateman, "African and Indian: A Comparative Study of Black Carib and Black Seminole," *Ethnohistory* 37 (1990): 1–24.

Ⅵ + ½　口承、筆記、文書

1. Leo Alting von Geusau, "Akha Internal History: Marginalization and the Ethnic Alliance System," chapter 6. 以下に所収。Andrew Turton, ed., *Civility and Savagery: Social Identity in Tai States* (Richmond, England: Curzon, 2000), 122–58. 引用は131ページ。ニコラス・タップは、文字をもたないが文字や文書を知っている人々を「alliterate（文字を知る人）」という造語で呼ぶことを提唱している。東南アジアのすべての山地民が、はるか昔からこうした状況に置かれていたことは明らかだ。Nicholas Tapp, *Sovereignty and Rebellion: The White Hmong of Northern Thailand* (Singapore: Singapore University Press, 1990), 124.
2. Paul Lewis, *Ethnographic Notes on the Akha of Burma*, 4 vols. (New Haven: HRA Flexbooks, 1969–70), 1: 35. 以下で引用。Von Geusau, "Akha Internal History," 131.
3. Anthony R. Walker, *Merit and the Millennium: Routine and Crisis in the Ritual Lives of the Lahu People* (Delhi: Hindustan Publishing, 2003), 568. ウォーカーによれば、キリスト教宣教師がラフのあいだでそれなりの成功を収めたのは、読み書きの技術を失ってしまったことを悔いていた彼らに、宣教師がその復興を約束したためであるという。
4. Magnus Fiskesjö, "The Fate of Sacrifice and the Making of Wa History," Ph.D. thesis, University of Chicago, 2000, 105–6.
5. Jean-Marc Rastdorfer, *On the Development of Kayah and Kayan National Identity: A Study and a Bibliography* (Bangkok: Southeast Asian Publishing, 1994).
6. Fiskesjö, "Fate of Sacrifice," 129.
7. イザベル・フォンセーカのジプシーに関する研究によると、ブルガリアの伝説では、ジプシーが読み書きとキリスト教という遺産を失ってしまったのは、キャベツの葉に書き留めておいた神から授かった宗教を、ロバに食べられてしまったからだという。その話のルーマニア版はこうだ。ジプシーは石で教会を築き、ルーマニア人はベーコンとハムで教会を建てた。ジプシーはルーマニア人と教会を交換して、それを食べてしまった。この物語はさまざまな解釈が可能だが（パンとブドウの化体説！）、巧妙にさまざまな要素を同時に伝えている——強欲、軽率、文盲、無宗教、取引、職人技である。Isabel Fonseca, *Bury Me Standing: The Gypsies and Their Journey* (New York: Knopf, 1995), 88–89〔邦訳　フォンセーカ『立ったまま埋めてくれ』くぼたのぞみ訳、青土社、1998年、124ページ〕。
8. Olivier Evrard, "Interethnic Systems and Localized Identities: The Khmu subgroups (Tmoy) in Northwest Laos." 以下に所収。François Robinne and Mandy Sadan, eds., *Social Dynamics in the Highlands of Southeast Asia: Reconsidering the Political Systems of Highland Burma by E. R. Leach*, Handbook of Oriental Studies, section 3, Southeast Asia (Leiden: Brill, 2007), 127–60. 引用は151ページ。
9. J. G. Scott [Shway Yoe], *The Burman: His Life and Notions* (1882; New York: Norton, 1963), 443–44〔邦訳　シュウェイ・ヨー『ビルマ民族誌』〕。
10. Tapp, *Sovereignty and Rebellion*, 124–72. タップは、山地に伝わる文字の喪失に関する多くの伝説について言及している。
11. もしも長江流域の低地部に住むタイ系民族が、かつて文字をもち、国家を形成した民族なのであれば、現在用いている上座仏教に関連があるサンスクリット由来の文字ではなく、別の文字を使っているはずだ。

12. 文字の用途のほぼすべてが、400年にわたり消え去ったことは明らかである。とはいえ、この時代に書き残された記録がないからといって、書きことばがいっさい絶えてしまった証拠にはならない。
13. Peter Heather, *The Fall of the Roman Empire: A New History of Rome and the Barbarians* (Oxford: Oxford University Press, 2006), 441.
14. 読み書きができない人々のあいだで、自分たちの土地と自由な身分を保障する文書が保存されていることは多い。例えば、ミエンが自由に山地を移動し、焼畑を行うことを皇帝が認めたとされる有名な勅令や、ロシア農民がもっていたツァーリが農奴解放を命じたらしい布告の写し、そして革命期のサパタ派がアシエンダ制に対抗するためにメキシコ市に持ち込んだスペイン政府が発行した土地権利書などである。
15. それゆえにヤオ／ミエンは、中国の皇帝ととり交わしたとされる聖なる条約文書と中国の風水に必要なわずかな漢字をもっていた。中国貴州省の少数民族である水（スイ）は絵文字をもち、それを占いと風水の儀礼に用いている。Jean Michaud, *Historical Dictionary of the Peoples of the Southeast Asian Massif* (Lanham, Md.: Scarecrow, 2006), 224.
16. 17世紀初期のポルトガル人は、フィリピン南部、スマトラ島、スラウェシ島の住民の識字率が男女を問わず高いことを知った。驚いたのは、彼らが当時のポルトガル人よりはるかに読み書きに通じていたことだけではなかった。この住民たちの読み書きは、宮廷、文献、税制、貿易の記録、公教育、法的な争い、記述された歴史とは関連がなかったのである。彼らの読み書きは、もっぱら口承の伝統に役立つかたちで用いられていたようだ。例えば、呪文や恋人に捧げる詩（両者は本質的に同じもの）を貝葉（ヤシの葉）に書きとめ、記憶したり朗読したり、それを綴ったものを求婚の儀礼として愛する者に送ったりした。これは読み書きの形式として実に興味深い事例であり、通常関連があるはずの国家形成の技術からは完全に独立しているように思われる。以下を参照。Anthony Reid, *Southeast Asia in the Age of Commerce, 1450–1680*, vol. 1, *The Lands Below the Winds* (New Haven: Yale University Press, 1988), 215–29.
17. ロイ・ハリスの説得力ある主張によれば、筆記はたんに発話されたことばを「書き留めた」ものとはまったく異なる。以下を参照。Roy Harris, *The Origin of Writing* (London: Duckworth, 1986); *Rethinking Writing* (London: Athlone, 2000). これらの参考文献を教えてくれたジェフリー・ベンジャミンに感謝したい。
18. そのほとんどが解読されていないとはいえ、イギリス北部にあるピクト人のシンボルストーンにも同じような特徴が見られる。シンボルストーンは明らかに領土に関する恒久的な権限の主張を狙ったものである。当時、それらの石がどのような意味をもっていたのかははっきりしていない。しかし、シンボルストーンの意味を否定するためには、それに対抗するテキスト、つまり反証として解釈できるようなシンボルストーンを生み出さねばならなかったはずだ。
19. James Collins and Richard Blot, *Literacy and Literacies: Text, Power, and Identity* (Cambridge: Cambridge University Press, 2003), 50 et seq. 歴史を物理的に消し去ろうとした最近の試みのなかでも最も劇的な事例は、アフガニスタンのバーミヤーン渓谷にあった2000年前の仏像がタリバンによって爆破された例である。
20. 都合の悪い物理的な記録を抹消して記述や記念碑を消去する状況の一例が、ローマの記録抹殺刑の伝統である。ローマの元老院は裏切り者や共和国の名誉を傷つけたとされる市民や護民官に関するすべての記述と記念碑を破壊した。しかし当然ながら、記録抹殺刑の存在そのものは公的なので、書き留められ、正式に記録されたのだ！　エジプト人は、記録から消し去りたいファラオについて書かれたカルトゥーシュと呼ばれるヒエログリフを破棄した。ソヴィエトでは、1930年代の粛清の際に、スターリンと対立したすべての党員の姿が編集によって写真から削除された。

21. こうした記録の形式については以下を参照。Frank N. Trager and William J. Koenig, with the assistance of Yi Yi, *Burmese Sit-tàns, 1764–1826: Records of Rural Life and Administration*, Association of Asian Studies monograph no. 36 (Tucson: University of Arizona Press, 1979).
22. Mogens Trolle Larsen, Introduction, "Literacy and Social Complexity." 以下に所収。J. Gledhill, B. Bender, and M. T. Larsen, eds., *State and Society: The Emergence and Development of Social Hierarchy and Political Centralization* (London: Routledge, 1988), 180. 残り15パーセントは、なんらかの分類原則に基づいて配列された記号リストである。おそらく筆記を学ぶための補助につかわれたのだろう。
23. Claude Lévi-Strauss, *Tristes Tropiques*, trans. John Weightman and Doreen Weightman (New York: Atheneum, 1968), 291〔邦訳　レヴィ＝ストロース『悲しき熱帯』川田順造訳、中公クラシックス、2001年、168ページ〕。文字と国家形成の関係は、一方が他方を生みだす因果関係というよりは、互いが選んで引き寄せ合う選択的親和性の関係にある。水稲灌漑と同様に、文字の使用は国家と対になって存在することが多く、国家のないところで文字が使われることは稀であり、文字のない国家に出くわすことはいっそう稀である。この点を指摘してくれたトンチャイ・ウィニッチャクンに感謝する。
24. Von Geusau, "Akha Internal History," 133.
25. 代表的な記録として以下を参照。Christopher Hill, *The World Turned Upside Down: Radical Ideas during the English Revolution* (Harmondsworth: Penguin, 1975). 近年のより極端な例はクメール・ルージュである。彼らはフランス語の読み書きができる者を労働者階級の敵として投獄、処刑した。珍しい例は、読み書きに通じた教養のある漢民族を、漢民族以外の王朝が疑い、ときには処刑したことだ。漢民族でない王朝というのはモンゴル人による元朝と満州人による清朝である。以下を参照。Patricia Buckley Ebery, *The Cambridge Illustrated History* (Cambridge: Cambridge University Press, 1996), chapter 9.
26. Mandy Joanne Sadan, *History and Ethnicity in Burma: Cultural Contexts of the Ethnic Category "Kachin" in the Colonial and Postcolonial State, 1824–2004* ([Bangkok], 2005), 38. 以下を引用。T. Richards, "Archive and Utopia," Representations 37 (1992), special issue: Imperial Fantasies and Post-Colonial Histories, 104–35. 引用は108、111ページ。
27. 明らかな例外については本章の後半で検証する。歴史、伝説、系譜がある特定の小規模集団のあいだでのみ語られる場合である。
28. Eric A. Havelock, *The Muse Learns to Write: Reflections on Orality and Literacy from Antiquity to the Present* (New Haven: Yale University Press, 1986), 54. ハブロックは付け加える。「聞き手が芸術家をコントロールしているというのは、つまり、芸術家は聞き手が記憶でき、さらに日常的な言葉で繰り返すことができるように話を構成しなければならないからだ……ギリシア古典劇で用いられる言葉は、娯楽であるだけでなく、その社会を支えていた……言葉遣いがその機能的な目的を雄弁に語っている。つまり目的は共通のコミュニケーションを提供することであって、しかもそのコミュニケーションはその場かぎりのものではなく、歴史的、倫理的、政治的に重要なものだったのだ」(93ページ)。
29. ソクラテスは自分の教えを書き留めると、その意味と価値が失われてしまうと考えた。それに対してプラトンは、発話を不安定で、自然発生的で、即興的なものだと考えたため、劇や詩に対して非常に懐疑的であった。
30. Jan Vansina, *Oral Tradition as History* (London: James Currey, 1985), 51–52. セルビア叙事詩に関する古典的資料は以下。この資料から、叙事詩の詠唱について多くのことを知ることができるし、古代ギリシア叙事詩にについて推測することもできる。Alfred Lord, *The Singer of Tales* (New York: Atheneum, 1960).
31. Barbara Watson Andaya, *To Live as Brothers: Southeast Sumatra in the Seventeenth and Eighteenth Centuries* (Honolulu: University of Hawai'i Press, 1993), 8.

32. リチャード・ジャンコによれば、「読み書きのできないボスニア吟遊詩人」が1950年代にはまだ1550年代のスレイマン大帝の業績を歌っており、ケオス島の吟遊詩人は、西暦1627年に隣りのサントリーニ島が大噴火した（が、ケア島の住人は無事だった）ことを覚えていたという。Richard Janko, "Born of Rhubarb," review of M. L. West, *Indo-European Poetry and Myth* (Oxford: Oxford University Press, 2008), *Times Literary Supplement*, February 22, 2008, 10.
33. Von Geusau, "Akha Internal History," 132.
34. その物語は、もちろんパオ語（カレン系言語の一種）で歌われ、その後、ビルマ語に訳されてから英訳された。1948年の訳からどれだけ異なっているかは判断できないが、現在もパオが暮らしている山地に残るさまざまなバージョンの歌を比較し、地域的な差異を特定することは原理的に可能である。
35. Edmund Leach, *The Political Systems of Highland Burma: A Study of Kachin Social Structure* (Cambridge: Harvard University Press, 1954), 265–66〔邦訳　リーチ『高地ビルマの政治体系』〕。
36. Ronald Duane Renard, "Kariang: History of Karen-Tai Relations from the Beginnings to 1923," Ph.D. diss., University of Hawai'i, 1979.
37. マレー世界になじみがあればご存知だろうが、同じようなことはハン・トゥアとハン・ジェバットというマレー人兄弟に関する古典的な物語でもみられる。それぞれが現在のマレー国家に対して根本的に異なった政治的な意味あいをもっている〔ハン・トゥアとハン・ジェバットはともにマレー世界の英雄。ハン・トゥアは15世紀のムラカ王国の勇猛な将軍。ハン・トゥアの幼馴染で部下でもあるハン・ジェバットは、スルタンに抵抗してハン・トゥアに殺された〕。
38. 焼畑農民も同様に、隣の焼畑民のあいだに同盟できる仲間を多くもっていた。これらの関係は長い農業生活のなかで形作られた。これもある種の影の共同体であり、必要もしくは有用とあらば、同盟関係を新たに結んで、貿易や政治上の利益が追求された。
39. Vansina, *Oral Tradition as History*, 58. イゴー・コピトフによれば、アフリカの「書かれた歴史をもたない社会では、多くの集団が王家の血統を引いていると主張できる……アフリカ人はそれを「奴隷はときどき主人になり、主人もときどき奴隷になる」と表現している」。Igor Kopytoff, *The African Frontier: The Reproduction of Traditional African Societies* (Bloomington: Indiana University Press, 1987), 47.
40. William Cummings, *Making Blood White: Historical Transformations in Early Modern Makassar* (Honolulu: University of Hawai'i Press, 2002).
41. Margaret R. Nieke, "Literacy and Power: The Introduction and Use of Writing in Early Historic Scotland." 以下に所収。Gledhill, Bender, and Larsen, *State and Society*, 237–52. 引用は245ページ。
42. Hjorleifur Jonsson, "Shifting Social Landscape: Mien (Yao) Upland Communities and Histories in State-Client Settings," Ph.D. diss., Cornell University, 1996, 136. 以下はイロンゴットの簡便な口承史についてほぼ同様のことを述べている。Renato Rosaldo, *Ilongot Headhunting, 1883–1974: A Study in Society and History* (Stanford: Stanford University Press, 1980), 20.
43. Vansina, *Oral History as Tradition*, 115. この主張に関して一般論として議論になりそうなのは、分散した周縁の中央集権的でない平等主義的な人々も、他の山地民が実際にしているのと同様に、ひとつの歴史をもち、敗北、犠牲、裏切り、移住の嘆きを口承を通じて丹念に伝えることができたはずだ、という点である。現代国家――アイルランド、ポーランド、イスラエル、アメリカなど――の国民史のなかにも、本質的には口承の形をとっている。
44. この文脈では以下を参照。Reinhart Kosseleck, *The Practice of Conceptual History: Timing, History, Spacing Concepts* (Stanford: Stanford University Press, 2002). 本書によれば、歴史意識の成立はヨーロッパ啓蒙主義に独自の成果であったという。

Ⅶ　民族創造

1．*Gazetteer of Upper Burma and the Shan States*, compiled from official papers by J. George Scott, assisted by J. P. Hardiman, vol. 1, part 1（Rangoon: Government Printing Office, 1893）, 387.

2．Edmund Leach, *The Political Systems of Highland Burma: A Study of Kachin Social Structure*（Cambridge: Harvard University Press, 1954）, 48〔邦訳　リーチ『高地ビルマの政治体系』52–53ページ〕。

3．*Census of India, 1931*, vol. 11, *Burma*, part 1, Report（Rangoon: Government Printing and Stationery, 1933）, 173, 196.

4．Leach, *Political Systems of Highland Burma*, 46〔邦訳　リーチ『高地ビルマ』50–51ページ〕。

5．*Census of India, 1931*, vol. 11, part 1, 174, and J. H. Green, "A Note on Indigenous Races in Burma," appendix C, ibid., 245–47. 引用は245ページ。グリーンは身体測定と文化の目録作成が「文化進化の発展段階」を作るとまで述べている。

6．Leach, *Political Systems of Highland Burma*, 49〔邦訳　リーチ『高地ビルマ』53ページ〕。同様の議論は以下の文献にもある。David E. Sopher, *The Sea Nomads: A Study Based on the Literature of the Maritime Boat People of Southeast Asia*, Memoirs of the National Museum, no. 5（1965）, Government of Singapore, 176–83.

7．この段落は以下の文献を参照している。Norma Diamond, "Defining the Miao: Ming, Qing, and Contemporary Views." 以下に所収。Steven Harrell, ed., *Cultural Encounters on China's Ethnic Frontier*（Seattle: University of Washington Press, 1995）, 92–116; Nicholas Tapp, *The Hmong of China: Context, Agency, and the Imaginary*（Leiden: Brill, 2003）; Jean Michaud, ed., *Turbulent Times and Enduring Peoples: Mountain Minorities in the Southeast Asian Massif*（Richmond, England: Curzon, 2000）. 山地民の労働力人口の入れ替えに関するあるエピソード――ヤオの村の成人男性の大多数が他民族集団からの養子であるという話――は下記の文献に記されている。Nicholas Tapp, *Sovereignty and Rebellion: The White Hmong of Northern Thailand*（Singapore: Oxford University Press, 1990）, 169.

8．Martin Smith, *Burma: Insurgency and the Politics of Ethnicity*（London: Zed, 1991）,143. スミスが同時に指摘しているのは、稲作を行い、ビルマ語しか話さず、カレン意識をもち、カレン民族同盟と戦い、そのアイデンティティのためなら死もいとわないカレンがいるということである（35ページ）。

9．Charles F. Keyes, ed., *Ethnic Adaptation and Identity: The Karen on the Thai Frontier with Burma*（Philadelphia: ISHI, 1979）, 6, 4.

10．François Robinne, "Transethnic Social Space of Clans and Lineages: A Discussion of Leach's Concept of Common Ritual Language." 以下に所収。François Robinne and Mandy Sadan, eds., *Social Dynamics in the Highlands of Southeast Asia: Reconsidering the Political Systems of Highland Burma by E. R. Leach*（Amsterdam: Brill, 2008）, 283–97. このことは吸収の限界に疑問を抱かせる。一時期に吸収される人々が少なく、「受け入れ側」の社会でわずかな割合にすぎなければ、吸収は緩やかに進むだろう。戦争や飢餓をきっかけに大勢の移民が一斉に流入すれば、独自のグループとして残るだろう。この好例がシャン州のインレー湖に住むインダーである。伝説によると、彼らは脱走兵として南から大勢で移動してきたという。

11．Julian Jacobs et al., *The Nagas: The Hill People of Northeast India: Society, Culture, and the Colonial Encounter*（London:Thames and Hudson, 2003）, 23. 以下で引用。Sanjib Baruah, "Confronting Constructionism: Ending India's Naga War," *Journal of Peace Research* 40（2003）: 321–38. 引用は324ページ。

12．Geoffrey Benjamin and Cynthia Chou, eds., *Tribal Communities in the Malay World: Historical, Cultural, and Social Perspectives*（Singapore: Institute of Southeast Asian Studies, 2002）, 21.

13．Leach, *Political Systems of Highland Burma*, 244〔邦訳　リーチ『高地ビルマ』255ページ〕。J・G・スコットは1900年前後に中国政府と国境交渉をするにあたって、部族のもつれを解こ

うとした。「劉将軍と出向いて平野に境界線をひこうとした。しかしカチンとシャンの耕作地を分ける境界線など、どこにも見当らなかった。さまざまな土地がごちゃ混ぜで、まるで子どものおもちゃ箱に無造作に入れられた文字パズルのようだった」。G. E. Mitton [Lady Scott], *Scott of the Shan Hills:Orders and Impressions* (London: John Murray, 1936), 262.

14. Michael Moerman, "Ethnic Identity in a Complex Civilization: Who Are the Lue," *American Anthropologist* 67 (1965): 1215–30. 引用は1219、1223ページ。

15. Hjorleifur Jonsson, "Shifting Social Landscape: Mien (Yao) Upland Communities and Histories in State-Client Settings," Ph.D. diss., Cornell University, 1996, 44. のちに以下として出版。*Mien Relations: Mountain People and State Control in Thailand* (Ithaca: Cornell University Press, 2005).

16. E. J. Hobsbawm, *Nations and Nationalism since 1780*, 2nd ed. (Cambridge: Cambridge University Press, 1990), 64〔邦訳　ホブズボーム『ナショナリズムの歴史と現在』81ページ〕

17. ただし、タイのムアンという小国家は必ず水稲の中心地をもっており、いわゆる山地のタイや「部族」としてのタイと区別されなければならない。あとの二者はまったくの仏教徒だが、国家の枠組みの外にいる山地民である。

18. Leach, *Political Systems of Highland Burma*, 32〔邦訳　リーチ『高地ビルマ』40ページ〕。

19. Georges Condominas, *From Lawa to Mon, from Saa' to Thai: Historical and Anthropological Aspects of Southeast Asian Social Spaces*, trans. Stephanie Anderson et al., an Occasional Paper of Anthropology in Association with the Thai-Yunnan Project, Research School of Pacific Studies (Canberra: Australian National University, 1990), 41.

20. 最も優れた分析として以下を参照。Anthony Reid, ed., *Slavery, Bondage, and Dependency in Southeast Asia* (New York: St. Martin's, 1983).

21. Leach, *Political Systems of Highland Burma*, 221–22.

22. Condominas, *From Lawa to Mon*, 69–72.

23. Scott, *Gazetteer of Upper Burma*, vol. 1, part 1, 478. これらの婚姻の多くは同盟でもあって、君主を他の王族から守るためのものだった。

24. Leach, *Political Systems of Highland Burma*, chapter 7, 213–26. 同様のリスからシャンへの移行については、以下を参照。E. Paul Durrenberger, "Lisu Ritual, Economics, and Ideology." 以下に所収。Susan D. Russell, ed., *Ritual, Power, and Economy: Upland-Lowland Contrasts in Mainland Southeast Asia*, Monograph Series on Southeast Asia, Northern Illinois University, occasional paper no. 14 (1989), 63–120. より形式的な政治経済学的分析については以下を参照。Jonathan Friedman, "Tribes, States, and Transformations." 以下に所収。Maurice Bloch, ed., *Marxist Analyses and Social Anthropology* (New York: Wiley, 1975), 161–200.

25. 例えば以下を参照。David Marlowe, "In the Mosaic: The Cognitive and Structural Aspects of Karen-Other Relationships." 以下に所収。Keyes, *Ethnic Adaptation and Identity*, 165–214. Peter Kunstadter, "Ethnic Groups, Categories, and Identities: Karen in Northern Thailand," ibid., 119–63.

26. Kunstadter, "Ethnic Groups, Categories, and Identities," 162.

27. Katherine Palmer Kaup, *Creating the Zhuang: Ethnic Politics in China* (Boulder: Lynne Rienner, 2000), 45.

28. Leach, *Political Systems of Highland Burma*, 39〔邦訳　リーチ『高地ビルマ』45–46ページ〕。

29. Jonsson, "Shifting Social Landscape," 218.

30. Leach, *Political Systems of Highland Burma*, 40–41〔邦訳　リーチ『高地ビルマ』46ページ〕。

31. Scott, *Gazetteer of Upper Burma*, vol. 1, part 1, 274.

32. Richard A. O'Connor, "Agricultural Change and Ethnic Succession in Southeast Asian States: A Case for Regional Anthropology," *Journal of Asian Studies* 54 (1995): 968–96.

33. 以下を参照。Victor B. Lieberman, *Strange Parallels: Southeast Asia in Global Context, c. 800–1830*, vol. 1, Integration on the Mainland (Cambridge: Cambridge University Press, 2003); Victor B. Lieberman,

"Reinterpreting Burmese History," *Comparative Studies in Society and History* 29 (1987):162–94; Victor B. Lieberman, "Local Integration and Eurasian Analogies: Structuring Southeast Asian History, c. 1350–1830," *Modern Asian Studies* 27 (1993): 475–572.

34. O. W. Wolters, *History, Culture, and Region in Southeast Asian Perspectives*, rev. ed. (Ithaca: Cornell University Press, in cooperation with the Institute of Southeast Asian Studies, Singapore, 1999), 52. ウォルターズはこの一般化からベトナムを除外している。

35. Grant Evans, "Tai-ization: Ethnic Change in Northern Indochina." 以下に所収。Andrew Turton, ed., *Civility and Savagery: Social Identity in Tai States* (Richmond, England: Curzon, 2000), 263–89.

36. Jonsson, *Mien Relations*, 158–59. 以下も参照。Jonsson, "Yao Minority Identity and the Location of Difference in South China Borderlands," *Ethnos* 65 (2000): 56–82.

37. Ronald Duane Renard, "Kariang: History of Karen-Tai Relations from the Beginning to 1933," Ph.D. diss., University of Hawai'i, 1979, 18. 以上はタイのラーチャブリー県におけるカレンとタイの事例を記述している。

38. ここで見落とされている問題は、その演技が権力者に受けいれられるかどうかである。多くのユダヤ系ドイツ人は1930年代には世俗的なドイツ文化に完全に同化し、ドイツ人として生活していたが、結局目にしたのはナチスの「人種科学」による分類の蔓延だった。

39. F. K. Lehman [Chit Hllaing] "Ethnic Categories in Burma and the Theory of Social Systems." 以下に所収。Peter Kunstadter, ed., *Southeast Asian Tribes, Minorities, and Nations* (Princeton: Princeton University Press, 1967), 75–92. 以下で引用。Tapp, *Sovereignty and Rebellion*, 172.

40. Leach, *Political Systems of Highland Burma*, 287〔邦訳　リーチ『高地ビルマ』327ページ〕。

41. 説得力のある説明で、マレー世界におけるアイデンティティの複数性がもつ適応力について記述しているのは以下。Anna Lowenhaupt Tsing, *In the Realm of the Diamond Queen: Marginality in an Out-of-the-Way Place* (Princeton: Princeton University Press, 1993); Jane Drakard, *A Malay Frontier: Unity and Duality in a Sumatran Kingdom*, Studies on Southeast Asia (Ithaca: Cornell University Press, 1990); Victor T. King, "The Question of Identity: Names, Societies, and Ethnic Groups in Interior Kalimantan and Brunei Darussalam," *Sojourn* 16 (2001): 1–36.

42. 「部族」という用語に関して最も説得力のある批判を行ったのは以下の古典的文献である。Morton H. Fried, *The Notion of Tribe* (Menlo Park: Cummings, 1975).

43. Thomas S. Burns, *Rome and the Barbarians, 100BC–AD 400* (Baltimore: Johns Hopkins University Press, 2003), 103.

44. Diamond, "Defining the Miao," 100–102.

45. Oscar Salemink, *The Ethnography of Vietnam's Central Highlanders: A Historical Contextualization, 1850–1990* (London: Routledge-Curzon, 2003), 21–29.

46. Tania Murray Li, ed., *Transforming the Indonesian Uplands: Marginality, Power, and Production* (Singapore: Harwood, 1999), 10.

47. 中東におけるこの過程の研究については以下を参照。Richard Tapper, *Frontier History of Iran: The Political and Social History of Shahsevan* (Cambridge: Cambridge University Press, 1998); Eugene Regan, *Frontiers of the State in the Late Ottoman Empire* (Cambridge: Cambridge University Press, 1999).

48. 以下で引用。Fried, *Notion of Tribe*, 59.

49. この視点を最も明快に述べているのは以下。Fredrik Barth, ed., *Ethnic Groups and Boundaries: The Social Organization of Cultural Difference* (1969; Long Grove, Ill.: Waveland, 1998), 9–38. この視点は以下でもみられる。Leach, *Political Systems of Highland Burma*〔邦訳　リーチ『高地ビルマ』〕; F. K. Lehman [Chit Hlaing], "Burma: Kayah Society as a Function of the Shan-Burma-Karen Context." 以下に所収。Julian Steward, ed., *Contemporary Change in Traditional Society*, 3 vols. (Urbana: University of Illinois Press, 1967), 1: 1–104; Keyes, *Ethnic Adaptation and Identity*. ただし、カイズの

４番目の文献は、ひとたび集団が確立されれば、他の集団に対して構造的に対立する独特の文化を獲得するという点を強調しようとしている。

50. Bruce W. Menning, "The Emergence of a Military-Administrative Elite in the Don Cossack Land, 1708–1836." 以下に所収。Walter McKenzie Pinter and Don Karl Rowney, eds., *Russian Officialdom: The Bureaucratization of Russian Society from the Seventeenth to the Twentieth Century* (Chapel Hill: University of North Carolina Press, 1980), 130–61. 引用は133ページ。
51. 以下の優れた小説を参照。Leo Tolstoy, *The Cossacks*, in *The Cossacks and Other Stories* (Harmondsworth: Penguin, 1960), 163–334〔邦訳　トルストイ『コサック』乗松亨平訳、光文社古典新訳文庫、2012年〕。ここでトルストイはチェチェン人に混ざって定住していたグレーベン・コサックと呼ばれるテレク・コサックについて言及している。
52. コサックはオスマン朝に軍事的支援をした。以下を参照。Avigador Levy, "The Contribution of the Zaporozhian Cossacks to Ottoman Military Reform: Documents and Notes," *Harvard Ukrainian Studies* 6 (1982): 372–413.
53. 以下を参照。Richard Price, Introduction to part 4, *Maroon Societies: Rebel Slave Communities in the Americas*, 2nd ed. (Baltimore: Johns Hopkins University Press, 1979), 292–97.
54. Fredrik Barth, "Ecological Relationships of Ethnic Groups in Swat, North Pakistan," *American Anthropologist* 58 (1956): 1079–89; Michael T. Hannan, "The Ethnic Boundaries in Modern States." 以下に所収。John W. Meyer and Michael T. Hannan, eds., *National Development and the World System: Educational, Economical, and Political Change, 1950–1970* (Chicago: University of Chicago Press, 1979), 253–75. 引用は260ページ。
55. Manfred von Richtofen, *Letters* [to the Shanghai General Chamber of Commerce], 2nd ed. (Shanghai, 1903; Peking reprint, 1914), 119–20. 以下で引用。Owen Lattimore, "The Frontier in History," in *Studies in Frontier History: Collected Papers, 1928–1958* (Oxford: Oxford University Press, 1962), 469–91. 引用は 473n2 から。
56. Lattimore, "Frontier in History," 473n2.
57. 「カヤー」と「カレンニー」（赤カレン）の区別は政治的ラベル付けに基づく人工物であって、むしろ国全体を指す言葉としてのミャンマーとビルマの区別と同じようなものである。以前のカレンニーという名称は、ラングーン体制への反抗に関連づけられていたため、そのような関連のないカヤーという名称――カレンニーのなかの優勢な下位集団の名称――が選ばれた。そのため、現在は公式にカヤー州と呼ばれている地域は正確にはカレンニー州と呼ばれるべきかもしれない。本書ではカレンニーという名称を略称として用いている。私がここで依拠しているF・K・レーマン（チッフライン）は「ミャンマー」ではなく「ビルマ」という国名を使い、カレンニーではなくカヤーを使っている。
58. 同上、35ページ。
59. F. K. L. Chit Hlaing [F. K. Lehman], "Some Remarks on Ethnicity Theory and Southeast Asia, with Special Reference to the Kayah and Kachin." 以下に所収。Michael Gravers, ed., *Exploring Ethnic Diversity in Burma* (Copenhagen: NIAS Press, 2007), 112.
60. 民族化が交易特権や土地の管理に大きな影響を与えている点については以下を参照。Lois Beck, "Tribes and the State in 19th- and 20th-Century Iran." 以下に所収。Philip Khoury and Joseph Kostiner, eds., *Tribes and State Formation in the Middle East* (Berkeley: University of California Press, 1990), 185–222. スルー諸島にいる海賊、タウスグについては以下を参照。James Francis Warren, *The Sulu Zone, 1768–1898: The Dynamics of External Trade, Slavery, and Ethnicity in the Transformation of a Southeast Asian Maritime State* (Singapore: Singapore University Press, 1981); Charles O. Frake, "The Genesis of Kinds of People in the Sulu Archipelago." 以下に所収。*Language and Cultural Description: Essays by Charles O. Frake* (Stanford:Stanford University Press, 1980), 311–32. 20世紀後半の先住民性の発明に関する鋭い分析は以下。Courtney Jung, *The Moral Force of Indigenous*

Politics: Critical Liberalism and the Zapatistas (Cambridge: Cambridge University Press, 2008).

61. この過程で最も印象的な事例のひとつは（サン・コイの名でも知られている）カラハリ砂漠のブッシュマンである。彼らは周辺部にいる野生的な石器時代の生き残りであって、人類史の曙から全く変わらぬ生活をしているかのように描かれることが多い。歴史的事実については議論のまだ余地があるが、この理解は根本的に間違っていると今ではいえるようだ。歴史を再構成したエドウィン・ウィルムセンによると、カラハリのブッシュマンは基本的に混血の出自からなる搾取され続けてきた階級で、奴隷のような労働と不毛の砂地地帯での採集活動に追いやられてきた人々であった。彼らは大半がツワナの牧畜民で、もともとは牛盗人、家畜の伝染病、戦争により破産した者、逃走奴隷、脱走兵であったり、ちいさなサン語を話す狩猟採集集団に加わった人々だった。この狩猟採集民はかつては、象牙、ダチョウの羽、皮革の販売によって富を得ていた。これについては以下の古典的研究を参照。Wilmsen, *Land Filled with Flies: A Political Economy of the Kalahari* (Chicago: University of Chicago Press, 1989). この解釈への異論については以下を参照。Jacqueline S. Solway in *American Ethnologist* 18 (1991): 816–17.

　生業上の適所《ニッチ》が民族性に与える影響は重要で、啓発的である。サン語話者ではなく、家畜を所有せず、狩猟採集を行う（もしくは使用人として働く）人々は、サン・ブッシュマンとみなされる。反対に、サン語話者で、家畜を所有し、裕福な人々はツワナ民族とみなされる。これらの二つのグループは、ウィルムセンの言葉を借りれば「互いに入りくんで」いるので、バイリンガルのサン語話者ならば、ツワナとしても日常的に通ってしまうこともあった。つまりサン・ブッシュマンは、本質的に汚名を着せられた階層――つまりカースト――であり、誰もが嫌がる狩猟採集という生業的立場に追いやられてしまったために、彼らのアイデンティティもその立場と同義になったのである。これと同じように、ツワナの民族的自己意識はサン・ブッシュマンに汚名を着せることで作られたといってよい。結局のところ、本来は多様な人々に対して、画一的な言葉で汚名を着せることによって成し遂げられたのは「原住民化」だった。Wilmsen, *Land Filled with Flies*, 85, 108, 133.

62. 同上、275、324ページ。後者の引用は以下より。John Iliffe, *A Modern History of Tanganyika* (Cambridge: Cambridge University Press, 1979).

63. シャン・シャン・ドゥの土司制度の発達に関する丁寧な解説に感謝したい。土司制度の発達とともに、世襲の首長が一定地域の国王として承認され、中国南西のほぼ全域、とくに貧しく近づきにくい高地で広まった。のちにこの制度は廃止され、ほぼ直接統治に移行し（改土帰流と呼ばれる。土司は廃され流官〔中央政府任命の地方官〕に置き換えられた）、清代の18世紀半ばに住民登録と課税が始まった。シャン・シャン・ドゥとの私信（2008年8月）。

64. Max Gluckman, *Order and Rebellion in Tribal Africa* (London: Cohen and West, 1963).

65. Benedict R. O'G. Anderson, *Imagined Communities: Reflections on the Origin and Spread of Nationalism*, 2nd ed. (London: Verso, 1991), 167–69.

66. Geoffrey Benjamin, "The Malay World as a Regional Array," the International Workshop on Scholarship in Malay Studies, Looking Back, Striding Forward, Leiden, August 26–28, 2004; Benjamin and Chou, *Tribal Communities in the Malay World*. ジャライにおける鋤の使用の廃止については以下を参照。Salemink, *Ethnography of Vietnam's Central Highlanders*, 284.

67. 例えば、ある集団における混交と共食を防ぐためにいくつかのタブーを作るとすれば、最も効果的なのは、インドの伝統的な高位カーストによる穢れに関する考え方や、正統派ユダヤ教の戒律に従った厳格な食事規定だろう。

68. この節の題辞は以下より。Fried, *Notion of Tribe*, 77.

69. Charles F. Keyes, "A People Between: The Pwo Karen of Western Thailand." 以下に所収。Charles F. Keyes, *Ethnic Adaptation and Identity*, 63–80; Renard, "Kariang," passim. この文脈で思い出してほ

しいのは、とくに過去半世紀において、カレンの人々がモン、タイ、シャンなどになることは、ごく普通のことだったということである。

70. Leo Alting von Geusau, "Akha Internal History: Marginalization and the Ethnic Alliance System," chapter 6. 以下に所収。Turton, *Civility and Savagery*, 122–58, esp. 133–34, 147–50. 私の考えでは、フォン・ヘウサウ自身もアカと結婚し、自身が述べているような方法で取りこまれたようだ。またヤオ／ミェンの世帯競争では、経済的、社会的成功を達成しようと外部者とのコネが求められる点については、以下を参照。E. Paul Durrenberger, "The Economy of Sufficiency." 以下に所収。John McKinnon and Wanat Bhruksasri, eds., *Highlanders of Thailand* (Kuala Lumpur: Oxford University Press, 1983), 87–100, esp. 92–93.

71. Leach, *Political Systems of Highland Burma*, 127–30〔邦訳　リーチ『高地ビルマ』〕。社会的な相互作用とでも呼べるものは、共同体内での食料と財の再分配を通じて物質的な平等を成し遂げるが、地位の不平等は拡大させる。

　公的には、一番下の息子が父親の首長の地位を継承する（末子相続制）。しかしその他の息子も、新たな共同体を作ることに成功するか、一番下の息子から儀礼の権利を買いとるか、征服するかすれば、首長になることができる——ただし首長への権利を貫徹できればの話ではあるが。同上、157ページ。

72. 同上、164、166、167ページ。以下も参照。Robinne, "Transethnic Social Space of Clans and Lineages."

73. 山地に見られる祝祭の論理、民主的な形態（グムラオ）と独裁的な形態（グムサ）のあいだの振幅については、以下であざやかに描かれている。A. Thomas Kirsch, "Feasting and Social Oscillation, a Working Paper on Religion and Society in Upland Southeast Asia," data paper no. 92 (Ithaca: Southeast Asia Program, 1973).

74. Lehman [Chit Hlaing], "Burma," 1: 17. レーマンはこうも指摘している——低地国家のイデオロギーの範型となった中国とインドでは「普通に簒奪のイデオロギーがみられる。この考え方では、王位簒奪者とその子孫は現実もしくは想像上の系譜を作りあげて、王家の祖先もしくは神とつながらなくてはならない」。類似の視点は、クリフォード・ギアツがバリについて指摘している。直接の系譜にかぎる厳しい原則があったものの「系譜は……つねに書きかえられて、現実の権力状況の正当化に使われた」。Clifford Geertz, *Negara: The Theatre State in Nineteenth-Century Bali* (Princeton: Princeton University Press, 1980), 31〔邦訳　ギアツ『ヌガラ』34ページ〕。

75. Rudi Paul Lindner, *Nomads and Ottomans in Medieval Anatolia*, Indiana University Uralic and Altaic Series, ed. Stephen Halkovic, vol. 144 (Bloomington: Research Institute of Inner Asian Studies, Indiana University, 1983), 33.

76. 最後にもう一例を挙げる。ロバート・ハームスはコンゴのヌヌを研究して、「リネージ・モデルとビッグマン精神の個人的操作のあいだにある有機的な統一」は構造的に矛盾をはらんでいることを明らかにしている。この矛盾の実際の解決法は、系譜を編みなおして、あたかもビッグマンが正当な後継者であるかのようにみせ、ビックマンの地位が個人的な富と政治的な策略によるものであることを隠してしまうことだった。Robert Harms, *Games against Nature: An Eco-Cultural History of the Nunu of Equatorial Africa* (Cambridge: Cambridge University Press, 1987), 21.

77. Kirsch, "Feasting and Social Oscillation," 35.

78. Renard, "Kariang," chapter 2, esp. 3–32. 適応性とは多くの場合、低地社会に吸収されることを意味していた。「カレン」の大多数は過去千年あまりのあいだに低地社会に同化してきた。そしてこの過程は過去半世紀でとくに加速したと推測して間違いないだろう。

79. Jonsson, "Shifting Social Landscape," 238. ベンジャミンはマレー世界の文脈で、諸集団が時を経て部族になったり、部族でなくなったりした点を示している。Benjamin, *Tribal Communities*

in the Malay World, 31–34. 半定住の集団（チェウォン）が「部族」に「戻る」ことについての最近の分析は以下を参照。Signe Howell, "'We People Belong in the Forest': Chewong Recreations of Uniqueness and Separateness." 同上、254–72ページ。

80. Lehman [Chit Hlaing], "Burma," 1: 254, 272.
81. Jonsson, *Mien Relations*, 19–34.
82. 南アジアにおけるこの動きの詳細な分析は以下。Sumit Guha, *Environment and Ethnicity in India, 1200–1991* (Cambridge: Cambridge University Press, 1999).
83. 現在のビルマの軍事独裁政権が、山地に暮らす多くの反乱民とのあいだに締結した停戦協定も同じように解釈できる。つまり、あからさまな敵対行動を終わらせるかわりに、山地の人々は武装可能な自治権と経済的機会を得たのである。

    マレー世界では自明の理だが、川上の社会はマレー沿岸諸国家にとって大変重要だったので、彼らのとの関係を良好に保つことは重宝された。この関係については、とくに以下を参照。Bernard Sellato, *Nomads of the Borneo Rainforest: The Economics, Politics, and Ideology of Settling Down*, trans. Stephanie Morgan (Honolulu: University of Hawai'i Press, 1994). 山地／平原に暮らす人々と近隣の低地中心地との共生についてのより広い議論は以下を参照。David A. Chapell, "Ethnogenesis and Frontiers," *Journal of World History* 4 (1993): 267–75.
84. カレンにとって「低地」の最後の同盟相手は、当然のことながら英国の植民地政権であり、英国軍のなかでカレンは、カチンやチンと同様に、不釣りあいなほど高い比率を占めていた。彼らは自身を「孤児」として描いてきたので、英国に見放されても、同じ伝説が上ぬりされるだけだった。カレンの低地王国との同盟については以下を参照。Theodor Stern 1979, A People Between: The Puo Karen of Western Thailand, Clu Keyes ed., *Ethnic Adaptation*, chapter 3, 63–80; Mikael Gravers, "Cosmology, Prophets, and Rebellion among the Buddhist Karen in Burma and Thailand," *Moussons* 4 (2001): 3–31; E. Walter Coward Jr., "Tai Politics and the Uplands," draft paper (March 2001).
85. Baruah, "Confronting Constructionism." マレー世界の海洋王国は、海上生活をする野蛮人と同盟関係にあった。マラッカはオラン・ラウトと、ブギスはバジャウと同盟していた。
86. 前述のとおり、シャン文化と国家形成は場所を問わず画一的で不変である、とリーチは断言している。しかしシャンの小国が近隣の山地民をたぐり寄せることで作られたのだとすれば、その山地民がどこから来ていたかによってシャン国家の特徴に違いがあったはずである。それはマレー国家が吸収の対象にした国家なき川上の人々の痕跡を残しているのと同じだろう。
87. 当然ながらその違いは、漢が既存の国の吸収方式であるのに対して、シャンは国家形成方式であることにある。
88. 引用文については以下を参照。Leach, *Political Systems of Highland Burma*, 197, and his bibliography, 313–18. この節の第一と第三の題辞は以下。Thomas Barfield, "Tribe and State Relations: The Inner Asian Perspective." 以下に所収。Khoury and Kostiner, *Tribes and State Formation*, 153–82. 引用は163、164ページ。第二の題辞は以下。Karl Gustav Izikowitz, *Lamet: Hill Peasants in French Indochina* (Gothenburg: Ethnografiska Museet, 1951), 113.
89. カレンについては例えば以下を参照。Lehman [Chit Hlaing], "Burma," 1: 35–36, and Smith, *Burma*, 31, 432n7. ワについては以下を参照。Scott, *Gazetteer of Upper Burma*, vol. 1, part 1, 493–519. ラフについては以下を参照。Anthony R. Walker, *Merit and the Millennium: Routine and Crisis in the Ritual Lives of the Lahu People* (Delhi: Hindustan Publishing, 2003), 72. カレンニーについては以下を参照。Lehman [Chit Hlaing], "Burma," 1: 37–41.
90. Scott, *Gazetteer of Upper Burma*, vol. 1, part 1, 363.
91. Leach, *Political Systems of Highland Burma*, 199〔邦訳　リーチ『高地ビルマ』210ページ〕。1929年のハンドブックである以下から抜粋。"Advice to Junior Officers."

92. Scott, *Gazetteer of Upper Burma*, vol. 1, part 1, 370. スコットの文章は思慮深い。これらの共同体は上から認められた地域に暮らすことが許されていて、ドゥーワーを押しつけると新たに抵抗するとも考えられた場所だった。さらに、行政的な境界線の外ではあったが、英領ビルマの内側にいたグムラオの共同体は介入されずに放置され、原則的には彼ら自身のやり方に委ねられていた。ラオの王朝とそれに続くフランスの植民者が平等な社会よりも階層的な社会を好んだのは、階層社会が自国の形態と似ていて、すぐに使える支配の仕組みだったからとした。以下の文献も参照。Vanina Bouté, "Political Hierarchical Processes among Some Highlanders of Laos." 以下に所収。Robinne and Sadan, *Social Dynamics in the Highlands*, 187–208.
93. Lehman [Chit Hlaing], "Burma," 1: 38. この段落はすべてリーマンの鋭い分析から引いたものである。
94. Jonsson, "Shifting Social Landscape," 116–20; Paul Durrenberger, "Lisu Ritual, Economics, and Ideology"; "Lisu: Political Form, Ideology, and Economic Action." 以下に所収。McKinnon and Bhruksasri, *Highlanders of Thailand*, 215–26.
95. 古典的な分析は以下。Eric R. Wolf, *Europe and the People without History* (Berkeley:University of California Press, 1982).
96. Durrenberger, "Lisu," 218. これに関連しているのは、残忍、野蛮、そしてとくに首狩りの伝統である。これらの伝統は、国家なき人々が国家による侵略を防ぐために、意図的に用いているようでもある。この関連については以下を参照。Magnus Fiskesjö, "On the 'Raw' and the 'Cooked' Barbarians of Imperial China," *Inner Asia* 1 (1999): 139–68, esp. 146; Renato Rosaldo, *Ilongot Headhunting, 1883–1974: A Study in Society and History* (Stanford: Stanford University Press, 1980), 155.
97. マレー世界に関する文献は多く存在するが、なかでも階層的な国家形式と、特定の統治者のいない平等主義との対比と振幅を、イデオロギーならびに社会的慣習の両面から最も綿密に分析したのは以下。Jane Drakard, *Malay Frontier*.
98. Robert Montagne, *Les Berbères et le Makhazen au Sud du Maroc* (Paris: F. Alcan, 1930). 以下で引用。Ernest Gellner, *Saints of the Atlas* (London: Weidenfeld and Nicolson, 1969), 26.
99. Michael Khodarkovsky, *Where Two Worlds Met: The Russian State and the Kalmyk Nomads, 1600–1771* (Ithaca: Cornell University Press, 1992), 47.
100. David Faure, "The Yao Wars in the Mid-Ming and Their Impact on Yao Ethnicity." 以下に所収。Pamela Kyle Crossley, Helen Siu, and Donald Sutton, eds., *Empire at the Margins: Culture and Frontier in Early Modern China* (Charlottesville: University of Virginia Press, 2006), 171–89.
101. Von Geusau, "Akha Internal History," 153.
102. 焼畑を行う集団が簡単に移動をするためには、丹念に手をかけて、離れた場所の親族や友人との関係を保つ必要があった。例えばタイ北部のフモンは、肥沃な新天地と政治的安全を確保するために、非常に距離の離れた場所の人々と婚姻関係をもっていた。彼らは長いあいだ焼畑を行うなかで、かつて焼畑を行っていた隣人たちからなる陰の社会とも関係を作り、必要になったときに再びその関係を活用した。ウィリアム・ロバート・ゲデスはこれらの社会的ネットワークをたとえて「近くも遠くも世帯同士をつなぐ見えない電話線であり、その線に沿って暮らしている人ならどこにでも希望移動先のメッセージが届く」といっている。William Robert Geddes, *Migrants of the Mountains: The Cultural Ecology of the Blue Miao [Hmong Njua] of Thailand* (Oxford: Clarendon, 1976), 233.
103. フィリップ・ラミレズはアッサムのコリブの人々に関する著書で、さまざまな政治的選択は、結果として民族的アイデンティティに大きく影響すると指摘している。「集団のアイデンティティ――少なくとも生まれながらのアイデンティティ――は文化的特徴によって決まるのではなく、政治的主権や政治的秩序に対する忠誠によって決まる……この場合、文化的な異質性はアイデンティティや社会関係の形成を妨げない」。Philippe Ramírez, "Politico-

Ritual Variations on the Assamese Fringes: Do Social Systems Exist?" 以下に所収。Robinne and Sadan, *Social Dynamics in the Highlands*, 91–107. 引用は103–4ページ。

104. Walker, *Merit and the Millennium*, 529.

105. Jonsson, "Shifting Social Landscape," 132.

106. 言語学者であるロバート・ブラストによれば、マレー世界におけるオーストロネシア系の狩猟採集民は、もともとは米栽培の技術を知っていた定住型の農耕民族であり、のちに自らの選択によって遊動民となった。Carl L. Hoffman, "Punan Foragers in the Trading Networks of Southeast Asia." 以下に所収。Carmel Shrire, ed., *Past and Present in Hunter-Gatherer Studies* (Orlando: Academic Press, 1984), 123–49. 引用は133ページ。また以下も参照。Sopher, *Sea Nomads*, 363–66.

107. Jonsson, "Shifting Social Landscape," 124, 185–86.

Ⅷ　再生の預言者たち

題辞はそれぞれ以下から（翻訳は筆者）。Guillaume Rozenberg, *Renoncement et puissance: La quête de la sainteté dans la Birmanie contemporaine* (Geneva: Editions Olizane, 2005), 274; John Dunn, *Setting the People Free* (London: Atlantic, 2006), 188.

1．とくに以下を参照。Christian Culas, *Le messianisme Hmong aux XIXème et XXème siècles* (Paris: Editions MSH, 2005). 厳密にいえばフモンは４つのミャオ系言語の下位グループ中の最大派で、東南アジア諸国の他のどのグループよりもはるかに数が多い。

2．Herold J. Wiens, *China's March toward the Tropics: A Discussion of the Southward Penetration of China's Culture, Peoples, and Political Control in Relation to the Non-Han-Chinese Peoples of South China in the Perspective of Historical and Cultural Geography* (Hamden, Conn.: Shoe String, 1954), 66–91; Nicholas Tapp, *Sovereignty and Rebellion: The White Hmong of Northern Thailand* (Singapore: Oxford University Press, 1990), 151.

3．ヤオ／ミエンたちの歴史も同じくらい不幸なものだった。1465年には漢民族の軍と援軍に広西の大藤峡で敗れた。漢側は16000もの兵士を投入し、ようやく制圧した。7300名のヤオが斬首され、1200名が捕虜となった。Mark Elvin, *The Retreat of the Elephants: An Environmental History of China* (New Haven: Yale University Press, 2004), 226.

4．Wiens, *China's March toward the Tropics*, 90.

5．Robert D. Jenks, *Insurgency and Social Disorder in Guizhou: The "Miao" Rebellion, 1854–1873* (Honolulu: University of Hawai'i Press, 1994), 90; Wiens, *China's March toward the Tropics*, 90.

6．フモンはかなり以前にシャン州北部に移動し、1796年と1817年に反乱を起こし、タイの奴隷狩りによる襲撃と「赤い鉄政策」と呼ばれる行政管理に抵抗した。以下を参照。Victor B. Lieberman, *Strange Parallels: Southeast Asia in Global Context, c. 800–1830*, vol. 1, *Integration on the Mainland* (Cambridge: Cambridge University Press, 2003), 300 et seq. ラオスでは1967年にも、新たなフモン王が生まれたといううわさが引き金となり、王宮へ行こうとする難民たちの大移動が起きた。Nicholas Tapp, "Ritual Relations and Identity: Hmong and Others." 以下に所収。Andrew Turton, ed., *Civility and Savagery: Social Identity in Tai States* (Richmond, England: Curzon, 2000), 84–103.

7．以下で引用。Mikael Gravers, "Cosmology, Prophets, and Rebellion among the Buddhist Karen in Burma and Thailand," *Moussons* 4 (2001): 3–31. 引用は13ページ。

8．Jonathan Falla, *True Love and Bartholomew: Rebels on the Burmese Border* (Cambridge: Cambridge University Press, 2006), 375.

9．この分析はミカエル・グレイヴァーズの鋭い研究に負うところが多い。例えば以下を参照。Mikael Gravers, "Cosmology, Prophets, and Rebellion"; "Conversion and Identity: Religion and the

Formation of Karen Ethnic Identity in Burma." 以下に所収。Mikael Gravers, ed., *Exploring Ethnic Diversity in Burma* (Copenhagen: NIAS Press, 2007), 227–58; "When Will the Karen King Arrive? Karen Royal Imaginary in Thailand and Burma," manuscript, 28 pp., 2008.

10. 以下で引用。Gravers, "When Will the Karen King Arrive?" 7.
11. この説明は以下から。Mikael Gravers, "Cosmology, Prophets, and Rebellion"; "When Will the Karen King Arrive?"; Theodore Stern, "Ariya and the Golden Book: A Millenarian Buddhist Sect among the Karen," *Journal of Asian Studies* 27 (1968): 297–328; the "Glass Palace Chronicle: Excerpts Translated on Burmese Invasions of Siam," compiled and annotated by Nai Thein, Journal of the Siam Society 5 (1908): 1–82 and 8 (1911): 1–119.
12. グレイヴァーズの説明では、グウェーの意味が議論の重要なテーマになっている。その際、グウェー・モンやグウェー・シャンといった呼び名は、民族に関する用語ではないことが示唆されている。グレイヴァーズは、グウェーが示しているのは、ペグー陥落の後、避難所になったことで有名な山グウェー・ガボンだと考えた。その他のミンラウンもグウェーという敬称を取りいれている。
13. モン、シャン、ビルマ人は、カレン系言語グループであるカヤーとパオ（タウントゥ）同様、グウェー・ミンの掲げる大義を信奉していた。ターフラは、ビルマ王パガンミンが妾とのあいだにもうけた息子か、反旗を翻し逃亡したパガンミンのおじの息子であったとの指摘もある。もしそうであれば、王の僭称者や反抗的な王子が権力を掌握するために国家の周縁部から支援を募るというのは、かなり典型的な手口だったはずである。Nai Thein, "Glass Palace Chronicle," 8: 98.
14. これから次の２つの段落は以下に基づく。Gravers, "Cosmology, Prophets, and Rebellion," 10–12.
15. Stern, "Ariya and the Golden Book."
16. マーティン・スミスの著作には、第二次世界大戦後のビルマにおける詳細かつ包括的な反乱史があるが、そのなかの唯一の付録が「千年王国運動」と題されていることからも、千年王国運動がカレンの政治においていかに重要なテーマであるかがわかる。この付録はすべてがカレンについての記述になっている。Martin Smith, *Burma: Insurgency and the Politics of Ethnicity* (London: Zed, 1991), 426–28.
17. ラフの千年王国運動に関するこの解説は、ほぼすべて以下によっている。これは情報が豊富で、洞察力に富み、博識な書である。Anthony R. Walker, *Merit and the Millennium: Routine and Crisis in the Ritual Lives of Lahu People* (Delhi: Hindustan Publishing, 2003). この記念碑的な著作と、ウォーカーが訳したラフ誕生に関する叙事詩は、もっと広く読まれてしかるべきだ。Anthony R. Walker, tran., *Mvuh Hpa Mi Hpa: Creating Heaven, Creating Earth* (Chiang Mai: Silkworm, 1995).
18. 以下で引用。Walker, *Merit and the Millennium*, 80, plate 17.
19. 同上、78ページ。
20. 男性のグシャは空を司り、女性のグシャは大地を司っている。男性のグシャは女性のグシャより怠け者であったために、大地ばかりが多くなり、空が足りなくなってしまった。天地の割合の調和を保つために、グシャが押しつぶした大地は空に向かって伸びてゆき、この問題は修正された。その結果、大地に山々と谷が刻まれ皺くちゃになった。
21. Walker, *Merit and the Millennium*, 505.
22. これらの衝突は、冷戦期のCIAと、ラフたちから尊敬をあつめた初のバプテスト宣教師の孫でCIAの協力者でもある宣教師ウィリアム・ヤングの陰謀に関係していたことはほぼ間違いない。Alfred McCoy, *The Politics of Heroin: C.I.A. Complicity in the Global Drug Trade*, rev. ed. (Chicago: Lawrence Hill, 2003), 342–45, 372–74〔邦訳　マッコイ『ヘロイン』堀たお子訳、サイマル出版会、1974年〕。
23. いずれの反乱も以下で記述されている。Walker, *Merit and the Millennium*, 524–33. 引用は524ペ

ージ。1970年代にウォーカー自身が現地調査を行った時期に現れたラフの預言者に関する説明と、タイ人研究者ソーロット・シリサイによる同一の預言者に関する研究も有用である。

24. S. C. Peoples and Howard Campbell, "The Lahu: Paper Prepared for the Joint Commission of Baptists and Presbyterians to Consider the Mission Problems in the Kengtung Field" (Chiang Mai: American Presbyterian Mission, typescript, Chiang Mai Payab Archives, 1907). 以下で引用。Walker, *Merit and the Millennium*, 587.
25. Karl Marx, *Introduction to Contribution to Critique of Hegel's Philosophy of Right* (1843)（カール・マルクス『ヘーゲル法哲学批判序説』）〔邦訳　マルクス『ユダヤ人問題によせて　ヘーゲル法哲学批判序説』城塚登訳、岩波文庫、1974年〕。『共産党宣言』を読んで驚くのは、『宣言』がキリスト教的終末論、すなわち圧政と罪にまみれた堕落した世界、深刻化する危機、善と悪のあいだの最終的な衝突、善による勝利、完全な世界、歴史の終焉といったモチーフから、規範と構造の面でいかに多くの影響を受けているかである。西洋社会の労働者階級が社会主義に魅了された理由は、社会主義がある部分、巧みに馴染みのキリスト教的な千年王国の物語をなぞっているからだろう。
26. Marc Bloch, *French Rural History: An Essay in Its Basic Characteristics*, trans. Janet Sondheimer (Berkeley: University of California Press, 1970), 169〔邦訳　ブロック『フランス農村史の基本性格』河野健二ほか訳、創文社、1959年〕。
27. タイにおける仏教実践の主要な要素を探り出した分析としては、以下を参照。A. Thomas Kirsch, "Complexity in the Thai Religious System: An Interpretation," *Journal of Asian Studies* 36 (1972): 241–66.
28. Rozenberg, *Renoncement et puissance*, 276.
29. 「千年王国的状況」は、前例のない状態であるため、行為、地位、安全、価値ある暮らしを送る方法についての従来の考え方が受けいれられなくなる。リチャード・ホワイトはアメリカの原住民について、この状況を説明している。有名なアルゴンキンの預言者テンスクワタワについて記すなかで、ホワイトは「僻地にあるアルゴンキンと白人の村々は幻想と神であふれており、啓示を思いのままに国中にまき散らしているようだ」と主張している。Richard White, *The Middle Ground: Indians, Empires, and Republics in the Great Lakes Region, 1650–1815* (Cambridge: Cambridge University Press, 1991), 503. ある場所は「預言者の町」とさえ呼ばれていたという（513ページ）。
30. フランクリン・ルーズヴェルトが1932年の大統領選に初めて出馬した際の選挙運動を研究するには、この方法が有効であるはずだ。ルーズヴェルトは保守的な民主党員として出発したが、失業中の労働者が自分に多大な期待を寄せていることに気づき、地方遊説を彼らの期待に沿うようにうまく調整した。ルーズヴェルトの演説は（彼自身はもちろんのことだが）、聞き手が求めている世俗的な救済の約束で満たされていった。ルーズヴェルトと同様、マーティン・ルーサー・キング・ジュニアも勘に頼って説教を加減しており、同一の説教のなかにおいてすらルーズヴェルトと同様の手順で調整していた。以下を参照。Taylor Branch, *Parting the Waters: America in the King Years, 1954–63* (New York: Simon and Schuster, 1988).
31. 植民地以前のビルマとシャムで差異を強化したのは、身分に応じて服装、家屋、側近の種類を管理した奢侈禁止令だった。
32. Max Weber, *The Sociology of Religion*, trans. Ephraim Fischoff (Boston: Beacon, 1963), 101〔邦訳　ウェーバー『宗教社会学』武藤一雄ほか訳、創文社、1976年〕。省かれた引用文のなかでヴェーバーは、職人、下位中産階級の者、下級聖職者といったその他の階級こそ、性急な救済をより激しく欲するであろう、とほのめかしており、彼は後にこのテーマに立ち戻った。
33. 私はこのテーマについて以下でより詳しく議論している。"Protest and Profanation: Agrarian

Revolt and the Little Tradition," *Theory and Society* 4 (1977): 1–38, 211–46; *Domination and the Arts of Resistance: Hidden Transcripts* (New Haven: Yale University Press, 1990). カーニバルの反乱化についての詳細な歴史的記述は以下を参照。Emmanuel Le Roy Ladurie, *Carnival in Romans*, trans. Mary Feney (Harmondsworth: Penguin, 1981)〔邦訳　ル・ロワ・ラデュリ『南仏ロマンの謝肉祭』蔵持不三也訳、新評論、2002年〕。

34. Weber, *Sociology of Religion*, 139, 80, 81〔邦訳　ウェーバー『宗教社会学』〕。ヴェーバーは実際には「農村共産主義」という用語をあてているが、彼が言及した宗派は、土地分配を地元で管理することを主張しながら小自作農地の伝統を擁護しているので、この呼び名は不適切に思われる。
35. これによって以下の疑問が説明できる。なぜ断固としてフランスの地方部を組織的に治め、民衆に均一な規律を課そうとしたフランス専制君主の統治期が、広範囲におよぶ反乱の時代であり、その反乱の多くに千年王国のニュアンスが含まれていたのか。以下を参照。Boris Porchnev, *Les soulèvements populaires en France au XVIIème siècle* (Paris: Flammarion, 1972).
36. 奇跡を起こす僧侶とその従者に関する民族誌的な事例の詳細については、以下を参照。E. Michael Mendelson, "Observations on a Tour in the Region of Mount Popa," *France-Asie* 179 (1963): 786–807; E. Michael Mendelson, "A Messianic Buddhist Association in Upper Burma," *Bulletin, School of Oriental and African Studies* (*SOAS*) 24 (1961): 560–80. 民間の宗教的習合主義に関してより一般的には、以下を参照。Melford Spiro, *Burmese Supernaturalism: A Study in the Explanation and Reduction of Suffering* (Englewood Cliffs, N.J.: Prentice-Hall, 1967).
37. ここでは、8名の著名な森林僧に関する以下の研究に多くを依拠している。Guillaume Rozenberg, *Renoncement et puissance*.
38. 著名な現代の森林僧であり、民族的にはパオであるタマニャ僧正はどの宗派に属しているのかと尋ねられて、こう応えたそうだ。「私はどの宗派でもなく、「森へ入った」宗派に属しています」。同上、35ページ。
39. I. M. Lewis, *Ecstatic Religions: A Study of Shamanism and Spirit Possession*, 2nd ed. (London: Routledge, 1989), 91〔邦訳　ルイス『エクスタシーの人類学』平沼孝之訳、法政大学出版局、1985年、127ページ〕。
40. 以下で引用。J. G. Scott [Shway Yoe], *The Burman: His Life and Notions* (1882; New York: Norton, 1963), 118〔邦訳　シュウェイ・ヨー『ビルマ民族誌』〕。
41. Barbara Wilson Andaya, "Religious Development in Southeast Asia, 1500–1800." 以下の9章。Nicholas Tarling, ed., *The Cambridge History of Southeast Asia*, vol. 1, *From Early Times to 1800* (Cambridge: Cambridge University Press, 1992), 565.
42. Mendelson, "Messianic Buddhist Association."
43. Spiro, *Burmese Supernaturalism*, 139.
44. メンデルソンはナッの多くが現実に殺害された王族の親族だと考えている。王自身がしばしば王位簒奪者であり、(「青いうちに」、つまり期せずして死んだため強力な) 親族をナッに仕立てあげることは、怨霊をなだめ、象徴的な呪術によって自分を守ってくれるよう懐柔する手段でもあった。同様にサヤーサンも、1930年の反乱の際に、彼の軍勢が殺害した英国人の魂に対して祈って、自分の家来たちを守ってくれるよう祈願している。"Observations," 786.
45. 同上、785ページ。
46. E. Michael Mendelson, *Sangha and the State in Burma: A Study of Monastic Sectarianism and Leadership*, ed. John P. Ferguson (Ithaca: Cornell University Press, 1975), 207.
47. 重要な世俗の瞑想運動に関する優れた記述については、以下を参照。Ingrid Jordt, *Burma's Mass Lay Meditation Movement: Buddhism and the Cultural Construction of Power* (Athens: Ohio University Press, 2007).

48. ある社会秩序のなかで選びうる革命に向けた動きについては（つまり、その他の可能性に関する外の知識なしの動きについては）以下を参照。James C. Scott, *Domination and the Arts of Resistance*, 77–82.
49. Lieberman, *Strange Parallels*, 1: 328.
50. Gravers, "When Will the Karen King Arrive?" 2.
51. Tapp, "Ritual Relations and Identity," 91.
52. George M. Foster, "What Is Folk Culture?" *American Anthropologist* 55（1953）: 159–73. 引用は104ページ。
53. Oscar Salemink, *The Ethnography of Vietnam's Central Highlanders: A Historical Contextualization, 1850–1990*（London: Routledge-Curzon, 2003）, 73–74.
54. Tapp, "Ritual Relations and Identity."
55. ヨーロッパでの例外は自由都市国家であるが、マレーの貿易港がこれに一部該当しないとすれば、東南アジアには王国でない国家は存在しなかった。
56. こうした方向での興味深い議論として以下を参照。Paul Stange, "Religious Change in Contemporary Southeast Asia." 以下に所収。Tarling, *Cambridge History of Southeast Asia*, vol. 2, *The Nineteenth and Twentieth Centuries*（Cambridge: Cambridge University Press, 1992）, 529–84. 興味深い類似点として、スーフィーのベルベル人が、アラブの伝統的なスンニ派とは対照的に、カリスマ的な霊感を取りいれたことがあげられる。彼らはアラブ国家と階級組織に反対する一方で、兄弟愛と平等を強調し、包括的なイスラーム文化への参加を認めていた。以下を参照。Philip Khoury and Joseph Kostiner, eds., *Tribes and State Formation in the Middle East*（Berkeley: University of California Press, 1990）.
57. Edmund Leach, *The Political Systems of Highland Burma: A Study of Kachin Social Structure*（Cambridge: Harvard University Press, 1954）, 112–13〔邦訳　リーチ『高地ビルマ』126–27ページ〕。
58. Clifford Geertz, *Negara: The Theatre State in Nineteenth-Century Bali*（Princeton: Princeton University Press, 1980）, 132〔邦訳　ギアツ『ヌガラ』157ページ〕。東南アジア海洋部についてのJ・D・レグの記述によれば、M・C・リックレフスとC・C・バーグは、ジャワ人の権力に関する中央集権的な世界観が実際の権力の分散を補っていたと解釈している。"The Writing of Southeast Asian History." 以下の1章。Tarling, *Cambridge History of Southeast Asia*, 1–50. とくに33ページ。
59. チャールズ・ティリーによれば、スイスに特有の地形は、プロテスタントによるカトリック勢力に対する抵抗だけでなく、ツヴィングリ（バーゼル）とカルヴァン（ジュネーヴ）のあいだの論争と分裂を招くかたちで宗教改革をもたらした。Charles Tilly, *Contention and Democracy in Europe, 1650–2000*（Cambridge: Cambridge University Press, 2004）, 169.
60. F. K. Lehman［Chit Hlaing］, "Burma: Kayah Society as a Function of the Shan-Burma-Karen Context" 以下に所収。Julian Steward, ed., *Contemporary Change in Traditional Society*, 3 vols.（Urbana: University of Illinois Press, 1967）, 1: 1–104. 引用は34ページ。
61. Hermann Kulke, "The Early and Imperial Kingdom in Southeast Asian History." 以下に所収。David G. Marr and A. C. Milner, eds., *Southeast Asia in the 9th to 14th Centuries*（Singapore: Institute for Southeast Asian Studies, 1986）, 1–22. もちろん、これはヨーロッパ人にとっては驚きに値しないはずだ。「永遠の都」が軍閥たちの争いのなかで廃墟となったずっと後でも、ローマ帝国と神聖ローマ帝国はヨーロッパ人にとって政治的主張と法体系のなかに観念として生き続けてきた。Alexander Woodside, "The Centre and the Borderlands in Chinese Political Thinking." 以下に所収。Diana Lary, ed., *The Chinese State and Its Borders*（Vancouver: University of British Columbia Press, 2007）, 11–28. とくに13ページ。ほぼ同様のことがオスマン帝国についても言える。以下を参照。Karen Barkey, *Empire of Difference: The Ottomans in Comparative Perspective*（Cambridge: Cambridge University Press, 2008）, 13, 82.

62. Stuart Schwartz and Frank Salomon, "New Peoples and New Kinds of People: Adaptation, Adjustment, and Ethnogenesis in South American Indigenous Societies (Colonial Era)." 以下に所収。Stuart Schwartz and Frank Salomon, eds., *The Cambridge History of Native Peoples of the Americas* (Cambridge: Cambridge University Press, 1999), 443–502. 引用は486ページ。以下の文献もそうした破片地帯を、先住民の保護を掲げる救世主的な宗教にとっての特権的な場所として描いている。Gonzalo Aguirre Beltrán, *Regions of Refuge*, Society of Applied Anthropology Monograph Series, 12 (Washington, D.C., 1979), 49. この点については以下も参照。Barkey, *Empire of Difference*, 42. オスマンの例は以下を参照。Richard White, *Middle Ground*. 以下も参照。Peter Worsley, *The Trumpet Shall Sound: A Study of Cargo Cults in Melanesia* (New York: Schocken, 1968); Kenelm Burridge, *New Heaven, New Earth: A Study of Millenarian Activities* (New York: Schocken, 1969); Jonathan Spence, *God's Chinese Son: The Taiping Heavenly Kingdom of Hong Xiuquan* (New York: Norton, 1996).
63. Tapp, *Sovereignty and Rebellion*, 57.
64. Bloch, *French Rural History*, 169〔邦訳　ブロック『フランス農村史の基本性格』〕。
65. Weber, *Sociology of Religion*, 126〔邦訳　ウェーバー『宗教社会学』〕。
66. Erik Mueggler, "A Valley House: Remembering a Yi Headmanship." 以下に所収。Steven Harrell, ed., *Perspectives in the Yi of Southwest China* (Berkeley: University of California Press, 2001), 144–69. とくに158–61ページ。
67. Peter Worsley, *The Trumpet Shall Sound*〔邦訳　ワースレイ『千年王国と未開社会』吉田正紀訳、紀伊国屋書店、1981年〕; Kenelm Burridge, *New Heaven, New Earth*. これらの本は、カーゴカルトに参加した者たちに共感し、物質的な状況からそうした反乱が引き起こされたと誤解したために、この罠にはまってしまった。ミカエル・グレイヴァーズ、アンソニー・R・ウォーカー、ニコラス・タップのような東南アジア学者たちは、そうした事態をほぼ回避している。
68. Tapp, "Ritual Relations and Identity," 94.
69. 山地における新たなカリスマ的「偉人」は、こうして登場することが多い。
70. カルトや改宗に関する研究者が強調してきたように、カルトが過酷で急進的であればあるほど、旧秩序との関係を公に断ち切ることが重要になる。後戻りがきかないようにすることは、新たな秩序への完全な参加の証となる。
71. F. K. Lehman [Chit Hlaing], "Who Are the Karen, and If So, Why? Karen Ethnohistory and a Formal Theory of Ethnicity." 以下に所収。Charles F. Keyes, ed., *Ethnic Adaptation and Identity: The Karen on the Thai Frontier with Burma* (Philadelphia: ISHII, 1979), 215–53. 引用は240、248ページ。
72. Gravers, "Cosmology, Prophets and Rebellion," 24.
73. Lehman [Chit Hlaing], "Who Are the Karen?" 224.
74. Anthony R. Walker, "The Lahu People: An Introduction." 以下に所収。John McKinnon and Wanat Bhruksasri, eds., *Highlanders of Thailand* (Kuala Lumpur: Oxford University Press, 1983), 227–37. 引用は231ページ。
75. Fredrik Barth, *Ethnic Groups and Boundaries: The Social Organization of Culture Difference* (1969; Long Grove, Ill.: Waveland, 1998). この本の序章は、境界をめぐる社会組織における人間の主体性を強調している。さらに、産業化していない国家のエリートがとりうる戦略とは、「民族的なアイデンティティをあえて強調することで、新しい地位や関係を発展させ、自分たちの社会ではそれまでみられないか、適切に発達していなかった部門で、新たな目的のために活動を組織化することである……この第三の戦略は、先住民保護主義から新しい国家まで、今日みられる多くの興味深い運動を生みだしている」と論じている (33ページ)。目を凝らしてみれば、バートはここでの私たちとほぼ同じ議論をしている。ヒュー・ブローディーは、狩猟採集民の神話には、善と悪、冗談と真剣の境界線が明確でないと主張している。Hugh Brody, *The Other Side of Eden: Hunters, Farmers, and the Shaping of the World* (Vancouver: Doug-

las and McIntyre, 2000), 245〔邦訳　ブロディ『エデンの彼方』236ページ〕。

76. Jenks, *Insurgency and Social Disorder in Guizhou*, 6.

77. この記述は以下から。Salemink, *Ethnography of Vietnam's Central Highlanders*, chapter 4, 100–129; Geoffrey Gunn, *Rebellion in Laos: Peasant and Politics in a Colonial Backwater* (Boulder: Westview, 1990).

78. オン・コムダムの反乱については、以下を参照。Gunn, *Rebellion in Laos.*

79. 以下を参照。Christian C. Lentz, "What Revolution? Calling for a King in Dien Bien Phu," paper prepared for the Annual Meeting of the Association of Asian Studies, April 3–6, 2008. 出版が待望されているレンツの論文ではさらに詳しくこれらのテーマが扱われている。

80. ウィリアム・ロバート・ゲデスは、自ら調査したフモンの集団について、「ある意味この理由で、シャーマンは大規模な共同体のなかで最重要人物になることが多い。シャーマンの権威の基盤は宗教であるため、特定の社会集団に限定されない」と記している。William Robert Geddes, *Migrants of the Mountains: The Cultural Ecology of the Blue Miao* [*Hmong Njua*] *of Thailand* (Oxford: Clarendon, 1976), 256. 批判されない人物が重要な点は、東南アジアの大衆のあいだに伝わる異人王の現象と関連しているのかもしれない。以下を参照。David Henley, "Conflict, Justice, and the Stranger-King: Indigenous Roots of Colonial Rule in Indonesia and Elsewhere," *Modern Asian Studies* 38 (2004): 85–144.

81. Ira Lapidus, "Tribes and State Formation in Islamic History." 以下に所収。Khoury and Kostiner, *Tribes and State Formation in the Middle East*, 25–47. 引用は29ページ。

82. Thomas Barfield, "Political Legitimacy in Afghanistan," manuscript, 53.

83. 以下でも主張されている。Peter Worley, *The Trumpet Shall Sound*, 227〔邦訳　ワースレイ『千年王国』〕。その機能主義的な理由付けのため、彼の結論は受けいれがたいが、証拠を否定することは難しい。

84. Richard A. O'Connor, "Sukhothai: Rule, Religion, and Elite Rivalry," paper presented at the Forty-first Annual Conference of the Association of Asian Studies, Washington, D.C., 1989. 以下で引用。Anthony Reid, *Southeast Asia in the Age of Commerce, 1450–1680*, vol. 2, *Expansion and Crisis* (New Haven: Yale University Press, 1993), 151〔邦訳　リード『大航海時代２』203ページ。ただしオコナーの文は直接には引用されていない〕。

85. ここでの説明は、ジェームス・ヘーゲンがインドネシア・マルク州にあるマネオの集落に関して行った優れた研究に依拠している。James Hagen, *Community in the Balance: Morality and Social Change in an Indonesian Society* (Boulder: Paradigm, 2006), 165.

86. Tapp, *Sovereignty and Rebellion*, 95–97. タップは1950年代の反乱についても報告している。それによると、いつか再び降臨すると預言されている歴史上最高のシャーマンであるスイ・イはキリストと混同されることもあったという。

87. その地域外では、もちろん新世界の原住民のほうがはるかに痛ましい歴史をもつ。インドシナ戦争の時代に関しては、以下の７章を参照。Alfred McCoy, *The Politics of Heroin: CIA Complicity in the Global Drug Trade*, rev. ed. (Chicago: Lawrence Hill, 2003), 283–386〔邦訳　マッコイ『ヘロイン』〕。

88. アフリカ系アメリカ人のキリスト教聖書の口承伝統に関する以下の優れた著書を参照。Allen Dwight Callahan, *The Talking Book: African Americans and the Bible* (New Haven: Yale University Press, 2007).

89. この記述は以下から。Walker, *Merit and the Millennium*, 580–86.

90. 引用は同上、791ページ。

91. E. J. Hobsbawm, *Primitive Rebels: Studies in Archaic Forms of Social Movement in the 19th and 20th Centuries* (New York: Norton, 1965)〔邦訳　ホブズボーム『素朴な反逆者たち』水田洋ほか訳、社会思想社、1989年〕。

92. 以下を参照。Courtney Jung, *The Moral Force of Indigenous Politics: Critical Liberalism and the Zapatistas* (Cambridge: Cambridge University Press, 2008).

Ⅸ 結 論

第二の題辞は以下から。Richard A. O'Connor, "Founders' Cults in Regional and Historical Perspective," 269–313. 以下に所収。Nicola Tannenbaum and Cornelia Ann Kammerer, eds., *Founders' Cults in Southeast Asia: Ancestors, Polity, and Identity*, Yale Southeast Asian Monograph Series no.52 (New Haven: Yale University Press, 2003). 引用は297ページ。

1. John Dunn, *Setting the People Free: The Story of Democracy* (London: Atlantic, 2005), 182.
2. 例えば以下を参照。Magnus Fiskesjö, "Rescuing the Empire: Chinese Nation-Building in the 20th Century," *European Journal of East Asian Studies* 5 (2006): 15–44.
3. Joyce C. White, "Incorporating Heterarchy in to Theory on Socio-political Development: The Case from Southeast Asia." 以下に所収。Robert M. Ehrenreich, Carol L. Crumley, and Janet E. Levy, eds., *Heterarchy and the Analysis of Complex Societies*, Archeological paper of the American Archeological Association, no. 6 (1995): 103–23.
4. François Robinne and Mandy Sadan, Postscript, "Reconsidering the Dynamics of Ethnicity through Foucault's Concept of 'Spaces of Dispersion.'" 以下に所収。François Robinne and Mandy Sadan, eds., *Social Dynamics in the Highlands of Southeast Asia: Reconsidering Political Structures of Highland Burma by E.R. Leach*, Handbook of Oriental Studies, section 3, Southeast Asia (Leiden: Brill, 2007), 299–308.
5. 東アジアと東南アジアでは、ここに台湾や海南のオーストロネシア語族と、チャムのようにかつて国家とかかわりをもったマレー系の人々も含まれる。
6. O'Connor, "Founders' Cults," 298–308.
7. Fernand Braudel, *The Mediterranean and the Mediterranean World in the Age of Philip II*, vol. 1 , trans. Sian Reynolds (New York: Harper and Row, 1966), 33〔邦訳　ブローデル『地中海Ⅰ　環境の役割』48ページ〕。
8. 東南アジアの偉大な海洋国家であるペグー／バゴー、シュリーヴィジャヤ、ムラカといった国々は、軍事的には弱小であったものの、海域をまたぐ係争が少なかったことを利用して、パガン、アヴァ、アユタヤ、トンキンといった農業に基盤をおく諸国家よりも、広くて活気ある曖昧領域をもっていた。
9. 北米における奴隷たちも、これと同じようにキリスト教と聖書、とくに旧約聖書を利用して自由と解放のお告げを作りあげた。
10. 人々が織りなす網の目は、全体としてもそれだけで成り立つシステムではなかった。外的なショックは、ときおり社会構造の抜本的な再編成を引き起こした。低地の過半数の人々が参加し、現在では山地の少数民族もしばしば参加する戦後の民族解放運動はいうまでもなく、第二次世界大戦時の植民地化と日本による占領は、外的なショックの際立った事例である。これらのショックは、権力関係の網の目と個々の民族集団に開かれていた機会を完全に変容させ、新しい秩序を有利に利用するための新たな位置取りを各自に促した。
11. G. William Skinner, "Chinese Peasants and the Closed Community: An Open and Shut Case," *Comparative Studies in Society and History* 13 (1971): 270–81.
12. 地元における食料供給を温存しようとする傾向は、18世紀の英国で食料不足のときにとられた市場取引の慣習をしのばせるものである。この点については、以下の有名な論文を参照。E. P. Thompson, "The Moral Economy of the English Crown in the Eighteenth Century," *Past and Present* 50 (1950): 76–136.
13. Hjorleifur Jonsson, "Shifting Social Landscape: Mien (Yao) Upland Communities and Histories in State-Client Settings," Ph.D. diss., Cornell University, 249, 380–84.

14. 土地が稀少ななかで近代的な自由保有権が制度化されている現代の環境では、特定の家族が土地を蓄積し、他の人が土地なしの小作人になったり労働者になったりといった恒常的な不平等が起こる。土地が潤沢で所有権が広く開放されているときに不平等が生じるとすれば、それは個々の家族がその時々にどれだけの働き手を提供できるのか、という家族周期と関係していることが多い。
15. ジョルジュ・コンドミナスも以下の文献で同様の指摘をしている。Georges Condominas, *From Lawa to Mon, from Saa' to Thai: Historical and Anthropological Aspects of Southeast Asian Social Spaces*, trans. Stephanie Anderson et al., Occasional Paper of Anthropology in Association with the Thai-Yunnan Project, Research School of Pacific Studies (Canberra: Australian National University, 1990), 60.
16. ここでも、この再調整を水上に当てはめたバージョンがある。デイヴィッド・E・ソーファーはオラン・ラウト（インドネシア語で「海の人」）／シージプシーの集団の多くはいったん定住生活に移ってから、海に生きることを選び、再度、定住化したと指摘する。移動する人々がいったん定住したら永遠に変わらないというよくある考え方に根拠はない。David E. Sopher, *The Sea Nomads: A Study Based on the Literature of the Maritime Boat People of Southeast Asia*, Memoirs of the National Museum, no. 5 (1965), Government of Singapore, 363–66.
17. 帝国的な事業には、どれにも同じようなことが当てはまる。フランスの場合、盛んに提唱されたフランス革命の理想、すなわち人権、市民概念、ヴィクトル・ユーゴーの市民論などは、フランスに植民地化されたサイゴンやアルジェの置かれていた現実と大きく異なる。ちょっとした思考実験として、（今日、文明を指す遠まわしな言い方である）「開発」をめぐる言説と、たとえばヴィエンチャンでわれ先にと縄張りや利得をめぐって争う場違いなNGOをくらべてみるとよい。
18. ジョージ・オーウェルの処女作『ビルマの日々』における悲劇の主人公フローリーは、このような矛盾によって自殺に追いこまれた人として鮮烈に描かれている。

著者略歴

(James C. Scott)

1936–2024年．イェール大学政治学部・人類学部教授．農村研究プログラム主宰．全米芸術科学アカデミーのフェローであり，自宅で農業，牧畜，養蜂も営む．東南アジアをフィールドに，地主や国家の権力に対する農民の日常的抵抗論を学問的に展開した．ウィリアムズ大学を卒業後，1967年にイェール大学より政治学の博士号を取得．ウィスコンシン大学マディソン校政治学部助教授を経て，1976年より現職．2010年に福岡アジア文化賞，2020年にアルバート・ハーシュマン賞を受賞．邦訳『反穀物の人類史』（立木勝訳，みすず書房，2019）『実践 日々のアナキズム』（清水展ほか訳，岩波書店，2017）ほか，著書 *Seeing Like a State: How Certain Schemes to Improve the Human Condition Have Failed* (Yale University Press, 1998); *In Praise of Floods: The Untamed River and the Life It Brings* (Yale University Press, 2025) ほか．

監訳者略歴

佐藤仁〈さとう・じん〉 1968年生まれ．東京大学東洋文化研究所教授．東京大学教養学部教養学科（文化人類学）卒業．同大学院総合文化研究科博士課程（国際関係論）修了．ハーヴァード大学ケネディ行政学大学院修士課程（公共政策学）修了．学術博士．第28回（2013年）大同生命地域研究奨励賞受賞．東南アジアを主たるフィールドに天然資源をめぐる政治過程を研究している．著書『争わない社会』（NHK出版，2023）『開発協力のつくられ方』（東京大学出版会，2021）『反転する環境国家』（名古屋大学出版会，2019）『野蛮から生存の開発論』（ミネルヴァ書房，2016）ほか．

訳者紹介

池田一人〈いけだ・かずと〉 大阪大学大学院言語文化研究科准教授．

今村真央〈いまむら・まさお〉 山形大学人文社会科学部教授．

久保忠行〈くぼ・ただゆき〉 立教大学観光学部教授．

田崎郁子〈たざき・いくこ〉 大東文化大学国際関係学部講師．

内藤大輔〈ないとう・だいすけ〉 京都大学農学研究科森林科学専攻助教．

中井仙丈〈なかい・せんじょう〉 東京都立大学国際センター准教授．

ジェームズ・C・スコット
ゾミア
脱国家の世界史

佐藤仁 監訳
池田一人
今村真央
久保忠行
田崎郁子
内藤大輔
中井仙丈
共訳

2013年10月3日　第1刷発行
2025年9月9日　第11刷発行

発行所　株式会社 みすず書房
〒113-0033 東京都文京区本郷2丁目20-7
電話 03-3814-0131(営業) 03-3815-9181(編集)
www.msz.co.jp

本文組版　キャップス
本文印刷所　萩原印刷
扉・表紙・カバー印刷所　リヒトプランニング
製本所　誠製本

ISBN 978-4-622-07783-1
［ゾミア］